唐聖 著

聖人的自由

牟宗三美學思想的核心問題

臺灣學生書局印行

教育部人文社會科學研究西部項目（10XJC720003）

湛江師範學院人文社科專項項目（ZW1109）

謹以此書獻給扶我走正道的大恩爸媽及師長

自序

　　牟宗三不回避現代性，而是直接面對現代性，故強調要開出民主與科學而成就執的存有論，此是現代性的要求，然其卻一直堅持承續華族民族文化的慧命，尤其是儒家道德主義的智慧立場，而強調人雖有限而可無限一義，進而強調人有智的直覺，並通過實踐的工夫而可以呈露此一智的直覺而成聖成佛成天人。而智的直覺及其經由實踐工夫而證得的聖人佛陀天人的境界自身則是最美妙的，吾人以此爲審美的極致狀態。此即是說，牟宗三在回應現代性的時候，自始至終堅持的則是審美現代性的立場，而且亦一直堅持以審美現代性的立場來提撕現代性而使其不致於下墮而將現代性之不善的一面肆虐地爆發出來，故其思想可以視之爲以中國智慧對現代性的回應與審美救贖。

一、現代性與時間性

　　現代性是現代學術尤其是現代人文學術研究的深層思維語境。現代性，modernity，與拉丁詞 Modernus 相對應，而拉丁詞 Modernus 又是在中世紀根據詞根 modo（最近，剛才之意）創造而成者，其意義是「在我們時代的，新的，當前的⋯⋯」。依此語源學之證，吾人知曉現代性概念產生於基督教的中世紀。[1]現代性的一個根本性特徵即是理性主義所特彰的理性能力。依據韋伯的研究，西方資本主義的發展繁榮在根本上得益於西方理性主義思想潮流的強大力量。資本主義的近代西方形態是一種理性主義的形態，故韋伯名之曰理性資本主義。其基本表現一是科學技術的發

1　馬泰・卡林內斯庫：《現代性的五副面孔》，北京：商務印書館，2002，第 18-19 頁（案：後文引證此文獻時，僅標注文獻名與頁碼）。

達繁榮，一是規章制度的完善發達。與此對應則是，在印度中國都沒有發展出資本主義，即科學技術的、政治經濟的發展在印度中國沒有走上西方所特有的此一理性化的道路。[2]依此而觀之，在韋伯看來，資本主義精神的發展完全可以視之爲理性主義整體發展的一部分，並可以透過理性主義支配生活諸基本問題的根本立場抽繹出來。此一理性主義最先不是透過純粹理性哲學而是透過基督新教表達出來的。[3]在此意義層面上，韋伯宣稱其研究工作意在弄清楚基督新教的力量是否影響了或在何種程度上影響了資本主義精神在質的層面上形成並在全世界傳播，質而言之，資本主義文化在哪些具體方面可以從基督新教力量裡得到究竟地解釋。[4]根據韋伯的判斷，經濟的諸多變化在本質上根源於複雜不可預測的精神變化，即根源於人的信仰、信念、生活習慣及未來憧憬等變化，這就是說，市場不單只是一種單純的經濟機制，還是一種精神的表現，文化現實的表現，個體生活投射與預期複雜集合的表現。[5]依此而言，現代化浪潮狂瀾是以現代性的理性能力爲根本支撐力量的。

現代化的主要表現，即是以科學技術飛速發展，技術發明日新月異爲依託的物質文明，而且科學技術的發展、技術發明的升級總是直接地指向無有盡頭的未來，即追求科學技術發明總是越來越先進、發達、高級。具體地言之，即是各種技術產品、技術建設不斷地升級換代而無有窮盡處。以電話通訊發展爲例，從最早的手搖式到撥號式，從有線座機到無線手機，從只能打電話到還能發簡訊，從發文字簡訊到發圖片簡訊，從發簡訊到能上互聯網，從鍵盤錄入到觸屏錄入，直到現在與相機微電腦等技術融爲一體的智能手機，都在不停地直線矢量地向前飛速發展。也許直到未來某一天，將會發展出與人腦一般的高智能手機。依此而推判，這一測度並非是妄想，而是完全有可能的。以技術產品、技術建設爲直接外在表現的物質文明是科學技術發展、技術發明升級的必然結果。而科學技術發展、技術發明升級則是人

2　馬克斯·韋伯：《新教倫理與資本主義精神》，北京：生活·讀書·新知三聯書店，1992，第13-15頁（案：後文引證此文獻時，僅標注文獻名與頁碼）。

3　《新教倫理與資本主義精神》，第56頁。

4　《新教倫理與資本主義精神》，第68頁。

5　《現代性的五副面孔》，第355頁。

類理性能力進步的必然結果。而人類理性能力的進步則是現代性的必然產物。爲什麼？因爲現代性的深層根源問題是時間性問題。

關於現代性的時間性問題，吉里斯比（Michael Allen Gillespie）在《現代性的神學根源》(*The Theological Origins of Modernity*, 2008)裡指出：作爲歷史性的時間對置身於現代性中的人們而言具有永恆的意義。[6]這就說明，從時間性維度來審查現代性尤其具有根本性意義。依據尤西林的研究，產生於中世紀基督教語境裡的現代性概念，在時間性上與猶太教的彌賽亞主義（Messianism）有著內在的直接關聯性。彌賽亞主義源於猶太民族的彌賽亞期盼[7]心理結構：否棄罪惡的現在世界，期盼美好的未來世界，並以未來的至善世界取代現在的醜惡世界。依此而言，所謂彌賽亞主義，即是指離棄現在，指向未來，並在對現在的否棄之中直接走向未來。從這個意義層面上說，猶太教的彌賽亞主義是現代性時間誕生的基點。經過基督教的「到時時刻」及奧古斯丁的歷史神學的時間-歷史觀的演進，現代性的直線矢量時間觀在救贖意義層面上直接指向未來，而且未來成爲現在的規定。據此而進一步言，經過文藝復興與啓蒙進步主義運動，救贖歷史被置換成世界歷史，歷史神學被置換成歷史哲學，上帝之國被置換成自由王國，神被置換成人。這一翻轉性的置換在一定程度上正恰切地說明了世俗化-現代化轉瞬即逝的現代性時間流變獲得了神學世俗性(secularity)的內在支撐力量。無論猶太-基督教的時間性還是現代-理性化的時間性，

6　「如果從時間角度看現代性是我們確定我們自己存在於其中的時代，並且從我們自己存在的角度看時間作爲歷史性，我們僅僅能夠通過接受我們的時間性而與我們自己達成協議。然而，時間性在永恆背景的襯托下對我們變得有意義。」Michael Allen Gillespie, *The Theological Origins of Modernity*, The University of Chicago Press, Chicago and London ,2008,P18.

7　彌賽亞期盼指的是：西元前167年馬加比起義勝利後，在耶路撒冷建立哈斯蒙尼王朝（即馬加比王朝），西元前63年又亡於羅馬。大衛王之子所羅門王駕崩之後，以色列王國分裂了。西元前8世紀，北方的以色列王國被亞述帝國滅亡，以色列12支派中的北方10個支派被擄掠到亞述首都，分散到帝國各地，最終成了失散的10個支派；西元前6世紀，南方的猶大王國被迦勒底新巴比倫帝國滅亡，國民大部分被擄掠到了巴比倫城，再分佈到帝國全境。從此以色列亡國。以色列民族從舊約全書的預言中得知，大衛王的直系後裔將興起一位國王，能統帥全民族恢復大衛-所羅門王父子兩代王國的光榮，這位「大衛的子孫」被稱為「彌賽亞」。由於馬加比家族雖屬於猶大支派，但不是大衛王族，所以，猶太人一直盼望大衛王族興起一位救星，成為復國中興的民族英雄。

在宏大的歷史實踐場域裡，都受制於社會生產形態和交往方式。作為在世存在的人，首先面臨的是生存問題。為了生存，人必須勞動。隨著科學的發展，技術的發明，工具的改進，擺脫自然狀態的人類從強調分工與協作的手工工廠時代逐步進入精細分工與絕對協作的機器工廠時代。在機器生產時代，每一個經由機器生產的產品都有一個嚴格統一的規格，即一般而言的標準性，正是此標準性保證了現代性時間的勻質性；而且每一個產品的加工程式與加工時間亦有一個嚴格統一的規格，即一般而言的週期性，正是這樣狀態的週期性成為了現代性時間計量的單位原型。依此而知，具體勞動所需要的時間經過社會通約化之後而成為社會必要勞動時間。從這個意義層面上說，社會必要勞動時間成為現代性時間勻質計量標準單位的直接根據。也正是從這個意義層面上說，社會必要勞動時間是現代性時間的核心。[8]

人首先以肉體生命存在，而擁有自然肉體的節律時間並為其所規定；其次以社會生命存在，而擁有社會必要勞動時間並為其所規定。在這一意義層面上，時間為生命的秩序與意義設定規則。這就是說，生命只有以時間的形式被啟動才獲得了展開的可能契機。因此，無論就生命的社會性而言還是就其自然性而言，生命自身為時間性所規定。從這個意義層面上說，生命一旦被納入時間結構，其生產——生存的方式則相應地被設定。與社會生命的勞動時間之約定的強制性相比較而言，肉體生命的自然時間有其自為的自由性。然而，在現代社會，生命的品質與價值卻以現代勞動時間即社會必要勞動時間為衡量標準。因此，作為改造、支配自然界的現代化，自然包含著對作為自然性的人自身生命及其時間的改造、支配。這就是說，社會生命的勞動時間越界進入肉體生命的自然時間並為其設定規則。依此而進一步說，肉體生命時間經過社會必要勞動時間轉換而獲得了現代性的性格。然而，社會必要勞動時間是理性的、勻速的、乏味的、令人厭倦的與無人稱指涉的，而肉體生命時間則是感性的、多樣的、舒適的、刺激的與本己屬我的。據此而知，社會必要勞動

8　尤西林：《心體與時間——二十世紀中國美學與現代性》，北京：人民出版社，2009，第 11-16 頁（案：後文引證此文獻時，僅標注文獻名與頁碼）。

時間與肉體生命時間是相互對立與衝突的。[9]也正是從這個意義層面上說，現代性的時間性分裂爲理性（現代性）的時間性和審美（現代性）的時間性。[10]

二、審美現代性與時間性

審美現代性與現代性之間的學理關係甚難表述。這主要是因爲：從學理邏輯上說，一般而言，現代性即強調理性的啓蒙現代性發生在先，而強調感性的審美現代性發生在後；但從現代一詞的概念發展歷史上說，現代及現代性兩語詞則首先在藝術領域的審美意義層面上被使用的。就前者而言，啓蒙現代性標舉理性的旗幟，開發成就人的理性能力。其具體化的表現就是發達的科學技術通過各種有形的或虛擬的平臺滲透到人們日常生活世界裡各個角落的產品、設施、制度、機制、觀念、意識。這些現代化的物質文明，如汽車、起重機、醫療設備、愈來愈先進的廚具、電腦、計算機、互聯網、……，確實爲人類的行路、勞動、治療與防治疾病、日常生活、工作學習、資訊交流等諸多方面帶來了很難用語詞描繪的快捷便利快樂享受；然而，與此同時亦帶來了苦痛與災難：就主體性的人而言，流水線作業讓人失去個性成爲機器上的一顆螺絲釘、工業食品讓一些人過度的肥胖、技術化讓人失去了個體生命的創造力等緣科技而來的社會現象越來越嚴重；就與人相待而在的自然而言，荒漠化、水土流失、資源枯竭、疾病肆虐等緣人爲而來的自然現象越來越嚴峻。依此而知，緣現代性而來的現代化在給人類帶來便利與享受的同時亦帶來了苦痛與災難。而這一切幸福與災難都是由工業化浪潮所追捧的技術化帶來的。這恰如雅斯貝斯所言：「技術不僅帶來了無可估量的機會，而且也帶來了無可估量的危險，技術已成爲獨立而兇猛的力量。人類還未注意到這種情況，不知它怎麼發生的，就已落入它的控制。」[11]然而，技術僅僅是一種手段，其自身是無所謂善惡的，但問題的關鍵是主體性的人想要從中創造出什麼來，並在什麼目的下以何種方

9　《心體與時間——二十世紀中國美學與現代性》，第 21-23 頁。

10　關於審美現代性的時間性問題，參唐聖：〈審美現代性的時間性〉，《自然辯證法研究》，2009(8)。

11　卡爾·雅斯貝斯著，魏楚雄、俞新天譯：《歷史的起源與目標》，北京：華夏出版社，1989，第 141 頁（案：後文引證此文獻時，僅標注文獻名與頁碼）。

式服務於人。[12]從這個意義層面上說，技術是一個人類控制自然的科學化過程，其目的是塑造自己的存在，使自己免於匱乏，並使人類環境具有諸事取決於自己的形式。如此這樣一來，人類的工作方式、組織及生活環境改變了人類自身。[13]這就是說，技術化不僅使主體性的人經過日常生活設施、工作生產設備、醫學技術、新聞傳媒、官僚政治的機械化而機械化自動化，這就是說，人類自身被轉換成了有目的加工的原材料，因此，人自身不再是目的而成為了一種手段，[14]而且統治了整個人類：技術化從逐步建立在自然上的勞動，擴展到整個人類的生活組織，以至於對萬事萬物官僚統治般的指引，一直到政治，甚至到消遣娛樂也被機械化了而不再有創造性的快樂，這就是說，如果連業餘時間在技術上不能被充分組織起來，人們就只會沉淪在萎頓恍惚之中而無法自拔，[15]如此這樣一來，毫無疑問，人類在力圖透過技術發明來為其自身創造福祉的進程裡卻被技術化帶向了其自身的對立面。從這個意義層面上說，現代人在現代化即技術化的進程裡被拋離了，而成為無根的人，被放逐了，而成為無家的人。雅斯貝斯對此的表述是精審宏闊的：

> 技術已給人類環境中的日常存在造成了根本的轉變，它迫使人類的工作方式和人類社會走上全新的道路，即大生產的道路，把人類的全部存在變質為技術完美的機器中的一部分，整個地球變成了一個大加工廠。在此過程中，人類已經並正在喪失其一切根基。人類成為在地球上無家可歸的人。他正在喪失傳統的連續性。精神已被貶低到只是為實用功能而認識事實和進行訓練。[16]

承上文，現代性的時間性是直線加速向前的矢量性。在現代化生活世界裡的現代人為現代性時間性所裹挾而被迫隨著現代時間洪流而不停地向前奔跑。這一不停地向前追逐的時間性在現代人的心性結構上所體現出來則是直接地急功近利。而這一急功近利心態的具體表現則是以科學為最高標準將一切—無論是物質的還是

12　《歷史的起源與目標》，第 142 頁。

13　《歷史的起源與目標》，第 113 頁。

14　《歷史的起源與目標》，第 140-141 頁。

15　《歷史的起源與目標》，第 128 頁。

16　《歷史的起源與目標》，第 114 頁。

精神的，無論是自然世界的還是人類社會的——技術化。如此這樣一來，人類不僅將自然而且將自身都作爲對象而客體化，平面化。從這個意義層面上說，人類的心靈再也沒有了敬畏之感，無論是對自然還是對人類自身。因此，人類不僅開始瘋狂地追逐科學技術進步以期更充分地更有力地開掘自然資源，而且也將人類自身作爲一種資源開掘。這就是說，人類不但與自然相反並且其距離也愈來愈遠，而且也與自身相反並且其距離也愈來愈遠。依此而知，這就是現代人在現代性的時間性洪流之中所鑄就的功利性心性結構必然帶來的後果。正是針對緣強調理性的啓蒙現代性而來的這樣一種災難性後果，強調感性的審美現代性則必然應機而在。

承上文，現代性的直線矢量時間因爲將現代人直接拉向未來而忽視甚至無視現代人生存的現在時間維度而必定將現代人拋入虛無主義的境地。據此而知，現代人對現在（當下）的把握則是對抗現代虛無主義最有效的方式。爲什麼？因爲這被把握到的當下是永恆的，這就是說，在當下可以感受到未來。在後宗教的現代社會，這種將未來拉回到當下被感受到並被轉化成永恆的精神活動，在實質上是審美的。[17]審美活動是在對現在的把握中展開的，因而是感性的；與此同時，審美對象又可從現在指向未來，即指向超越感性的價值本體。依此而觀之，在根本意義上，審美的感性是對人性自身最高精神的體證。這是一種昇華性的經驗。因此，在時間性上，審美經驗的體證不僅指向具有價值本體意味的未來而屬於現代性，同時這一對未來的體證又是在對現在的把握中完成的。依此而知，這正是對現代性虛無主義的反抗與拯救。因此，審美體證的當下是永恆的。[18]正是在這永恆的當下，現代性的時間性所產生的虛無主義所造成的意義空場被否定，現代人由此而獲得了安身立命的意義充實感。

就後者而言，依據哈貝馬斯的研究，現代一詞首先是在審美判斷領域裡被明確使用的。在十七世紀末至十八世紀初，法國文學藝術界出現了厚古崇古與厚今崇今的激烈爭論，這就是學界所說的「古今之爭」。在這場爭論裡，主張現代的一派從歷史批判論視角對主張古典的一派模仿古典文本的價值意義予以質疑反對。這就是

17　《心體與時間——二十世紀中國美學與現代性》，第 31-32 頁。
18　《心體與時間——二十世紀中國美學與現代性》，第 50-52 頁。

以具有時代局限性的相對美爲標準質疑反對具有時代超越性的絕對美，並依此而將法國理性啓蒙運動視之爲劃時代的新開端。現代西文裡 modern 一詞直到 19 世紀中期才在純粹藝術領域被名詞化。哈貝馬斯據此而言，moderne、modernitaet、modernite 及 modernity 諸語詞一直具有審美的本質涵義，並以先鋒派藝術的自我理解爲證明依據。[19]直到波德萊爾才把瞬間美的特性直接地規定爲現代性。波德萊爾如是言：「現代性就是過渡、短暫、偶然，就是藝術的另 半，另 半是永恆和不變。每個古代畫家都有一種現代性，古代留下來的大部分美麗的肖像都穿著當時的衣服。……。這種過渡的、短暫的、其變化如此頻繁的成分，你們沒有權利蔑視和忽略。如果取消它，你們勢必要跌進一種抽象的、不可確定的美的虛無之中，這種美就象原罪之前的唯一的女人的那種美一樣。」[20]在波德萊爾看來，現代的起點就是這瞬間的現實性。這裡所言說的現實性指的是在時代性與永恆性交會處所呈現出來的眞實性。根據現代的這一特殊性可以得知，這眞實的瞬間因爲終將成爲古典而是未來的可靠歷史。[21]這就是說，現在是眞實的永恆的，而過去則是過去的現在，未來則是未來的現在，因此，眞實永恆的現在向後回返則成就過去，向前延展則成就未來。這恰如波德萊爾所言：「過去之有趣，不僅僅是由於藝術家善於從中提取的美，對這些藝術家來說，過去就是現在，而且還由於它的歷史價值。現在也是如此，我們從對於現在的表現中獲得的愉快不僅僅來源於它可能具有的美，而且來源於現在的本質屬性。」[22]從這個意義層面上說，現時生活世界裡短暫瞬間的美在本質特性上就是現代性。波德萊爾對這一思想尤爲重視：第一，他將現代性一詞加上引號予以強調，這就說明了他從一個全新角度獨立運用這一語詞而使之成爲一個獨特的現代學術術語；第二，他認爲藝術家應該尋找現時生活世界裡短暫瞬間的美這一努

---

19 哈貝馬斯：《現代性的哲學話語》，南京：譯林出版社，2004，第 9-10 頁（案：後文引證此文獻時，僅標注文獻名與頁碼）。

20 波德萊爾：《波德萊爾美學論文選》，北京：人民文學出版社，1987，第 485 頁（案：後文引證此文獻時，僅標注文獻名與頁碼）。

21 《現代性的哲學話語》，第 10-11 頁。

22 《波德萊爾美學論文選》，第 474 頁。

力是應由上等人來履行的職能。[23]依此而觀之，現代及現代性兩語詞所使用的領域是藝術領域，所表達的意義是審美意義。

　　承上文，應指向理性的啓蒙現代性而在的審美現代性指向的是感性，而感性的眞實性是在當下具體地呈現出來的。因此，在時間性層面上，對審美現代性問題的思考與研討，則可從美學作爲一門學科誕生的學術語境和與此相關的詞源學審查兩方面展開。就美學及美兩語詞的詞源學審查而言：第一，美學（英文：aesthetics，德文：die Ästhetik，法文：la esthétique），是從拉丁文(aesthetica)發展而來的。而拉丁文(aesthetica)的字根又源出於古希臘文的形容詞 αισθητικός，這個形容詞的名詞爲 αίσθησις(aisthesis)，是感覺(sensation)及憑藉感官的知覺(perception by the senses)的意義。[24]在近代德國，鮑姆嘉滕在 1735 年發表的博士論文《關於詩的哲學沉思錄》[25]裡最早使用 aesthetica 這樣一個語詞，表達感性的意義。第二，漢字美的文化語境就是在價值上追尋至此臻極；古希臘「美」亦深層地含有「抵達」的意思，並作爲英語 fine（美、精巧）拉丁辭源的 finis 正是「終末」的意思。[26]依此而知，對美的追求和把握就是去追求最圓滿的極致狀態。就美學學科誕生的學術語境而言，作爲萊布尼茨-伍爾夫哲學體系繼承者的鮑姆嘉滕(Baumgarten)在審查萊布尼茨理性主義哲學體系時發現：與人的知性即認識能力相對應的是認識論（邏輯學），與人的理性即欲望機能相對應的是倫理學，而與人的判斷即感受能力卻沒有相對應的知識學來研究。基於如上的發現，鮑姆嘉滕主張創立一門專門研究人類情感能力的學問，這不僅可以在認識領域裡拓展出新的研究領域，對人作新的認識，還可以完善人的知識研究領域的知識學結構。1750 年，鮑姆嘉滕用拉丁文出版了他的第一本學術論著 Aesthetica（第 1 卷），這標誌著專門研究人類情感能力的學問即感性學（美學）作爲一門獨立學科正式誕生了。鮑姆嘉滕對研究人類情感能力的這樣一門新興學問給予了學科劃界：「美學的對象就是感性認識的完善，（就它本身來看），這就是美，與此相反的就是感性認識的不完善，這就是醜。正確，指教導怎樣以正確的方式去

23　《波德萊爾美學論文選》，第 514 頁；《現代性的哲學話語》，第 11 頁。

24　楊植勝：〈論西方歷史中美學的二元性〉，《揭諦》，2004（7），第 109-143 頁。

25　鮑姆嘉滕：《美學》，北京：文化藝術出版社，1987，第 123-170 頁。

26　尤西林：〈審美與時間——現代性語境下美學的信仰維度〉，《文學評論》，2008（1），第 78 頁。

思維，是作爲研究高級認識方式的科學，即作爲高級認識論的邏輯學的任務；美，指教導怎樣以美的方式去思維，是作爲研究低級認識方式的科學，即作爲低級認識論的美學的任務。美學是以美的方式去思維的藝術，是美的藝術的理論。」[27]須要說明的是，這裡所言說的感性、感覺是人的感性、感覺，用語言來表達則是「人感覺對象世界」。人對世界的感受，是此時此刻的，即是現在的感受，而不是過去或未來的感受，但我們又總是在談論對過去的感受，這所言的過去也是過去的現在，我們也在談論對未來的期望，這所言的未來也是未來的現在。因此，無論過去或未來都是作爲曾經存在過的或即將存在著的現在來感受的。綜此而論，審美，作爲人與世界和諧共在的狀態，是切中現在的。在這個現在時刻，人進入美的世界並獲得了眞正的自由。這樣的自由狀態是區分並超越於現實世界的。正是因爲如此，人總是期望著擺脫現實世界的糾纏而獲得並保持著在美的世界裡的自由狀態。綜攝上述，無論是從美學學科誕生的學術語境還是美學及美兩語詞的詞源學意義來看，對美的體驗與感悟是既把握現在又指向未來的。在時間性這一維度上，審美具有濃郁的現代性氣質。審美現代性的時間性在實質上指向的是審美的現在，即生命體驗的此刻性。

三、牟宗三哲學思想概說

牟宗三哲學最內核的內容可從如下三方面說明：一是兩層存有論的哲學偉構；二是究極圓滿的圓教系統；三是眞美善分別說的精彩與合一說的圓融。

首先說明兩層存有論的哲學偉構。牟宗三一貫地堅持儒家智慧優位立場，並以道德研究爲進路建構證成一道德的形上學，以期對宇宙萬物給予一根源性的說明。牟宗三一貫的儒家智慧立場是徹底的。因此，在他看來，惟有道德的形上學才是可以眞正充分證成的形上學系統。牟宗三依據中國智慧洞見到了人是雖有限而可無限

---

27 朱光潛：〈德國啟蒙運動中的美學思想——鮑姆嘉通、文克爾曼、萊辛等〉，《北京大學學報》，1962（2），第 5 頁。

的存有，即人在外在形式層面上是有限性的，而在內在精神層面上則是無限性的。[28]
並且，純粹無限性的存有，即本體界的存有是無須有一存有論的，而惟有既顯有限
性又顯無限性意義的存有，才需要一本體界的存有論。爲什麼？因爲這樣才可以確
保並彰顯其所具有的無限性意義。[29]正是基於這一洞見，在牟宗三看來，存有論的
架設亦應是兩層的：一爲本體界的存有論，即無執的存有論，一爲現象界的存有論，
即執的存有論。[30]具體而言：牟宗三首先說明道德實體是一具有無限性意義的實體，
並就這一實體上下其講。就向上講言，從道德實體首先直接通達的是道德界域，因
此，對道德作一形上學的解釋則是最易思及的方向。然道德實體並非是一個爲人類
所限的類概念，並因其具有無限性的意義而成爲一生天生地的創生性原理。在這個
意義層面上說，從道德實體又可開出存在界域，因此，而可以成就一道德的形上學，
以期能夠對宇宙萬物的存在給予一根源性的說明。對於這從本體論建構成的形上學，
牟宗三以本體界的存有論，亦即無執的存有論命名。[31]就向下講言，這一道德實體
可以通過自我坎陷從無執無著的無限心轉出有執有著的認知心。牟宗三以識心之執
命名這一認知心，並主張從此處成就現象界的存有論，即執的存有論。惟有經過這
一曲折之轉進，現象界諸現象的眞實義才可清晰地確定下來。爲什麼？因爲現象界
諸現象皆是由識心之執所吹皺成的波紋。承上文，識心之執是從無限心之不執曲折
轉過來的，因此，當有執識心修證回返到不執無限心時，由識心之執所吹皺成的波
紋就平伏下來了。正是在這個意義層面上，牟宗三依據中國智慧言現象實是有而能
無，無而能有的。[32]這就是牟宗三依據人雖有限而實能無限一義所創設並證成的兩
層存有論的總綱內容。

　　然而，在純粹意義層面上嚴格地講，其實僅有無執的存有論才是眞正意義的形
上學，而執的存有論就不算是。但是，認知識心畢竟是自由無限心爲成就關於現象

28　牟宗三：《現象與物自身·序》，臺北：臺灣學生書局，民 79，第 19 頁（案：後文引證此文
　　獻時，僅標注文獻名與頁碼）。

29　《現象與物自身》，第 30 頁。

30　《現象與物自身》，第 30 頁。

31　《現象與物自身》，第 38-39 頁。

32　《現象與物自身》，第 39 頁。

的知識而向下坎陷的一種權用。因此，執的存有論又實是道德的形上學裡的一部分內容。契悟牟宗三所創設並證成的兩層存有論當從這個意義層面上進入才是正途。依此而觀之，我們應該明瞭道德的形上學實際上同道德實體一樣是可以上下其講的：向上講，就通達本體界域，開出無執的存有論，向下講，就通達現象界域，開出執的存有論。在牟宗三看來，這樣的學問才是眞正具有全體大用的學問，如果用現代學術語詞表述，這樣的學問就是道德的形上學。[33]

其次說明究極圓滿的圓教系統。牟宗三借鏡佛家天臺圓教義理模式直面審視康德哲學系統裡的最高問題：圓滿的善（圓善），與此同時，將其與中國智慧傳統相對判。依據中國智慧，我們通過實踐修證工夫就可以進入最究竟圓滿的境界。具體地從儒釋道三家來說，這一境界就是聖人佛陀天人的境界。在這樣圓融無礙的境界裡，福德智慧都是圓融完滿的。依此而觀之，作爲哲學系統裡最高問題的圓善問題得到了眞實而恰切地解答。[34]

圓教觀念是佛家在判教時用來表示教理最圓熟境界最圓融者，而在這一方面說得最清楚最徹底的是天臺宗。[35]釋迦佛講經說法49年，宣說了八萬四千法門，建立了各種教路。爲什麼？因爲衆生之根器不一以及衆生與釋迦佛的因緣不一。這就是說，釋迦佛講經說法是隨機應緣而發者。因此，釋迦佛所宣說的八萬四千法門以及說法的方式需要一分別判斷以確定境界層次及價值意義的工作。這一分別判斷的工作就是佛家所說的判教工作。[36]

承上文，佛家判教以圓教爲最究極圓滿者。現在需要處理兩個問題：第一，什麼是教？在牟宗三看來，綜合地說，凡是聖人所說出來的智慧就是教；具體地說，

33　《現象與物自身》，第40頁。

34　將牟宗三的圓善論思想置於現代性的宏大語境裡，及中國智慧傳統背景下，從現代性的時間視閾給予美學意義的深度闡釋者，就筆者所掌握的文獻材料言，惟有尤西林一長文。參尤西林：〈智的直覺與審美境界——牟宗三心體論的拱心石〉，《陝西師範大學學報》，2008年第3期，第5-19頁（案：後文引證此文獻時，僅標注文獻名與頁碼）；亦參氏著，《心體與時間：二十世紀中國美學與現代性》，第195-263頁。

35　牟宗三：《圓善論》，臺北：臺灣學生書局，民74，第266頁（案：後文引證此文獻時，僅標注文獻名與頁碼）。

36　《圓善論》，第266頁。

凡是能夠啓發人的理性並讓人遵循這啓發出來的理性去作道德實踐（儒家義），解脫實踐（佛道義）以使自身生命純潔神聖而最終實現最高理想境界的智慧就是教。第二，什麼是圓教？所謂圓教即圓滿之教者也。這裡所說的圓就是滿的意義，而這裡所說的滿就是沒有任何一絲一毫虛欠的狀態。因此，圓教就是圓滿之教，這就是說，凡是聖人所說出來的智慧都是純粹圓滿的，也就是說沒有一絲一毫的虛欠。[37]然依據什麼標準或憑藉什麼依據來判斷究竟是不是圓教？根據天臺教綱，判別圓教的基本依據是一「即」字。具體地說，要說明菩提，就應當說煩惱即菩提，要說明涅槃，就應當說生死即涅槃，諸如此類，才是眞正圓滿的表述。[38]但須要說明的是，這裡使用的即是詭譎地相即。生死煩惱與涅槃菩提本是同一事體，因此二者既相依待，又相即。這相依相即表明二者都是依待他者而存在的，因此並沒有自己的獨立性而空無自性並以空爲性的智慧就是圓教。[39]

在牟宗三看來，佛家關於德福一致的圓善問題，惟有在具有存有論意義的天臺圓教裡才能夠實現。爲什麼？因爲在天臺圓教系統裡，惑業苦三道就是般若解脫法身三德，這就是說，相即九法界（六道衆生，二乘，菩薩）而修證所成就的佛才是眞正圓滿的佛。因此，具體地從德福來說，般若解脫法身三德就是德域裡的事。但須要說明的是，無論是般若智德還是解脫斷德或是法身性德，都是相即三千大千世界一切法門而修證成的。這就是說，主觀層面上的德與客觀層面上的法之存在實際上原本是一體的。並且，幸福是此法之存在域裡的事。因此，在相即九法界的圓滿修證裡，當生命之德呈露出來時，存在域裡的福應該隨之而來。然而這樣的情況並不能涵括全部可能性。這就是說，當生命之德呈露出來時，所面對的也許並不是存在之福，反倒是存在之惡。但是，因爲德已修證圓滿，所以面對存在之惡也已可解心無染。在這樣的意義層面上，存在之惡也相應地轉化成了存在之福。這樣才是眞正的圓佛境界。通過這樣正反兩面的說明，我們已明瞭在天臺宗圓教系統裡德福必然一致，並必定可以實現。[40]

37　《圓善論》，第 267 頁。

38　《圓善論》，第 273 頁。

39　《圓善論》，第 274-275 頁。

40　《圓善論》，第 278-279 頁。

　　關於道家的圓教義理系統，我們僅以王弼的聖人有情無累與聖人體無爲例說明。

　　在王弼看來，聖人與凡夫有相同的一面，這就是二者都有豐富的情感；然聖人畢竟不同於凡夫，這就是聖人應於情而不爲情所累。這就是說，凡夫對情感有所執著而必定爲其所累，而聖人雖對情感有所回應然卻並不執著而不受其所累。正是在這個意義層面上，聖人精神清明體和通無。對於這一問題的文獻是：「弼與不同，以爲聖人茂於人者，神明也；同於人者，五情也。神明茂，故能體沖和以通無；五情同，故不能無哀樂以應物。然則聖人之情，應物而無累於物者也。」[41]

　　關於聖人體無的文獻是：「夫無者誠萬物之所資也，然聖人莫肯致言，而老子申之無已者何？弼曰：聖人體無，無又不可以訓，故不說也。」[42]根據王弼的悟解，聖人體無，表達的是聖人在生活世界裡的生活實踐可以將無體現出來。然而如何體現？在日常生活世界裡，無論在做人方面的待人接物還是在應世治世方面的制禮作樂都應該遵照公正無私的天理來操作處理，才可以出入進退無爲無執而實現圓融通達自在逍遙的境界。儘管日常生活世界裡的待人接物和制禮作樂都是日常事務，然而聖人應之卻並不爲其所累而實現無爲大用。無爲是通無所示現的境界，大用是宇宙萬事萬物在無爲境界裡自然生長通達無礙的效果。[43]

　　在道家智慧形態裡，德是玄德，智是玄智，心是道心。承上文，宇宙萬事萬物在無爲境界裡自然生長通達無礙。在無爲境界裡一語表達的就是玄德玄智道心朗照潤澤宇宙萬事萬物的意義。玄智道心在無爲渾化境界裡所成就的玄德，相對於德福一致而言，就是德域裡的事；而一切在玄德玄智道心朗照潤澤裡的宇宙萬事萬物，相對於德福一致而言，就是福域裡的事。結合上文來說，聖人經過次第修證而實現體和通無的渾化圓滿境界，就是主觀層面上的德；聖人在日常生活世界裡所隨因順緣而回應的宇宙萬事萬物，就是客觀層面上的福。聖人能夠有情無累而體和通無，這就說明了德福是一致的。這裡所言說的一致，不僅表示德福之間在外在比例配稱

41　陳壽：《三國志》，北京：中華書局，1964，第 795 頁（案：後文引證此文獻時，僅標注文獻名與頁碼）；《圓善論》，第 289 頁。

42　《三國志》，第 795 頁；《圓善論》，第 288-289 頁。

43　《圓善論》，第 288-289 頁。

上是必然的，而且在根本上表示內在之德所在必然有外在之福同在，或內在之德就是外在之福。[44]這就是道家圓教系統裡德福一致問題的基本內容。或者說，道家意義的圓善問題當該在這樣一個學理分際上說明才是眞正究極圓滿的。

關於儒家的圓教義理系統，牟宗三以天臺圓教義理模式爲判准，判別儒家圓教系統的義理模式當該是胡五峰所謂天理人欲同體異用，同行異情[45]所函蘊者。在牟宗三看來，這才是眞正圓滿眞實的智慧（圓實教），與佛家同教一乘圓教齊等。[46]

基於對儒家圓教義理系統的肯認與證立，牟宗三進一步闡釋了德福一致問題也只有從依據胡五峰義理模式所證立的圓實教義理系統才能得到眞切地說明與恰切地落實。具體地說，我們自覺地遵照心知所呈現出來的天理而實踐，這就是德域裡的事；而良知的覺察感應所指向的能夠在道德仁心周遍潤澤裡如如地呈現出來的宇宙萬事萬物，這就是福域裡的事。在儒家智慧形態裡，聖人化境是上下與天地同流萬物皆備於我的境界，就是天理人欲同體異用同行異情的境界。在這樣圓滿完整的境界裡，德與福自是渾然爲一的。然須要說明的是，第一，這渾然爲一的德與福是通過已經證得圓滿渾化境界的聖人所體現出來的詭譎相即的德與福。第二，這裡所言說的德具有周遍潤澤宇宙萬事萬物而使其在回歸於其自己的過程裡自己引生自己的創生意義。德周遍潤澤並創生宇宙萬事萬物一義同時說明了我們自覺地遵照道德仁心所形著的天理而實踐的道德行爲純亦不已意義，而這恰是德域裡的事；而宇宙萬事萬物在德的周遍潤澤及創生過程裡所表現出來的隨合我們的意隨順我們的心意義，這如我們一般所常說的萬事如意一語所表示的意義，而這恰是福域裡的事。據此而言，這就是德福詭譎地相即意義：德相即於福，福相即於德。[47]這就是儒家圓教系統裡德福一致問題的基本內容。或者說，儒家意義的圓善問題當該在天理人欲同體異用同行異情的圓教義理模式裡說明才是眞正究極圓滿的。

---

44 《圓善論》，第 303-305 頁。

45 胡宏：《胡宏集》，北京：中華書局，1987，第 329 頁（案：後文引證此文獻時，僅標注文獻名與頁碼）；《圓善論》，第 324 頁。

46 《圓善論》，第 324 頁。

47 《圓善論》，第 325 頁。

最後說明真美善的分別說與合一說。牟宗三依據中西智慧傳統提出真美善的分別說與合一說，消化並超越了康德關於這方面問題的思考。[48]真美善的分別說，指的是分別獨立地講真美善及與此相關的知情意領域裡的問題；而真美善的合一說，指的是合一地講真美善三者一如的境界。現分別說明：第一，真美善的分別說如何表述；第二，真美善的合一說如何表述。

先說明真美善的分別說。在牟宗三看來，分別說的真對應科學知識領域，分別說的美對應自然美與藝術美領域，分別說的善對應道德及與其相關的領域。這就是說，真美善三者都有各自的獨立性及其對應的領域。真美善之所以可以分別說，是因為三者實際上是我們的特殊能力在各自領域裡集中表現的結果。牟宗三分別說真美善的基本情況。現再具體地分別說明。

第一，關於分別說的真。我們的認知能力與現象界域裡的現象相互關係就開啟真的領域，成就科學世界或科學知識。這就是說，真的領域實際上是我們的認知能力與現象界域裡的想像相互關係共同作用而成就的世界。相互關係一語指的是主客體交相互動的關係。具體地說，認知主體向對象客體施予主觀能動作用，與此同時，對象客體就呈現在認知主體面前。[49]我們的認知能力一般而言可以從感性知性兩方面予以說明。由感性所起的感觸直覺能力處理的是一系列感性現象；由知性所起的邏輯決斷能力處理的是經過感觸直覺能力加工過的一系列特殊現象。經過這樣兩步工作所成就的就是科學知識。[50]據此而知，認知對象與我們的認知能力相遭遇才成為具體的現象，這就是說，只有這樣意義的現象才是我們的認知能力所瞭解理解把握的對象。[51]正是在這一意義層面上，牟宗三將分別說的真比喻為我們生命的窗戶，

48　康德，牟宗三譯注：《判斷力之批判‧譯者之言》，臺北：臺灣學生書局，民81，第Ｖ頁（案：後文引證此文獻時，僅標注文獻名與頁碼）。

49　〈康德第三批判講演錄（八）〉，《鵝湖月刊》，第二六卷第十期，第1頁（案：後文引證此文獻時，僅標注文獻名與頁碼）。

50　牟宗三：〈以合目的性之原則為審美判斷力之超越原則之疑實與商榷〉，載《判斷力之批判》上卷，第79頁（案：後文引證此文獻時，僅標注文獻名與頁碼）。

51　〈康德第三批判講演錄（九）〉，第3頁。

進一步規定為我們生命的呼吸原則。但是，這一原則只與現象界域裡的現象相關聯，這就是說，只對現象界域裡的現象才有效力。這就是分別說真的基本內容。[52]

第二，關於分別說的善。依據康德，分別說的善應當在道德的應然意義處說明。道德的應然意義為具有純粹意義的自由意志所規定。這就是說，自由意志依據自己所確立的道德法則命令我們必須遵照這一法則的規定而實踐。然而，日常生活世界裡的人們因各種名聞利養所驅而一心一意地為己而常常並不能遵照道德法則的規定而實踐。與現實生活世界裡的日常事務相對比，道德法則所發佈的無條件道德律令的必然性與應然性就充分顯示出來了。這就是說，道德律令的命令及其應然性意義，是針對我們在日常生活世界裡的實際生活行為而凸顯出來的。為什麼？因為我們在日常生活世界裡並沒有實踐在本分範圍裡應該做的事而與道德法則無條件的必然性之間發生了分裂。[53]據此而知，道德領域為具有神聖意義的自由意志所規定，並通過遵照無條件道德律令而行的道德行為顯現出來。[54]正是在這一意義層面上，牟宗三將分別說的善看作是我們生命向上奮鬥，並進一步規定為我們生命的精進原則。這裡所言說的精進，指的是我們生命在不停地向上奮鬥。這就是分別說善的基本內容。[55]

第三，分別說的美。牟宗三直接地從情講美。在他看來，美的領域就在情的範圍裡，並規定這裡所言說的情是一種美情。[56]在此基礎上，進一步規定這裡所言說的美情就是美感，並表明通過美感所開顯的就是美的領域。因此，牟宗三肯認並讚賞康德的審美及美感只有對人講才是有效的一義。為什麼？因為純粹（動）物性的存有（如動物）沒有美感，純粹（精）神性的存有（如上帝）也沒有美感，而只有既是（精）神性的存有，又是（動）物性的存有（人）才擁有美感。[57]然而，只有美感還不能說明美的領域，還須要借助一個東西將美感呈露出來，才可以成就一個

---

52 〈以合目的性之原則為審美判斷力之超越原則之疑竇與商榷〉，第 82 頁。
53 〈以合目的性之原則為審美判斷力之超越原則之疑竇與商榷〉，第 79-80 頁。
54 〈康德第三批判講演錄（九）〉，第 3 頁。
55 〈以合目的性之原則為審美判斷力之超越原則之疑竇與商榷〉，第 82 頁。
56 〈康德第三批判講演錄（八）〉，第 5 頁。
57 《判斷力之批判》，第 172 頁；〈康德第三批判講演錄（八）〉，第 5 頁。

完整獨立的美的領域。這就是說，在主觀意義的美感與客觀意義的情景相應和並顯現出來處，美就出現了。自此而觀之，當然自然景色能夠與我們的美感相遭遇而將美感顯現出來，自然景色在這樣的時刻才顯示了審美的意義。[58]據此而知，美的領域是我們的審美品鑒能力所成就的。正是在這一意義層面上，牟宗三將分別說的美看作是我們生命怡然自在的生長狀態，並進一步規定為我們生命的閒適原則。為什麼？因為在美的領域，我們的生命在真及善的領域所顯示出來的緊張狀態已經全然化除，這就是說，我們的生命在美的境界裡閒適自在而生生不息。這就是分別說美的基本內容。[59]

再說明真美善的合一說。牟宗三依據中國智慧傳統發現，分別說的具有獨立意義的真美善所顯示出來的自體相可以化掉而實現三者合一，這就是即真即美即善。即真即美即善就是合一說的真美善。[60]這裡所言說的合一，指的是就同一事而同時講真美善三者相即而在，而並不是指不同的三者綜合統一在一起。從這個意義層面上說，這裡所言說的合一實質上是一種究極圓滿渾化一如的境界。[61]對於這一問題，可以從兩個方面展開說明：

第一，這即真即美即善的合一境應當從何處說明？在牟宗三看來，這應該從道德仁心處說明。為什麼？因為道德仁心是我們日常生活行為的主導者，是思想建體立極的綱領。承上文，道德仁心是我們生命精進不已的奮鬥原則。在這原則下挺立的道德主體通天徹地。因此，我們的生命通過道德實踐而實現的最圓滿狀態是一既提得起又放得下的狀態。提得起放得下一語函蘊著道德奮鬥是隨順自然的，即不著相的。在這樣的狀態裡進行道德奮鬥就是自然而然的，即沒有了奮鬥的緊張相。這恰如孟子所言說的堯舜性之，[62]明道所言說的天地之常以其心普萬物而無心，聖人

58　〈康德第三批判講演錄（八）〉，第 5 頁。

59　〈以合目的性之原則為審美判斷力之超越原則之疑竇與商榷〉，第 82 頁。

60　〈康德第三批判講演錄（八）〉，第 8 頁。

61　〈以合目的性之原則為審美判斷力之超越原則之疑竇與商榷〉，第 82 頁。

62　楊伯峻：《孟子譯注》，北京：中華書局，2007，第 334 頁（案：後文引證此文獻時，僅標注文獻名與頁碼）；〈以合目的性之原則為審美判斷力之超越原則之疑竇與商榷〉，第 83 頁。

之常以其情順萬物而無情。[63]據此而知，我們的生命不停地向上奮鬥而頂天立地地挺立起來的原初根據就是我們本自具有的上下徹然的道德仁心。

第二，這即眞即美即善的合一境應當如何具體地描述？牟宗三分三步說明：一是從道德實踐所經歷的三關說明即善即美。具體地說：第一關是挺立關，即挺立頂天立地的道德主體。第二關是成大關，即成就崇高偉大莊嚴的道德形相。第三關是無相關，即化掉讓人緊張畏懼的道德相而進入親近平易的渾圓化境。[64]

二是說明從即善即眞進至即眞即美即善。經過道德實踐的無相關後，道德仁心進入了無相境界而能夠化掉向上奮鬥的道德相及與人的感性知性相對應的現象相而實現眞善相即一如。依此而進一步則是眞美善相即一如。[65]

三是以王龍溪的四無句所表示的渾化境界說明即眞即美即善。王龍溪的四無句是：「體用顯微只是一機；心意知物只是一事。若悟得心是無善無惡之心，意即是無善無惡之意，知即是無善無惡之知，物即是無善無惡之物。蓋無心之心則藏密，無意之意則應圓，無知之知則體寂，無物之物則用神。天命之性粹然至善，神感神應，其機自不容已，無善可名。惡固本無，善亦不可得而有也。」[66]依此而知，儘管心知是體是微，意物是用是顯，然心意知物四者只是一事，從境界層面上說，實是渾圓化境。在牟宗三看來，這渾圓化境就是即眞即美即善的合一境界。這就是說，在四無化境裡，不但無化掉了分別說的具有獨立意義的道德之善相及科學知識之眞相，還無化掉了分別說的具有獨立意義的美相。因此，在這渾化一如的圓融境界裡，善即於眞即於美，眞即於善即於美，美即於善即於眞，一言以蔽之曰：即眞即美即善。

63　程顥、程頤著，王孝魚點校：《二程集》，北京：中華書局，1981，第460頁（案：後文引證此文獻時，僅標注文獻名與頁碼）；〈以合目的性之原則為審美判斷力之超越原則之疑竇與商榷〉，第83頁。

64　〈以合目的性之原則為審美判斷力之超越原則之疑竇與商榷〉，第84頁。

65　〈以合目的性之原則為審美判斷力之超越原則之疑竇與商榷〉，第85頁。

66　王龍溪：《王龍溪全集》（第一冊），臺北：華文書局，1970，第89-90頁（案：後文引證此文獻時，僅標注文獻名與頁碼）；〈以合目的性之原則為審美判斷力之超越原則之疑竇與商榷〉，第75頁。

四、牟宗三哲學思想的二重性

　　牟宗三哲學具有濃郁的現代性氣質。究其原因，大端有二：一是現代性為現代學術的深層思維語境，這是就時代的歷史性宏大敘事語境而言的；二是牟宗三對現代性的回應。這一方面又可以分為兩個方面：第一是牟宗三順應現代性的態勢；第二是牟宗三對現代性的提撕，這是就牟宗三哲學思想自身而言的，依此而觀之，牟宗三哲學思想確有現代性的二重性特徵。

　　首先說明順應現代性的態勢。現代性的態勢是什麼？承上文，現代性態勢，指的是人的知性思維功用被無限強調放大，而導致在社會生活裡以科學技術所主導的工業文明無處不在，並支配著我們的生活學習工作的這樣一種狀態。從正面來看，科學技術的發展確實帶來了人類歷史上前所未有光輝燦爛的工業文明，而輝煌的工業文明又給人類帶來了前所未有豐富的物質生活與便利的生活設施及生活條件。從這個意義上說，科學技術及工業文明在物質性的層面上給人類帶來了幸福。科學技術的發展速度越快，其對工業文明的貢獻就越大，人們因此而獲得的幸福就越多。這類現實生活的感受都是鮮活的具體的，這就是說，人們在其日常生活裡是可以通過感官直接感受到的，這如無線視頻通訊技術給現代人交流溝通帶來的方便。這些現代化形態，即工業文明都是就人類文明的形態而言的。就人類文化的形態而言，這就是現代性的思想潮流。現代性是現代化背後的支撐性力量。現代物質文明是人類共同的文明，是人類都可以享受的幸福，沒有國家種族民族地區的限制。因此，中華民族自然有追求現代物質文明的權利。然而，歷經數千年王朝統治的中華民族，在來勢洶洶的現代化浪潮裡該何去何從？是繼續閉關鎖國封閉自我，還是如一些近現代賢達人士那樣主張全盤西化？中華民族擁有數千年的輝煌文化，其大端有三：一是儒家文化，二是道家文化，三是佛家文化。前二者是自家土生土長的文化，後者是從印度傳來的文化。在三種文化裡，儒家文化是主脈，滲透進每一個中華民族成員的血液裡，對每一個中華民族成員的思想言語行動都有著或顯或隱的重要影響。歷史在向前發展，每一個時代都有其自己所必須面對的前所未有的問題。就現當代中國而言，必須面對的時代問題，就是如何實現現代化的問題。就儒家文化而言，必須面對的思想語境問題，就是如何順應現代性的態勢問題。作為當代新儒家他那

一代最具創造力與影響力的哲學家[67]——牟宗三提出從良知開出科學與民主的解決方案，以應對當前的時代問題，即現代化問題。

現進一步說明牟宗三提出從良知開出科學與民主的文化背景與學理根據及其基本內容。[68]先說明從良知開出科學與民主的文化背景與學理根據。在中國，無論儒家還是道家都沒有發展出知性形態。儒家重視德化政治，教化倫常，主張通過盡心盡性而實現天道性命相貫通。儘管儒家系統是一個仁智合一的系統，但仁是本，智是用，因此，有「仁者安仁」，「智者利仁」[69]這樣攝智歸仁，智以仁養的表述。[70]道家注重的是呈現境界，而且是一種超知性的境界。[71]因此，無論儒家還是道家，都沒能發展出類似西方文化中的知性形態，而不能成就邏輯數學科學。

通觀中國歷史，政治統治理念是道德的，即「修己以安百姓」，[72]因此，始終沒有發展出階級。作爲中國文化主脈的儒家系統所秉持的政治理想就是通過德化君相，產生聖君賢相，而實現太平盛世。沒有階級以及由其帶來的對立關係，君相及人民的權利與義務就既沒有明確規定也沒有任何限制。因此，儒家的德化政治始終沒能走向民主政治。[73]

再說明從良知開出科學與民主的基本內容。在明白了中國文化沒能開出民主與科學的根本原因後，牟宗三提出了自己的解決方案。儘管中國文化是道德性的文化，但道德理性是涵蘊著民主與科學的。這就是說，誠心求知，確定權利，規定義務，是道德理性自身的內在要求。道德理性的實現，需要科學知識與民主政治的支持。

67　Robert Audi(General Editor)The Cambridge Dictionary of Philosophy,Second Edition, Cambridge:Cambridge University Press,1995,P593.

68　關於牟宗三新外王學的現代性意義，參唐聖：〈由良知開出民主與科學〉，《鵝湖月刊》，2011（1），第 40-51 頁。

69　楊伯峻：《論語譯注》，北京：中華書局，1980，第 35 頁（案：後文引證此文獻時，僅標注文獻名與頁碼）。

70　牟宗三：《歷史哲學》，臺北：臺灣學生書局，2000，第 177-178 頁（案：後文引證此文獻時，僅標注文獻名與頁碼）。

71　《歷史哲學》，第 175-177 頁。

72　《論語譯注》，第 159 頁。

73　《歷史哲學》，第 185-189 頁。

否則，道德理性的實現就會落空。正是從這個意義上，牟宗三強調從道德理性可以開出民主與科學。須要說明的是，這一開出的途徑不是直線暢達的而是轉折曲達的。這就是說，從道德理性不能直接開出民主與科學，而需要一曲折轉進才能間接開出。具體地說，道德理性不是順著自身發展而一往無前向上攀升，而是在一適當之處先暫時中斷自身的發展方向而轉向知性的發展方向。牟宗三將這樣的過程命名為：良知自我坎陷，即道德理性自我坎陷。經過這樣一個曲折發展，民主與科學是可以從道德理性開出來的。[74]

其次說明對現代性的提撕。承上文，根據尤西林的現代性時間理論，現代性的無限性時間進程引發的後果是：現代化無人稱技術統治了世界，人在這樣一個技術化的世界裡失去了終極價值意義的信仰與守護。這就將使現代人感覺自己被拋離了這個世界而懸在空中，同時也說明現代人的生存意義沒有了根基。而牟宗三從中國智慧傳統所發掘出來的渾圓一如智慧境界就正好給我們無根的現代人一個可以紮根的大地。[75]

現僅以尤西林對牟宗三當下圓頓思想的時間性研究為例做一簡單說明。尤西林的研究貢獻表現在兩個方面：第一，從時間性維度來詮解牟宗三的當下圓頓思想。從時間性上來看，圓頓直接指向永恆的當下，在這此時此刻既不前瞻未來，也不回望過去。因此，只有當下圓頓的瞬間才有能力截斷直線向前的作為現代性本質結構的進步主義時間流。當這直接指向未來的單向度時間流被截斷時，在這時間流裡的現代人才能夠暫停下來獲得休息。生命的力量只有在休息裡才能獲得成長。從這個意義上說，這不但將沉落於現代化無人稱技術世界中的現代人解救出來，而且給予現代人生命休整與生息的時間。第二，當下圓頓的實質及意義。就字面意義說，圓頓就是頓時圓滿。頓時就是截斷直接指向未來的單向度時間流程間距的那一瞬間；圓滿就是在這一瞬間向上躍起而擺脫了直線進步主義時間流壓迫後的寧靜平和狀態。為什麼現代人的心靈在這一瞬間獲得了寧靜平和？因為正是在這一瞬間現代人的心靈進入了作為本體的道德本心（心體）並從此獲得生命意義的慰藉。這就是說，

74　牟宗三：《政道與治道》，臺北：臺灣學生書局，民80，第55-60頁。

75　〈智的直覺與審美境界〉，第15頁。

現代人在現實世界裡的日常生活就是因為這一永恆性的當下圓頓才顯示出了充實的意義，並讓生命從此感受到安穩踏實。[76]牟宗三從中國智慧傳統所發掘出來的渾圓一如智慧境界是一在當下就可以具足、圓成的，這就是說，渾圓一如的智慧境界是一圓頓朗現，具體地說，就是一圓滿充實的平平實實的狀態。在這平平實實的狀態裡，現代人消除了先前在現代化無人稱技術世界裡的緊張狀態，讓麻木、僵硬的心靈頓時平靜下來，放鬆下來，讓扭曲、畸變的生命回到正常的軌道。這就不僅把現代化世界中的現代人的生命從直線前進的現代性時間流中拉出來讓其得到休息和療養，而且更為根本的是使現代人的生命回到了自身，而不再被拋離而懸空，而是回落至踏實，心靈不再被抽空而虛無，而是充實而永恆。依此而觀之，牟宗三關於渾圓一如智慧境界的思想對令人異化的現代性正是一種提撕以避免其負面意義的一面不會肆虐地爆發出來。這樣一種提撕現代性的渾圓一如境界則恰是審美性的，即具有真正的美學品格。

五、牟宗三哲學的美學指歸

面對牟宗三哲學美學研究課題，尤西林有一洞見：「牟氏道德哲學及中國傳統心性之學的現代性意義實質是美學性的。牟宗三哲學的美學性質是超出牟氏儒家倫理本位情結並被20世紀中國哲學史與中國美學史均忽視的一大課題。……牟氏的道德理想主義心體論復現並發展了作為中國儒家美學深層代表的倫理行動美，而中國美學研究長期以道家美學及藝術學研究為主幹。牟氏圍繞倫理審美境界對心體意向宏大而精微的研究，客觀上為20世紀中國美學提供了重要的補充，並成就了一種根基於中國傳統的元美學。」[77]這一洞見是尤西林在現代性的宏大敘事語境裡以審美現代性為大背景而悟解得者。

對於中國現代美學研究而言，牟宗三美學具有王國維、宗白華與朱光潛這些佔據20世紀中國美學研究視野中心的代表人物未能體現的深度：

76　〈智的直覺與審美境界〉，第11-12頁。
77　〈智的直覺與審美境界〉，第5-19頁。

1. 牟宗三哲學在 20 世紀中國哲學中的重要代表性，賦予牟宗三美學在 20 世紀中國哲學美學中同樣重要的代表性；牟宗三美學成為 20 世紀中國哲學美學亦即元美學的中國傳統形態代表。

2. 牟宗三美學與倫理學的一體化關係也正是中國傳統美學深層基點，這一基點被藝術學化的現代美學遺忘已久。牟氏基於中國傳統文化主幹的儒家倫理美學，乃是對飄逸於傳統中國社會生活之上的道釋美學的根本性補充。

3. 牟宗三哲學基於倫理行為的「呈現」境界，實質上比基於藝術類形式靜觀更為源始基礎性的審美形態。這一審美觀念同樣被現代中西方美學遺忘已久。

4. 牟宗三新儒學的核心乃是心體論，以「智的直覺」及其「呈現」為特性的心體論將中國美學帶入了現代性的中心。[78]

尤西林在此段綱領性文獻裡意欲說明如下意涵：第一，在尤西林看來，將牟宗三美學置於中國思想史尤其是 20 世紀中國思想史語境裡審查則可凸顯出其前所未有的深度。第二，在本體論域裡，牟宗三美學是緣中國智慧傳統而來的元美學形態。第三，緣中國智慧傳統而來的美學形態深層基點是審美倫理一體化關係。這不但為被藝術學化的現代美學所久已遺忘，而且對追求出世超脫境界的道釋美學是一根本性補充。第四，牟宗三的倫理生存審美理論在實質上比藝術領域裡的靜觀鑒賞更具有源始性基礎意義。之所以如此，是因為作為美學研究最主要對象的藝術獨立於主體行為而單具有形式性審美意義。這更是 20 世紀中西方美學久已遺忘的根本性問題。第五，牟宗三美學的心體論基質將 20 世紀中國美學置於現代性思域的中心，這即是現代性與審美現代性背反的必然結果。現代性與審美現代性背反的根源性問題是現代人的心性問題。

沿著上述綱領性文獻所確定的方向，尤西林展開了具體地詳瞻釋論，其大端有五：一是詮解分別說之美；二是詮解合一說之美；三是有無之辨；四是心體時間與智的直覺之審美意義；五是倫理生存審美的現代性意義。

78　《心體與時間：二十世紀中國美學與現代性》，第 197 頁。

　　第一，關於分別說的美。根據尤西林的研究，牟宗三分別說的美具有如下特性：(1)美是生命主體消弭了其在世間的諸般執著而呈露出生命逍遙自在閒適無礙的無向狀態。然如若對這一無向的執著則亦顯一住相，這就是說，這一無向自身成為了執著的方向。(2)無向之美在世間的住相即是藝術。正是在這一意義層面上，牟宗三言中國藝術文學精神大半從道家開出。(3)對無向之美的執著至其極則成為唯美主義形態。而牟宗三對如此而來的唯美主義現象形態則給予了嚴厲的批評：一是唯美主義的生命力量是一種自然生命的原始衝動；二是唯美主義生命是一無所掛搭的生命，單只是氣性生命力量的揮灑而無有更多的意義，故在本質上實是一虛無主義。[79]依此而進一步言，「牟宗三對唯美主義批判的同時已包含著對審美、藝術本身限定性的認識：審美與藝術不能保證理性與道德，相反，審美與藝術如果堅執其脫離理性與道德的唯美主義，則勢必墮落為虛無主義與病態的自然生命。」[80]

　　第二，關於合一說的美。所謂合一說的美是指從分別說的美返回而言真美善合一狀態的美。在尤西林看來，牟宗三明確並反復在非分別意義上即非一般而言的藝術審美意義上言合一圓成形態的美尤有形上意味，故比一般而言的即分別說的審美形態更加具有深刻的普遍意義。[81]真美善合一狀態，牟宗三以象山所言之平地表之。而平地的本體性特徵則是絕對的無-對，即無有對應的對象，亦即無有現象界之相可對。儘管在真美善之合一境裡真美善皆化其相而至無相狀態，然仍然可以美的無向性來指稱此一合一狀態。故合一說的美與分別說的美在無向性意義層面上有其一貫性。此處須要說明的是：此所謂無真美善相之美亦可謂是無向之美，但與分別說的執著美的無向性之美所墮至的唯美主義有別。前者是真美善合一圓成的境界狀態，後者是虛無主義的異形表現。故前者比後者更具有本真性的源初意義。牟宗三將本源性意義的美與事相性意義的美區分開來之思，不僅深化了中國古典美學固有的特

79　《心體與時間：二十世紀中國美學與現代性》，第 199-200 頁。

80　《心體與時間：二十世紀中國美學與現代性》，第 201-202 頁。

81　《心體與時間：二十世紀中國美學與現代性》，第 203 頁。

徵，而且對中國美學研究發展確是一大貢獻。[82]正是在這一意義層面上，「牟氏的圓成合一之美學因此占居著現代本體論美學最為根本的層面。」[83]

　　第三，關於有無之辨。承上文，美的無向性既是分別說的美自身的特性，又與合一說的真美善圓成境界相一貫。故，辨析並貞定無-有，是牟宗三美學最高層級的思辨，它同時將美學帶入哲學形上學（存有——本體論）層面。分別說的美是執著美的無向性而成就的美自身，這是美的無向性向內作用於自身而成就者。合一說的美是真美善相皆被無化掉而成就的圓成合一境界，這是美的無向性向外作用於真美善之全部有相而成就者。依此而言，美的無向性具有本體性意義的超越性力量。這就是說，美的無向性力量對執著美的無向性之執著相亦能無化之。然牟宗三則並未肯認美自身具有如此超越自我及諸相的力量。[84]牟宗三隨之援手道德縱貫創生性力量而言合一圓境的美是道德潤澤化成世界的結果。這即是說，「作為最高境界，美是對以道德實踐為主導合一圓成歷程全部矛盾鬥爭內容的昇華性融合。這裡極為重要的是，道德實踐主導所達到的圓成化境固然是道德化進程的極致，但不是認知與道德，而唯有美才是這一本體極致的恰當代表意識。牟宗三以道德統一審美的極端後果，恰恰賦予美在最高道德化境中特殊的總體代表性。……。上述自牟宗三美學中引申出的美的本質觀念，不僅會重大改變牟氏關於美在道德建體立極圓成中無所事事的消極性偏見，而且將重大改變作為牟宗三哲學基石的『智的直覺』的涵義。」[85]「由於『智的直覺』在牟宗三哲學中的特殊重要性，因而這一論題也成為牟宗三美學的中心，並將因此重大地改變牟宗三美學在牟宗三哲學中的附屬地位，乃至可以極而言之：牟宗三傳統心性哲學不僅是一種現代性批判意識的心體論，而且也是中國傳統哲學美學的一種現代形態。」[86]

82　《心體與時間：二十世紀中國美學與現代性》，第 205-206 頁。並在此著第 208 頁第二條注釋裡，尤西林判牟宗三這一美的哲學本體論形態「確屬牟氏獨特貢獻」。

83　《心體與時間：二十世紀中國美學與現代性》，第 208 頁。

84　《心體與時間：二十世紀中國美學與現代性》，第 209 頁。

85　《心體與時間：二十世紀中國美學與現代性》，第 213 頁。

86　《心體與時間：二十世紀中國美學與現代性》，第 218 頁。

　　第四，關於心體時間與智的直覺之審美意義。牟宗三與康德哲學對判的一個根本點，是康德依西方基督教智慧形態而否認人有無限智心，而牟宗三則依中國智慧形態而肯認人確有無限智心。「牟宗三所述無限智心，實質上是以儒家道德理想爲基幹宗旨，並經由儒道釋幾千年磨蕩融匯所塑造的中國傳統主流文化心理。」[87]在牟宗三哲學語境裡，無限智心具有徹上徹下涵蓋乾坤的創生性意義，這即是說牟宗三的心體論是融攝存在──價值爲一體的價值存在論。[88]這一函攝存在-價值一體的無限智心具有一特殊力量即頓時圓成或當下圓成的力量。「心體朗現或圓頓是發生在消除了時間流程間距的剎那間飛躍，個體之心由於在此剎那間進入（回歸）心體，而心體作爲『無向』本體超絕於時間之上，剎那因而即成永恆。這也就是當下圓成之『當下』。此『當下』具有雙重性：作爲圓成之『當下』已不是時間三維中的『現在』，而〔是〕融入於本體界的永恆；但作爲現實德行的『一步』，它又是時間三維中的『現在』時刻。『現在』之過程被『永恆』潤澤，而可以『當下』即實現『未來』之目的。現實時間進程遂不再因現代性時間-歷史觀所強化的『未來』牽引鞭策而匆忙疲困焦慮，也不再因此借助宗教信仰的慰藉支撐。永恆化的『當下』在這後一意義下仍然置身於人類學天然的生命節律變動亦即基礎的時間三維流逝中，人生依然眞實地一步一步行進，但每一步都可因其成爲『圓頓』之『當下』而永恆自足，走得自由自在、意義充實。」[89]質而言之，「牟氏圓頓之『當下』從而爲時間中亦即現實中的個體提供了安心立命的生命流程意義，同時重大地拆解與改造了作爲現代性本質結構的進步主義時間框架。」[90]正是在這一意義層面上，「牟氏心體論從其僭越存在論回歸心體論後，無疑爲現代心體論貢獻了一種中國傳統文化心體觀。其中圓頓與『步步圓成』辯證關係，對現代性惡性無限時間尤其具有對症治療意義。」[91]

---

[87]　《心體與時間：二十世紀中國美學與現代性》，第 236 頁。

[88]　《心體與時間：二十世紀中國美學與現代性》，第 238 頁。

[89]　《心體與時間：二十世紀中國美學與現代性》，第 246-247 頁。

[90]　《心體與時間：二十世紀中國美學與現代性》，第 247 頁。

[91]　《心體與時間：二十世紀中國美學與現代性》，第 254 頁。

第五，關於倫理生存審美的現代性意義。依據尤西林的現代性時間理論，現代性的向量時間觀念帶來的是直接指向未來的歷史觀念。在這一時間-歷史進程裡，以工業化爲表徵的工具理性尤其發達並主宰著現代人的心靈。在巨大的無人稱指涉的現代化技術網路裡，現代人被直線向前的現代性時間洪流裏挾著而無法安立並倍感身心俱空而墮入虛無主義深淵。因此，在尤西林看來，「牟宗三古典教化的心體論，在現代性條件下實質成就了一種包含強烈現代針對性的倫理美學。這一結論也適宜於對整個中國古代心性之學（特別是宋明心學）的現代性闡釋。」[92]正是在這一意義層面上，「牟氏倫理美學心體論『圓頓』之『當下』境界，給被未來牽引下疲於奔命的現代個體提供了非宗教信仰的安身立命感。中國古典的君子心性境界參與轉化爲審美昇華的意義感，這種終極意義感不僅支撐著現代審美文化使之不沉淪爲商業消費或虛無主義絕望性發洩物，而且超出現代性心理轉而對現代化政治經濟科技提供更高遠更周全更根本的價值方向座標。」[93]

如上乃是尤西林的牟宗三美學研究的基本內容。尤西林不僅從中國思想史尤其是 20 世紀中國思想史語境審查牟宗三哲學美學以給予其座標定位，而且從現代性宏大敘事語境即現代性與審美現代性背反的語境論釋牟宗三哲學美學的現代性意義以表明當代中國美學研究的重要方向當是倫理生存審美研究。[94]

六、牟宗三哲學美學的核心問題

沿著尤西林所洞見到的牟宗三哲學美學研究方向，我則直接進入牟宗三哲學美學思想內部展示他的哲學美學思想的核心問題是什麼，以及其原因是什麼。

以牟宗三的全部著作尤其是核心著作爲主要依據，我深切地感受到牟宗三哲學美學思想的核心問題是圓覺主體（聖人）的自由。根據他的思想語境，自由是一種境界，而圓覺主體（聖人）是圓滿覺悟的主體之簡潔表述，依儒釋道三家智慧而具

92　《心體與時間：二十世紀中國美學與現代性》，第 261 頁。
93　《心體與時間：二十世紀中國美學與現代性》，第 262 頁。
94　唐聖：〈倫理生存美學：當代中國美學的重要方向〉，《人文雜誌》，2009(5)，第 110-114 頁。

· XXVIII ·

體地說：在儒家是聖人，在佛家是佛陀，在道家是天人。因此，圓覺主體（聖人）的自由，就是聖人佛陀天人通過次第實踐修行而親自證得的圓融無礙的境界。

　　為什麼說牟宗三哲學美學思想的核心問題是圓覺主體（聖人）的自由？我認為主要原因有兩個：第一，牟宗三曾經反復說過，他一生的志業就是通過邏輯的力量對中國智慧傳統的每一個問題給予一個證明，使之挺立起來。牟宗三在其門弟子設宴為其八十整壽祝福的席間有言：「從大學讀書以來，六十年中只做一件事，即：『反省中國之文化生命，以重開中國哲學之途徑』。」[95]第二，圓覺主體（聖人）的自由是中國智慧傳統最高的理境，講中國智慧傳統，無論從哪個角度切入，最後都必定講到這裡來，因為這是中國智慧傳統最究竟了義的地方。從牟宗三的全部著作來看，這一問題是最為明確的。這如他在晚年講康德第三批判時候諄諄教誨學生們反復所說：「這些是最玄的，我供給你們一些想法，假定你們瞭解中國哲學，把握中國儒釋道的最高理境，那麼，這些都很容易瞭解。因為中國儒釋道三家都喜歡講真善美合一，雖然沒有分別講，但合一說的真善美講得很好。這個就是中國人的智慧。」[96]

　　余文則進入牟宗三哲學思想殿內體貼地疏導牟宗三美學思想的核心問題，並在此基礎上隨文評點，而且引申敷演一系列相關的美學基本問題以期返本開新。

95　蔡仁厚：《牟宗三先生學思年譜》，臺北：臺灣學生書局，民 85，第 73 頁（案：後文引證此文獻時，僅標注文獻名與頁碼）。

96　〈康德第三批判講演錄（四）〉，《鵝湖月刊》，第二六卷第六期，第 13 頁。

聖人的自由:牟宗三美學思想的核心問題

目次

自序 …………………………………………………………………………… I

導論　自由為一呈現而非一設準 …………………………………………… 1

第一章　道德天心與主體自由 ……………………………………………… 19

　第一節　圓成之和與美的判斷 …………………………………………… 19

　　一、圓成之和 ……………………………………………………………… 19

　　二、美的判斷 ……………………………………………………………… 22

　　三、天心之寂照原理 ……………………………………………………… 25

　　四、牟宗三美學綱格之基調 ……………………………………………… 28

　第二節　道德的主體自由與藝術性的主體自由 ……………………… 31

　　一、黑格爾論中國的自由 ………………………………………………… 32

　　二、道德的主體自由 ……………………………………………………… 39

　　三、藝術性的主體自由 …………………………………………………… 46

　　四、倫理生存與審美 ……………………………………………………… 50

　第三節　道德的心與真正的主體的自由 ……………………………… 52

　　一、美學的欣趣情調 ……………………………………………………… 53

二、道德的心 …………………………………………………… 56

三、立於禮而來的成於樂 ……………………………………… 61

四、成於樂與審美教育 ………………………………………… 63

第二章　心性之學與自由之呈現 ………………………………… 67

　　第一節　才性與內在的道德性 …………………………………… 67

　　　　一、才性與美學性的品鑒 …………………………………… 67

　　　　二、沖虛玄德與跡冥圓融 …………………………………… 76

　　　　三、形上的天地之和與純粹的和聲之和 ………………… 84

　　　　四、美的自由與內在的道德性 …………………………… 90

　　　　五、氣性的美與理性的善 …………………………………… 96

　　第二節　菩提心與圓融自在 …………………………………… 100

　　　　一、實相般若與無相境界 ………………………………… 100

　　　　二、一念心與三千法 ……………………………………… 112

　　　　三、無住本與無識無明 …………………………………… 123

　　　　四、佛境：菩提心自證之自由 …………………………… 133

　　　　五、相而無相與審美愉悅 ………………………………… 142

　　第三節　天道性命通而為一與聖人之化境 ………………… 147

　　　　一、心性之學與道德的形上學 …………………………… 148

　　　　二、道德的形上學與道德底形上學 ……………………… 153

　　　　三、道德的形上學與聖人之化境 ………………………… 158

　　　　四、聖境：大德敦化 ……………………………………… 166

　　　　五、道德實踐與審美愉悅 ………………………………… 188

第三章　智的直覺與自由之朗現 ………………………………… 193

第一節　智的直覺與道德的形上學 ················· 193

一、智的直覺與物之在其自己 ················· 194

二、智的直覺與心知廓之 ················· 197

三、智的直覺與不一也一 ················· 208

四、智的直覺與般若智 ················· 217

五、智的直覺與實踐的形上學 ················· 223

六、智的直覺與實踐-修證美學 ················· 227

第二節　自由的無限心與物之在其自己 ················· 230

一、物之在其自己是一價值意味底概念 ················· 231

二、人雖有限而可無限 ················· 238

三、康德之自由義是不穩定的 ················· 242

四、自由為一呈現 ················· 246

五、無執的存有論 ················· 253

六、無執的存有論與實踐-修證美學 ················· 269

第三節　孟子與康德：德福如何一致 ················· 275

一、生之謂性 ················· 276

二、義理之性 ················· 277

三、純德之善與圓滿的善 ················· 288

四、無限的智心之證成 ················· 296

五、圓實之教與整全而圓滿的善 ················· 301

六、圓實之教與實踐-修證美學 ················· 326

第四章　即真即美即善與自由之圓成 ················· 331

第一節　合目的性原則與無相原則 ················· 331

一、判斷力原理 ················· 332

二、審美判斷之超越原則 ························· 336

三、審美判斷之普遍性與必然性及推證與辯證 ······· 342

四、審美判斷之關係相 ·························· 350

五、對牟宗三之重述的批判 ····················· 352

第二節　眞美善與即眞即美即善 ·················· 355

一、分別說：眞美善 ·························· 355

二、合一說：即眞即美即善 ····················· 361

三、即眞即美即善裡的眞美善 ··················· 367

四、眞美善與即眞即美即善之關係 ················ 371

五、對牟宗三眞美善理論的批判 ················· 377

實踐-修證美學　一個重要的理論方向 ·············· 381

參考文獻 ····································· 387

後記 ·· 397

導論　自由爲一呈現而非一設準

　　牟宗三從早期的邏輯學到晚期的哲學圓教系統之究極完成，都是在依中國智慧與康德(Immanuel Kant，1724–1804)對判[1]，而其核心問題爲：自由是設準還是呈現？依康德，自由是一設準，[2]而依牟宗三，自由爲一呈現，而且是當下呈現。

　　在西方哲學的歷史上，康德是第一位將自由置於其哲學系統之拱心石位置的哲學家。[3]康德在《實踐理性批判》之序文裡從自由理念與作爲實踐理性底必然法則的道德法則之互爲條件關係，即自由是道德法則底成立之根據，道德法則是自由底認識之根據[4]此一層面正式標明自由概念乃是其哲學系統之拱心石：

> 只要當自由之概念之實在性因著實踐理性底一個必然的法則而被證明時，則它即是純粹理性底全部系統之拱心石，甚至亦是思辨理性底全部系統之拱心石，而一切其他概念（如上帝之概念以及不朽之概念），由於是純然的理念，它們在思辨理性中是無物以支持之的，然而現在它們把它們自己附隨於（或

1　牟宗三謂：「吾一生無他務，今已八十四矣。如吾對中華民族甚至對人類稍有貢獻，即在吾能依中國智慧傳統會通康德並消化康德。」《判斷力之批判·譯者之言》，第 VI 頁。

2　對康德哲學之自由問題的研究，在漢語學界，最全面的當是盧雪崑之《康德的自由學說》一書，是書以自由作爲核心問題通貫康德哲學系統。參氏著，《康德的自由學說》，臺北：里仁書局，2009。在英語學界，較全面的當是 Henry E. Allison 之 Kant's Theory of Freedom 一書，是書未有關涉及康德第三批判即美學思想裡的自由問題。See *Kant's Theory of Freedom*, Cambridge: Cambridge University Press, 1990.

3　在張志偉看來，在西方哲學的歷史上，康德不僅是第一位，而且是唯一一位將自由作爲其哲學思想系統的基礎、核心、目的與拱心石的哲學家。參見氏著，《康德的道德世界觀》，北京：中國人民大學出版社，1995，第 81、112 頁。

4　康德著，牟宗三譯注：《康德的道德哲學》，臺北：臺灣學生書局，民71，第 129 頁（案：後文引證此文獻時，僅標注文獻名與頁碼）。

連屬於)這自由之概念，並因此自由之概念而得到其穩固性與客觀的實在性；那就是說，它們的可能性是因著「自由實際地存在著」（實有自由）這事實而被證明，因為自由這個理念是為道德法則所顯露。[5]

然康德在此明確標明之前，對自由的認識在思想上還是有一個逐漸推進的過程。自由一概念是康德在《純粹理性批判》關於純粹理性之二律背反章就先驗宇宙論的自然法則與自由之因果作用的背反關係作審查的時候開始正式地被思考的。此一關係的表達為：「正題：依照自然之法則而成的因果性不是這唯一的因果性，即『世界底現象盡皆由之以被引生出』的那唯一的因果性。要想去說明這些現象，『去假定復亦有另一種因果性，即自由之因果性』這乃是必要的。」[6]「反題：茲並無所謂自由；世界中的每一東西唯只依照自然之法則而發生。」[7]現象世界的關係為其對應的自然法則之因果作用所規定，但此一自然法則的因果作用自身又如何被規定，這則需要另外一個因果法則來說明，此即是自由因果之作用。但現象世界的關係又僅僅以自然法則為依據，於是這裡所討論的自由並不能得以落實。因此，康德繼而展開論述：「所謂自由，依其宇宙論的意義而言，我理解為是『自發地開始一狀態』之力量。因此，這樣的因果性其自身將不居於另一『在時間中決定之』的原因之下，如依自然底法則所要求者。依此義而言，自由是一純粹超越的理念，此超越的理念首先並不含有任何從經驗假借得來的東西，其次，它涉及一個『不能在任何經驗中被決定或被給與』的對象。」[8]依康德，此一背反所展示的自由不僅是純粹先驗的，而且還由此規定了此自由的基本特性，即完全區分於經驗而與先驗相關聯。之所以如此，是因為自由在其實踐的意義上即是意志之獨立不依於由感性而來的強制性力量。此即是說，如果一個意志僅僅為感性的力量所影響時，它即是動物性的意志。而人類的意志儘管確然為感性所影響，然它不是動物性的，而是自由的。此是因為

5　《康德的道德哲學》，第 128 頁。

6　康德著，牟宗三譯注：《純粹理性之批判》（下冊），臺北：臺灣學生書局，民 72，第 195 頁（案：後文引證此文獻時，僅標注文獻名與頁碼）。

7　《純粹理性之批判》（下冊），第 198 頁。

8　《純粹理性之批判》（下冊），第 284 頁。

人有一種自決的能力，即獨立不依於任何由感性衝動所強制性產生的力量。[9]在康德此一階段的思想裡，自由僅僅作爲一超越的理念而被討論，[10]拆穿直接言之，即此自由一理念單只是消極地被思議之。[11]

康德在《道德底形上學之基本原理》一書裡的主要工作：首先從道德法則底先驗性、普遍性與必然性分析地逼至意志之自律，與此同時，由意志之自律批判地逼至意志之自由。就前者而言，依康德，就人類的意志而言，必定存在這樣一個具有普遍有效性的最高實踐原則，即因它是從其自身必然地對每一人爲一目的之目的概念中而引出，而成爲意志底一個客觀原則者。此原則是以理性的存有其存在自身即是一目的爲基礎的。然人類又必然地想其自身之存在即是如此者。此則顯示出此原則的主觀性一面。倘若每一理性存有皆以對我亦有效的同一理性原則爲標準而同樣地照察其自己之存在，此則顯示出此原則之客觀性的一面。正是在此意義層面上，意志底一切其他法則皆必定能夠由此被推證出來。[12]此道德原則之所以能夠對每一理性存有皆有效，乃因爲人類的意志自身先天地具有去給與道德法則的能力。關於此一方面，康德是從對一般人的認識之追問展開的：「大家都知道人是因著義務而受制於（服從於）法則，但卻沒有見到：他所服從的法則就只是那些他自己所訂立的法則，雖然這些其自己所訂立的法則同時也是普遍的，也沒有見到：他只是必須在與其自己的意志相符合中去行動，（意即他只是必須依照他自己的意志去行動），而其自己之意志是一個『天造地設地要去給與（制訂）普遍法則』的意志。」[13]此即是說，人類之意志自身不但先天地具備爲自己給與法則的能力，而且，此法則自身亦是普遍有效的。此法則即道德法則是也。正是在此意義上，康德名每一人的意志是給與普遍法則的意志此一原則爲意志底自律之原則，而與由性癖、性好與經驗等利害關心所引發的有條件的行動之必然性而形成的他律之原則相區分。[14]然何謂

9　《純粹理性之批判》（下冊），第284-285頁。

10　《純粹理性之批判》（下冊），第308頁。

11　《純粹理性之批判》（下冊），第304頁。

12　《康德的道德哲學》，第66頁。

13　《康德的道德哲學》，第72-73頁。

14　《康德的道德哲學》，第73頁。

意志底自律，何謂自律底原則？具體而言，所謂意志底自律，即意志自身對於其自己就是一法則的這樣一種特性。所謂自律底法則，即意志主體應當總是如此選擇以至於作出此選擇的決意所包含的此選擇底諸格准皆爲普遍法則之義是也。[15]將意志底自律落實到行爲上，即可言道德。所謂道德，即憑藉意志底格准而來的可能的普遍法則之制訂之謂也。具體而言，一個與意志底自律相一致的行爲，便是善的行爲；一個與意志底自律不一致的行爲，便是惡的行爲。[16]此即是康德由道德法則之先驗性、普遍性與必然性分析地逼至意志之自律此一思路之要義。

就後者而言，在康德看來，意志是屬於有生命的存有作爲理性的存有時的一種因果性，而且是一種獨立不依於外來的原因而有效的因果性。自由則正是意志此一因果性的特性。加之，因果性底概念函蘊著法則底概念。因此，自由必須是一種依照某一恒定的且是特定的法則而活動的因果性。正是在此意義上，意志自由就是意志自律，即意志依照其自己所立之法則而活動。何以故？因意志自身對其自己即是一法則故。此一法則從格准義的層面看，則是一定然律令之公式，並以此而爲一道德底原則。正是在此意義上，一個自由的意志與一個服從道德法則的意志是同一的。此乃自由之積極義，與在《純粹理性批判》裡單從物理的必然性是一切非理性的存有底因果性所具之特性義類推出自由是屬於有生命的存有作爲理性的存有底意志因果性所具之特性此一自由之消極義相區分。[17]

然由純粹實踐理性以及隨同此理性一定然律令之可能而來的自由一概念之合法性如何能夠被證明一問題[18]則迫使康德將自由預設爲一切理性存有底意志之特性[19]而證明之。

具體而言，第一，在謂述人類自己的意志之自由之前，必須具有謂述一切理性存有底意志之自由之充分根據。其理由有二：一是作爲人類此一理性存有底行動法

15　《康德的道德哲學》，第 85 頁。

16　《康德的道德哲學》，第 84 頁。

17　《康德的道德哲學》，第 93-94 頁。

18　《康德的道德哲學》，第 94 頁。

19　「自由必須被預設爲一切理性存有底意志之特性」，此乃《道德底形上學之基本原理》一書第三節之第二個小標題語。《康德的道德哲學》，第 95 頁。

則的道德必須對一切理性存有皆有效力；二是作為單由此推演出道德來的自由此一特性亦必須是一切理性存有底一種特性。在此基礎之上，方可言，第二，自由是屬於秉有一意志的一切理性存有底活動的。此即是說，秉有一意志的一切理性存有單只能在自由之理念下活動，才真正是自由的。進而言之，一切與自由不可分底相連系的法則，對一切理性存有皆有同樣的效力。此即是說，一切理性存有的意志經由此一理論之證明而表明其自身是自由的。正是在此意義上，每一秉有意志的理性存有擁有自由之理念，而且其自己亦單只在此一理念下活動此一論題才易於被說明之。之所以如此，是因為此語境裡所思議之理性是獨立不依於外來的力量而知曉其自己即是其行動所遵循之法則的制訂者。亦正是在此意義上，第三，此一理性，無論是在實踐理性層面，還是在理性存有底意志層面被審查，它皆知曉其自己是自由的，而且為每一秉有意志的理性存有所擁有。此乃由意志之自律批判地逼至意志之自由此一思路之要義。[20]

　　康德經由如上之思想準備之後，進至《實踐理性批判》，自由則成為其此一思想階段之核心問題。繼上正式明確標明自由為其哲學思想系統之拱心石後，康德就為何以自由為其此一思想階段之核心問題作了進一步的申述：第一，從研究主體層面看，自由一概念對批判的道德學家而言，是其把握最崇高的實踐原則之金鑰，並且亦憑藉著此一概念而必定必然地依一理性的方法而展開其研究工作。[21]第二，從其表述其思想之寫作構架層面看，康德在此一思想階段之思考關涉的是意志，並意欲在此意志之因果性中對與之相應之理性作批判性地審查。因此，此一批判性之審查工作必須從一種非經驗地制約的因果性之原則開始，然後由此去證成關聯於此一意志之相關的概念與論題以及由此而生成的系統構架。而此一因果性之法則又是必定必然地從自由一概念而來。因而，此一批判性之審查工作最後是以自由為歸屬的。[22]何以故，因我們人類不能對自由有直接之意識故。然我們人類能夠直接意識及之者，乃道德法則。何以故？因道德法則首先把其自己呈現給我們人類故。由於理性

20　《康德的道德哲學》，第 95-96 頁。

21　《康德的道德哲學》，第 133 頁。

22　《康德的道德哲學》，第 146 頁。

呈現道德法則爲一決定之原則，即完全獨立不依於任何感觸條件的決定原則，因而，道德法則則直接可引至自由一概念。[23]之所以如此，是因爲意志底自律是一切道德法則底唯一原則，而且是獨立不依於道德法則所欲之對象的原則。而此一獨立不依性乃是自由之消極義，而惟有那純粹的，即實踐理性底自我立法性乃是自由之積極義。正是在此意義層面上，道德法則就是純粹實踐理性底自律，進而言之，就是自由。[24]

透過上述之簡別，康德一反西方哲學歷史上關於道德之他律的思想方向，而反轉回來建構並證成道德之自律之思想，此乃一深刻之洞見。[25]在此一道德自律之思想裡，自由則順理成章地被置於最高而且是最關鍵之位置。然康德囿於西方基督教傳統，將自由之實現交給了上帝，因上帝才有智的直覺故。因而，自由在康德之道德哲學思想裡則單只是一設準，對作爲有限的理性存有之人類而言，則永不能實現。正是在此意義層面上，牟宗三展開其對康德此一思想之批評與重述。

牟宗三首先針對康德上述論點在總體上作了評析，其次就關鍵問題逐一作了分析與批評，然後在上述辨析之基礎上申述了自己的觀點。

首先，牟宗三就康德關於自由爲一設準之論題進行了總體性的評析。康德將關於道德之他律性的思考扭轉爲自律性的思考，以顯道德主體在道德實踐裡好善惡惡之向善之能力，此在西方道德哲學歷史上，乃一創闢性地革命。牟宗三對康德此一深刻之洞見極爲讚賞與肯定。「康德將屬於他律性的一切道德原則，或是屬於經驗的，由幸福原則而引出者，或是屬於理性的，由圓滿原則而引出者，盡皆剔除，而唯自『意志之自律』以觀道德法則，這在顯露『道德性當身之體』上說，（這是關於道德理性的第一義），可謂充其極矣。」[26]此即是說，道德必須從外在之牽連，無論是經驗的私人幸福原則還是客觀的理性圓滿原則，收回來，單從我們人類自己

---

23 《康德的道德哲學》，第 165 頁。

24 《康德的道德哲學》，第 171-172 頁。

25 關於康德道德哲學裡自由問題，盧雪崑在其《意志與自由》一書有一半的篇幅研究此一問題。參氏著，《意志與自由：康德道德哲學研究》，臺北：文史哲出版社，民 86。

26 牟宗三：《心體與性體》（一），臺北：正中書局，民 95，第 131 頁（案：後文引證此文獻時，僅標注文獻名與頁碼）。

之道德心顯現出來。然當康德將一絕對善的意志僅與一般意義上的決意之形式相關聯的時候，一無內容之絕對善的意志則單只是從吾人之道德心而言的理上當該如此而已。然此畢竟乃是一道德自律之方向，即是說，在此意義層面上，如此之意志才是最純正的最道德的意志。[27]沿著此一方向，牟宗三繼續追問：作為一設準的意志自由自身如何可能，其絕對必然性如何可能？此一系列問題不作徹底之解答，意志底自律則被掛空，道德法則亦不能落實，而真正的道德則自亦不能講。正是在此意義層面上，康德之此一思想則只是一套空理論，此即是說，即使講道德，亦只是理上當該如此，即並不能在實際生活裡落實，亦即空講一套道德理論而已。何以故？因康德對如此之意志是否是一真實，是一呈現之一系列問題未能有真切之解答故。[28]

　　其次，牟宗三在上述之思想方向下具體地主要從兩個方面對康德關於自由為一設準作了審慎地分析與批評。一是就實踐哲學之極限所展開的評析。依康德，在感覺界裡，一切現象皆為因果關係所規定，自無自由可言。自由乃是睿智界裡一理想之概念，吾人對之自無積極之知識，因吾人對之不能有直覺故。因此，自由並非是現實的知識，而只能是一設準。[29]根據牟宗三的疏導，康德將自由如何是可能的一問題類同於純粹理性如何能是實踐的與人何以能直接感興趣於道德法則兩問題，此即是說，後兩問題之解答即意味著前一問題之解答。在牟宗三看來，就純粹理性如何能是實踐的而言，自由之意志及其所立之普遍法則本不屬於經驗知識之範圍，亦非經驗知識之對象，因此，吾人不能以經驗知識之標準去審查自由一問題而明其為不能被理解，不能被說明。而康德則恰恰是以經驗知識為唯一衡量之標準，才有自由自身如何是可能的，純粹理性如何能是實踐的，吾人何以能對道德法則感興趣諸問題是不能說明的，無法理解的，如要對此諸問題作解釋與說明則必定越過理性自身之邊界。當以解釋理性之知解使用之方式及思路架構來解釋與說明理性之實踐使用之一系列問題時，則自然顯出兩者之完全不相應，而又硬性如此作解，則必定產生差謬甚至悖謬。此即是說，以詮釋經驗知識底路徑與標準來詮釋超知識即屬於睿

27　《心體與性體》（一），第 132 頁。

28　《心體與性體》（一），第 133 頁。

29　《心體與性體》（一），第 140 頁。

智界的自由之問題是不切的，以至於是未有顯明之效力的。[30]正是在此意義上，依牟宗三，康德關於透過對理性之實踐運用所作之分析而顯之實踐理性底極限，實乃單只是經驗知識領域裡關於理性之思辨運用而顯之知解理性底極限。此乃以經驗知識為貫通一氣衡定一切之唯一標準，而未能正是道德法則與道德主體之實踐地呈現，以至於將其錯覺地誤置為實踐哲學底極限。[31]

　　一是就道德法則底普遍妥當性所展開的評析。依康德，如果沒有先驗地確立的具有普遍有效性的道德法則作保障，便無真正的道德行為出現，而吾人在日常生活裡的行為則是因外在利益之驅使而發出。倘若要保證道德法則底先驗的普遍有效性，則必然地確定作為立法者的意志是自由的，此即是說，此一意志是不受任何外在因素所影響，而是自主自律的，即自己為自己立定法則，並接受其為自己所立之法則。如此這樣經由理論之分析所逼出的，作為道德法則底存在根據之自由，因為保證道德法則之普遍有效性，故而必然地單只能是一預置之設準。[32]在康德的語境裡，自由的意志及其所立之具有普遍有效性的道德法則是一無條件的必然者，是一最後的真實。從道德法則方面言，自由的意志單只是一個形式性的理；從意志自身方面言，它則是一實體，一最後的真實。既已表明自由的意志是一最後的真實，則它必然是絕對的，必然的。既然如此，則亦自然無需再透過一外在之條件去理解之、把握之，即再通過向後返而將其歸到一更高的法則或條件上去。正是在此意義上，康德謂自由的意志及其所立之道德法則不是任何人類理性所能辨識的，進而，可言其單只是一設準。其實，康德所謂不是任何人類理性所能辨識的之理性，單只是就理性之知解使用，即透過一定的條件以概念思考的路徑去理解去辨識以成經驗知識的理性之使用而言的。在牟宗三看來，康德此一思路是因對理性之知解使用與實踐使用之混漫與攪擾而至者，此乃很不恰當亦很不切甚至未能顯出有何意義之思考方式。[33]其實道德律令並非單只是在理論上必然地如此，還必須在道德實踐上是一呈的現實；理性之實踐運用亦非單只是在理論上明示道德法則之普遍有效性，亦還必須在道德

30　《心體與性體》（一），第 152-153 頁。

31　《心體與性體》（一），第 160 頁。

32　《心體與性體》（一），第 143 頁。

33　《心體與性體》（一），第 158-159 頁。

實踐上是一呈現的實踐運用。如果自由單只是一假設，而非一呈現，則道德律令等必定全部落了空。此正是康德所未透亦即其所未至者。[34]正是在此意義上，牟宗三才將康德關於自由所講之理論認定為只是一空理論，此即是說，康德透過分析所講的自由理論及道德哲學全單只是理上當如此，而未能有真切之落實，即不能真切地呈現出來。然牟宗三此處所持論較康德之論乃再提升一層，即從自由為一設準還是一呈現此一層面而論者。[35]

牟宗三之所以在疏解康德道德哲學關於自由之理論時能夠對康德之思路及其所展示之系統進行相當尖銳的學術批評，並以此提出其解決之道，以希冀將康德未能充分證成之問題而充分證成之，是因為其憑藉作為中國智慧傳統之文化主脈的儒家智慧傳統，[36]即天道性命相貫通之中國儒家所獨具之智慧傳統。[37]

最後，牟宗三依儒家智慧證成自由乃一呈現而非設準。在牟宗三看來，透過儒家智慧來審視康德道德哲學裡所論之意志，其自一開始就被體認為是一真實之呈現。何以故？因儒家義理將此一意志視為吾人的性體心體之一能起作用之德故。而且因人人皆能透過做道德實踐之工夫而成聖賢，此一性體心體則必然是定然地真實的。此即是說，吾人的性體心體之一德則能確實地真實地起作用。因此，人透過道德而顯其為人之價值，然道德亦透過人向希聖希賢之理想人格而趨之具體的實踐工夫而顯其為具體地真實。之所以人人皆有成聖成賢之理想追求並因此而做積極的道德實踐工夫，是因為人人皆有性體心體，亦正是道德實踐之主體皆具有，而表明其所具有之性體心體乃是定然地真實的。既如此，作為道德實踐主體之性體心體之一德的意志，則自然是真實的，可以呈現的。因而，此一意志所立之道德法則自然具有必然的普遍有效性，即自然切斷一切外在因素之牽連而為定然的，無條件的。正

34　《心體與性體》（一），第 155 頁。

35　《心體與性體》（一），第 134-135 頁。

36　關於中國智慧傳統之文化主脈問題，在牟宗三看來，中國智慧傳統有三，儒道釋，但儒家是主流，一因它是一個土生的骨幹，即從民族底本根而生的智慧方向，二因它自道德意識入，獨為正大故；道家是歧出，佛家因為是外來的並借著道家而發展出中國自己的智慧系統，這也是歧出。《現象與物自身·序》，第 9 頁。

37　關於天道性命相貫通之相對集中且曉暢之闡釋，參牟宗三：《中國哲學的特質》，臺北：臺灣學生書局，民 83，第 29-56 頁。

是在此意義上，意志底自律才是一眞實地呈現之論題才得以確切地表述之，即證成之。[38]

在如上之總持地標明自由爲一呈現而非一設準之後，牟宗三又從三個方面在與康德的對判裡闡釋了自由意志何以是呈現的，以及是如何呈現的諸問題。一是透過純粹理性如何能是實踐的來說明自由自身如何是可能的一問題。何以能如此致思，因如上文所述依康德此二問題同一故。此語境裡所謂純粹理性指的是純粹的實踐理性，即就自主自律的意志所立之具有普遍有效性的道德法則，因未有任何感性的成素在內而言的，而非是指純粹的思辨理性，如《純粹理性批判》所展示者。[39]而純粹理性自身如何能是實踐的一問題之關鍵則在吾人對道德法則何以能感興趣。依孟子語，則言我心何以能悅理義。孟子曰：「理義之悅我心，猶芻豢之悅我口。」[40]然「心」是既可向上提亦可向下落的。若是向上提至超越之本心，則理義悅心是必然的；若是向下落至私欲之心，則理義悅心亦不是必然的，甚至可能是完全不可能的。如是觀之，此一問題的關鍵之關鍵乃在此一心字處，依康德語，即是道德情感。[41]然就道德情感而言，康德則是從實然層面立論的，其原因是他將道德情感劃歸於私人幸福原則下，而視之爲後天的經驗的，依中國儒家語，則是屬於氣性才性領域之事者。[42]因此，如若吾人能夠將道德情感上提至本心而顯其必然性，則此處所關注之問題得解矣。[43]此即是說，將康德所謂的實然層面才性氣性之心上提至超越的本心，即攝理歸心，心即理矣。此時之心不僅是道德判斷之標準，與此同時，還是一眞實之呈現。如此而言理義悅心，心悅理義，則乃成必然而定然。正是在此意義上，自立法則之意志乃超越之本心的自律活動也。此一意志即是本心。其自己爲自己立法

---

38 《心體與性體》（一），第 137-138 頁。

39 《心體與性體》（一），第 161 頁。

40 《孟子譯注》，第 261 頁。

41 《心體與性體》（一），第 162-163 頁。

42 《心體與性體》（一），第 163 頁。

43 《心體與性體》（一），第 164 頁。

則即明其悅此法則。此一悅則明其自身即是一興趣，即是一興發之力量。此一興發之力量實現出來，則即是一呈現矣。[44]

　　二是作為意志之因果性的自由自身如何是可能的一問題可轉換為自由自身如何是呈現的一問題。承上文理義悅心與心悅理義而來的進一步的說明是，心與理義之悅所示現之關係並非單只是外在的，而且此心在此一悅裡不僅表現義理，而且還創發義理。在此意義層面上，理義之悅與理義之有則是同一的。而悅是動態之活動，有是靜態之存在。此即是說，悅與有是同一的則表示悅與有之關係是一即活動即存有之關係。正是在此一分際上，如何是可能的則可轉換為如何是呈現的一問題。[45]

　　三是自由自身是如何呈現的。既然自由自身如何是可能的一問題就是自由自身如何是呈現的一問題，那麼此則表明此一問題是一實踐問題，而非是一知識問題。對實踐問題而言，吾人對其之理解即是在實踐中親自證實之，而此透過實踐而證實之，即是將其呈現之。正是在此分際上，此一由實踐而來之知識，依宋明儒而言，非是一般意義上而言的經驗知識，即麗物之知、聞見之知，而單只是實踐意義上的德性之知。[46]然此語境裡所謂之呈現究如何呈現？在牟宗三看來，依儒家智慧，儒家之性體心體，康德之自由的意志，其真實性是透過踐仁盡性之踏實的實踐工夫而一步一步逐漸地呈現出來的。在此一呈現之中，儒家之性體心體，康德之自由的意志之內在意蘊在與吾人之覿面相當裡被澈盡透顯出來，此即是實踐意義的德性之知。從知一面而言，此乃是實踐意義的體證；從性體心體自身一面而言，此一體證即是其真實性之實踐地呈現。[47]然此一真實之體證或呈現之真實性究何謂？如若此一表述亦只是一思維之強探力索[48]之結果，那麼此則必定落入牟宗三對康德之批評其理論只是理上當該如此之境地。換而言之，牟宗三對康德之批評反過來視之為對牟宗

44　《心體與性體》（一），第 165 頁。

45　《心體與性體》（一），第 166 頁。

46　《心體與性體》（一），第 168 頁。張載：《張載集》，臺北：漢京文化事業有限公司，民 72，第 24 頁（案：後文引證此文獻時，僅標注文獻名與頁碼）。

47　《心體與性體》（一），第 169 頁。

48　強探力索一語乃牟宗三對康德道德哲學之評價，即示其只是思維之思考結果，未有實踐之真切性。如《心體與性體》（一），第 52 頁。

三之批評亦是有效的。依牟宗三，此一真實性是透過現實的實踐，即實踐之現實的內容而被保住的並被呈現出來的。此即是說，此一體證與呈現，不單只是一與經驗相隔絕的理上當該如此的體證與呈現，而是透過日常生活實踐經驗而如是體證與呈現的，即此一體證與呈現是以日常生活實踐經驗為具體內容的，因而它是真實的，即是實實在在的具體的真實。此一具有普遍意義的體證與呈現乃是具體而真實的普遍，而非一抽離的普遍。然此一由日常生活經驗所給與的內容是一經驗知識之內容，因其特定有限性而如何可言普遍有效性？而只有透過將有限意義的麗物之知轉成無限意義的德性之知，此處之擔憂才可化解。依儒家智慧，仁體（性體心體）具有遍潤萬物感通萬物之良能，對萬物而言，此一遍潤即是一成就，亦即是遍潤之即成就之，換而言之，萬物在仁體遍潤之中而得成。[49]正是仁體（性體心體）之遍潤性，此由日常生活經驗所供給之內容經由性體心體之普遍性所通徹潤澤後，則轉成性體心體自身之真實化的內容而具有普遍性與永恆性。此即是說，此一具有有限意義的具體內容乃是普遍而永恆的具體。[50]經由如上之雙向回環一過程，性體心體、自由的意志之絕對必然性不僅是呈現的，而且是一真實地呈現，即透過日常生活經驗來具體地呈現，與此同時，亦對日常生活經驗作一通澈之潤澤，而至一渾圓圓融之化境。此則正是牟宗三依儒家智慧將康德道德哲學未至究竟之論之向前推進一步而至圓熟之境之思想成果之要義。此亦是牟宗三所謂其工作相對於康德透過道德哲學所呈現之致思而言，乃是「百尺竿頭再進一步」[51]之謂也。

自此而止，吾人展示了康德道德哲學裡的自由理論之基本情況以及牟宗三對其的分析與批評，並依儒家智慧提出自由呈現論以對康德的自由設準論之缺憾予以一補充並發展之等諸問題。然牟宗三依儒家智慧而來的自由呈現論相較於康德依基督

49　關於此一問題，張載有語曰：「天體物不遺，猶仁體事無不在也。」《張載集》，第 13 頁。牟宗三亦謂：「在通過踐仁的健行過程中以『充實而有光輝』，以至『大而化之』之境，……必遍潤一切而無有窮極，必感通一切而靡有所遺，此即仁體之『體物而不遺』，故潤一切即成就一切也。」牟宗三：《宋明儒學的問題與發展》，臺北：聯經出版事業公司，2003，第 27 頁（案：後文引證此文獻時，僅標注文獻名與頁碼）。

50　《心體與性體》（一），第 170-171 頁。

51　《圓善論·序》，第 xiv 頁。

教智慧而來的自由設準論是否確是再進一步者以及其學理依據何在？首先，從文化系統層面來看，中國儒家智慧是一以仁為籠罩的仁智合一的智慧型態，緣此而來的儒家文化則是一圍繞著家國天下而展開的道德文化系統；而西方基督教智慧是一以至高無上的上帝為目標家園的向外超離的智慧型態，緣此而來的基督教文化則是一圍繞著世人原罪而展開的救贖文化系統。自此而觀之，儒家文化系統與基督教文化系統本是兩相獨立的文化系統，無有高下，皆是平等的文化主體。然牟宗三則在哲學的視閾裡將此兩文化系統置諸一起比對而判之的處理方式是否已陷入黑格爾輕慢孔子洞見並立仁教的道德智慧而表現出來的歐洲文化中心主義之優越心態？[52] 此即是說，牟宗三批評康德依西方基督教智慧傳統而來的自由設準論之不足，並以依中國儒家智慧傳統而來的自由呈現論補之的學術問題處理方式有可能顯一文化優劣論的嫌疑。此一問題關涉甚大，即此一可能性的嫌疑相究是實還是虛？故須對此作一簡別與貞定。其次，從哲學義理層面來看，康德依據西方基督教智慧傳統而主張惟有至高無上的上帝才擁有智的直覺一機能，而卑微的人類單只有感觸直覺。何以故？因上帝才真正具有永恆的無限性意義，而人類卻只有變化的有限性意義故。正是在此一意義層面上，道德領域裡的自由單只有對於上帝才是一呈現，而對於人類則單只是一設準。所以者何？因道德領域裡的意志自由是超越性的，須憑依智的直覺才可呈露故。此即是說，因上帝擁有智的直覺而可真實地呈露自由，而人類無有智的直覺然又不能失卻道德之範故，意志自由單只是一理上當該如此的設準。牟宗三依據中國智慧傳統而主張在現實生活世界裡肉體生命有限的人類在精神義域裡確是無限的，具體地言之，此即是儒家的聖人佛家的佛陀道家的天人，此諸大人在現實生活世界裡首先亦是一生理意義的人，即有生有滅，然又有與此芸芸眾生尤為不同的一面，即其是大人，此所謂大徹大悟的人，而眾生凡夫則計算著俗世間的利益而備受煩惱的糾纏而未能徹悟。儘管如是，然若謹遵大人之教誨並在生

52　黑格爾認為孔子的道德智慧是道德常識，在任何地方任何民族都可以找到，而且可能比孔子所言者更好，並孔子所言者無有一絲哲學所本該具有的思辨特質，故為了保護其聲名而不應該翻譯傳播其書。參黑格爾著，賀麟　王太慶譯：《哲學史講演錄》（第一卷），北京：商務印書館，1983，第 119-120 頁（案：後文引證此文獻時，僅標注文獻名與頁碼）。據此可知黑格爾所持歐洲中心主義文化觀念的強烈程度。

活世界裡如理如法地實踐大人的智慧，則人人皆可以成為大人，此即是說，依儒家則人人皆可以成為聖人，依佛家則人人皆可以成為佛陀，依道家則人人皆可以成為天人。所以者何？因吾人本自具有智的直覺故。聖人佛陀天人所至的境界是與天地同道與日月同輝而渾化一如的圓融境界，故在聖人佛陀天人處意志自由充分地被呈露出來。自此而觀之，牟宗三依據人人皆可成為聖人佛陀天人的中國智慧一面肯定康德哲學之洞見的重大性，一面批評康德對其洞見之說明並不充分而未能確切地證成，一面就此諸問題而再說一套而成就康德之未成者，此所謂再進一步是也。此即是說，牟宗三就此諸問題之學術處理方式是有其甚深可靠之學理根據的，而並非臆測之語，故此前可能性的嫌疑相一義實屬不必要之擔憂。

依此吾人亦當知牟宗三所發明的自由呈現論函蘊著非凡的學理意義，就其大端而言有如下諸方面：一是自由為儒家智慧與康德哲思契接的結合點；二是儒家智慧與康德哲思相互助益；三是中國智慧型態的審美性質。

就自由作為儒家智慧與康德哲思契合的接點而言，在牟宗三看來，康德雖思及道德領域裡的意志自由，然由於其受限於其智慧語境而不得不將智的直覺一義劃歸於創造者上帝，故意志自由惟有在上帝處才能真實地具體地呈露出來，而人類無有此一機能，故意志自由只能是邏輯上所逼至的理上當該如此者。而以德行為優位的儒家智慧則不僅言及道德領域裡的意志自由，而且一再說明實現意志自由的途徑與方法，即遵聖人的教誨而篤實地行道德實踐而至聖人之大化境界時則其實現矣。此一承認人人只要遵聖人之教而篤行之即可至聖人境界的智慧型態則已表明人人確實有智的直覺一機能。何以故？因惟有憑依智的直覺，超越性意義的成聖才是真實可至的故。否則，此般思維則成為妄想。據此可以知曉康德雖然努力地向此而思，然其囿於其智慧語境而終不能至。故牟宗三以此為基礎並依儒家智慧而繼續向前思及一步則成就其系統性的哲思，即兩層存有論之證成。關於儒家智慧與康德哲思之對接一問題，牟宗三在《智的直覺與中國哲學》之序言裡有一自難自答語予以說明：

> 人或可說：你這樣作，是把康德拉入中國的哲學傳統裡，這未必是康德之所願，而你們中國那一套亦未必是康德之所喜。我說：理之所在自有其必然的歸結，不管你願不願；而以康德之特重道德而且善講道德，則中國這一套亦

未必非其所樂聞。你以為中國這一套未必是康德之所喜，是因為你不解中國這一套之本義、實義，與深遠義故。假若中國這一套之本義、實義，與深遠義能呈現出來，則我以為真能懂中國儒學者還是康德。[53]

就儒家智慧與康德哲思在治學運思方面兩相助益而言，牟宗三在談及其《智的直覺與中國哲學》一書的學術貢獻時有言：「我能真切地疏解原義，因這種疏解，可使我們與中國哲學相接頭，使中國哲學能哲學地建立起來，並客觀地使康德所不能真實建立者而真實地建立起來，這也許就是我此書的一點貢獻。」[54]此可謂是牟宗三對其哲學運思之目標的表述：一方面憑藉康德思維建築術的力量邏輯地撐架起中國哲學，一方面憑藉儒家智慧的真實可感具體地證立康德已思及然未能證成者。後者吾人於前文已反復申述過了，故略之。就前者言，中國智慧是一重視實踐體驗證悟的型態，故關於實踐體驗證悟的方法途徑以及所達至的境界多有真切地表達。然正是因為此一強調透過實踐來體驗證悟天人一如境界的內在超越性的心靈追求阻隔了透過運用知性力量認識宇宙自然形成科學知識與民主政治的思維追求，故中國智慧傳統始終未有很好地發展出與邏輯思維力量相關涉的科學知識與民主政治。關此一具體的表現，即是記錄古代先聖先賢們透過實踐所體悟出的智慧之語詞篇章皆是感受性的描述性的，幾乎無有類似於西方邏輯嚴密論證嚴謹的成熟著作。此一方面確是中國智慧傳統所不擅長者，故牟宗三正視之並力圖借由康德思維建築術的邏輯力量來充實儒家智慧而使其能夠結構性地挺立起來。此即是康德哲思對牟宗三在新的時代裡面對新的問題而承傳發展儒家智慧之有所助益的一面。

就中國智慧型態內在秉有的審美性質而言，在牟宗三看來，中國智慧是一實踐的智慧型態。具體地言之，依儒家，即是道德實踐的智慧，依佛家，即是般若智觀的智慧，依道家，即是心齋坐忘的智慧。故牟宗三晚年名中國智慧為實踐的智慧學，並以一系列完整的講座形式演說明示之。[55]舉凡實踐皆因緣而起並指向目的，此所

53　牟宗三：《智的直覺與中國哲學·序》，載《牟宗三先生全集》（第20卷），臺北：聯經出版事業公司，2003，第7頁（案：後文引證此文獻時，僅標注文獻名與頁碼）。

54　《智的直覺與中國哲學·序》，第5頁。

55　牟宗三：〈實踐的智慧學〉（一─十），《鵝湖月刊》，第三三卷第九期─第三四卷第七期。

謂萬事皆有因萬事皆有果。中國智慧裡的實踐亦當如是：在儒家，因不願被人視為不道德的人之緣而篤實地行道德實踐，並最後直接地指向成為與天地通的聖人；在佛家，因世間萬相宇宙萬物虛空萬法皆因緣和合而生而空無自性之緣而踏實地行般若智觀，並最後直接地指向成為證得洞徹虛空妙有之無礙智慧的佛陀；在道家，因人為造作背離自然真性之緣而切實地行心齋坐忘，並最後直接地指向成為徹見宇宙虛空奧妙的天人。儘管此諸智慧型態所示實踐的因緣各異，並最後所直接地指向目的亦各異，然就其各目的之根本狀態而言，則是涌達一如，無二無別的，即皆是廣大圓滿無礙自如的與天地同化與日月同輝的燦爛一如的甚美甚妙境界。正是在此一意義層面上，吾人言中國智慧是實踐的智慧，還是經由實踐而至的境界智慧。此須要說明的是，第一，此語境裡的實踐是指向內在心靈的，即是精神層面上的實踐，而非是指向外在世界的，即是物質層面上的實踐；第二，此語境裡的境界主要是在究極意義域裡所言者，即是透過實踐所至的最圓滿無礙的自在自如的狀態，而非是一般隨便泛言的具有當時言說語境的特定情態。第三，牟宗三則單只以道家智慧為一境界型態，並對此所給予的評價與判分亦相應地不甚高，此集中表現在其關於魏晉一期學問的研究分析方面（第二章第一節詳述），及其關於道家智慧之綜說的演講文稿則直接以「道家的無底智慧與境界形態的形上學」[56]名之。儘管如是，此與前一點並非是衝突不合的，並依據其衡判分別此三智慧型態的核心著作之表陳而可得知，在智慧的究極處本是通達一如無二無別的。單只是吾人在此語境裡，即在智慧的究極處言實踐智慧的一如境界是彰其積極義的，而非是如牟宗三主要地注意其消極義。自此而知，可與天地同其化與日月同其輝的實踐智慧所呈露的一如境界是廣大圓滿無礙自如的。將此一洞見置於美學視閾裡，吾人當知此完全切合審美的自性，甚至可言其自身本是一審美形態，然此是與一般而泛言的審美形態相區分的：前者是透過篤實的實踐所達至的純然晶瑩剔透的內在且超越的心靈境界，後者是以審美的外衣包裹一切與審美相似相關的文化形態。故前者是一高級的尊貴典雅的審美形態，而後者多是一大眾化、專業化及其交相混合的顯示一審美特徵的文化形態。依牟宗三對中國智慧型態的分疏與判別及其自己對此之體貼，吾人言前者是一圓覺

56　牟宗三：〈道家的無底智慧與境界形態的形上學〉，《鵝湖月刊》，1975 年第 4 期。

主體（聖人）的自由，因其廣大圓滿無礙自如故；或是一通義的聖人的自由，因此一通義的聖人賅攝三教之最究極圓滿成就者故。

第一章 道德天心與主體自由

第一節　圓成之和與美的判斷

　　牟宗三在《認識心之批判》最後一章從宇宙構造論層面分別研究了知識世界、道德世界與美學世界的宇宙論形成問題。[1]就美學世界而言，牟宗三針對康德力圖透過第三批判來架起溝通第一、二批判所證成的但隔離的兩世界的橋樑而使其畢生在基督教傳統下所構建的哲學系統能夠得以最後完成之思路，並在對其作批判性審查之後而依儒家智慧傳統提出一更圓滿地致思徑路，以期將康德未至之理境更充分地呈現出來。爲此，牟宗三從在宇宙論層面審查美學世界，透過對康德第三批判的衡定以顯其得與失，直至援孔孟補康德而提出天心寂照原理如此之三方面呈現其此一階段之思路。

一、圓成之和

　　牟宗三從邏輯學立場來考查宇宙論之構造一領域時，據於本體視閾而將宇宙構造領域三分：一是知識世界即命題世界，二是道德世界即繼體世界，三是美學世界即圓成世界。[2]此一劃分之根據，依然是依康德將人類心靈結構三分爲：知意情，而與之對應之三個世界即是眞善美此一被譽爲經典區分模式。所謂知識世界即是意指

1　關於牟宗三邏輯哲學時期對美學問題的關注與思考的清理，有王興國及許炎初之二文。參王興國：〈成於樂的圓成之境——論牟宗三的美學世界及其與康德美學的不同〉，《孔子研究》，2005 年第 1 期，第 18-30 頁；許炎初：〈牟宗三先生美學思想要義〉，《建國學報》，第 20 期，民 90 年 6 月，第 1-16 頁。

2　牟宗三：《認識心之批判》（下冊），臺北：臺灣學生書局，民 79，第 296 頁（案：後文引證此文獻時，僅標注文獻名與頁碼）。

由本體所創造之一切存在透過吾人心靈之認識機能而凸顯者。此即是一般而言之科學世界，即由命題經由一定之關聯而成之系統。在此命題世界裡，所使用之概念皆是決定之概念，遵守邏輯之規則，此即意味著此乃是一可道說之世界，即可以清晰而不移地被表現出來者。[3]然因特定之關係而形成命題世界之命題又是如何形成的並有意義？此皆因本體之創造性，即經由本體之創造活動而成者。此一創造之全過程被名曰超越的先驗綜和。[4]所謂道德世界即是意指從本體之創造自身而言的以其如如的當然之理與由其純自動性而顯的自由為內容者。道德世界是將由本體之創生不已之創造性所創造者即一切存在提起來而歸屬於此創造性自身成者。此一提起來意味著一種扭轉，即將由本體所創造而平鋪之命題世界轉成其意義之所在者即道德世界。此一提起與扭轉皆是本體之創造性自身之創生不已之呈現者。此即是說，只有在由對本體所創造處之提起與扭轉而呈現出來的創造不已之創造性自身此一分際上而言道德世界。[5]然如此所言之道德世界以什麼為內容？依牟宗三，由本體之創造性自身所顯發的自其所創造處之提起與扭轉所顯示之創生不已之力量，可名曰本體之如如的當然之理。此一當然之理即被視之為道德世界之內容。此一內容又源自於本體之純自動性。而亦正從此本體之純自動性而言本體之自由。此即是說，道德世界是以此自由及其所發之如如的當然之理為全部內容的。[6]依如上所示，命題世界是本體之向下落，透過種種確定的命題或自然之概念而顯示其所創造。道德世界是本體之向上升，透過單一之如如的當然之理而顯示其能創造。[7]正是基於如上之闡釋，牟宗三其後展開了關於美學世界即圓成世界及其與前二世界之區分的詳細論述。

就自然而言命題世界，即對自然現象進行研究而成的知識世界；就自由而言道德世界，即直承本體之創造自身而言的至善世界。依中國儒家智慧，本體創造之如如的當然之理是一切存在所以然之性，此即是說，如如的當然之理是偏普於一切存在的，正是一此偏普則顯示出其能引生一切存在的，即能實現一切存在。故在此一

3　《認識心之批判》（下冊），第305頁。

4　《認識心之批判》（下冊），第306頁。

5　《認識心之批判》（下冊），第307-308頁。

6　《認識心之批判》（下冊），第308-309頁。

7　《認識心之批判》（下冊），第309頁。

如如的當然之理之潤澤中，此兩世界本是貫通而不隔的。然無論從其自身之獨立性言或是從學術表達之便計，分別彰顯此二世界，皆有積極之意義。正因其二者能夠有意義地分離故，牟宗三謂於理應言和，此之謂圓成世界。此語境裡的世界，是一權言，即爲表達之便以類於前二世界。嚴格言之，此並非是一世界，即客觀地於外有一內容而存在之以成一特別之界限，而是一境界，即單自本體創造處之如如的照鑒而顯出者。命題世界與道德世界皆是有向的，即有所指謂者。有所指謂，即有一定的客觀內容存在。此皆是本體之凸起，即本體湊過此一內容而外顯也。正是在此意義層面上，吾人言道德世界與命題世界皆有積極之意義。就圓成世界言，則是力圖化有向於無向，即將其所凸起之內容皆融於本體之自身，而單顯本體之如如境。以此如如境而言和，此和即圓成也。[8]綜而言之，即圓成之和之謂也。

　　在如上之綜說後，爲益於理解故，牟宗三繼而從圓成義之組成成素而分別論之。一是就如如的當然之理與一切存在之相即而言。承上文如如的當然之理遍普於一切存在而言，此理與一切存在是相即而不離的。此即是說，此理乃因一切存在之充實而成爲充盈之理。此存在乃因如如的當然之理之潤澤而成爲理之呈現。二是就如如的當然之理之創造不已而言。一切存在充盈於如如之理，如如之理亦潤澤一切存在。一切存在生生不息，乃因如如之理創造不已。此即是說，如如之理是創生不已之理，一切存在是生生不息之存在。依是，如如之理是具體的創生不已之理，一切存在是具體的理之呈現。正是在此意義上，一切存在因有如如之理遍潤之，而爲瑩徹創生之理，如如之理因有一切存在之充實之，而爲具體飽滿之存在。在此一理境裡，理即物，物即理，全理爲物，全物爲理，即理即物，即物即理也。綜如上所示之二義，此乃圓成之謂也。[9]

　　然圓成之和的分際立於何處？此一問題主要是從圓成之和與一定律則之綜合及作爲媒介的第三者相區分處示其解答。就前者而言，由於圓成世界單只是本體對其所創造者之內在地欣趣與靜觀而所成者，圓成之和則並非如一定之律則所作之綜合而成者。設若如是，本體則必定另呈現爲一定的概念與律則而賦予存在，此則必然

8　《認識心之批判》（下冊），第 314 頁。

9　《認識心之批判》（下冊），第 314-315 頁。

又開一新的界域，如此下來，則必永無止境，何來最後之圓成？退而言之，即使未能開一新的界域，而只是對已有之界域作一綜合而成一更高一級者，亦非是最後之圓成也。何以故？因概念或律則皆有一定之範圍，即有相對之限定相，由此而成之綜合，則亦有限定相故。正是在此意義上，圓成之和非依一定的律則而成之綜合。[10] 承上文分別言命題世界與道德世界之積極意義處知悉：命題世界是由對自然現象之是什麼之研究而成者，道德世界是由對一切存在追問其意義而成者。此皆有意義。然自本體之如如處言，本體之如如的創造既成自然，亦透過此自然而顯當然之理，即既顯命題世界與道德世界之有向，與此同時，亦將此有向歸屬於本體之自己而顯無向。依是，正是在本體之如如的創造不已此一分際上言最後之圓成，即圓成之和。[11]

就後者而言，由於自本體之如如的創造處言，一切存在本為當然的如如之理所直貫，而並不存在命題世界與道德世界間之鴻溝，而需要一作為媒介之第三者來溝通。圓成之和絕非此一第三者，如康德所設想者。依康德，由認識心之限制與機能而釐定一自然世界，又道德實踐所顯之實踐理性而釐定一自由世界，此兩世界絕然異質，因而需要有一第三者來成為媒介而溝通二者。然依牟宗三，由認識心所成之命題世界與由形上心所成之道德世界，設若從本體之如如的創造處言，乃是通而一者也。此即是說，在此語境裡，只有形上的心（天心）之直接貫徹之顯現者，而並不需有一媒介而溝通之。正是在本體之如如的創造不已此一分際上，圓成之和透過化有向於無向所成者，乃一最後之圓滿境界也。[12]

二、美的判斷

牟宗三對美的判斷之思考亦是在對康德第三批判之反思中展開的，即一邊縷敘康德之思想一邊對此作追問，經由如此之批判後並順理推出自己之思想。依康德，美的判斷不在從客觀對象層面言，而在從客觀對象與主體之諸認識機能之契合的和諧關係狀態處言。因此，美的判斷則只是主體之諸認識機能自身之和諧以及其對於

10　《認識心之批判》（下冊），第 315 頁。

11　《認識心之批判》（下冊），第 316 頁。

12　《認識心之批判》（下冊），第 316-317 頁。

自然對象之無規定無立法而所至之諧和之默然契合。然此一默然契合亦須有客觀層面之諧和的統一或存在明此統一可能的根據，才能順然而成或可能成為具體而真實的美的判斷。儘管美的判斷於對象並無規定與立法而只是一欣趣，然亦須有客觀面之諧和的統一方可是具體而真實的，否則，是懸空而未有落實之的。此即是說，此一諧和之統一雖非是由美的判斷而成者，因美的判斷不立規定與法則故；然其必然是明示美的判斷之根據，因美的判斷之具體真實性則依此而顯故。從此而言之，康德必定須有一能落實之的超越原則作為此一諧和之統一的根據，然其未能順此思路而客觀地真實地建立成此原則。[13]然康德文本裡又確實確立了一超越原則，即主觀的形式的合目的性。此又當該如何理解？其實，康德只是將美的判斷之本性混漫為其超越原則而已，即將美的判斷透過主體之諸認識機能之和諧及其對於自然之默然契合所顯示的無規定無法則性而假定為一形式的主觀的合目的性作為其超越原則。此是從美的判斷之無規定無法則性之投影而虛擬地立一超越原則而已。如此所立之超越原則自然不能真實建成之。因而，康德關於建立此超越原則之推理過程是不當的：自然在經驗律則之變化多端方面，不能全由普遍律則所控制，就必定須有一合目的性之原則來統一此變化多端之經驗律則，然康德未能將此合目的性原則建立在上帝或道德目的處以落實之，而是透過反省判斷而關涉於美的判斷，將其視之為美的判斷之超越原則，而美的判斷又是不立規定與法則的，因而此合目的性原理亦只是形式的主觀的。然從邏輯判斷之條件義衡之，美的判斷是主觀的形式的，而其合目的性原理自身卻並非必然是主觀的形式的。因此，康德將美的判斷之本性混為其超越原則之思路是不妥的甚至是無效的。[14]康德的思路既如此，然美的判斷何以才能具體而真實地實現？針對此一追問，牟宗三順理推出其思考之結果。道德目的自然是決定性的，但其對吾人主觀方面具有提升與扭轉的作用。依儒家智慧，此一道德目的能頓時即普而為萬有之基，其所示之決定性即是其貫注性，生成性，正是在此一貫注與生成之中，萬物之性命被貞定。如是，美的判斷之無規定無法則性及

13　《認識心之批判》（下冊），第 318-319 頁。

14　《認識心之批判》（下冊），第 319-320 頁。

其所示之不產生決定作用的合目的性原理才能具體而眞實地實現。[15]因而，正是在由道德目的之提升與扭轉作用所示之貞定處此一分際上，而言美的判斷之具體而眞實地實現。

正是基於如上之思想立場，牟宗三判定康德關於美的判斷之媒介說是不諦當的。在牟宗三看來，康德爲美的判斷所立之超越原則即形式的主觀的合目的性原則實際上只是自然的合目的性原則之美的表象，即只是邏輯地或形式地而虛擬地設定之爲超越原則而已，而實際上非是　原則。因此，此一形式的主觀的合目的性原則既不能保證實現自然之諧和的統一，亦不能保證實現美的判斷之必然爲具體而眞實。既然美的判斷亦只有邏輯的形式的意義，則如何能言其可盡溝通自然界與自由界之責？正是在此意義層面上，美的判斷根本不能擔負媒介之責也。[16]然從上文所示康德此一思路已行不通，是否意味著自然與自由二界將永遠隔閡而不能相通？在牟宗三看來，康德之洞見是可以證成的，但其思路則必須扭轉一下。依康德，其所立之超越原則單只是在對自然之反省上才是如此，而不必有客觀決定之意義，作爲表象和諧愉悅的美的判斷，由於其所依據的合目的性原則可以實現從自由概念過轉到自然概念，因而其可以實現溝通兩界而爲一。在牟宗三看來，當該如此表述於理才是諦當的。康德意義上的此一虛擬形式的主觀的合目的性原則實際上是本體上或道德上之眞實的合目的性之投影，依此，美的判斷所表象之對象與主體之默然契合而顯的無規定無法則之欣趣，是此一眞實的合目的性從上貫下來之結果。正是此一思路之轉出，則明示美的判斷之超越原則必須是一眞實的根據，並且，依於此一眞實的根據，美的判斷才能成爲一最後之圓成。[17]然吾人不禁要追問，康德何以不能思之至此？依牟宗三之思路，其大端有三：一是康德未能有效區分識心（認識的心）與本心（道德的天心或形上的心）之義用，並且亦未能將形上天心轉出；二是康德未能眞實而客觀地建立成自然之合目的性原則。何以故？因其未能將自由概念裡所函蘊之道德目的性體證爲頓時即普而爲萬有之基故；三是康德未能意識及其運思所至

15　《認識心之批判》（下冊），第 320 頁。

16　《認識心之批判》（下冊），第 322 頁。

17　《認識心之批判》（下冊），第 321-322 頁。

之最後問題乃是超越形上學如何能全幅實現之，因而亦自然未能知曉惟有自形上天心處始可言美的判斷之具體而眞實地實現之。[18]

　　承上所述至此始可知牟宗三致思之方向當是：就美的判斷而言，必須就其可實現性而論之，即美的判斷是具體而眞實的。此一論題須要從如下之二方面理解之：一是美的判斷之根據必須是眞實的；二是必須從超越於吾人諸認識機能之上的形上天心處此一分際上始可言美的判斷是具體而眞實的。此即是說，既不能從媒介層面，亦不能從主體之諸認識機能之和諧而言美的判斷。何以故？就前者而言，承上文所述，因美的判斷根本不能作爲溝通自然與自由的媒介，而且此二界之溝通亦不需要如此之一媒介故；就後者而言，因諸認識機能皆歸屬於認識的心，而美的判斷則必須基於形上天心故。此即所謂大樂與天地同和是也。正是在此意義上，牟宗三從康德之思路而超轉出，並於此處而言圓成世界即美的世界。[19]

三、天心之寂照原理

　　在牟宗三看來，康德有如上文所述之失，其最關鍵乃在其未能從形上天心處透顯出自由概念裡所函蘊之道德目的性能頓時即普而爲萬有之基。[20]此即是說，康德雖亦從主體之諸認識機能思之，然此是從識心處思之，而根本未及至形上天心處致思，依此而能言美的判斷溝通兩界，而未知在形上天心處，二界本爲一也。故此，牟宗三著重就康德將美的判斷之具體而眞實的根據置於主體之諸認識機能之和諧處言之失誤作了詳細地批判性審查。具體而言：一是諸認識機能無論是有所指向而成決定判斷，還是無所指向而成反省判斷，皆是歸於識心的；二是識心在普遍條件下是機械的必然的，而在特殊的經驗律則下發現一種諧和統一而呈現一種快樂，此快樂由於經驗的特殊性而是偶然的有所依待的，即無必然性與眞實性；三是源自識心之快樂所依待之原則並非是眞實的；四是康德所立之超越原則即主觀的形式的合目的性原則乃是美的判斷之本性之虛擬之投影，而並不能眞實實現，而其與之對應之客觀方面之美的對象亦落空。因而，識心之快樂實只是一種偶然的機遇之幸運，而

18　《認識心之批判》（下冊），第 323 頁。

19　《認識心之批判》（下冊），第 324 頁。

20　《認識心之批判》（下冊），第 328 頁。

非是一種美的判斷。何以故？因識心不能質變爲天心故；五是倘若吾人偶然幸遇一新奇運氣之事，如加官進爵，此自是令人生起一種無名之快樂的，然此一快樂並非是一種美，因其源於識心而無必然性故；六是倘若識心不能轉爲天心，則對象方面自亦不能各正性命，保合太和，而美的判斷之普遍性與必然性則皆無根據，儘管在識心裡亦可以找出類似於美的欣趣之實例，然此則不能足以成爲實現美的判斷之必然的根據；正是在此一意義上，康德所立主觀的形式的合目的性原則以爲美的判斷之根據，然其不能眞實實現而是成爲虛擬，乃因其未能將識心轉爲天心故；七是康德以經驗判斷之普遍性類推美的判斷之普遍性則未能最後眞正完成。經驗判斷普遍有效乃因其有普遍條件故；而美的判斷是經驗的，卻並不必然普遍有效，因其超越原則不能落實故，而此超越原則不能落實，又因其是從識心處立論而並無眞實之保證故。此普遍性不能眞實實現，則其必然性、目的性等問題皆不能實現，而其關鍵則皆在識心未能轉成天心，而使其對象方面能各正性命。[21]

　　依牟宗三，康德單只從美的欣趣之形式的可能性致思，即使是形式的批判與邏輯的構造，其亦未能自恰當之分位而言之。之所以如此，是因爲其對美的判斷之眞實的根據未能尋到。其爲何不能尋到此眞實之根據？乃因其囿於其所在之文化傳統即基督教文化系統所置定之分際而不能逾越故。此一不諦當之思，乃因康德所在之文化傳統所制限，而並非康德此思非是一洞見之故。前者是外在文化語境與時代機緣所致，後者是哲學家內在之哲思之智慧呈現。然跳離出此一文化傳統而從另一文化傳統審視之，則或許會有驚喜的智慧之光閃現。牟宗三則正是從儒家智慧傳統出發來批判性地對勘中西智慧傳統尤其是孔孟儒學與康德哲學而力圖會通之，即將康德已洞見然未能充分證成者而充分地證成之。[22]正是在此一意義上，吾人謂此是援孔孟（儒學）補康德也。

　　承上文，美的判斷必須從形上天心處言始具有普遍性與必然性。美的判斷作爲一欣趣判斷固然不能離開其所欣趣者，然所欣趣者必在合目的性之貫徹與潤澤中才能各正性命。而此一起貫徹與潤澤作用之合目的性則必是從形上天心處所引出者。

21　《認識心之批判》（下冊），第 330-332 頁。

22　《認識心之批判》（下冊），第 329 頁。

因而，所謂美的判斷，即是形上天心於其自身之中而如如地欣趣其所發者。此即是說，不僅美的判斷此一判斷行為是由形上天心處所引發出的，而且其所判斷者亦是在此形上天心之如如地觀照裡呈現的。既如此，始可言，美的判斷乃是一徹裡徹外之即寂即照者。此即是說，在此一裡外通澈之寂照裡，美的判斷如如地呈現矣。[23]為益於理解計，此一綜說可進而分解言之：自主體言，欣趣判斷乃單只是形上天心之如如地寂照；自客體言，美的判斷所顯之美的世界實乃是一事理圓融之圓成世界。[24]在牟宗三看來，合目的性原理既向外通於客觀對象面，且亦向內根於形上天心面。因而形上天心一旦呈露，則此一合目的性原理頓時即普而為萬有之基，在此一分際上，識心即轉為形上天心。而且亦正是在識心之轉此一分際上而言美的判斷。牟宗三在此一致思方向下，列舉出一系列儒家之先聖先賢之語錄而證之。此如孟子曰：「反身而誠，樂莫大焉。」[25]「充實之謂美，充實而有光輝之謂大。」[26]坤文言曰：「君子黃中通理，正位居體，美在其中，而暢於四支，發於事業，美之至也。」[27]陽明曰：「樂是心之本體。」[28]以上乃是自形上天心處而言美與樂也。二程語錄曰：「昔受學於周茂叔，每令尋顏子、仲尼樂處，所樂何事。」[29]「顏子簞瓢，非樂也，忘也。」[30]「鮮於侁問伊川曰：顏子何以能不改其樂？正叔曰：顏子所樂者何事？侁對曰：樂道而已。伊川曰：使顏子而樂道，不為顏子矣。侁未達，以告鄒浩。浩曰：夫人所造如是之深，吾今日始識伊川面。」[31]以上乃是從一種禪悅之心境而言美與樂也。正是顏子仲尼所樂乃為一種甚深甚高之禪境，所以無法以某一語句而言之，而只能以具體的情景而指點之，以呈現如此之一種言語道斷而灑

23　《認識心之批判》（下冊），第 332 頁。

24　《認識心之批判》（下冊），第 332-333 頁。

25　《孟子譯注》，第 302 頁。

26　《孟子譯注》，第 334 頁。

27　周振甫：《周易譯注》，北京：中華書局，2009，第 17 頁（案：後文引證此文獻時，僅標注文獻名與頁碼）。

28　陳榮捷：《王陽明傳習錄詳注集評》，臺北：臺灣學生書局， 1983，第 236 頁。

29　《二程集》，第 16 頁。

30　《二程集》，第 88 頁。

31　《二程集》，第 395 頁。

然自足之即寂即照之美的境界。此處從形上天心處言物我渾化之美的心境，則無需再合目的性之原則矣。在此一語境裡，牟宗三所成之美的判斷乃是以形上天心為根據並從此處而成者，而康德所成之美的判斷則是以主體諸認識機能為根據並從此處而成者。然在牟宗三看來，康德所成者則並未能真成也，因其未能以形上天心為根而顯而發以至於無真實必然性故。而牟宗三則將康德關於美的判斷由主體諸認識機能中之媒介地位轉出來而基於形上天心之立言而保證美的判斷之真實必然性，則較之康德而進一層矣。此乃是牟宗三出形上天心之心境而言美的判斷。在此基礎上，如若能夠再進一步而至形上之陳述，則可以將形上天心中所函蘊之道德目的性確立為萬有之基體，而成為具有普遍性的自然之合目的性原則。在此一原則裡，美的判斷與對象之客觀面相關涉，即在美的判斷裡，客觀之對象為形上天心之如如地貫徹與潤澤。在此一分際上，吾人始可言自然之合目的性之美的表象。正是在此一意義層面上，美的判斷不僅呈現為天心之寂照，與此同時，而且為形上天心之貫徹與潤澤而實現萬有者，此即是說，客觀而真實之普遍的自然之目的性則實現矣。[32]

四、牟宗三美學綱格之基調

此一部分內容是牟宗三在邏輯哲學時期最成熟階段思及宇宙論時候所必須闡釋者。牟宗三首先從宇宙構造的層面說明了審美世界是一圓融渾成的世界及其原因是什麼，其次在審查康德第三批判關於審美判斷之文獻的時候分析了審美判斷之相關內容，最後以儒家智慧傳統為參照系與立場方向提出道德天心即寂即照原理來彌補關於審美判斷之思考的不足而確立其美學思考的立場方向及其基本格局。

就其所確立的思維立場而言，牟宗三在對勘中西智慧型態的時候，始終堅持以中國智慧傳統為基本立場。為什麼？此是因為：在牟宗三看來，中國智慧洞見到了人在精神層面上是內在而超越的，此即表示人的心靈安放之處即在心靈自身；而西方智慧則單只見到了人在精神層面上是外在而超越的，此即表示人的心靈安放之處即在心靈之外並至高無上的上帝處。此即是說，中國智慧傳統宣示了人與天地自然宇宙萬物原來是本自一體和諧為一的，而西方智慧傳統則宣示了人與天地自然宇宙

32　《認識心之批判》（下冊），第333-334頁。

萬物始終是二元對立主客對分的。故中國智慧更能彰顯人的無限性意義，此是價值域裡的無限性意義，而西方智慧則只能彰顯人的有限性意義，此是認識域裡的有限性意義。此其一。牟宗三在判分中國智慧之儒釋道三型態的時候，始終以儒家智慧型態爲基本立場。爲什麼？此是因爲：在牟宗三看來，儒家智慧是以挺立人的道德主體並彰顯道德之創生力量爲方向與指歸的仁心與理智合爲一體的智慧型態，此即表示，由仁而呈露的心性力量徹上徹下蓋天蓋地而涵蓋乾坤與天地通；佛家智慧是以去除人的貪著執念而照明本心徹見本性爲方向與指歸的證悟成佛與慈悲化生合爲一體的智慧型態，此即表示，由般若智觀證得本心如如不動之智慧而善心善念善行而境隨心轉；道家智慧是以破除對人爲力量的執著而返璞歸眞自在自爲爲方向與指歸的智慧型態，此即表示，透過心齋坐忘破除人我執著而逍遙自在而與天地並生與萬物同化。自此而觀之，儒家重在關注道德心靈的力量對家國天下建設性的積極意義，此可謂是側重與世間相關聯的智慧；佛家道家重在關注心靈無執無念的力量對世間萬相宇宙萬物虛空萬法的洞徹與收納的作用性的積極意義，此可謂是側重與出世間相關聯並兼及與世間相關聯的智慧。正是在此一意義層面上，牟宗三始終堅持儒家智慧爲主幹立場，而佛道兩家智慧爲輔助立場。此其二。

就其所確立的思維方向而言，審查牟宗三之系列文獻，吾人發現其思想最後所指向的方向乃是其反復申明的中國智慧傳統優於西方智慧傳統之根本處的透過實踐修證而證得的圓融境界。中國智慧傳統之儒釋道三家皆宣示了人與天地自然宇宙萬物原本和諧一如渾圓一體之諦見，此所謂天人合一者是也。具體地言之，在儒家是聖人透過道德實踐而至的大而化之境界，在佛家是佛陀透過般若智觀而至的寂如平實境界，在道家是天人透過至虛篤靜而至的無爲自然境界。自此而觀之，中國智慧三型態即儒釋道三家雖型態有異然其在智慧的究極圓融處卻是同一的即天人渾圓一如。儘管如此，牟宗三在此一階段的思想裡還是以儒家道德實踐優位理論爲其思考的依止並以儒家聖人大化境界爲最圓滿最高最美的境界。儘管其在思想表述裡採用了一些佛家語詞，然其並未有述及佛家乃至道家智慧所表述的圓滿美妙的境界理論。

就其美學思想的基本格局而言，其大端如是：第一，牟宗三從宇宙論的視閾探討了美學世界是一個圓成的世界，而與命題世界及道德世界相區分。此所謂圓成是

指道德本體之創生性力量所呈露出來的如如平實境界之圓滿完整。美學世界之所以是一個圓成的世界，是因爲在美學世界裡所呈現出來的境界是並未有任何指向的，而是渾圓一如的。而命題世界與道德世界皆是有所指向的：前者指向自然世界，成就知識，後者指向自由世界，成就德行。故美學世界是一無向世界。所以者何？因無向則無指涉，無指涉則無執著，無執著則平實圓滿故；而命題世界及道德世界是一有向世界。所以者何？因有向則有指涉，有指涉則生執著，有執著則生波瀾，有波瀾則生精彩故。牟宗三此一思想還函蘊如下兩方面的內容：一是美學世界實是一境界狀態，因圓成世界即是一渾圓境界故；二是圓成世界是一無向世界之無向一思想一直貫穿至牟宗三晚年翻譯並疏解康德第三批判裡關於審美判斷之超越原則而提出的無相原則（關此之具體地說明，詳見第四章第一節）。此表示了其美學思想在一定問題域裡前後的一貫性。

第二，牟宗三在分析批評康德關於審美判斷之眞實性並未能落實，即並未能說明審美判斷之具體而眞實性及其原因後，進一步依儒家智慧之道德天心的創生力量能夠頓時即刻普遍地而爲宇宙萬有之根基一義而言審美判斷之具體而眞實性。在牟宗三看來，如此地言之方才是眞正地眞切可感的，即眞正地落到實處。牟宗三此一思想還函蘊如下之一義：審美判斷不單在道德天心處獲得超越性意義，而且還獲得一內在性意義。此即是說，從道德天心處言審美判斷即是確立審美判斷一內在而超越性意義，此是將審美判斷向上提起而言之，故還可以避免其成爲各種他者文化現象所憑藉的外衣而向下墜墮。

第三，牟宗三在如上分析的基礎上進一步提出了道德天心之即寂即照的審美原理。依牟宗三，道德天心具有通天徹地之創生性的力量並因此而潤澤滋養宇宙萬物而使其各正性命自在生長。依此當知，審美判斷所關涉及的審美對象自亦是在道德天心之潤澤滋養裡呈現出來的。此即是說，審美判斷是在道德天心處實現的。承上文，道德天心之創生性的力量及其滋養潤澤的作用所呈露出來的是一渾圓通達的平平實實境界。故審美觀照宇宙萬物是在道德天心之即寂即照渾然一如的境界裡展開進行的。此亦說明，審美判斷是在道德天心寂照一如渾然一體的境界裡自然而然地呈露出來的。正是在此一意義層面上，道德天心之即寂即照原理即是審美領域的基本原理。承上文，道德天心作爲一種宇宙創生性力量是能夠頓時即刻普遍地而爲宇

宙萬有之根基的,故道德天心之即寂即照境界自亦具有一種普遍性與必然性。而依此所言之審美原理裡的審美判斷自亦具有一種普遍性與必然性而無需依憑有向的邏輯力量來證明之。

自此而觀之,牟宗三在早期邏輯哲學時期關於美學基本問題的思考有如下特點:一是有智慧之洞見,此如關於審美判斷是一無向判斷,美學世界是無向世界等諸義;二是此諸智慧之洞見是以中國智慧傳統尤其是儒家智慧型態爲依止的;三是此諸智慧之洞見是其晚期翻譯並疏解康德第三批判關於審美領域的諸問題之思想基礎,並因此保持了其思想前後期之基本一致及其發展脈路的一貫性與層遞性;四是關於此諸智慧之洞見單只是綱領式地標列出來而未有詳細專門地論證闡述,並因此還單只是其思想系統之初創時期,故能將此諸智慧之洞見的綱要表達出來實亦是非凡之事矣。舉凡偉大思想系統創闢之初期大抵如是如是也。

第二節　道德的主體自由與藝術性的主體自由

牟宗三在《歷史哲學》裡精審而細緻地疏導了從夏至東漢此一階段之歷史,然因吾華族之歷史運會之殊特故,而意在彰顯吾華族之常道,豁醒吾華族之心靈。因此,就文化生命主體之自由而言,則明顯表現出尊道德性主體之自由而抑藝術性主體之自由,並力圖在與西方文化生命精神之對判裡開出吾華族文化生命精神先前所未能表現出者,即科學與民主。儘管牟宗三在此一思想階段是尊道德而抑藝術的,然其即使在表述道德性的主體自由時,亦呈現出了一種美趣,因其所推崇之道德的主體自由之最高顯示者,即聖人的境界乃是一最圓融的美趣。[33] 誠然,牟宗三在表述藝術性的主體自由時,自然亦呈現出了一種美趣,只是,其對前者之評價是高揚的,而對後者之評價是貶抑的。

33　關於牟宗三在歷史哲學一書裡所談及的歷史人物之風貌格調以及與才性及德性的關係問題,林維杰著有專文討論之。參林維杰:〈牟宗三倫理美學中的人物想像〉,《中國文哲研究通訊》,第 19 卷第 3 期,2009 年 9 月,第 89-108 頁。

一、黑格爾論中國的自由

　　牟宗三關於中國文化生命主體之自由的思考是由黑格爾在其《歷史哲學》裡關於自由之政治性及其在人類歷史上之發展表現之論述而激發出的。為理解牟宗三關於中國文化生命主體之自由的表述，則必須首先審查作為引子的黑格爾在其《歷史哲學》裡關於自由的表述。

　　黑格爾在其《歷史哲學》裡關於自由的表述是：

> 東方從過去一直到現在，只知道「一人」是自由的；希臘與羅馬則知道「一部分」是自由的；日爾曼世界知道「一切」是自由的。依是，在歷史中，我們所觀察的第一步的政治形式是專制主義，第二步是民主制與貴族制，第三步是君主共和制(Monarchy)。

> 要瞭解這種區分，我們必須注意：因國家是一普遍的精神生命，（個體生下來對於它有一種信託及習慣之關係，並且在其中有他們的生存及實在，）所以第一個問題就是：其中各個體的現實生活是一無反省的活著及習慣的活著，由之以結合之於這個統一體中呢，抑還是它的構成的各個體皆是反省的而且是人格的存在，皆有一恰當地「主體的及獨立的生存」呢？論及此，實體的（客觀的）自由必須與「主體的自由」區別開。「實體的自由」，是含藏在意志中那抽象的未曾發展出的自由，它進而要在國家中去發展它自己。但是，在「理性」底這一種面相裡，仍然缺乏個人的洞見及意志，即是說，仍然缺乏主體的自由；主體的自由只有在個體中被實現，而且它構成個體在其自己之良心中之反省。當只有「實體的自由」，則命令及法律皆被認為是某種固定的東西，抽象的東西，萬民（個體）對之皆在絕對服從的境地中。這些法律不需要契合於個體底願望，而萬民結果也恰如赤子，沒有他們自己的意志及洞見而順從他們的父母。但是，當主體的自由升起，人們從對於「外在的實在」之默想沉入他自己的靈魂中時，則因反省而啟示出的「對照」亦即升起，且含有對於外在實在之否定。「從現實世界轉回來」，這一事實自身就形成一個「對反」，在這個對反中，一邊是「絕對的有」（神性），另一邊便是作為個體的人類主體。在直接的，未曾反省的意識中（這是東方的特徵），

這兩邊是尚未區別出的。實體世界是與個體區別開的，但是這種對反尚沒有在絕對精神與主體精神間創造出一個「分裂」（Schism）。

第一形態，我們所由之以開始的，便是東方。未曾反省的意識，（即實體的，客觀的精神存在，）是我們的基礎。主體意志對於這個未曾反省的意識開始維持一種信仰，確信，服從式的關係。在東方的政治生活裡，我們見出有一個實現了的「合理的自由」，它沒有進展到「主體的自由」而發展它自己。這是歷史底兒童期。「實體性的諸形式」構成東方帝國這個華嚴的大廈，在其中，我們見出一切合理的政制與安排，但是這樣，個體卻只成為「偶然」。個體環繞一個中心，環繞一個君主，君主如一個家長高高在上。因為他要盡力施行那些道德的及實體性的東西，他要去維持那些早已建設起來的基本政制；所以凡在我們這裡完全屬於「主體自由」的，在此，則完全從國家這一面而進行。東方概念底光榮就是那「唯一的個人」（The one individual），一切皆隸屬之的那個「實體的存在」（Substantial being），所以沒有其他個體能有分離的存在，或反映其自身於其「主體自由」中。一切想像及天然所有的財富皆歸屬於那個「主宰的存在」，主體的自由根本上是被吞沒於此主宰中。主體的自由並不是在其自身中尋求它的尊嚴。而是在那個「絕對實體」中尋求它的尊嚴。一個完整國家所有的一切成分，甚至「主體性」，容或可以在這裡被發現，但是卻沒有與那個「大實體」（Grand substantial being）相諧和起來。因為在那「唯一力量」（大實體）之外，只有叛亂的反復，它越出此中心力量底範圍，隨意漫蕩，無目的，無成果。依此，我們見出有許多野蠻部落從上原（即西北）沖出來，落在這個大實體內的城邦內，蹂躪了它們，或為它們所吞沒，因而捨棄其野蠻的生活；但無論如何，一切皆無結果地消失於這個中心實體內。這種實體，因為它沒有在其自身內造出「對反」而克服之，所以它直接地把它自身分為兩成分。一方面，我們見出延續，穩定；帝國好似只屬於空間，與時間不相干，非歷史的歷史，此如在中國，國家是基於家族關係上；一個家長式的政府，它用它的審慎監護，它的告誡（聖諭），它的報應式的或即訓誡的科罰，來維持住自己，又是一個「散文式」的帝國，因為「無限性」與「理想性」（觀念性）這兩形式間的對反，並沒

有極成其自己。另一方面，時間底形式與此空間的穩定正相反。這些國家，
其自身或其生存之原則，並無任何變化，只是互相間經常他〔地〕變移其位置。
它們是不停止的衝突，造成急劇的破壞。反面的那個「個體性原則」進入了
這些衝突關係中；但是這個原則仍然只是不自覺的，只是一個「自然的普遍
性」，即「光」，可是這光尚仍不是人格靈魂之光。這一部連續衝突史，大
部分，實在是非歷史的，因為它只是那同一破壞之重複。新的成分，在勇夫
悍將的恢廓大度之姿態下，重新佔據了以前專制王朝底地位，又重複那衰頹
消沉底同一圈子。而此所謂消沉實亦無所謂消沉，因為經過一切這種不止的
變化，並無進步可言。[34]

觀黑格爾之表述，吾人明其要義是：一是其所討論的自由主要是政治域內的；二是
其討論自由的語境是就人類發展演進的歷程作哲學的審查；三是在人類歷史裡就自
由而言，其形態大端有三：一為在東方尤其是中國的王朝歷史裡惟有一人即天子是
自由的；二為在古代希臘羅馬則是貴族此一部分人是自由的；三為在日爾曼民族則
是全體人皆是自由的；四是與前述自由之形態相對應的政治形式亦是三類：一為東
方尤其是中國王朝的專制主義；二為古代希臘羅馬的民主制與貴族制；三為日爾曼
世界的君主共和制；五是從國家與個體之關係層面而言，自由被區分為實體的自由
與主體的自由：所謂實體的自由亦謂客觀的自由，即是指函蘊在意志裡那抽象的而
須要到國家中去才能發展出來的自由；所謂主體的自由，即是指單只有在個體中實
現並促成個體在其自己之良心中反省的自由；六是就實體的自由與主體的自由之關
係而言，其大端有二：一為實體的自由透過抽象的固定的命令及法律對作為個體的
萬民之主體的自由的征服與奴役；二為主體的自由意識升起，作為個體的萬民由對
外在世界的默想轉為對其自己靈魂的觀照而啟示出一個對反，在此一對反裡一邊是
絕對的神性，一邊是作為個體的人類主體，然在東方世界尤其是中國的王朝時期，
此一對反是未有的。正是在此基礎上，黑格爾著重分析了東方世界尤其是中國王朝
時期的自由情況，其要點如下：一是古代東方世界作為人類歷史發展的兒童期，其

34 Georg Wilhelm Friedrich Hegel,Trans.J. Sibree, M.A.*The Philosophy of History*,:Batoche
Books,2001,PP121-4；《歷史哲學》，第60-63頁。

歷史意識處於未曾反省的狀態。在此一狀態裡單只有唯一的個人即天子擁有合理的自由，一切皆隸屬於此一作為主宰的存在，作為個體的萬民皆成偶然，而惟有此唯一的個人成為必然，並透過國家的法律制度顯示其命令的效力。既如此，作為個體的萬民所本該有的主體自由卻被此唯一主宰所吞沒，此即是說，主體的自由並不能在其自身之中展示其尊嚴，而單只有在此唯一主宰及其體現其意志的命令法律制度之中去尋找其尊嚴。如此一來，可言如此之未能反省的歷史意識，並未能開出一個對反而導致了專制王朝的政治生活出現了空間上的穩定與時間上的重複之特點；二是如此之王朝統治在表面上似乎是延續與穩定的，然此一延續與穩定卻單只是空間上的，此如古代中國王朝政治基於家族之興衰上一樣，與時間無關；三是在時間維度上，可以見出如此之王朝統治及其生存之原則並無改變與進步，只是在家族興衰之中不斷地重複，此即是說，新的家族戰勝先前的統治家族並佔領了其統治地位而繼續重複其興盛衰敗的老路而並未有任何新的進步。合上而觀之，在黑格爾看來，在古代中國的王朝世界裡，單只有作為唯一主宰的天子有合理的自由，即實體的自由，而作為個體的萬民則沒有主體的自由而只有絕對的服從與信仰，此即是人類歷史發展的兒童期之必然呈現者。

　　牟宗三在引述比上注引文更長的引文後，辟專節從中國歷史之實情就黑格爾關於古代中國之自由作了評析。牟宗三是從如下三個方面展開的：一是黑格爾所謂合理的自由是在古代中國之何時與何語境裡出現的。在牟宗三看來，黑格爾所謂合理的自由是在古代中國之周帝國所形成的宗法文制此一語境裡實現的。此一文制是以親親之殺，尊尊之等[35]為人論基礎而建立起來的。因其具有人情味之合理性而成為周帝國之合理的文制系統。進而言之，此一系統之所依之超越根據則是一具有普遍性的道德實體，亦即一具有普遍性的精神生命。此即是黑格爾所謂的神性或絕對的存有，而在古代中國則是由王者盡王道而直接表現出者，即合理的文制系統。在此一系統裡，一切命令及法律制度皆系於盡王道之王者此一黑格爾所謂的大實體或唯

35　孔子曰：「仁者，人也，親親為大；義者，宜也，尊賢為大。親親之殺，尊賢之等，禮所生也。」朱熹：《四書章句集注・中庸章句》，北京：中華書局，2006，第28頁（案：後文引證此文獻時，僅標注文獻名與頁碼）。

一主宰者而被引發出來，因而具有道德意味與客觀意義。儘管此一法律制度之制定未有契合於個體之願望，然由於其合於人倫而具有人情味之合理性，而亦爲個體自然而然所接受。[36]二是黑格爾所謂合理的自由在古代中國是一種什麼意義的自由。既然周帝國之文制是根出於性情的人倫之常道，此則表示其自有其合理性與有效性，而且與近代以降西方之具有時空性的法律相區分。因而，在彼時之中國，普遍之精神生命或絕對之存有是透過將盡土道之土者一人之自由轉爲具有客觀意義的文制而成爲合理之目由的。此一自由是普遍之精神生命之直接地顯示，並未能進至主體的自由而充分地發展其自己。此即是說，此一自由是直接從國家層面上而展示的，就此而言，此是實的；而並未發展之全社會每一個體之自由，就此而言，此是虛的，此即是黑格爾所謂的抽象的未發展出的自由。[37]三是在中國歷史語境裡爲何未能發展出主體的自由。從深層意義上言，中國單只有普遍性原則，而並無個體性原則。此則必然導致一個後果即是，普遍精神生命不能透過個體之自覺而轉爲主體自由，既如此，由唯一主宰所代表之統一則不能透過個體之獨立性而有效地組織起來，進而則可知，國家、法律、制度所體現的客觀精神亦不能有效地真實地體現出來。此即是說，由王者盡王道所表現的文制系統根本不能有主體的自由，作爲個體的萬民皆在潛伏的狀態之中。[38]

　　牟宗三在如上思考的基礎上進一步就古代中國的自由是一種什麼樣的自由作了申述。牟宗三首先將黑格爾所謂的主體的自由作了進一步的區分，即政治性的主體自由、道德性的主體自由與藝術性的主體自由，其次進而從中國歷史發展情況出發審查中國所缺者何所是以及所具備者何所是，最後並表明中國式的主體自由在何處顯。承上文，黑格爾所論述之主體自由實乃是政治層面上的自由或自由的政治義。以此爲標準來衡量古代中國的自由狀況，彼時之中國是無此種意義之自由的。之所以如此，其根本原因在於彼時之中國自始並未發展出對立之階級，國家政治實只是宗法社會與文教系統之虛擬地反映，命令法律制度只是作爲唯一主宰的天子的意志

36　《歷史哲學》，第 67 頁。

37　《歷史哲學》，第 67-68 頁。

38　《歷史哲學》，第 68-69 頁。

之體現者，並不具備客觀精神所具備的客觀性意義，因而國家政治法律層面上的主體自由是缺席的。[39]從此一意義層面上言，黑格爾之論述無疑是正確的，此是不能有任何異議的。然由於黑格爾未有對主體之自由作進一步精審地區分，所以，從道德性的主體自由與藝術性的主體自由層面上言，黑格爾之論述又是有不諦當處，因彼時之中國所無的是政治性的主體自由，而於道德性的主體自由與藝術性的主體自由則有充分地思考與表現故。

　　牟宗三不僅分析了彼時中國所無者，而且更著力展示了彼時中國所有者。

　　在中國，文化精神是透過在個體自身之內的對立與限制中盡其在我的意義而顯示出來的，而不是如西方透過階級集團之外在的對立與限制的方式那樣而顯示出來的。[40]周帝國的穩定是因周公所立之文制系統，因重視家庭族系而融情與理為一而呈現出一種生命的親和感，在此一親和感裡，每一個體都依親親之殺與尊尊之等而過著具體而自足的生活，即可以將自身所含藏之情與理盡量地顯示出來。之所以在如此強調家庭族系的宗法社會裡每一個體能夠在其生活顯示其情與理，是因為在此一社會後面有一作為普遍的精神生命之道德實體，即具有超越意義的道德親和性在發揮著巨大而無形的潤澤作用。[41]在如此一個道德的世界裡，生命，個體的生命是受到尊重的，只要此一生命是一道德的生命。牟宗三引《大學》之「自天子以至於庶人，一是皆以修身為本」[42]此一語證之。此即是說，從天子至普通老百姓，皆應以修養德行作為立身行道的根本，如此方可垂法於後世，即只要是一德性的生命並在日常生活裡做道德實踐的工夫，就會受到世人的尊重。[43]進而言之，尊重生命，就必須肯定鮮活的個體，必須讓這些鮮活的個體能夠儘量地充分地盡情盡性盡倫盡

39　關於此一問題，牟宗三闢專節論述，參《歷史哲學》，第 71-74 頁。在論述道德性與藝術性的主體自由時關涉到此一問題時亦有總結性表述：「在中國，國家政治實是宗法社會與文教系統之虛映，法律實是維持道德倫常之教化作用，不可視為近代意義之法律。是以國家政治法律意義之客觀精神，在中國，一同不具備。亦猶在國家政治法律一面之主體自由不具備。」《歷史哲學》，第 76 頁。

40　《歷史哲學》，第 74 頁。

41　《歷史哲學》，第 74-75 頁。

42　《四書章句集注·大學章句》，第 4 頁。

43　《歷史哲學》，第 74-75 頁。

制。正是在此一盡處，精神與價值得以展現，具體而言，即是聖賢豪傑、仁人志士之成己成物。此一精神與價值之展現，就其本質而言，是道德性的，其主體之自由是道德的主體自由。在此一意義層面上，作此一道德實踐之主體是一道德的存在。[44] 為益於理解之計，吾人以殺身成仁[45]與捨生取義[46]為例言之。無論是殺身成仁或捨生取義，都意味著必須舍己，然從俗世之意見出發，生命是誰都喜歡的，即都不願意隨便輕易地舍去之，但為了保全仁義體現仁義，而需要舍去其生命時，此時作為真正的仁人志士應該毫不猶豫地舍去其生命以保全仁德體現仁德。此一舍己即昭示出此一主體的自由即是道德的主體自由。正是在此一道德的主體自由裡，個體的道德才真正最後完成。[47]

在中國文化生命裡，不僅有盡心盡性盡理之一面，以挺立道德性的主體而顯道德性的主體自由，亦有盡才盡情盡氣之一面，以創造藝術性的主體而顯藝術性的主體自由。以道德性的主體自由為語境或標準而言之，藝術性的主體自由可以進一步區分為兩種情況：一是古典的人格型，即在如上所言之情理合一之宗法社會裡，才情氣在盡心盡性盡理之中被展示者。牟宗三以例言之：一為忠臣孝子，節婦烈夫；二為詩聖杜甫；三為在日常生活裡性情忠厚而又篤於人倫者。二是浪漫型的人格，即抛離盡心盡性盡理之束縛而單純地盡才盡情盡氣者。牟宗三以例言之：一為英雄豪傑，俠義之士；二為風流隱逸之士；三為詩仙李白。[48]此兩型之人格皆有其各自獨特之特徵：就前者言，是在道德實踐工夫裡展示其才情氣，即其才情氣是透過道

44　《歷史哲學》，第 76 頁。

45　《論語譯注》，第 163 頁。

46　《孟子譯注》，第 265 頁。

47　關於舍己一例，牟宗三則是更具體地從忠君報國、舍孝全忠來切近黑格爾的語脈而辯證地言之其如何體現出道德的主體自由的。牟宗三謂：「此種舍己，一面亦可如黑氏所說：『主體的自由並不是在其自身中尋求它的尊嚴，而是在那個絕對實體中尋求它的尊嚴。』但是，另一方面，依盡其在我之意義，在絕對實體中尋求，即是在自身中尋求。因為這裡，實有一主體的自由。惟不是國家政治的，而是道德的。……若吾人已知這裡實有一道德的主體自由，則在那大實體中尋求尊嚴即是在其自身中尋求尊嚴；此即是他個人的道德完成。」《歷史哲學》，第 76-77 頁。

48　《歷史哲學》，第 79 頁。

德實踐行爲展示出來的。就後者言,是才情氣之展示與道德實踐行爲無必然之聯繫,甚至完全超離此一道德實踐行爲而爲之。

如上所述乃是中國式的主體自由,即道德性的主體自由與藝術性的主體自由。然此一主體自由又當該在何處顯?道德性的主體自由是道德性的主體在盡心盡性盡理之中顯;藝術性的主體自由是藝術性的主體在盡才盡情盡氣之中顯。綜而觀之,中國式的主體自由是在此一盡字處顯的。何以故?因吾華族之延續及其文化之發揚精神之表現皆在此一盡字上彰顯出來,即在此處可以盡心盡性盡理,亦可以盡才盡情盡氣,而且不僅容納任何人在此處盡,亦鼓舞任何人在此處儘量地充分地盡之故。在此一盡字處,每一個體皆獲得了反省之自覺,以呈現出主體的自由,即成爲一獨立之主體。此處所顯之主體的自由亦在每一個體自身之中顯示一對反。此一對反源於堯舜禹湯以來所首先把握住的調護生命,安頓生命之生命原理。在此一對反裡,一方是調適上遂之作爲主體的精神,一方是向下開出的作爲客體的自然。自然向下被開出,精神主體即可遙契道德實體,即那作爲絕對精神的普遍的精神生命,而與之對照,並證實之。透過主體精神與絕對精神遙契對照,即個體自身內所起之對反,自然成立,主體精神成立,絕對精神成立。在此一系列成立裡,而始可言盡,即盡心盡性盡理與盡才盡情盡氣。正是在此一意義層面上,此可謂中國文化生命之普遍的原理。[49]

二、道德的主體自由

承上文,在古代中國首先出現的是道德性的主體自由,然其歷史語境是什麼或爲什麼是道德性的主體自由而不是如西方那樣是政治性的主體自由,是需要首先追問的。在人類日常生活的實踐活動裡,令人奮發向上的那一顆道德的心始終在不停地起作用,即貫徹著人類實踐活動的始終。人類的理想即是由此一道德的心所引發,因此一道德的心能夠提撕人不停地向上奮鬥而不向下墮落故。此所引發出的理想之內容即是由道德的心所生出的能夠給人以力量去實踐的觀念。[50]因而,在個體的層

49　《歷史哲學》,第 75 頁。
50　《歷史哲學》,第 1 頁。

面上，其生命在實踐中因道德的心之貫徹而成爲一精神的生命，由此一精神生命函蘊一精神的實體，個體生命則以此一精神實體爲本。在民族的層面上，其生命在實踐中因道德的心之貫徹而成爲一普遍的精神生命，由此一普遍的精神生命亦函蘊一普遍的精神實體。民族生命的集團實踐則以此一普遍的精神實體所引生的道德性觀念作爲理想，而作爲其實踐的方向與態度。[51]儘管如此，然是否意味著民族生命的集團實踐所追求的理想即由道德的心而來的觀念形態是同一的？當然不是的。其原因何在？一是因爲作爲引生理想的道德的心自身具有非常豐富的內容；二是因爲道德的心自身具有不已的創造性；三是因爲作爲理性存有的人不是純粹理性的，而是具有動物性的一面，既如此，則必定受其限制，既受其限制，則道德的心並不能一時全體表現，既不能一時全體表現，則其自身自然是從各個方向表現。然而，其所首先出現的是一個什麼樣的方向，或具備何種形態，則只能從民族生命的集團實踐中歷史地呈現出來，而此一實踐最根本的是源於人性的向上向善之必然性的。此即是說，人乃是以向上向善爲最初的願望的，正是在此一願望的導引下，人類的實踐史總是趨向光明的，儘管歷史自身是曲折的，然此一總趨向則是始終不變的。[52]

在如上之關於人類歷史之實踐在最原初處是源於道德的心此一總持地闡釋後，牟宗三隨之對古代中國的歷史實踐與道德的心之間的關係作了詳細地審查。在牟宗三看來，中華民族的集團實踐，從堯舜經夏商而至周，依史家之稱述，其首要觀念在修德愛民。在此一總觀念之下，進一步可言遵堯舜之道，法文武之制，此所謂「仲尼祖述堯舜，憲章文武。」[53]或孟子以堯舜之王道仁政而言性善，此所謂「孟子道性善，言必稱堯舜。」[54]中國歷史從黃帝始而至周，皆言盡王道之聖王如何體現王道仁政，即如何修德愛民。[55]爲說明此一總觀念之源流與形成，牟宗三從史官之職責追溯之。[56]所謂史官，即就集團實踐之經驗作總結而創造出觀念之謂也。此如君

51　《歷史哲學》，第 1-2 頁。

52　《歷史哲學》，第 3 頁。

53　《四書章句集注·中庸章句》，第 28 頁。

54　《孟子譯注》，第 112 頁。

55　《歷史哲學》，第 4 頁。

56　《歷史哲學》，第 6 頁。

臣、父子、兄弟、夫婦、朋友間之五種倫常之法則以及由此而形成的五種禮節五種禮服五種刑罰，皆是由史官從所見之經驗中總結而創造出的觀念。加之，此一系列觀念皆由彼時之歷史集團之實踐而顯示出來。因而，從政治層面言，此自始皆是一道德政治的形態。如此之系列觀念因由聖王而顯，即必定既切形人與此同時亦通於天。因而，於倫常秩序言天的秩序，於禮節言天的等級，於禮服言天的命令，於刑罰言天的懲罰。此一切皆以天而言之，即是對集團實踐所展示之道德政治之規則典制給與於一理性之根據。此亦直接地透顯出一道德的理性實體，而且，此實體與個體之人又是極為親近的，此如於明察秋毫與賞罰分明亦言天的明察秋毫與天的賞罰分明，然與此同時，亦言臣民的明察秋毫與臣民的賞罰分明。因此，在透過集團實踐而表現的道德政治裡，則不得不修德愛民。[57]而此修德愛民則又可以具體而區分為正德利用厚生[58]之三事：所謂正德，即在位者應正己之德以治民；所謂利用，即在位者應勤儉節約以使人民物資豐盛；所謂厚生，即在位者應少征徭役與賦稅以使人們能夠安居樂業。[59]正德利用厚生之三事作為對修德愛民之進一步的規定，則成為吾中華民族之集團實踐所示現之基本觀念形態。[60]

57　《歷史哲學》，第 8 頁；牟宗三此一論述依於《尚書·皋陶謨》：「天敘有典，勑我五典五惇哉。天秩有禮，自我五禮有庸哉。……。天命有德，五服五章哉。天討有罪，五刑五用哉。……。天聰明，自我民聰明。天明畏，自我民明畏。」參十三經注疏整理委員會：《尚書正義》（十三經注疏），北京：北京大學出版社，2000，第 129-131 頁（案：後文引證此文獻時，僅標注文獻名與頁碼）。所謂五典，即父義、母慈、兄友、弟恭，子孝。或，君臣、父子、兄弟、夫婦、朋友間之五種倫常之法則；所謂五惇，即五倫常關係惇厚；所謂五禮，即公、侯、伯、子、男五種禮節；所謂五服，即天子、諸侯、卿、大夫、士五種等級的禮服；所謂五章，即彰顯此五等之尊卑；所謂五刑，即墨、剕、荆、宮、大辟。

58　禹曰：「於！帝念哉！德惟善政，政在養民。水火金木土穀惟修；正德、利用、厚生惟和。九功惟敘，九敘惟歌。……。」帝曰：「俞！地平天成，六府三事允治，萬世永賴，時乃功。」《尚書正義》，第 106 頁。

59　孔穎達疏：「正德者，自正其德，居上位正己以治民，故所以率下人。利用者，謂在上節儉，不力糜費，以利而用，使財物殷富，利民之用。為民興利除害，使民不匱乏，故所以阜財，阜財謂財豐大也。厚生者，謂薄征徭、輕賦稅，不奪農時，令民生計溫厚、衣食豐足，故所以養民也」《尚書正義》，第 107 頁。

60　《歷史哲學》，第 8 頁。

古代中國史官之職責，牟宗三從柳詒徵之《國史要義》的啓發下以「掌官書以贊治」[61]，「正歲年以敘事」[62]之二語概括彼時史官之全部職責，因前者講與人的領域相關的道德政治之事，後者講與天的領域相關的認識自然之事故。[63]進而，牟宗三將此二語以柳詒徵二語解釋爲：本天敘以定倫常，法天時以行政事。[64]隨後，其並對此二義分別作了綜論。就本天敘以定倫常而言，此是明從集團實踐之行爲裡彰顯出道德的普遍原理，即天敘天秩也。以此一原理來定格倫常，謂之天倫；定格禮節謂之天理。此一普遍性的道德原理自身即是一創造性，或謂此一普遍性的道德原理是一創造性自身，一切組織社會、施行政事的行爲皆由此發，或謂皆本於此；與此同時，此一創造性自身亦在此一系列具體的實踐裡實現或體現。此一道德的創造性在先秦時期，則是由史官之職責來把握之展示之。自孔子以降，則是由士來把握之展示之，此即是由直接的政治形態而轉爲學術教化的形態，亦即是說此一道德的創造性是由道德的心而體證之落實之。此即是仁義之一面，簡而曰仁。就法天時以行政事而言，此是明從集團實踐之行爲裡顯示出活動的理智性，即認識自然之規律。此即是智之事一面。而此亦是由史官之職責來把握之展示之。綜起來言仁言智，即謂仁智之全，此是由史官之職責而透顯出來的。自此而應知，中國歷史自一開始即是以此仁智之全爲核心線索的。[65]

然爲什麼中國歷史自一開始即是以此仁智之全爲核心線索的？在彼時中國之集團實踐裡所展示者表明，吾華族之心靈所首先體證到的是生命。既如此，則隨之所必然思考的問題是如何調護生命，如何安頓生命。因而，吾華族之一切心思、理想、觀念乃至道理之講說，皆是向內返，即在道德的心上用力；而一切向外翻之實踐行爲，則旨在修德安民，此所謂正德利用厚生之謂也。因此，自生命的調護與安頓而言，所首先透顯出來的文化精神即是言仁言智的仁智之全，此實是一具有普遍性的

61　周禮·天官塚宰第一：「六曰史，掌官書以贊治。」孫詒讓：《周禮正義》（第一冊），北京：中華書局，1987，第193頁（案：後文引證此文獻時，僅標注文獻名與頁碼）。

62　周禮·春官宗伯第三：「正歲年，以序事。」《周禮正義》（第八冊），第2082頁。

63　《歷史哲學》，第11頁。

64　《歷史哲學》，第12頁。

65　《歷史哲學》，第12頁。

道德實體，即普遍的精神實體。[66]之所以中國文化精神是從生命之調護與安頓處而言，是因爲生命自身是可以向上向下一起講的。生命之向上講，即是由調護與安頓生命的理性而透顯出超越於人與生命之上的普遍者，此如天，天道等，此言生命之超越性與純粹性之一面。生命之向下講，即是從氣性層面言生命在才情氣方面的表現以及在知性成經驗知識方面表現，此是言生命之感觸性與混濁性之一面。[67]至此，吾人言，吾華族之文化心靈不僅首先體證到的是人之生命，而且更猶在彰顯生命如何調適上遂之一面。正是在此一意義層面上，吾華族之歷史自一開始即是以此仁智之全爲核心線索的。亦正是在此一意義層面上，吾華族之集團實踐即聖王之盡王道之事則旨在修德以安民。

　　孟子以四端之心言仁義禮智，此意味著仁義禮智即是心之德，進一步言之，此即是由心見性。此一心性是吾人本固有之的，此則表明其是先天而內在的。如此之一心性即是道德的心性，亦可曰道德理性。因而，此一心性因其具有定然如此的，無條件的必然性，而其一透顯出來，即意味著人之所以爲人的道德主體性已經完全壁立千仞地挺立起來了。此一徹上徹下的道德主體性，向上通達天道，向下通達人道，此即是所謂天人合一之道之謂。此一天人合一之道，向內直透精神價值之源，向外直通禮節之文制系統。如此之一義理的骨幹對周公所立之文制系統而言是一超越的證成。此一整個文化系統，就仁義內在之心性一面而言，牟宗三名之曰綜和的盡理之精神下的文化系統。[68]

　　然何謂綜和，何謂盡理？所謂綜和是從道德主體性之徹上徹下徹裡徹外之一義引申而成者。所謂盡理則是從荀子之聖人盡倫，王者盡制，孟子之盡心盡性，中庸之盡己之性，盡人之性，盡物之性之諸義而綜攝成者。此即是說，盡心、盡性、盡倫、盡制之諸義統統攝歸於盡理之一詞。儘管盡心盡性是就仁義內在之心性一面而言，而盡倫盡制是就社會之禮節文制一面而言，其實二者一也。盡心盡性必定要在禮節文制裡盡，而盡倫盡制本就是將仁義內在之心性外顯出來，此即是在盡倫盡制

66　《歷史哲學》，第 12-13 頁。

67　《歷史哲學》，第 28-29 頁。

68　《歷史哲學》，第 166 頁。

的同時即是在盡心盡性。而且，心性倫制此四者皆是從理性義的道德生命發，故皆
可統之曰理。此即是說，盡此四者即是盡理，而如此之盡理即是綜和的盡理。此亦
表明，此所盡之理是道德政治的，即是實踐的，此則純粹是價值領域之事。吾華族
之文化生命完全是依此一線索而生長的。此可從兩個方面展開說明。一是從禮樂文
制層面而言，牟宗三以禮記禮器篇關於言禮樂與心性及天道之關係[69]為准得出結論，
即要從外在之有形之禮樂進至內在之無形之禮樂即達至禮樂之原[70]而才能真正有效
地發揮其效用。[71]如若不然，則可能會出現為禮樂而禮樂之外在形式化甚至是虛偽
化的局面，而嚴重剝奪了禮樂之盡心盡性之積極的一面。二是從心性層面而言，牟
宗三以孟子之踐形義來言此一綜和的盡理之精神。所謂踐形，即是善用五官及四肢
百體以充分地顯現貫注於其中的天理，簡言之，即謂實踐其形以顯天道矣。此語境
裡的天理是道，即充實並滋潤實踐之內容；此其形即五官及四肢百體是器，即承載
之工具。因而，所謂在現實裡表現天理，此語境裡的現實亦不單只是形而下之現實，
而全幅是天理之呈現矣。此則簡而言之，即踐形之謂也。此一語一下子將踐形者與
乾坤融為一體，所謂上下與天地同流是也。如此之文化精神，惟有中國文化生命裡
有之，並亦能充分地展現之。綜上，對中國之文化生命而言，無論是在禮樂一面還
是在心性一面，其在綜和的盡理之精神下所成之文化系統實際上是一充盈飽滿之型
態。[72]此是中國文化生命所特有者，亦是中國文化生命對人類文化之貢獻者。

69　《禮記·禮器篇》：「禮之以多為貴者，以其外心者也。德發揚，詡萬物，大理物博。如此，
　　則得不以多為貴乎？故君子樂其發也。禮之以少為貴者，以其內心者也。德產之致也精微，
　　觀天下之物無可以稱其德者。如此，則得不以少為貴乎？是故君子慎其獨也。古之聖人，內
　　之為尊，外之為樂，少之為貴，多之為美。是故先王之制禮也，不可多也，不可寡也，唯其
　　稱也。」十三經注疏委員會：《禮記正義》（十三經注疏），北京：北京大學出版社，2000，
　　第 855-857 頁（案：後文引證此文獻時，僅標注文獻名與頁碼）。牟宗三在引證上述之引文
　　後，極為讚賞：「這是表示『綜和盡理』最精美的一段話。」《歷史哲學》，第 168 頁。

70　子夏曰：「敢問《詩》云『凱弟君子，民之父母』何如斯可謂民之父母矣？」孔子曰：「夫
　　民之父母乎！必達於禮樂之原，以致五至，而行三無，以橫於天下，四方有敗，必先知之。
　　此之謂民之父母矣。」《禮記正義》，第 1626 頁。

71　《歷史哲學》，第 167-168 頁。

72　《歷史哲學》，第 168 頁。

　　牟宗三在依黑格爾之主體的自由進一步講中國之道德的主體自由時有一附注，主要是說明宋明儒學最後所至境界是一藝術性的境界：如王龍溪從無立根基，鄧定宇從一念靈明立根基，展示一種如空谷足音，一切灑脫自在純淨無染之境界，直至泰州學派唱出樂學歌，以樂學圓融為極致；其原因是在於社會個體在文制系統裡自覺地從其自身尋求生活之原理，此易於且亦必定表現為道德的主體自由，即向內收攝於一點而直至順適而上遂者。[73]而且，在牟宗三看來，如此所至之藝術性的境界因有內在道德性的潤澤而成最高級的美智合一之表現。（關於美智合一之問題在後文詳述。）此處單就美智合一之最高級者何謂及為何是最高級的而展開。此語境裡所謂最高級之表現者，所指謂的是攝於仁而發於仁之智，即仁智合一的神心所表現者。牟宗三以王陽明之心理合一之良知之心，孟子以反身而誠，樂莫大焉，及所存者神，所過者化[74]所顯示之內在的道德性之本心為例證此種仁智合一之神心之表現。此種仁智合一之神心所到之處，皆是天理流行，一體平鋪，無虛妄，無染雜，平平實實，範圍曲成，無處不周遍，無處不窮盡。如此之智即是無虛幻無染雜之智：歸於仁，故無虛幻；發於仁，故無染雜。因而，於仁智合一處之言心，此心是一創生之心，即最高綜和的神心。由此心所發之直覺，牟宗三名之曰神智的直覺。此即是如此之智的確定之函義。之所以言如此之智是最高級者，因其惟於聖賢人格處始可言之。此即是說，如此之智的直覺，是內在的，具體的，而且是藝術性的，然單只能從成於樂[75]之最後圓融處而言其藝術性，此是最高級的藝術性，即是最高級的自由境界，因其有立於禮之內在道德性之潤澤故，與一般而言的藝術學的藝術性，審美學的審美自由相區分。[76]

73　《歷史哲學》，第 78 頁。

74　孟子曰：「萬物皆備於我矣。反身而誠，樂莫大焉。強恕而行，求仁莫近焉。」《孟子譯注》，第 302 頁；又曰：「夫君子所過者化，所存者神，上下與天地同流，豈曰小補之哉？」《孟子譯注》，第 305-306 頁。

75　孔子曰：「興於詩，立於禮，成於樂。」《論語譯注》，第 81 頁。

76　《歷史哲學》，第 374-375 頁。

三、藝術性的主體自由

　　牟宗三在綜論藝術性的主體自由時曾謂,此一自由在根本上是才情在飛動躍升,氣機在鼓動激蕩。此是內在主體與其所欣向之理境在感觸狀態裡之一混全之表現。由於此語境裡之才情氣乃是精神外顯而成之氣質者。因而,盡才者必能充分地施展其才華,並以此而傲視世界;盡情者必能充分地展示其情感,並以此而嬉笑怒罵;盡氣者必能充分地把握其氣機,並以此而排出庸俗。然此三者皆是生命力之凸顯並意在推動振盪掉使生命主體物化之惰性而使生命大放光彩。無論是盡才,還是盡情或是盡氣,皆必須憑依充沛的生命力才可能。因生命力之充分地奮發顯豁,乃是強度者之事故,生命力之彰顯是獨特而不可能重複的。如若生命力枯竭了,才情氣之充分地展露者皆因才情氣之被耗竭而不再有風光景象。此則意味著盡才盡情盡氣是皆有限度的。儘管爲一時之英華閃現,已皆足以萬世垂光而成爲典範而具有永恆之無限的意義,即個體之才情氣之充其極矣。然畢竟只是英華之一時閃現,因而其所顯之無限性的意義亦只是感觸性的,氣質性的,與道德的主體自由之無限性相區分。正是在此一意義層面上,牟宗三謂藝術性的主體自由爲綜和的盡氣之精神。[77]如此之精神,在牟宗三看來,是一英雄之精神與藝術性之精神,[78]於天才世界裡顯現,其具體之體現者爲詩人、情人、江湖義俠,以至於打天下的草莽英雄。此可視之爲一種特別的藝術性的人格表現,與綜和的盡理之精神所示現之聖賢人格相區分。[79]

　　然牟宗三所謂天才何謂?天才者乃天地之風姿也。此一界定乃函蘊著,天才以風姿分高下。此即是說,在天才與天才相比時,即天資與天資相比,既相比,則自有高下與強弱。既如此,可謂毫釐之差即有不及。不及就是不及,決不可以矜持亢進而冒充之,因此一冒充之行爲虛假不實故。以打天下言之,此可謂馳騁角逐,所爭者只在呼吸之間,即在此一瞬間,即可分出高下與強弱,亦可顯出風采與氣象。正是如此一轉瞬即逝之風采與氣象自身則以顯示出一可欣賞之美學價值。[80]牟宗三

77　《歷史哲學》,第 79-80 頁。

78　《歷史哲學》,第 196 頁。

79　《歷史哲學》,第 188 頁。

80　《歷史哲學》,第 162 頁。

所論之天才主要集中於政治領域，尤其對草莽中打天下者之劉邦為最欣賞者，並在與聖賢所至之境界相比較裡而給與其前者較低之評價，因其始終堅持其道德價值立場故。

　　《史記卷八·高祖本紀第八》裡曾記載高祖以亭長身份向驪山押送勞役徒時，役徒在途中逃跑了不少，他估計還不到驪山時，就可能跑光了，於是，在豐西大澤就停下來喝酒，在夜裡就把剩下的役徒們都放走了。然有十餘壯漢願隨他一起走。因抄小道走出沼澤地，於是差一人前去引路，忽而，此一人回報，前面有大蛇擋道，我們返回吧。高祖說，大丈夫行路，還懼怕什麼呢？於是前去，拔劍劈殺大蛇而成兩截，道路因此而暢通了。[81]牟宗三以此一故事發掘出劉邦身上所函蘊之充沛的原始生命力之第一次充分地衝破障礙而流暢無礙地展示出而認定此乃天才之表現也。並且，以此進一步推證出，惟天才能盡氣，惟盡氣者能接受理想，因其心靈天真無邪而生機不滯礙故。[82]

　　牟宗三對劉邦在逐鹿中原過程裡所示現出來的風姿與氣象以豁達大度一語賅之。由劉邦在逐鹿中原所示現出來的豁達大度，自顯一英雄之氣質，此可謂天才之風姿也。而此一氣質是全由其儀態及其現實生活之風姿所表現出來的，此可謂天才氣象之具體地呈現也。如此之一氣象，自乃是天所授之也，而非強力所可至者。強力所至者，自不自然，因而自亦不能威懾服人矣。而天所授者，由於其強健而旺盛的生命力植根很深，當其充其極時，其所爆發之勢則自是沛然莫之能禦[83]。如此之風姿乃天才所表現之風姿，此可謂是原初混沌中之精英，荒漠原野裡之華彩也。劉邦正是憑藉此一氣機常活而不滯礙，元氣常盛而不衰竭之風姿馳騁中原，逐鹿角力，所存者神，所過者化，所向披靡，無往不勝。在牟宗三看來，透過儀態及其日常生活所表現出來的如此之風姿可謂美矣。[84]此美是透過政治人物，即從草莽中打天下的英雄而顯出的一種先天所秉具的氣質而呈現出來的一種特有的境界型

81　司馬遷：《史記》，北京：中華書局，1999，第245-246頁。

82　《歷史哲學》，第150頁。此為牟宗三在如上之引文後對其所作之總結語。

83　孟子曰：「舜之居深山之中，與木石居，與鹿豕遊，其所以異於深山之野人者幾希。及其聞一善言，見一善行，若決江河，沛然莫之能禦也。」《孟子譯注》，第307頁。

84　《歷史哲學》，第158頁。

態。在此一境界型態裡，其主體之才情氣之表現與揮灑自是收放自如的，此即是說，其主體是如此地如如自在而自然的。此可謂是牟宗三在此一階段所謂的藝術性的主體自由之具體展示者。

在如上之具體的展示之基礎上，牟宗三作了進一步之綜說，即由如上單只針對政治領域裡打天下的草莽英雄而言天才而推至在一般意義層面上而言天才。承上文，大才乃大地之風姿也。如此之大貧目是其生命之充沛，元氣之充盈，氣象之非凡者。順如此而天生氣質者而必定洋溢奮發於外而無可遏止。此一天資如是之高如是之宏，當其奮發飄揚時，其自身自是常自足而無待者，即在天資之後並無有所依持者，在天資之前亦無有所依待者。因而，其奮發飄揚時，自是獨來獨往，無所畏懼，而獨顯其照人之光彩而無有能超越其之任何跡象者。之所以如此，是因為天資自身是如此地自足，此即是說，一切奮發飄揚皆是由天資出也。既皆憑藉於其天資之自足而無待，則其心思之運用自是必於此處而自然地展開，而不自覺其天資後之內在根據。[85]在如此之心靈的無依無待之如如地自在自為之狀態裡，其主體之才情氣之表現與揮灑自是一藝術性的主體自由。

牟宗三從善談論、美音制[86]之東漢儒生郭林宗類人物身上發掘出美智合一，即藝術性與智的直覺合一型人格。[87]在牟宗三看來，東漢儒學實際上是承續西漢五經博士而來的章句之學。此學之屬性，牟宗三以題拂覈論[88]界定之，並且此題拂覈論及由五經博士而顯的通經致用，其實皆單只是儒學之初級的直接的表現，尚非是透

85　《歷史哲學》，第 160 頁。

86　范曄曰：「郭太字林宗，太原介休人也。……就成皋屈伯彥學，三年業畢，博通墳籍。善談論，美音制。乃游於洛陽。」范曄：《後漢書》，北京：中華書局，1999，第 1503 頁（案：後文引證此文獻時，僅標注文獻名與頁碼）。

87　牟宗三在談及東漢儒生之人格類型時在一附注裡謂：「林宗確有妙觀察之智。其精鑒人倫，亦此智之發也。……此類人之基本靈魂為美智合一之格，即藝術性的與智的直覺的。」《歷史哲學》，第 370 頁。

88　吾以為牟宗三之題拂核論源於《後漢書・黨錮列傳第五十七》：「故匹夫抗憤，處士橫議，遂乃激揚名聲，互相題拂，品核公卿，裁量執政，婞直之風，於斯行矣。」此可謂人物品評賞鑒義。《後漢書》，第 1476 頁。

過自覺的理性即內在的道德性而樹立之。[89]正是在此意義層面上，牟宗三將美智合一型人格與源自於內在道德性的理性人格相比觀而給與其較低之評價。亦正是因題拂覈論單只是直接的表現，而未有經由內在的道德性而徹底澄清，即未有經由立於禮而後所至之成於樂之一轉進故，牟宗三將其最基本的核心義區分爲三：一是屬於氣性的才氣之鼓動搖盪，二是浮泛的智的直覺之閃爍，三是藝術性的浪漫情調之欣趣。因而，題拂覈論之直接的表現即是如上之三者的直接表現。[90]而如此之三者的直接表現則由於未有經由道德的自覺一關，而爲較低級一層者。

牟宗三隨即以郭林宗爲例著重就浮泛的智的直覺與藝術性的浪漫情調之欣趣此二方面對美智合一之較低級的表現面作了綜論。所謂較低級者，即是指郭林宗類人物之藝術性與智的直覺之表現乃是初次的直接表現，即直接由其原始生命之天資之美引發出來的欣趣與智的直覺者。具體而言，即是上文所言之善談論、美音制與精鑒人倫之妙觀察者。此一類人物之如此的精神表現，首先從智言，此自是一浮泛的夾雜的智，即由原始生命之天資之美而直接地引發出來的一種以氣質性爲底子的智，此之謂浮智的直覺之閃爍。其次從藝術性言，此自單只是一浪漫情調之欣趣，而非一立於禮而來的成於樂也。[91]自此而止，吾人亦可清晰地覺察到，牟宗三單只是對由內在的道德性而來的聖賢境界所示現之愉悅給與於一肯定性的評價，並以此爲最美，或謂最有意義的美或愉悅，因其有內在道德性之提撕而不至於下墮故；儘管其對於由氣性之揮灑而表現的快樂，亦承認有一美趣，有一値得欣賞處，然此則因脫離了內在的道德性之潤澤而失去了溫潤的色澤與光彩，而易於使生命乾枯，而給與於一較低之評判。如此一來，牟宗三此一階段之思想，吾人可謂其對美之評判是道德功利性的，即從價値性層面審查之。儘管如此，吾人亦謂牟宗三關於聖賢境界所示現之自由之表述亦呈現出一種美，此爲一種大美，大樂。

89　《歷史哲學》，第 370-371 頁。

90　《歷史哲學》，第 372 頁。

91　《歷史哲學》，第 374-375 頁。

四、倫理生存與審美

　　牟宗三在此一部分首先討論了德國古典哲學之大哲黑格爾從政治層面探討古代中國的自由一問題之得與失，並以此契機切入中國智慧關於自由的言說；其次從兩個層面討論了中國智慧所言說的自由，即道德主體的自由與藝術性主體的自由以及其關係等諸多關鍵性問題。牟宗三此一階段的學問有其特別的特點，就其大端而言者，有二：一是繼續沿著其在前一階段為美學思考所確立的基調方向進一步地深入探索並使其具體化；二是區分了道德性的美與藝術性的美並給予二者之價值判分。

　　就其具體化其先前為美學研究所立定的基調方向言，牟宗三在其早期最成熟的邏輯學大著《認識心之批判》裡從宇宙論視閾思考了美與審美判斷等基本問題，並在中西智慧的交相會通裡提出了道德天心即寂即照之境界審美原理。此一綱格式的美學原理雖然並未有詳細充分地展開，然卻立定了其一生的思考方向。道德天心即寂即照即是道德天心所達至的一種境界，充其極者即是聖人所達至的大而化之的境界。此一境界在此語境裡牟宗三名之曰道德主體的自由，即道德主體在日常生活世界裡透過道德實踐所達至的道德心靈的自在狀態。此一道德心靈的自在狀態，具體地描述，即是道德主體在日常生活世界裡透過道德實踐而實現與天地同德與日月同輝而大化流行一體平鋪的無有一絲一毫染著而晶瑩剔透而純然平靜的道德心靈所呈露出來的狀態。在牟宗三看來，道德心靈無染無著而平平實實的狀態亦是藝術性的，即具有審美的特性，而且是最高級的藝術性，即最真實的美，此如其所例舉的陽明後學之泰州學派所追求的即樂即學即學即樂的境界。何以故？因樂（藝術性或謂審美性的愉悅）是在學（道德實踐）裡實現的故。此即是說，道德實踐所產生的此種審美性的愉悅是透過先天而內在的仁心仁性或謂內在道德性滋養潤澤而成者，故是最高級的最真實的愉悅感受。而此一愉悅感受在日常生活世界裡的具體表現是在道德主體盡心盡性盡理的道德實踐行為活動裡體現出來的。此即是說，在日常生活世界裡表現出來的盡心盡性盡理的道德實踐行為活動即是一種最高級最真實的審美活動。此一美的型態，吾人名之曰道德性的美。

　　就道德性的美與藝術性的美相區分言，在牟宗三看來，藝術性的美是人物的才華情感氣質的充分展露而表現出來的一種美趣，並才華情感氣質是非理性領域裡的

事相，故此種才情氣機的鼓蕩激越雖有一時的光彩與絢爛，然卻因其無有仁心仁性的滋養潤澤而並不能永恆。此種最典型最精彩的例據即是其所例舉的天才。依牟宗三，天才乃天地之風姿，即天地間氣機鼓蕩激越的絢爛光彩。故稟受天地間絢爛氣機者則生命力充盈精神飽滿。而此天地氣質充其極而自然而然地呈露出來，在功業上則是成就萬世偉業，在趣味上則是藝術性的。此如從草莽中打天下的曠世英雄劉邦逐鹿中原所表現出來的那種才情氣隨心迸發而又任運收轉的生命風姿亦確顯一種美趣。此一種透過盡才盡情盡氣而來的具有審美趣味的自在自然狀態，牟宗三名之曰藝術性主體的自由。才情氣是非理性領域裡的事相，是生命質地與天地氣機相感而成者，故有感則有顯，而無感則無顯。此即是說，才情氣畢竟有耗盡的時刻，即使是天才亦是如此，故有江郎才盡之說。正是在此意義層面上，此一透過盡才盡情盡氣而來的自由雖確顯一美趣，然終將有一個盡頭，故此並不能讓生命永葆青春活力。何以故？因此單只是一生命氣機之鼓蕩激越而並未有先天而內在的仁心仁性或謂內在道德性的滋養潤澤故。正是在此一分際上，牟宗三在價值域裡給予二者之判分如是：在日常生活世界裡透過盡心盡性盡理的道德實踐行為活動所表現出來的美趣或所體驗到的審美愉悅，即道德性的美，與在日常生活世界裡透過盡才盡情盡氣的生命氣機之鼓蕩激越所表現出來的美趣或所體驗到的審美愉悅，即藝術性的美相觀而論，前者是最高級的形態最真實的體悟，因其有先天而內在的仁心仁性或謂內在道德性的滋養潤澤故，而後者則與此對反。

　　觀牟宗三依儒家智慧之道德理性優位立場而判分的兩種自由（道德性的自由與藝術性的自由）理論，吾人依此而逼至倫理生存審美一問題。關此，吾人從兩個方面而明之。第一，藝術審美的尺度。承上文，藝術性的美是生命之才華情感氣質的鼓蕩激越而顯者，並隨其耗損之盡而止，而且不同的才華情感氣質則顯不同的藝術性的美。如若沉溺於天地氣機之激蕩，才情氣之揮灑，那麼生命力在天地氣機耗散至盡時則必定枯萎衰敗。故對於藝術性的美之表現與體驗則理應遵循一恰當的尺度之規範。此一恰當的尺度即是先天而內在的仁心仁性或謂內在道德性。故在日常生活世界裡不能完全徹底地陷入非理性的才情氣之揮灑與蕩漾，而還應遵循倫理生存的基本原則，以使才情氣之揮灑與蕩漾不至向下墜墮而氾濫成災。此一恰當的尺度實際上表明生命不應該無限制地一直平放下去，而應該在一定程度上保持向上奮發

的態勢，以保證生命的價值意義。

第二，倫理生存的審美化。承上文，道德性的美是道德主體透過道德實踐而至的道德心靈的自在狀態，並能夠給生命一向上提撕的力量。秉此力量而現的倫理生存則是一積極向上奮發的生活型態。在此一生活型態裡，生命被置於一緊張的狀態裡。所以者何？因生命的奮鬥即意味著鬥爭衝突而顯一高度繃緊的張力狀態故。在此一張力狀態裡，生命則被耗損。如若長此以往，此則並不利於生命的成長及人格結構的完整。何以故？因生命在不停地奮鬥裡不斷地被消耗故。故在日常生活世界裡的倫理生存不能總是一直處於一種高度緊張的狀態裡，而還應化掉此一緊張相，以使道德生活的積極向上奮鬥不至耗盡生命。化掉緊張相實際上表明倫理生存對生命的向上提撕亦不能過度，而應該在一定程度上保持一審美化的情態，以保證生命能夠持續向上奮發的力量。

此兩方面之分列地表述乃是因便於分析之權計。其實此兩方面原是一體者，即倫理生存審美，此是總持地言之者；而散列地言之，即前方面是審美與倫理生存一面，後方面是倫理生存與審美一面。倫理生存與審美本是兩個獨立的領域，然在何分際上二者可成兩面一體？從倫理生存往審美一面說，即在化掉道德實踐的緊張相，此所謂大而化之的分際上，二者二而一也；從審美往倫理生存一面說，即在保持內在道德力量奮發向上態勢，此所謂充實而顯光輝之大者的分際上，二者亦二而一也。此是為表述計而散列地言之者。總持地言之，倫理生存與審美，或審美與倫理生存之二而一的分際即是大化渾圓的聖人境界，此即是說，在聖人境界裡倫理生存是審美，審美是倫理生存，二者相即一體，如如一也。

第三節　道德的心與真正的主體的自由

牟宗三在《道德的理想主義》一書裡在對德國人文主義之分析中闡釋了美學的欣趣情調一觀念，並主張以內在的道德性來剔除其夾雜的才情氣或提撕其因來源於才情氣而來的氣質性，以達至立於禮而來的成於樂。之所以如此，是因為美學的欣趣情調單只是一種快樂，而於此一快樂裡並未有所成；而經由內在的道德性之提撕所至聖賢境界，不僅能夠有一種愉悅，而且在此愉悅裡還能有所成，此乃成於樂之

成，即在樂中成。

一、美學的欣趣情調

　　牟宗三在探討德國十八九世紀人文主義的特性與限度的時候，著力分析了美學的欣趣情調一觀念。十八九世紀德國人文主義是一新的思想潮流，有其特有的新的生命力在彰顯。其中堅人物基本上都是一些文學家。由於其意在反對僵化而向上提撕以達至重新開創文化運會，即從吾人內在靈魂深處開拓心靈之領域，暢通生命之本源，而在一開始即被名爲狂飆運動（Sturm und Drung）。[92]在牟宗三看來，此一期人文主義思想潮流之基本特性有三：一是具有充分的浪漫主義精神；二是具有絕對的主體主義特性；三是具有純粹的理想主義特性。[93]此語境裡的浪漫主義精神，從其廣義而言，以孔子之狂狷說類之，亦可名之曰狂狷的精神，即從抽象的知性及與之對應的外在的物理機械系統返回來而直接深入到內在的主體生命而向上透顯之精神狀態。如此之一關必定顯一浪漫主義精神。以此一廣義的浪漫主義精神返回來而顯主體之意衡之，此一之人文主義思想潮流經由如上一關之返回來所至之主體是一生命主體。此乃是青年文學家的才情氣質之昂揚與顯現。因而，此一期人文主義之浪漫主義精神無疑帶有鮮明的文學情味的浪漫主義精神。[94]

　　如此之回歸主體的廣義的浪漫主義精神之唯一目的則是意在將內在的主體性壁立千仞地挺立起來。具體地以狂飆運動的人文主義而言，其所彰顯的具有文學情味的浪漫主義精神所透顯的生命主體具有深遠的無限性與生動的創造性，因而可謂是一純粹而絕對的主體。正是在此一意義層面上，可謂已經由浪漫主義精神過度到絕對的主體主義。然此一主體主義是自生命主體處立，因而亦可名之曰浪漫主義的或具有文學情味的主體主義。既如此，透過此一主體所顯之理想主義亦可名之曰浪漫主義的或具有文學情味的理想主義。[95]

92　牟宗三：《道德的理想主義》，臺北：臺灣學生書局，2000，第 172 頁（案：後文引證此文獻時，僅標注文獻名與頁碼）。

93　《道德的理想主義》，第 173-174 頁。

94　《道德的理想主義》，第 174 頁。

95　《道德的理想主義》，第 174 頁。

　　既是人文主義，在自然不能僅僅停留在如此之浪漫主義的或具有文學情味的主體主義與理想主義之觀念性的層面上，還必須再進至客觀主義之客觀性的層面上。就德國人文主義而言，則是進至古典精神的客觀主義，即以此古典精神來潤澤此主體主義與理想主義。[96]而如此之一轉進之關鍵乃在歌德（Johann Wolfgang von Goethe,1749-1832）等人圍繞尊重人性此一中心而形成人格一觀念。正是此一人格概念使觀念性的主體主義借此能夠落下來而轉爲客觀主義，而且是古典精神的客觀主義。之所以如此，是因爲此一人格觀念是生命之理性化，亦即謂客觀化。對此一結論，牟宗三是以歌德關此之表述之展開爲說明的。歌德將古代希臘哲學家柏拉圖（Plato,Πλάτων,428/427 BC-348/347 BC）之理型一觀念引入其對生命的思考裡，即將生命理型化，與此同時，亦將理型生命化，而順利地引入其人文主義的思考之中。正是如此之一轉進，人文主義遂由浪漫主義的主體主義轉爲客觀主義。歌德之所以能有如此之轉進，是因爲他在其自身之中體證到人在其自己的生命裡能夠內在地生成法則。進一步言之，每一人之個性皆有其特有的整嚴規定之特性。正是此生成法則與整嚴規定投影出吾人生命之理型性，具體地從審美體驗言之，即是吾人在其生命的發展之中所體證到生命自身所呈現出來的節奏或韻律，此可名之曰美學情調的理型性或形式性，亦可簡化地名之曰美學情調的理性。正是在生命理型化，理型生命化此一雙向回環的過程裡，不但個性與人格得以形成，而且還啓發歌德就生命之發展歷程而形成形態一觀念。歌德正是以此形態學的思維考察自然的，即自然自身之發展不僅是有目的的，而且是可以成機械系統的。在如此思維之照察之中，歌德不但發現了教養人格的形成過程之自然性，而且亦發現了自然形成過程的人格性。歌德正是在如此之發現裡開出了其獨特的自然哲學，即美學情調的自然哲學，此即是說其人文主義思考之中具有鮮明的美學情調的自然主義色彩。[97]具體而言，如此之一客觀主義具有兩層函義：一是作爲個體的人借助人格一觀念而首先將其自己的生命內在地客觀化；二是在如上之客觀化之基礎上才有能力肯定人世間的一切人文活動之意義，即透顯出完成人格的教養作用。經由如上二層意義之遞轉，則已經由

96　《道德的理想主義》，第 175 頁。
97　《道德的理想主義》，第 175 頁。

浪漫主義的主體主義轉成客觀主義了。此即是說，客觀主義必須函蘊此如上之二層意義始可言之。[98]從歌德所描寫的人類生活的自然形態，即吾人種族所生存的自然形態之內容，吾人可以見出，這些形態是那麼的單純而直接，快樂而眞切，既不像喜劇那樣只有由笑帶來的快活，亦不像悲劇那樣只有由反思所顯出的嚴肅。歌德的這種從人文活動洞見其自然性，從自然發展洞見其人文性之思想，實際上意味著，從新鮮而活潑的單純而誠樸的人文活動透顯出普遍性來。正是在此一透顯裡，客觀的理想主義遂得完成。如此之一理想主義即是一帶美學情調的客觀理想主義。[99]由於此一理想主義主要地是由狂飆運動之主將們對古代希臘文化之生命體證及其被陶養而轉出者，因而，亦可說，其是一古典主義的理想主義。然爲何此一古典主義的理想主義是帶有美學情調的？因此種古典精神是崇尚理智，推崇個性的，故其所呈現出來的新鮮活潑單純天眞的青年氣，實即是一種美學情調故。[100]

　　然此一期之人文主義所透顯出來的美學的欣趣情調並不是完滿而眞切的。何以故？因此一期之人文主義中的人格一觀念則主要是自然主義的，此即是說，其由藝術鑒賞而來的美學情調必然地是從具體的自然上顯，而未有經過內在的道德性之潤澤故。此一原因之表述亦函蘊著如何將此一期之人文主義所透顯出來的美學的欣趣情調向上提升而臻於完滿圓成之境。如此之美學的情調必須經由道德的主體性之潤澤，即必須經由價值與理想之源的開關始能被向上提起而在最高層上臻於最後之圓融化境。此一步之關鍵，乃在道德的主體之挺立一關，此如孔子所謂立於禮一關。儘管此一期人文主義亦經由了古代希臘之新鮮活潑單純天眞的古典精神之潤澤而轉出者，然此古典精神畢竟是青年氣的，既如此，此則自是未有達至圓滿成熟之境界的，而仍須透過向更高進之更進一步地發展而至者。正是在此意義層面上，吾人言此一期之人文主義還單只是停留在泛美學情調的平面上，而最後落於帶有美學情調的自然主義上而止。[101]

98　《道德的理想主義》，第 175 頁。

99　《道德的理想主義》，第 176 頁。

100　《道德的理想主義》，第 176 頁。

101　《道德的理想主義》，第 178 頁。

二、道德的心

在牟宗三看來，道德的心不僅是遍普於一切的，而且是隨時可以當機指點出來的。因而，道德的心是吾人之一切言論與行動的起點以及對其作判斷的標準。然道德的心何謂？所謂道德的心，一般而言，即是一種道德感，依儒家經典言之，即是一種生動活潑怵惕惻隱的仁心。此語境裡的生動活潑，是意指吾人生命之不滯礙而富有生氣，隨時隨處皆能感通而充分地實現出來。而所謂怵惕惻隱，則是如上之生動活潑之特殊化，即具體化，亦可謂是其之內容。如此之生命的生動活潑與生物生理的活潑以及機智乖巧的機靈是相區分的。何以故？因在不滯礙的心靈之感通裡，此生命自然是好善惡惡，為善去惡的，並在不忍不安之際，改過從善，革故生新的故。[102]

在如上之總持地說明之後，牟宗三從覺與健兩個方面對如上之生動活潑怵惕惻隱之心作了進一步詳細地闡述。其步驟是：首先找出表示覺與健的原始儒家文獻並徵引之，其次分析如上之引文並作理論地綜論。就表示覺與健之原始儒家文獻言，牟宗三以孟子言舜在深山裡風餐露宿，與動物們遊玩時，與一般而言的野人似乎差不多，然畢竟亦有那麼一點差異，即乃在其聽聞一善的言語，見到一善的行為之際，其內在心靈的向善之能則能如江河之決堤勢不可擋而充其極之如此卓越的表現而證明生動活潑怵惕惻隱之心覺悟之一面。[103]並且，其以孔子指點子貢人生在世無論是為學事君事親還是與家人朋友在一起相處甚至是退隱農耕而自給自足皆是很勞累的，然作為君子必須一生勤勤懇懇兢兢業業為學問為蒼生為家人為朋友而不停地奮鬥直至肉體生命之終結而後止，此即謂生命不息而奮鬥不止之思想而證明生動活潑怵惕惻隱之心自強不息之一面。[104]

102　《道德的理想主義》，第 13 頁。

103　孟子曰：「舜之居深山之中，與木石居，與鹿豕遊，其所以異於深山之野人者，幾希。及其聞一善言，見一善行，若決江河，沛然莫之能禦也。」《孟子譯注》，第 307 頁。牟宗三謂：「此是言『覺悟』的一段最懇切的話。」《道德的理想主義》，第 14 頁。

104　《荀子·大略篇》曾載孔子指點子貢：子貢問於孔子曰：「賜倦於學矣，願息事君。」孔子曰：「詩云：『溫恭朝夕，執事有恪。』事君難，事君焉可息哉！」「然則，賜願息事親。」孔子曰：「詩云：『孝子不匱，永錫爾類。』事親難，事親焉可息哉！」「然則賜

　　依牟宗三，覺與健是生動活潑怵惕惻隱之心的兩個基本特徵。首先就健一面而言，從行爲層面言之，健行不息是生動活潑怵惕惻隱之心的一個結果；從生動活潑怵惕惻隱之心之自身層面言之，健即是此心之德之一面，具體地言之，即是此心之於穆不已，此亦可謂心健。誠然，心健，即心之於穆不已，其行爲自能健行不息。正是在此一意義層面上，心之健與行之健是同一事體也。其次就覺一面而言，透過覺悟而將生動活潑怵惕惻隱之心恢復而挺立起來，具體地言之，即是透過對哀勞危懼之思慮而恢復此生動活潑怵惕惻隱之心，簡而言之，亦即是透過思慮之覺悟而恢復其不思不慮之覺悟，並且，就思慮之覺悟言工夫，就不思不慮之覺悟言本體（本覺），而且，此工夫即是此本體（本覺）自身自發露。正是在此一意義層面上，本體與工夫亦是同一事體也。對此一論題，牟宗三以大舜聽聞一善的言語，見到一善的行爲，即能將其自己的善之本心呈露並充其極爲例說明此即是即本體即工夫也；並且，其亦以此例說明孟子之吾人與禽獸相區分的最細微的差距之所是，即吾人能夠覺悟而禽獸則不能。而且，牟宗三還將此覺進一步名之曰吾人之良知，因而，吾人與禽獸之相區分乃在吾人之良知能夠覺悟。然吾人之良知又是由吾人之生動活潑怵惕惻隱之心所發露出來的，因而，再進一步而言，吾人與禽獸之相區分乃在吾人具有生動活潑怵惕惻隱之仁心：此作爲吾人的一個最基本的特點，是人人皆有的。[105]經由如上之分析，吾人始可言，吾人由覺悟而恢復挺立其生動活潑怵惕惻隱之心，則自能健行不息，簡而言之，即覺悟之即實踐之。正是在此一意義層面上，大舜之沛然莫之能禦就不單只是覺悟，還賅括行爲，因而，生動活潑怵惕惻隱之心，實際上就是道德的實踐之心。因此，倘若吾人能夠依順道德的實踐之心而健行不息，則

願息於妻子。」孔子曰：「詩云：『刑於寡妻，至於兄弟，以禦於家邦。』妻子難，妻子焉可息哉！」「然則賜願息於朋友。」孔子曰：「詩云：『朋友攸攝，攝以威儀。』朋友難，朋友焉可息哉！」「然則賜願息耕。」孔子曰：「詩云：『晝爾於茅，宵爾索綯，亟其乘屋，其始播百穀。』耕難，耕焉可息哉！」「然則賜無息者乎？」孔子曰：「望其壙，皋如也，顛如也，鬲如也，此則知所息矣。」子貢曰：「大哉！死乎！君子息焉，小人休焉。」王先謙：《荀子集解》，北京：中華書局，1988，第509-511頁。牟宗三謂：「這是言健行不息的一段話。孔子就現實生活指點自強不息之心，有生之日，即不可言息。何時可息？孔子指之以壙（墳墓），子貢言下大悟。」《道德的理想主義》，第14頁。

105　《道德的理想主義》，第24-25頁。

自能實踐地證實如此之天人所同之道爲仁，而且，進而宇宙論地言之，仁亦爲宇宙萬物之本體。[106]

在如上關於生動活潑怵惕惻隱之仁心的思考與說明的基礎上，牟宗三進而追問了仁心何以是理想主義的以及何以是理性主義的二問題。

在牟宗三看來，生動活潑怵惕惻隱之仁心是理想主義的。何以故？因吾人在其仁心之導引下能夠好善惡惡，爲善去惡故。對此　問題，可以從惡惡去惡與好善爲善兩個層面展開闡述。就惡惡去惡　面而言，所謂惡，其最基本的意義是吾人之心靈陷於完全順其生理的機體之需而生起的純粹物質性的欲望及其所表現出來的一切言語與行爲。如此之惡，則正是吾人所理應厭惡的並努力去除的。倘若吾人能夠克服或去除掉如上所言之一切惡，以使其在日常生活裡之生心起念能夠依順怵惕惻隱之心走，而產生的言語與行爲始可言其有理想之意義，有價值之意義。此亦表明生動活潑怵惕惻隱之仁心在日常生活裡能夠對吾人產生一種向上提撕而不至下墮之鼓舞性的力量，因而，在此意義上，亦可言其是理想確立之根源，價值展示之根源。就好善爲善一面而言，可首先追問，從善自身一面而言，吾人何以能積極主動地好善爲善？因承上文可知惡的根本意義乃在使吾人下墮以至於陷溺於其中而好惡爲惡，而善的根本意義則自是將下墮以至於陷溺於惡之中的吾人向上提撕而超拔出來以歸於那生動活潑怵惕惻隱之仁心自己而好善爲善。因而，吾人所好所爲的善即是此生動活潑怵惕惻隱之仁心之生動活潑於穆不已以及由之而產生的一切言語與行爲。因此，只有在生動活潑怵惕惻隱之仁心發露時，吾人才能好善惡惡，爲善去惡。正是在此一意義層面上，吾人言惟有在道德的實踐之怵惕惻隱之心之分際上始可言理想主義。此即是說，所謂理想是相對於能使吾人之心下墮陷溺之惡而言的，即單只能從善及善之根源之生動活潑怵惕惻隱之仁心自己此一分際上言之。[107]

生動活潑怵惕惻隱之仁心何以是理性主義的？在回答此問題之前，需要首先解答的是，此語境裡的理性何謂？此處所謂之理性，指的是道德實踐的理性，因而，其一方面與理論理性即邏輯理性相區分，一方面與非理性相區分。所謂理論理性即

106　《道德的理想主義》，第 15 頁。

107　《道德的理想主義》，第 15-16 頁。

邏輯理性，即是指透過以數學與邏輯為主建立系統而顯出來的理智主義。所謂非理性，一是指吾人之言語與行為順著其生理的純粹物質性的欲望之誘惑而直接地向下滾之表現；二是指吾人之言語與行為順著其生物生命即生存意義上的赤裸裸的生命自己而直接地向前橫衝直撞之表現，儘管此已透至生命自身，然此一生命自身卻單只是一自然的生物生命而已。[108]既如此，生動活潑怵惕惻隱之仁心是理性主義的此一論題，可從兩個方面展開說明。一是從生動活潑怵惕惻隱之仁心確立理想以指導吾人之日常生活一面言，其足以引導吾人透過革故生新而努力實現理想，因而，此則自是一個理，而且，此理是由其自身所發露，故亦可名之曰天理，即天定如此之理，或無條件而定然如此之理。二是自生動活潑怵惕惻隱之仁心所發之應當命令所示其為客觀的一面言，其所確立之理想自函蘊一應當之命令，即要求吾人不得不克服或扭轉其於日常生活裡所已形成的習慣性行為者。既如此，吾人可言能夠確立函蘊一應當命令之理想的生動活潑怵惕惻隱之仁心必定是公而無私的，因而是客觀的，正義的。正是如此，亦可言其是一普遍的法則，即一具有普遍性意義的理。何以故？因自公心而發者自然皆有普遍性。關於此語境裡之普遍性，需要補充說明的是：第一，生動活潑怵惕惻隱之仁心所確立之理想由於歷史發展的特殊環境之限制而有的特殊性並不取消其自身之普遍性與客觀性。為什麼此語境裡之理想必然地具有特殊性？因道德的實踐必定在現實的日常生活裡，尤其是在歷史發展之中所形成的集團生活裡展開，而其歷史發展裡的集團生活又必定是獨特的故。第二，既然自公心而確立的理想是普遍的客觀的，因而，其自然是無條件的。此即是說，在如此之無條件的理之下所行之善亦是無條件的。[109]

經由如上之縷述可知，如此之理性是理想的，如此之理想是理性的。正是在此一意義層面上，牟宗三言其所思考之結果則是極成理性主義的理想主義，或謂理想主義的理性主義。因而，生動活潑怵惕惻隱之仁心，既是心，與此同時，亦是理。如此之心理合一之心，依儒家則言之為仁。[110]

108　《道德的理想主義》，第 16-17 頁。

109　《道德的理想主義》，第 17-18 頁。

110　《道德的理想主義》，第 19 頁。

　　在牟宗三看來，吾華族之傳統的思想學術，僅有儒家之文化系統可以作爲吾華族社會實踐的指導原則。何以故？因儒家之文化系統是一更高一層的更積極而有力的文化系統，其核心思想即是上文所述之理性主義的理想主義，簡而言之，即是道德的理想主義，眞切地言之，即是道德實踐理性的理想主義。此一理想主義因其徹上徹下徹裡徹外之特性而能夠成就人類的，無論個人的還是社會的一切實踐。[111]正是基於如上之認識，牟宗三進一步指出以道德的理想主義作爲人類社會實踐的指導原則，須遵守如下兩個最基本的前提條件：一是怵惕惻隱之心或悱惻之感的良知之覺悟作爲無論個人的還是社會的一切實踐之所以可能的普遍而必然的條件；二是孔子之惟仁者能好人能惡人[112]是一個足以成就好善與惡惡的普遍而必然的眞理。[113]之所以如此，是因爲儒家之道德的理想主義是本生動活潑怵惕惻隱之仁心而作實踐的。在生動活潑怵惕惻隱之仁心的引導下，吾人從安頓家庭起，直至治理國家平定天下，都是在盡性盡倫之實踐裡盡道德的責任的。就家庭一面而言，父子兄弟夫婦都是天倫，其所透顯出來的理，被名之曰天理。此即是說，家庭並不單只是一個生物學意義上的爲生產而團聚的結合體，而是在此生物學意義上的結合體之上，須有一個具有普遍意義的道德實在作爲其有價值意義的超越根據。此具有普遍意義的道德實在即是前文所謂的天理。人人都只能依此而盡倫。盡倫者盡其性也，盡其性者踐其仁也。吾人正是在此盡倫盡性踐仁之實踐裡眞切地體證了生動活潑怵惕惻隱之仁心以及由此仁心所發露出來的天理，並且依此仁心與天理而成就了其實踐。就社會一面而言，朋友是一倫，就國家政治一面而言，君臣亦是一倫，亦都該依此仁心與天理而如此地盡倫盡性踐仁。如此地從家庭而直至國家天下，此即是吾人之實踐在一層一層地擴大，並在此擴大裡一層一層地客觀化。[114]

　　承上文，儒家之傳統精神是在盡倫盡性踐仁此一道德實踐之中透顯出仁此一普遍的原理，即悱惻之感的良知之覺悟之心理合一的形上實在。透顯出此一形上實在，即意味著在道德實踐裡實現此一實在；進一步而言，亦意味著憑藉此一形上實在而

111　《道德的理想主義》，第 22 頁。

112　子曰：「惟仁者，能好人，能惡人。」《論語譯注》，第 35 頁。

113　《道德的理想主義》，第 34-35 頁。

114　《道德的理想主義》，第 36 頁。

可成就一切實踐，即使一切實踐變得有價值意義，即是積極的，有理想的。具體而言，即是在從安頓家庭直至治理國家平定天下而一層一層地擴大之實踐裡而逐漸地全部實現其理想。如此之積極的，有價值意義的實踐則必定是以吾人在踐仁裡所成之學術思想爲本的，因而，其又因以此一學術思想爲指導而有理論的積極性。正是在此一意義層面上，牟宗三就儒者之道德實踐與儒家之學術間的辯證關係作了進一步地展示：一是道德實踐與學術思想是合一的。此語境裡的學術思想主要是指儒者在踐仁裡所作的學術講論，而非一般而言的現代意義上的學術與思想。二是道德實踐是學術思想的實踐，此即是說，道德實踐因有學術思想作爲指導原則而不至於氾濫而是積極的實踐；學術思想是道德實踐的學術思想，此即是說，此一學術思想因可以透過實踐而實現而不至於空懸而是積極的。[115]

三、立於禮而來的成於樂

　　牟宗三在如上之文化立場與思考方向下，進一步對聖賢人格與藝術人格以及二者所示現出來的美作了區分。在牟宗三看來，眞正的儒者之實踐實際上是一種精神生活之表現。此種精神生活是由覺悟所顯露出的理性主體，即內在的道德性所發露出來的。由內在的道德性所透發的一種悱惻之感時時驅使吾人在道德的實踐裡將日常生活裡之感觸性的與物質性的東西統統汰慮掉。由於日常生活裡之感觸性的與物質性的東西總是無窮無盡的，因而，吾人之道德的實踐則必須不停地作此汰慮的工作，以向上提撕自己而不至於下墮或陷溺。具體地言，如此之汰慮工作有兩方面的作用：一是吾人在進行汰慮工作的時候，則已將那原始直覺的混淪打破了，而實行自我轉換與超越；二是透過如此之轉換與超越而顯露出那具有超越意義的道德實在，此之謂天理也。吾人只有在其覺悟裡透顯出此具有超越意義的道德實在，才能達至眞正的主體的自由，並且依此道德實在而去作道德的實踐才是在表現眞正的精神生活。在如此之精神生活裡，吾人體證到的是經由道德的實在之光所遍潤而成的眞正的圓融與諧和，此即是經由立於禮而來的成於樂也，而不是那停在感觸狀態裡的原始直覺之混淪。因此，牟宗三謂如此之精神生活所展示的人格是一種壯美，而不是

115　《道德的理想主義》，第 39 頁。

幽美。之所以如此，其原因有二：一是內在的道德性自身所透顯出來的神性與莊嚴讓吾人自然生起一種敬畏之心；二是眾生在現實生活裡因私欲而下墮陷溺讓吾人自然生起一種悲憫懼怕之心。既如此，吾人在日常生活裡自然而然地生起一種虔敬之心，在此心之驅使下，公平正義之理想，濟世救世之宏願，自是油然而生而充其極。關此，牟宗三以程伊川在日常生活裡之表現為例說明之。伊川平素不品茶不賞畫，有一日，一友人請其去品茶觀畫，他最後還是未有去。如此之生活情形，從表面看來，伊川是一典型之迂夫子。然吾人倘若從其一生之學術來觀照，其背後確實有一種壯美的人格背景，驅使他透過那內在的道德性之發露而表現出真正的精神生活來。而如此之內在的道德性在吾人覺悟裡之發露亦須在吾人不停地敬畏之實踐裡才能真正完滿地透顯的。[116]此即是說，吾人在日常生活裡，必須時刻警醒並堅持作道德實踐的工夫，才能成就聖賢人格之壯美，否則，將轉變為藝術人格之幽美。

　　站在如此強烈的道德主義立場上來審視藝術，牟宗三對藝術人格及所示現的境界的評價並不高。從如上之道德實踐的視閾言，文人詩人之風流都顯明地要低一個層次。其以程明道批評司馬光為例說明之。在明道看來，司馬光單只是天資，即氣性之生命之質深厚，故能讀遍萬卷書而修資治通鑒，然其並未能見道，即未能透過那內在的道德性而使其為人誠實忠厚之日常生活成為一種真正的精神生活。之所以如此，是因為文人詩人的精神生活是感觸的，直覺的。倘若以美言之，此則僅是一種幽美，而非如上所言由聖賢人格而展示的壯美。倘若以人格言之，此則是一種藝術人格之表現。而此種藝術人格之所以比聖賢人格要低一個層次，其原因在於：一是因為他們的精神生活是停在感觸的直覺狀態裡的，即他們僅憑其靈機之一時轉動而參與社會實踐，而未能顧及其實踐的綜和意義與積極意義。二是因為他們未有源自於內在的道德性的那種大悲願，亦未有那種源自於無條件的絕對的道德律令之堅定意志。[117]誠然，感觸的，直覺的，並非都是壞的。孔子所開發出來的由仁而顯的圓盈之教即是直覺的具體的，即以日常生活裡之具體情形而具體地指點之以使吾人得以被啟發。由此一直覺的具體的圓盈之教所示現出來的圓融則是經由盡倫盡性

116　《道德的理想主義》，第 41-42 頁。

117　《道德的理想主義》，第 42-43 頁。

踐仁之實踐歷程而透顯出來的內在的道德性之潤澤而成的，因而是聖賢人格，而不是那原始直覺之混淪，即不是藝術人格。然此聖賢人格之圓融又確實顯示出一種藝術性來。正是在此一意義層面上，牟宗三謂聖賢人格所示現之壯美高於藝術人格所顯示之幽美一個層級，而前者實際上亦函蘊著後者。[118]

牟宗三在此一思想階段強調並彰顯聖賢人格及其所示現之壯美，並由此在與藝術人格及其所顯示之幽美之比較裡而給與其較低的評價與位置，從其道德主義的文化立場與思考方向來看，此是思維發展之必然。從其之對比表述而言，暫時撇開其道德主義的文化立場，吾人亦可視之為藝術與道德之區分一面之較特殊且亦較重要的內容。並且，其以聖賢人格亦函蘊藝術性來看待其與藝術人格之關係並評定其高低之思路是欠妥當的，或者，引申地言之，以聖賢人格亦函蘊藝術性來明其與藝術人格之溝通的思路方向亦是不諦當的。惟有從無論是道德性的主體自由還是藝術性的主體自由皆達至一圓融化境時，二者之真正的溝通才是可能的，亦只有在此一意義層面上，始可言聖賢人格之藝術性或藝術人格之道德性。

四、成於樂與審美教育

在此一部分，牟宗三首先提出了以才情氣為依憑之美學的欣趣情調一觀念，隨後闡明了儒家智慧之最根本的洞見：生動活潑怵惕惻隱之仁心，即一般而言之道德的心，最後在此基礎上進一步闡釋了立於禮與成於樂之關係一問題。仔細地觀牟宗三此一階段之思想，吾人發現審美教育一問題函蘊於其中。關此，可以從兩個方面予以說明：一是審美教育一問題從何處顯，並其意義何所是？二是審美教育應當遵循的原則是什麼？

首先就從何處引申出審美教育一問題言，依儒家智慧，道德主體頂天立地挺立起來主要依憑於禮所本具之規範力量的支撐，然頂天立地挺立起來的道德主體因是將人的生命向上提撕故亦是生命的消耗，故在一定程度上此並不利於生命的成長與圓滿地完成。面對生命在道德實踐裡的奮鬥消耗，儒家智慧則以音樂（審美）的平和來潤澤滋養生命，此即是說，審美的平和可以彌補在道德實踐裡已經有所耗

118　《道德的理想主義》，第43頁。

損的生命，以使生命能夠在恢復的基礎上進一步地成長而至圓滿地完成。此兩方面的內容即是孔子所謂立於禮及成於樂之現代表述。立於禮，則表示道德人格的挺立，即生命之善一面得以充盈，善的力量在生命裡光輝閃耀；成於樂，則表示生命人格在音樂（審美）裡的成長與完成，即生命之全體皆得以充盈，皆閃耀著光輝。自此而觀之，審美對生命的成長及其最後之圓滿地完成起著根本性的滋養與潤澤作用。正是在此　意義層面上，吾人言審美教育對生命的成長及人格的健全有著根本性的意義。此即是說，審美教育當在此一分際上被思及並被言及。故宣導並實踐以生命的成長及人格的健全為指歸的審美教育則一定是必要的。

審美教育既是讓生命回到自身而成長並讓人格結構得以完整，那麼審美教育就必定遵循一些基本原則，而最基本者當是健康積極向上。然又當如何才能保證此一最基本原則？在牟宗三看來，此有助於成者之樂必須遵循有助於立者之禮。此即是說，向生命人格提供的音樂（審美）必須不能違背並應該遵循道德之禮的規範與約束。此則正是其所謂成於樂乃是依立於禮而來者一義之具體地表述。此即是說，審美教育供給的審美對象應該是健康積極向上的，此才能讓生命健康地成長讓人格完整完善。而對審美對象健康積極向上給予保障的則是道德之禮。此即是說，道德之禮的規範與約束可以保證審美教育供給的審美對象是健康積極向上的。此所謂健康積極向上，具體地言之，則是能夠勸誡人啟示人面對生活裡的名利財色及工作裡的功名利祿能夠保有一顆至純至淨的平靜心，即不被生活世界裡的諸般外在的事相所牽絆而執著而心生煩惱甚至邪念而成一顆總是厲害計算的功利心，而正心正念以成就完整健康的生命人格結構者。故所供給的審美對象應該是高貴典雅、莊嚴偉大、安詳靜謐的。此般審美對象才符合道德之禮的規範與約束而是健康積極向上的，即啟示人向著正確的道路方向做一個對社會對國家對人類有積極價值意義的人。

最後還須要說明的是：第一，明確道德之禮對審美教育的規範與約束，意在說明生命不能完全純粹地沉浸在對美的迷戀裡不能自拔而失去對天地聖人之言的敬畏以至失去對生命自身的敬畏而直接地向下墜墮。如若如此，則給借審美外衣而行它事者提供了可乘之機而必將破壞審美的純正性與道德的莊嚴性。此如時下流行的諸多大眾審美文化現象則以審美的形象透過消費的形式而實現獲取利益與滿足感官的雙重目的。在欲望至上的消費時代社會裡，以感官的滿足及利益的獲取為追求的文

化現象則愈來愈烈，並直接地導致審美純正性的喪失與道德底線的消失。道德之禮對審美教育的規範與約束一義則正可以對治此一社會文化現象而讓社會向著正確正常的道路方向發展前進。

　　第二，審美教育對生命的成長人格結構的完成有著不可替代的積極價值意義，故審美教育在生命的成長人格結構的完成過程裡亦自有其獨立的地位。此即是說，儘管審美教育須循道德之禮的規範與約束，但並非表示前者即是後者的附屬品，而是表示審美教育是生命人格終成的必然性力量與應然性領域。

第二章 心性之學與自由之呈現

第一節　才性與內在的道德性

　　牟宗三在《才性與玄理》一書裡著重闡釋了道家思想在魏晉時期充分發展之歷史性的具體表現，即生命在才性與玄理層面上之表現。從王充性命論之奠基，經《人物志》對人之品鑒及王弼向郭對老莊之宏闡，而直至魏晉風流，一面是對人之才情氣質之品鑒，一面是人之才情氣質透過學術與生活表現出來的對名言與玄理之崇尚。儘管人之才情氣質之揮灑因其具有美學特質而是可品鑒的，然其並未經由內在的道德性之潤澤，而對人並無向上提撕之作用，倘若一味地沉迷於其中反倒易於使人下墮陷溺而不能自拔而墮入虛無主義之中。

一、才性與美學性的品鑒

　　才性是牟宗三在此一思想階段所思考的最關鍵的問題之一。從表面觀之，僅從《才性與玄理》之書名即可得知。[1]從內容言之，則表現在其圍繞著《人物志》所展開的對魏晉名士風流之評析。[2]然才性何謂？所謂才性，就《人物志》之品鑒而言，其所鑒賞的能夠展示生命之廣大的函蘊與深遠的強度的人性或情性，在實質上因是才質的，故被名之曰才質之性，簡而言之，名才性。[3]才性論之理論的底子乃王充之

1　從才性一概念來考察牟宗三在此一階段美學思想的，有許炎初一文。參許炎初：〈牟宗三先生美學思想要義〉，《建國學報》，第 20 期，民 90 年 6 月，第 1-16 頁。

2　從才性一概念出發對牟宗三關於魏晉名士風度一問題的研究之梳理的，有賴文遠一文。參賴文遠：〈牟宗三先生如何從「才性」看魏晉人物之格局和風度〉，臺灣中壢：中央大學，「牟宗三先生與當代儒學」學術研討會，2005 年 5 月 6-8 日。

3　牟宗三：《才性與玄理》，臺北：臺灣學生書局，民 82，第 46-47 頁（案：後文引證此文獻時，僅標注文獻名與頁碼）。

性命論。王充論性是順氣而言的。如此所言之性，固是氣性，又因其是材質的，故亦曰才性或質性。如此而成系統地言者，牟宗三名之曰材質主義。[4]

牟宗三隨之對此順氣言性之一路作了總綱式的周全說明。一是順氣言性之形上根源何在？將性之根源歸於元氣或氣之最用力者乃是王充在《論衡》裡之表述者：由於吾人所稟受的源於天的元氣有異，故其壽夭之命運與長短之體格有別矣，此即是說，以氣為吾人之性，當性由氣而凝聚成，與此同時，則其命運亦就固定了。[5]此乃是將氣置於一形上實體之層面，而以此作為氣性、才性或質性之形上的根源。[6]

二是承上文可推知，所謂性，乃是氣下貫於個體而成者。具體地以人而言，即謂初稟，意即吾人一開始就稟受之而成者，謂之性。既如此，故曰氣性。此乃是氣性之抽象的綜論。具體而言，氣性之義有三：一為在實然的領域裡，既不是可以透過人為地學習而得來的，亦不是如此地可以傳授者，而是自然而然地如此者，此即自然義；二為材質樸素的，此即質樸義；三為個體之自然生命所成時而自然地呈現出者，此即生就義。[7]此乃是氣性之具體地分論。

三是由於氣有異質性、駁雜性、組和性及結聚性之諸特性，而由其所成者，即氣性之特性則更是異常複雜。具體而言：一、由此般特性，氣性是組和的或結聚的。二、依此般特性，結聚之氣性有種種差異性及其等級性，此依吾人所稟受之氣的多少、厚薄與清濁而定。三、在此結聚之氣性的差異裡，有善惡，智愚，才不才，賢不肖之分。四、在此結聚之氣性的差異裡，有可化者，有不可化者。所謂可化者，善惡是也。此語境裡的善惡，即氣性之善惡，主要指的是善惡之傾向，而非定然的善惡之自身。所謂不可化者，智與愚、才與不才以及惡性三者是也。由前二者，可以區分天才與凡夫；由後者，可以見出吾人之惰性扭轉之難。五、在此結聚之氣性

4　《才性與玄理》，第1頁。

5　王充曰：「人稟元氣於天，各受壽夭之命，以立長短之形，猶陶者用土為簋廉，冶者用銅為矣。器形已成，不可小大；人體已定，不可減增。用氣為性，性成命定。體氣與形骸相抱，生死與期節相須。形不可變化，命不可減加。以陶冶言之，人命短長，可得論也。」黃暉：《論衡校釋》，北京：中華書局，1990，第59頁。

6　《才性與玄理》，第2頁。

7　《才性與玄理》，第2-3頁。

的差異裡，隨其自然生命類型之不同而顯程度之異，等級之別。此乃爲自然生命強度之等級性。六、如此之結聚之氣性有生物學的先天性，此可謂自然生命強度之定命性。[8]

　　四是垂直之命與水平之命之區分。就垂直之命而言，如上之可化者與不可化者之差異性及其等級性，皆是由吾人所稟受氣之多少、厚薄與清濁而命定者。如此之內在於性中之命定乃是直貫性的，或垂直性的。就水平之命而言，吾人之才與命雖是並列的，然卻並非是平行的。此即是說，有才者並不一定有本應有之命，有命者並不一定有本應有之才，故有懷才不遇一說。因而，遇與不遇乃才與命一致不一致之關鍵也。[9]德福亦應作如是觀。

　　五是性與命之區分。承上文，所謂性，乃是氣下貫於個體而成者。具體地以人而言，即謂初稟，意即吾人一開始就稟受之而成者，謂之性。既如此，故曰氣性。此乃是氣性之抽象的綜論。所謂命，乃是依此總持而言之性之發展而成者。性成則命定，命定則性定。因而，性者乃自然生命強度之始也，命者乃自然生命強度之終也。[10]之所以性命一般而言總是聯言的，是因爲自然生命強度之終始爲一整體。儘管未必善始，或亦未必善終，甚至既不善始，亦不善終，然終始畢竟意味著一過程之完成也。

　　從如上之氣性一面觀吾人之性，所觀賞到的是吾人之具體姿態的光彩。如此對人之理解實是一品鑒。此一品鑒所關涉之才性或情性儘管是自然生命所自然而然地如此者，然其特殊性差別性所顯示出來的豐富多彩之表現自是可欣賞的，能引發吾人之美學欣趣的。此即是說，在美學欣趣的引發下，對氣性或才性質性之充分展開而作品評鑒賞，則能開出藝術性的人格境界或人格化的藝術境界。[11]此以《人物志》就人之才性、性格、體別與風格所成的描述爲主要成果。此中之描述所使用之詞語因其有內在之關聯而成一系統的表述，因其描述是品鑒的，故是一品鑒的系統。品鑒的描述，因其對所觀照的對象有一定的陳述，自是一判斷，然此一判斷則是美學

8　　《才性與玄理》，第 3-4 頁。
9　　《才性與玄理》，第 4 頁。
10　　《才性與玄理》，第 6 頁。
11　　《才性與玄理》，第 40 頁。

意義層面上的判斷，即欣趣判斷。因而，《人物志》裡所使用的有系統性的詞語皆可歸於欣趣判斷之下，而視之爲一品鑒的描述。[12]承上文可以得知，《人物志》就人之才性之品鑒，是足可以開出一美學境界的，而且，進一步具體到日常生活而言則轉爲風流清談之藝術境界的生活情調。此一美學性的生活情調，則產生了兩種後果：一是顯示出魏晉人之才情氣之高貴飄逸一面；二是因此一美學性的品鑒重在使用，即知人用人，故其高貴低賤與高雅低俗之價值性觀念，則轉換爲評判人物之標準，具體到日常生活上，則是門第階級之觀念之強化。自此而觀之，如此之美學精神與藝術性主體之發現與彰顯，並不能如內在的道德性那樣可以眞正地確立普遍人性之尊嚴，更不能喚醒與彰顯人皆有貴於己的良貴精神而引導人人在作道德實踐工夫的過程裡而眞正的平等生存著。[13]

　　以《人物志》爲主要代表的人物品評不僅有其理論上的必然性，亦有其現實之緣由。就前者而言，即是東漢末年因考察薦舉人才之需而對人物有題拂品核，此題拂品核實是一藝術性的品鑒。[14]就後者而言，一是漢魏間之政論家們亦如東漢末年尤重人物之名副其實一面；二是曹氏父子好法術，重視典制與刑律。此皆是政治上實用者。然政治上之實用與題拂品核在當時之歷史語境裡往往是平行並起的。因而，如此之品鑒則指向兩個領域：一是講究實用性的政治之外在領域；二是從人格自身而來的純美之鑒賞的內在領域。如此之二領域儘管是平行的，然往往可能是不對等同步的，即在政治上是最名副其實者，而在從純粹內在的興趣而顯示出來的人格美之鑒賞方面，卻不是最高且最有風致的。而在魏初即以《人物志》爲主要代表的人物品評與鑒賞，則是從外在性的政治實用領域轉換爲內在性的欣趣品鑒領域，即人格之賞析。就其成系統而言，可名之曰才性名理。然則其尤重人格才性之審美性的賞析。以當時之名士之風神秀徹觀之，此既可被人欣賞，亦可欣賞他人。[15]

12　《才性與玄理》，第 44 頁。

13　《才性與玄理》，第 50 頁。

14　牟宗三以郭林宗傳裡對林宗之評價二語：善談論，美音制，爲魏晉風流之源頭，並認爲此一人物之品鑒是美智合一的，即藝術性與智的直覺之合一，而且亦認爲魏晉清談亦當歸屬於此。參《歷史哲學》，第 370 頁。

15　《才性與玄理》，第 236 頁。

　　才性之品鑒，最基本的是由金木水火土五行所象徵的筋骨血氣肌所表現出來的特徵而展示出來的。依《人物志》，當筋骨血氣肌能夠如其之正常的生理表現者，則能夠顯示出一種美來，如筋之有勁力而精韌，骨之硬直而又柔韌，色之平和而暢達，氣之清新而俊朗，體之端正而結實；[16]而且，將如此之五種美綜合而成爲一個整體而觀之，則可以見出由鮮活的生命姿態而透顯出來的整個完整的才性人格型態。如此之品鑒儘管使用的皆是有關生理的概念與觀念，然其所透顯出來的卻是一種智慧的體悟與欣趣的品玩，此自是一種審美的賞析。由五行之自然概念與觀念及筋骨血氣肌之生理的概念與觀念如何能夠進入到此審美的賞析之領域？其關鍵則在無論是五行之自然概念與觀念還是筋骨血氣肌之生理的概念與觀念皆須從其象徵義理解之，而不是單只是注視其自身實有義。[17]如此之整體的人格型態則是由才性之充分地發露而經由美學欣趣之品鑒而成者。具體地在日常生活裡所顯示出來的人之格調則自是有一種如春花爛漫一般地可品可賞的美趣呈現出來。因而，牟宗三謂，此是才性主體之花爛映發。[18]

　　與上述由五行而來的氣性之美趣相對反的是五種不美。當筋單只有勁力而沒有了精韌，此如金失去了光澤；當骨單只是硬直而沒有了柔韌，此如木沒有了搖曳之彩；當血單只是流暢而沒有了平和，此如水之決堤而洶湧氾濫；當氣失去了清朗，此如火之幽暗不明；當肌單只是堅固而沒有了端正，此如土之乾涸愚笨。[19]綜而觀

16　劉劭曰：「若量其材質，稽諸五物，五物之征，亦各著於其體矣。其在體也，木骨、金筋、火氣、土肌、水血，五物之象也。五物之實，各有所濟。是故骨植而柔者，謂之弘毅。……。氣清而朗者，謂之文理。……。體端而實者，謂之貞固。……。筋勁而精者，謂之勇敢。……。色平而暢者，謂之通微。……。」劉劭：《人物志》，北京：紅旗出版社，1996，第 14-15 頁（案：後文引證此文獻時，僅標注文獻名與頁碼）；《才性與玄理》，第 52 頁。

17　《才性與玄理》，第 52-53 頁。

18　《才性與玄理》，第 53 頁。而花爛映發一語乃出自《世說新語·文學第四》言王羲之剛開始瞧不起支道林，然支道林邀其談莊子後，則大爲歡喜之描寫語：「因論《莊子·逍遙遊》。支作數千言，才藻新奇，花爛映發。王遂披襟解帶，留連不能已。」余嘉錫：《世說新語箋疏》，北京：中華書局，2007，第 264 頁。

19　劉劭曰：「夫色見於貌，所謂征神。征神見貌，則情發於目。故仁目之睛，愨然以端；勇膽之睛，曄然以強；然皆偏至之材，以勝體爲質者也。故勝質不精，則其事不遂。是故，直而

之，如此表現出來的才性人格猶如失去活力而龜裂的樹皮一樣自是失去了令人產生品鑒之美趣。此即是說，如此之才性人格並未有按照其自身之正常的生長而表現出來，即原來本有的和諧被破壞了。因此，吾人可以從此推證出，此語境裡才性人格之美與不美的標準是什麼？《人物志》以中和為此才性人格之最高的標準。中和何謂？所謂中和，即是指人之才性表現出來的諧和混融，即不偏不倚之狀態。此中和是就吾人之資質而言的。因而，中和之質亦即中和之資。如此狀態的中和之資質，乃是聖賢人格的資質。依宋儒言，此是聖人的氣質。自此觀之，始可見出，如此之氣質乃是才性之最高表現者。進一步而言，品鑒才性，亦當以此為最高標準也。[20]

依如上之標準，則可將才性人格之表現進一步較為詳細地區分為九種美與不美，所謂九征是也。何謂九征？所謂九征，即神、精、筋、骨、氣、色、儀、容、言此九個方面。神乃才性之主，故神之平和與不平和，則直接影響到才性是否平和；精是才性之本，故精之清明與渾濁，則直接決定才性之或明或暗；筋是才性之用，故筋之剛勁或羸弱，則直接決定才性之勇敢或怯懦；骨是才性之根基，故骨之剛直與柔軟，則直接影響到才性之強毅或軟弱；氣是才性之關鍵，故氣之沖和與過盛，則直接影響到才性之祥和與躁動；色是才性之症候，故色之憔悴與和悅，則直接反映出才性之悲傷與歡喜；儀是才性之表象，故儀之衰憊與端莊，則直接反映出才性之懈怠與嚴肅；容是才性之標識，故容之衰老與端正，則直接反映出才性之形態與規則；言是才性之樣態，故言之緩和與急速，則直接反映出才性之寬廣與偏狹。[21]如

不柔則木。勁而不精則力。固而不端則愚。氣而不清則越。暢而不平則蕩。是故，中庸之質，異於此類。」《人物志》，第16-17頁。《才性與玄理》，第53-54頁。

20 劉劭曰：「凡人之品質，中和最貴矣。中和之質，必平淡無味；故能調成五材，變化應節。是故，觀人察質，必先察其平淡，而後求其聰明。」《人物志》，第13頁。牟宗三在引證如上之文獻後，有一簡析：「品鑒者即其質性之容量或涵量。人之質性之諧和混融的表現，不偏不倚，謂之中和。此中和亦指資質而言。故中和之質亦曰中和之資。此是聖人的資質。依宋儒，亦可曰聖人的氣質。此是才性之最高者。此表示：即使是品鑒才性，亦立一最高格為標準。」《才性與玄理》，第51頁。

21 劉劭曰：「故曰：物生有形，形有神精；能知精神，則窮理盡性。性之所盡，九質之征也。然則：平陂之質在於神。（注曰：神者質之主也。故神平則質平，神陂則質陂）。明暗之實在於精。（注曰：精者實之本。故精慧則實明，精濁則實暗）。勇怯之勢在於筋。（注曰：

上之九種表述，只是一個概說，即才性人格之大致的表現，而非全部的表現。之所以如此，是因爲倘若從品鑒之極精微而玄妙層面而言，如此而言才性人格之表現，自是無窮無盡的，而作爲對才性人格的品鑒，則亦自是無窮無盡的。不管是概言還是無窮無盡地言，如此品鑒的人格姿態，自是一藝術性的形相，美學欣趣的對象。誠然，對如此人格姿態之品鑒，則亦自是一藝術性的描述與美學賞析的表述。[22]

　　牟宗三藉著對《人物志·材理篇》的疏釋，對《人物志》之才性品鑒系統作進一步地歸納引申，並透過名士之生活情調爲例證之。承上文，《人物志》之才性品鑒系統既可以開出關於人格的美學原理以及其生活情調上的藝術境界，亦可以開出心智領域以及其智的直覺上的智悟境界。自此而觀之，《人物志》才性品鑒系統之限度以及整個魏晉時代的風氣與特徵：藝術性的與智悟性的之混合表現。就《人物志》之才性品鑒而言，即是美趣賞析與具體的智悟之混融的表現。此即是說，智悟融於美趣賞析而得以具體的表現，美趣賞析融於智悟而得以透徹明晰。如此之才性品鑒儘管其目的在於政治之實用，即知人用人，然其自身則是美趣賞析與具體智悟之融和的結果。正是在此一意義層面上，始可言其既能呈現出藝術境界，亦能呈現出智悟境界。具體地以名士之生活情調的表現而言，無論是中朝名士，還是竹林名士，或是江左名士，皆是此藝術境界與智悟境界之混融的最精彩的表現者。就藝術境界而言，一是名士們的氣性生命所展示出來的神采與風姿，二是先天所秉有的或後天所陶養的一種藝術性的趣味。因而，在日常生活裡的名士們的風貌舉止可謂不乏藝術性的表現，趣味言談可謂不能沒有智悟的支撐，而且，二者往往是交相融會而爲一體的。就智悟境界而言，名士們之清談玄言無疑是其智悟才能之展現，此即是說，如若未有智悟之才能，則其言談淺陋無知，而自是無法與他人進行清談玄言

筋者勢之用。故筋勁則勢勇，筋弱則勢怯）。強弱之植在於骨。（注曰：骨者植之基。故骨剛則植強，骨柔則植弱）。躁靜之決在於氣。（注曰：氣者決之地也。氣盛決於躁，氣沖決於靜矣）。慘懌之情在於色。（注曰：色者情之候也。故色悴由情慘，色悅由情懌）。衰正之形在於儀。（注曰：儀者形之表也。故儀衰由形殆，儀正由形肅）。態度之動在於容。（注曰：容者動之符也。故衰動則容態，正動則容度）。緩急之狀在於言。（注曰：言者心之狀也。故心恕則言緩，心偏則言急）。」《人物志》，第17-18頁。《才性與玄理》，第54-55頁。

22　《才性與玄理》，第55頁。

的。因而，吾人可言，智悟與風神能夠相互彰顯：即倘若智悟不融於風神，而其具體的表現則不能透過品鑒而落實，而成為淺薄的世智與乾枯的知解；倘若風神不融於智悟，而其自身則必將下墮陷溺而落空，所謂空皮囊也之故。自此而觀之，始可知藝術境界與智悟境界是魏晉人雅俗與貴賤的價值評判標準。[23]

　　然名士何謂？在回答此問題之前，還必須清楚名士氣何謂？所謂名士氣，即清逸之氣也。清與濁對，逸與俗對。然何謂清，何謂濁，何謂逸，何謂俗？所謂濁，即是指下墮而陷溺於物質之機括裡之狀態，簡言之，即精神陷溺於物質機括裡。所謂清，即是指不但在物質的機括裡顯示其風神，而且超越物質之機括的限制，使吾人被其風神所吸引，而忘其原本是在物質之機括裡之狀態，簡言之，即精神超越於物質機括之上者。所謂俗，即是指氣之凝結於日常生活裡之事上而成為慣例通套者，簡言之，即精神落於通套而順成規而處事者。所謂逸，即是指精神超越於日常生活裡的通套成規之上，以至於使人忘其通套成規之束縛，簡言之，即精神超離通套成規而不為其所制約者。如此之清逸之氣即為名士氣，簡言之，逸氣即名士氣。[24]所謂名士，即是指惟顯一毫無依著之逸氣之人。名士氣，單只是一種氣，即逸氣，顯示此逸氣者，並非全是名士，如以軍事建功立業的諸葛亮，羊祜，陸抗等軍事家皆顯一逸氣，然其並非是真正的名士。[25]而名士則單只顯此一逸氣，無其它之顯矣。因而，從名士氣轉為純粹的名士究以何而得其名？此一類名士惟因單只顯一毫無依著之逸氣而得其名。此語境裡的逸氣，是以清談玄言而顯現出來的。具體而言，其表現有三：一是因清談而得其名的名士；二是因談玄理而得其名的名士；三是因不守禮法而生活曠達而得其名的名士。如此之名士之名，因其無所依著，無所規範而與名節名檢名實之名相區分。名節名檢名實之名皆有所依著，並受其所依著之格局而規範。[26]

　　然如此之名士人格之特徵究何謂？此一問題亦可轉換為如此之名士所顯之逸氣的特徵究何謂？逸氣，氣之飄逸，猶能彰顯俊逸之風神，亦猶能彰顯清新之神韻，

23　《才性與玄理》，第 64-65 頁。

24　《才性與玄理》，第 68 頁。

25　《才性與玄理》，第 69 頁。

26　《才性與玄理》，第 69 頁。

固亦可曰氣之俊逸、清逸。既如此，則亦因超離成規通套而猶如風之自由，水之自在活潑。因而，亦可曰氣之風流，即自在適性而無所造作。從解放性情而回歸自在自身此一層面言，如此之逸氣亦能顯示其創造性一面，然此一創造性乃是一消極意義的創造性，即單只是從能夠完全擺脫外在之窠臼而回歸自由自身言，而並無宇宙論之意義。故逸者之談爲清談，其言爲玄言，其思爲玄思，其智爲玄智。此乃是道家思想之光彩矣。正是在此一意義層面上，吾才有如上對其所顯之創造性有一引申之述說。自此而觀之，吾人可言如上所言及之清逸、俊逸、風流、自在、自由、清談、玄言、玄思、玄智，皆可視之爲名士人格之特徵的表述語。[27]因而，名士之所以名，乃因其所顯之逸氣所放出的光芒而顯出光彩的。

　　然承上文知，其所名者，並無所立，即無所積極的建樹也。正是在此一意義層面上，牟宗三謂名士既是天地之逸氣，即能夠超離日常生活裡的成規通套而回歸自在自身矣；亦是天地之棄才，即因其無所立無所成而無用而被遺棄之謂也。[28]如此之由氣之清逸與被遺棄而混融的境界，就其逸氣一面言，因呈現藝術境界，而有其令人賞析之美趣，就其被遺棄一面言，因其無所成而顯虛無境界，而有其令人感慨之淒涼。因而，可謂名士人格既是藝術性的，亦是虛無主義的，此即是說，名士人格是一混合體，不能單強調其中之任何一面。此是其基本格調。就其清談玄言、玄思玄智一面言，此所顯露的俊逸之氣，聰明才智，因其是自然而然的，故不是強力所能至的，而猶能引發吾人之品鑒的欣趣。就其無所立而無用一面言，因其氣之四無掛搭而無所成而被遺棄，甚至因其傷風敗俗而被詛咒，此乃是令吾人覺其悲哀之處。既如此，則自是不能立己立人，安己安人，自然亦不能成就任何事，此則必定滑向虛無主義的深淵，儘管其所稟受之逸氣亦能散發出絢麗的光芒。在此一意義層面上，此無疑是消極的，甚至是病態的。[29]

　　誠然如此，對於名士人格，乃至才性人格之審查自應是從其自身所揮灑之氣性才性自身而客觀地對待之，即既應承認其氣性才性之揮灑是其主觀性之花爛映發，

27　《才性與玄理》，第 68-69 頁。

28　《才性與玄理》，第 70 頁。

29　《才性與玄理》，第 70-71 頁。

有其可品鑒的美趣，而且能顯一才性主體的自由，此一能夠引發吾人之審美欣趣的
境界義之自由是尤爲需要注意的，在美學上足以引發新的思考，此則是牟宗三在道
德主義的立場上所未能重視的；亦應不回避其無所立而無成甚至有敗壞風俗之不良
處，而予以點示出並批評之，以利於吾人今日之時代風氣之導向，此乃是牟宗三所
尤爲重視並積極展示者。

二、沖虛玄德與跡冥圓融

　　牟宗三將魏晉名士區分爲兩大類：一是如上所言之純粹的名士，即單只是逸氣
之揮灑與光彩奪目而全無所成者；二是學人名士，[30]即從智悟層面言其生命裡的清
新俊逸之氣全幅升起而發出一智慧的光芒而有所成者。就前者言，王衍，樂廣，竹
林七賢是也；就後者言，王弼，向秀，郭像是也。[31]

　　早慧之王弼在少時即好老氏，善思維，通儒道。一日，王弼拜見裴徽，徽問曰：
無誠乃萬物之本也。然而聖人卻沒有言之，而老子則在不停地申說，此原因何在？
弼答曰：聖人能夠體證到無，然無又不能經由言語表述出來，故未有言之。而老子
並未有完全地超離有，因而總是透過並不完全圓滿的有不停地述說無。[32]王弼於此
一問答裡提出了聖人體無觀念。此一觀念，向上講，乃一智慧之洞見，向下講，以
現代學術術語表之，乃一新的命題。對於此一命題，吾人可以從三個方面展開以利
於理解：一是聖人體無之無的意思是什麼？從聖人體無此一語句來看，此無是由聖
人體證到的，既如此，則此無是主觀意義的，而且是一主觀之境界意義的。此即是
說，此語境裡的無是一主觀之境界，是聖人所體證到的主觀之境界。如此之境界，
在儒家文獻裡則描述爲大而化之，即是聖人的境界。[33]何以故，因聖人不但能夠展

30　《才性與玄理》，第80頁。

31　《才性與玄理》，第81頁。

32　關此問答之文獻記載如此：「時裴徽爲吏部郎。弼未弱冠，往造焉。徽一見而異之，問弼曰：
　　夫無者誠萬物之所資也，然聖人莫肯致言，而老子申之無已者何？弼曰：聖人體無，無又不
　　可以訓，故不說也。老子是有者也，故恒言無所不足。」《三國志》，第795頁；《才性與
　　玄理》，第76頁。

33　孟子曰：「可欲之謂善，有諸己之謂信。充實之謂美，充實而有光輝之謂大，大而化之之謂
　　聖，聖而不可知之之謂神。」《孟子譯注》，第334頁。

示充實之美的光輝，而且能夠以此光輝來參贊化育，以使天地之間宇宙萬物能夠和諧共生自然生長故。因而，聖人體證無，則不是一個可與不可的偶然性的問題，而是一個具有必然性的問題。此即是說，儘管從聖人之體證層面言，此無是主觀的境界義的，就此而言，似乎是偶然的，然從天地之間宇宙萬物能夠和諧共生自然生長之客觀層面言，則顯示出其乃是必然的。正是在此一意義層面上，此境界義的無與正宗名士人格之空懸無掛搭處而無所成之無相區分。[34] 二是聖人何以能夠體證無？在牟宗三看來，王弼不僅僅是對老子所言之無、自然有極其相應地理解與把握，而且對聖人之境界，即如上所言之不但能夠展示充實之美的光輝，而且能夠以此光輝來參贊化育，以使天地之間宇宙萬物能夠和諧共生自然生長之境界有真切地體證，因而，其從最圓融的境界義來會通儒道，即聖人體無，確是一智慧之洞見。之所以如此，其原因是：就道家所發露的無而言，此無因能夠實現物各付物而不生之生而特顯一大化流行之境界，在此一境界裡，萬物皆得自由；就儒家聖人所顯的大而化之之境界而言，聖人之參天地贊化育[35]，亦正是顯示出一種天地與我並生，而萬物與我為一[36]之自由的境界，此則正是與道家之無的境界相應相契者，而其差別則在道家以一種消極的姿態來達至此境界，而儒家則以一種積極的姿態來實現此境界。[37] 三是聖人所體之無位於何層面上？關此論題，吾人從兩個方面展開說明：首先，聖人體無之無是表示聖人所能實際體證到的境界，而不單只是一個理論上的空觀念，即能在生命裡透過身體力行而展示之。其次，依儒家立教之立場，以仁為體，客觀地言，仁乃天地間宇宙萬物之本；主觀地言，仁乃是聖人生命之全幅地表現。如此之仁，可曰道，亦可曰一，然道與一皆是表示外延義形式義的詞語，而仁、誠、中則皆是內容義的實際義的詞語。因而，聖人在日常生活裡踐仁、體仁，其誠摯的仁心、淵源的思想、浩浩的實踐，則已經示現出大而化

34　《才性與玄理》，第 83 頁。

35　關此參天地贊化育之文獻：「能盡物之性，則可以贊天地之化育；可以贊天地之化育，則可以與天地參矣。」《四書章句集注·中庸章句》，第 32 頁。

36　莊子曰：「天地與我並生，而萬物與我為一。」陳鼓應：《莊子今注今譯》，北京：中華書局，2007，第 71 頁（案：後文引證此文獻時，僅標注文獻名與頁碼）。

37　《才性與玄理》，第 78-79 頁。

之之境。此即是儒聖所謂的天地氣象。此即是說，聖人不僅能夠達至天地與我並生，而萬物與我爲一的境界，而且能夠在日常生活裡體現之，即實踐之。此正如天不須言而四時順行，萬物自生，此所謂天地無心而卻能成就一切造化。聖人如此之渾化的天地氣象，其實就是道家之境界義的無。正是在此無境裡，聖人創制立教而教化衆生恩澤百姓。與此積極的繁興大用相對言，此無境則是本是體也。如此之本與體乃是境界義裡的或第二序上的本與體，與存在義裡的或第一序上的實體或道體相區分。[38]

王弼在注解《道德經》裡還提出了道之主宰性及自然性一論題。就道以何方式爲萬物之主宰而言，道並非是一實實在在的客觀存在物，而是以沖虛爲性的。所謂沖虛，即是指一種既沒有規定應該如何作或作什麼，亦沒有規定不應該如何作或作什麼，即無人爲造作之自然而然之奇妙狀態也。具體而言，道乃是不堵塞萬物生長之源頭，不扭曲萬物生長之自性，不宰製萬物生長之節奏而讓萬物自然而然地生長之沖虛玄德。所謂玄德，即是指萬物不知其所以然而然地生長之背後的那一無心而成化的德性。天地間宇宙萬物之所以能夠自然而然地生長自足而生機盎然，是因爲道之沖虛玄德之神妙的作用使之然也。[39]就道之自然性而言，即以自然爲道之規定。無人爲造作之自然，即是沖虛境界義所透顯出來的自然而然。此語境裡的自然與自然世界之自然義相區分，其表現有二：一是自然世界之自然所指謂的是客觀層面上存在的自然物自身，而境界義的自然則是表示一種超越於自然物之上的沖虛之境。二是自然世界裡的自然物皆是依待一定的外在條件而存在的他然者，故其並非眞正意義層面上的自然，而實際上是他然，而境界義的自然因其超越於自然物之上而不爲物所累，故爲眞正意義層面上的自然，即擺脫一切人爲造作而至的灑脫自在之自然，亦即是沖虛玄德所顯示出來的自適自在之自由的心境。自然世界裡的自然所指謂的是第一序意義裡的實際存在著自然物，因而，其受制於時間性與空間性；而境界義的自然所顯示的是第二序意義裡的非存在的自然境界，因而，其由於擺脫了時

38　《才性與玄理》，第 120-121 頁。

39　《才性與玄理》，第 140 頁。

間性與空間性而獨顯一沖虛之意境。[40]因道是一沖虛之玄德，有其神妙之作用，故其自身實際上只是一大自然，大自在。道法自然，即以自然爲性，此則顯示出於萬物無有執著義。因而，所謂法自然，即是在方如其爲方地顯示之，在圓如其爲圓地顯示之，此即是說，於萬物並未有人爲之造作宰製，此所謂於自然並未有違背也。正是在此一意義層面上，始可言自然也。亦正是在此自然義處沖虛玄德始被彰顯至極矣。如此之圓融無礙、沖虛無執之自由心境，即是沖虛玄德也。此即是道，亦即是自然。[41]因此，道法自然，即以自然爲性，進而言之，道即是自然。自然者，即自然而然也。如此之自然是境界義裡的自然，故乃自由也。綜而言之，道即自然即自由也。

承上文，道單只是一沖虛之玄德，即沖虛無爲，不堵塞萬物生長之源流，而讓萬物自己貞定自己生長之德性。此即是無爲而無不爲之義也。既然如此之自己貞定自己生長之無不爲是源於道而來並呈現爲如此者的，那麼，在此一意義層面上，則可言道生之。由此而觀之，道生之一表述只有消極的意義。[42]此即是說，道生之者，只敞開萬物生長之源頭，並暢通萬物生長之源流，而讓萬物自己貞定自己生長。如此之生，即是一消極意義的生，此則名之曰不生之生或無生之生。依此觀之，如此之不塞萬物生長之源，不禁萬物生長之流而讓萬物自己貞定自己生長之道，實是一沖虛玄德。依上文，沖虛玄德乃爲一境界也。此即是說，道即爲一種境界也。故道生之亦只是一種境界義的生之，作爲道之實現性的一種實現原理亦只是一境界義的實現原理也。[43]

依上文觀之，無論是道之主宰性，即道以沖虛玄德之方式作爲天地間宇宙萬物之主宰，還是道之自然性，即道以自然爲性，或是道之實現性，即道生之之不生之生原理，儘管其思想的重點有異，然其內在的學理脈路卻是一貫的，即道乃一境界也，與作爲境界義的自然即自由爲同一也。

40　《才性與玄理》，第 144 頁。

41　《才性與玄理》，第 154-155 頁。

42　《才性與玄理》，第 161 頁。

43　《才性與玄理》，第 162 頁。

　　牟宗三在對王弼之老子學裡的作爲境界義的自由及其相關問題作了審查之後，又對莊子學裡的逍遙之向郭義作了清理。具體而言，有三個方面：一是有所依待與無所依待的問題。所謂依待是在對待比較關係裡所成的一種狀態，即一物與另一物在比較裡而顯示出的大小、長短、高下等差異狀態，此如大鵬之大與尺鷃之小之差。依待之關係有二：一爲在量的關係裡的依待，即在對待比較關係裡的萬物所顯示出來的大小、長短、高下、壽夭等可以量化的形式性的差異狀態；二爲在質的關係裡的依待，即從量的關係裡所對比出來的依待具體到現實存在裡所顯示出來的實際條件之依待狀態。在如上之兩種對待比較關係裡觀察萬物，則無一物是無待而自足的，即無一物是逍遙而自在的。何以故？因無論是量的關係還是質的關係皆是一限制的關係。在莊子的思想語境裡，所謂逍遙是一種已經破除如上之二種限制而進至超越的狀態。此可謂逍遙義之形式的陳述。[44]二是逍遙是精神生活領域裡修養境界上的事。何人可以破除如上之二種限制以實現無待而逍遙？承上文，惟有聖人可以破除此限制而超越至眞正地無待逍遙。因聖人能夠體證無之境界可知，聖人此處所至之無待逍遙乃是精神生活領域裡修養境界上的狀態，而非是現實物質生活領域裡的實際存在上的事體。如此之理解逍遙義，則是如上逍遙義之形式的陳述之具體化，亦即眞實化。此所謂眞實化，就萬物而言，實是萬物在聖人或至人之心靈觀照裡所呈現出來的一藝術境界，而非是萬物自身能夠客觀地作修養的工夫而至眞正地無待逍遙。此即是說，就萬物自身而言，是一藝術境界，就聖人或至人而言，是一修養境界。此亦表明修養境界至最圓滿時，實亦是一藝術境界。然藝術境界卻不一定必是修養境界，儘管其亦必是主體之觀照所至。因而，藝術境界是隨主體之超越飛升而超越飛升的，即隨主體之逍遙而逍遙的。此所謂一主體心靈至逍遙境界萬物皆至逍遙境界也。[45]三是逍遙外在地透過聖人或至人的功業與教化而表現。道家的功業與教化是透過道的大化流行而顯的。具體地言之，則是去除障礙而至心齋坐忘，即無己無名無功之境界狀態，亦即一般而言的無爲狀態，以敞開萬物生長之源頭，暢通萬物生長之源流，而讓萬物自己自足地生長，此即是一般而言的無不爲狀態。如此

44　《才性與玄理》，第181-182頁。

45　《才性與玄理》，第182頁。

之道化而治乃是一消極意義上的不生之生也。在如此去除障礙之後而將一切大小、長短、是非、善惡、美醜之對待比較統統地被渾化而消除，而各回歸於其自身，性分自足，而不相互淩駕，而各自自然而然地生長。此即是謂聖人或至人的功業與教化。如此之功化，在去除障礙之後，與觀照同一也。此即是說，在去除障礙之後，功化即觀照，觀照即功化。觀照開出藝術境界，功化開出修養境界。在如此無礙之境界裡，一切人為的造作與躁動皆被化除，進一步言之，因此人為而產生的依待之限制亦被解除矣。如此之清明朗然的境界狀態，即是天地萬物為一之大化流行之最美好，最令人嚮往的自由境界。牟宗三以莊子之備天地之美，稱神明之容[46]描述之。[47]

　　牟宗三隨之又對莊子學裡的跡冥之向郭義作了審查。道家之基本的普遍原則乃無為而無不為。無為即無是本與冥，無不為即有是末與跡。本末、跡冥原來本是具體地圓融而為一的。故有跡本或跡冥之聯稱。為便於表述計，又將二者作抽象地分解觀，即顯無為體，為所以跡，顯有為用，為跡。然必須說明的是，儘管二者可以抽象地分解，但其原本為一的底子卻是不能被抽掉的。此即是說，不能僅僅停留在分解的層面上。若如此，無則成為冥頑虛空的僵死之體，有則成為俗世情感的纖巧虛偽，即無不再是無，有不再是有。因而，無為亦則不能化矣。然無為本是函蘊著化育萬物的，即化育萬物是源於無為的，二者乃一體之兩面也。然只停滯在無為層面上，則自不能成化；或只停滯於化育層面上，則皆為物所累。此則是無為與化育之截然對分之結果。化育萬物而不為物所累，此則是沖虛玄德之神妙之作用也。如此之神妙大用，則不是惟道家之有此義，而是一切聖人皆如此。因而，如上文所述，堯舜仲尼之儒聖皆能體證到無之境界，即渾忘一切外在內在之束縛，而灑脫自在，此即是顯示化育萬物與化育萬物之所本乃是一圓融之體也。[48]

46　莊子曰：「判天地之美，析萬物之理，察古人之全，寡能備於天地之美，稱神明之容。是故內聖外王之道，暗而不明，鬱而不發，天下之人各為其所欲焉以自為方。悲夫，百家往而不反，必不合矣！後世之學者，不幸不見天地之純，古人之大體，道術將為天下裂。」《莊子今注今譯》，第 855-856 頁。

47　《才性與玄理》，第 183-184 頁。

48　《才性與玄理》，第 187 頁。

　　因而，對於跡冥之關係，理應辯證地觀之。離開具體的跡而但體證玄冥，此是抽象地分解，正是在此一抽象地分解裡，特顯一純粹普遍性的冥體自身。然如此之純粹普遍性的冥體自身並不能絕對地離開跡而懸空地掛著。因而，冥體必須透過具體的跡而顯示出來，即必須於有中顯。冥體在有中顯，卻並不執著於有而成為冥體。萬有在冥體之照鑒下而成為跡。因冥體在有中顯且並不累於有，故能隨跡而化，應聲而變，而自由自在地遨遊。亦因冥體在有中顯，故跡乃是將冥體具體化真實化，即冥體成為有生氣的活體而非肅殺的死體。隨跡而化，應聲而變，則跡而無跡，即全跡在冥中，而不墮於有；冥在有顯，則冥而不冥，即全冥在跡中，而不執於無。綜而言之，即跡即冥，即冥即跡，非跡非冥，非冥非跡，此乃聖人或至人心靈所至之自由境界之極致。[49]

　　在如上之思想基礎上，牟宗三進一步清理了莊子學的天籟之向郭義。天籟者，自然也，即既無生之者，亦無使之如此這般者，而一切皆是自己自由自在地生長，即自己如此者。此語境裡的自然，乃上文所揭示的，是經由渾化掉一切憑依對待關係後而至之境界。此即是說，一切絕對無所依待，自身圓滿具足，獨立自化，逍遙自在者，方才是真正的自然，即自己如此如是者。此為莊子所獨鐘者，向郭所真切地把握者，即一虛靈之境界。從主體層面言，此是聖人或至人透過修行工夫所至之心靈的修養境界；從客體層面言，此是超越具體的現實對象而由聖人或至人的心靈境界之觀照所起的藝術境界，即天地間宇宙萬物在聖人或至人之心靈的觀照裡個個皆絕對無待，逍遙自在，即自己如其自身地生長。如此之境界義的自然，自是能夠將一切是非、善惡、美醜以及一切依附對待關係統統地化除而至平平的境界。在此境界裡，萬物自身皆當體自足，既無虧欠，亦無剩餘。[50]如此之主體境界義的自然，承上文知，自是一無的境界，一的境界，天地與我並生，萬物與我為一的境界。因而，此語境裡的無、一、自然並非是一絕對靜止的僵死寂靜，而是一隨跡而化，隨聲而應而充滿生機富於生氣的心靈境界。在此心靈境界裡，動靜一也，寂照一也，無有一也，有待無待一也，變化與恒常一也，綜而言之，天地萬物與我皆渾化而一

49　《才性與玄理》，第192頁。
50　《才性與玄理》，第195-196頁。

也。[51]如此圓融自在之境界，方是眞正的大自由。在此自由裡逍遙自在地遨遊才是眞正的大愉悅。之所以如此，是因爲順應自然造化之逍遙自在，即是化有待爲無待，轉他然而自然，始可進至道的境界，無的境界，一的境界，甚至可言，順應自然造化之逍遙自在自身，即是道，即是無，即是自然。因此，老莊所謂之自然，皆是自己而然者，即圓滿具足當體自化者。如此之境界，惟有聖人或至人可至矣。[52]如此之不爲物所累，不爲情所累之心態自是安寧祥和平靜如空者。如此之心靈自是自由的，愉悅的。

然如此美妙的圓應無方之化境，如何才能達至？承上文，道以沖虛玄德之方式爲天地萬物之宗主，而沖虛玄德乃一無之境界也。然如此之無的境界何以能夠達至？在道家，則是透過致虛守靜，[53]心齋[54]坐忘[55]的修行方式來實現的。無論是致虛守靜還是心齋坐忘，皆可綜謂之曰主觀修證，即在心上用工夫進行修行。其在主觀上所修證到的最圓滿的境界即是此沖虛境界，即無的境界。在如此沖虛之觀照裡天地間宇宙萬物皆各歸其性，各得其所，而自是其是。此即是說，作爲沖虛玄德之內容與意義的絕對地客觀地遍及一切者，乃是以眞切地所體證之沖虛之境而呈現一切，即使一切清楚而流通者。此即是以主體之虛靈明覺而虛明一切，即在主體之虛明圓證裡，冥除主客之一切界限，而達至一虛玄靈冥之絕對。此所謂一虛明，一切虛明也。此即是說，要達至清明朗然之玄冥之境，則必須在主體之眞切的修證裡作工夫，此外，別無他法。[56]

51　《才性與玄理》，第 199-200 頁。

52　《才性與玄理》，第 178-179 頁。

53　老子說：「致虛極，守靜篤；萬物並作，吾以觀復。」陳鼓應：《老子注譯及評價》，北京：中華書局，2007，第 124 頁（案：後文引證此文獻時，僅標注文獻名與頁碼）。

54　《莊子·人間世》載有顏子問夫子何謂心齋：回曰：「敢問心齋。」仲尼曰：「若一志，無聽之以耳而聽之以心；無聽之以心而聽之以氣。聽止於耳，心止於符。氣也者，虛而待物者也。唯道集虛。虛者，心齋也。」《莊子今注今譯》，第 117 頁。

55　《莊子·大宗師》載有夫子問顏子坐忘何謂：仲尼蹴然曰：「何謂坐忘？」顏回曰：「墮肢體，黜聰明，離形去知，同於大通，此謂坐忘。」《莊子今注今譯》，第 205 頁。

56　《才性與玄理》，第 141 頁。

三、形上的天地之和與純粹的和聲之和

承上文，魏晉時期正宗名士人格既稟受一天地之逸氣而顯一可欣賞之美趣；又因其生命四無掛搭而成為人間之棄才而顯一可詛咒之悲劇。以阮籍與嵇康為例，其生命在此大的背景下之表現亦有所差異：就阮籍言，其生命是浪漫的文人型與古典的禮樂型相混合，但還是傾向於情，故歸於文人型；就嵇康言，其生命是道家養生型與純粹音樂型相混合，然卻更顯智的一面，故劃入哲人型。[57]依此綜論性的定位，下文分別論述其對音樂的認識與理解，以在　特定層面上展示其生命之境界。

阮籍論樂的境界吾人可先從其一生活事件而感受之。一日，阮籍登蘇門山，途遇孫登，便與其談論道家修行入定之方法，然孫登卻不回應他。於是阮籍便長嘯而去。當他到了半山腰時，突然聽見整個山谷回蕩著鸞鳳之音，他知其乃孫登之嘯聲也。於是立馬回去，寫了《大人先生傳》一文。[58]當阮籍與孫登談論道術時，其不應，然等阮籍長嘯而去後，卻以嘯聲回應之，即以嘯聲相唱和，或謂以音聲相會面。如此之行為方式，可謂是生命之直接會面。阮籍與孫登之擅長嘯聲相應和，此嘯聲乃是一種寂寥蒼涼之音聲。如此以向蒼茫寥廓之宇宙長嘯來釋放其胸中鬱積之煩悶之氣的行為方式，實亦顯一種境界。[59]

既有如此之境界，阮籍對音樂的認識有其獨特的體悟。在他看來，音樂是天地之本體，萬物之本性，而能順應此本性，符合此本體者，乃進至一和合的狀態。如此之和乃是一天地之和，即原始之諧和。此可謂大樂與天地同和是也。[60]此即是說，和之樂或樂之和，乃是宇宙之本體，萬物之本性。何以故？因在和之樂裡或

57　《才性與玄理》，第319頁。

58　關此典故，《阮籍傳》記載曰：「籍嘗於蘇門山遇孫登，與商略終古及棲神道氣之術，登皆不應。籍因長嘯而退。至半嶺，聞有聲若鸞鳳之音，響乎岩谷，乃登之嘯也。遂歸著《大人先生傳》。」房玄齡等：《晉書》，北京：中華書局，1974，第1362頁（案：後文引證此文獻時，僅標注文獻名與頁碼）。

59　《才性與玄理》，第295頁。

60　《樂記》：「大樂與天地同和，大禮與天地同節。」《禮記正義》，第1267頁。

樂之和裡，物物歸其自己，性命自正，自是所是故。對音樂之如此思考，乃是一形上的思考。[61]

在如上之本體論的思維裡，阮籍進一步對雅樂與俗樂作了區分。所謂俗樂，即是指地方性的風俗之樂。阮籍將此種音樂名之曰曲樂。曲者，邪曲也。此即是說，地方性的風俗之樂因隨順民風民俗民習，故對民之性情並不能向上提撕而使其得其正位，反而易讓其放縱恣肆。所謂雅樂，即是指超越俗樂並能純淨人之靈魂與心靈之樂。因音樂本是天地間之和聲，故自應以純潔、寧靜、祥和、簡易、平淡爲其基本特徵。具有如此特徵的音樂才能讓心意搖盪並放縱恣肆之人們的心靈與靈魂得以純化提升。爲什麼，雅樂與俗樂有如此大的分別？因雅樂乃聖人所制也，俗樂爲俗民所作也。[62]爲什麼，聖人所制之樂能夠如此特出？聖人製作音樂，是承天地之體而來的，並非隨俗而起，或迎俗而作也。因而，如此之源於天地之和樂自能存異求同化異爲同，以實現清淨人之心靈情志之目標。[63]

自此而觀之，阮籍貴雅樂，賤俗樂，因而，其論樂以雅樂爲主。而雅者必不哀也，故雅樂必不以哀爲樂，儘管哀樂可以引發一種審美的情感。而雅樂以和爲樂，此和乃天地之和，人心之和也。故阮籍說和之樂讓人感到精神安寧心態平和，哀之樂讓人感到精神迷糊心情沮喪。[64]此即是說，哀傷之樂不是好的音樂，此語境裡的好，即不能安頓人的心靈鼓舞人的精神之義。因而，當阮籍說只有與天地之道同化的人才能制樂，而單只是喜好音聲的人連音律都無資格談論[65]時，牟宗三極爲讚美而謂此已顯示出阮籍對音樂的體悟已達至極高的境界，並謂其是一純正的古典主義

61　《才性與玄理》，第 309 頁。

62　《才性與玄理》，第 310 頁。

63　《才性與玄理》，第 311 頁。

64　阮籍曰：「樂者，使人精神平和，衰氣不入，天地交泰，遠物來集，故謂之樂也。今則流涕感動，噓唏傷氣，寒暑不適，庶物不遂。雖出絲竹，宜謂之哀，奈何俛仰歎息以此稱樂乎！」陳伯君：《阮籍集校注》，北京：中華書局，1987，第 99 頁（案：後文引證此文獻時，僅標注文獻名與頁碼）；《才性與玄理》，第 314 頁。

65　阮籍曰：「故達道之化者，可與審樂。好音之聲者，不足與論律也。」《阮籍集校注》，第 93 頁；《才性與玄理》，第 313 頁。

者。何以故？因其背後有一高貴的靈魂作支撐故。[66]正是在此一意義層面上，牟宗三謂阮籍既有一浪漫主義的文人生命，亦有一古典主義的禮樂生命。[67]

自上文觀之，吾人可知，阮籍論樂尤重元氣，故直從天地之和來區分雅樂與俗樂並極力推崇雅樂。之所以如此，是因為雅樂上通天地之道，由此所呈現出來的是天地之和，即一種原始之諧和；而俗樂則是縱人耳目的奇聲怪音，此音聲以悲戚為樂，以哀號為樂，在阮籍看來，此是末世之病態，而絕非能與易簡質靜之雅樂相比也，因如此之雅樂能夠去除風俗之不良習氣而歸於聖王對萬物之化育，即還原萬物之情態而統一天下之意念，[68]以實現天下安治國泰民安之盛世。此乃是阮籍論樂之旨歸。[69]

嵇康在《聲無哀樂論》裡力主和聲自身所呈現出來的美，而且此和聲自身的美是純粹客觀的，而一般所言或所見的哀樂則只是主觀情感之表現而已，與和聲自身毫無關係。[70]既如此，對和聲自身的美之欣賞則是一種純粹的欣趣判斷，此亦當是一種美學領域裡的內容真理。如此之純粹的欣趣判斷究如何產生？其關鍵在審美主體。只有當審美主體以空寂無物，即無任何指向與掛礙之心境與和聲自身相遇而形成的鑒賞判斷，才是此語境裡的純粹的欣趣判斷。在形成如此之欣趣判斷的那一段時間裡，就和聲自身言本是無像的，就審美主體的心境言亦是無像的，此即是說，主客方面的一切實際內容皆被剔除，而只見一純粹之和。正是在此意義層面上，言此欣趣判斷的純粹性。如此所呈現出來的美則是一純粹的形式美。此是就一般而言的有聲之樂言。倘若進一步就無聲之樂言，則是大音希聲，大樂與天地同和，此是聖人或至人通過修行所體證到的境之和。在如此之境界裡，一般而言的主客觀方

66　《才性與玄理》，第 313 頁。

67　《才性與玄理》，第 315 頁。

68　阮籍曰：「導之目善，緩之目和。手之目衷，持之目九。散其群，比其文，扶其天，助其壽，使去風俗之偏習，歸聖王之大化。先王之為樂也，將目定萬物之情，一天下之意也。故使其聲平，其容和，下不思上之聲，君不欲臣之色。上下不爭，而忠義成。」《阮籍集校注》，第 86-88 頁。

69　《才性與玄理》，第 295-296 頁。

70　關於嵇康之音樂美學思想的研究，張惠慧有關於嵇康音樂美學探究之專書。參氏著，《嵇康音樂美學思想探究》，臺北：文津出版社，1997。

面的一切實際內容自亦是蕩除盡淨，而呈現出一純粹抽象的形式之美。[71]然證得此
境界的聖人或至人自亦是在一般而言的現實世界裡證得的，即並未完全與現實世
界隔離而進入一個純粹真空的世界裡，或謂將現實世界在實際意義上完全消除而證
得的，因而，此境界既已是天地與我並生，萬物與我爲一，那麼，在此一意義層面
上，亦可謂在此境界裡所呈現出來的美儘管是抽象的形式的，然亦是具體的生動的，
即是具體的抽象，生動的形式之美。

　　嵇康爲什麼對和聲自身的美尤爲專注呢？其可能原因有二：一是嵇康尤爲喜歡
養生之術，並積極地實踐之，而善養生者之必備的最基本的素質則是心地清淨虛無
寧靜安泰而無有私欲。[72]在如此之心境裡，私欲滅除，心情寂泯，自是易於與和聲
自身的美相照面。二是嵇康曾經夜宿華陽亭，在夜半時分，曾與神奇仙人談論音律，
其言辭情致清晰明辨，並得到此仙人秘授聲調絕倫意境深幽之廣陵散一曲。[73]在如
此之情景與氣氛裡，其心境自亦是易於契合和聲自身的美。[74]

　　嵇康論述和聲自身的美之思路，其大端有三：一是將內心之真情與外表之浮事
相區分。禮節之敬，哀傷快樂，皆是內在心靈的真情。錦衣華服，歡歌哭鬧，皆是
外在虛浮的事情。此二者之間是明顯可區分的，並不一定必能有何相對應之處。二
是將情感與聲音相區分。由於作爲外表之浮事的歡歌哭鬧本是變化多端的，自此而
觀之，聲音的變化亦是無常不定的。然同一類情感，可以用不同的聲音來表達，此
是無疑的。正是在此一意義層面上，可言情感是情感，音聲是音聲。音聲有自己所
本者，情感亦有自己所本者，此二者不能混矣。三是和聲自身本無所哀與樂。諧和
的聲音是能讓人感動最深的音樂。然和聲自身卻是沒有哀與樂之分的。因爲哀與樂
是屬於情感領域，而情感又是本於心者，因而，哀心受到和聲的感觸而發露者，則

71　《才性與玄理》，第 266-267 頁。

72　嵇康曰：「善養生者……清虛靜泰，少私寡欲。」嵇康：《嵇康集》，載《魯迅全集》（第
　　九卷），上海：魯迅全集出版社，民 37，第 56 頁（案：後文引證此文獻時，僅標注文獻名
　　與頁碼）。

73　晉書載：「嘗遊會稽，宿華陽亭，引琴而彈；夜分，忽有客詣之，稱是古人，與康共談音律，
　　辭致清辨，因索琴彈之，爲廣陵散曲，聲調絕倫，遂以授康，仍誓不傳人，亦不言其姓字。」
　　《晉書》，第 1374 頁。

74　《才性與玄理》，第 345 頁。

爲哀，此如痛哭流涕之類的日常生活之表現。此即是說，哀心爲和聲所感而發，故和聲自身則是無所謂哀與樂的。何以故？因和聲自身則只本於韻律自身之和故。[75]此乃是嵇康論證音聲自身是沒有哀與樂之分的大致思路。

嵇康在《聲無哀樂論》裡所論述的聲樂以聲音的諧和爲本爲體，而聲音的諧和又是以聲音的單複高低快慢等節奏爲體爲本，[76]因而此諧和的聲音自身是無所謂哀與樂的，此即是說，聲音的節奏是音律問題，是形式問題，哀與樂是情感問題，是心靈問題，二者是明顯不同的相互獨立相互區分的兩個領域。嵇康此一追求內在於聲音自身之和的純美論，與阮籍所崇尚的天地之和相區分。[77]前者是專注於聲音自身的節律，而後者則是強調所體證到的天地之和對音樂創作者及欣賞者的向上提撕之作用。儘管兩相比較，從境界層面上言，嵇康之論相較之阮籍之論要第一個層次，然其自有諦見與精彩之處。將和聲自身從主觀人爲之禮樂情感教化之束縛裡單提出來而單觀其自身節律之諧和之純粹形式主義的美學觀即是其諦見與精彩之處。因能夠進入和聲自身之純粹的形式節奏裡發現其美，此自亦是一種境界，此境界是達至天地之和境界的一個重要的階段。因而，嵇康之純粹客觀主義的美學理論亦有其積極的意義與貢獻。[78]

經由如上之縷敘後，牟宗三對嵇康的聲無哀樂論作了進一步的追問與分析，其大端有四：一是嵇康未能區分聲音之通性與殊性。承上文，聲音以和爲本爲體。故和可視之爲聲音的通性。哀與樂本於人之心靈，並由心靈爲外在所感觸而發露者。然聲音不只是單有通性，還有其殊性，即具體的色澤，此如高亢與低沉，急速與低緩，繁雜與簡單，平和與激越，……。如此之詞語所表達者，亦可視之爲以和爲通性之聲音的具體內容。因而，可謂和聲之通性是透過其具體的內容即色澤而表現出來的，而具體的內容即色澤亦必定歸於和聲之通性，儘管其總是附著於具體的音聲

75　《才性與玄理》，第 347-348 頁。

76　嵇康曰：「夫曲度不同，亦猶殊器之音耳。齊楚之曲多重，故情一；變妙，故思專。姣弄之音，挹眾聲之美，會五音之和，其體贍而用博，故心役於眾理；五音會，故歡放而欲惬。然皆以單複高埤善惡爲體，而人情以躁靜專散爲應。」《嵇康集》，第 81 頁。

77　《才性與玄理》，第 296 頁。

78　《才性與玄理》，第 355 頁。

而表現。自此而觀之，人之哀與樂之情之所以能夠發露出來，是因為人之心靈與和聲之具體的色澤相遭遇而被激發出來的。對於此問題，吾人可以設問：倘若聲音只有純一的和之通性而無有任何色澤，那麼，主哀與樂之情的變化無常的心靈又何以能受到感觸而有所發露？對於此一設問，吾人可以肯定的是，如若聲音只有純一的和之通性而無有任何色澤，那麼主哀與樂之情的變化無常的心靈則不能與之建立其豐富多彩的關係並表現出來。此即是說，只有多姿多彩的和聲之色澤才能與主哀與樂之情的變化無常的心靈相應並能發露出來。進一步言之，多姿多彩的和聲之色澤可視之為主哀與樂之情的變化無常的心靈能被感觸且發露出來的必要條件。因而，對於音樂鑒賞者，既可單只是專注於音聲自身之節律的諧和之純粹形式的美，亦可融於和聲之具體的色澤而得一具體活潑的美。正是在此一意義層面上，為什麼有些人聞其聲而歡歌而笑，有些人聞其聲而悲傷而泣，有些人聞其聲而無動於衷等現象與問題可以得解矣。[79]二是由和聲所引發的吾人之情感與和聲自身之具體的色澤相區分。當吾人之心境進入平淡狀態後，一切猶如哀與樂那樣能夠激蕩人心的情感則已被化除掉了，然對客觀具體的聲音亦會有客觀具體的感受，此如對哀婉之音有哀婉之感，對昂揚之音有昂揚之感，對沉鬱之音有沉鬱之感，對憂戚之音，愉悅之音，肅殺之音，歡暢之音，靡靡之音，朗朗之音，舒展之音，平和之音，乖逆之音，殺伐之音等不同的音聲亦有與之相應的不同之感。如此之不同的音聲則表示音聲有不同的色澤，而與之相應的不同之感則表示吾人心中不同的情感反應。正是在此一意義層面上，可言由和聲之色澤所引發的情感是一獨立之領域，和聲自身之色澤亦是一獨立之領域。三是在何分際上可言聲無哀樂論，復在何分際上可言聲有哀樂論？一般而言，吾人有何情感，看萬物可能皆是如此之同一顏色，此如當吾人哀傷時，看人世間一切皆無生氣壓抑傷感，當吾人歡喜時，看人世間一切皆無不生機盎然令人歡欣鼓舞。然此哀與樂的情感是歸屬於吾人之心靈的，是只能從吾人之心情來對待的。而和聲自身之色澤，則單只是和聲自身之節律的變化而已，與吾人之心情的變化沒有本質的必然的關聯。因而，從吾人之心靈情感層面言，聲無哀樂是可解的；從和聲自身之色澤言，聲有哀樂亦是可解的。四是無論是聲無哀樂還是聲有哀樂皆

79　《才性與玄理》，第349-350頁。

是美學領域裡的欣趣判斷。承上文，吾人可知，聲無哀樂是一純粹的形式主義的欣趣判斷，是歸屬於客觀主義美學領域的。此處所言之聲有哀樂則是實際生活裡之具體的特殊的欣趣判斷。然二者皆是美學領域的內容真理。[80]

綜上而觀之，就阮籍與嵇康相比較而言之，阮籍之樂論是形上學的，顯出一浩瀚之元氣來。何以故？因其擅長嘯聲故。在蘇門山之茫茫山谷裡，阮籍與孫登以嘯聲相應和，其聲音融於天地之和裡，此已顯示出其生命之暢通圓潤。因而，其論樂之和則直以其對天地之和的體證為底子。嵇康之樂論則是純粹藝術的，顯出一恬淡精美來。[81]之所以如此，一是因為嵇康善養生精琴藝，二是因為其在夜宿華陽亭之夜半時分能遇一仙人與其談論音律並傳授其意境深幽之廣陵散一曲的特殊氛圍與情景。因而，其論樂之和則直以音聲自身之和為底子。儘管二人同是宏闡老莊之義理，然亦各放異彩。阮籍則以氣質勝出，故直以文人生命直接沖向原始宇宙之蒼茫，因而單只是與莊子之洪荒寥廓相契及，而失去其義理玄遠微妙之一面。嵇康則以義理勝出，故其立論精審直接，論辯清晰明白，義理委曲而詳盡。正是在此一意義層面上，吾人可言阮籍展示的是老莊之文人的一面，而嵇康則展示的是老莊之哲人的一面。[82]

四、美的自由與內在的道德性

牟宗三將魏晉名士分為兩大類：一是反對崇尚浮華虛飾，並主張浮誇的文辭妨礙要務的中朝名士，即身在官場而心在山林的官僚名士；二是在日常生活上不遵守禮法而放蕩不羈的普通名士。此二類名士人格背後的基本精神是自然與名教的衝突，即現代學術語言所謂的自由與道德的衝突。[83]透過魏晉名士的生活情調與人格類型，吾人可以知曉中國文化關於全幅人性的學問內容：人性善惡論與才性品鑑論。具體

80　《才性與玄理》，第 267-268 頁。

81　關於嵇康美學世界一問題，謝大寧在其《歷史的嵇康與玄學嵇康》一書裡有專章探討此一問題。參氏著，《歷史的嵇康與玄學嵇康：從玄學史看嵇康思想的兩個側面》，臺北：文史哲出版社，民 86。

82　《才性與玄理》，第 296-297 頁。

83　《才性與玄理》，第 358 頁。

而言，人性善惡論是源於先秦之人性善惡的問題，即從道德層面上之善惡觀念來討論人性問題；才性品鑒論是以《人物志》所彰顯的才性名理爲理論的底子，從美學層面上之品鑒觀念對人之才性或情性的種種姿態展開的評述。前者成就了道德的基本原理，其主要的理論成果有：孔子之仁系統，孟子之性善論，中庸之天命之謂性，大學之明明德之一系人性論在宋明儒所宏闡的心性之學裡發展成義理之性，即吾人以仁誠和爲生命之本體。後者成就了欣趣判斷的基本原理，即透過對吾人之才性或情性之品鑒而成者之一系人性論在宋明儒所宏闡的心性之學裡發展成氣質之性，然宋明儒者卻並未言其氣質之性淵源於《人物志》之才性名理系統，但是自學術自身發展之理路而言，吾人可以觀出此二者是遙相契合的。[84]

　　從孔子之仁系統，孟子之性善論，直至宋明儒者的義理之性，則重在從道德層面建立超越的理性領域，其旨在給人安身立命之超越根據，即將人向上提撕而不至於向下墮落。而《人物志》系統則根本未有從人之超越性意義層面上思考人性之超越性，而是從審美欣趣的立場上發展出審美品鑒的美學原理並凸顯一藝術性的境界。此在全幅人性的學問裡自亦有積極的理論意義。人之才性或情性之全幅展開，單只從審美品鑒的層面上言，自是可欣賞的，然從道德（宗教）之超越性的層面上言，則自亦是可憂慮的。正是人之才性或情性之可欣或可憂慮的之二面展示出吾人生命領域的全幅意義。自魏晉時代的時代風貌與學術精神言，以《人物志》爲才性品鑒論之開端代表的魏晉人性論系統則旨在展示人之才性或情性之可欣賞可品鑒的一面，即具有積極意義的一面。[85]既如此，人之情性自是充分地被解放了，然卻亦必定導致魏晉人重自然而輕名教，亦謂尊自然而輕道德之矛盾。儘管王何向郭之學人名士欲會通老莊與周孔，然其玄言名理並未能實現其願望，自此而觀之，亦可言，此實不能擔當此工作。此必須至宋儒在道德層面上開出超越領域之後，此矛盾才能得以徹底化解。[86]

84　《才性與玄理》，第 46 頁。

85　《才性與玄理》，第 59 頁。

86　《才性與玄理》，第 65-66 頁。

　　爲什麼魏晉學人名士實不能會通老莊與周孔？其最核心的癥結乃在道家思想裡內在道德性不能立。就先秦道家言，其立言之初衷，外在地觀之，乃是意在糾正沒落的周文所表現出來的虛僞。倘若將仁義禮法視之爲一外在的規範，與之相對應的自由自亦是將其作爲一外在的桎梏而對待之，即否定之以顯其自身。如此地言自由，乃是一種外在的破裂的對待形態。正是此一形態彰顯了道家思想與仁義禮法之本質的區分，亦可謂永恆的衝突。然此自外在地言之之原初的動機自然不能盡顯道家思想意蘊之全部。在此自外在地言之之原初的動機而進一步自內在地從生命自身言一原初的動機，則是對由吾人之生命、意念、觀念等形態系統所顯現的一切人爲造作之眞切地感受與體驗。有了此眞切的感受與體驗，進而可言，如何解消此一切人爲的造作而達至自由、自在、自我解脫之自然無爲之境界，此才是道家眞正著力用心之處。亦正是此一至誠之用心使道家思想並被定型下來。此即是說，道家思想成爲了人類精神生活之一確定的途徑。亦恰恰是此一使道家思想被定型之處又使道家思想成爲一封閉之系統而永遠不能讓人立內在的道德性。王弼之聖人體無理論，向郭之跡冥理論以弔詭之辭作用地保存了聖人之地位，然卻並不能眞正地給仁義道德及一切賞罰教化之禮法一確定的位置，因而，此亦表明其並未能眞正地化解掉自然與名教即自由與道德之間的矛盾。道家所宣導的自然無爲乃是聖人至人個人主觀修證上的事，即聖人至人自己作實際的修養工夫以進至在其主觀上的無爲無礙之境界。然此無爲無礙之境界單只是聖人至人個人之事，並不是所有人都能如此，因而，其並無客觀普遍之意義。[87]

　　就魏晉道家言，原始道家所凸顯出來的矛盾，不但未能化解，反而在其時代精神面貌上再一次客觀地表現出來，並進而發展成一種時代病。之所以如此，是因爲道家思想自身是不能克服此矛盾的，此即是說，道家思想之發展方向不是朝著解消此矛盾的方向推進的。然道家思想裡所要求的自由自在，自然無爲等主觀個體性，是向著何方向發展的？一是踏實地作實際修行的工夫，以成聖人至人；二是隨意揮灑才性與情性而成爲浪漫主義的感性的文人生命主體。就前者而言，儘管此是精神領域裡的事，然亦是片面的，而且亦猶如月光之陰涼暗淡，從自由的境界義言，此

是非道德，因其不立內在道德性故，亦是超越道德的，因其是一境界故。正是在一意義層面上，牟宗三名此種自由爲太陰教的自由，名儒家之道德的自由爲太陽教的自由。就後者而言，此則是道家之自然無爲思想在魏晉時代之重要的表現，儘管此亦是率性而爲，然因其放縱恣肆而成爲情欲之奴隸，反而走到自由的反面而成其爲不自由。[88]

自此而觀之，吾人可知，諸如王何向郭之魏晉學人名士實不能會通老莊與周孔，不僅有其固有的深刻的思想之歷史性的原因，而且還有其固有的特別的時代之歷史性的際會。

牟宗三在黑格爾關於歷史的哲學反思之啓發下，就如何能眞正地化解自然與名教即自由與道德的矛盾而實現會通老莊與周孔的問題作了進一步的思考並提出了自己的解決方案。

黑格爾在研究作爲人類青年期的希臘世界時發現道德性原則與個體性原則在希臘人身上得到了和諧地統一，即主觀意志與道德實現和諧地統一而直接指向個體的自由意志。如此一自由意志王國，黑格爾名之曰美的自由之王國，即理型（Idea，理典）與一可塑造的形式相融合在一起者。此一自由的王國儘管擁有眞正的和諧，然亦像花朵容易凋謝一些容易失去。何以故？因其道德性還不是眞正的道德性故。具體而言，個體之個人意志自然地不反省地適應爲正義與法律所規範的行爲與習慣，所表示出來的道德性原則與個體性原則如此直接地結合在一起，則已同時含有高度的矛盾。之所以如此，是因爲這種美的道德性還未有透過主觀自由之奮鬥，而確立作爲標準的純淨的自由主體性。此純淨的自由主體性之所以如此重要與關鍵，是因爲其是眞正的道德性之本質所在。[89]

牟宗三認爲黑格爾關於個體之個人意志自然地不自覺地服從法律與正義的規範所表現出來的道德性並不是眞正的道德性一觀念尤爲重要與關鍵。因而，其對此作了較爲詳細的疏解。此疏解之基本思想是：爲什麼個體之個人意志自然地不自覺地

88　《才性與玄理》，第 375 頁。

89　Georg Wilhelm Friedrich Hegel,Trans.J. Sibree, M.A.*The Philosophy of History*,:Batoche Books,2001,PP124-5；《才性與玄理》，第 370-371 頁。

服從法律與正義的規範所表現出來的道德性並不是眞正的道德性？因爲此道德性並非是作爲精神主體的內在道德性。具體而言，個體的個人意志所直接地不自覺地服從法律與正義的規範之法律與正義，皆是外在的，因而，其所表現出來的自由意志亦皆是不能眞正地站得住的自由意志，因其未有經過主觀自由的奮鬥而建立起眞正的道德性之標準的自由主體性，儘管其能夠成就道德性原則與個體性原則之直接的原始的統一形態。[90]此即是說，此語境裡由主觀意志而主觀地說的道德性，是與感覺世界混合融合在一起的原始道德性，因其未有進至精神主體性之境界，故不是眞正的道德性。而此語境裡由自然地服從法律與正義之規範而顯的主觀自由意志亦是一種直接的原始形態，而不是經由主觀自由之奮鬥而眞正地站立起來的主觀之自由意志。[91]黑格爾將外在地建立起來的道德性名之曰美的道德性，對眞正的道德性未有命名，而牟宗三則名之曰道德的道德性，因爲此道德性是經由主觀自由之艱苦奮鬥而建立起來的能夠眞正站得住的道德性，即眞正的道德性。因而，進一步，吾人可言，此內在地建立起來的道德性即是吾人之眞正的主體性，或謂自由的主體性。自此而觀之，惟有經由主觀自由之奮鬥而內在地建立起來的道德性，始能保證自由意志與法律及正義的統一才能眞正眞實地實現。此是間接的再一次自覺的統一，即已經超越直接的第一次不自覺的統一。因此，吾人由美感階段而超越至道德的階段。[92]此即是說，惟有在道德的階段，美感的階段才能得到潤化而獲得眞正的實現。

以上是依著黑格爾而作進一步之總持地說。具體到中國智慧傳統而言，魏晉學人名士意在會通老莊與周孔，然其並未有眞正實現其宏願，則其根本原因已在上文展示出來了。然如何才能眞正地克服原始道家及魏晉名士所展示的自然與名教即自由與道德的衝突，而實現二者之和解以達至老莊與周孔之會通？在牟宗三看來，惟有作爲中國智慧傳統之主流的儒家思想可以擔當此任務。儒家發現自由與禮法之衝突後，則沿著化解此衝突的方向致思，其思考的結果是透過主觀自由之艱苦的奮鬥，而努力建立眞正的自由主體性，以實現眞正的道德性，然後在此眞正的道德性裡實

90　《才性與玄理》，第 372 頁。

91　《才性與玄理》，第 373 頁。

92　《才性與玄理》，第 374 頁。

現自由意志與仁義禮法之統一。具體地言之，孔子以仁指點一個真實而有張力的道德生命。孟子以性善論挺立吾人之內在的道德性，即經由主觀自由之卓絕地奮鬥而建立起真正的自由主體性。在所證顯的主觀自由意志裡，外在的仁義禮法已經內在化於吾人真正的自由主體性裡而獲其根源性，因而，可謂仁義禮法本是內在道德性之客觀化，而非單只是一無根的外在。因此，吾人對客觀化之仁義禮法之遵從乃是在呈現自由主體性之時內在地必然地遵從，而非是如黑格爾所謂外在地不自覺地遵從。正是在此一意義上，始可言自由是道德禮法裡的自由，即透過道德禮法來表現，而道德禮法則是為自由主體性所決定所要求者，亦是在自由主體性之呈現裡實現其規範性。此即是說，在最根源處，自由與道德真正地實現圓融之諧和，即內在的諧和，而非是虛假之諧和，即外在的諧和。[93]亦正是在此一意義層面上，牟宗三謂，此才是真正地從正面積極地有效地解答了原始道家及魏晉名士所發現及彰顯出來的自然與名教即自由與道德的矛盾與衝突。

　　最後，牟宗三還從中國文化生命之整體層面上判明了儒道之理論上的關係。依牟宗三，儒家之自由是太陽教之自由，即自由之積極義，道家之自由是太陰教之自由，即自由之消極義，此乃是中國文化生命裡所固有的兩個層面。儒家之自由能夠真正地挺立主觀的自由主體性，而實現其自己之客觀性，因而，能夠化解自由與仁義禮法之衝突而實現一超越性的綜合。此乃是建體立極之用。道家的自由則未能真正地挺立主觀的自由主體性，因其單只是停留在其主觀之修證境界裡，而並不能實現其自己之客觀性，然其自然無為之修證境界則能起到清涼沖淡之作用。此乃是輔助調適之用。此亦表明道家之自由亦有積極之意義。具體而言，倘若其自由能夠如其境界義而處之，而不向下墮落為純粹的文人生命之感性主體而惟有欲望之氾濫，即在圓融無礙之修證境界裡，世間一切與其皆不衝突，道德禮法自亦如此。既如此，如此之自由所顯之自然無為之境界不但有其意義，而且對於儒家不斷向上提撕之自由系統亦能夠產生輔助調適之作用。此即是說，道家之自由的無為無執之心齋坐忘之虛空靈動的境界，對儒家之自由系統有潤化保護的作用。正是在此意義上，牟宗

93　《才性與玄理》，第376頁。

三言道家之道爲母道。[94]所謂至哉坤元，萬物資生[95]也。綜而言之，儒道之關係，乃是儒家之道德立場的積極向上對道家之無爲立場的消極自在有一向上提撕之作用；而道家之清靜無爲境界對儒家之積極有爲精神有一沖淡潤澤之作用。在此一意義層面上，始可言儒道之互補。然吾人言，只有在自由之境界義層面上，儒道兩家才能眞正地會通，只是達至此自由之境界義的路徑有異，即儒家是道德點化，道家是個人修證，而且其功用義（或謂有效義）亦有別，即儒家是治世，道家是避世。

五、氣性的美與理性的善

在此一部分，牟宗三討論了人物品評所引申出來的才性與審美品鑒，魏晉名士注老注莊所透顯出來的義理境界，自然與名教的論爭以及阮元嵇康的音樂美學等一系列論題。論域很廣，論題甚豐，表面上看來似不一貫，但牟宗三對此一期學問所持的基本立場是一定的，故對其評價是一定的。因牟宗三始終堅持儒家的智慧立場，故對魏晉一期學問所反映出來的一系列社會文化現象的評判亦以德行優位理論爲標準判之而處理得並不周嚴。

審查牟宗三關於此一期學問的主要文獻，吾人發現其對美的思考有如下特點：一是將美或審美與人的氣性關聯起來；二是對與氣性相關聯的藝術美評價甚低。就前者言，在牟宗三看來，人物品評雖然主要是爲選拔任用人才而服務的，然其在一定程度上又確實是一種審美品鑒，此主要表現在對人物的精神面貌風氣韻度的品評方面。人的精神面貌風氣韻度是一外在的表現，而其背後的支撐力量則是一內裡的氣性。故有什麼類型的氣性則會顯現出什麼樣的精神面貌風氣韻度。此如牟宗三根據名士在氣性方面的表現而將名士區分爲無所依而無所成的純粹名士與有所依而有所成的學人名士。前者單只是氣性之揮灑而顯一清新俊逸之狀態。此一狀態，牟宗三以天地之逸氣判之。此一判語有二義：一是表示此一類名士們所表現出來的氣性是一清新俊朗飄逸的狀態，並且此一清新俊朗飄逸的狀態函蘊著一種美趣，故對此之判斷或描述則是一美學判斷或謂欣趣判斷。此展示的是此一類名士積極性的一面。

94　《才性與玄理》，第 376-377 頁。

95　《坤卦·象》：「至哉坤元，萬物資生，乃順承天。坤厚載物，德合無疆。含弘光大，品物咸亨。」《周易譯注》，第 13 頁。

二是因此一氣性單只是天地間一清新俊逸之氣而無所追求無所成就，故成為天地間之棄才，即無所用而被遺棄者。此說明了此一類名士消極性的一面。後者則不僅僅顯此一清新俊逸之氣，亦因其有所追求而有所成就而對社會對人類有所貢獻，而避免了向下墮入天地棄才之虛無化的境界。然儘管如此，此還單只是知性在學術上的成就，而並非是立己立人安己安人的道德成就。自此而觀之，牟宗三對名士所表現出來的氣性之評判實際上是相當不高的。首先就顯天地逸氣之純粹名士言，其雖有美的欣趣一面，然其畢竟是四無掛搭的天地棄才，終將至虛無境界，而對社會建設人類發展並無積極性意義；其次就有所成的學人名士言，其雖可至跡冥圓融之自在逍遙的境界，然其畢竟在道德領域裡並未有積極的正面的建設性貢獻。故無論是能呈現出一種美趣來的名士型態，還是能呈現出一種境界來的名士型態，對社會人類皆未能在道德層面上予以向上提撕的積極性意義。

　　就後者言，牟宗三未有直接地詳細論說的內容，故此是根據其關於名士之逸氣所表現出來的美趣之論述引申出來的一個論題。在牟宗三看來，表現美趣的名士實際上是一藝術性的主體，此即是說，名士單只能表現一藝術性的趣味以供品鑒。除此無有它義，尤其是無有積極向上的道德性意義。在此語境裡，牟宗三將名士視為藝術性主體。將此藝術性主體一思想進一步具體地落實之，則直接地是藝術家的創作與品鑒。藝術家所創造的藝術美自亦會呈現出一種美趣來，並亦會呈現出一種境界來，此是無疑的。依此語境判之，藝術家的藝術創作亦自是一種氣性的揮灑，呈現出來的亦是一種氣性的光彩與絢爛。承上文，氣性的揮灑四無掛搭，故隨氣任性地揮灑而終不能給予社會人類一向上提撕的道德性力量而對社會人類無所作為無所貢獻。故從此一視閾審查藝術家依憑氣性而創造的藝術美，自亦單只能品鑒其所呈現出來的美趣，而不能獲得一種積極向上提撕的道德性力量而使人成為一個道德的人而頂天立地地站立起來。正是在此一意義層面上，牟宗三對藝術家依憑氣性而創造的藝術美並未有給予恰切的評判，而是在道德優位的立場上給了藝術美相當不高的評語。

　　從美學的立場來審查牟宗三關於氣性的美一問題之處理，公允而言，是並不特別允當的。其主要表現有二：一是牟宗三在此處單只從藝術的視閾審視美，即單將美劃歸於藝術領域；二是其單只從氣性的層面分判美。就前者言，在牟宗三看來，

名士所表現出來的美趣確立的是一藝術性的主體，此即表明名士所表現出來的美趣與藝術所呈現出來的美趣是一致的甚至是同一的。然對美的討論並不一定單只有藝術的視閾，美的表現領域亦並不一定單只有藝術的領域。依據學界普遍接受的理論：凡是令人在無有利害關係的心境裡獲得審美愉悅的對象即是美，吾人可以知曉在面對一個對象的時候，只要其心境處於一種無有利害關係的狀態，即可以獲得一種愉悅的感受。此種愉悅的感受，吾人可以視之為審美感受，而引發此愉悅感受的對象，吾人可以視之為審美對象。依此而言，吾人則可知曉引發愉悅感受的對象則不單只有藝術，還可以是其它對象，此如自然、親情、愛等等。故牟宗三單只從藝術性的主體視角審視能夠表現一些美趣的名士以處理與此相關的美學問題的方法並非是特別的允當。就後者言，依牟宗三，名士所表現出來的美趣是一種氣性的精彩呈現，而氣性是感性領域裡的事相，故此對於理性領域裡的道德事相，如道德主體的挺立道德行為的規範，是無有任何助益的。儘管美對於道德事相雖然無有直接性地積極意義，然亦並非只是一無所事事的消極意義。其實審美薰炙對培育道德心靈還是有一間接性的助益作用。一顆真正的審美心靈，就必定是愛美的；一顆真正地愛美的心，就必定是護美的；一顆真正地護美的心，就必定會心生憐憫而不忍傷害美破壞美；如此地一顆不忍的心，就必定會心生恭敬；一顆恭敬的心，就必定會心生敬畏：敬畏天，敬畏地，敬畏聖人之言，如此地一顆心即是敬畏的心，而此正是道德心靈的基本情態。自此而觀之，審美教育即是一種陶冶性情培育心靈的力量，並在究竟處與道德力量相通達，而且對道德力量的完滿實現還有潤澤滋養的作用。故牟宗三從氣性之消極意義一面來言說名士之美趣的處理方法並非是恰切地周嚴。在此兩方面，牟宗三之所以會如此地運思，並非說明其學力尚淺，思力甚弱，而是因其一貫的道德優位立場使然故。

依此則言及美與善的關係一問題。美善二者是否就如牟宗三所論者，是截然對立而不可通約的？真美善是人類活動的三大向度，亦是人類智慧不同表現的三大領域或謂三大形態。既如此，從儒家佛家道家智慧形態來看，在智慧的究極處，諸形態都是通達一如的。正是在此一意義層面上，吾人言美與善雖是兩獨立的智慧形態，然其在究極處依然是可通達的。關鍵的問題是此一所言說的究極處當該如何具體地表述出來？觀儒佛道三家智慧形態，吾人悟見在境界義的自由處或自由的境界義處，

美與善是可以相通達的。此處須要說明的是，此語境裡的自由不單是一種境界，而且是一種究極圓滿的境界狀態。此即是說，在究極圓滿處出現的圓融自如無礙自在狀態才是完全真實的自由。依中國智慧傳統，在儒家是聖人的境界，在佛家是佛陀的境界，在道家是天人的境界。美與善既是可以相通達的，故需要說明由善達美與由美通善何謂。就由善達美一面言，透過修善的工夫，依中國智慧傳統，在儒家是道德實踐，在佛家是去執去受，在道家是心齋坐忘，而至圓融無礙自在逍遙的境界即獲得心靈完全真實的自由，此一不受任何宇宙萬物世間萬相虛空萬法牽絆的空空一如的心靈狀態，從美學的視閾判之，實則是一種最美的心靈狀態。如此的一顆心才是至真至純地審美的心。故吾人當在此語境裡或分際上言由善達美一問題。就由美通善一面言，承上文，審美的心可以通達而為一顆敬畏的心。正是在此一意義層面上，吾人言美的薰陶可以通達善的化育。關此或許會被質疑：為什麼有一些藝術家（廣義）一邊創造精彩了不起的藝術作品，一邊過著非道德的生活？此其一。為什麼在今天這樣一個審美文化無處不在的時代社會裡人們的道德生活水平嚴重滑坡甚至常常突破或完全無視道德底線？此其二。就前者言，藝術家憑著靈感創作，靈感的精彩絢爛成就了藝術作品的精彩絢爛，然靈感的閃現畢竟是一瞬的，而非是永恆的，故靈感之後的平淡與乏味則必定襲擊甚至淹沒藝術家。故有一些藝術家為了尋找靈感，就墮入了感官刺激的生活事相當中，對於有度者，則可以得救，對於無度者，則必然於己於人皆是災難。此般企圖透過感官欲望的刺激而獲得靈感的做法實際上表明其對於感官事相的執著與貪愛而必然是一有利害關係計較的行為。自此而觀之，此般藝術家並未有始終如一地保有一顆純粹的審美心靈而使其走在向下墜墮的路上。就後者言，在今天高度發達的科技文明所支配的時代社會裡，人們為了釋放生活工作所承受的巨大壓力而在消費文化裡滿足著感官欲望的渲泄之審美文化現象自身本已是為著利害關係目的而出現的，此即是說，其自身本已非是一純粹的審美對象，而是一關涉及利害關係的消費對象。故儘管在今日的令人眼花繚亂的審美文化現象所充斥的時代社會裡，人們並未有感受到美。何以故？因其沒有一顆至真至純的審美心靈，而單只有一顆急功近利的欲望心靈故。正是在此一意義層面上，生活在一個唯欲是圖的時代社會裡，滿足欲望的功利追逐所執著的單只有消費的對象或對象的消費性。故儘管在社會文化的表徵現象上看，審美文化現象很是發達繁

榮，然其內裡實質則並非是為美而在的。依此而審視時下私欲爆炸所導致的道德淪喪而常常突破或完全無視道德底線的社會現象，吾人當知裹挾人們的社會審美文化現象的發達與繁榮是虛假的，故根本不可能承擔起審美教育的任務並發揮完全有效的審美教育的作用。

第二節　菩提心與圓融自在

　　牟宗三在《佛性與般若》一書裡，以上下二冊，計1200餘頁的篇幅展示了南北朝隋唐一階段的佛學哲學思想之義理脈絡與教派綱維。[96]從般若學經唯識學至華嚴宗與天臺宗，以佛經為主，以菩薩論為輔，詳細地展示了佛學哲學思想的發展之路徑、轉進之關戾點及其智慧之旨歸。就其此一階段的美學思想而言，則主要表現在其對佛（菩薩）所修證的境界而展開的說明裡。佛透過修證所達至的境界是菩提心之即寂即照的狀態，此一狀態是佛之菩提心之自證的自由狀態，此一自由狀態，因其圓融無礙，故吾人視之為一審美境界之極致。

一、實相般若與無相境界

　　實相與無相，般若與實相般若是佛學哲學之般若學的核心問題。因般若學博大精深，文獻浩瀚，故在此一部分，單只是就牟宗三之論述的關鍵部分而展示之。

　　依天臺宗開宗大師智顗對釋迦牟尼佛在世所說佛教經典依義理而分判之而為五時，即釋迦佛成道後應眾生根器之差別而分別與之相應地說法度化眾生之五階段之謂也。此五時為：第一時，即釋迦佛成道後最初三七日間說華嚴經時。此經典乃是釋迦佛在成道後所首先宣講的自己所親自證得的智慧。既是佛所親證的智慧，則自是境界甚高甚深，因而只有根器很利或善根深厚者才能受之，即體之證之，此只有如文殊、普賢等大菩薩方能受之，而根器很鈍或善根很淺或未有善根者則不能受之，即不能體之證之，所以小乘在此次法會上是如聾如啞，即未能知曉釋迦佛所宣講的

96　對牟宗三此一時期之佛學思想的梳理與研究有李慶餘之專書表之。參氏著，《大乘佛學的發展與圓滿：牟宗三先生對佛家思想的詮釋》，臺北：臺灣學生書局，2003。

甚深甚妙之法何所是。此如太陽初升只照高山，未照平原及山谷，或如牛乳初出味，雖營養豐富但一般人未敢食之也。第二時，即釋迦佛在說華嚴經後之十二年裡說四阿含經時，故謂之阿含時。由於釋迦此次最初是在鹿野苑說此一系列法典，故又謂鹿苑時。釋迦此次說法乃是為了度化根器很鈍的眾生即小乘眾生而與之相應地說法，以引導小乘眾生悟入佛家智慧。此一時期之說法猶如太陽漸升而可照見幽深之山谷，或如牛乳所成生酪之味，此即意味著層次相當低，還需經過進一步的加工製作。第三時，即釋迦佛在阿含時後之八年間說維摩詰經，楞伽經，勝鬘經等大乘佛家經典時。釋迦佛在此一時期所說大乘義理方正平等，故謂此時為方等時。釋迦佛在此一時期之所以說方等大乘經典，是為了消除小乘者以在阿含時所契悟的佛家義理為究竟了義之偏見。此即是一般所謂的斥小歎大，恥小慕大，即斥責小乘讚美大乘以引導小乘者以小乘為恥而嚮往大乘，或即破除小乘之執著偏見而使之繼續契悟更深更高的佛家智慧即大乘義理者。此一時期之說法猶如太陽繼續上升可照見遼闊之平原，或如將生酪製成生酥之味，此即意味著此一時期之大乘義理仍未是究竟者。第四時，即釋迦佛在方等時後之二十二年間說般若經時，故謂之為般若時。釋迦佛在此一時期為了破除大乘與小乘的執著而說般若法門，即融通淘汰大乘與小乘之分別而融於一味一乘，故諸法皆空而無一法可得。此一時期之說法，猶如太陽將至正午時，高山平原幽谷皆遍照，或如將生酥制成熟酥之味，此已顯佛家究竟了義之智慧。第五時，即釋迦佛在般若時後之八年間於靈鷲山說法華經，並於入滅前一日一夜說涅槃經時，故總之謂法華涅槃時。法華經乃究極圓滿之經典，即宣講不舍九界而成佛者，此謂之即九界而成佛。涅槃經則宣講一切眾生皆有佛性，透過踏踏實實的修行皆能成佛者。此一時期所說之法，猶如太陽已至正午時，遍照山河大地一切處，或如將熟酥精製成醍醐之味，此則是佛家究竟圓滿之智慧。[97]此乃是天臺智者大師依佛家經典之義理所分判成者。[98]

---

97 諦觀說：「天臺智者大師。以五時八教。判釋東流一代聖教。罄無不盡。言五時者。一華嚴時。二鹿苑時（說四阿含）。三方等時（說維摩思益楞伽楞嚴三昧金光明勝鬘等經）。四般若時（說摩訶般若光讚般若金剛般若大品般若等諸般若經）。五法華涅槃時。是為五時。亦名五味。」大正藏，46 冊，774 下。（關於佛家經論之引證文獻皆出自「中華電子佛典協會（CBETA）網站：http://www.cbeta.org/index.htm」，如所引證之文獻出自「大正新修大藏經」，

　　此處所談論的般若與實相般若，實相與無相，則乃是釋迦佛在第四時以二十二年之久所說之般若經之最根本者。般若經與其之前的佛家經典為了方便開示於眾生而透過分解權說的方式演說佛法以實現立教的目的不同的是只就已經演說而成的諸法依異法門而融通淘汰蕩相遣執以顯諸法之實相。所謂分解說法的方式，即以三門四門五門等說法之謂。以三門說法為例，即分解地說善、不善、無記法門。以此方式說法，則意在告訴人們什麼是善法，什麼是不善法，什麼是無記法。毫無疑問，此皆是為方便眾生契悟佛法智慧而權說者，無有定然者。而般若經所依之異法門而說法者，則是旨在呈現非善門非不善門非無記門之諸法實相。所謂非善門，是明無善門法可得；所謂非不善門，是明無不善門法可得；所謂非無記門，是明無無記門法可得。此即是說，一切法門皆不可得，無實有，因而可謂畢竟空。正是在此畢竟空處，始可言諸法之實相。自此而觀之，始可知實相既非是善與不善，亦非是無記。之所以如此，是因為實相無相，乃寂滅相。此乃是般若經依異法門所演說者之基本內容。[99]然異法門何謂？所謂異法門，即是指與分解方式相較而異質地高一層的法門。所謂高一層，乃是強調其對之前諸法們的融通淘汰，而並非其自身能夠建立更高的法門者。所謂異質者，乃是以詭譎的遮詮而非以分解的表詮為其表達方式者。故般若經尤為強調空：識與識性皆空。所謂識空，即是指識這個緣起法空。空則意味著無自性。此即是說，緣起法是無自性的。自性既無，然其又以何為性？依佛家智慧則是以空為性。所謂識性，即是指識法之空性。所謂識性空，即是指識這個緣起法之空性亦是需要空掉的，即不能執著地認為在某一處存在著有一個實實在在的東西叫著空性。此在佛家經典裡則名之曰空空，其意為緣起法之空性亦是需要進一步空掉的，經由如此之空後，才能達至畢竟空。既如此，則有一個棘手的問題無法解決：即如此之畢竟空將是一個無窮地向後返的過程。此即是說，隨著吾人之心靈

　　　則注為：大正藏，冊數，頁數上中下；如所引證之文獻出自「卍新纂續藏經」，則注為：續藏經，冊數，頁數上中下。）

98　荊溪湛然在《五時說法頌》裡有一偈對智者所判之五時總結為：「阿含十二方等八，二十二年般若談，法華涅槃共八年，華嚴最初三七日。」續藏經，57 冊，687 中。

99　牟宗三：《佛性與般若》，臺北：臺灣學生書局，民 93，第 14 頁（案：後文引證此文獻時，僅標注文獻名與頁碼）。

的執著而需要無窮盡地空下去。譬如吾人之心靈對實相亦持執著態度，即以爲在某一處存著有一個實實在在的東西叫著實相而努力地去尋找追求之。倘若這樣，實相亦非是實相，亦須要被空掉。然實相自身無相，即寂滅相。吾人卻仍然地執著地追求那一個無，那一個寂滅，此則自然顯一無之相，顯一寂滅之相。如此這般，實相則非是實相，此即是說如此之無相、寂滅相則成爲了有相，而有相則是如幻如化之假相，故應是被空掉的。因而，爲了證顯實相，並以語言文字表述出來，則必須以詭譎的遮詮之方式示之。[100]

牟宗三在就龍樹菩薩所造之中論所作之疏解裡關於涅槃之表述，亦是在實相無相意義層面上展開的。所謂涅槃即寂滅相也。依龍樹菩薩，涅槃是無執無受的一種心靈境界。因而，涅槃者無受也。[101]所謂無受，即無有任何執受，此即是說，不執著於任何如幻如化的假相。無論是有或是無，只要執著之，皆成一執相，即從寂滅相中凸顯爲一如幻如化的假相，故皆是執受。因而，爲證顯涅槃境界，既不能執著於有，亦不能執著於無，當執著於無，無亦成了有。因此，無論是有之相還是無之相，皆是有相。執著於有之相，即執著於生死之相。[102]因而，只有無執無受，才能超越生死而達至涅槃之境。但當吾人不僅執著於有，亦執著於無，即有無皆是執受時，有無皆成爲了有爲法，即緣起法，而涅槃之境既是源於無執無受，故亦不能稱之以法。如若因表達之需要，亦言之爲無爲法，此處之法字，乃是第二層序，即意義層面上之法義，而非第一層序，即實有層面上之法義。正是在此一意義層面上，吾人言涅槃之本義乃是空寂無相，此所謂實相無相，即寂滅相，因而，可謂一切有爲法，如夢幻泡影，如露亦如電，[103]既如此，故無一法可得也。世間一切有爲法，儘管是如幻如化，然其並未能超越出法之不二不異之如如實相，故亦可謂空寂無相

100　《佛性與般若》，第 15 頁。

101　龍樹菩薩說：「若涅槃是有，云何名無受？無有不從受，而名爲有法。」印順：《中觀論頌講記》，新竹：正聞出版社，民 89，第 490 頁（案：後文引證此文獻時，僅標注文獻名與頁碼）。

102　龍樹菩薩說：「涅槃不名有，有則老死相。終無有有法，離於老死相。」《中觀論頌講記》，第 490 頁。

103　《金剛般若波羅蜜經》：「一切有爲法，如夢幻泡影，如露亦如電，應作如是觀。」大正藏，8，752 中。

也。既是空寂無相，則自亦是無一法可得也。涅槃是直就世間法之緣生無性（即緣起性空義）而證其無生而呈現出來的一種心靈的境界，而不會再向下墮而歸於實有層面上之法義。而世間法儘管是無有自性的如幻如化，然就其直證無生寂滅，此則已達至涅槃境界了。因而，正是在此實相無相，即寂滅相層面上，始可言涅槃與世間，世間與涅槃並未有什麼特別之分別，甚至可言，二者一也。[104]

承上文，釋迦佛之所以花長達二十二年時間演說般若經典，是因為對其以前為相應於眾生根器之差別而依分解方式所演說之大小乘佛法進行融通淘汰蕩相遣執以令歸實相一相，即寂滅相。此即是說，般若經典不再是釋迦佛為建立教宗系統而依分解方式所說者，即再建立一個教宗系統或為原有的教宗系統之證成而提供新的證明，而是要將以前所依分解方式所建立者統統打散化掉，即令大小乘皆歸佛乘一乘。既如此，吾人始可知般若經典所展示者自身不是任何教宗系統，亦不顯任何教宗系統相，並且亦不設置衡量教宗系統之標準，即不決定什麼是何教宗系統，或顯何教宗系統相。雖然它在經典裡亦屢屢提到其它教宗系統，然亦只是就已演說的大小乘教宗系統作融通淘汰蕩相遣執以顯實相而已。正是在此一意義層面上，吾人言般若是共法，無論是大乘法還是小乘法，皆與之共，並在經由其融通淘汰之後皆歸實相一相。由於般若經典裡所提及之需要蕩相遣執之諸法門者基本上皆是小乘法門者，故天臺宗判教則將般若共法區分為共般若與不共般若。所謂共般若，即是指通達小乘法門並與其共之者，依教相判之，為通教。所謂不共般若，即是指單只是通達大乘法門並與其共而不與小乘法門共之者，依教相判之，為通別圓三教。然在牟宗三看來，天臺宗之判分是失當的。具體而言，一是通達小乘並與其共，即是在小乘法門裡表現，而其般若自身既不是小乘法門，亦不足以決定小乘法門之所以小，因而，自亦不足以決定通教之所以為通教者。二是通達大乘並與其共，即是在大乘法門裡表現，而其般若自身既不是大乘法門，亦不足以決定大乘之所以為大，自亦不足以決定大乘裡別教之所以別教，圓教之所以為圓教。因此，天臺宗所言共般若為通教，不共般若為別教圓教，皆是不諦當之表述。自此而觀之，吾人始可知般若是共法，無論是與小乘共，還是與大乘共，皆是共法。此其一。由於般若經典並非意在建立

---

104 《佛性與般若》，第111-112頁。

教宗系統，故自是無有天臺宗所言之圓教系統，即未有天臺圓教之教相意義上的圓融。儘管如此，然般若之融通淘汰蕩相遣執之令諸法門皆歸實相一相，即寂滅相，則自顯般若之觀法意義上的圓融。此亦表明般若共法亦是可以與天臺圓教與之爲共的。而且般若經典裡亦未有如來藏恒沙佛法佛性一觀念，即對諸法門有一根源之說明，故自亦無阿賴耶教宗系統與如來藏眞心教宗系統。儘管如此，般若共法亦是可以與之爲共的。故無論是圓教系統還是非圓教系統，般若共法皆是可以與之爲共的。此亦表明般若是共法，而非一教宗系統也。此其二。既如此，般若是共法，即在般若處無有爭辯存在，故般若亦被名之曰無諍法，即無有諍處之法。[105]

般若經典——摩訶般若波羅蜜經-散華品第二十九，以釋提桓因問：大德須菩提爲何能夠不壞假名而說示諸法實相？釋迦佛則告訴釋提桓因原因何在：色受想行識五蘊僅僅是假名而有者，然須菩提能夠不壞假名而說示諸法實相，爲什麼？因爲諸法實相無有壞與不壞之分，故須菩提所說者亦無有壞與不壞之分。具體而言：眼耳鼻舌身意之因緣觸法亦是如此。檀波羅蜜、尸羅波羅蜜、羼提波羅蜜、毗梨耶波羅蜜、禪波羅蜜、般若波羅蜜之六波羅蜜亦是如此。乃至須陀洹、斯陀含、阿那含、阿羅漢、辟支佛、菩薩、佛之證果亦是如此。……。諸如此類皆僅僅是假名而有者。正是此諸法實相本無壞與不壞之分，故須菩提能夠不壞假名而說示如此之諸法實相。[106]牟宗三正是以此般若經典所示之不壞假名而說諸法實相來作爲般若妙智之不舍不著之妙用之核心表述。由於一切諸法僅僅是假名而有者，故其自性空也。既如此，

105　《佛性與般若》，第 11-12 頁。

106　《摩訶般若波羅蜜經》：「爾時，釋提桓因作是念：是慧命須菩提，其智甚深，不壞假名而說諸法實相。佛知釋提桓因心所念，語釋提桓因言：如是！如是！憍尸迦！須菩提其智甚深，不壞假名而說諸法實相。釋提桓因白佛言：大德須菩提，云何不壞假名而說諸法實相？佛告釋提桓因：色但假名，須菩提不壞假名而說諸法實相；受、想、行、識但假名，須菩提亦不壞假名而說諸法實相。所以者何？是諸法實相，無壞不壞故，須菩提所說亦無壞不壞。眼乃至意觸因緣生諸受，亦如是。檀波羅蜜乃至般若波羅蜜，內空乃至無法有法空，四念處乃至十八不共法，亦如是。須陀洹果乃至阿羅漢果，辟支佛道、菩薩道、佛道，一切智、一切種智，亦如是。須陀洹乃至阿羅漢、辟支佛、佛，是但假名，須菩提不壞假名而說諸法實相。何以故？是諸法實相，無壞不壞故。須菩提所說亦無壞不壞。如是，憍尸迦！須菩提不壞假名而說諸法實相。」大正藏，8 冊，277 中；《佛性與般若》，第 8 頁。

則無一法可得，無一法爲實，因而，自是無一法可學。依般若融通淘汰之精神，何謂學？所謂學，即以不學學也。只有如此之學，才能學得一切佛法，以便能夠獲有佛智，即一切種智。倘若不如是學，則將一切佛法執著而至於僵死之境地，自是無一法可學到。般若經典如此所展示出來的融通淘汰蕩相遣執之般若精神，即是般若智或謂實相般若之妙用。[107]

然般若在何意義層面上才成爲實相般若？吾人何以能夠透過修行來獲得般若智？首先，吾人在修證過程裡，是不能舍離一切法的。如若一切法被舍離掉，那麼，般若則失去了融通淘汰蕩相遣執之對象而蹈空了。既如此，般若則不成其爲般若了。與此同時，吾人在修證過程裡，亦不能執著於一切法的。如若執著於一切法，那麼，般若則失去了融通淘汰蕩相遣執之作用。既如此，般若則亦不成其爲般若了。因而，當般若在既不舍離一切法亦不執著一切法時，則眞正成爲其自身。當般若成其爲自身，即以不舍不著之方式具足一切法時，般若則成爲實相般若。然般若具足一切法之具足爲何形態？般若以不舍不著之方式具足一切法，亦可謂一切法趣般若。然趣般若之趣何謂？所謂趣，不是運動性地趣附，如鐵之趣附於磁石一般，而是一抒意地指歸，並且是指歸於空。而且在空相裡則是無所謂趣與不趣之分的。既如此，則趣與不趣亦是皆不可得也。[108]趣般若之般若，乃是上文所謂的不舍不著之實相般若。一切法趣般若，即一切法皆在實相裡。既如此，則自是無所謂趣與不趣。此即是說，趣與不趣皆不可得。即使爲語言文字表述計，而言趣般若，此趣則是趣而無趣。因而，一切皆一體平鋪，如如不動。既如此，一切法亦復如是。因而，自是無所謂往來之趣赴矣。正是在此一意義層面上，始可言眞正的實相一相，即寂滅相，因而，般若亦眞正地成其爲自身，即實相般若。般若以不舍不著之方式具足一切法，如此地具足之，即是成就之。然此成就是何意義層面上的成就？般若以不舍不著之方式具足一切法即成就一切法，此即是說，般若妙智在其神妙之作用裡具足一切法並以此而成就一切法。如此之作用地具足並成就之，乃是一橫向之水平意義的，而非是一縱向之創生意義的。因而，般若妙智之神妙作用，單只是就一切本來現成的諸法

107　《佛性與般若》，第 10 頁。
108　《佛性與般若》，第 77 頁。

門以實相般若融通淘汰蕩相遣執之，而令其皆歸實相一相，即寂滅相，而並未有眞正地實際地創造之，即以般若爲生長之根源。正是在此一意義層面上，吾人言般若具足並成就一切法。此所謂不壞假名而說諸法實相是也。般若經典所展示的如此之要義則單只是表示了般若就本已存在之諸法門融通淘汰蕩相遣執之而顯般若妙智之神妙的作用，而並未有對如此之諸法門作一根源的說明，即一切法門皆是由般若所引生出來的之說明。[109]因而，自此而觀之，吾人始可知般若經典乃旨在彰顯般若妙智之神妙的運用，而並不關涉一切法之來源的問題。此一問題乃是建立教宗系統之必須有者。所以者何？因般若經典並未意在建立教宗系統，而單只意在就已有的教宗系統作融通淘汰蕩相遣執之而化除大小乘之偏智偏慧而達至圓融無礙之智慧。

牟宗三對摩訶般若波羅蜜經-序品第一及三慧品第七十裡關於一切智，即聲聞辟支佛智，道種智，即菩薩智，與一切種智，即佛智之經文的疏解，尤其是關於一切智與一切種智的區分，尤顯佛智之圓滿境界。下文即就相關之經文及牟宗三疏解文之關鍵部分作一展示。

釋迦佛在序品第一裡向舍利佛演說菩薩摩訶薩應如何學習實行般若波羅蜜，以及與之相應的是能夠獲得何種智慧時，開示了三智與學習實行般若波羅蜜的關係。具體而言，菩薩摩訶薩想要得到道慧，並以道慧充足具備道種慧，並以道種慧充足具備一切智，並以一切智充足具備一切種智，並以一切種智斷除一切煩惱習氣，應該學習實行般若波羅蜜。菩薩摩訶薩應如何學習實行般若波羅蜜？當如是學習實行。並且，無論是想要獲得何種智慧乃至運用一切種智斷除一切煩惱習氣，皆須如是學習實行般若波羅蜜。[110]

爲什麼三智是三種不同的境界，即爲什麼一切智是聲聞辟支佛事，道種智是菩薩事，一切種智是佛事，即一切智是聲聞辟支佛所證得者，道種智是菩薩所證得者，

109　《佛性與般若》，第 77-78 頁。

110　《摩訶般若波羅蜜經》：「舍利弗。菩薩摩訶薩欲遍知佛十力四無所畏四無閡智。十八不共法大慈大悲。當習行般若波羅蜜。菩薩摩訶薩欲具足道慧。當習行般若波羅蜜。菩薩摩訶薩。欲以道慧具足道種慧。當習行般若波羅蜜。欲以道種慧具足一切智。當習行般若波羅蜜。欲以一切智具足一切種智。當習行般若波羅蜜。欲以一切種智斷煩惱習。當習行般若波羅蜜。舍利弗。菩薩摩訶薩應如是學般若波羅蜜。」大正藏，8 冊，219 上。

一切種智是佛所證得者？釋迦佛在三慧品第七十裡向須菩提詳細地演說了此一為什麼。須菩提問曰：釋迦佛演說的一切智、道種智及一切種智，此三智有何差別？釋迦佛告曰：一切智是聲聞辟支佛所證得之智，道種智是菩薩所證得之智，一切種智是佛所證得之智。須菩提又問曰：以何因緣，聲聞辟支佛證得一切智，菩薩證得道種智，佛證得一切種智？釋迦佛告曰：聲聞辟支佛只能從總體上知曉一切內外之法門，沒有一切道種智即一切種智，故只能證得一切智；菩薩能夠知曉一切道，一切法門。所以者何？因菩薩要運用此一切道，一切法門度化眾生，但菩薩還不能真正地對一切道一切法門有最微妙的證知，故只能證得道種智；佛已證得無上正等正覺，即已達至實相一相，即寂滅相之微妙境界，故能對一切道一切法門皆如實地知之，故能證得一切種智。[111]

然聲聞辟支佛所證得的一切智與佛所證得的一切種智，究有何區分？

就一切智而言，因只證得了一切智的聲聞辟支佛只能抽象地大略地知曉一切法之總相，此乃是類概念地知之，既如此，則自然不能具體地直覺地知曉其種種各別之相，此之謂別相。因而，一切智之一切，單只是類的抽象的概念的一切，而非是各別的具體的直覺的一切。然聲聞辟支佛抽象地所知曉的總相究何謂？就現象層面而言，此總相即是一切諸法之現象的類別義；就本性層面而言，此總相即是通於一切有為法之真實者，此如無常、苦、空、無我者。如若就後者言，亦可謂其能知曉實相一相，所謂無相，即寂滅相。在此一意義層面上，一切智所知曉之總相，就其為寂滅相而言，亦是一切諸法之空如相，亦謂空如性。然因只證得了一切智的聲聞辟支佛卻只能抽象地概念地知之，因其不具有菩薩之道種慧故。此即是說，聲聞辟支佛所知曉的如此之空如性，還只是一切諸法之現象的類別而已。此語境裡的空如

111　《摩訶般若波羅蜜經》：「須菩提言。佛說一切智說道種智說一切種智。是三種智有何差別。佛告須菩提。薩婆若（案：即一切智）是一切聲聞辟支佛智。道種智是菩薩摩訶薩智。一切種智是諸佛智。須菩提白佛言。世尊。何因緣故。薩婆若是聲聞辟支佛智。佛告須菩提。一切名所謂內外法。是聲聞辟支佛能知。不能用一切道一切種智。須菩提言。世尊。何因緣故道種智是諸菩薩摩訶薩智。佛告須菩提。一切道菩薩摩訶薩應知。若聲聞道辟支佛道。菩薩道應具足知。亦應用是道度眾生。亦不作實際證。……。須菩提言。世尊。云何為一切種智相。佛言。一相故名一切種智。所謂一切法寂滅相。復次諸法行類相貌。名字顯示說佛如實知。以是故名一切種智。」大正藏，8冊，375 中-下。

性即平等性，或謂普遍性。因空如性還只是類別的抽象性，故此平等性或普遍性自亦是抽象的概念的，而非是具體的直覺的。因而，如此之一切智，還只是隔離的一切智，而非是具體的圓滿的一切智。[112]龍樹菩薩在《大智度論卷第二十七》裡釋摩訶般若波羅蜜經初品之大慈大悲義時，在論及聲聞辟支佛之一切智時，說有一極佳之譬喻：一切智就如畫在紙上的燈一樣，單只有燈之名，未有燈之用，此如一切智，一切種智，聲聞辟支佛單只有名字，而佛則一切皆是眞實，如如呈現。[113]牟宗三透過對龍樹菩薩此一譬喻之分析而明聲聞辟支佛之所以爲小乘之緣由。聲聞辟支佛因無菩薩之道種慧，故不能知曉一切法之各別相，而只能抽象地概念地知曉一切法之類別相。即使就無常、苦、空、無我之實相一相，所謂無相，即寂滅相之總相而言，亦復如是，即單只有其名，而未有其眞實之用。何以故？因其證空而又執著於空而不能出於空故。正是在此一意義層面上，始可言聲聞辟支佛乃小乘也。[114]

天臺宗智者大師根據龍樹菩薩在《大智度論》基礎上發展而來的《中論》之一切因緣所生法，皆是空無自性的，然此所謂空自身亦是一虛假不實之名，經由如此修證，方能眞見中道義之智慧，[115]發展出三智皆一心中得，一心三觀，並以三眼配之之智慧。智者大師在《摩訶止觀卷第三上》言：聲聞緣覺二乘所證之空名一切智，大乘菩薩所證之假名道種智，佛所證之空假中皆爲實相，故名之曰一切種智。此即是說，聲聞緣覺二乘但有一切智，大乘菩薩但有道種智，而佛則有一切種智，即一切智道種智亦皆爲佛所證，單只是佛並未有執著於某一種智，故能觀空假中而證實相。正是在此一意義層面上，可謂三智皆一心中得。[116]智者大師還在《維摩詰經三觀玄義卷上》開示了一心三觀，以及與之對應的三眼。一是從假入空觀，即謂吾人

112　《佛性與般若》，第 24 頁。

113　龍樹菩薩說：「復次，聲聞辟支佛雖於別相有分，而不能盡知故。總相受名。佛一切智一切種智皆是真實，聲聞辟支佛但有名字。一切智譬如畫燈，但有燈名，無有燈用，如聲聞辟支佛。」大正藏，25 冊，259 上。

114　《佛性與般若》，第 24 頁。

115　龍樹菩薩說：「眾因緣生法，我說即是空，亦為是假名，亦是中道義。」《中觀論頌講記》，第 461 頁。

116　智者大師說：「佛智照空如二乘所見。名一切智。佛智照假如菩薩所見。名道種智。佛智照空假中皆見實相。名一切種智。故言三智一心中得。」大正藏，46 冊，26 中。

所見之者為虛假者，觀此假者而能知無者，而無自身亦是一虛設，故謂之入空。如若能夠觀一切諸法皆如幻如化，而單只有名字，此則已經洞入真諦也。此乃是聲聞緣覺二乘所觀者。二是從空入假觀，即謂不執著於空，而又進入如幻如化之中，即所謂世俗之中，此謂之為俗諦，而能夠於分別中無所滯礙，而始可言平等者也。如若破一則用一，則不能言平等者。此乃是大乘菩薩所觀者。三是中道觀，即謂既不拋離假亦不執著假，既不拋離空亦不陷於空，而是空假不二，即假即空，即空即假，故能虛通無滯，此謂之一圓實諦。此乃是佛所觀者。聲聞緣覺知假非假，故能破假入空，大乘菩薩知空非空，故能破空入假，佛即假即空，即空即假，故能觀證中道。[117]而就智慧證顯而言，從假入空者，即是一切智也，因此二者都能夠洞見真諦故；從空入假者，即是道種智也，因二者都能夠照見俗諦故；即假即空，即空即假，即是一切種智也，此二者都能夠證顯中道，而中道一相則能夠雙照前二諦故。就與之對應的三眼而言，從假入空而洞見真諦者，謂之慧眼，乃聲聞緣覺所證得者；從空入假而照見俗諦者，謂之法眼，乃大乘菩薩所證得者；即假即空，即空即假而證顯中道而雙照二諦，謂之佛眼，乃佛所證得者。[118]自此而觀之，一切諸因緣法惟有即空即假即中者方乃為真實之圓諦，故亦謂圓實諦，即圓滿鮮活而無偏滯陷溺之境界。然由於吾人之因緣有異，根器有別，故其修證難免有執著，因而難免有偏滯陷溺。以此衡之，聲聞辟支佛所證得之一切智即為偏滯陷溺之智。偏滯陷溺，故謂不圓滿

---

117 智者大師說：「第一釋三觀名者。三觀之名出瓔珞經。一者從假入空觀。二者從空入假觀。三者中道第一義觀。所言從假入空觀者。無而虛設。目之為假。觀假知無。名之入空。若觀諸法如幻如化。但有名字。即入真諦也。而說為二諦觀者。或就情智二諦。或約隨二諦觀耳。次釋從空入假觀者。若不住空。還入幻化。假名世諦。分別無滯也。而言平等者。若破一用一。不名平等。前觀知假非假。破假入空。次觀知空非空。破空入假。空假互破互用。名為平等也。次釋中道觀者。中以不二為義。道以能通為目。照一實諦。虛通無滯。是中道觀也。」續藏經，99冊，76上。

118 智者大師說：「三約教料簡。一對三智者。從假入空觀即是一切智之異名也。此二同照真諦故。從空入假觀即道種智之異名也。此二同照世諦故。中道第一義觀即是一切種智之異名也。此二同照中道。中道一相雙照二諦也。二對五眼者。初見因緣麤細之法。若見麤細之色即是肉、天二眼。入空見真即是慧眼。第二觀從空入假。見俗分明。即是法眼。第三觀深觀中道二諦。即是佛眼也。」續藏經，99冊，86上。

鮮活，此之謂乾枯僵死是也。在此一意義層面上，一切智可謂是乾枯僵死的，故並未能真正地成其為一切智，而僅是但有名字是也。因此，就一切智而言，破假入空，而能夠知曉抽象地平等性之總相，此乃是聲聞緣覺二乘所為者；就道種智而言，破空入假，而能夠知曉各種法門之差別相，此乃是大乘菩薩所為者；一切種智即假即空，即空即假而證顯中道，故能知曉差而無差，無差而差，此乃是佛所為者。在此一意義層面上，吾人始見一切智與一切種智之質性的差別何所在。在佛所證顯的圓融無礙之寂滅心境裡，空假中之三諦實是一諦，一切智道種智一切種智之三智實是一智，觀空觀假觀中之三觀實是一觀，慧眼法眼佛眼之三眼實是一眼。在此一意義層面上，一切智即道種智即一切種智，三智一也，故謂之一圓實智，此乃是差而無差義。然就一切諸法自身之分別說時，此諸三者仍有差別，即各各皆有不同也，此乃是無差而差義。[119]經由如上之縷述，吾人始知，一切種智之一切乃是直覺裡的一切，而非是概念裡的一切，如一切智之一切；一切種智之種乃是即寂滅相之差別相，即在實相一相裡所呈現的一切諸法門之各別相。何以故？因佛之心靈境界圓融無礙故。在圓融無礙之心境裡，佛自是能夠直覺圓實地窮盡周遍地知曉一切諸法門各各之差別相，與此同時，亦直覺圓實地知曉其實相一相，所謂無相，即寂滅相，此所謂差而無差也；並且，在其直覺圓實地知曉實相一相，所謂無相，即寂滅相時，亦直覺圓實地窮盡周遍地知曉一切諸法門各各之差別相，此所謂無差而差也。如此之一圓實智，即是佛所親證而得之一切種智。在如此之一圓實智裡，所謂普遍性亦是具體的普遍性，或謂即差別性之普遍性，此才是真正具體真實的普遍性；所謂差別性亦是普遍性的差別性，或謂即普遍性之差別性，此才是真正具體真實的差別性。[120]

綜上之縷述，吾人始知，一切智乃是聲聞緣覺二乘所證得者，僅僅能概念地知曉一切諸法門之抽象的平等性。而一切種智乃是佛所證得者，不僅能直覺地具體地知曉一切諸法門之各各的差別相，與此同時，亦直覺地圓實地知曉一切諸法門之實相一相，所謂無相，即寂滅相，而且在直覺地圓實地知曉一切諸法門之實相一相，所謂無相，即寂滅相的同時，亦能直覺地具體地知曉一切諸法門之各各的差別相。

---

119 《佛性與般若》，第 26 頁。
120 《佛性與般若》，第 27 頁。

此所謂在佛心佛智，一切諸法門，差而無差，無差而差也。此乃是一切智與一切種智之具體的區分也。正是在此一區分裡，亦特顯出佛智乃一圓實智，佛心乃一圓融無礙之境界，即實相一相，所謂無相，即寂滅相之境界。在此一無相境界裡，佛心既不執著於一切諸法門之各各的差別相，亦不執著於一切諸法門之空如相，而是即空即假即中，圓融無礙，圓滿自在。如此之境界狀態，方才是眞正自由的狀態。因而，處於如此之境界狀態的佛心方是眞正的大自由大自在。

二、一念心與二千法

依牟宗三，天臺宗智者大師在《妙法蓮華經》所演說的同教一乘圓教智慧之啓發下證悟得能夠決定圓教之所以爲圓教的最原初最根源的智慧洞見，此則是智者大師在《妙法蓮華經玄義》卷第九下所抒發出的低頭舉手皆成佛道一義所示現者。[121]釋迦佛在《妙法蓮華經方便品第二》裡爲眾生開示何謂修證成佛之道時有說：無論是虔誠禮拜，或是單只是恭敬合掌，或是隨時之一舉手之動，還是復一低頭之態，只要是悉心虔敬地爲之，則自能逐漸看見十方三世一切佛，而證得最上無比微妙之道法，因而能夠度化十方三世一切眾生。[122]智者大師則將釋迦佛之意直接凝煉地表述爲：低頭舉手皆成佛道，並明佛隨時安住在大乘一乘裡，不僅顯其法定慧力之莊嚴，而且能夠以眞實智慧平等度化一切眾生。[123]此即是說，即使在日常生活裡，無論是低一頭，或是舉一手，只要是悉心虔敬地爲之，則皆是修證成佛之道，而且此佛道不僅無比莊嚴，而且有大威神力，能夠度化一切眾生。在牟宗三看來，智者大

121　牟宗三謂：「『低頭舉手皆成佛道』，此中即含有一『最元初最根源之洞見』，此洞見乃決定圓教之所以爲圓教者。」《佛性與般若》，第 598 頁。

122　《妙法蓮華經方便品第二》：「或有人禮拜，或復但合掌，乃至舉一手，或復小低頭，以此供養像，漸見無量佛，自成無上道，廣度無數眾。」大正藏，9 冊，9 上。牟宗三在引用此經文後，並明其爲低頭舉手皆成佛道一語之文獻來源。《佛性與般若》，第 598 頁。

123　智者大師說：「低頭舉手皆成佛道(云云)。住一顯一者。此就佛本意。本以實智化物。佛平等說如一味雨。佛自住大乘。如其所得法定慧力莊嚴。以此度眾生。」大正藏，33 冊，797 下。

師之低頭舉手皆成佛道一語已經示現出了智者大師之最原初最根源的智慧洞見，而且此一智慧洞見乃是智者大師所獨發者，即使於法華經裡亦實未有也。[124]

然智者大師之智慧洞見究何謂？在牟宗三看來，則是低頭舉手皆成佛道一語所含蘊的即字義。然又是什麼與什麼相即，或謂誰與誰相即？智者大師曾說：無論是低一頭，或是舉一手都顯其所執著的法門之眾多，然如此之法門卻皆是成佛之道，因而，無所謂成佛之因與非成佛之因之分。此即是說，一切因皆是圓滿之因。佛道既成，其所成者，則皆是佛果，因而，無所謂佛果與非佛果之分。此即是說，一切果皆是圓滿之果。之所以如此，是因為佛安住於大乘一乘，無所謂二乘三乘也，即無所謂聲聞緣覺行，亦無所謂菩薩行也。此即是說，在佛乘裡，一切所起之因，皆是圓滿之因，一切所成之果，皆是圓滿之果。[125]正是在此一意義層面上，吾人言欲成佛者，必須即於凡夫、聲聞緣覺、菩薩行之任一行而成佛，進而言之，則是必須即於九法界法之任一法而成佛。如此修證而成佛者，方是圓佛。在此語境裡，一切所起因方是圓因，一切所造行方是圓行，一切所成果方是圓果。此即是說，一切皆圓滿無盡，無二無三也。此處所謂九法界，乃是指地獄、餓鬼、畜生、阿修羅、人、天、聲聞、緣覺、菩薩之謂也。自此而觀之，吾人始知，在此語境裡，所謂什麼與什麼相即，或謂誰與誰相即，乃是佛即九法界法之任一法而成佛，一般而言，乃是佛即眾生而成佛。此則意味著，如若不如此修證者，乃不能成佛也，或所成者不是真正的圓滿也，因其所起之因不圓滿，故其所成之果自不能圓滿。[126]

然世間眾生之心本是散亂不寧的，故既可向上講，亦可向下講。就修證而言，世間眾生散亂不寧之心，既可向上修善根，即勤修戒定慧是也，亦可向下造惡業，即放縱貪嗔癡是也。如以佛學詞語名之，前者名之曰散善，後者名之曰散亂（牟宗三亦名之曰散惡）。由於世間眾生散亂不寧之心朦朧，故不易行淨善事，反易於造穢惡業。因而，佛界將眾生世間比作淤泥，穢惡不堪，將佛法智慧比作蓮花，純潔

---

124 《佛性與般若》，第598頁。

125 智者大師說：「故低頭舉手著法之眾。皆成佛道。更無非佛道因。佛道既成。那得猶有非佛之果。散善微因今皆開。決悉是圓因。何況二乘行。何況菩薩行。無不皆是妙因果也。」大正藏，33冊，795下-796上；《佛性與般若》，第599頁。

126 《佛性與般若》，第599頁。

無染。蓮花儘管純潔無染，然其還是出於淤泥，而且還必須出於淤泥。因而，佛界亦謂修證成佛者亦必須即於眾生世間而成者，方能得其真正的圓滿無盡。關此，維摩佛在《維摩詰經佛道品第八》裡所演說者甚為精彩：一是煩惱泥的譬喻。純潔無染之蓮花並不生於高原陸地而是生於地勢低下潮濕處，此猶如種子置於空中並不能生根發芽，而置於糞壤肥沃之地則能迅速生長而且尤為茂盛。因而，有如蓮花之純潔無染之佛法智慧則自亦是於煩惱泥中生長出來。如若單只是以為惟有觀見無為法才是證入正位者，終不得佛法智慧，因無為之正位如高原陸地空中，不能生起佛法也。二是煩惱海的譬喻。對求寶者言，不潛入大海之底，則不能獲得豐富的寶藏，對修證者言，亦如是，即不潛入煩惱大海，則自不能獲得佛法之寶藏，即不能證得一切佛法智慧也。[127]牟宗三以佛界常言的煩惱即菩提，生死即涅槃來疏解維摩佛所演說之譬喻：即無上之菩提亦只有即於煩惱方能證得，清淨之涅槃亦只有即於生死方能證得。[128]維摩佛在《維摩詰經弟子品第三》裡對如上所說之煩惱有一具體之分說：如欲得解脫者，須既不斷除亦不執著於淫怒癡，既不破壞亦不陷溺於肉身，既不滅除亦不放縱於愚癡與貪愛，既不解消亦不束縛於五種罪逆之相。[129]此即是說，對淫怒癡，肉身，愚癡與貪愛及五種罪逆之相，不但不能滅除，而且亦不能隔離，而是必須在如此之等等者中修證而獲得解脫。以牟宗三語言之：解脫只有在即於淫怒癡，肉身，愚癡與貪愛及五種罪逆之相而證得者，而不是隔離或斷除如此之種種者而獲得者。[130]牟宗三將此即於淫怒癡等等者而證得解脫者，名之曰不斷斷，

127　《維摩詰經佛道品第八》：「譬如高原陸地，不生蓮華，卑濕淤泥乃生此華；如是見無為法入正位者，終不復能生於佛法；煩惱泥中，乃有眾生起佛法耳！又如殖種於空，終不得生！糞壤之地，乃能滋茂。如是入無為正位者，不生佛法；起於我見如須彌山，猶能發於阿耨多羅三藐三菩提心，生佛法矣！是故當知，一切煩惱，為如來種。譬如不下巨海，不能得無價寶珠。如是不入煩惱大海，則不能得一切智寶。」大正藏，14 冊，549 中；《佛性與般若》，第 599 頁。

128　《佛性與般若》，第 599 頁。

129　《維摩詰經弟子品第三》：「須菩提，不斷淫怒癡，亦不與俱；不壞於身，而隨一相；不滅癡愛，起於明脫；以五逆相而得解脫，亦不解不縛。」大正藏，14 冊，540 中；《佛性與般若》，第 600 頁。

130　《佛性與般若》，第 600 頁。

或曰不思議斷，圓斷。所謂不斷斷，即是指在客觀實際上不隔離或斷除淫怒癡等等非道之惡事者而在主觀修證上超越如上之一切煩惱妄念而觀見清淨光明之心性者，所謂解心無染是也。[131]此即是說，在不斷斷裡，主觀修證上的解心無染與客觀實際上的淫怒癡等惡事不但同時並存，而且是兩相不礙。然需要說明的是，解心無染實是一主觀修證上的境界，即依即於一切諸法門之如如相而本體地如其所如而如如地顯之者，而不是在客觀實際上有一個獨立的已覺悟了的清淨實物在那裡存在著。在此一意義層面上，此語境裡的不斷斷，即表示解悟與迷惑一也，所謂解惑不二也。淫怒癡等等惡事即是迷惑事也，不斷斷即是解心無染境也。而此不斷斷乃是圓佛之法門也，即惟有在此不斷斷裡所修證而成佛者方為真正的圓佛也。[132]

綜上而觀之，智者大師之即於一切諸法門而成佛者之智慧洞見毫無疑問是在法華經之開權顯發跡顯本與維摩詰經之不斷淫怒癡等惡事而證顯解脫之境之佛法智慧而啟發出者。[133]然法華經之開權顯實發跡顯本何謂？欲明此一語之義，必須先對開，顯，發及權實與跡本之義有所解。關此，吾人一一釋之以明其義。所謂開，乃是就方便權教之初始與終末之發展而總持地言者之詞。既如此，可知開有二義：一是就方便權教之初始言，開乃開出、開設、設立或建立義；二是就方便權教之終末言，開乃開發、暢通或決了義，前者是對權教之封閉堵塞而言者，中者是對權教之塞而不通而言者，後者是對權教之執而不了而言者。然就法華經而言的開權顯實之開，不是開之第一義，即開出或建立權教而顯示真實者，而是開之第二義，即就已經設立而成的權教而暢通決了之以顯示真實者。[134]所謂顯，示也。所謂發，即開義，只是其就跡與本而言，而非是就權與實而言，故謂發跡顯本。就其實義而言，發跡顯本即開權顯實也。[135]權與實，跡與本是相對而言的。所謂權，即暫時的，方便的，隨機巧對，而非究竟徹悟之微妙義。所謂實，即超越而至圓滿微妙義。所謂跡，即

<hr/>

131　《佛性與般若》，第 600 頁。
132　《佛性與般若》，第 600 頁。
133　《佛性與般若》，第 602 頁。
134　《佛性與般若》，第 589-590 頁。
135　《佛性與般若》，第 590 頁。

釋迦佛有生之年教化眾生所示現之事蹟義，故亦謂之近跡也。所謂本，即釋迦佛成道成佛並非開始於有生之年，而是久遠以來早已成佛，此即表示佛所證得的眞如法性身無有生滅變遷義，故亦謂之遠本，即久遠之本也。釋迦佛有生之年教化眾生之跡，即是此久遠之本之所示現也。然此久遠之本在久遠以來，亦已有種種示現，故謂之遠跡，即久遠之跡也。但是，儘管如此，無論遠本或遠跡，相對近跡而言，皆爲遠本也。[136]

　　天臺宗智者大師沿著其所體證的原初智慧洞見之方向確立了一抒發眞實之義理的根基以極成對一切諸法門有一根源之說明即存有論（Ontology）之說明的圓教系統。[137]然天臺圓教抒發義理之所依止的眞實之根基是什麼？依牟宗三，即一念心是也。詳細地言之，爲一念無明法性心，或謂無住本，如來藏理，即理即之如來藏者。此即是說，此一念心乃是與由法華經之開權顯實發跡顯本所啓發而至的原初之智慧洞見即存有論的圓具相應者。圓者，滿也。圓具者，圓滿地具足一切諸法門也。然如此之存有論的圓具之一念心究當如何規定之，以哲學詞語言之，即此一念心之邊界何在？此從其與阿賴耶識及如來藏眞常心之相區分處顯之。就其與阿賴耶識相區分言，阿賴耶識乃是經由經驗的分解而建立起來的能夠持一切染淨諸法門種子者。此阿賴耶系統乃是別教系統也。而此一念心，儘管與阿賴耶識同爲無明妄心，然其並非是分解說的八識中之第八識或第六識，而是開決了此八識而與法華圓教相應而說的一念心。就其與如來藏眞常心相區分言，如來藏眞常心是經由超越的分解而來者，此即所謂隨緣不變不變隨緣之如來藏眞心系統者。所謂隨緣不變不變隨緣，法登在《圓頓宗眼》裡有如是演說：法性乃隨緣不變者，眾生心乃不變隨緣者。法性與眾生之心，其所歸之本體一也，此則不變即隨緣，隨緣即不變者也，其所表示之意義則異也，此即隨染淨緣起眞妄心，儘管諸法性皆平等也。具體地言之，隨淨緣，順本性，顯眞心，故能成就一切諸佛；隨染緣，迷本性，起妄念，故有一切眾生也。因而，吾人始知，眾生之心，有眞妄之別，乃因隨染淨緣故，即隨染緣生妄心，隨

136　《佛性與般若》，第 590-591 頁。

137　《佛性與般若》，第 602 頁。

淨緣生眞心。[138]自此而觀之，此依然是別教系統。然此一念心乃是消融了此眞心於空假之外而獨立一中道之理，此所謂但中之理也，而在不斷斷之修證裡以存有論的圓具一切諸法門而言的無明煩惱心，而與此偏就如來藏自性清淨心相區分。因而，如若於一念心處言如來藏，此所謂如來藏乃是無明妄心，即是就執迷不悟就世間煩惱事而言者，故被名之曰理即的如來藏，此之謂如來藏理者。所謂理即者，即是此一念無明法性心在法理上，即原則上是佛也。而此法理之理，亦即是空如實相之即空即假即中之中道理，此所謂不但中之中道理。在此一意義層面上，即是說眾生還只是一理佛，即理上當該是佛，即潛在的佛，此之謂理佛是也。何以故？因眾生之心隨染緣起妄心而迷失本性，而只有理上如此而無實際之事故。如此之表述，以佛學詞語名之，謂理即佛也。既如此，充其極進一步而言名字即佛，即聞佛之名，而能通達徹悟一切諸法門皆佛法之謂也。然其後之觀行即佛，相似即佛，分眞即佛，究竟即佛者，皆不能謂，因其無有觀行，更無所謂相似，分眞與究竟故。而觀行即，相似即，分眞即，究竟即，乃是一念無明法性心在不斷斷裡逐漸明徹以至全部朗現者之至誠修證之過程也。此即所謂六即成佛者也。[139]自此而觀之，此一念心在與阿賴耶識及如來藏眞常心之區分處劃定了其邊界，即規定了其自身。此乃是對一念心之基本規定者。[140]

　　承上文，吾人知曉，此語境裡的一念心不單只是一念心，還是相應法華圓教之存有論地圓滿具足一切諸法門的一念心。此所謂一念三千是也，即一念心即具三千世間法門者。[141]然三千法門何謂，或謂三千法門在佛門裡當該如何理解？智者大師在《摩訶止觀卷第五上》裡有一演說：一心具足十法界，此每一法界又具足十法界，

138　圓頓宗眼說：「隨緣不變名性。不變隨緣名心。是知心之與性。其體雖同。其義則別。所以同者。不變即隨緣。隨緣即不變故。所以異者。以由諸法性雖平等。隨染淨緣。故有生佛。由淨緣故。則順本性。顯於眞心。乃成諸佛。由染緣故。迷其本性。成於妄念。乃有眾生。故知眾生之心有眞有妄。妄則隨染緣故。眞則不變之性全不變。」續藏經，57 冊，93 中。

139　此所謂六即成佛者，乃是天臺宗所判者，以《圓覺經心鏡》為例：「今依經依祖。分為六段。一理即佛。二名字即佛。三觀行即佛。四相似即佛。五分真即佛。從初住菩薩。至等覺菩薩。名分真即佛。六究竟即佛。妙覺佛。即者。是也。亦云六是。」續藏經，10 冊，405 下

140　《佛性與般若》，第 603-604 頁。

141　《佛性與般若》，第 604 頁。

即有百法界。並且，每一法界又具足三十種世間，因而，一百法界即具足三千種世間。此三千種世間皆在一念心，故謂一念心具足三千世間，簡言之，即一念三千是也。如若從一念心創生一切諸法門言，此乃是縱生系統；如若一念心在一時含攝一切諸法門言，此乃是橫攝系統。然既是一念心即具三千世間法門，故無所謂縱，亦無所謂橫。因一念心即是一切諸法門，一切諸法門即是一念心故。因而，如此非縱非橫非一非異，可謂玄遠微妙，故非識所能識，非言所能言。既如此，故謂不可思議境也。[142] 承上文，成佛當在不斷斷之修證裡成者，方為真止的圓佛。此即是說，成佛者既不能捨離三千世間法門，而是應該即於三千世間法門，亦不能執著於三千世間法門，方能成為真正的圓實佛。此即是天臺宗所謂即九界而成佛者。在此一意義層面上，可謂九法界與第十法界即佛法界如水一般之相互融融，而皆成佛法，此即是所謂不斷斷義。故在一念三千里有十法界法。所謂十法界法，即六道眾生（地獄餓鬼畜生阿修羅人天）加上聲聞緣覺二乘與大乘菩薩及佛共十界，在不斷斷裡，每一界皆成為佛法，故總謂十法界法。在此十法界裡，惟有佛法界已經完全徹底斷除了一切無明煩惱及煩惱習氣而至究竟了義之境界，即大光明之境界，而其它九法界，則皆有不同程度的無明煩惱及煩惱習氣，故未能至究竟了義之境界，即大光明之境界。因而，依天臺教義，儘管此九法界皆有不同程度的無明煩惱及煩惱習氣，然亦是不能捨離與斷除的，故言不斷，亦即所謂即於九法界；只有透過開權顯實發跡顯本而成佛法者，方能證得解脫，故言斷，此斷乃不斷之斷者，即不斷斷，亦即所謂不思議斷，因而是圓斷也。圓斷而成佛者，乃圓佛也，即佛法界與其它九法界如水一般相互融融，此所謂在不斷斷裡即於九法界而成佛者也。此即是說，佛法界亦具有其它九法界之惑業苦之三道之相，然佛法界畢竟是佛法界，因其經由次第修證而至內在心靈斷除一切無明煩惱及煩惱習氣而無有無明染執者，此所謂解心無染

142　智者大師說：「夫一心具十法界。一法界又具十法界百法界。一界具三十種世間。百法界即具三千種世間。此三千在一念心。若無心而已。介爾有心即具三千。……若從一心生一切法者。此則是縱。若心一時含一切法者。此即是橫。縱亦不可橫亦不可。祇心是一切法。一切法是心故。非縱非橫非一非異玄妙深絕。非識所識。非言所言所以稱為不可思議境意在於此（云云）。」大正藏，46 冊，54 上；《佛性與般若》，第 604-605 頁。

也。[143]如此之心靈境界者，惟有佛才至者，此即是說，經由次第修證而至此者，則已成佛矣。自此而觀之，佛之心靈境界乃真正的大自由，乃無有絲毫瑕疵之純美也，或如正午之日光普照，而罄無側影，或如晨曦裡的露珠，晶瑩剔透者。

　　承上文，一念心亦名如來藏理，即理即之如來藏者，此所謂理即佛也。所謂理即佛，即在客觀的法理上言當該是佛，而在主觀的覺悟上言還未真是佛，故還只是一法理佛，而非是一覺悟佛。[144]既如此，在此一念心裡，既有法性，即就空如實相而言者，亦有無明，即就十法界之差別殊相言者。而且，成佛當該在不斷斷裡即於九法界而成者。因而，被名之曰如來藏理之一念心者，亦被名之曰一念無明法性心。[145]此一表述則更加直接明晰到位，因其將一念心之法性與無明之兩面皆直接地宣示出來了故。然一念無明法性心究何謂？依牟宗三考證，智者大師在《四念處卷第四》裡直接提出了此一整詞。[146]智者大師在修證裡悟得十法界皆是一識。故識空，十法界皆空；識假，十法界皆假；識中，十法界皆中。此即是說，空假中，皆以心念起。故專以內心修證而破除一切諸法門。進而所謂，外觀十法界，內觀真妄心。因而，無論是色是識，皆可謂唯識，即萬法隨心念而起；或無論是識是色，皆可謂唯色，即萬境隨心境而生。在表述上，為理解計，雖然以色心二名言之，其實乃不可思議之一念心即具一切隨因緣所生起的諸法門，此一切諸法門即一念無明法性十法界也。因此，總持地言之，一念無明法性心，散開地言之，即於隨因緣所生起的心念，即於空，即於假，即於中。[147]此所謂一念心即具十法界法，無論是隨染緣起妄心，還是隨淨緣起真心，經由開權顯實之開決而在不斷斷裡成就法性與無明之兩面一體而顯之一念無明法性心。

143　《佛性與般若》，第 605 頁。

144　《佛性與般若》，第 609 頁。

145　《佛性與般若》，第 609-610 頁。

146　《佛性與般若》，第 610 頁。

147　智者大師說：「今觀明白十法界法。皆是一識。識空十法界空識假十法界假。識中十法界亦中。專以內心破一切法。若外觀十法界即見內心。當知若色若識。皆是唯識。若色若識皆是唯色。今雖說色心兩名。其實只一念。無明法性十法界即是不可思議一心。具一切因緣所生法。一句名為一念無明法性心。若廣說四句成一偈。即因緣所生心，即空，即假，即中。」大正藏，46 冊，578 下；佛性，610。

　　承上文，一念心即無明法性心，即所謂妄心也。既是妄心，則真心當在何處顯，並以何方式證得？依法華圓教，當該在不斷斷裡顯，並以詭譎的方式，具體地言之，即不斷斷之方式證得。此乃是法華圓教之圓實地呈現真心之方式。然吾人何以能夠以如此之方式證得？因一念心即具十法界而顯惑業苦三道性相，而惑業苦三道即是法身德般若德解脫德之三德，與之相應，則顯三法妙，亦謂三軌，即以三法為軌範也。[148]何以故？因三法者即三軌也，而且，軌者軌範也故。然三軌者究何謂？所謂三軌，即天臺智者人師在釋《妙法蓮華經》之一妙字時所演說之十妙中之三法妙，即為三軌。具體地言，一為真性軌，即以無偽不變之真如實相為最根本的軌範；二為觀照軌，即破有情之迷執，而見真如之本性，以顯智慧之大用；三為資成軌，即資助觀照智慧以見真如本性之一切依照釋迦佛所演說之經教而次第修行之諸法門。[149]

　　順上文所言之惑業苦三道即是法身般若解脫之三德，亦即是三軌性相，吾人始可知正因了因緣因之三因佛性亦於此三道即三德之不斷斷中見。依天臺圓教之一念心即具十法界言，三道即三德，亦是依圓教之開權顯實而言的性德三軌。然性德何謂？性者法性也，德者得也。性德者本性本所具足者，簡而言之，即法性之德。此即是說，作為法性之德的三軌是一念無明法性心本所具足者。既如此，一念心即具十法界之十界法，即是迷中之十法界法，所謂惑業苦三道流轉之法。故性德三軌，自亦是迷中之三軌。經由三軌進而言三德，自亦是迷中之三德。再經由三德進而言三因佛性，自亦是迷中之三因佛性。[150]智者大師在《妙法蓮華經玄義卷第五下》裡就性德與修德相觀而明性德三軌與修德三軌之狀態：性德三軌處於既非純粹縱向亦

148　《佛性與般若》，第613頁。

149　智者大師說：「言三法者即三軌也。軌名軌範。還是三法可軌範耳。……。一總明三軌者。一真性軌。二觀照軌。三資成軌。名雖有三祇是一大乘法也。經曰。十方諦求更無餘乘。唯一佛乘。一佛乘即具三法。亦名第一義諦。亦名第一義空。亦名如來藏。此三不定三三而論一。一不定一一而論三。不可思議。不並不別伊字天目。……。祇是一法亦名三耳。故不可單取不可復取。不縱不橫并三而一。前明諸諦。若開若合若麤若妙等。已是真性軌相也。前明智若開若合若麤若妙。是觀照軌相也。前明諸行。若開若合若麤若妙。已是資成軌相也。」大正藏，33冊，741中

150　《佛性與般若》，第613-614頁。

非純粹橫向，而是非縱非橫的冥伏狀態，而修德三軌則處於非縱非橫的彰顯狀態。[151]
然何謂冥伏，牟宗三的詮釋是：閉合而不張開，闇隱而不彰顯。在此基礎上，牟宗
三作了進一步的申論：既如此，性德三軌則只是在法理上如此的三軌。依此而言三
因佛性，則緣因了因佛性即通過止觀而顯現，而緣了二佛性顯，則正因佛性即顯。
然止觀何謂？此乃是佛家諸多修行法門之一種。止者平息一切因緣所生起的煩惱妄
想而至寂然之境也。故修止，則緣因佛性顯。此可謂萬緣放下，方得解脫。觀者生
起正智慧而妙觀察以證真如實相也。故修觀，則了因佛性顯。此可謂正智慧生起，
方證般若。止觀者止息一切煩惱妄念而生起妙觀之正智慧而證真如實相也。故修止
觀，則正因佛性顯。此可謂既得解脫小證般若，則證法身。此是經由修德三軌而進
至究竟三軌，即證得大圓滿境也。在牟宗三看來，性德三軌裡即函蘊修德之可能性。
然此可能性於何處顯？其關鍵處在緣因了因二佛性。何以故？因緣因了因二佛性既
顯性德亦顯修德，既顯主體之能一面亦顯客體之所一面，並與正因佛性不縱不橫而
為法身般若解脫三德之秘密法藏也。為利益眾生領悟佛法智慧，釋迦佛亦曾先預設
一真常心而分解地方便權說緣因了因二佛性為可能。然至法華圓教之境，則經由開
權顯實而將此一真常心及緣因了因二佛性詭譎地攝入一念心即如來藏理中而成為不
縱不橫之圓說的二佛性，故其自身亦顯主體之能一面。既如此，它們則能依詭譎的
方式而在不斷斷裡得解脫，至此，解心無染之佛心，即真心，即寂滅相，則完滿地
於圓解脫與圓實相般若處如如地朗顯。自此而觀之，吾人始知解心無染之佛心，即
真心，即寂滅相，乃是一境界，[152]而且是一大無礙大自在之境界。正是因為在此一
境界裡，方可大無礙，方有大自在，吾人亦言此一境界方才是真正自由的狀態，即
在此一境界才是真正自由的。從審美的視閾視之，此一自由無礙的心靈狀態才真正
是最美麗的，能夠產生令人最愉悅的心靈感受。

　　天臺圓教所言之一念無明法性心，亦名無住本。[153]此無住本是從法性無住與無
明無住之兩面而言的。法無自性，隨緣而起，故無所住著，此謂法性無住處，故法

151　智者大師說：「性德三軌冥伏不縱不橫。修德三軌彰顯不縱不橫。冥伏如等數等妙等。彰顯
　　如等數等妙等。故言等也。亦是空等假等中等(云云)。」大正藏，33 冊，744 上
152　《佛性與般若》，第 614 頁。
153　關於無住本之詳細地說明，於下一小節展開。

性以無明爲本，此謂法性即無明；無明與法性，如冰與水之關係，無明之冰與法性之水本是一體之兩態，故無明無所住著，此謂無明無住，無明以法性爲本，此謂無明即法性。[154]如此之來回地相即而言法性與無明，即明示法性與無明非是相異之體，而是在不斷斷裡而爲同一體者。而此同一體者，即是一念無明法性心也。此一念心，在無明處即是法性，在法性處即是無明，此即是說，言無明即言法性，言法性即言無明。正是在此意義層面上，法性與無明在不斷斷裡本是相即爲一的，而以一語言之，即一念無明法性心是也。[155]

經由如上之縷述，吾人始知智者大師所言之一念心之邊界立於何處？一念心之邊界立於其與唯識宗之識心、如來藏眞心之區分處。就其與唯識宗之識心之區分言，智者大師所言之一念心雖然是煩惱心，但不單只是唯識宗所分解地言的識心，而是即具十法界而爲不可思議境的一念心，故名之曰一念無明法性心。此即是說，此一念心雖是無明識心，與此同時亦即是法性，此所謂無明即法性；雖是煩惱，與此同時亦即是菩提，此所謂煩惱即菩提；雖是刹那，與此同時亦即是常住，此所謂刹那即永恆。正是如此，此一念心爲不思議境也。之所以如此，是因爲它是開決了唯識宗所權說的八識，而相應法華圓教，以詭譎的方式在不斷斷裡圓說的一念心，即是無住本的一念心，或謂是存有論的圓具之一念心。就其與如來藏眞心之區分言，如來藏眞心是爲分解地言說之方便而預先設定的，以顯示緣因了因二佛性之可能，而智者大師所言之一念心則亦是開決了此超越分解意義上的眞心，而以詭譎的方式在一念心即具十法界裡呈現此眞心，而不是先預設之，而單只言一念無明法性心，即已充分地顯示出其圓教義。故此一念心乃是圓融地，而非分解地說者。[156]

---

154 關於法性無住，法性即無明；無明無住，無明即法性之內容，荊溪在《法華玄義釋簽卷第十五》裡所論甚是明瞭，故錄於此：「從無住本立一切法者。無明爲一切法作本。無明即法性。無明復以法性爲本。當知諸法亦以法性爲本。法性即無明。法性復以無明爲本。法性即無明。法性無住處。無明即法性。無明無住處。無明法性雖皆無住而與一切諸法爲本。故云從無住本立一切法。」大正藏，33 冊，920 上-中

155　《佛性與般若》，第 611 頁。

156　《佛性與般若》，第 614-615 頁。

三、無住本與無識無明

　　據牟宗三考證，無住本一詞出自維摩詰所說經觀眾生品第七裡維摩詰佛回文殊師利菩薩所問之答語處。[157]此一段經文之內容是：文殊師利菩薩問維摩詰佛：善與不善（善不善）依著於什麼而起（孰為本）？維摩詰佛答曰：依著於身體（身為本）。又問：身體依著於什麼而起？答曰：依著於欲望貪念（欲貪）。又問：欲望貪念依著於什麼而起？答曰：依著於由分別心而引起的不實反真之虛妄（虛妄分別）。又問：由分別心而引起的不實反真之虛妄依著於什麼而起？答曰：依著於顛倒的念想（顛倒想）。又問：顛倒的念想依著於什麼而起？答問：依著於無所住著（無住）。又問：無所住著依著於什麼而起？答曰：無所住著（無住）則無所依著（無本）。故，維摩詰佛告文殊師利曰：當該從無所依著的無所住著處立一切諸法（從無住本立一切法）。[158]自此而觀之，經文從善與不善起一直向後追溯，直至無住為本止，共為五個層次。善與不善以身體為本，即依著於身體，此即是說，讓身體感受到順適者，即是善，而讓身體感受到不順適者，即是不善。進而言身體依著於欲貪，欲貪依著於虛妄分別，虛妄分別依著於顛倒想，顛倒想依著於無住，亦如是解。如此之五個層次，皆是有所住著的，故亦名五住，即一般所謂的五住煩惱是也。然何謂住？住者住著義，依止義，即依存而執著之義。故有所住，即有所依存而生執著；而無所住，即無所依存而無執著。正是在此以意義層面上，前面五個層次，皆因各自有所依存而生執著，故有煩惱。而無住則是無本的，而且無住自身即是無本。因而，前五個層次所顯示出來的有住有本，還單只是相對地暫時地權說者，而非究竟說者。在究竟層次上，其實際上皆是以無所依著（無本）的無住為依著（本）的，故實際上皆是以無所住著為依著的，既如此，即皆是無所依著，皆是無住。此即是

157　牟宗三在引證文殊師利菩薩問維摩詰佛答一段經文後，加案語：「『無住本』一詞出此。」《佛性與般若》，第 676 頁。

158　《維摩詰所說經觀眾生品第七》：「（文殊師利）又問：『善不善孰為本？』答曰：『身為本。』又問：『身孰為本？』答曰：『欲貪為本。』又問：『欲貪孰為本？』答曰：『虛妄分別為本。』又問：『虛妄分別孰為本？』答曰：『顛倒想為本。』又問：『顛倒想孰為本？』答曰：『無住為本。』又問：『無住孰為本？』答曰：『無住則無本。文殊師利！從無住本，立一切法。』」大正藏，14 冊，547 下；《佛性與般若》，第 675-676 頁。

說，此無本的無住自身是無所指涉的，即空無一物。因而，前面所言之有住有本的無住煩惱，在究竟層次上，皆是無住無本的無住煩惱，即皆只是緣起性空義。一切諸法門空無自性，即是無住無本。此即是說，一切諸法門，在究竟層次上，皆是無所住，無所本。所以者何？因其空無自性，以空爲性故。正是在此一意義層面上，一切諸法門空無自性而卻宛然呈現，此已明示出從無住本立一切法之義，甚至，此即是從無住本立一切法矣。[159]

依上文，吾人始知無住是一遮詮語。遮詮何謂？所謂遮詮，即從反面以否定的方式排除對象所不具備之特性內容，以詮釋對象本有之義者。遮詮是佛教語言之特別的表達方式。尤其是在展示通過次第修行所證得覺悟境界時，佛教各宗特別喜歡使用此一獨特的表達方式來表述之。所以者何？因所證得之覺悟的境界乃是絕對的圓滿的，而語言的表述本是相對的限定的，故語言並不一定能夠恰當有效地表述此種境界。當語言不能夠恰當有效地表述此種境界時，佛教各宗則使用此遮詮的方式來表述。此如龍樹菩薩在中論觀因緣品第一裡言因緣生起時，曾如是說：不生亦不滅，不常亦不斷，不一亦不異，不來亦不去。[160]透過無住之遮詮而顯示的是一切諸法門皆空無自性，故皆無本矣。因而，無本亦與無住一樣，是一遮詮語。當文殊師利菩薩問無住何所本時，並非言無住是一表詮語，而繼續追問其何所本，而只是順名言之勢而問下去，並無實際意義，故維摩詰佛則明確且直接地答之：無住則無本。表詮何謂？所謂表詮，即從正面以肯定的方式顯示對象之所本具之特性內容，以詮釋對象自身之義者。表詮亦是佛教各宗所喜歡使用的一種表述方式。此如鹽，言其鹹，即是表詮之方式。所以者何？因此是直接正面言其所本具之特性內容故。因爲無住不是一表實體之詞，而是一表遮詮之詞，故其主詞乃是一切諸法門；所以不但可言無住則無本，而且至其極亦言無住即無本。無住無本，以此爲本，故綜言無住本。[161]

159　《佛性與般若》，第 676-677 頁。

160　龍樹菩薩說：「不生亦不滅，不常亦不斷，不一不異，不來亦不出。能說是因緣，善滅諸戲論，我稽首禮佛，諸說中第一。」大正藏，30 冊，1 中。

161　《佛性與般若》，第 677-678 頁。

　　如上之解悟是早期空宗之通義，即主要申述緣起性空之義，牟宗三不但如是體解，而且亦引證疏解鳩摩羅什、僧叡、道生及僧肇之高僧大德之論述後得出同樣之論斷。[162]然智者大師則從法性與無明之兩面來體解無住本一語之的義。智者大師首先肯認無住本之緣起性空義，故解無住即無明住地，無住本即無始無明爲本，此即是說，無始無明已是根本，無需依著於別惑。正是在此一意義層面上，始言無明無住，無明即法性。此即是言空之義。其次進而言法性無住，法性即無明。既如此，故可言從無明立一切諸法門，從法性立一切諸法門，綜而言之，即從一念無明法性心立一切諸法門。自此而觀之，此則將無住本進一步具體化爲一念無明法性心。在牟宗三看來，此一步具體化尤爲重要，此不僅與空宗之空義之籠統性相區分，而且由此展開天臺圓教之系統，以顯天臺圓教之特色，即將無住本納入於法華圓教之不斷斷裡，在三道即三德下，而圓說之。如此之體解的無住本以及從無住本立一切法，則是在實相般若之作用地圓具一切諸法門外，而亦函蘊對一切諸法門有一根源之說明的存有論地圓具一切諸法門之一義。[163]

　　據牟宗三考證，至荊溪湛然才將無住本正式具體地體解爲法性即是無明，法性無住無本；無明即是法性，無明無住無本。[164]並且，在牟宗三看來，無明法性兩者皆無住無本，是可以從無住本一語所分析出者。所以者何？因其自身本函蘊此二方面故。[165]

　　荊溪湛然在維摩經略疏卷第八——釋觀眾生品裡釋無住一語時，曾從自住與依他住兩方面展開說明。如若無明依憑於法性而有所起始者，則法性非是煩惱，法性亦不爲煩惱所本，故言無所住著之無明煩惱無所本也。如若依法性而立一切諸法門，則無明即是法性，無明本於法性，或謂以法性爲本。承前文，無明煩惱無所本，即空無自性，則不得依自而住，而是依他而住。如若一定要言自住，則是將法性與無明煩惱各自獨立而確認其有自性，如若亦言依他而住，則是有自住的依他而住。在

162　關於鳩摩羅什、僧叡、道生及僧肇關於無住本之釋，參《佛性與般若》，第 676-679 頁。

163　《佛性與般若》，第 679 頁。

164　荊溪湛然關於法性即無明，法性無住處；無明即法性，無明無住處之內容，參大正藏，33冊，920 上-中。

165　《佛性與般若》，第 685 頁。

如上之分析基礎上，荊溪則進一步總結性地明示之：言自住，是別教系統；言依他住，是圓教系統。[166]

　　對自住與依他住之理解的關鍵點在同體或異體處。荊溪湛然在維摩經玄疏記卷第三裡曾有精彩說明：一是明為何言自住是別教系統。煩惱與法性皆依自而住，即皆有自性，故皆是獨立的主體，此即是說，在煩惱之外，另有一法性存在，故煩惱自，而法性他；在法性之外，另有一煩惱存在，故法性自，而煩惱他。既是獨立的兩個主體，則自是相互區分的，故謂體別（異）。故法性煩惱無論何為自何為他，皆非能成就圓教系統。二是明為何言依他住是圓教系統。法性與煩惱皆依他而住，即皆空無自性，故能相依，而且還能相即，自此知之，二者本是一體之兩面，故謂體同。故法性煩惱相依相即，自是一體，而能成就圓教系統。自此而觀之，分判別教與圓教之標準，乃在體之同異，具體而言，即體同者，言依他而住（依他住），成就圓教系統；體別（異）者，言依自而住（自住），成就別教系統。故一言以蔽之，別自圓他也。[167]

　　五住煩惱之前四住，即身見，欲貪，虛妄分別，顛倒想，實際上在最根源處皆是依著於無始無明的。無始何謂？所謂無始，即無根無本之義。無根無本，則自是無住處，即無所住著處。既如此，無始之無明則自是不能自己停下來，而自持其自己，此即是說，其無有自性，不能依自而住，而只能依他而住，即依他而使其自己如其所是地成其為自己。正是在此一意義層面上，始可言無始無明在根本上乃是一種無體的迷惑。雖如此，然經由次第修證而至轉迷成悟，則無始無明當體即是空、

166　荊溪說：「問無明依法性即是法性為始。何得言無始。答若無明依法性是有始者。法性非煩惱。不可指法為煩惱本。故言無住則無本。若依法性立一切法者。無明不出法性。法性即為無明之本。此則以法性為本。今經撿核煩惱之本。法性非煩惱。故言無住無本。既無有本。不得自住。依他而住。若說自住望法性為他。亦得說是依他住也。說自住即別教意。依他住即圓教意。」大正藏，38 冊，677 上；《佛性與般若》，第 689 頁。

167　湛然說：「說自住即別教意者，是說煩惱法性體別，則是煩惱法性自住，俱名為自；亦可云離煩惱外別有法性，法性為他。亦可法性為自，離法性外別有煩惱，煩惱為他。故二自他並非圓義。以其惑性定為能障破障，方乃定能顯理。依他即圓者，更互相依更互相即。以體同故，依而復即。故別圓教俱云：自他由體同異而判。二教今從各說別自圓他。」續藏經，18 冊，928 中-下。

如、無性，而空、如、無性又即是法性，故無明即法性也。而法性，即一切諸法之
性之謂也。而一切諸法本是空無自性的，故以空如爲性。故從無住本立一切法，即
從無始無明立一切法，亦即從法性立一切法，亦即從空如性立一切法。所以者何？
因一切諸法當體即空，無始無明亦當體即空故。故無始無明，無明無住無本，與法
性，爲一體二面，而且，前者亦函蘊著後者。[168]

　　承上文，法性與無明煩惱皆可言自言他。在其自己言自，兩者相觀而言他，即
法性以無明爲他，無明以法性爲他。正是有自有他，故可言依自而住與依他而住。
而兩相依住之別的區分關鍵在於體之同異之分別。具體而言，一是如若無明煩惱與
法性體別，則自他即是體別的自他。前文已言，所謂體別，即是兩者各自是一獨立
的主體，而具有各自獨立的意義。既如此，雖亦可言依他住義，然實際上皆是自住，
故此依他住，是有自住的依他住，即是一種各自具有獨立意義的主體相互依待而成
的關係。此則在華嚴宗之眞如心不變隨緣隨緣不變之關係上展示出來了。不變即是
眞心之自住，隨緣即是眞心之依他住。此隨緣是隨無明阿賴耶識之緣，即無明阿賴
耶識覆蓋著眞如心理。既如此，無明即有獨立的意義，而顯其依自而住義。然無明
阿賴耶識之生滅亦是憑藉著眞如心而起現的，故能夠成爲眞如心之隨緣。既如此，
無明與眞心亦有依待關係，而顯其依他而住義。反之，亦然，即眞如心亦有自住與
依他住。而此兩者之依他而住，實際上是眞實與虛妄之和合，故此一依他而住，是
體別的依他而住。自此而觀之，此一依他而住，單只是一種和合之依待關係，而未
有一種相即之關係，故是一種依而不即之依他而住。如此之分解地所言之體別的依
而不即的依他而住，在天臺宗，則判之爲別教。[169]二是無明煩惱與法性是同一事體，
即單只是指向同一本體，而非是如上所言之爲兩個獨立的主體。無明煩惱無住無本，
無明煩惱當體即是空如無性，即是法性，而非是離開法性而另有一個獨立的無明。
此所謂無明無住，無明即法性。此一關係，不僅僅是一依他而住之依待關係，而且
是一相即的依他而住，此所謂依而復即者也。法性無住無本，法性當體即是無明，
而非是在無明之外而另有一個獨立的法性。所以者何？因一切諸法空無自性，以空

168　《佛性與般若》，第 694 頁。

169　《佛性與般若》，第 694-695 頁。

如爲性故。此所謂法性無住，法性即無明。此一關係，亦不僅僅是一依他而住之依待關係，而且亦是一相即的依他而住，此所謂依而復即者也。因此，無明煩惱與法性之二者不是分解地有自住地獨立地言者，而是一體地詭譎地圓融地言者，即無明煩惱即法性，法性即無明煩惱是也。在牟宗三看來，天臺宗如此之詭譎地圓融地所言之體同的依他而住即依而復即才是衡量圓教之所以爲圓教之根本標準。[170]

　　然是否因無明煩惱與法性是一體之二面，故只能言他，即依他而住，而不能言自，或如若可以言自，又當該在何條件下言，並且，此自是什麼樣的自？在體同層面上，法性與無明煩惱皆可言自，但必須說明的是，此一意義層面上的自非是體別的自。所以者何？就法性而言，其自身當體即是無明煩惱，即並非是在無明煩惱之外另有一個抽象的法性存在，而與在法性之外另有一個無明煩惱存在相對應，故此一意義層面上的自即是他，故謂自而非自。就無明煩惱而言，其自身當體即是法性，即並非是在法性之外另有一個有自性的無明煩惱存在，而與在無明煩惱之外另有一個有自性的法性存在相對應，故此一意義層面上的自即是他，故亦謂自而非自。無論是法性還是無明煩惱，雖可言自，然皆是自即是他，即自而非自，故皆無自住，而皆依他而住，而此正是體同的依他而住。[171]自此而觀之，在體同層面上言自，當該如是言之，並與在體別層面上言自，兩相區分。

　　綜上而觀之，別教與圓教之區分在於法性與無明煩惱是相即還是不即。兩者相即則是圓教，兩者不即則是別教。而且依他而住，有相即的依他而住，即圓依，或謂體同的依他而住。所以者何？因相即的依他而住是無自住，即無住無本的依他而住故；有不即的依他而住，即別依，或謂體別的依他而住。所以者何？因不即的依他而住是有自住，即有住有本的依他而住故。[172]

　　依天臺宗，經由次第修證成佛，當該是相即九法界而成佛，即相即無明煩惱而證顯法性。釋迦佛在妙法蓮華經方便品第二裡曾演說：三千世間一切諸法門皆住於眞如法性理中，此則明示一切皆是法性所本具者，故眞如即是常住。既如此，故三

170　《佛性與般若》，第 696-697 頁。

171　《佛性與般若》，第 697 頁。

172　《佛性與般若》，第 696 頁。

千世間之相亦皆即是常住。[173]此即是說，三千世間一切諸法門無一可改，亦無一可廢。此所謂一念無明法性心即具三千世間一切諸法門。無明即是法性，無明亦是覺悟，三千世間一切諸法門皆是清淨法門，即具如此之法門而得成佛。法性即是無明，法性亦是執迷，三千世間一切諸法門皆是染著法門，即具如此之法門而成眾生。法性空無自性，以空如爲性，此所謂寂滅無相，即是實相，實相一相，即是如相，故能圓具三千世間一切諸法門。無明與法性同其體，故自亦是同其極。故法性圓具三千世間一切諸法門，無明自亦是隨之。此即是說無明隨法性無所不至，無處不在，簡而言之，無明與法性同其廣同其極。故法性能夠圓具一切，而無明自亦是能夠遍滿一切。正是在此一意義層面上，而言無始無明。故次第修證，則是斷除無明煩惱而證顯法性而成佛。因無明與法性同其體同其極，故必須在根本上完全徹底斷除無始無明，法性方能眞正地完全徹底地證顯出來。[174]

　　佛家次第修證之目的，即是破諸惑見法性而至究竟而成佛。次第修證是一個漸進的過程，故破諸惑亦是一項漸進的工作，此即是說，諸惑亦是有層級之分的。依佛家，同一無始無明（惑）因其具體表現不同，即粗重微細之別，而區分爲三：一是枝末惑，二是塵沙無知惑，三是無明根本惑。然其粗重微細之區分之根據何在？粗重微細之區分是依據界內界外而規定的。此即是說，在界內所表現者是粗重的，在界外所表現者是微細的。然界內界外者何謂？界內，即欲界、色界與無色界此三界之內者。此是最基層之三界者。欲界，即具有淫欲食欲等欲望的有情眾生所居住之世界，天界人界地獄界皆顯之；色界，即能夠超越欲界但仍有清淨色質之有情眾生所居住之世界，此界依禪定工夫之深淺而分爲四級，即四禪天之謂也；無色界，即能夠超越欲界色界而惟以心識住於深妙之禪定者所居住之世界，此界分爲四天：空無邊處天、識無邊處天、無所有處天、非想非非想處天，故亦謂四空處或四無色。依今日之哲學術語名之，欲界，即欲望界；色界，即物質界；無色界，即意識界精神界。界外，即在此最基層之三界之外而高一層者，爲諸佛菩薩所住之淨土者。因

173　《妙法蓮華經方便品第二》：「是法住法位，世間相常住，於道場知已，導師方便說。」大正藏，9冊，9中。

174　《佛性與般若》，第982-983頁。

諸佛菩薩經由次第修證而得圓滿果位，故諸佛菩薩所居之淨土，乃是一大自在大無礙之境界者。[175]

具體而言，一是界內之枝末惑，亦名之曰見思惑，障礙洞見真如之理之惑，則名之曰見惑。此一類惑又可進一步區分為八十八使。何謂使？使者，役使迫使促使之謂也。八十八使者，是身見、邊見、見取、戒取、邪見此五利使，與貪、瞋、癡、慢、疑此五鈍使，共計十使，經歷三界（欲界、色界、無色界）四諦（苦集滅道之四諦）之增減變化，而成八十八使。[176]障礙觀差別之事相之惑，則名之曰思惑。思者，心之造作也。故最容易造身語意業，其具體表現即是貪瞋癡慢。有此諸惡業，則必然障礙解脫，即障礙斷德，而且亦障礙次第修行，即障礙福德，因而必然令人生起諸煩惱。故思惑亦名之曰修惑。思惑共有八十一品。欲界色界無色界之三界被分為九地，即欲界為一地，色界四禪天為四地，無色界四空處為四地。欲界一地有九品貪瞋癡慢，餘二界八地，每一地有九品貪癡慢。自此而觀之，三界九地，九九八十一品思惑。[177]因見思惑還是屬於三界內之惑，故相對於無始無明之根本惑而言，則是枝末惑。故亦可謂其是根本惑在三界內之具體地表現者。[178]此惑因其粗重之特性故是聲聞圓覺菩薩三乘共同所破者，即以觀空之法斷除此惑，出離三界，則證得阿羅漢果位。

二是塵沙無知惑，即如恒河沙數之無知者也。在此語境裡，無知即是惑，故名之曰無知惑。其有恆河沙數多，故亦名之曰塵沙惑。綜而言之，名之曰塵沙無知惑。如此之惑，障礙道種智之證得，即障礙菩薩自在無礙地教化眾生。此惑是菩薩道所破者，即以觀假之法斷除此惑，則證得菩薩果位。此塵沙無知惑尤為複雜，即有界內界外之區分。在三界之內者，其惑不但粗而且淺。在三界之外者，其惑則不但更深藏而且更微細。[179]

175　《佛性與般若》，第 983 頁。

176　《佛性與般若》，第 983 頁。

177　《佛性與般若》，第 984 頁。

178　《佛性與般若》，第 984 頁。

179　《佛性與般若》，第 984-985 頁。

　　三是根本惑，即無始無明之惑，即對一切諸法門不能清楚明瞭，因而障礙觀中道實相之真如理。此乃是三界之外之微細無明惑，故是大乘菩薩透過禪定智慧，並萬行具足所能破者，即以觀中道之法斷除此惑，則證得諸佛果位。

　　自此而觀之，三界內之見思惑，塵沙無知惑，因其粗重而淺顯，故容易破除之。而三界之外者，因其深藏而微細，故極為不易破除之。三界之外之無始無明之根本惑，則是透過三界之內之見思惑，塵沙無知惑來具體地表現之。故見思惑，塵沙無知惑，是層層深入微細者，故有界內界外之區分。而且，無論是三界之內還是三界之外，見思惑是主體心念造作而生起者，而塵沙無知惑則是對外在之客觀方面的如恒河沙數之假名法無所知者，故被名之曰客惑。[180]

　　依天臺智者大師，圓教五品位能夠泯絕枝末見思惑，塵沙無知惑及無明根本惑之差別一起制伏，而不再隨起心動念而生起。如此之階段還僅僅只是伏忍位之初級階段。然圓教五品位及伏忍何謂？所謂圓教五品位，即智者大師在妙法蓮華經玄義卷第五上裡所演說者：第一是圓信隨喜品位，即十方法界，上至諸佛，下至眾生，皆圓信隨喜；第二是受持讀誦大乘經典品位；第三是受持演說而佈施佛法品位；第四是在修正觀（遠離邪念而正心起念）之時亦兼行六度（佈施、持戒、忍辱、精進、禪定、般若）以助觀心品位；第五是正行六度或具行六度，即經由次第修證而至修觀圓融，事理具足，而實踐六度，以自化化他品位。[181]所謂伏忍，即在修行證得十地菩薩果位之前的修行階位之諸菩薩不能盡斷煩惱而獲得無漏智慧，即佛果清淨智慧，然已獲得煩惱未斷盡之世間智慧，即有漏智慧，並能以此智慧制伏諸煩惱而不使之隨心起念而生起者也。簡而言之，伏忍者，未得十地菩薩果位之諸菩薩以有漏智慧制伏諸煩惱而不使之隨念生起者之謂也。而經由次第修證至十信位，即六根清

180　《佛性與般若》，第 985 頁。
181　智者大師說：「舉要言之。其心念念悉與諸波羅蜜相應。是名圓教初隨喜品位。行者圓信始生。善須將養。……。唯得內修理觀。外則受持讀誦大乘經典。……。是名第二品位。行者內觀轉強外資又著。圓解在懷弘誓熏動。更加說法如實演布。……。是名第三品位。……。今正觀稍明。即傍兼利物。能以少施與虛空法界等。使一切法趣檀。檀為法界。……。餘五亦如是。……。是名第四品位。行人圓觀稍熟。理事欲融。涉事不妨理。在理不隔事。故具行六度。……。此是第五品位。」大正藏，33 冊，733 上-中；《佛性與般若》，第 924-925 頁。

淨位，則可以完全徹底斷除三界之內的見思惑，塵沙無知惑，而於三界之外的塵沙
無知惑，亦只能斷除一部分。然此一階段則是伏忍位之最高階段。然十信位何謂？
所謂十信位，即智者大師在妙法蓮華經玄義卷第五上所演說之信心，念心，進心，
慧心，定心，不退心，回向心，護法心，戒心，願心之十個次第階位。而此亦謂六
根清淨位，[182]此即是說，當修證至此次第階位時，眼、耳、鼻、舌、身、意之六根
則能離諸煩惱而清淨污染。既如此，爲何還言伏忍位，而非是言斷？其關鍵在於只
有在言同體無明即無明根本惑時，才言斷，即斷同體無明即無明根本惑也。而要斷
此同體無明即無明根本惑，只有自十住之初住起，至等覺位止，才能言斷，即一分
一分地斷除同體無明即無明根本惑。此即是說，所斷者，即斷除的對象是同體無明
即無明根本惑。故圓教五品位與十信位，在實際上還只是制伏諸惑，其極致則是制
伏同體無明即無明根本惑。然無明根本惑必定具體地有所表現，才能言制伏或斷除，
而在三界之內所具體地表現爲見思惑，塵沙無知惑，因其粗重淺顯，故亦謂枝末惑，
客惑，此是十信位所要破除者，即制伏者。而在三界之外所具體表現出來的見思惑，
塵沙無知惑，因其微細深藏，故亦謂無明根本惑，此是十住所要一分一分地斷除者。
然十住何謂？依湛然在法華玄義釋籤卷第十裡對智者大師在妙法蓮華經玄義卷第五
裡所演說的圓教十住位之箋釋，所謂十住，即經由次第修行而證得的十種境界：一
是證得不思議境，即名住一切佛法；二是證得三種菩提，即名住慈悲普覆；三是證
得寂照止觀，即名住成就萬行；四是證得完全徹底斷除三惑，即名住一心三智；餘
下六住亦以此句式如是表述之。[183]故十住者，修證而得十種境界之異名之謂也。繼

---

182 智者大師說：「一明十信位者。初以圓聞能起圓信修於圓行善巧增益。今此圓行五倍深明。
因此圓行得入圓位。以善修平等法界即入信心。善修慈滔即入念心。善修寂照即入進心。善
修破法即入慧心。善修通塞即入定心。善修道品即入不退心。善修正助即入回向心。善修凡
聖位即入護法心。善修不動即入戒心。善修無著即入願心。是名入十信位。纓珞云。一信有
十十信有百。百法為一切法之根本也。是名圓教鐵輪十信位即是六根清淨。圓教似解。暖頂
忍世第一法。」大正藏，33 冊，733 下；《佛性與般若》，第 935-936 頁。

183 湛然說：「證不思議名住一切佛法。證三種菩提名住慈悲普覆。證寂照止觀名住成就萬行。
證破三惑遍名住一心三智。證於通無塞。名住佛眼圓見。證無作道滅。名住法身冥益。證助
道萬行。名住神通顯益。證圓門實位。名住開顯一乘。證安忍內外。名住嚴淨佛土。證無諸
法愛。名住諸地功德。」大正藏，33 冊，889 中；《佛性與般若》，第 951 頁。

而至等覺位，然還必須斷除最後一分微細無明根本惑，證得中道實相之諦理，才能
完全徹底地遠離無明，而得大光明。在此一次第階位上，因其還有所斷者，故證得
此一果位者，名之曰有上士。而當斷除最後一分微細無明根本惑，證得中道實相之
諦理時，即進至妙覺位，即證得無上佛智慧，而究竟解脫，畢竟清淨，圓融無礙。
在此一次第階位上，因其已是究極圓滿，而無有所斷者，故證得此一果位者，名之
曰無上士。在此一次第階位上，般若智德滿，解脫斷德滿，而法身性德自亦滿，故
可謂三德不縱不橫，究竟圓滿，即至究竟大涅槃境矣。[184]牟宗三亦謂，至此妙覺位，
無有所斷者，故如此之果位，即是圓佛之果位。[185]吾人進而言，如此之境界，即是
圓佛之境界。在此境界裡，智慧是究竟圓滿大智慧，解脫是究竟清淨真解脫，法身
是究竟永恆真常住。如此之圓融無礙之境界，惟有修證至佛果位者才能擁有。此即
是說，經由次第修行證得此果位者，心性畢竟清淨，福德智慧究極圓滿，一切功德
圓滿具足。安住於此一境界裡，則得大自在，大自由，即正念正行一切無礙，此乃
是真正的自由，真正的自在。從審美的視閾來審視此修證境界，則可謂此自由自在
的境界才真正是美的，而且是美的極致狀態。

四、佛境：菩提心自證之自由

　　佛是佛陀（英文：Buddha）之簡稱，以漢語意譯則是覺者，即完全徹底覺悟宇
宙奧秘人生諦理的大聖者。覺有三義：一是自覺義，即明瞭虛妄煩惱，而證悟真常
心性，此所謂使自己覺悟者；二是覺他義，即運用自己所親證的真理使他人亦能依
此修行而得覺悟，此所謂使他人覺悟者；三是覺滿義，即經歷累世劫之修行而最終
證得圓滿果位，此所謂覺行圓滿者。自覺者，主要是修證智慧，覺他者，主要是修
證福德，而覺滿者，即是福德智慧皆修證得大圓滿境界了，此即是佛的境界，即修
證得此境界，即已成佛矣。故，質而言之，佛是覺悟的大聖者。然佛所覺悟到的是

184　智者大師說：「等覺地者。觀達無始無明源底。邊際智滿畢竟清淨。斷最後窮源微細無明。
　　登中道山頂與無明父母別。是名有所斷者。名有上士也。（七）明妙覺地者。究竟解脫無上
　　佛智故。言無所斷者。名無上士。此即三德不縱不橫。究竟後心其大涅槃也。」大正藏，33
　　冊，734下；《佛性與般若》，第961頁。
185　《佛性與般若》，第972-973頁。

什麼？三千世間一切諸法門自性空寂。當佛覺悟並親自證顯此空寂境，即成就了佛之寂滅相。從此寂滅相層面來理解佛，佛則是一個空寂如如的境界，而不是一個有一定自性的個體。故從個體存在層面言，佛如應化到人世間的釋迦牟尼，自亦是一個假名。然從其成正等正覺入無餘涅槃層面言，他一定是佛。所以者何？因他是一個覺者，即親自證顯了那空寂如如的寂滅相故。他成正等正覺入無餘涅槃，是由因緣所發，故是緣起法；而他所親自證顯的作爲空寂如如境界的寂滅相，則不是緣起法。緣起法是現象層面上的，如幻如化，故不是眞實的，而應以龍樹菩薩所演說的八不[186]觀之，而直接親自證其無緣所引生，而顯寂滅相，此是自性層面上的，如如平實，故是眞實的。其實，如此之無緣所引生的寂滅相是佛（覺者）所親自證顯而得的一種如如平實的境界，或實而不虛眞而不妄之意義。如此所言說之佛，即是從修證境界上言者，而非是從假名的個體存在而言者。[187]無疑，此是從大乘空宗所言般若觀空之實相一相，所謂無相，即是如相境界來呈現佛境義，即佛所親自證得之境界者。此即是所謂實相境界，或謂空境，即平平實實之如如境。此則與前文關於實相般若與無相境界部分在義理上實是一脈相承的，因其皆是順大乘空宗之理路而發者。

釋迦佛在入滅前一日一夜演說大般涅槃經。在此經裡，釋迦佛告訴弟子們，一切眾生皆有佛性，然因其無量無邊之諸煩惱所覆蓋，故不能親自見得，但是，如果一切眾生能夠按照釋迦佛的教導一步一步地次第修行，亦能夠破除煩惱而見佛性，修行至此，即已成佛矣。[188]此所謂一切眾生皆有佛性，皆可成佛之謂也。正因爲如此，佛與眾生的差別還是很明顯的，荊溪湛然在金剛錍裡有顯明而精闢地論述：一切眾生皆有佛性，只是理上當該如此，而諸佛則是在事實上已有親證；一切眾生因

186　此八不觀法，即龍樹菩薩在《中論觀因緣品第一》裡所演說之偈：「不生亦不滅，不常亦不斷，不一亦不異，不來亦不出。能說是因緣，善滅諸戲論。我稽首禮佛，諸說中第一。」大正藏，30 冊，1 中。

187　《佛性與般若》，第 108-109 頁。

188　釋迦佛說：「佛言。善男子。我者即是如來藏義。一切眾生悉有佛性。即是我義。如是我義從本已來常爲無量煩惱所覆。是故眾生不能得見。」大正藏，12 冊，407 中。又說：「一切眾生皆有佛性。以是性故斷無量億諸煩惱結。即得成於阿耨多羅三藐三菩提。」大正藏，12 冊，404 下。

無量無邊的諸煩惱所障，故僅僅執著於一切如幻如化的事相，而諸佛則已於三千世間法親自證得中道實相理。自此而觀之，雖是同一事理，然眾生但只有迷執中之事理，而諸佛則具有覺悟中之事理。[189]此即是說，同一三千世間法，在諸佛，皆是佛法，因其是悟中之三千；在眾生，皆是障礙，因其是迷中之三千。故眾生與諸佛之分，惟在迷執與覺悟之處：迷者成眾生，悟者是諸佛。

　　荊溪湛然的論述顯示的即是天臺智者大師所開創的天臺宗義理：成佛當該在與九法界相即而成者，方才是圓佛。何以故？因在不斷斷裡，在惑業苦三道性相即是般若解脫法身三德下，佛於九法界而親自證得心智理法也。此即是說，在此語境裡所言之心即是佛所證得之真常心，所言之智即是佛所證得一切種智，或謂圓覺智，所言之理即是佛所證得之中道實相理，即三千世間法之法理具體地並圓實地如如呈現者，所言之法即是佛所證得的如來藏恒沙之佛法。心智理法，既皆是佛所親自證得者，故可進一步而言，四者皆一也。此即是說，分開地言之，即心智理法也，然綜合地言之，即四者皆一也：可謂智理法全部是心，然心而無心，故心亦全部是智理法也；亦可謂心理法全部是智，然智而無智，故智亦全部是心理法也；亦可謂心智法全部是理，然理而無理，故理全部是心智法也；亦可謂心智理全部是法，然法而無法，故法亦全部是心智理也。如此圓融而如如地呈現者，牟宗三則名之曰圓佛境。[190]因其即於九法界而圓融無礙如如平實，故謂圓；因其是佛所親自證得者，故謂佛境；因其是佛相即於九法界而親自證得者，故謂圓佛境。

　　荊溪湛然在止觀輔行傳弘決卷第一之五裡，亦以儒家描述聖人之境界類比地描述佛之境界：在儒家，聖人能夠與天地相通，具體而言：聖人能夠與天地之大德相和合，與日月之光輝相輝映，與四時之序相順適，與鬼神之吉凶相感應，以使萬物自然暢達，故能夠聞其聲而知其情矣。故聖人者，知幾其神乎者也。[191]此語境裡的

189　湛然說：「眾生但理，諸佛得事。眾生但事，諸佛證理。是則眾生唯有迷中之事理。諸佛具有悟中之事理。迷悟雖殊，事理體一。」大正藏，46 冊，784 下；《佛性與般若》，第 800 頁。

190　《佛性與般若》，第 801 頁。

191　孔子曰：「知幾，其神乎！君子上交不諂，下交不瀆，其知幾乎！幾者，動之微，吉凶之先見者也。君子見幾而作，不俟終日。」《周易譯注》，第 264 頁。

聖人，是儒家義的聖人，即在人世間立身行道者。在佛家，聖人能夠與十法界之法性德相和合，與一切智道種智一切種智此三智之大光明相輝映，與人天二乘菩薩佛此四機之次第相順適，與十方三世一切諸佛相冥會，故能夠明瞭宇宙之奧秘人生之諦理，以使一切教化眾生之善巧方便法門順暢通達。修證至如此境界者，便能夠不聞其聲亦能知曉九法界之事相。此即是佛家的聖人所能證顯之境界。此語境裡的聖人，是佛家義的聖人。因此是以出世間的形式來次第修證而至者，故荊溪湛然亦謂之曰出世聖，實則即是佛矣。[192]荊溪湛然從修證的境界層面來依儒家之聖人境界類比地描述佛家之佛的最究極圓滿之境界，此實是在最根源處找到了儒佛會通之基點。此所謂智慧在最根源處是融會通達的。故無論是儒家還是佛家或是道家，在智慧之究極處是通達無礙的。如若不至此，則必定不究竟。正是在此一意義層面上，牟宗三謂佛家此種之圓佛境與儒家之聖境是同一型態，儘管其教義之內容有顯明的區分。[193]牟宗三此斷語是一諦理，但需要明白的是此語之前部分，是從智慧之究極義言的，此語之後部分，是從智慧之表象（表現）言的，故前者是根本，後者是枝末。

如上所描述之佛境，還是總持地描述，首標一總體之印象。如此之境界固然是非常的美妙，特別的殊勝，然究如何能夠達至？或謂，既然一切眾生皆有佛性，皆可成佛，然究如何能夠證顯其佛性而成佛？在佛家，雖然一切眾生皆有佛性，然由於其有執著虛妄分別，故生起無量無邊之諸惑煩惱，並完全遮蓋住了其本自具有的佛性。因此，只要按照釋迦佛所教導的善巧方便法門踏實地次第修行而破除諸惑煩惱，即可朗顯自身本自具有的清淨佛性而成佛。然究如何能夠破除諸惑煩惱？承上文，諸惑煩惱有三界之內者，亦有三界之外者，並且，三界之內者，因其粗重淺顯而容易破除，而三界之外者，因其深藏微細而不易破除。故經由次第修行證得佛境，最關鍵最重要的是如何能夠破除三界之外的諸惑煩惱。如若能夠完全徹底破除最微細最深藏的無始無明煩惱，即煩惱習氣，則已達至佛境矣。

---

192 湛然說：「聖者。風俗通云。聖者聲也。以其聞聲知情通天地暢萬物故也。易曰。聖人者。與天地合德。與日月合明。與四時合序。與鬼神合其吉凶。今出世聖不聞其聲。知九界情通諦理。暢眾機與法界合德。與二智合明。與四機合節。與眾聖合其冥顯。」大正藏，46冊，179上-中；《佛性與般若》，第982頁。

193 《佛性與般若》，第982頁。

　　爲什麼破除三界之外的諸惑煩惱如此困難？三界之外的諸惑煩惱，具體地言之，即上文所言之見惑思惑塵沙無知惑之三者。因其是深藏且微細，故其是無限生命強度裡的三種無明煩惱。所謂斷除煩惱，即是完全徹底地斷除此無限生命強度裡之無始無明諸煩惱。此所謂斷三界之外諸惑煩惱也。然此三界之外的諸惑煩惱，惟有諸佛能夠究竟斷除，即圓實地斷除。正是在此一意義層面上，佛是一無限生命，無限理性，無限智慧。[194]牟宗三爲證明三界之外諸惑煩惱很難斷盡，而且惟有聖人/佛能夠完全徹底地斷除淨盡此一問題，亦順著上文荆溪湛然以儒家聖人境界類比諸佛境界之思路，進一步以聖人有情無累爲切入口與思維道路之方向而論之。聖人有情無累，是魏晉玄學核心代表人物之一的王弼所提出來的觀點：聖人憑藉其有卓越的智慧與清淨的心地超越於常人。然聖人亦首先是人，故亦有與常人一樣的喜怒哀樂怨之情感。聖人有卓越的智慧與清淨的心地，故能夠體證中和而與道體相通；亦有喜怒哀樂怨之情感，故亦不能不以此諸情感對待生活裡的事事物物。然既是聖人，即能夠體證中和而與道體相通，故能夠以情感對待生活裡的事事物物而又不爲其所連累。此所謂聖人之情應物而無累於物者也。[195]之後，北宋理學家程明道亦有同樣的思想表述：天地之常道創造普潤萬物是自然而爲的，此所謂以其心普萬物而無心；聖人之常道對待萬事萬物是無有情執的，此即是說，以情感之相對待萬事萬物，故無有情感之執著，此所謂以其情應萬事而無情者也。[196]牟宗三在引證了上述二家觀點之後，順勢展開了如下之分析：惟有聖人能夠應物而不累於物，以其情應萬事而無情，故未有達至聖人之境界者，即使根器純熟，對圓教佛法已有圓聞圓信圓見，然其生命強度雖然已經超越有限有對之範域而進入無限無對之境域，但在實際的次第修行過程裡，其生命強度在相即順應於萬事萬物的時候，還不可能完全徹底地斷除附隨之陰影。故牟宗三將無累解爲不爲見思惑塵沙無知惑所連累。對於無情，吾

194　《佛性與般若》，第 993 頁。

195　王弼云：「聖人茂於人者神明也，同於人者五情也，神明茂故能體沖和以通無，五情同故不能無哀樂以應物，然則聖人之情，應物而無累於物者也。今以其無累，便謂不復應物，失之多矣。」《三國志》，第 795 頁；《佛性與般若》，第 993 頁。

196　程明道云：「夫天地之常，以其心普萬物而無心，聖人之常，以其情順萬物而無情。故君子之學，莫若廓然大公，物來順應。」《二程集》，第 460 頁；《佛性與般若》，第 993 頁。

人亦可類比地解爲不爲由見思惑塵沙無知惑所引生的各種情感所拖累。既然未至聖人境界者，不能作爲眞正的無累無情，故超越的智慧與清淨的心地未能全幅地朗現出來。之所以如此，是因爲在無限生命相即順應於萬事萬物之中的時候，亦必定有一絲深深地隱藏著的微細無明煩惱猶如鬼魅一樣，如影隨形地伴隨於其中。如此之微細無明，被名之曰同體無明。所謂同體，即同於無限智慧無限理性無限神明而相依相即之義。智慧理性神明既是無限的，故其在理上必定存有論地圓具一切，亦在表現上必定作用地圓具一切，與此同時，亦有一絲深深地隱藏著的微細無明煩惱如同智慧理性神明一樣無限地遍滿一切。以情之喜悅爲例說明之：在喜悅之中，如若稍微有一絲執著，甚至是顯一絲執著的習氣，則便必定有一絲微細無明煩惱之陰影附隨於其中，既如此，則自是無法不受其所累。情之喜悅如此，則情之憤怒哀潛快樂怨恨，自亦復如是。此所謂心量無限，智慧理性神明亦是無限，自亦必定有無限的微細無明煩惱之陰影伴隨於其中。如此之無量無邊的微細無明煩惱之拖累，即是三界之外的諸惑煩惱，此所謂界外三惑是也。總持地言之，名之曰同體無明，無始無明。散列地言之，名之曰見惑思惑塵沙無知惑，此是就無限智慧理性神明相即順應於萬事萬物之具體地表現而言者。就見惑而言，如若稍微有一絲一毫之執著或執著之習氣，則即生起此惑矣，有此惑則不能證顯中道實相理。就思惑而言，如若稍微有一絲一毫之貪瞋癡慢或此類諸種習氣，則即生起此惑矣，有此惑則不能證得清淨解脫之斷德，故此惑亦謂修惑。就塵沙無知惑而言，如若稍微有一絲一毫見思惑伴隨於如恒河沙數之無窮法門裡，則對於無窮無盡的類別有殊的萬事萬物不能如其所是地眞實地知之，故有此惑則不能證得道種智，即無法實踐觀假之法門。道種智不能證得，則一切種智，即佛智自亦是不能證得的。既如此，即使能夠證得一切智，即聲聞緣覺二乘所具有之智慧，此亦是偏執之智慧。此所謂一智被障，則三智皆被障矣。與此同時，見思塵沙無知之三惑則亦伴隨而顯現矣。散列地方便地言之，爲見思塵沙無知三惑，此所謂界外三惑也；然總持地言之，實是一同體無明，或謂無始無明。[197]

197　《佛性與般若》，第993-994頁。

　　同體無明既如此地深藏且微細，是否就不能破除？依佛家，儘管同體無明如此地深藏且微細，最後亦是可以破除的，此是毫無疑問的。如若不能破除，則成佛便無有了可能性，佛教則因此而失去了存在的意義與合法性。在佛家，只要依照釋迦佛的教導如實地次第修行，則終可完全徹底地破除深藏且微細的無始無明，而親自證得究竟圓滿果位而成佛。依天臺圓教，自十住位之初住位起，經歷十行位，即歡喜行，饒益行，無瞋恨行，無盡行，離癡亂行，善現行，無著行，尊重行，善法行，真實行，[198]十回向位，即救護一切眾生離眾生相回向，不壞回向，等一切佛回向，至一切處回向，無盡功德藏回向，隨順平等善根回向，隨順等觀一切眾生回向，如相回向，無縛解脫回向，法界無量回向，[199]十地位，即歡喜地，離垢地，明地，焰地，難勝地，現前地，遠行地，不動地，妙慧地，法雲地，[200]直至等覺位，[201]同體

198　釋迦佛說：「是故佛子。從灌頂心進入五陰法性空位。亦行八萬四千般若波羅蜜。故名中十行佛子。就中始入法空。不為外道邪論所倒入正位故。名歡喜行。佛子。得常化一切眾生皆法利眾生故。名饒益行。佛子。法實得法忍心無我無我所故。名無瞋恨行。佛子。常住功德現化眾生故。名無盡行。佛子。命終之時無明鬼不亂不濁不失正念故。名離癡亂行。佛子。生生常在佛國中生故。名善現行。佛子。於我無我乃至一切法空故。名無著行。佛子。三世佛法中常敬順故。名尊重行。佛子。說法授人動成物則故。名善法行。佛子。二諦非如非相非非相故。名真實行。」大正藏，24 冊，1017 中；《佛性與般若》，第 943-945 頁。

199　釋迦佛說：「是故佛子。從真實心。入眾生空無我空。二空平等無別。一觀相一合相。學習百萬億般若波羅蜜空觀故。回易前後心心。觀唯明明寂滅。長養上地明觀法故。回因向果。復以無量心不捨不受故。十向法如是。佛子。常以無相心中。常行六道而入果報。不受而受諸受。回易轉化故。名救護一切眾生離眾生相回向。佛子。觀一切法但有受但有用但有名。念念不住故。名不壞回向。佛子。三世諸佛法。一切時行故。名等一切佛回向。佛子。以大願力入一切佛國中。供養一切佛故。名至一切處回向。佛子。以常住三寶授與前人故。名無盡功德藏回向。佛子。習行相善無漏善而不二故。名隨順平等善根回向。佛子。以觀善惡父母無二。一相一合相故。名隨順等觀一切眾生回向。佛子。常照有無二諦一切法一合相故。名如相回向。佛子。以諸法無二般若無生二諦平等。過去一合相現在一合相未來一合相故。名無縛解脫回向。佛子。覺一切法第一義諦中道無相一切法皆一照相故。名法界無量回向。」大正藏，24 冊，1017 中-下；《佛性與般若》，第 946-947 頁。

200　釋迦佛說：「佛子。地名持。持一切百萬阿僧祇功德。亦名生。成一切因果故名地。佛子。舍凡夫行生在佛家。紹菩薩位入聖眾中。四魔不到。有無二邊平等雙照大信始滿。習學無生中道第一義諦觀。上至二地三地乃至十一地。明觀法門心寂滅法流水中。一相無相二身無方同佛土故。名歡喜地。佛子。以正無相善入眾生空。現萬佛世界六通變化空同無為故。

無明煩惱則被一分一分地破除，在等覺位破除最後一分同體無明煩惱後，即至妙覺位，[202]在此位則無所破矣，已至究竟圓滿境，即已成佛矣。故從十住位至等覺位，共計四十一位，皆在不同程度上為見思塵沙無知之三惑所拖累，而惟有至妙覺位，才無有如此三惑之拖累，此所謂究竟斷也。因此，對佛而言，所謂斷除最後一絲一毫之深藏且微細的同體無明煩惱，乃是無所斷，即無有三惑之拖累之義。此即是說，此語境裡的斷是無所斷之斷義，而非是有所斷之斷義，因如若還有所斷，則不究竟，還需要繼續向後返，故無窮無盡矣。故釋迦佛在仁王般若波羅蜜護國經菩薩教化品第三裡曾如是演說：十住位十行位十回向位之三賢及十地位之十聖因其未能完全徹底斷除同體無明，故還是住於由過去業因所引生的果報之中；而惟有佛一位次才真

名離垢地。佛子。光慧信忍。修習古佛道。……。以此法度眾生。光光變通故。名明地。佛子。大順無生起忍。觀一切法二諦相。上觀佛功德。下觀六道眾生。……。皆入平等入七觀法。故名焰地。佛子。順忍修道。三界無明疑見。一切無不皆空。八辯功德入五明論。所謂四辯因果內道外道辯。五論者內外方道因果鬼師無不通達。故名難勝地。佛子。上順諸法。觀過去一切法一合相。現在一切法一合相。未來一切法一合相。法界因緣寂滅無二。故名現前地。佛子。無生忍諸法。觀非有煩惱非無煩惱。……。常向上地念念寂滅。故名遠行地。佛子。是故菩薩無生報觀。舍三界報變易果。用入中忍無相慧。出有入無化現無常。自見己身當果。諸佛摩頂說法。身心別行不可思議。故名不動地。佛子。復入上觀光光佛化無生忍道。現一切佛身。故名妙慧地。佛子。菩薩爾時入中道第一義諦。大寂忍下品中行。行佛行處。坐千寶相蓮華。受佛記位學佛化功。二習伏斷大信成就。同真際等法界。二諦一相。具一切功德入眾生根。無量瓔珞功德。一時等現一切形相。故名法云地。」大正藏，24 冊，1017 下-1018 上；《佛性與般若》，第 954-957 頁。

201 釋迦佛說：「佛子。第四十一地心者。名入法界心。復次心所行法者。所謂勇伏定入法光三昧。入此定中修行十法。一學佛不思議變通。二集菩薩眷屬。三重修先所行法門。四順一切佛國問訊一切佛。五與無明父母別。六入重玄門。七現同如佛現一切形相。八二種法身具足。九無有二習。十登中道第一義諦山頂。」大正藏，24 冊，1015 中-下；《佛性與般若》，第 958 頁。

202 釋迦佛說：「佛子。第四十二地名寂滅心妙覺地常住一相。第一無極湛若虛空。一切種智照達無生有諦始終。唯佛窮盡眾生根本有始有終。佛亦照達乃至一切煩惱一切眾生果報。佛一心念稱量盡原。一切佛國一切佛因果。一切佛菩薩神變。亦一念一時知住不可思議二諦之外獨在無二。」大正藏，24 冊，1015 下；《佛性與般若》，第 958 頁。

正安住於無垢無染之清淨國土之中。[203]此所謂惟有聖人/佛能夠究竟斷除同體無明煩惱，而未有修行至聖人/佛之境界者，則必定還為見思塵沙無知之三惑所拖累，而有業因果報。[204]

　　然如何可以完全徹底地破除同體無明而成佛？佛家義理承認吾人有無限心。吾人有限的肉體生命因無限的心量而獲得永恆的意義。故吾人只要經由次第修行而朗顯其無限心，即可破除同體無明煩惱而成佛。如若還是相即於九法界，即與天地萬物為一體地朗顯此無限心，則如此所成之佛方是圓佛。然吾人在相即於九法界，與天地萬物為一體地朗顯無限心之同時，同體無明煩惱之陰影亦同時地隨無限心而遍滿一切。此所謂無限心是一智慧海，理性海，而同體無明亦是一煩惱海。[205]所以者何？因吾人之心量無限，而無量無邊故。如若在次第修行而一分一分地破除同體無明煩惱層面上言，此次第修行是一個無限接近的過程，而在現實生活裡是否真能夠達至完全徹底地破除同體無明煩惱而證得究竟圓滿而成佛，則存疑。既如此，則成佛則只是目標，所成之佛亦單只是一理想的基本範型，吾人可依照釋迦佛的教導而次第修證，然也許終不能至。故吾人謂佛單只是一理想的存在，在現實生活裡卻並不存在。然此單只是佛教的一種意義，而且還是一種無關宏旨的意義。在佛家，佛是完全可以現實地存的。所以者何？因佛家承認吾人有無限心，只要當吾人經由次第修行而圓頓地朗現出無限心，即可成佛矣。十方三世一切眾生本自具有緣因佛性與了因佛性，即解脫斷德與般若智德。既是本自具有，故緣了二佛性自身是超越的，即自身是本自具足的，而其自身亦本自具有朗現其自己的力量，而非是經驗的。故次第修行，即是相即於物而在一分一分地破除同體無明煩惱之際一分一分地朗現此緣了二佛性。只要次第修行還未至究竟圓滿之境界，那麼在一分一分地朗現緣了二佛性之過程裡則必定伴隨有同體無明煩惱之陰影於其周遭。若在次第修行過程裡，因某一機緣，而使其自身本自圓滿具足的緣了二佛性圓頓地朗現出來，此時同體無

203　釋迦佛說：「無明習相故煩惱，二諦理窮一切盡，圓智無相三界王，三十生盡等大覺。大寂無為金剛藏，一切報盡無極悲，第一義諦常安隱，窮原盡性妙智存。三賢十聖住果報，唯佛一人居淨土，一切眾生暫住報，登金剛原居淨土。」大正藏，8 冊，827 下-828 上。

204　《佛性與般若》，第 996 頁。

205　《佛性與般若》，第 1014 頁。

明煩惱之陰影則完全徹底地被佛性智慧所照亮，而無有一絲一毫地殘存之跡象。所以者何？因緣了二佛性圓頓地朗現出來，即正因佛性顯矣故。此時，吾人之生命全幅地是一智慧之生命，理性之生命，而擁有圓滿法身之性德。如此地完全徹底地破除見思塵沙無知之三惑，而單只朗現一通體光明自在無礙之具體的生命。如此之生命，即是佛。[206]自此而觀之，惟有承認吾人生命本自具有無限心，故次第修行之無限過程與一時圓頓地朗現並不是相互衝突的，而且還是相依相即的。正是在此一意義層面上，完全徹底地破除同體無明煩惱而成佛才是可能的。[207]正是佛家承認人人皆有佛性，故無論是次第修行地無限地接近之，還是一時圓頓地朗現之，總之是皆可成佛的，此一智慧保證了佛家存在的合法性與影響的有效性。

綜而言之，無論是經由次第修行而達至的佛之境界，還是一時圓頓地朗現而進至的佛之境界，都是佛弟子本自具有的菩提心自證自顯而至無垢無染清淨光明之境界者。在此一境界裡，本自圓足的菩提心完全徹底地擺脫了同體無明煩惱的拖累而得大自由大自在。在佛家，此一大自由大自在惟有在佛之境界方才可以實現。正是在此一意義層面上，亦可謂佛境即是菩提心自證之自由，或菩提心自證之自由即是佛境。

此一部分所言的佛家義之自由境界，主要是依大乘空宗及天臺宗師之義理系統而發者，而華嚴宗師之義理系統亦有自由境界義，然吾人未有言及。所以者何？因華嚴宗所本之大方廣佛華嚴經是釋迦佛證道後第一時所演說的其親證境界的經典，其境界無上微妙殊勝其智慧無上甚深玄妙，而吾人根器不利而始終契悟不上故。

五、相而無相與審美愉悅

佛家智慧是以緣生無性為支點的般若智證慈悲化生智慧。依佛家，宇宙萬相世間萬法皆因緣和合而生起，此即是說，宇宙萬相世間萬法皆無有自性而以空為性，故須透過蕩開虛相遣除執著而證得洞徹實相如相的般若智慧，並以此了知眾生因緣的般若智慧去慈悲地教化眾生度化眾生。宇宙萬相世間萬法既是依因待緣而生起的，

206　《佛性與般若》，第 1014-1015。
207　《佛性與般若》，第 1015 頁。

故其隨緣起而生並隨緣滅而滅。此即是說，宇宙萬相世間萬法是變化無常的，而非是永恆常在的。而在佛家次第修證的過程裡，如此變化無常的虛幻之相是須要被破除掉的。所以者何？因其障礙了真如智慧的顯現故。而破除掉此虛幻之相的根本法門則是般若法門。般若智觀的作用是蕩開虛相以破除執著之對象而可至無相無執的境界。所謂無相無執，即不以相為執著對象而執著之，而非是言沒有了相的存在故無有可執著的對象而無法執著之，此所謂沒相可執。故破除諸相，亦不是消滅諸相而使其不存在，而是破除對諸相的執著，即不以諸相為真實而執著之。因此，無相無執是透過般若智觀而證悟的境界，即明瞭宇宙萬相世間萬法自身本乃虛幻不實而無須執著之並確不執著之的心靈境界。在此無執的心靈境界裡，宇宙萬相世間萬法，相相寂滅法法空，無相實相即如相。此即是說，在相相寂滅的無相境界裡則可以明瞭實相即是一惟一的真實相，此所謂實相一相，所謂無相，即是如相。

　　大乘空宗如上所宣說的經由般若智證而來的無相無執境界一義對美學研究特有啓發意義。承上文，無相無執意即破除對外在諸相的執著或謂不執著外在諸相。對外在諸相不再執著，則意味著由外在諸相所引起的利害關係亦不再對與此相關涉的主體產生任何牽引的作用。此即是說，主體不再受到由外在諸相所引起的利害關係的左右，故亦不再有利害關係的計算。無有利害關係的計算，故亦不再有煩惱。無有煩惱，心靈才平靜安寧祥和。而平靜安寧祥和的心靈狀態是進入凝神觀照的根本條件。在凝神觀照裡，心靈可以自由無羈地飛翔邀遊。此一方面表明了自由無羈的心靈已經完全徹底擺脫了外在諸相及由其引起的利害關係的牽絆，另方面亦表明了心靈的自由無羈實是進入了無相無執的境界。從審美的角度看，心靈的自由無羈即是一審美的狀態，自由無羈的心靈即是一審美的心靈。自此而觀之，無相無執一義一方面函蘊著進入審美狀態的根本條件，即完全徹底擺脫利害關係的糾葛而無執無相，一方面函蘊著在凝神觀照裡所至的審美狀態在實質上即是無有利害關係糾葛的無執無相境界。就前者言，此與康德所謂審美判斷的本性是無有利害關係的一義是相應的，故牟宗三在研究審美判斷的超越原則時，即是從此立場出發的。關此將在第四章第一節說明之。然後者關於審美境界的思考則是緣前者進一步引申而得者，此則是康德所未論及者。

　　依牟宗三，大乘空宗所宣說的蕩相遣執融通淘汰的般若法門是大乘佛家教理所

共通的法門，以現代學術語詞言之，即是在一定的適用範圍裡皆有效的方法論。既是共通的法門，故未有對三千世間一切諸法門給予一根源性的說明。而天臺宗之相即九法界（地獄餓鬼畜生-三惡道，阿修羅人天-三善道，聲聞緣覺二乘，菩薩，共計九界）而成佛的義理系統則可以給三千世間一切諸法門一根源性的說明。依天臺宗教理，一念無明法性心本自具足三千世間一切諸法門，故一念心覺悟，法性朗現，三千世間一切諸法門即是清淨法門，相即而得成佛；一念心執迷，無明現前，三千世間一切諸法門即是染著法門，相即而成眾生。自此而觀之，三千世間一切諸法門就是修行證悟法門而已，無所謂清淨與染著。清淨染著是隨一念心悟迷而現者，故三千世間一切諸法門本來如是，無一法可廢，無一法可改。故成佛當是相即三千世間一切諸法門而得成佛。此即是說，修行證悟成佛是不能亦無法舍離三千世間一切諸法門的。承上文，三千世間一切諸法門皆因緣而起，故法法皆無自性，而以空如為性。法法示空，即顯一寂滅相，所謂無相，即是實相，實相一相，即是如相。自此而觀之，法法寂滅，萬相皆如。此處須要說明的是，天臺教理之不舍離三千世間一切諸法門，並不意味著反過來執著之，而是肯認三千世間一切諸法門是存在的，並隨因順緣而修之。故進一步而言，對於宇宙萬物世間萬相，亦當是不舍不離而隨因順緣地應之。如是如是地修之，才是天臺教理之相即九法界而示者。相即九法界而隨因順緣地應相修證而得成一完滿圓通的佛是天臺教理之最根本者，即佛家所謂上求佛道下化眾生原本一如，無二無別，世間法出世間法原本一如，無二無別。故成就一完滿圓通的佛，則當在世間應萬相隨萬緣地修證而成者，而非是跑到高山頂上去孤立地成就之，此最多乃一自了漢而已，與佛家上修下化本一如的大道遠矣。宇宙萬物世間萬相雖依因待緣而起而現，然畢竟是存在的，故必須肯認之。亦正因為宇宙萬物世間萬相是依因待緣而起而現的，即隨著緣起而起，緣滅而滅，故是變化虛幻不實的。正是在此一意義層面上，佛陀教化眾生不應執著宇宙萬物世間萬相此般虛幻不實的東西而至無執無受的寂滅境界。承上文，法法寂滅法法如，相相寂滅相相如。無執無受的寂滅境界即是大乘空宗透過般若智觀而證得的無相境界。此處須要說明的是，大乘空宗所彰顯的無相境界主要意在表明破除對宇宙萬物世間萬相的執著而觀空證空住空，而天臺教理則表明儘管宇宙萬物世間萬相是虛幻不實的而不應執著之，因其畢竟是存在的而應該肯認之，並隨因順緣地應相而修之。此是

二者的一個根本性區分：前者主要是幫助眾生破除相執而悟入空境，而後者主要是教導眾生不舍不著地應相而悟入空境。正是基於此一微妙之區分，吾人謂前者是無相境界，後者是相而無相境界。

從美學視閾來看，無相境界似中國傳統審美境界理論：物我渾然一體，而無法分出何為物何為我，此可謂非物非我，即物即我。具體地言之，則是儒家的上下與天地同流，大樂與天地同和的境界，道家的非蝶非周，即蝶即周的境界。此一義主要強調的是審美最後所至的境界。

相而無相境界與目前美學界關於中國傳統美學的研究或美學原理的研究內容還未有對應的內容。雖如是，然相而無相一義對緣中國智慧傳統而來的美學研究尤有學理上的啟發意義。美學研究的內容很豐富，但基本上都是圍繞著美與審美一根本問題展開的。一般而言的審美鑒賞，主要是在靜觀默會的層面上來表述的，即強調審美主體與審美對象所確立的審美關係是一個靜觀默會的關係。此即是說，審美主體必須以一種澄淨的心靈去靜靜地觀照審美對象並默默地品味而獲得審美的體驗與感受並形成一個審美判斷。此處所言的審美鑒賞及審美關係是一靜態性質的關係。此主要還是針對藝術審美或自然審美而產生並形成的一種理論觀點。但依中國智慧傳統而來的美學研究則不僅僅囿限於此。中國智慧是一實踐的智慧，即在日常生活世界裡的實踐無處不有智慧，無處不是智慧，只是百姓日用而不知。具體地言，對自己的修身修心，對家庭的入孝出悌，對他人的待人接物，對天下的平定教化，對自然的參贊化育，無一不是智慧的妙用，無一不是智慧的呈現。依此智慧形態而來的美學研究所涉及的範圍則與吾人的生活實踐同其域，而非單只是藝術與自然的審美領域。此即是說，吾人的生活實踐人生實踐皆可是緣實踐智慧而來的美學形態所研究的對象。吾人的生活實踐人生實踐是一行為活動，關此可從動靜角度言之：從行為對象的結果或就其為一行為對象而言，此是其靜態的一面；從行為活動的過程或展開而言，此是其動態的一面。就前者言，吾人可將其視為一客觀對象而靜靜地觀察反省思考；就後者言，吾人則置身其中而直接地成為親歷親為者或間接地成為見證者。無論是靜觀反思還是動態參與，都沒有離開紛繁複雜的生活事相。諸般與生活實踐人生實踐密切相關的生活事相作為緣實踐智慧而來的美學形態所研究的對象，則表明此一美學形態不僅函攝靜觀默會之靜態地審美一義，而且亦函攝親歷親

爲之動態地審美一義。就前一義言，此雖是對生活行爲對象之靜觀省思而言，然此與對一般而言的藝術現象之靜觀默會則完全是一義。所以者何？因此處所言之生活實踐對象在廣義上亦可視爲一藝術現象，或謂生活實踐對象在範域上函蘊著藝術現象故。就後一義言，此不僅函蘊著闡釋審美過程的可能性，而且表明審美感受的眞切性。在緣實踐智慧而來的美學形態範域裡親歷親爲之動態地審美即意味著在生活實踐人生實踐的日常生活世界裡雖經歷著變化繁雜的生活事相，然此單只是對因生活實踐人生實踐而來的諸般事相予以一審美化地回應，即單只是應之而並不執著之，故雖置身於諸般生活事相之中，然並未有糾纏著俗世生活的功利計算，而是在隨因順緣地回應之中依然保有一平靜清明的心靈。心靈的此一平靜清明狀態，以佛家語詞言之，即是一無相的境界，以美學語詞言之，即是一審美狀態。此即是說，心靈離開對宇宙萬物世間萬相的執著而進至的平靜清明狀態實即是一種悠然的審美狀態。關此須要說明的是，此處所謂心靈因無相無執而清明平靜而美一義與上文所言之依般若智觀而無相無執而美一義是相區分的，儘管最後皆終至無執無受的無相境界。就依般若智觀而無相無執而美言，此著重強調如何去除對諸相的執著而進至無執無受的無相境界。從美學視閾衡之判之，此則是凸顯了審美境界：自由無礙，及其進至審美境界的方法：澄懷寂心。就依天臺教理而無相無執而美言，此不僅在根本方向上與大乘空宗所宣說的去執無礙的如如境界是同一的，而且更特別凸顯對世間萬相的肯認與回應，此即是說，此語境裡的無相無執境界是在隨因順緣地應相過程裡實現的。正是在此一意義層面上，吾人可言此無執無受的無相境界實是有相的。因前者重在經由一方法而至一境界的彰顯，故吾人以無相境界名之。因後者將此般諸相的肯認與回應及最後終至的境界此兩方面皆置於同等重要的層面而彰示之，故吾人以相而無相境界名之。自此而觀之，此相而無相一義函蘊著：第一，避免了因單強調無相境界而滑向對其執實的可能性；第二，避免了因對此般諸相的忽略而誤解佛家智慧完滿圓融的可能性；第三，展示了相無相本自一如的圓通的佛家智慧；第四，表明了無相境界是在隨因順緣地回應世間萬相的過程裡修證得來的。在美學的視閾裡，吾人言相而無相一義啓發美學研究在關注審美感受（其極致狀態即審美境界）的同時還應關注引發審美感受產生的審美對象，並亦關注審美主體爲獲得審美感受而與審美對象所確立的因緣和合的審美關係，以及審美主體審美感受的動態過

程。故緣實踐智慧而來的美學形態則不僅研究經由實踐工夫而至的審美境界，而且亦重視在實踐過程裡審美主體親歷親爲而獲得的內在眞實的體驗感受，並審美主體實踐體驗感受與其所至的審美境界本是一體的，無二無別的。此即是說，在緣實踐智慧而來的美學形態裡，動態的實踐感受與靜態的審美境界是同體相依，依而復即的。相而無相一義的美學意義之大端如是。並此一義對探索建構緣中國智慧傳統即實踐智慧而來的美學系統尤有關鍵性的啓發意義。此是吾人在詳細地疏解牟宗三的般若學及天臺學之後所必然地引申至者，故反復地申述之，以示其學理意義的重要性及對建構緣實踐智慧而來的美學形態的理論範式意義。

第三節　天道性命通而為一與聖人之化境

牟宗三在《心體與性體》之四巨冊[208]，計 2300 餘頁裡詳細地檢討了儒學在宋明六百年裡的發展情況：分疏並貞定了宋明儒學之學派系脈；釐定並呈現出宋明儒學承孔孟儒學之理脈而所彰顯之道德的形上學，與此同時，亦與康德哲學對判，而標明康德哲學在道德哲學思路上的缺憾，並援孔孟補康德，與此同時，亦標明宋明儒學在道德哲學建構上的需要，並援康德補孔孟。在美學方面，其在此一階段主要展示了聖賢透過道德實踐之工夫所達至的大而化之的境界。此一大而化之境界是聖人上下與天地同流的自由狀態。此一自由狀態是聖人從心所欲不逾矩之圓融平和的境界。故吾人視之爲中國美學之最高層級。所以者何？因儒家智慧乃中國智慧之本根的主脈，並且聖人境界乃最高致最圓滿者故。

208　牟宗三謂：「《心體與性體》共三冊已於民國五十七年出版於正中書局。在該三冊中，只詳講濂溪、橫渠、明道、伊川、五峰與朱子六人。但在詳講此六人中，宋明儒長期發展之可分為三系已確然明白而無可疑。是故在該書出版後，心中如釋重負；雖即尚餘陸王一系以及殿軍之劉蕺山尚未寫出，吾亦暫時無興趣再為續寫。遲延至今，忽忽不覺已十年矣。……吾所涉及之工作至今大體俱已寫成，因此宋明儒之餘三人亦必須寫成，不能再拖。此書定名曰《從陸象山到劉蕺山》，實即《心體與性體》之第四冊也。」牟宗三：《從陸象山到劉蕺山·序》，臺北：臺灣學生書局，民89，第1頁（案：後文引證此文獻時，僅標注文獻名與頁碼）。據此，吾人言《心體與性體》共四冊。

一、心性之學與道德的形上學

　　唐君毅在中國哲學原論第一章導言裡詳細地說明了中國哲學思想裡的理字義：一是文理義，即先秦思想家們所重視之理；二是名理義，即名數之理與魏晉玄學之玄理；三是空理義，即隋唐佛學家們所闡釋之理；四是性理義，即宋明儒學家們所宏闡之理；五是事理義，即以王船山為代表的清代儒學家們所彰顯之理；六是物理義，即現代中國人接受西方思想尤其是科學與民主思想而宣導在現代中國發展科學與民主之理。[209]在牟宗三看來，唐君毅所區分的理之六種意義總攝了中國哲學思想裡理字之全部意涵。然其對理之先秦義，即文理義是否可以成為一門獨立的學問，提出了質疑：因其意涵太過通泛，故無法確定其歸屬於何學門裡。[210]正是因此一疑惑，牟宗三從學門範域對理之六義重新整理並說明：一是名理，此歸屬於邏輯數學；二是物理，此歸屬於經驗科學，即自然科學與社會科學；三是玄理，此歸屬於道家；四是空理，此歸屬於佛家；五是性理，此歸屬於儒家；六是事理（函情理），此歸屬於政治哲學與歷史哲學。[211]宋明儒學家們所講之性理，以學門範域之，即性理之學。此學之顯著特徵是亦道德亦宗教，即道德即宗教，此所謂道德與宗教通而為一者也。[212]

　　牟宗三依據宋明儒學家們講習的中心與重點，即道德的本心與道德實踐之所以可能的先天根據，亦謂道德創造的本性能力，將性理之學進一步具體地名之曰心性之學。正是在此一意義層面上，此語境裡的性理並非是性之（底）理，而是即性即理，故既函蘊性即是理一義，此即是伊川朱子所謂的性即理之性理義，亦函蘊本心即是性一義，此即是從孔孟至陸王所謂的心性學之性理義。因此之故，牟宗三認為以心性之學名此性理之學則更為恰切妥當。[213]然此性理之學是宋明儒學家們所獨闢，還是有所本？此語境裡的性理之學，實即是宋明儒學家們所推崇宣導的個人自己自

209　唐君毅：《中國哲學原論·導論篇》，臺北：臺灣學生書局，1986，第 24 頁；《心體與性體》（一），第 2-3 頁。

210　《心體與性體》（一），第 3 頁。

211　《心體與性體》（一），第 3-4 頁。

212　《心體與性體》（一），第 4 頁。

213　《心體與性體》（一），第 4 頁。

覺地作道德實踐的工夫以期挺立自己德性人格之學問，故亦可謂內聖之學。宋明儒學家們極力宏闡內聖之學，對儒家思想的復興與中國思想的復歸起到了積極的作用，但此學問並非是宋明儒學家們所獨闢，而是將在先秦本已定型並已彰顯出永恆意義的內聖之學，不斷地反復講習而進一步使其更加完善圓滿而達至其極之境界，以此弘揚儒家智慧，而契歷史時代運會之機。在先秦本已定型並已彰顯出永恆意義的內聖之學，此即如孟子在盡心上所宣講的：尋求即可以得到，放棄即可以失去，此即是說，如此之尋求對獲得是有益的。所以者何？因如此之尋求是在我自身之本心本性之內實現的故。[214]牟宗三進一步言，如此在我自身之本心本性之內尋求者，是儒家思想之最內在的本質，是儒家智慧之最深刻的洞見。[215]內聖之學意在引導人透過道德實踐之工夫而挺立其自身之德性人格。此挺立自身德性人格之最高的目標是成聖人成仁者成大人。而此一理想之目標所函蘊的真實意義則是彰顯個體自身能夠於有限肉體生命之中獲得一無限且永恆圓滿的意義。如此之學問，不單只是具有道德的意義，而且還具有宗教的意義。正是在此一意義層面上，吾人言此學問是一道德的宗教，並名之曰成德之教。如此性質的宗教，既與出離世間修證無上正等正覺並行菩薩道以救護十方三世一切眾生脫離苦海之佛教相區分，亦與皈依上帝懷抱而得拯救的西方基督教相區分。具體地言，儒家之道德不是停留在吾人肉體生命之有限範圍內的，而是可以通達無限的。吾人的肉體生命是有限的，故其承載的道德行為亦是有限的，然使道德行為成其為道德行為之實體即道德行為所賴以合法存在的先天根據則是無限的，而且此使道德行為具有存在合法性的實體之無限性亦是透過有限的道德行為隨時隨處表現出來的。故儘管吾人之肉體生命是有限的，道德行為亦是有限的，然此有限即可通達無限，而且此有限即是無限。如此之無限意義，即是一境界，而且是一具有宗教意義的境界，故成德之教是一道德性的宗教。誠然，透過道德實踐之工夫而至成聖人成仁者成大人之過程，即成德之過程，在現實生活裡是一個可以無限拉長的過程。既如此，就不圓滿而言，可以說永遠不能達至圓滿，

214　孟子曰：「求則得之，舍則失之；是求有益於得也，求在我者也。」《孟子譯注》，第259頁。

215　《心體與性體》（一），第4-5頁。

故無人敢自居爲聖人；就圓滿而言，亦可以說當下自身即是圓滿，故當下即可成聖人。然能否成爲聖人之結果，並非是最重要的。而最重要的是自覺地堅持不懈地作道德實踐之工夫，並在此一無限之進程裡明澈自己的本心照見自己的本性以眞正實現完全徹底地澄澈光亮其生命。正是在此一意義層面上，吾人言，一切道德性的宗教意義或宗教性的道德意義皆函蘊於其中，故內聖之學的一切義理皆於此處開山。[216]

宋明儒學家們所宏闡的成德之教，並非是其所獨闢，亦非是其故意之誇張，而是在繼魏晉玄學及南北朝隋唐佛學之歧出後而回到中國思想的正軌，即繼續沿著先秦儒學家們所已發展並定型的儒家智慧之方向而充分地彰顯其弘規並向前推進之者。先秦儒學家們所發展並定型的儒家智慧之弘規主要透過如下六位/部經典的思想家/著作表現出來的。一是至聖先師孔子教化眾生應透過道德實踐去成仁者成聖人，然其自己則絕不以聖人自居，故其在述而篇第七裡謂，就聖人與仁者而言，他還未能是者，然其永不厭棄學習成仁者成聖人，永不疲倦地教化眾生，則是其所能爲之者。[217]而孔子之永不疲倦地教化眾生，永不厭倦地學習成仁成聖，則已充分地顯示出其踐仁知天之仁心與智慧。故由孔子所洞見之踐仁知天則是此成德之教之弘規。二是中庸承孔子所定之弘規而謂聖人之生命之所以可以向上通達天德，是因爲聖人的仁心是如此地誠懇眞摯，智慧是如此地深邃微妙，德行是如此地廣闊浩大。[218]三是曾子言有抱負有地位有教養的以天下爲己任的人必須有寬闊豁達的心胸與堅毅剛強的意志。所以者何？因責任重大路途遙遠故。因以腳踏實地不折不扣地實踐仁心，故謂責任重大，因直至肉體生命的終結才停止仁心之實踐，故謂路途遙遠。[219]曾子是在告誡並教誨吾人應該自覺地作守約愼獨的道德實踐之工夫，以實現成德之教之

216　《心體與性體》（一），第 6 頁。

217　孔子曰：「若聖與仁，則吾豈敢？抑爲之不厭，誨人不倦，則可謂云爾已矣。」《論語譯注》，第 76 頁。

218　《中庸》：「肫肫其仁，淵淵其淵，浩浩其天。苟不固聰明聖知，達天德者，其孰能知之？」《四書章句集注·中庸章句》，第 39 頁。

219　曾子曰：「士不可以不弘毅，任重而道遠。仁以爲己任，不亦重乎？死而後已，不亦遠乎？」《論語譯注》，第 80 頁。

目標。四是孟子將孔子所定之成德之教之弘規全部充分地展開，此如陸象山所言：孔子是以渾然一體之言闡發明示仁之智慧的，而孟子則是以惻隱羞惡辭讓是非之四端之心等內容來具體充分地展開孔子所洞見之仁的。[220]具體地以例言之：首先孟子言士人應該使自己的志業與行為高尚；[221]其次孟子言識大體之人與識小體之人之區分，即如若吾人能夠時時處處涵養自己之本心本性，並在日常生活裡依此而實踐之，則成為識大體之人；如若吾人時時處處不能涵養自己的本心本性，而只能在日常生活裡依順自己的耳目等感官欲望而實踐之，則成為識小體之人；[222]再次孟子言君子的本性並不因其理想抱負暢行於天下而有所增加，亦不因其窮困潦倒而有所減少。所以者何？因此是本已固定的故。君子的本性，經由本於其本心的仁義理智之四德而具體化，並透過神情氣色四肢百體而表現出來，即溫和潤澤的神情氣色，活力盎然的四肢百體，使人一見即能夠一目了然而清楚明白，無需言語的表述。[223]最後孟子言吾人充分地顯露其自己良善的本心，即能夠照見其自己的本性，即能夠向上通達天德而知曉天命；以充分地操存其自己良善的本心，並涵養其自己的本性之辦法來對待天命，此即是說，無論是長壽還是短命，在其生命存在的過程裡，努力地修持身心以等待天命的安排，故能夠安身立命矣。……。[224]孟子即是以如此之具體的方面來展開並證成孔子以仁所定制之弘規的。五是易傳之文言關於乾坤二卦所演說者。儒之聖人在乾文言裡被稱為大人，即與天地之大德相合，與日月之光明相應，與四時之節序相順，與鬼神之吉凶相契者。具有如此境界之大人，先於天而天亦不

220　陸象山曰：「夫子以仁發明斯道，其言渾無罅縫。孟子十字打開，更無隱遁，蓋時不同也。」陸九淵：《陸九淵集》，北京：中華書局，2010，第398頁（案：後文引證此文獻時，僅標注文獻名與頁碼）。

221　王子墊問曰：「士何事？」孟子曰：「尚志。」《孟子譯注》，第315頁。

222　孟子曰：「養其小者為小人，養其大者為大人。……。從其大體為大人，從其小體為小人。」《孟子譯注》，第268-269頁。

223　孟子曰：「君子所性，雖大行不加焉，雖窮居不損焉，分定故也。君子所性，仁義禮智根於心，其生色也睟然，見於面，盎於背，施於四體，四體不言而喻。」《孟子譯注》，第309頁。

224　孟子曰：「盡其心者，知其性也。知其性，則知天矣。存其心，養其性，所以事天也。夭壽不貳，修身以俟之，所以立命也。」《孟子譯注》，第301頁。

違反之，後於天而順應天而行之。天且如此，而何況於人與鬼神？儒之聖人在坤文言裡被稱爲君子，即以恭敬敬畏的態度使其內心正直，徹上徹下，表裡一致，以公正合宜的道理使其行爲規矩，方方正正，無有扭曲者。既如此，恭敬敬畏與公正合宜確立了，道德即體現了。[225]故無論是大人或是君子，皆是承孔子所定制之弘規而具體地言者。正是在此一意義層面上，牟宗三言宋明儒學家們六百年來所宏闡與彰著之成德之教之義理，無一不是成孔子之弘規而來者。[226]

如上是以中國哲學之語詞言說宋明儒學家們所反復講習並弘揚的性理之學。現再以現代學術語詞言說宋明的性理之學。

從學科及學問的視閾來看宋明儒學家們所反復講習並弘揚的性理之學，可謂其是一道德哲學。所謂道德哲學（Moral philosophy），即以道德爲思考討論對象的哲學，或關於道德的哲學思考討論的學問，故亦可謂道德底哲學（Philosophy of morals）。人們對哲學的理解是多方面的，故其展開的哲學思考活動亦是多層面的。自然人們關於道德的哲學思考討論亦是多方面的，故有不同的道德底哲學系統產生。以宋明儒學家們所討論的性理之學爲例，在道德層面展開其自身的論述，其所關注並討論的中心或重心問題，即是確定道德實踐之所以可能的先驗根據，或謂超越根據，此所謂心性問題是也。此是確立道德實踐之所以可能的客觀根據，故是本體域的問題；在此基礎上，進一步關注並討論如何展開道德實踐的問題，此所謂工夫入路問題是也。此是確立道德實踐之所以可能的主觀根據，故是工夫域的問題。宋明儒學家們所反復講習並弘揚之性理之學的全部內容，大而言之，即是此兩域之問題。[227]承上文，在道德實踐之工夫進程裡，吾人可在有限之肉體生命裡通達無限之意義，故吾人在光亮本心照見本性之後所澈至之本體，即心體性體，必定顯示一絕對性與普遍性，即能夠周遍一切地創生萬物而無有一物被遺漏，並能夠頓時普遍地

225　《乾文言》：「夫『大人』者，與天地合其德，與日月合其明，與四時合其序，與鬼神合其吉凶，先天而天弗違，後天而奉天時。天且弗違，而況於人乎？況於鬼神乎？」《周易譯注》，第9頁；《坤文言》：「君子敬以直內，義以方外，敬義立而德不孤。」《周易譯注》，第16頁。

226　《心體與性體》（一），第6-7頁。

227　《心體與性體》（一），第8頁。

妙運萬物者。既如此，吾人始知此心體性體不單只是吾人道德實踐之客觀的根據，而且亦必定是宇宙生成變化之客觀的根據，綜而言之，是一切存在之客觀存在的根據。此是從義理上必定地如此展示者，即是仁心無外之所必函蘊者。然此是否單只是理上當該如此？答曰：否。承上文，中庸言聖人的生命因其仁心誠懇眞摯，智慧深邃微妙，德行廣闊浩大而能夠上達天德，即通達無限之意義。此所言聖人之體證亦能證明仁心無外不僅理上如此，其在實踐裡亦復如是。故經由如上理論與實踐之雙面展示，亦可進一步推證出此語境裡的道德底哲學還函蘊一道德的形上學（Moral metaphysics）。[228]

二、道德的形上學與道德底形上學

在牟宗三看來，經典的宋明儒學家們都從不同層面表明了道德性的天理實理是源出於心體性體的。在主觀上，即吾人的心體性體，在客觀上，即吾人經由道德的實踐工夫而能夠與之相通的道體性體，即是寂感眞幾，具體地言，即是宇宙論意義上的宇宙生化之源，或道德創造之源，綜而言之，即是創造之源。故從宇宙生成變化之氣跡或道德實踐行爲之氣跡上言，則是描述服從自然因果規律的實然或自然；從創造之源而本體宇宙論地言，則是表述服從意志因果規律的當然。自此而觀之，無論是宇宙生化還是道德創造，無論是自然律還是意志律，無論是實然還是當然，實際上皆是一寂感眞幾在不同層面之表現。故兩個層面在最根源處實是契合無間的，自然而然的。所以者何？因他們自一開始即具有一通透具體的圓熟智慧，而經由篤實的道德實踐之工夫而體證道德性當然之理充其極而呈現一具體清澈精誠惻怛之圓而神的境界。在中國儒家，此是一個奧妙絕倫的原始智慧。然而一般人是很難理解的。故惟有經由篤實的道德實踐之工夫而充其極，才能眞切地體證到道德性當然之理所呈現的具體清澈精誠惻怛之圓而神的境界。此即是說，經由篤實的道德實踐之工夫此一關通暢了，道德之當然與自然之實然則自然而然地契合無間，甚至本是一體之原貌則自然而然地呈現出來了，此即是具體清澈精誠惻怛之圓而神的境界。[229]

228　《心體與性體》（一），第 8-9 頁。

229　《心體與性體》（一），第 115-116 頁。

　　然牟宗三如上對經典的宋明儒學家們之贊辭的根據何在？具體而言，其大端有二：一是經典的宋明儒學家們皆能契悟經典的先秦儒學家們之原始智慧，並以孔孟之踐仁盡性知天之弘規爲規範，經由反復地講習與闡釋而成型一性理之學。二是道德理性之三義：第一義是道德性自身之莊嚴而純粹的意義，即透過聖人生命人格而呈現出來的具體清澈精誠惻怛之圓而神的境界背後所函蘊的義理內容，即踐仁盡性知天者，具體地表現在兩個層面：　爲形而上的層面，即本體宇宙論之意義面，一爲道德實踐的層面，即工夫入路之意義面。第二義是形而上的意義，即道德實踐充其極，而體現心體性體爲宇宙生成變化之根據者，即本體宇宙論的意義。第三義是道德決斷之實踐性及普遍性的意義，即道德決斷皆是踐仁盡性知天之道德實踐工夫裡所具體的表現者，故既是存在性的，歷史性的，亦是遍普性的，即人人皆接受並亦皆如此做決斷者。[230]道德理性之三義是散開地具體地言者，而具體清澈精誠惻怛之圓而神的境界則是此三義之綜合而形象地直接呈現者。故可謂是一而三，三而一。然以最圓滿究竟語言之，實則皆一，無二無三。

　　道德理性之此三義，尤爲重要，在牟宗三看來，惟有此三義之徹底地圓滿地透顯出來，道德的形上學才能眞正地證成。而其解讀此三義之路徑則是依禪宗（雲門宗）之德山禪師之三句教[231]，即截斷眾流，涵蓋乾坤，隨波逐浪，從義理及境界上類比地言之。在牟宗三看來，首先，經典的儒學家們所確立的經由道德實踐之工夫而達至聖人境界所體證的心體性體一定是眞實的，故其所透顯出來的道德法則因其是自律的，則必定具有普遍性與必然性，即能夠自然而然地無條件地切斷一切外在對象的牽絆而顯示出意志的自律，以儒家語詞言之，即顯示出心體性體的主宰性。此所謂截斷眾流，即切斷一切外在諸煩惱的糾纏而直見心性之謂也。此即是道德理性之第一義，即純粹的自性義。其次，此一定眞實的心體性體不單只是經由莊嚴而純正的道德實踐行爲而顯示出其僅僅是人的本性，而且，正因爲其莊嚴而純正的道德實踐工夫能夠向上通達天德而至聖人境界而實現上下與天地同流，故亦能直接地

230　《心體與性體》（一），第 116-117 頁。

231　德山緣密禪師說：「我有三句語示汝諸人。一句函蓋乾坤，一句截斷眾流，一句隨波逐浪。若辨得出，有參學份；若辨不出，長安路上輥輥地。」續藏經，第八十冊，308 上。

顯示出其形而上的意義，即本體宇宙論的意義，而成爲宇宙萬物生成變化的根據，而亦成爲天地之本性。此所謂涵蓋乾坤，即道德心性蓋天蓋地而成爲宇宙生化之本源。此即是道德理性之第二義，即形而上義。最後，如此之心體性體不僅在理論上當該如此，即具有普遍性與必然性的純粹邏輯的形式意義，而且還必須在實際生活裡透過具體的道德實踐之工夫充分地眞實地表現出來，而在實踐上具有普遍性意義。此所謂隨波逐浪，即道德心性能夠透過踐仁盡性知天之道德實踐工夫而充分地具體地表現出來，而顯示其實踐的普遍性。此即是道德理性之第三義，即實踐的普遍性義或普遍的實踐性義。如上之三個方面的表述，充分地展示出了儒家義的道德理性是如何充其極而成爲一最完整而圓融的整體的。正是在此一意義層面上，吾人言儒家義的道德之當然與自然之實然之所以能夠天然地相冥契，並眞正充分地證成道德的形上學，根本上則全賴道德理性之此三義之完全地透顯出來並充分地確立起來，始可能。[232]

　　牟宗三關於道德的形上學之思考是與在康德之道德哲學的對判裡展開的，故其一面憑藉著康德道德哲學的理論建築術使中國儒學尤其宋明儒學家們所宏闡的性理之學挺立起來，一面審查並反思康德道德哲學之缺失及其何以至此之原因何在。上文即是明示如何將性理之學挺立起來，依現代學術語詞言之，即是如何證成道德的形上學。下文則展示牟宗三以儒家義理對康德道德哲學所作的反思與判定。

　　透過康德的三大批判著作，吾人可知康德獨立運思至其極而證成了一道德的神學（Moral theology），而並未使用道德的形上學一詞。依此，吾人是否可言康德之思未有涉及道德的形上學之相關的內容，或根本就未有向著道德的形上學之方向運思？在康德的三大批判著作裡，事實上，並非如此。康德力圖經由意志自律而逼近物自身（thing in itself），並以審美判斷作爲溝通道德界與自然界之橋樑此一套思想規劃實即是一道德的形上學之內容。在康德的著作裡已經體現出康德之運思已經顯明地涉及道德的形上學之內容，然爲什麼其未有建立一道德的形上學，而單只是建立了一道德的神學。在牟宗三看來，康德之思儘管已經涉及到道德的形上學之重大內容，此如以意志之自律作爲道德實踐之所以可能的先天根據，然其所規劃的屬於

232　《心體與性體》（一），第 137-138 頁。

道德的形上學之一套並未能夠證成。為什麼如此？牟宗三從三個方面作了說明：一是康德並未有明確說明其所規定的意志之自律是否具有如儒家之心體性體之絕對的普遍性；二是康德並未有確定地證明作為道德實踐之先天根據的自律之意志，與作為涉及一切存在而言的物自身是否能普遍地相對應；三是康德以審美判斷作為溝通道德界與自然界之橋樑，實只是一旁蹊曲徑，因其單只能作為一指點，故無法作為一擔綱，而非是一康莊大道。在牟宗三看來，康德如此之解決辦法實際上並未有解決兩界之溝通的問題。此即是說，依牟宗三，康德之解決辦法是失效的，故隔離之兩界並未能得以溝通。何以故？因兩界之關係問題實是經由道德實踐之工夫而親自證得的具有絕對性與普遍意義之寂感真幾而引生的承體起用問題，而康德卻在指點處用力，而並未在此問題的關鍵處用力故。誠然，康德面對此問題之所以會走上如此之解決路徑，亦因其對前二問題未有確切之解答故。綜而言之，儘管康德之思已經關涉到道德的形上學之重大問題，然其並未有清晰地意識到要建立一個道德的形上學，故其所規劃的屬於道德的形上學那一套並未能真正地充分地證成，而單只順著基督教的傳統而意識到一個道德的神學，並能夠積極地充分地證成。[233]

順著牟宗三此一思路，吾人可以進一步繼續追問：如果康德所涉及之道德的形上學能夠真正充分地被證成，那麼康德所精心建構之道德的神學是否有其獨立之意義，而與道德的形上學相並列地存在？依牟宗三，道德的形上學一旦證成，道德的神學則無有必要存在了，此即是說，道德的神學已消融於道德的形上學裡了。而宋明儒學家們所彰顯的性理之學，卻正是將康德之思所關涉到的道德的形上學真正地充分地證成者。承上文，宋明儒學家們所反復講習的性理之學，亦名之曰成德之教，故從道德的宗教層面視之，亦是一道德的神學，即道德的宗教義之道德的神學。故在宋明儒，道德的形上學與道德的神學，二者一也，此即是說，道德的形上學一旦證成，而道德的神學則可廢矣。[234]

承上文，宋明儒學家們所反復講習而彰顯的性理之學，既重視本體之一面，即心體性體之一面，亦重視工夫之一面，即道德實踐之一面。而康德之道德的神學還

233　《心體與性體》（一），第9-10頁。

234　《心體與性體》（一），第10頁。

單只是理上當該如此，即意志之自由自律還單只具有純粹邏輯之形式的意義。故其與宋明儒之性理之學相較而言，康德之思一方面未能眞正彰顯其形而上的意義，即本體宇宙論的意義，此所謂道德心性乃宇宙萬物之本源是也；一方面未能思考如何透過具體的道德實踐行爲而眞正地將意志自律之定然命令活脫脫地表現出來，即未有儒家之踐仁盡性知天之道德實踐之工夫，故其所洞見到的意志自律之定然命令還單只是理上當該如此，而未能達至當下呈現之具體渾如一體之境界。[235]自此而觀之，吾人不僅可以察覺到宋明儒學家們所反復講習而彰顯的性理之學與康德之道德的神學之微妙的區分，而且還可以進一步體會到以儒家爲文化主根的中國智慧與以基督教爲傳統的西方智慧之微妙的區分。

　　從宗教的視閾視之，康德建構了道德的神學，宋明儒學家們確立了一成德之教。從形上學的視閾視之，康德有一道德底形上學，宋明儒學家們有一道德的形上學。然道德底形上學與道德的形上學究有何區分？就名稱之字面觀之，兩個名詞惟有一字之差，即底與的之不同。就學問之內容觀之，所謂道德底形上學，即以道德爲研究對象的形上學，此即是說，對道德自身作形上地討論以形成關於道德的哲學基本原理，故道德成爲一種哲學研究的對象，形上學成爲關於道德研究的一種借用。所謂道德的形上學，即以道德研究爲進路而達至形上學，此即是說，經由道德實踐之工夫而光亮道德之本心照見道德之本性並以此心體性體作爲宇宙萬物生成變化之本源根據，此所謂依道德的進路而證成一道德的形上學，故關於道德的研究成爲達至形上學的一種途徑，形上學成爲哲學研究的一個目標，即以形上學自身被證成爲一目標。[236]

　　承上文，在牟宗三看來，康德之思囿於其基督教之宗教傳統而未能思考道德實踐之工夫問題，故不能證成一道德的形上學。[237]然如若能夠從儒家義理出發來審查與反思康德之思，而可以將其所規劃的並屬於道德的形上學那一套眞正充分地證成。

235　《心體與性體》（一），第 140 頁。

236　《心體與性體》（一），第 139-140 頁。

237　就牟宗三之道德的形上學與德國觀念論及康德哲學有一比較研究者，賴賢宗在《體用與心性》一書裡開闢專章表之。參氏著，《體用與心性：當代新儒家哲學新論》，臺北：臺灣學生書局，2001。

如此之一面，吾人名之曰援孔孟補康德。但康德從意志之自由、物自身等內容建構一道德的神學之顯示的純粹邏輯的形式意義亦可啓發吾人以其邏輯建築術來將宋明儒學家們所反復講習並彰顯的性理之學所函蘊之道德的形上學以現代學術語詞及其架構予以更充分地展示出來，而使其能夠更挺拔地挺立起來，以獲得一更清楚且確定的歷史定位。如此之一面，吾人名之曰援康德補孔孟。[238]

三、道德的形上學與聖人之化境

承上文，聖人不僅已經真切地洞徹到微妙的原始智慧，而且能夠渾淪一體地具體地表現出來，故一般不採用或無須採用哲學家透過邏輯分解而建構體系的方式。此以孔子所洞徹之仁智慧爲例言之。孔子不僅能夠以具體清澈精誠惻怛之心境真切地洞徹到仁智慧，而且能夠在現實生活裡具體地渾淪一體地展示出來，或指點啓發出來。故仁作爲道德行爲之普遍的法則之普遍性，非是懸掛起來的抽象的普遍，而是活生生地表現於具體清澈精誠惻怛之真實生命裡而成爲具體的普遍，此即是說，此所謂具體的普遍性猶如水銀瀉地圓珠走盤一般而遍潤現實生活裡之一切處一切時而無有任何一處一時被遺漏者。而且仁作爲道德行爲之超越的先驗根據之超越性與先驗性，非是在理論上逼顯出來而懸掛在那裡的超越性與先驗性，而是由具體真實的生命表現出來的具體的超越性與內在的先驗性。何以故？因聖人之具體清澈精誠惻怛之真實的生命自身即全幅是仁道之完全充分地表現故。正是在此一意義層面上，吾人言孔子所真切地洞徹到的仁智慧，是體用一如的。故就體而言，則全體在用，此所謂全用顯體也；就用而言，則全用在體，此所謂全體函用也。[239]

自此而觀之，在中國傳統智慧裡，孔子不僅真切地洞徹到仁智慧，即道德性自身之嚴肅且純粹的意義，而且能夠渾淪一體地使其渾然呈現出來。此有如堯舜之本性即是仁，故能夠見一善行聞一善言而自然而然地使其表現出來，此即孟子所謂堯舜性之也；[240]此即是說，吾人之本性本是真誠清澈的，故能自然而然地明曉作爲仁

238　《心體與性體》（一），第 10-11 頁。

239　《心體與性體》（一），第 117-118 頁。

240　《孟子譯注》，第 314 頁；《心體與性體》（一），第 118 頁。

之具體表現的善德,此即中庸所謂自誠明謂之性也。[241]無論是孟子還是中庸之表述,皆是與孔子之洞徹及表現仁智慧是相應的。孟子深切地契悟孔子所發明之仁智慧,故從內在之仁義來證成性善理論。此所謂內在,即明示仁義是具有超越意義的道德心先天地具有的,此所謂本性如此者,而並非是從外界所獲得的。孟子此一思想即是從孔子所真切地洞徹並渾淪一體地表現出來的仁智慧直接洞見到純粹而先天的道德理性,而且能夠透過具有超越意義的道德心具體而真實地呈現出來。此即是說,孟子之思想是將孔子之智慧進一步以邏輯分解的力量撐架起來者。儘管孟子此處顯示出邏輯分解的力量,然其並未有削弱或減殺孔子之仁智慧的真實意義與遍在意義,毋寧說是進一步使其更加明朗化與清晰化。此從孟子尤為強調盡心盡性處顯。故依中國儒家智慧傳統,透過性體所表現出來的道德法則之普遍性與先驗性是因天命所貫注而成之性體自身的普遍性與先驗性而必定地如此者,此是無須證明而自然如此地顯明者。何以故?因受精誠惻怛之道德意識所貫注之清澈通透之原始智慧隨天命所貫注而成之性體之必定如此而直下必定如此者故。正是在此一意義層面上,吾人才能理解:孔子為何說有仁義的志士寧可以殺身而成就仁德,而不願為了求生而損害仁德?[242]孟子為何說如果見了非常豐厚的錢財而不分辨其是否合乎禮義而直接接受之,如此之類的錢財對我有什麼益處?是為了奢華的住宅,妻妾的侍奉,熟識的窮人對我的感激?如果有人以前寧可捨棄生命而不接受之,而今卻為了奢華的住宅,妻妾的侍奉,熟識的窮人對我的感激而接受之,此一做法則表示其已經喪失了其本已具有的道德良心,孟子所謂四端之心。[243]透過孔子與孟子之提撕指點之語,吾人可以真切地感受到在囿於種種外在利害關係的自然的肉體生命之上還有一具有超越性與先驗性的道德理性將吾人之肉體生命向上提撕並賦予人之為人的意義,具

241　《四書章句集注·中庸章句》,第 32 頁;《心體與性體》(一),第 118 頁。

242　孔子曰:「志士仁人,無求生以害仁,有殺身以成仁。」《論語譯注》,第 163 頁;《心體與性體》(一),第 119 頁。

243　孟子曰:「萬鍾則不辯禮義而受之,萬鍾於我何加焉!為宮室之美,妻妾之奉,所識窮乏者得我與?鄉為身死而不受,今為宮室之美為之;鄉為身死而不受,今為妻妾之奉為之;鄉為身死而不受,今為所識窮乏者得我而為之:是亦不可以已乎?此之謂失其本心。」《孟子譯注》,第 266 頁;《心體與性體》(一),第 119 頁。

體而言，即仁義理智信之分別的表現者。正是在此一意義層面上，吾人言吾人之道德行爲道德人格惟有源出於具有超越性與先驗性的道德理性才是眞正純粹而無雜染純正而無歧出者，故才可眞正地挺立起來。所以者何？因此具有超越性與先驗性的道德理性透映出來而成爲道德律令而給予人一不得不無條件地依此而行之命令故。此一內容意義，對經典的儒學家們及眞正的儒者們而言，皆是當下便認取且直下即肯定的。對於經典的宋明儒學家們，其反復講習並彰顯之性理之學，則表明他們不但恪守孔孟所定之弘規，而且還使此弘規更加宏偉地挺立起來，以確定其更加確然的歷史位置。[244]

　　在西方哲學的歷史上，惟有康德悟解了此莊嚴且澈底的道德意識，並以此爲思考的出發點而建構起了一道德的神學。[245]然儘管康德之思是沿此方向而進，且亦有屬於道德的形上學一套之規劃，但其畢竟未有證成一道德的形上學。出現如此區分明顯的結果之原因是多方面多層面的。在此處之語境裡，吾人僅僅以康德關於道德情感及幸福原則之分析與宋明儒在此方面的表述相對照而明其區分處及其造成此種區分的根本原因何所是。在康德看來，私人的幸福原則是最該受到批評與反對的，其理由是：首先，私人的幸福原則因其屬於現象界，故是虛假不實的；其次，在現實生活裡，實際上，幸福與善行往往並非是成正比例的，即福德總不是一致的；再次，私人的幸福原則對道德之建立並無積極性的意義；最後，私人的幸福原則總是教導人們根據利益去計算於己有利的方面，故在利益層面上，德與不德之間本有的基本區分被完全徹底地抹除了。既如此，在人們內心深處，向德而在與向惡而在並未有什麼實質性的區分而同類化了。正是在此一意義層面上，吾人言源出於私人的幸福原則的動力在破壞道德的莊嚴性的時候，完全敗壞了道德。正是有私人的幸福原則作祟，故吾人之道德情感亦因人有千差萬別的需要而顯其有無限的差別。既如此，其對善與不善並不能提供一統一的標準。所以者何？因任何人皆有自己的利益計算而有自己特有的情感表現而無權迫使他人亦以自己的情感去形成對生活之是非

244　《心體與性體》（一），第 118-120 頁。
245　《心體與性體》（一），第 120 頁。

的判斷故。[246]自此而觀之，吾人可以很清楚地知曉，康德將道德情感與私人的幸福原則置於現象界，故視之為後天的經驗原則。[247]康德為什麼給出如此之結論，其原因在於：首先，此二者皆是對其自身之外者有所依待；其次，此二者完全根據於純粹主觀的人之脾性、性好、性向。既如此，依此而引生的道德原則自然因其對純粹主觀的人性面有所依待而失去了必然性與普遍性。誠然，對私人的幸福原則作如是觀，是無有問題的。而對道德情感亦作如是觀，則未必無有問題。康德從實然的層面，即從人性之特殊面，如人之脾性、性好、性向方面來審查道德情感，並將其劃歸於私人的幸福原則領域，而顯其經驗特性，故無有能力為區分善與惡提供一統一的標準。此與中國儒家單單強調或尤為凸顯氣性、材質之性及其引生的仁愛情感一系相類似。然道德情感是既可以向上講亦可以向下講的。向下講，即是如康德及單強調氣性之儒家一系從實然的層面講經驗性的內容，而此並不能真正地確立道德法則。向上講，即是將道德情感向上提至超越的層面，而成為道德理性道德法則之具體的表現。然如何才能將道德情感向上提至超越的層面，而成為道德理性道德法則之具體的表現？以經典儒家之語詞言之，即是在篤實地作道德實踐之工夫而充分地展現性體之表現上。以康德之語詞言之，即是在篤實地作道德實踐之工夫而充分地體現無上的道德律令之表現上。然康德之道德哲學卻並未有向此而思，而此卻是經典儒學家們所反復講習之核心課題。此即是將道德情感從實然的層面上提至超越的層面並從天命下貫審視閫審視道德情感與道德的心而見其普遍性與具體性。故宋明儒學家們承繼先秦經典儒學家所立之弘規而講性體心體且最後亦進一步而講性體心體一體。在宋明儒學語境裡，道德情感則不是如康德從實然的層面上所言之為不能為善與惡提供統一的標準之純粹主觀經驗，而是因其透過道德實踐之工夫而上達天命而具有超越性及普遍性意義，並因其源自於道德的心而具有內在性及具體性意義。[248]

246　《康德的道德哲學》，第 88 頁；《心體與性體》（一），第 125 頁。

247　《康德的道德哲學》，第 87 頁。

248　《心體與性體》（一），第 126-127 頁。

　　如此講的心與情，其最原初的根源，即是孔子渾淪一體所表現出來的仁智慧，具體地言之，即是不安之情，不忍之心，惻惻之感，健行不息之德，……至孟子，則言四端之心，然此心即是情，即是理。孟子之理，自是具有普遍性及超越性意義的，然又畢竟不是抽象的形式的普遍性，而是透過具體的活生生的心與情表現出來的，故是具體的真實的普遍性；而其心與情，因其是理之具體的真實的普遍性之表現，故亦因此而上提至超越的層面而具有普遍性，故其具體性與真實性即是超越而普遍的具體性與真實性，而不是實然層面上純粹的具體性與真實性。此即是孟子承繼孔子而進一步將孔子之洞見直下地撐架起來。至陸象山，道德的心與宇宙的心渾然一體，此獨能彰顯出道德行為的純粹性，道德本心的創造性。何以故？因在此語境裡亦是心情理混融一體故。具體地言之，此道德行為道德創造直下全幅為道德意識所貫注，由道德義理所支撐，為道德本心所光亮，由道德情感所潤澤，故蓋天蓋地，上下與天地同流。而至王陽明則言良知，而此良知亦為惻隱恭敬羞惡是非之心所充滿，亦與具體的現實生活相關聯，故亦是心情理之圓融一體。正是如此，才可以知善知惡為善去惡而知天理。[249]

　　能夠真正透過道德的實踐而實現孔子之仁，孟子之四心，陽明之良知的便是聖人。上文所言道德的心與道德情感，在聖人境界裡已經混融一體，此所謂圓而神也。儘管如此，聖人畢竟首先還是普通人，故亦必定有普通人之情感。然其又不是一般人，而是聖人，故必有其與普通人相區分之處，此即是聖人儘管有普通人之情感，然又不為此情所拖累。正是在此一意義層面上，吾人言聖人有情即無情。在前文討論斷除一切諸惑而成佛此一部分，牟宗三已經引述王弼與王陽明關於聖人無情之內容而類比地有所申述，然此處亦引述王弼李習之王陽明關於聖人無情之內容，並從儒家立場作一較為詳細地申說。故透過對聖人之情的理解，亦可以契悟圓而神的聖人境界。王弼言聖人有情而能不為其所累：聖人憑藉其有卓越的智慧與清淨的心地超越於常人。然聖人亦首先是人，故亦有與常人一樣的喜怒哀樂怨之情感。聖人有卓越的智慧與清淨的心地，故能夠體證中和而與道體相通；亦有喜怒哀樂怨之情感，故亦不能不以此諸情感對待生活裡的事事物物。然既是聖人，即能夠體證中和而與

249　《心體與性體》（一），第127頁。

道體相通，故能夠以情感對待生活裡的事事物物而又不為其所連累。此所謂聖人之情應物而無累於物者也。[250]牟宗三對王弼此一思想作了一定的疏解：首先，乍看，以為王弼所言聖人之情因其從同於普通人之五情而言，而不是如康德所言的道德情感，而是心理學意義上所言的一般的情，然實非如此。既是聖人之五情，故實亦全幅是道德情感，而且，此道德情感在聖人之言語行為的表現上還是圓融無礙的。故依儒家智慧傳統，聖人的生命是心情理之圓而神地如如一體者。因而，即使分開散列地言之亦當是：言心，則全幅是心，言情，則全幅是情，言理，則全幅是理。應物當以情應，無情無以能應物。然聖人純是以道德之情應之，故已至圓滿究竟之境，而普通人則主要是以心理學意義上的情應之，則無有境界可言。繼王弼之後，唐代的李習之則進一步言聖人有情即無情：聖人當然有如普通人一樣的喜怒哀樂怨之情感，然聖人已經由道德實踐之工夫而達至圓而神之境界，即如如不動，寂照一如之境，正是在如此之深妙境界裡，故其雖未往而已到達，雖不言而已神示，雖未照耀而已光亮，此即是說，對聖人而言，未往與已到達，不言與已神示，未照耀與已光亮，本已一體，無分無別。既如此，聖人有情即無情。此當如是解：聖人有情乎？有也。然此有即無也，故亦即無情也。[251]北宋儒學家程明道關此亦主聖人有情即無情：天地之常道創造普潤萬物是自然而為的，此所謂以其心普萬物而無心；聖人之常道對待萬事萬物是無有情執的，此即是說，以情感之相對待萬事萬物，故無有情感之執著，此所謂以其情應萬事而無情者也。[252]從王弼經由李習之而至程明道，皆主聖人有情即無情，皆重視圓而神的聖人境界。[253]此需要強調說明的：一是聖人有

250　王弼云：「聖人茂於人者神明也，同於人者五情也，神明茂故能體沖和以通無，五情同故不能無哀樂以應物，然則聖人之情，應物而無累於物者也。今以其無累，便謂不復應物，失之多矣。」《三國志》，第795頁；《心體與性體》（一），第128頁。

251　李習之云：「聖人者，豈其無情耶？聖人者，寂然不動，不往而到，不言而神，不耀而光，製作參乎天地，變化合乎陰陽，雖有情也，未嘗有情也。」《心體與性體》（一），第128頁。

252　程明道云：「夫天地之常，以其心普萬物而無心，聖人之常，以其情順萬物而無情。故君子之學，莫若廓然大公，物來順應。」《二程集》，第460頁；《心體與性體》（一），第128頁。

253　《心體與性體》（一），第128頁。

如普通人一樣的喜怒哀樂怨之情感，此是從情感之表現形式而言的；然從其內容而言，則純是道德的情感，是道德本心之全幅地朗顯。二是聖人之道德的情感惟有從聖人之圓而神的境界維度來言之，方得正確恰切之門徑。三是聖人之圓而神的境界是聖人上下與天地同流的大自由狀態。

聖人的境界具體地表現爲形上境界與宗教境界，此是爲表述之計而分開地言之。而且形上境界與宗教境界實是同一的，故亦是圓而神的，此是總持地言之。然此境界究能否實現，因人之肉體生命畢竟是有限的有形的？牟宗三以胡五峰之以心著性之思想爲契機展開說明。故問題是：吾人之道德的心能否如道德本性自身之遍在性一樣而充分地展現其全部的蘊涵？牟宗三從兩個角度展開闡釋：一是從透過道德實踐之工夫過程而言道德的心充分地展現道德本性是無限性的。從道德自覺以彰顯道德的心之自律性而促成道德行爲此一層面言，道德本性之全部的蘊涵並不能充分地展現出來。所以者何？因道德自覺畢竟是有限的，並且由此而引發的某一特殊的道德行爲自亦是有限的，此即劉蕺山所謂吾人之心受制於其形骸是也。[254]此即是說，道德的本心並不能一時將道德的本性之全部的蘊涵充分地展示出來，而因其自身有一純亦不已之力量而只能經由一個過程而完成之，即充分地展現之。此即胡五峰所謂吾人之道德的心在日常生活裡因某一事件或現象被激發出來後，就應該立刻抓住它並保存之，然後滋養充實它而使其能夠逐漸成長壯大而最後直至上下與天地同流是也。[255]而從過程上言之，自是可以無限度地拉長而至無限。既如此，道德的心對道德本性的展現則亦是一個無限充分完滿的過程，即無限地澈盡之過程。正是在此一意義層面上，吾人始言道德本性之普遍性透過道德的心而頓時普遍地展現出來亦是永遠不可能的。自此而觀之，吾人亦發現道德自覺亦單只是道德界的事，而未能進入本體宇宙論的形上學領域。二是從道德實踐工夫之終極境界而言道德的心充分

254　劉蕺山云：「夫心囿於形者也。形而上者謂之道，形而下者謂之器也。」黃宗羲：《明儒學案》，北京，中華書局，2010，第 1566 頁（案：後文引證此文獻時，僅標注文獻名與頁碼）。

255　胡五峰云：「齊王見牛而不忍殺，此良心之苗裔，因利欲之間而見者也。一有見焉，操而存之，存而養之，養而充之，以至於大，大而不已，與天地同矣。此心在人，其發現之端不同，要之在識之而已。」《胡宏集》，第 335 頁；牟宗三：《心體與性體》（二），臺北：正中書局，民 95，第 526 頁（案：後文引證此文獻時，僅標注文獻名與頁碼）。

地展現道德本性是頓時可至的。從中國儒家智慧傳統來看，透過道德實踐工夫可以達至圓而神的聖人境界，在此境界裡，道德的心頓時即可將道德本性之普遍性普遍地展現出來。此時之聖人境界因其是圓而神的，故其不單只是屬於道德界的事，而且已進至本體宇宙論的形上學領域，並呈現出形而上的境界與宗教性的境界。分開地言之，是形上境界與宗教境界，而總持地言之，則是聖人境界，故此二種境界實際上是同一的。儘管吾人之道德自覺與由此而引發的道德行爲因其受肉體生命所累而是有限的，然其所呈現出來的道德的本心自身則是無限制的，故具有絕對性與遍在性。何以故？一是從道德的心所引生的道德自覺以及其所成就的一切道德主體的道德行爲方面給予證明；二是從聖人之圓而神的化境所示現出來的圓通無礙方面給予具體而眞實的印證。自此而觀之，自道德實踐工夫之過程上言，道德的心不能頓時充分地展現道德本性，而是在一個無限性的過程裡逐漸地實現之；然自道德實踐工夫所達至的境界言，道德的心能夠頓時充分地普遍地展現道德本性，此是在理上原則地言之。既然道德本性透過道德的心是可以頓時充分地普遍地展現出來的，那麼以何方式或何途徑展現出來？依據中國儒家智慧傳統，達至聖人之圓而神的境界，透過頓悟即可實現。故綜合而言之，惟有在此語境裡才能夠顯一圓頓義。然此圓頓義在經典儒學家們是如何表述的？孟子謂吾人反躬自省而進至澄明的境界，則吾人之心與宇宙萬物爲一體；本心澄明，則本性誠明，進一步言則以誠爲本爲體；而當誠體流露，即本心本性呈現，故獲得最大的快樂。[256]陸象山謂吾人之仁心充其極而能夠遍滿宇宙萬物，與此同時，由此仁心而呈現出來的天理亦充其極而遍滿宇宙萬物。[257]程明道謂吾人之仁心充其極即與天理一體，故充分地展現此道德的心，即可以知曉道德本性，進而即可以知曉天理，既如此，則在道德的心之展現處，即可把握住此理，故無須再向外尋找此理。[258]無論孟子，還是陸象山，或是程明道，皆能夠眞切地體悟到此圓頓義，即在吾人之道德的心處用力即可頓時普遍地將道德本性

---

256 孟子曰：「萬物皆備於我矣。反身而誠，樂莫大焉。」《孟子譯注》，第302頁。

257 陸象山云：「萬物森然於方寸之間，滿心而發，充塞宇宙，無非此理。」《陸九淵集》，第423頁。

258 程明道云：「只心便是天，盡之便知性，知性便知天，當處便是認取，更不可外求。」《二程集》，第18頁

呈現出來，此如堯舜聞一善言見一善行即可讓道德的本心本性自然而然地呈現出來，此所謂堯舜性之是也。[259]吾人透過道德實踐之工夫能夠達至此境界，即是已進至聖人圓而神之化境。而此聖人化境恰能證實此圓頓義之頓悟。自此而觀之，此由頓悟而顯之聖人化境不單只是函蘊一道德自覺，而且還函蘊一超道德自覺。故就道德自覺言，此是屬於道德領域之事，而顯一道德性的意義；就超道德自覺言，此則是屬於宇宙領域與宗教領域之事，而顯一形而上的意義與宗教性的意義。[260]

依牟宗三，經典的宋明儒學家們所反復講習並彰顯的性理之學即函蘊一道德的形上學，而此形上學則函蘊一聖人化境，而此聖人化境之表現特徵是圓而神的。聖人化境是透過道德實踐工夫而經由道德的心而使道德本性頓時而如其普遍而普遍地展現出來者。因其是由作道德實踐之工夫而至者，故顯道德性的意義；因其能夠頓時普潤宇宙萬物而無有遺漏者，故顯形而上的意義，即本體宇宙論的意義；因宇宙萬物受其普潤而生之，故顯宗教性的意義。然儒家義之聖人化境究何謂？

四、聖境：大德敦化

儒家義之聖人化境，最早是透過孔子之生命表現出來的。孔子以其真實生命將仁活潑潑地展示出來，並以此立一仁教。故欲體認儒家義之聖人化境，則應該從孔子之真實生命處入。而且其最關鍵的是切實地意識到孔子所表現出來的仁是其真實生命之核心內容與根本方向。[261]為什麼？在牟宗三看來，其原因有三：一是仁是聖人之真實的生命，故亦是一全德，即是透過所有德目或德行所表現出者。二是仁以寂感通曉為其本性，以潤生萬物為其作用，故宇宙萬物在其感通潤澤之中，一切皆是真實的。既如此，則三是仁必定既超越禮之規範與樂之化成世界，亦內在於其中，此即是說，仁既在禮樂世界裡透過其表現出來，亦超越於禮樂世界之上，而不為其所囿。正是在此一意義層面上，吾人言仁是一境界，即人天通達無礙而圓融和合之狀態。其具體的表現，即是堯之四德：對事恭敬謹慎有度，德性明澈，有經天緯地

259　孟子曰：「堯舜，性者也；湯武，反之也。」《孟子譯注》，第338頁。

260　《心體與性體》（二），第526-528頁。

261　《心體與性體》（一），第245頁。

之才德，思慮通徹，故能夠讓天下的百姓安居樂業。[262]以此觀之，孔子所洞見到的如此之仁爲每一個人光明其自己指定了方向，即確定了吾人精神生命之基本方向，此則開啓了吾人精進其自身德性生命之可能。正是在此意義層面上，吾人言孔子之仁是吾人精神理想德性價值之源頭活水。故吾人之精神理想與德性生命惟有經由仁之潤澤方才平直、端方、正大。[263]在如此之總持地言之後，牟宗三隨即對與此相關聯的文獻作了簡別。其文獻類別有二：一是孔子自己所言者。孔子曾就聖與仁如是言：若言及聖境與仁德，吾還遠未達至，然言吾向著實現聖境與仁德的方向不厭棄地努力，並不知疲倦地教誨衆生亦如此地努力，則是可以的。[264]所以者何？因在心裡默默地記住已經學習過的知識，並且一如既往地學習而永不厭棄，認眞地教化衆生而不知疲倦，此是吾所樂於做者，而於我無有什麼特別的故。[265]牟宗三對此有一注解：此是言孔子能夠做到學與教皆不厭倦，並明其此行爲只是如此自然地展現而已，故此示現出孔子在不停地精進其德性生命而未有絲毫懈怠之象。能夠如此一如既往地永不懈怠地在生命裡實踐此仁德，則已幾乎近於聖人矣。[266]二是孔子之弟子及再傳弟子們所言者。首先，顏子讚美孔子言：夫子之道，愈是仰望則發現愈是高遠，愈是用心鑽研則發現愈是甚深，而且忽前忽後甚是微妙。然夫子總是循序漸進地教導我們，並以文獻的知識豐富我們，亦以禮節的秩序規範我們。因而當我們想停下來歇息都無法做到。當我們自以爲竭盡全力而有所得而能夠獨立地立身行道時，我們卻未能找到著手處。[267]依牟宗三，顏子能夠如此自然地表達其對夫子的讚美，

262 《尚書·堯典》：「帝堯，曰放勳，欽、明、文、思、安安，允恭克讓，光被四表，格於上下。」馬融注曰：敬事節用謂之欽，照臨四方謂之明，經緯天地謂之文，慮深通敏謂之思。《尚書正義》，第29頁。

263 《心體與性體》（一），第246頁。

264 孔子曰：「若聖與仁，則吾豈敢？抑爲之不厭，誨人不倦，則可謂云爾已矣。」《論語譯注》，第76頁；《心體與性體》（一），第246頁。

265 孔子曰：「學而不厭，誨人不倦，何有於我哉？」《論語譯注》，第66頁；《心體與性體》（一），第246頁。

266 《心體與性體》（一），第246-247頁。

267 《論語譯注》，第90頁；《心體與性體》（一），第247頁。

乃因其對夫子之真實的生命有直接而真切地契會故。[268]其次，子貢讚美孔子言：學習而永不厭棄者，智慧也；教誨眾生而不知疲倦者，仁德也。仁德及智慧者，聖人也。夫子能夠踐行之，故夫子已達至聖人之境矣。[269]牟宗三謂子貢從不厭不倦處指點仁德及智慧，並以仁德及智慧規定聖人，是非常真切與諦當的。仁德是聖人真實生命的覺悟與健行。智慧是聖人真實生命所發射出來的能夠照亮黑暗的大光明。故智慧以覺悟照耀為本性，以潤生宇宙萬物為功用。[270]止是在此一意義層面上，吾人言子貢所言者是非常地真切與諦當。當有人詆毀孔子時，子貢言：夫子不能夠被詆毀的。所以者何？因一般人的賢德有如山丘一般，是可以被逾越的；而夫子的賢德有如日月一般，是無法被逾越的。[271]當有人詰難子貢言：你對孔子如此地恭敬，難道他的賢能真的超過你？子貢答言：夫子的賢德是不可以達到的，此好比透過階梯登天而不可能實現一般。故當夫子在世時，吾人因其仁德及智慧之潤澤而應該感到榮幸，而到其離世後，吾人因失去其仁德及智慧之潤澤而應該感到哀傷。既如此，吾人何以能達到夫子的賢德？[272]子貢如上之兩答語皆顯示出其對夫子之真實生命之真切地契會，以及一個真實的生命對此自亦是能夠感而通之潤而生之，否則非是一真實生命也。[273]最後，孟子讚美孔子言：夫子是聖人裡最識時務者，亦是集大成者。所謂集大成者，即圓滿完整者，有如古代音樂演奏以敲鐘之聲為始，以擊磬之聲為終一樣圓滿完整。此所謂金聲而玉振者也。對於聖人，智慧，始者也，即指引

---

268 《心體與性體》（一），第 247 頁。

269 《孟子譯注》，第 63 頁；《心體與性體》（一），第 247 頁。

270 《心體與性體》（一），第 247 頁。

271 子貢曰：「無以為也，仲尼不可毀也。他人之賢者，丘陵也，猶可踰也；仲尼，日月也，無得而踰焉。人雖欲自絕，其何傷於日月乎？多見其不知量也！」《論語譯注》，第 205 頁；《心體與性體》（一），第 247-248 頁。

272 子貢曰：「君子一言以為知，一言以為不知，言不可不慎也。夫子之不可及也，猶天之不可階而升也。夫子之得邦家者，所謂立之斯立，道之斯行，綏之斯來，動之斯和。其生也榮，其死也哀，如之何其可及也。」《論語譯注》，第 205 頁；《心體與性體》（一），第 248 頁。

273 《心體與性體》（一），第 248 頁。

起始之方向，聖境，終者也，即達至圓滿究極之境界。[274]自此而觀之，從顏子歎夫子之道之甚深微妙，子貢贊夫子之賢能如日月如天之恒高，直至孟子以金聲而玉振明示夫子乃集大成者止，吾人知曉惟有眞切地契會聖人眞實生命之渾化境界者，方能自然而恰切地如是言之者；並且，吾人亦知曉聖人人格，具體地言之，即仁心是如此地誠懇眞摯，智慧是如此地深邃微妙，德行是如此地廣闊浩大之所示現者，此所謂肫肫其仁，淵淵其淵，浩浩其天[275]者也；而總持地言之，即作爲宇宙萬物之根本的仁道敦厚慈潤而化生萬物者，此所謂大德敦化[276]者也。故從顏子之歎，子貢之贊，而至孟子之喻，吾人始知聖人之眞實生命實即是一敦化之境界，而且此一境界是透過孔子之眞實生命而眞實地表現出者。正是孔子此一眞實生命所眞實地表現者，恰好規定了人類精神生命之基本方向與最終目標。正是在此一意義層面上，儀封人言因天下無道而混亂之時太長久了，故夫子將是教化眾生而立道者。[277]牟宗三謂儀封人之言極是。綜此而觀之，擁有仁德及智慧的聖人必須具有創造性的眞實生命才能達至大德敦化之境界，而且吾人亦須具有創造性的悟解能力才能眞切地契會此聖境。所謂創造性的悟解，即眞實生命之間能夠產生共鳴而暗相契接者。在牟宗三看來，孔子有仁且智及創造性的眞實生命，孔子之弟子及再傳弟子們亦皆有尤具創造性之悟解能力的眞實生命，故能夠向上契接孔子之仁道而發揚光大之。[278]正是在此意義層面上，吾人總持地言儒家義的聖人化境，即大德敦化者也。

聖人化境之總持義於上文已明，下文則以孔子孟子濂溪明道龍溪爲個案一一分別地展示其對聖人化境之體證與表述。

---

274 孟子曰：「孔子，聖之時者也。孔子之謂集大成。集大成也者，金聲而玉振之也。金聲也者，始條理也；玉振之也者，終條理也。始條理者，智之事也；終條理者，聖之事也。」《孟子譯注》，第 233 頁；《心體與性體》（一），第 249 頁。

275 《四書章句集注·中庸章句》，第 39 頁。

276 《四書章句集注·中庸章句》，第 37 頁。

277 儀封人曰：「天下之無道也久矣，天將以夫子為木鐸。」《論語譯注》，第 32-33 頁

278 《心體與性體》（一），第 250 頁。

　　子貢曾謂夫子講授詩書禮儀樂之學問，吾人可以聽聞學習，此所謂可得而聞也；而夫子關於人性與天道的學問則未能聽聞學習，此所謂不可得而聞也。[279]爲什麼孔子不常言性與天道，亦爲什麼子貢不可得而聞？牟宗三對此有詳贍之論釋，其核心內容是這樣的：對性字作或深度或淺顯，或超越或現實，或從氣或從理之諸種闡釋，可呈現出其所函蘊的豐富意義。儘管如此，然又總易使人將其視爲一客觀存在之物，而成爲存有領域之一問題。如此地將存有視爲一客觀存在問題，則必定依靠智測。所以者何？因萬事萬物之存有與內容是非常的複雜、神秘且微妙故。既如此，則宇宙萬物的本性之問題，就更加地神秘與微妙。而天命天道又是超越性的存有，則其相對於宇宙萬物而言，則更加地神秘與微妙。而性字所函蘊的內容與天命天道之超越的高遠相對而言儘管是內在而親近的，然亦是非常地神秘與微妙。即使從自然自生層面上言性，即氣性才性，似是很淺顯很簡單，而實則亦是非常地神秘微妙，甚至還非常複雜。何以故？因氣性才性是屬於自然生命個體之事相故。正是因爲如此，故孔子不輕易正式正面地言性與天道，即使偶或言之，一般人亦不能眞切地理解與把握之，故自會發出不可得而聞之歎了。性與天道又確實是客觀地潛在的存在者，故是需要智測力的，儘管智測力亦並不能盡其全蘊。然一個聖人的眞實生命則是不在此浪費工夫的。故孔子懸置了此存有領域之一面，而另創闢了仁智聖之精神領域一面。此是從智力測算層面而進至道德實踐，即踐仁行道層面。此一面是強調德行之勁健而不停息。此一領域則是吾人自己所能掌握的，故孔子謂仁德並不遙遠，只要吾人仁心一發動，仁德就呈現出來了；[280]亦謂仁德就是遵循禮的規範而克制自己的私欲者，故吾人一旦做到了克制自己的私欲並遵循禮的規範，仁道即實現了，此即是說仁德是吾人心靈裡本已存在的，故能否實現仁德則完全依靠吾人自己的道德實踐工夫，而無須向外去尋求。[281]自此而觀之，孔子對仁德有特別親切的興趣與清晰的觀念，儘管其對之並未有詳細確切地闡釋。亦因其未有詳細確切地闡釋，故極

279　子貢曰：「夫子之文章，可得而聞也；夫子之言性與天道，不可得而聞也。」《論語譯注》，第46頁。

280　孔子曰：「仁乎遠哉？我欲仁，斯仁至矣！」《論語譯注》，第74頁。

281　孔子曰：「克己復禮爲仁。一日克己復禮，天下歸仁焉。爲仁由己，而由人乎哉？」《論語譯注》，第123頁。

易給人一種無有來源根據的突兀感。然孔子所言者，卻是句句精熟透體圓潤，故牟宗三借佛學之語謂之爲圓音，即佛所說的圓妙之音，而非是滯辭，即僵硬無生氣之辭。何以故？因孔子在此呈現出了一種開朗精誠、清和通明、溫潤安安、健行不息之美德與氣象故。此美德與氣象，具體地言，即是生命、價值與理想，總攝地言，即是道德的莊嚴崇高偉大，概括地言，即是精神領域之事者。既然性與天道是客觀地潛在地存在著的實體，故從存有層面言之，則是第一序的存有，而由仁智聖所提撕起來的生命德性，因其是精神領域裡的事體，故並不直接地將其視之爲客觀地潛在地存在著的實體，而是視之爲能夠自身挺立起來的而超越於第一序的存有而高一層的價值生命。此是透過孔子之眞實的生命渾淪地表現出來者。故孔子並未有直接地言仁德是吾人本體性的心，是客觀地潛在地存在著的本體性的道，是吾人實體性的性。儘管如此，其在第一序的存有之外所另闢的仁智聖之精神領域，是一健行不息而有光輝的領域。此光輝是透過道德行爲所呈現出來的，故是價值生命精神世界的光輝。吾人因此光輝之照耀，而能夠挺立其自身的生命，並光暢其自身的生命。正是在此一意義層面上，吾人言孔子是意在透過實踐仁德而表現其光輝的德行，而不是透過對第一序的存有之理解而顯示其智測力。亦正因爲如此，吾人言孔子透過道德行爲所開出的是生命之光，價值之源。誠然，在道德行爲之實踐裡，亦顯示出智一面來，然此智是德性生命之瑩潔透明與如如朗照：可與天地之大德相合，與日月之光明相應，與四時之節序相順，與鬼神之吉凶相契。透過德性生命所顯示出來的智，是智慧，不是以測算爲特質的智力。故在此德性生命裡，經由仁德之潤澤與智慧之朗照，宇宙萬物與我爲一，生命內外祥和安寧。此即是透過聖人眞實生命所透顯出來的聖人化境之一具體的表現。[282]此乃是孔子所證悟的聖人化境並透過其眞實生命鮮活地表現出者。

　　孟子則沿著孔子所指引的智慧方向，進一步從道德實踐層面宏闡本心即性，故充分實現吾人道德的心即可知曉道德之本性而契悟天道，此所謂盡心知性知天矣。孟子言吾人反躬自省而進至澄明的境界，則吾人之心與宇宙萬物爲一體；本心澄明，則本性誠明，進一步言則以誠爲本爲體；而當誠體流露，即本心本性呈現，故獲得

282　《心體與性體》（一），第219-220頁。

最大的快樂。[283]從孟子此言，吾人可以清晰地看到，道德的心具有一無限申展的力量，即遍潤宇宙萬物而無有一遺漏者之絕對普遍性。既如此，進而言之，道德的心與天道即可合而一者也。既言充分地實現道德的心即可知曉道德之本性，此即函蘊著心之內容意義與性之內容意義則是同一的。正是在此一意義層面上，吾人言道德的心即道德之本性，此所謂本心即性也。此性既是道德之本性，即內在道德性，故能給予道德行為使其自身純亦不已之力量，而起道德創造之繁興大用。既能知曉道德之本性，故亦能夠契悟天道。此即函蘊著性之內容意義與天道之內容意義有相同相通之處。基於此，牟宗三謂，從孟子之語句層面上看，孟子並未有言心性天為一，即心性與天之間尚有距離，然從其思想義理層面上言，實則函蘊著心性天一也。所以者何？因道德的心具有絕對普遍性，並且心性與天在內容意義層面上有相同相通處故。此即是說，儘管天道是客觀地本體宇宙論地言之，而心性是主觀地道德實踐地言之，然當心性之絕對普遍性透顯出來時，心性與天則一也。[284]此是牟宗三對孟子「盡其心者知其性也，知其性則知天矣」[285]之簡析。

然天亦可從氣化層面上說，故吾人之心性與天又不必定是一。既如此，吾人必須充分地操存其自己良善的本心而不放失，並涵養其自己道德之本性而不斲喪，而後能事奉天命。經由此道德實踐之工夫而至如此一體之境者，則天之氣化與吾人之氣化，天之時運與吾人之時運，知曉與事奉皆一體而化者也。此即是大而化之的聖神境界。然吾人又畢竟是一現實的存在者，故在現實生活語境裡又不得不有所謙讓。正是在此一謙讓處，吾人言當該以道德實踐之工夫事奉天命。[286]此即是牟宗三對孟子「存其心，養其性，所以事天也」[287]之簡析。

因吾人畢竟是一現實的生命而不得不事奉天命，故吾人亦當該於命裡有所立，此所謂立命是也。關於命，可以從客觀與主觀兩個層面講。就客觀層面而言，命是本已有之的，即早已客觀地存在著的。所以者何？因天有氣化義，並對現實生活裡

283 孟子曰：「萬物皆備於我矣。反身而誠，樂莫大焉。」《孟子譯注》，第 302 頁。
284 《心體與性體》（一），第 26 頁。
285 《孟子譯注》，第 301 頁。
286 《心體與性體》（一），第 28 頁。
287 《孟子譯注》，第 301 頁

的吾人有所限制故。吾人順之，則承命矣，吾人違之，則逆命矣。正是因爲氣化義的天對吾人之限制及其與吾人之關係，而言命當該立焉。進而就主觀層面而言，無論是長壽還是短命，在其生命存在的過程裡，都應該努力地修持身心以等待天命的安排，並以此而安身立命。此是從道德實踐之工夫層面言立命，即在主觀層面上實踐地立之。然之所以能夠透過修持身心而安身立命，是因爲在道德實踐裡必須遵循充分地實現並操存吾人之道德的心而不讓其放失，進而知曉並涵養吾人之道德的本性而不讓其被斲喪之根本原則。[288]此是牟宗三對孟子之「修身以俟之，所以立命也」[289]之簡析。

　　自此而觀之，孟子言盡心知性知天是從本體域言之。在此領域裡，心性天一也。其言存心養性事天是從功用域言之。在此領域裡，心性與天不必定一也。何以故？因吾人畢竟是一現實存在者，並受氣化義的天限制故。正是在此一意義層面上，吾人當該修持身心以安身立命。然從一體而化層面言，則心性與天的分別泯矣，故在此境界裡宇宙一切皆呈現如如之當然狀態，心性天自亦是一也。既如此，則命亦泯矣。此所謂大而化之者也。[290]此乃是孟子所體悟的聖人化境，並以義理架構而形著之彰顯之。

　　周濂溪曾以繫傳之寂感眞幾明示誠體。[291]寂感眞幾乃是對易道之描述：易道無須思維，無須作爲，寂然而如如不動，故能夠與宇宙萬事萬物相感應而通達無礙。[292]此處之關鍵語是寂然而如如不動，故能夠感通萬物，此所謂寂然不動，感而遂通者也。此是先秦經典儒學家所體悟並表述出來的最甚深微妙的形上智慧。濂溪以此二語描述誠體：從本體域言，即寂然不動者誠也。以此誠爲體，故曰誠體；從功用域言，即感而遂通者也。從誠之體而來者，即感通之用也。將誠體之體用收攝爲一語，

288　《心體與性體》（一），第 28 頁。

289　《孟子譯注》，第 301 頁

290　《心體與性體》（一），第 28-29 頁。

291　濂溪曰：「寂然不動者，誠也；感而遂通者，神也；動而未形，有無之間者，幾也。……。誠精故明，神應故妙，幾微故幽。……。誠、神、幾，曰聖人。」周敦頤：《周敦頤集》，北京：中華書局，2010，第 17-18 頁。

292　《繫傳》：易無思也，無為也，寂然不動，感而遂通天下之故。《周易譯注》，第 244 頁。

即寂感眞幾者也。而此寂感眞幾則正是對誠體之具體內容的把握與展示。其之前所言之天道乾道是抽象的，而單只有形式的意義，故其以誠體充實之。儘管如此，然誠體亦顯抽象籠統，故繼而以寂感充實之。何以故？即爲何言寂感眞幾是比較具體的說法？寂感眞幾函蘊一種眞實性，然此眞實性是一種形上的眞實性，並以眞幾言之。眞幾一詞是中國智慧所特有的詞語，如以西語譯之，即眞實性（reality）。儒家所言之眞實性是可以透過即寂即感之微妙神用來把握的。故寂感眞幾因其自身之無有方所而無所不在之無窮無盡的神用而必定被置於具有超越性的精神域。就寂而言，此神用是無聲無臭的具有絕對意義的冥寂與空無；就感而言，此神用能夠繁興大用而遍潤萬物而無有一物被遺漏者。自此而觀之，寂與感非是兩個隔離的階段，而是同一的，即在寂寂如如之狀態裡，亦即是感通無礙之狀態，並且在感通無礙之狀態裡，亦即是寂寂如如之狀態。正是在此一意義層面上，吾人言寂感是一動靜一如之神用。[293]而眞正能夠體證並體現此易道之微妙的惟有聖人。所以者何？因聖人本寂寂如如之誠體而起感通無礙之神用而能夠於發與未發之際而知其幾故。此所謂誠神幾曰聖人者也。從誠體神用知幾來描述聖人是最內在最具體最眞切地把握。誠然，濂溪言誠體神用與寂感眞幾，並非其所獨闢者，而是本於孔子所定立之仁聖弘規而發皇者，而且亦是歸於此者。就本於仁聖而言，濂溪所言之聖人化境是本於聖人之心靈而悟而發者；就歸於仁聖而言，其所言之聖人化境亦是由聖人之心靈而體而證者。此即是說，濂溪所弘闡者是儒家夫子之踐仁知天及孟子之盡心知性知天之老傳統。故誠體、寂感作爲本體（實體），亦是道德的本體（實體）。而道德的實體惟有透過道德的心與道德實踐工夫而呈現而證實。而且，聖人之道德的心與道德實踐工夫是最純粹而無染汙者，故其所體證並體現出來的誠體亦是最究極圓滿者。既如此，誠體、寂感亦惟有透過聖人的心靈而體悟而印證，方是最究極圓滿者。所謂最究極圓滿者，具有二層意義：一是肯定並證成此誠體具有遍潤宇宙萬事萬物而無有一事一物被遺漏之絕對的普遍性；二是誠體之絕對的普遍性在聖人的心靈所示現出來的道德的涵養與氣量之無量無邊裡被肯定而且能夠具體地呈現出來。在儒家，此完美圓滿之型範即是理想的聖人，而具體到現實上則爲夫子（孔子）所代表。而

293　《宋明儒學的問題與發展》，第106頁。

此還單只是一渾淪之表現。而自孟子始，經由中庸易傳之弘闡，此不單單肯定此實體如誠體爲聖人體證並體現出來，而且進一步言吾人當以此實體如誠體爲其自己之本性，而確切地訂立人人皆可透過篤實的道德實踐工夫而達至聖人化境之理論依據。[294]此乃是周子所體悟的聖人化境，並透過寂感眞幾對天道誠體之道德的實體之充實之即具體化而表現出者。

程明道在指點呂與叔（大臨）進學之竅門時指出：當從認識並把握仁處入。[295]總持地言，曰仁；散列地從體言，曰仁體，從道言，曰仁道，從心言，曰仁心，從理言，曰仁理。何以故？因仁體仁道仁心仁理四者實是相通的，單只是從不同的維度言而已。[296]此從仁體言之。在明道看來，仁體不單只是吾人人皆具有的，而且還周遍宇宙萬事萬物而爲一體，此所謂仁者渾然與物同體者也。此即是說，仁的境界是物我內外之分際與界限渾然泯矣，而呈現爲上下與天地同流之境界狀態。此仁的境界亦是仁的內在意義。此處須要強調的是所謂同體，非是同一本體，而是渾然一體。明道言仁者渾然與物同體，即是透過仁者所達至之境界狀態來表示仁體之內在意義。其亦以醫學上所言麻木萎縮名不仁，故以有生氣活潑名仁，而此有生氣活潑卻又是透過仁者與宇宙萬事萬物爲一體而顯示出來的，而此與宇宙萬事萬物爲一體正是仁者的境界。此即是說，仁體是抽象的，不易言明，故明道以仁者透過道德實踐工夫所達至之境界狀態顯示之。[297]

正是在此一意義層面上，吾人言儘管明道以仁者之境界來顯仁之內在意義，然此亦可單從聖人化境一面言，即聖人寂然不動而感通無礙者。

然吾人可以追問：明道所體悟者是其所獨闢還是承續孔子所訂立之弘規而來者？[298]明道所言仁之感通義，即仁者之寂然如如境界毫無疑問是對孔子所訂立之

294　《心體與性體》（一），第333-334頁。

295　明道曰：「學者須先識仁。仁者，渾然與物同體，義、禮、智、信皆仁也。識得此理，以誠敬存之而已，不須防檢，不須窮索。……此道與物無對，大不足以名之，天地之用皆我之用。」《二程集》，第16-17頁；《心體與性體》（二），第218頁。

296　《心體與性體》（二），第219頁。

297　《心體與性體》（二），第220頁。

298　《心體與性體》（二），第220頁。

仁道弘規之眞切地體證而來者。雖然孔子說仁皆是指點語：如果一個人沒有仁德，那麼具有規範意義的禮對其有何意義？如果一個人沒有仁德，那麼具有教化意義的音樂對其有何意義？[299]難道禮單只是那些玉帛之禮器，樂單只是那些鐘鼓之樂器？[300]此亦函蘊著禮樂並非單只是一些華而不實的虛文，而是必須透過眞實的生命來表現才具有其眞正的意義。此即是說，言仁則必定言眞實生命，而且是聖人的眞實生命，在現實生活裡則是以孔子爲代表者。故孔子從其自身之眞實生命所體悟者而指點地言仁，則開啓了吾人之眞實的生命。此又如其對宰予之指點於不安：宰予問夫子，守孝三年太長了，可否改成一年？夫子問宰予如此地做，你心安麼？宰予答曰安。夫子則說宰予太沒有仁德了。[301]所以者何？因宰予已經完全喪失了仁德之心，即有生氣活潑潑地能動能覺之道德本心故。宰予何以如此？因其生命已經無有悱惻之感而陷入了停滯膠著而麻木不仁的狀態故。正是在此一意義層面上，吾人言不安即是吾人眞實生命之活潑潑地躍動狀態，即有生氣有活力者；而安則是吾人眞實生命已經陷入了麻木僵硬之狀態，即無有生氣無有活力者，故是安於桎梏者，即墮入習氣固結者，或糾纏於功利之執著者，故在此語境裡言不仁。而孔子則正是要化解此惰性膠著之狀態，即打破安之狀態，而以不安之狀態言仁。故孔子尤其重視憤怒與啓示，悱惻與感發在指點小子們成長過程裡的作用與意義。所以者何？因有憤怒，始能有所啓示，有悱惻，始能有所感發故。[302]

從孔孟之不安不忍憤悱處言仁，此不但顯示出仁之內在意義，亦顯示出仁者之境界：感通宇宙萬事萬物無有任何隔礙，覺潤宇宙萬事萬物無有任何方所。所以者何？因不安不忍憤悱直接函蘊著健行不息純亦不已故。正是在此一意義層面上，牟

---

299 孔子曰：「人而不仁，如禮何？人而不仁，如樂何？」《論語譯注》，第 24 頁；《心體與性體》（二），第 221 頁。

300 孔子曰：「禮云禮云！玉帛云乎哉！樂云樂云！鐘鼓云乎哉！」《論語譯注》，第 185 頁；《心體與性體》（二），第 221 頁。

301 宰我問：「三年之喪，期已久矣。……舊穀既沒，新穀既升，鑽燧改火，期可已矣。子曰：食夫稻，衣夫錦，於女安乎？曰：安。……宰我出，子曰：予之不仁也！子生三年，然後免於父母之懷，夫三年之喪，天下之通喪也。予也有三年之愛於其父母乎？」《論語譯注》，第 188 頁；《心體與性體》（二），第 221 頁。

302 《心體與性體》（二），第 221 頁。

宗三言仁有二根本特性：一是覺，即透過不安不忍憤悱處所言之覺潤無方之覺。二是健，即健行不息之健。就覺而言，有此覺，吾人真實生命才生氣洋溢，溫暖性情才透體貫注。如此之覺有如時雨之滋養與潤澤，故亦覺潤連謂。就健而言，此健是函蘊在此覺裡的，故此健因覺潤而函蘊著創生義。因此，此覺能夠滋潤至何處，何處則因此而生機盎然而勃發生長，此即是說，覺之潤能夠引發盎然之生機也。正是在此一意義層面上，吾人言覺潤之即創生之。故牟宗三因此而言仁德以感通爲本性，以潤物爲功用。此語境裡的覺潤是共時地橫說，而創生則是歷時地豎說。所謂橫說，即言覺潤自身不能給自身劃定一個邊界，即通至何處潤至何處而止。因覺潤無方，故無有邊界可言。[303]此是共時地橫說覺潤義。所謂豎說，即言仁心之覺潤是一道德創造之真幾，而此寂感真幾則函蘊著健行不息純亦不已，故仁德乃是一切德行之總根源，此即是說，仁德能夠綜攝一切德行而成爲一全德。此是歷時地豎說創生義。自此而觀之，明道言仁者渾然與宇宙萬物無對而爲一體，即是依孔子洞見到的仁之覺潤義而抒發的；而其言義禮智信皆是仁德，即是依孔子洞見到的仁之創生義而抒發的。[304]正是在此一意義層面上，吾人言明道言聖人境界爲的是顯仁之內在意義，然單將其所言之聖人境界提出來彰顯之亦無礙。此乃是明道所體悟的聖人化境，即透過言仁之內在意義而帶將出來者。

　　王龍溪在回答聶雙江關於獨知之疑難部分呈現出了其所體悟的聖人境界。獨知，即透過慎獨工夫而所知曉者，即所達至的境界，此是從境界域言；若從本體域言之，即良知，或謂知體，即以此良知爲體者。在人而言爲本性，在天而言爲本體。王陽明在詠良知詩中言：良知是無聲無臭的，故能夠周遍宇宙萬事萬物而成爲其根基。此所謂無聲無臭獨知時，此是乾坤萬有基者也。[305]此既函蘊著良知之本體宇宙論的創生義，亦函蘊著良知之實踐工夫論的境界義。龍溪關於獨知的義理亦是本於陽明義的。陽明所言獨知是儒家智慧的一個老傳統。中庸所言無有現顯無能聞睹的隱微

303　《心體與性體》（二），第 223 頁。

304　《心體與性體》（二），第 224 頁。

305　王陽明云：「無聲無臭獨知時，此是乾坤萬有基。拋卻自家無盡藏，沿門持缽效貧兒。」王守仁：《王陽明全集》，上海：上海古籍出版社，1992，第 790 頁（案：後文引證此文獻時，僅標注文獻名與頁碼）。

之體即是天命下貫而爲吾人之本性的性體。此是中庸一路在存有論層面言性體。然從孟子之心學一路在道德實踐工夫層面言良知，即是道德的心，或謂道德本心，此是將中庸所言性體收攝到心處言的心體。而王陽明則是以中庸之存有論的方式言孟子義之道德的心，即良知，獨知。[306]自此而觀之，中庸是在存有論層面上，客觀地形式地言者，而孟子及陽明是在道德實踐工夫層面上，主觀地具體地言者。形式地言性體，則性體單只有抽象的本體（實體）性的意義，即使欲以於穆个巳充實之血形象地言之，此亦還是抽象性的，因爲吾人亦還只是將其理解爲一個奧體，即尤爲甚深微妙的實體。而依孟子及陽明，則以心體知體（以良知爲體）言之，此即是說，在形式意義上具有甚深微妙的實體則全幅地在此心體知體中呈現。此自然是完全具體地言者。既如此，奧體雖尤爲甚深微妙，然亦因此而是具體的甚深微妙，即是如如朗顯的甚深微妙。[307]

　　心體知體與性體本是通而爲一的。何以故？因心體知體本是圓滿具足的故。然爲了清晰地展示心體知體與性體是如何地通而爲一的，牟宗三則權且以心體知體不是圓滿具足的，而是透過實踐工夫而一步一步地具足的。[308]此是爲便於表述與理解而採取的權宜之計，是權法。而此權法之關鍵問題是清楚說明心體知體與性體爲什麼在開始必定存在距離而後又可泯歸爲一？就其二者之間存在距離言，具有形式意義的性體奧體是首先客觀地存在著的，而良知因其能夠在意念發動之先而知其爲善還是爲惡，即透過其對特殊機緣能夠起決定方向之明覺作用，如事親知孝，從兄知悌，而顯其具體主觀的意義或性質。對於良知，此所謂因機緣特殊具體而特殊具體，故其是受到限制的。既如此，良知呈現則亦因此而具體地散殊地呈現出來，故顯一散殊相具體相。正是在此一意義層面上，吾人言心體知體與性體奧體不是同一的，因而必定出現一定的距離。然如果離開心體知體而面對性體奧體，則不能知曉其具體的內容意義是什麼。何以故？因性體奧體之內容意義正是在此良知明覺之用裡展現出來的故。此即是說，良知明覺之用對性體奧體具有形象地體現意義。然此良知

306　《從陸象山到劉蕺山》，第 354 頁。

307　《從陸象山到劉蕺山》，第 355 頁。

308　《從陸象山到劉蕺山》，第 355 頁。

明覺之用是應特殊機緣而顯現為散殊的，故其體現亦是具體的。既如此，良知明覺之用對性體奧體之體現是一步一步彰顯出來的。此即是說，良知明覺之用每對應特殊機緣而呈現一次，性體奧體之內容意義則彰顯一次。自此而觀之，此種形象地體現在一定的意義層面上是一個無限的進程，即是無窮無盡的。所以者何？因此性體奧體之內容意義是無窮無盡的。性體奧體於穆不已地創生宇宙萬物，純亦不已地引生吾人德行，其全幅是透過良知明覺之用而顯者。何以故？因惟有良知明覺之用能夠彰著之。然此彰著之又是一個可以無限制地拉長之進程，故良知明覺之用對性體奧體之全幅地體現是一個永遠不能實現的目標。正是在此一意義層面上，吾人言良知明覺之用與性體奧體必定存在一定的距離。既如此，良知則事實上不能圓滿自足了，儘管其本自圓足。在此形象地體現關係裡，良知明覺之用體現性體奧體，而性體奧體對良知明覺亦有一收煞之功效。然正是在此一收煞處，良知則不能自得其圓足。既如此，則良知教自亦是不能止於此，而必定另有弘闡。[309]

　　然良知教所弘闡者何是？就其二者之間泯距離而歸一言，良知因其自身之超越性能而必定函蘊一朗顯之圓頓。承上文，自無限進程而言，心體知體與性體奧體是永遠不能通而一之者也。然心體知體自身之超越性可使其從形圍中超越出來而不為其所圍限。此即是說，良知明覺之用雖因為其所對應之機緣所圍限，然亦因其自身之超越性能而能夠不執著於此外在的形制而超越之。如若良知明覺之用之每一步具體呈現起用，能夠既即於此外在的機緣亦不能執著於此而能夠超越之，則其每一步具體呈現起用皆是圓滿具足的，即具有絕對性的意義，而當下即可圓滿成就。即使如此，是否可言此每一步皆圓滿具足而可當下圓滿成就，亦有一步步相存在，即使是一虛的步步相？然若如此，則顯執著相，既顯執著，則無法當下圓滿成就了。正是在此一意義層面上，吾人言即使是一虛的步步相，亦是不存在的，此單只是步步或每一步此一語詞所帶出來的影子而已。故當良知明覺當下圓滿具足時，此步步相亦全然化掉了，故則必定函蘊一朗顯之圓頓：一步圓滿具足即步步皆圓滿具足，一步圓滿成就即步步皆圓滿成就。既如此，那無限拉長的進程相則亦泯除掉了而為一時頓顯。正是在此一時頓顯處，良知明覺之用才能化掉那機緣之外在的形圍而全幅

309　《從陸象山到劉蕺山》，第 356-357 頁。

地朗顯了那性體奧體並與之通而爲一。而亦正是在一頓顯處，散開地說，知體心體全幅地是性體奧體，性體奧體全幅地是知體心體；綜攝地說，實際上單只是一心體知體帶著其全部內容意義如如地呈現者。惟有至此，良知教的義理才充其極而至最後的圓滿具足。此即是從良知明覺之主體純粹主觀地致思而必然地所至者。[310]

此乃是龍溪所體悟的聖人化境，即透過心體知體圓頓呈現而與性體奧體通而爲一而顯示出來者。

如上簡別了孔子孟子周子明道龍溪所體悟的聖人化境，並展示了其表達的架構。然究當如何至此聖人化境？總持地言之，即透過篤實的道德實踐工夫而至；具體地言之，一是要破光景，一是逆覺體證。

破光景之工夫是羅近溪所積極弘闡者。其之所以能夠弘闡者，一是因爲儒家思想義理發展之所必至者，二是因爲其自身有眞實的修證境界。就前者言，此是透過近溪談治學而表現出來者。近溪談學雖承陽明言心體知體而來，然其尤爲重視並凸顯具體的活潑潑的當下即是者。承上文始知，此具體的活潑潑的當下即是者，即是一圓頓化境。學問義理之發展：一是確立綱維，建體立極，此是分解架構的路子，在儒家思想義理之發展歷程裡，往聖前賢們已經思之周遍；一是體悟修證，展示境界，此是綜攝超越的路子，在儒家思想義理之發展歷程裡，則還未有圓熟而有待開發，而此正是近溪講習此學問的任務。儒家學問，即道德實踐之內聖學發展至近溪則必定是證顯此圓滿精熟之境界者，而近溪在精神生命上對此亦恰有眞實的眞切體悟，故其特別重視並積極地弘闡之，亦因此故，而被視之爲此學問義理之典型代表。然是否因此而言往聖前賢們所言者未有此一義，而惟有近溪或以此爲代表的泰州學派才有此一義？答曰：否。自孔子而至劉蕺山，凡經典儒學家們講習內聖之學並作篤實的道德實踐工夫而至成熟之境界者，無一不函蘊此一義，無一不承認此一義，無論是直接地或是間接地言之者，無論是自覺地或是不自覺地實踐之者。故近溪與往聖前賢之區分惟在於其尤爲專注此一義而能精微並明澈地言之者。[311]

310　《從陸象山到劉蕺山》，第357-358頁。
311　《心體與性體》（二），第122-123頁。

　　承上文，近溪特專注聖人化境並彰著之，是儒家思想義理內在發展進程裡的必然之事，爲什麼？就道體性體及心體知體之呈現言，無論是在本體宇宙論域裡客觀地所言之道體，還是在形上道德論域裡客觀地所言之性體及主觀地所言之心體知體，皆必須透過具體的道德實踐表現出來才能成爲眞實的實體（本體）。往聖前賢透過分解架構的路徑建體立極，亦能反顯地彰顯其實體。雖如此，然經由此分解的反顯而彰顯出的實體卻是抽象的形式的。何以故？因此實體所經由彰顯的路徑自身即是抽象的形式的故。既如此，此被彰顯出來的實體純是一普遍性之自己，即是一抽象的實體，而非是一具體的眞實的實體，儘管此抽象的一步在學理上是必須的。然如若只止於此，並以爲已經洞見到道自身，此則固著於只入而不能出之念頭，而因留念此境地而陷入了鬼窟之中，故其心體知體自身之本有的湛然澄然狀態則被遮蓋而成爲了光景。此即是說，心體知體自身是湛然澄然的，此所謂自性本自清淨，而因其被停滯在形式的抽象狀態裡，而成爲了本自清淨之自性的影子，此所謂光景者也。而道德實踐工夫則正是使此抽象的形式的實體具體而眞實地呈現出來，即使其成爲具體的眞實的實體，以成就道德之實事，而使道德行爲純亦不已。欲達至此一境界，則必須先拆穿上述之光景並化除之。具體地言，即將那懸置在抽象狀態裡而單只有形式意義的實體，透過具體的道德實踐而成爲眞實的實體，亦即使吾人本自清淨的心體知體呈現出來，使吾人之精神生命出離幽暗而進入光明之境，即順暢適意而如如平平的狀態。此即是道德實踐工夫裡之艱苦卓絕的一步。此一步如若能夠恰切地完成，則已進入聖人化境了。而近溪對此則是有眞切地體證的。[312]

　　此從其生命經歷則可窺見之，即就後者言，近溪謂：其年少時，讀薛文清書，然其心中之私欲卻總不能去，於是決定去寺廟閉關修行而去除之，以呈現其澄然湛然之實體。然其在寺廟打坐以澄心的修行過程裡，雖能靜心，不久則急火攻心而生病了。爾後幸遇顏山農並得其秘傳孟子心法，其如實修之，則病速速痊癒。關此，黃宗羲以莊子筆法示之：先生病至迷糊狀態時，恍惚聞見一老人對其說：你自有生命以來，你生命裡的氣即使感觸亦不能動，睡覺而亦不閉目，諸種紛擾皆聚於其意志裡，以致夢境亦皆不能忘，此諸表現實際上皆是你的心病矣。先生問：爲什麼吾

---

312 《心體與性體》（二），第 124-125 頁。

心會生病，並如何可治癒？老人繼續說：吾人之心體本源自於穆不已之道體或謂天道而是本自湛然澄明的，故能與宇宙萬事萬物相感通。你在日常生活裡執著太過太甚，久而久之，如此之一念則亦成為痼疾陋習矣。何以故？因你未能體悟天道而遵天道之常，而心則病矣，心既病，而身則自亦病矣。先生被老人之言醍醐灌頂而驚然頓悟。從此之後，其心中執念逐漸泯除掉了，則心已安寧，而後其身之血脈亦逐漸暢達順適，則其病小終至痊癒。[313] 牟宗三在引證此一典故後言，從近溪生命之真實經歷裡，吾人確實當該有一真切的悟解，即道體之表現惟有透過具體的道德實踐方才能夠落到實處，即才是真實的。近溪的生命體證所啟悟吾人的是：吾人在其自己生命成長過程裡因各種機緣而生起的諸種執念，亦惟有自己在體悟天道而遵天道之常後始能化除之，而使其生命回歸至澄明的本然狀態，即讓生命順暢適意而如如平平地成長。綜觀近溪之生命歷程，其確實是經歷過曲折而生執念並透過道德實踐工夫而化除之過程。正是因為其對生命確實有存在的體證，故其講學尤為真切而無浮泛，並亦找到了如何使已經失去本真的生命回歸其自身之法門，此即在拆穿光景者也。[314]

　　拆穿此光景之後又如何？自近溪之真實生命體證而觀之，拆穿此光景後，即進入順暢適意而如如平平的狀態，具體地言之，即是自然平實，生意盎然，祥和安寧，而無詭譎危險怪誕之氣象。在此氣象裡，自是倍感親切自在，此所謂當下即是，眼前即是者也。此即是聖人之化境也。具體地言之，此化境即是客觀地言之天命道體性體及主觀地言之心體知體仁體隨應具體特殊的機緣而真實地圓頓地呈現者。就於穆不已之天命道體而言其創化宇宙萬事萬物之創造性而言，此即是時時處處隨應機

313　黃宗羲云：「少時讀薛文清語，謂：『萬起萬滅之私，亂吾心久矣，今當一切決去，以全吾澄然湛然之體。』決志行之。閉關臨田寺，置水鏡幾上，對之默坐，使心與水鏡無二。久之而病心火。……又嘗過臨清，劇病恍惚，見老人語之曰：『君自有生以來，觸而氣每不動，倦而目輒不瞑，擾攘而意自不分，夢寐而境悉不忘，此皆心之痼疾也。』先生愕然曰：『是則予之心得豈病乎？』老人曰：『人之心體出自天常，隨物感通，原無定執。君以凤生操持強力太甚，一念耿光，遂成結習。不悟天體漸失，豈惟心病，而身亦隨之矣。』先生驚起叩首，流汗如雨，從此執念漸消，血脈循軌。」《明儒學案》，第760-761頁；《心體與性體》（二），第125頁。

314　《心體與性體》（二），第125頁。

緣而顯現起用。在此語境裡，則全用是體，亦全體是用，全氣是神，亦全神是氣。天命道體如此，而性體心體知體仁體，亦當如此。此實體之本性雖是即存有即活動者，然其自身則無所謂流行與否。何以故？因流行惟只是體在時時處處隨應機緣而顯現起用故。此即是說，實體自身是無所謂流行與否，而只是爲了隨順機緣而顯現起用而已。既如此，是否又可言實體對諸事相之成無有普遍意義？答曰：否。雖然事相是流行變化無常的，而實體是如如恒定者，然既言其流行，則必定是依託事相而顯現起用，亦正是在此顯現起用處，事相得以曲成，而顯示出實體成就諸事相之普遍意義。既如此，當下即是眼前即是乃可言也。此所謂即是，即意謂實體之呈現起用者也。事相是因實體而曲成的，故事相因得其實理而爲實事，即非是幻怪虛妄者。實體透過隨應機緣而顯現起用，故實體因被具體化而顯其眞實性，即非是懸空不實者。如此之實體與事相渾淪一如，一體而化者，即是聖人化境之具體而眞實的描述者。[315]

而此聖人化境，是惟有透過篤實的道德實踐工夫拆穿光景而達至者，故是眞實地所能至者，而非是虛幻而不能至者。因此，當吾人未能達至聖人化境時，不能言此化境爲虛幻，而單只能言其拆穿光景之道德實踐工夫還有所不夠。

逆覺體證是牟宗三在研究胡五峰及朱子言觀心時候所集中討論的道德實踐工夫。在胡五峰部分，牟宗三總持地言及逆覺體證，在朱子部分才較爲詳細地說明之。

胡五峰以欲培養仁德當須操存滋養充實仁心指點彪居正當如是地做道德實踐工夫，即逆覺體證的工夫。[316]五峰何以如此地指點彪居正？此根本原因在於其對孟子盡心知性知天智慧的眞切體認。有仁德的人，其道德的心因其至誠惻怛，則能夠操存而不放失，故能夠隨應具體的機緣事務而充實之彰顯之。而那些沒有仁德的人因放失了其本有的道德心而常常造出不仁不義的事情來。雖如此，然即使是惡至極的

315　《心體與性體》（二），第 126-127 頁。

316　彪居正問：「心無窮者也，孟子何以言盡其心。曰：惟仁者能盡其心。居正問爲仁。」曰：「欲爲仁，必先識仁之體。……。」他日某問曰：「人之所以不仁者，以放其良心也。以放心求心可乎？」曰：「齊王見牛而不忍殺，此良心之苗裔，因利欲之間而見者也。一有見焉，操而存之，存而養之，養而充之，以至於大，大而不已，與天地同矣。此心在人，其發見之端不同，要在識之而已。」《胡宏集》，第 334-5 頁。

人，亦並非無有良心（道德的心、仁心）萌發之可能與機會。既如此，對於那些因放失其本有的道德心而無有仁德的人，當該在其良心萌發之際當下指點引導之，而讓其能夠警醒覺悟，或自己能夠警醒覺悟。當其一旦警覺覺悟，並能夠自己逐漸地操存滋養而至最後充實光大此仁心，此即是將其已經放失的道德心真正地找尋回來，此所謂以放心求心者是也。[317]良心萌發之機緣雖是多種多樣，然當良心隨應機緣而從陷溺之中警醒並覺悟之路徑則是唯一的，即透過逆覺體證而覺悟之。依牟宗三，胡五峰言逆覺的根據即是孟子言湯武反之之反義。五峰雖未有明確地使用此一語詞，然就其於此處所講習之確切的義理，並依據孟子此反字所函蘊的意義，吾人實際上可以建立此一語詞。此一語詞因恰切地傳達了孟子之反義，故並非是無有理路而隨意附會者。吾人如若未能堯舜性之，則必定湯武反之。堯舜性之，函蘊的是超自覺義，即依本心實體而實踐者，此所謂自然而然者，亦如中庸所謂因心地至誠而能夠知曉道理者即本性是也。湯武反之，函蘊的則是自覺義，即必須透過道德實踐工夫而人為地努力者，亦如中庸所謂因知曉道理而實現心地至誠者即教化是也；[318]或謂吾人成德之道乃是追求心地至誠者也。[319]在中庸語境裡，性（自誠明）與教（自明誠）是相對而言的；而在孟子語境裡，性與反是相對而言的。而反與教一面，即是逆覺體證之一面。此如孟子所言：如若反身自省而能夠達至心地至誠的境界，則是最大的快樂；亦如大舜雖居於山中，然其聞一善言見一善行則能夠頓時徹底地覺悟，即其一旦警醒覺悟，則是全體警醒覺悟而無有任何虛欠處，即透體圓滿者也。五峰以良心之萌發而指點諭醒吾人當該從此處發力作逆覺體證之工夫。此是本於孟子之反義而言逆覺體證義。此逆覺體證乃是道德實踐域裡澄明道德本心照見道德本性之最真切最中肯最關鍵的工夫。[320]

317　《心體與性體》（二），第475頁。

318　《中庸》：「自誠明，謂之性；自明誠，謂之教。誠則明矣；明則誠矣。」《四書章句集注·中庸章句》，第32頁。

319　《中庸》：「誠者，天之道也。誠之者，人之道也。」《四書章句集注·中庸章句》，第31頁。

320　《心體與性體》（二），第476頁。

如此之反身覺悟之工夫，即逆覺體證者，牟宗三名之曰內在的體證。逆覺者即反身而覺悟並體證而肯認之之謂也。此覺悟並肯認的是道德本心，並以此心爲體。故所謂內在的體證，即在隨應現實生活裡之具體的機緣之感觸而良心萌發處當下覺悟並肯認此道德本心而以此爲體者。既是隨應現實機緣而當下覺悟，則自是不應與現實生活世界相隔離而單單在閉關靜坐裡求之。而此透過靜坐靜觀而知曉喜怒哀樂怨未有顯發之前的狀態爲如何之一路，亦是反身覺悟，即逆覺體證者。然此反身覺悟，牟宗三名之曰超越的體證。此語境裡的超越何謂？因靜坐靜觀與現實生活世界相隔離，故謂之爲超越。綜上兩種反身覺悟工夫，吾人謂其爲逆覺體證之兩形態。故所謂逆覺體證之逆，簡言之，即反身者，具言之，即不陷溺於流弊，不隨順現實利益欲望而墮落下去者；而逆覺體證之覺，簡言之，即覺悟者，具言之，即澄明本心照見本性而以此心性爲體並隨順此體而實踐者。[321]

此乃是牟宗三對五峰之逆覺體證思想之簡別與疏解之關鍵部分。

在朱子部分，牟宗三從朱子之言觀心處較爲詳細地闡釋了逆覺體證的相關問題。言逆覺體證必自吾人道德心之反身自知處言。所以者何？因惟有相對於隨順私有的利益欲望而墮落下去之不自覺義而言篤實地作道德實踐工夫之自覺義以凸顯道德之眞實面貌故。此即是說，眞正的道德實踐行爲是透過自覺的道德實踐工夫來展示的。何以故？因眞正的道德實踐行爲所依本的道德本心必定是自發自律自定方向的，即不爲任何外在諸條件所限制故。然問題是：是否眞的存在那樣一個自發自律自定方向而不爲任何外在諸條件所限制的道德本心？如此純潔清淨的道德本心又在何處可以覓得？吾人能否確切地指證出來而示之以衆人？如何能夠親證此純潔清淨的道德本心以使自己相信之，並示之以衆人以使衆人相信之？此確實是一困難的問題。何以故？因如若不能親證之而此則單只是一理想甚至是一懸掛在半空裡讓人只能期盼而無法實踐的空想故。正是在此一意義層面上，吾人言道德本心是透過道德實踐工夫證顯的，而非是透過推理證明的。然此一證顯是如何可能的？此當該依一轉機

321　《心體與性體》（二），第476-477頁。

而可能。[322]而此一轉機是透過一種徵兆或消息顯示出來的。而此一徵兆或消息又是從自己心靈之安與不安處感發出來的，而非是從外在的旁人，上帝或其它事相處顯示出來的。此即是說，如若吾人心靈因其單隨順利益欲望而墮落下去而爲一種深深的不安感所襲擊，而此一不安感即是一種徵兆或消息，故即是一轉機，那麼吾人當該於此處警醒覺悟。此如孟子所言者，亦是其於此處所親證並指證出來而示之以吾人。此即是說，吾人不應當去問孟子，此道德本心在何處，而應當從此存在的眞切的不安感所顯示出來的消息或徵兆來確認之。[323]

　　承上文，當吾人在生活世界裡深深地感覺到其心靈因隨順利益欲望而墮落下去而生起一種不安感時，吾人之道德本心則呈現出來了，隨之吾人之眞正的道德行爲亦產生了。正是在此一不安感處，吾人有警醒與覺悟，即不願再隨順著利益欲望而墮落下去。此即是說，在此一不安感處，吾人之心靈則開始主動地停一停。在此一停一停處，吾人之心靈開始反省。而正是此一反省使心靈自己不再隨順利益欲望而墮落下去，而是逆反回來而自持其自己以凸顯其能夠自發自律自定方向。亦正是在此一自發自律自定方向處，吾人眞切地體證並肯認此純潔清淨的道德本心爲吾人眞正的道德行爲之根據。如此之體證，牟宗三謂之爲逆覺體證，亦謂之爲內在的逆覺體證。此語境裡的內在何謂？因吾人是在其心靈之不安感處當下反身覺悟而直接體證並肯認之故。此即是上文所言胡五峰之一路。而李延平卻以靜坐靜觀喜怒哀樂怨未有顯發之前的氣象狀態如何，此當然亦是一種逆覺體證。其與五峰一路之區分處在於此是隨順證悟之超越義去作超越的體證。如此之體證是在與吾人生活世界相隔離而在靜坐默想狀態裡實現的，故亦謂之爲隔離的體證。正是在此一意義層面上，吾人言延平之一路是超越的逆覺體證者。然單就逆覺體證之自身言，其實都具有超越的意義，甚至可謂都是超越的體證，無論是置身於生活世界還是隔離於生活世界，皆單只是一種機緣，故非是一關要問題。然延平之靜坐默想一路更能顯示出逆覺體

322　牟宗三：《心體與性體》（三），臺北：正中書局，民79，第337頁（案：後文引證此文獻時，僅標注文獻名與頁碼）。

323　《心體與性體》（三），第337-338頁。

證之超越義，故謂其一路為超越的逆覺體證。而五峰之當下反身覺悟一路更能顯示出逆覺體證之逆覺義，故謂其一路為內在的逆覺體證。[324]

　　無論是置身於生活世界裡的內在的逆覺體證還是隔離於生活世界的超越的逆覺體證，儘管其路徑方式不一，然其反身覺悟則一也。在此反身覺悟裡，吾人直下體證此道德本心並肯認其為實體，此即是為道德實踐確立一超越的根據。因有此超越的根據，吾人在生活世界裡自覺地作道德實踐才是必然的。此即是說，吾人之自覺的道德實踐是此道德本心實體的真實表現。故不但吾人應該依順此道德本心實體而實踐，而且對此道德本心實體之體證肯認愈是清楚真切，則吾人之道德實踐愈是踏實有力，並且吾人之道德行為才愈是純粹。經出篤實的道德實踐而至其極，而道德本心之呈露則是自然而然者，此如孟子所言沛然莫之能禦者也。此自然而然之狀態如若能夠內化而至恒定狀態，則是堯舜性之之狀態，即聖人化境之如如平平狀態。[325]

　　逆覺體證，重在強調透過道德實踐工夫去體證並肯認那具有超越意義的實體自身。在此語境裡，此實體即被置於抽象狀態裡。為什麼？此是因為首先預設了一個實體在超越域裡，然後是吾人透過道德實踐工夫而反身覺悟肯認之。然具體而真實的實體是不能被置定於某一處的。而此語境裡的實體則又是預先被設定的，故其並非是具體而真實的。實際上，此是具體而真實的實體所投射出來的影子，並是因應吾人道德實踐反身覺悟工夫所需而不得不預先設定的。而此影子，在宋明儒，則被名之曰光景。實體自身固然是恒常普遍純一，因而不是變化流動的。此語境裡的影子並非是言此實體消失了而單只剩下影子了，而是言正因其恒常普遍純一而被預先置定在那裡了，而失去了活潑潑的具體性與真實性，故以影子喻之。故此語境裡的影子所函蘊的是抽象的形式意義。而具體而真實的實體是在活生生的生活世界裡透過具體的生活事相而呈現出來的，其具體的形象有如孟子所言之生色潤身，睟面盎背，四肢百體不言而喻之鮮活生動，故其有真實而具體的內容充實之。此即是說，實體與事相是不能相互隔離的。何以故？如若兩者一旦隔離，實體則因失去了真實而具體的內容而變成了影子。儘管如此，逆覺體證是道德實踐工夫之無法替代或躍

324　《心體與性體》（三），第338-339頁。

325　《心體與性體》（三），第339頁。

過的一關，此是毫無疑問的。然此一關卻並非是終極的。即使如此，亦依然是必要的。[326]

　　承上文，逆覺體證的目的是透過道德實踐工夫體證道德本心，並以此本心為實體，此所謂心體仁體者也，然後依順此實體而自覺地作道德實踐工夫以彰顯此道德本心，即最後亦仍歸於其自己而為一，此所謂自知也。故從名言層面上看，此逆覺體證雖顯　能所（主客）姿態，然此單只是名言義上的姿態而已，並無實際意義。正是在此　意義層面上，吾人言此無所謂二心三心，惟有一心，即道德本心，亦無所謂能所，本是一體故。進而言之，此所謂知，亦是反身覺悟之自知也。既如此，此所謂能所之姿態則自然化除了。此是名言義理地言之。如若將此名言義理之框架模型置於日常生活世界裡之具體的實踐域裡，則成就逆覺體證之工夫。誠然，在此一逆覺體證裡亦會將名言義的能所姿態顯現出來。然從其體證所達至的最後狀態言，此亦可謂是此道德本心自己隨應機緣警醒覺悟而逆反回來肯認自持其自己而回到自身之一回環過程。既如此，則此一回環過程亦無所謂能所姿態之可言。然由於其是預先被設定在那裡的，故亦確實呈現出此一姿態。正是因為此，此實體即顯示一抽象的形式意義。因此，如若要化除此實體之抽象的形式性而使其成為具體而真實的實體，則必須透過篤實的道德實踐工夫而達至如如平平之聖人化境而消解掉此一姿態。此即是說，因此一姿態單只有名言義理上的意義，而無有實際的意義，故是可以透過道德實踐工夫而解消掉的。此一姿態一解消掉，於穆不已之天心仁體則上下與天地同流，遍潤萬物而無有一遺漏者。[327]而如此之境界狀態，惟有聖人經由篤實的道德實踐工夫方可達至，此即是平平如如的聖人化境者也。

五、道德實踐與審美愉悅

　　儒家智慧是以道德為支點的德行優位化世智慧。在日常生活世界裡，人首先關注的是自己的道德倫常生活，無論是直接主動地還是間接被動地，人人都不希望自己被他人評價為是一個沒有道德倫常敗壞天良喪盡的人。誠然，關注自己的道德倫

326　《心體與性體》（三），第 339-340 頁。

327　《心體與性體》（三），第 340-341 頁。

常生活，並非意味著自己一定就會行道德實踐。何以故？因在日常生活世界裡為俗世利益欲念所腐蝕必定會產生因此而來的知行不一的雙重標準行為現象故。當既關注自己的道德倫常生活，亦並以實際的道德實踐行為來保持道德倫常生活的純淨性，即在俗世利益欲念面前能夠堅持知行合一的一重標準時，道德實踐就真正地開始了。道德實踐的目的是要使人成為一個頂天立地的道德主體。此是一種將人向上提撕而不下墮，即催人奮鬥上進的實踐。故在此一實踐裡，吾人是有所追求有所目的有所期望的。而要實現此一追求目的期望，則必須精進不已奮鬥不息。而此精進奮鬥則正是吾人生命力被耗散的過程。然亦正是在此一被耗散的過程裡，吾人的生命展示出一無窮已的生發力量，並獲得了一創生性的意義。自此而觀之，道德實踐是一擴充吾人生命張力的實踐，故吾人在道德實踐裡面對俗世的利益欲念則必定要有所取有所棄以保持生命張力的適切性。然並非所有人皆能切情合理地取棄得當而明理彰義。故在日常生活世界裡必定有單為追逐利益而見利忘義單為滿足私欲而背仁棄義等非道德甚至不道德的現象發生。在利益欲念之前，在非道德甚至不道德的現象之前，雖然行道德實踐確實不易，但是行道德實踐畢竟是社會的根本方向，故依然應該堅持道德實踐為立身立命之大本，而且在道德實踐裡亦確實能夠讓道德主體體驗到道德感所帶來的特有的快樂感受，因此，道德實踐對道德主體而言在利益欲念方面或許有所失而在心靈的道德感受方面則有所得。正是如此，道德實踐獲得了內在而真實的依據，並成為促使人行道德實踐的根源性動力。

此道德的快樂感受是在道德實踐的過程裡或在緣道德實踐而來的道德成就裡產生的，此即是說，道德快樂是在生命向上奮鬥的歷程裡所體現出來的行道德實踐的快樂，即在道德實踐的過程裡感受到快樂，亦可謂此是對道德實踐過程的享受，或在由奮鬥所得的成就裡對道德實踐的成果所帶來的滿足感所體現出來的快樂，即對道德實踐的成果表示滿意而感受到的快樂，此重在對道德實踐成就的欣賞而來的欣然與釋然。自此而觀之，無論是對道德實踐過程的享受還是對道德實踐成就的欣賞而來的快樂都關涉及生命的向上奮鬥，而生命奮鬥必定是向著一定的目標期望而不懈努力地追求，故道德快樂亦必定關涉及與生命奮鬥相關聯的利害關係。此即是說，道德快樂是以一定的道德利害關係為憑依的。對道德利害關係的計較則必定意味著吾人生命力的耗損。在生命力被耗損的過程裡，生命當該是處於一種緊張狀態裡的。

既如此，生命要獲得在審美狀態裡那樣的自由自在則是很難的甚至是不可能的。正是在此一意義層面上，康德區分開了道德快樂與審美愉悅。然康德並未有進一步洞悉道德快樂與審美愉悅是否具有相通的關聯性，並在何處才可能是相通的一問題，儘管其在西方智慧傳統語境裡洞悉了美善之關係。

言道德快樂與審美愉悅的關聯性是一冒險性的思維旅行，然在冒險性的思維旅途裡則正函蘊著一創造性的可能。此次冒險性思維旅途的理論裝備主要是儒家智慧。自孔子洞見到仁並透過言踐仁知天而確立以仁立教的綱格與方向，而孟子繼之以四端（惻隱羞惡辭讓是非）之心進一步充實並具體化孔子所立之仁，並透過盡心知性知天與存心養性事天而充分地挺立起圓盈的仁教。自此以降，無論儒家智慧以何形態出現，皆未有超離孔孟所立之仁教的綱格與方向，單只是有直接依止孔孟智慧而發者，有最後以孔孟智慧爲指歸者等等思維形態的區分。孔子之踐仁知天所相應的境界即是從心所欲不逾矩的自在與瀟灑，此即是說，經由實踐仁的過程而終至與天地通的時候，踐仁者則可以獲得在世間而不爲世間所累的自在與灑脫境界。孟子之盡心知性知天所相應的境界即是大而化之的聖人境界，此即是說，充分地呈露仁心而直顯自性而終與天地相通的時候，即是化除一切道德相與道德相相關涉的世間相而進至如如平平境界之際。中庸之肫肫其仁淵淵其淵皓皓其天的聖人則可上達天德而與天地同化，此可視爲孟子言聖人化境之另一感悟與表達。易傳之聖人可與天地同德，與日月同光，與四時同序，與鬼神同吉凶，亦即是言聖人的境界是通天徹地而大化行之的狀態。自此而來則有：陽明而言無聲無臭之良知乃乾坤萬有之基，亦實是言聖人通貫乾坤朗潤宇宙萬有的聖化境界；龍溪在陽明四有句的基礎上則進一步言四無句（無心之心則藏密，無意之意則應圓，無知之知則體寂，無物之物則用神），以顯心意知物本來一如的無相實相境界，即世間萬相皆被化掉了而自然一如；五峰則直言天理人欲同體異用同行異情而透體挺立孔子所立之仁教並彰顯其圓融之大用，即聖人之境與道德之相本來一如，並聖人之境潤化道德之相，而道德之相則呈露聖人之境。何以故？因仁心人欲一體故。此即是說，仁心發露，行道德實踐，則道德之相起，則聖人之境顯；而人欲發作，行私欲之事，則道德之相沒，則聖人之境隱。因此，進一步可言，仁心發露，人欲即仁心，私欲生活即道德實踐，故聖人之境依人欲而顯。擴而充之，則可從日常生活現象涵蓋整個社會文化現象，

進而涵蓋整個宇宙萬有而顯參贊化育之大化創生義。此即是說，仁心周遍宇宙，聖人之境潤化萬有，此所謂大德創生，生生不已。道德實踐進至此，則將圓融無礙的聖人化境充分地朗現出來了：舉手投足，抬頭瞬目，待人接物，為人處世，無一不是道德實踐，無處不顯聖人化境，此所謂在世間而不為世間相所累，故行道德實踐而能化道德實踐之張力相而從心所欲不逾矩。此一道德境界的自由狀態，即聖人生活的平常狀態實際上是一令人快樂的狀態，而且讓人感覺到是一最圓滿的快樂狀態。此一快樂狀態是緣道德實踐而來的，即是經由次第地道德實踐工夫而親自證得的，故可謂是道德快樂。並此一快樂狀態是最圓滿的，故此可謂是道德快樂之最完滿的形態。此一自由的道德境界或道德境界的自由，既是最圓滿的快樂狀態，則必定是相即於並不著於道德相及其與之相關涉之世間相的。相即於，則意味著必定有相，故自由的道德境界或道德境界的自由可以落到實處；不著於，則意味著道德主體與道德相及其相關的世間相皆宛然自如，故自由的道德境界或道德境界的自由實即是相而無相的境界。無相，則意味著無有執著的對象，故無有方向的指涉。因此，繼而，依此可言相而無相境界是不關涉利害關係的。此即是說，自由的道德境界或道德境界的自由是不關涉利害關係的。故道德實踐的過程雖是關涉及利害關係的，然其所進至的境界則是不關涉及利害關係的。正是在此一意義層面上，吾人始可言自由的道德境界或道德境界的自由實際上是一審美的狀態，而且是一最澄澈的審美狀態。依此，吾人言聖人化境是一純美全美的狀態。

然聖人化境畢竟非是一蹴而就的，而是經由次第地道德實踐工夫而漸次所至的。承上文，道德實踐所終至的聖人化境是純美全美，那麼，道德實踐之過程是否有美可言？答曰：有。那麼，又當該在何分際上言之？聖人化境是道德實踐的終至目標，而道德實踐是一次第進階的過程。此即是說，聖人化境是道德實踐最終最高的指向，並可透過次第之道德實踐工夫而漸次進至。故在道德實踐次第進階的過程裡，道德主體透過次第之道德實踐工夫而必定得證與此相應的各次第之道德境界。此即是說，每一階段的道德實踐都會進至相應的道德境界的。而整個道德實踐過程又可以分成一系列的實踐階段，故整個道德實踐過程實際上是一系列相應的道德境界之變遷而成者。道德實踐過程裡的每一階段性道德境界都能給道德主體帶來相應的由道德成就引起的快樂。在此階段性的道德快樂裡，道德主體一面享受著道德實踐的成就感，

一面身心放鬆休整生命以為開始新一階段道德實踐累積能量。此即是說，在道德實踐成就感的享受狀態裡，道德主體亦會將在道德實踐過程裡被向上提起的身心放平而使之化掉在道德實踐過程裡呈現出來的緊張相而至無相平靜的境界以助於生命在此休整的狀態裡獲得新的力量。此須要說明的是階段性的道德境界雖在一定程度上亦可顯無相平靜境界，然此畢竟是非究竟圓融完滿的相而無相境界。何以故？因此還單只是階段性道德實踐所全的階段性道德境界而非是終全的聖人化境故。此即是說，階段性道德境界所顯之無相平靜境界亦是階段性的。儘管此無相平靜境界是階段性的，然亦畢竟為一無相境界，故亦必定具有相而無相境界的特質，雖然其並非如相而無相境界究極圓滿永恆遍在。承上文，相而無相境界是一審美狀態。故階段性的無相平靜境界亦當為一審美狀態。然相而無相境界畢竟是一最澄澈的審美狀態，因其究極圓滿故；而階段性的無相平靜境界則並非是一最澄澈的審美狀態，而是一階段性的審美狀態，因其階段性故。承上文，相而無相的聖人化境是一純美全美的狀態。故階段性的無相平靜境界則是一有限定的分證美，即在道德實踐過程裡一階段一階段分別親自證得的道德境界所顯示出來的與之相應的無相平靜境界所帶來的審美感受。自此而觀之，正是在此一意義層面上始可言道德實踐過程與審美愉悅之間的關係。依此亦可言道德實踐過程是一透過道德奮鬥而獲得審美愉悅的過程，或是一道德奮鬥與審美愉悅相即而成的過程。

　　總述至此，吾人始可知曉道德實踐及緣此而來的道德快樂與審美愉悅不僅是相區分的，而且亦是可通的，以及其關聯相通的分際何所是：透過道德實踐而親證的道德境界，如若是圓滿證得者，則至一相而無相境界，故是一最澄澈的全美；如若是階段證得者，則顯一無相平靜境界，故是一階段性的分證美。此即是說，就透過道德實踐而親證的道德境界而言，圓證者顯一圓美全美，分證者顯一有限定的美。

第三章　智的直覺與自由之朗現

第一節　智的直覺與道德的形上學

　　牟宗三在《智的直覺與中國哲學》一書裡，著重疏解了康德關於智的直覺與物之在其自己之思想，並根據中國智慧傳統與西方智慧傳統之差異，而表明康德此一思想之積極的深遠義與囿於其文化傳統而顯示出其致思之未透的缺憾義，進而依據中國智慧傳統之勝場而肯認吾人有一智的直覺，以開出建立道德的形上學之門徑，而將康德未能建立者而真實地建立起來。在美學域裡，智的直覺能否證成，直接決定著中國智慧傳統所共同肯認並追求的透過在日常生活世界裡的修證工夫而最後所達至的圓融無礙之如如平平的化境是否可能，及其理論的必然性與實踐的有效性是否具有合法性意義。故智的直覺在牟宗三美學思想裡是一最根基的問題。[1]

---

[1]　在現代性的宏大語境裡，以現代性的時間性為契入點，對牟宗三所建立的智的直覺理論作獨創性闡釋者，就筆者所掌握的文獻材料言，惟有尤西林之〈智的直覺與審美境界〉一長文。在文中，尤氏指出，以智的直覺理論為理論中柱的牟宗三哲學美學實際上一種圍繞倫理審美境界而成的一種根基於中國傳統的元美學，此一美學形態是為 20 世紀中國哲學史與中國美學史所均忽視的一大課題。參〈智的直覺與審美境界——牟宗三心體論的拱心石〉，第 5-19 頁；《心體與時間：二十世紀中國美學與現代性》，第 195-263 頁。雖然在國內外亦有一些學者就牟宗三之智的直覺理論與美學理論相關涉地進行研究，皆有其獨特的貢獻，然就目前所掌握的一系列文獻資料來看，皆未有以現代性為宏大語境，亦未有以中國傳統智慧及 20 世紀思想史為理論背景，更未有從現代性的時間性理論觸點作深度闡釋。關於此一問題的其他研究文獻，將隨行文注之。

一、智的直覺與物之在其自己

單數：Thing-in-itself，Ding an sich selbst；複數：Things in themselves，Dinge an sich selbst，對於此一語詞，漢語有多種翻譯：物自體，物自身，物如等等，此主要是爲簡單明瞭計而成者，然從其語義而嚴格地言之，則是物之在其自己。[2]理解把握此一語詞之關鍵在於 in（在）字不能省略。所以者何？因單言自身自體易生誤會，即現象亦可言自身自體，然其一定非是在其自身自體者故。[3]物如之如當是來自佛家語彙，則易讓人聯想到空如眞如，或甚至根本不解此語，然其雖能函蘊在其自己之一義，但就漢語習慣言則不一定足取。[4]基於此諸方面問題，爲表達確切妥當計，吾人取物之在其自己一語翻譯康德此一專有哲學術語，並在行文裡貫徹之。牟宗三在行文裡有時候在不同的地方使用不同的語詞，或在同一個地方同時使用兩個或多個語詞，以助讀者理解。何以故？因其儘管有如上之區分，然未能統一並貫徹之故。

康德言物之在其自己是在與現象相對照的語境裡進行的。依康德，現象是只能在感觸界域裡言的，物之在其自己是只能在純智界域裡言的。爲什麼？此是因爲現象是由吾人感觸直覺所給與的，而物之在其自己則是由超越於吾人之純智的直覺所給與的，此即是說，現象是一個經驗物，而物之在其自己是一個存在於純智界域裡的純智物。[5]既如此，吾人可以消極地知曉物之在其自己是一物與主體無有任何關係，而直接回歸於其自己，此所謂在其自己者也。誠然並非一物如此，而是物物皆如此。所謂現象是一物與主體產生一定的關係，即必須透過主體而顯現出來者。故此即是說凡是與主體產生一定的關係並透過主體而顯現出來者即是現象。亦正是其與主體

2　關於牟宗三哲學系統裡的物之在其自己一概念，李明輝曾著專文研究之。參李明輝：〈牟宗三哲學中的「物自身」概念〉，《中國文哲研究集刊》，第三期，1993 年 3 月，第 547-574 頁。並參李明輝主編，《牟宗三先生與中國哲學之重建》，臺北：文津出版社，民 85，第 21-37 頁。

3　對牟宗三如此地翻譯康德哲學之 Ding an sich selbst 一概念，鄧曉芒持嚴屬的批評及不贊同不接受之態度。參鄧曉芒：〈牟宗三對康德之誤讀舉要（之三）——關於「物自身」〉，《學習與探索》，2006 年第 6 期，第 1-6 頁。

4　牟宗三：《智的直覺與中國哲學》，臺北：臺灣商務印書館，民 60，第 106 頁（案：後文引證此文獻時，僅標注文獻名與頁碼）。

5　《智的直覺與中國哲學》，第 89 頁。

之必然的關係，故惟有現象可以成為知識底對象。所謂對象，即對著某一主體並透過此一主體而顯現出來者。既如此，一切對象皆是現象。而物之在其自己因其直接回歸其自己，故是無所依對的，即不會與某一主體產生關係並對著此一主體而顯現出來。既如此，物之在其自己就不是現象，故亦不是知識底對象。因其無所依對，故是無對的自在自如，與現象有對的束縛有礙相區分。正是在此一意義層面上，康德言現象與物之在其自己之區分既是超越性的，又是同一物之不同面相。此即是說，同一物，如若與主體產生一定的關係並透過此一主體而顯現出來，則是現象；如若與主體不產生任何關係而直接回歸其自己，則是物之在其自己。通觀康德之書，吾人當知物之在其自己具有明顯的批判方法論的意義，故可以隨機緣而通用，此即是說，用之於花草樹木可，用之於上帝、意志、靈魂亦可。既如此，物之在其自己一語，既有單數義，亦有複數義，視使用的語境而確定。[6]

　　依據牟宗三的研究，康德在純粹理性批判之超越的攝物學（感性論）部分對超越的攝物學作一般意義的省察時正式討論了智的直覺之涵義與特徵，[7]就涵義言，即是一種其自身即可以把其對象底存在給與吾人的非常特別的感覺；就特徵言，即是

6　《智的直覺與中國哲學》，第 105-106 頁。

7　關於康德之 die intellektuelle Anschauung 一概念的漢譯問題，牟宗三翻譯為智的直覺，在鄧曉芒看來，此是不諦當的，並以為牟宗三對此的理解亦是不合法的。參鄧曉芒：〈牟宗三對康德之誤讀舉要——關於「智性直觀」〉（上），《江蘇行政學院學報》，2006 年第 1 期，第 14-20 頁；〈牟宗三對康德之誤讀舉要——關於智性直觀〉（下），《江蘇行政學院學報》，2006 年第 2 期，第 12-15 頁。其實，牟宗三在康德第三批講演錄裡對此一翻譯問題有所說明，原文如下：德文 Anschauung 原義是直接看到。這個意思就是中國人說「百聞不如一見」那個見，就是說，直接看到才可靠。但 Anschauung 翻譯做英文不能譯做 see，也不能譯作 look，翻譯做中文也不能譯做看、見。有人譯做「直觀」，但「觀」字跟「看」的意思不一樣。中國人說「觀」的意思多得很，玄得很，意思很高。譬如，道家講「觀照」，佛家講「止觀」，《易經》講「貞觀」。Anschauung 譯做「直觀」就不對了。所以，我按照一般的譯法，就譯做「直覺」。「直覺」就是直接覺察到，這個「覺」沒有玄的意思，沒有境界的意思。康德所言直覺代表一個直接的知識，而且一定有個對象，這個直接的對象一定特殊而具體地呈現在眼前。直覺代表材料，供給雜多。所以康德說：「思想而無內容是空的，直覺而無概念是盲的」（牟宗三譯注《純粹理性之批判》上冊，第一七八頁。）概念代表思想，從知性發。直覺代表材料，這跟中國人講止觀、觀照、貞觀完全不一樣。所以，Anschauung 譯做「直觀」容易令人生誤解。〈康德第三批判講演錄（三）〉，《鵝湖月刊》，第二六卷第五期，第 6 頁。

一種非感性的具有創造性的根源的直覺，故單只能是上帝才擁有的直覺，而與人類所擁有的感性的直覺相區分。爲什麼人類不能擁有而惟有上帝才能擁有此一直覺？因爲上帝是超越域裡一無限的無所依待的存有，而人類是現世域裡一有限的有所依待的存有，並智的直覺之創生性具有無限的意義，而感性直覺則單只具有感受的有限性意義。[8]此即是說，在康德看來，與吾人直接相關聯的感性直覺，無論其在現實生活世界裡是多麼地具有普遍意義，其還是感性的。所以者何？因其是派生的直覺而非是根源的直覺故。而根源的直覺，即是智的直覺，故是與根源的存有即上帝直接相關聯的。此語境裡的根源義即是超越域裡無所依待的無限義；而其派生義即是現世域裡有所依待的有限義，此即是說，不僅在現世域裡的存有是因依待而存在的，而且及其所具有的直覺亦因之而必定是有所依待的，並且吾人之存在亦是透過此有所依待的直覺而確認的。[9]

承上文，智的直覺是純粹理智的根源的直覺，惟有上帝才能擁有，而物之在其自己又是一本體域裡的純粹的理智物，吾人的感觸直覺是不能知曉其任何內容與意義的，故惟有智的直覺可以朗現物之在其自己。既如此，吾人對物之在其自己是一無所知的。此是西方智慧傳統所必然者。[10]然牟宗三則從中國智慧傳統來審查康德之智的直覺與物之在其自己理論，肯認吾人不但能夠理解把握智的直覺，而且亦確有此一特別的直覺。[11]如是，不僅能夠標示出中國智慧傳統與西方智慧傳統之差異處，而且還能夠會通康德而使康德哲學之思能夠再進一步並爲中國哲學哲學地建立起來供給思維力量，[12]然關鍵問題是，智的直覺如何可能，即智的直覺如何證成？[13]

8　《智的直覺與中國哲學》，第 147 頁。

9　《純粹理性之批判》（上冊），第 173 頁；《智的直覺與中國哲學》，第 146 頁。

10　關於智的直覺一觀念在東西方哲學歷史上的發展情況，倪梁康著有一長文梳理此一問題。參倪梁康：〈「智性直觀」在東西方思想中的不同命運（1）〉，《社會科學戰線》，2002 年第 1 期，第 42-49 頁；〈「智性直觀」在東西方思想中的不同命運（2）〉，《社會科學戰線》，2002 年第 2 期，第 46-54 頁。

11　關於牟宗三之智的直覺理論，周博裕著有專文論之。參周博裕：〈新儒學對康德「智的直覺」之釐清與超越〉，周群振等著：《當代新儒學論文集‧內聖篇》，臺北：文津出版社，1991，第 323-350 頁。

12　《智的直覺與中國哲學‧序》，第 3 頁。

對於此一問題，牟宗三是從儒釋道此三智慧傳統來分別論述的，但重點是在儒家智慧傳統。

二、智的直覺與心知廓之

在具體表述智的直覺之前，還須首先瞭解直覺何謂？所謂直覺，從概念的內容層面言，其是一具體化原則；從事物的存在層面言，就其是感觸的直覺言，其是憑藉概念而認知的呈現原則，就其是智的直覺言，其是存有論的即創造的實現原則。[14]此是以西方學術語詞言之。在義理層面上，中國智慧傳統亦有自己的學術語詞可以表述此一義理。牟宗三以橫渠言心一義明之：「天之明莫大於日，故有目接之，不知其幾萬里之高也；天之聲莫大於雷霆，故有耳屬之，莫知其幾萬里之遠也；天之不禦莫大於太虛，故心知廓之，莫究其極也。」[15]此所謂目接耳屬，即是言感觸的直覺，此是認知領域的呈現原則，而心知廓之，即是言智的直覺，此是存在領域的創造原則或謂實現原則。[16]此是總持地言之。

此語境裡的天之明天之聲之天還是自然意義的天。故在自然界裡，任何有形限的物體所放出的光明自然是無法與日光之明相比肩的。此是從客觀意義上言其明其大，然此明與大究何謂，吾人則無所知曉。即使吾人可以透過思維去構造一個明與大的概念而知之，而此亦單只是思維地知之，而非是感覺地知之，故不能具體地充實之。正是在此一意義層面上，吾人言要具體地知之，則必須有目接耳屬之感觸的直覺參與之。正是在此目接耳屬之中，此明與大才得以證實並具體化之。然此語境裡的明與大既是由感觸直覺而來者，故必定是有限的。此即是說，即使是在言高遠，因其是從目接耳屬言之者，故並非必定表示出無限義。所以者何？因其有形限故。[17]

13　《智的直覺與中國哲學》，第 183 頁。

14　《智的直覺與中國哲學》，第 184 頁。

15　王夫之：《張子正蒙注》，北京：中華書局，1975，第 124 頁（案：後文引證此文獻時，僅標注文獻名與頁碼）；《智的直覺與中國哲學》，第 184 頁。

16　《智的直覺與中國哲學》，第 184 頁。

17　《智的直覺與中國哲學》，第 184-185 頁。

　　此語境裡的天之不禦之天是超越意義的天，即天道義之天。天之不禦即表示天道創生之不窮已義。故天因有創生宇宙萬物之德而爲一形上的超越的實體，此所謂天爲一道體者也。此語境裡的不禦，經牟宗三考證，源自易傳之言易道至廣至大而無窮已一義。[18]而易道本是創生宇宙萬物之道體，既如此，則其創生自是至廣至大而無窮已矣。此與孟子所言仁心性體具有純亦不已的創生力量一義同。然天道創生宇宙萬物之德何以能夠無窮已？因其本於太虛神體故。此即是說，天道因其至虛而有無窮已的神用，即以神妙無有方所的力量無窮已地創生宇宙萬物。然爲什麼天道本於太虛神體即能有如此之神妙的創生力量？因此太虛神體是一切創造中之最高的創造，所謂最高，即無窮已或無限義，而一切其它創造則是有窮已或有限的故。[19]

　　天道創生宇宙萬物之德因本於太虛神體而有無窮已的力量妙運無方，此是客觀地如此地思維之，即還只是具有形式的意義，而無具體而眞實的意義。而心知廓之，莫究其極，此是主觀地體證地言之，即以心之知來證實天道創生之不窮已而顯具體而眞實的意義。所謂廓之，即相應如如之範圍而形象地彰著之者。而此語境裡的範圍，即如如地相應天道之不窮已而形象地彰著之義，而非是規範地限定之義。如此之如如地相應而形象地彰著之的心知廓之，即是一種智的直覺。既如此，此種智的直覺不但能夠在主觀上如如地相應天道之不窮已而形象地彰著之即呈現之，而且與此同時還能夠在客觀上直接地與那天道創生宇宙萬物之德之不窮已爲同一而讓其自身亦成爲一不窮已地創生宇宙萬物的力量。此即是說，在理論上客觀地言之天道創生宇宙萬物之德之不窮已，其究竟落實處即是在具體上主觀地言之心知廓之之不窮已即智的直覺處。所以者何？[20]因此語境裡的心知是普遍恒常純一而且具有超越無限意義的道德本心所呈現出來的圓滿覺照之知，而非是官能直覺的感知及概念思維的認知故。此即是說，此心知乃是本於孟子之道德本心而發者，即爲道德創造生化宇宙萬物之仁心。言創造生化，是豎著說，其力量深遠而不窮已，故尤其顯示其形上實體義；言圓滿覺照，是橫著說，其遍潤宇宙萬物而無有遺漏一物者，故尤其顯

18　《繫傳》：「夫易，廣矣大矣！以言乎遠，則不禦；以言乎邇，則靜而正；以言乎天地之間，則備矣！」《周易譯注》，第235頁。

19　《智的直覺與中國哲學》，第185頁。

20　《智的直覺與中國哲學》，第185-186頁。

示其直覺真實義。然此二者皆源於同一道德本心者。故雖言創造生化，亦是圓滿覺照之道德本心之創造生化；雖言圓滿覺照，亦是創造生化之圓滿覺照。既如此，其圓滿覺照者即其創造生化者，故此是即靜即動，即動即靜者，而非單只是靜態地觀照者，亦非在能所對立關係裡所展開的照察者，故即使還顯一能所相，而實際上已只是虛顯而已，此即是橫渠所謂合內外者是也。[21]

　　然合內外亦是有感覺官能的與純粹理智的之區分。橫渠謂：「人謂己有知，由耳目有受也。人之有受，由內外之合也。知合內外於耳目之外，則其知也過人遠矣。」[22]目見耳聞之知曉雖是被動地接受，然亦是一種合內外，即一種在能所關係裡感觸認知地有限地合內外者。此是一種感覺官能之合內外者。而由此而成者，在橫渠名之曰見聞之知，而在康德則名之曰感性之知。而超越此感性之知者，即是所謂過人遠矣之知者，此是一種純粹理智的知識或純粹理智地知曉者，在橫渠名之曰德性之知，而在康德則名之曰智的直覺之知。透過此種智的直覺之知而合內外者，乃是一種純粹理智的合內外者。所以者何？因此種合內外是本於道德本心而純亦不已地合者故。道德本心具有遍潤宇宙萬物而無有一物遺漏者，故經由仁心性體所貫注而必定攝物歸心而爲一體。在此圓滿覺照裡，心物之合是絕對無外的立體創生的，而非是在能所關係裡感觸認知地關聯地合。既如此，嚴格地言之，此亦無所謂合，因其本是道德仁心之感通無礙而不隔故。此即是說，此所謂合亦是虛說，而只具有消極意義，而無有在能所關係裡而顯之具體的實義。然在道德的形上學領域裡，此消極意義的合因其是真正的一之境界之展示，故是真實不隔的合，即積極意義的合。儘管其不是如在能所關係裡有對立之兩端，然其是遍潤宇宙萬物而無有遺漏一物之一的境界。正是在此一意義層面上，吾人言過人遠矣之知是依道德仁心而如是地遍潤宇宙萬物如是地知曉宇宙萬物，此所謂體物而不遺，範圍而不外者也。此是圓滿覺照之知，而非是在能所關係裡所形成的感觸認知，而無有特定的認知對象。因此，此圓滿覺照之知的主體，亦是圓滿覺照的主體，而非是感性的或知性的主體。此即

21　《智的直覺與中國哲學》，第186頁。

22　《張子正蒙注》，第123-124頁；《智的直覺與中國哲學》，第186頁。

是說，此種純粹理智的合內外者超越了能所關係之認知模式而化掉了相互關聯且對立的主體相與客體相，而成爲了朗然無所依待的道德仁心之圓滿覺照與周遍潤化。[23]

　　既如此，在此圓滿覺照與周遍潤化裡，宇宙萬物則自是以物之在其自己之姿態顯現，而非是以感觸認知的對象姿態顯現。此即是說，在此圓滿覺照與周遍潤化裡，宇宙萬物皆直接回歸於其自己，而非是在能所關係裡成爲一對象。從知的層面言，如此之圓滿覺照之知可謂無所不知而又一無所知。就前者言，宇宙萬物皆住圓滿覺照裡朗然呈現而直接回歸於其自己而無增無減朗朗一如也，此所謂無所不知也；就後者言，既然此知不是透過感觸直覺而經驗地感知，亦不是透過概念範疇思維地認知，而是透過純粹理智的直覺而直接圓滿地覺知，故無有任何經驗知識產生，此所謂一無所知也。[24]此兩者之區分的根本原因在於圓滿覺照之知本於太虛神體故，對此，橫渠在神化篇有言：「虛明照鑒，神之明也；無遠近幽深，利用出入，神之充塞無間也。」[25]此所謂虛明照鑒，即是太虛神體圓滿覺照一切而創造生化一切義。既如此，其自是遍潤宇宙萬物而無有遺漏一物者，此即所謂充塞無間也。此是在理論上客觀地從太虛神體言之。然如若從道德仁心隨機緣而主觀地言之，即是在實際上證實其眞實意義。綜此而觀之，無論是客觀地理論地言之，還是主觀地具體地言之，二者一也。此即是說，圓滿覺照之知，即心知廓之者不但能夠在主觀上如如地相應太虛神體即天道之不窮已而形象地彰著之即呈現之，而且與此同時還能夠在客觀上直接地與此太虛神體即天道創生宇宙萬物之德之不窮已爲同一而讓其自身亦成爲一不窮已地創生宇宙萬物的力量，而且，在究竟落實處此二者一也。[26]所以者何？因心知廓之之心知是由普遍恒常純一而具有超越無限意義的道德仁心所感發而來的圓滿覺照之知，即是依仁心性體而感發者，而非是依日常生活見聞而感發者，故如此之心知，即是康德意義域裡的智的直覺者，即直接回歸其自己而單只判斷其自己的純粹理智的直覺。[27]

23　《智的直覺與中國哲學》，第 186-187 頁。

24　《智的直覺與中國哲學》，第 187 頁。

25　《張子正蒙注》，第 61 頁；《智的直覺與中國哲學》，第 188 頁。

26　《智的直覺與中國哲學》，第 188 頁。

27　《智的直覺與中國哲學》，第 188 頁。

自此而觀之，上文主要是在義理上疏解橫渠之語句以明示其所函蘊的本有的意義，故仍然是作概念分解的分析工作。既如此，此一步工作仍然顯一獨斷論相。所以者何？因智的直覺如何可能一問題仍然未有說明故。追問智的直覺如何可能，不是單只就概念自身而思之問之。何以故？因如若單只是就此一概念自身而言，此一概念自身並無矛盾，即是可能的故。如此之意義的可能，康德亦知之，故其單只言有形限的人類自身是不可能有此一種直覺的。故智的直覺如何可能一問題，即可轉換成有形限的人類自身如何能夠有此一種直覺。進一步而言，可以從兩個層面展開其論述：一是如何在理論上說明人類自身必定有此一種直覺，二是在理論上所肯定的此一種直覺如何在實踐裡證顯出來。[28]

就於何處在理論上必定肯定人類自身有智的直覺言，此所謂何處，在牟宗三看來，即道德域。在儒家，討論道德，必定主觀地言及本心仁體，客觀地言及道體性體，以及言及二者合而爲一同一的具有超越無限意義的實體，爲什麼？在回答此一問題之前，須首先理解道德何謂？所謂道德，即依無條件之定然命令而行者。然誰發出此無條件的定然命令？依康德，此即是自由意志，即自發自律的意志，而依中國儒家，此即是本心仁體，良知。然中國儒家不僅如此地言本心仁體良知，還進一步言吾人以此爲吾人之本性，並以此本性爲本體，此所謂性體者也。而此一層面上的意義則是康德及整個西方哲學歷史裡所無有的，即是中國儒家所獨闢者。在儒家，性是吾人道德行爲實踐的超越根據。何以故？因其自身具有絕對的普遍性與超越的無限意義故。既如此，其非是一個類概念，而是一具有超越無限意義的實體，故名之曰性體，即以此性爲體。如此具有超越無限意義的性體，雖特別經由人類之道德行爲而凸顯出來，然其既不爲人類所限而成爲一個類概念，亦不爲道德域所限而完全與存在域相隔絕。此性體是徹上徹下蓋天蓋地而涵蓋乾坤的，故爲一切存在之源。此即是說，不單只是吾人之純亦不已的道德行爲本於此性體而來，而且哪怕是一草一木而至一切存在皆爲其所統攝而獲得其存在之超越的根據。故吾人始可言此一具有超越無限意義的性體是一個創造原則，一個創造性自己，此即是說，此一性體自身即是一根源的純亦不已的創造性力量。正是在此一意義層面上，吾人才言其是具

28　《智的直覺與中國哲學》，第 190 頁。

有超越無限意義的實體，而且吾人以此為性為體，此所謂性體者也。自此而觀之，在主觀上所言的本心仁體良知還必須與在客觀上所言的道體合而為同一而成為一具有超越無限意義的實體。故透過道體而言性體，此主觀地所言之性體亦必須與客觀地所言之性體為同一而始得可能。然此二者以何方式可得同一？以主觀義的本心仁體良知去形象地彰顯客觀義的性體道體之方式而可實現同一。為什麼必須以此方式？因惟有透過此一方式，始可保證其所感發之道德律令是一無條件的定然命令故。[29]

　　吾人之本心仁體具有超越無限意義，則透過吾人之本心之明覺所感發的直覺必定是智的直覺。此即是說，惟有在吾人本心仁體直接地回歸於其自己而挺立起其自體而凸顯出其所具有的超越無限意義處，智的直覺始有顯發出來之可能。故吾人透過能夠感發無條件的定然命令之本心仁體性體之絕對的無限意義來確定智的直覺之真實可能性。然必須說明的是此確定尚是理論上如此者。此即是說，如上之縷述都還是辨解分析的。[30]

　　就於何處在理論上所肯定的智的直覺透過實踐證顯出來言，此所謂何處，在牟宗三看來，即是本心仁體之明覺，良知，虛明照鑒。無疑吾人之本心仁體是活潑潑地可以具體呈現出來的，此如見孺子入井而仁心自然生起，或如見父則自然知孝，不安不忍，憤悱奮發之心靈感受等等，此則清晰地表示當該惻隱羞惡恭敬則惻隱羞惡恭敬之心自然生起，此即是說，吾人之道德本心（仁心）則在日常生活世界裡隨時隨應機緣而躍動呈現，故能寂感通達而上下與天地同流以周遍潤化宇宙萬物。而此語境裡的潤化是透過不安不忍憤悱之感去滋養創生宇宙萬物義。正是在此一滋養創生處呈現出吾人之本心仁體是一個在日常生活世界裡隨時隨應機緣而躍動的活潑潑的活動，而且此活動是透過本心仁體之明覺，良知，虛明照鑒來規定的。此即是說，正是在本心仁體之明覺，良知，虛明照鑒此一活動處，吾人始可以了知本心仁體是一活潑潑的呈現，而非是一理論上的設準。既如此，吾人可以進一步了知智的

29　《智的直覺與中國哲學》，第 190-191 頁。

30　《智的直覺與中國哲學》，第 193 頁。

直覺亦因此是一爲吾人在實際上所擁有的活潑潑的呈現，而不單只是一理論上的確定。[31]

　　本心仁體或自由意志隨應機緣而感發無條件的定然命令，即是自己爲其自己供給一道德法則。本心仁體或自由意志何以能夠如此？因其隨應機緣而不容已故。此如象山所謂人人皆有此道德本心，心心皆有此道德之理，進一步故可言仁心即是仁理也。[32]此所謂不容已，即表示其自己願意如此者。所謂其自己願意如此，即是說道德本心自己悅服此道德之理。然爲什麼本心仁體會自己願意悅服此道德之理？因本心仁體之悅服的動力來源於其自身所本具的道德情感，道德興趣故。自由意志是吾人本心仁體之本質功用。何以故？因其是自主自律的故。既如此，當吾人之本心仁體爲其自己供給一道德法則時，其必定因對此法則的興趣而悅服之。此即是說，吾人之本心仁體之供給即是其自身之悅服，故而在吾人之日常生活世界裡引發生生不已的道德行爲。此即是說，吾人本心仁體自身之悅服，即是引生吾人道德行爲之無窮已的力量。[33]此是言本心仁體之創生性。與此同時，吾人亦當知曉，此本心仁體之明覺活動是非感觸的即純粹理智的直覺活動。既是本心仁體自身之悅服之而直覺之，此則表明其與其所感發的無條件之定然命令俱是具體的眞實的呈現。正是在此一意義層面上，吾人言智的直覺因根源於本心仁體自身之悅服即直覺而有其眞實可能性。[34]

　　承上文，本心仁體自身悅服其自己所不容已地自己供給於自己的道德法則，實際上即是自己知曉自己證實其自己，此是如其爲一物之在其自己地知曉之證實之，即意在顯示出本心仁體之明覺活動及其所立定的無條件的定然命令之眞實可能性。既如此，吾人言透過本心仁體之明覺活動而呈現出來的智的直覺之周遍潤化宇宙萬物即是言其生生不已的創生性，此如康德所謂其自身即能給出其對象之存在的純粹

31　《智的直覺與中國哲學》，第 193-194 頁。

32　象山云：「四端者，即此心也；天之所以與我者，即此心也。人皆有是心，心皆具是理，心即理也。」《陸九淵集》，第 149 頁。

33　《智的直覺與中國哲學》，第 194-195 頁。

34　《智的直覺與中國哲學》，第 195-196 頁。

理智的直覺。[35]智的直覺之創生性此一義著實複雜，牟宗三從三個方面予以詳瞻之闡釋。[36]

一是從逆覺體證層面上言。本心仁體的明覺活動反身而自己知曉證實其自己，即是如物之在其自己地知曉之證實之，以中國儒家語詞名之曰逆覺體證。此種逆覺即是康德所謂的智的直覺。何以故？因此純粹是本心仁體自身之明覺活動，而非是感性域裡的自我被影響故。此即是說，本心仁體的此種明覺活動是其反身覺照其自己而為一體之朗現，即單只是其自己具體真實地呈現之活動。因此之故，此逆覺體證之明覺活動非是一能所之關係。既如此，本心仁體則無有對象義，即不是被給予或被產生的對象，亦不給予或產生新的對象，而只是直接地回歸於其自己而如如地呈現其自己。正是在此一意義層面上，吾人言此語境裡的逆覺單只是本心仁體之明覺活動的自己知曉自己證實之活動，故亦單只判斷其自己，即如物之在其自己地具體而真實地呈現其自己。既是逆覺體證，即本心仁體之明覺活動，則表示本心仁體隨時隨處皆在躍動皆在呈現，即使是在日常生活之駁雜現象裡亦如是。亦正是在此駁雜裡，本心仁體在其躍動裡反身覺照其自己而如如地呈現其自體。此即是說，日常生活之現象是駁雜的，然本心仁體之自體卻非是駁雜的。[37]此是逆覺體證之一義，即駁雜義。吾人亦可假設本心仁體不是在日常生活之駁雜現象裡呈現的，而是隨順機緣而如天理之純粹地呈現，此如見孺子墜井一機緣。即使如此，此一機緣亦是一限制。正是在此一意義層面上，吾人言本心仁體之明覺活動總是在曲折圍限之中實現的。然即是隨應機緣而當體直下逆覺地體證之，即如物之在其自己地體證之，那麼此在其自己者則是並無有任何外在的圍限的。既如此，則此在其自己者即顯一絕對地無限性與普遍性意義。自此而觀之，本心仁體可隨應機緣當體直下在曲折圍限之中而逆覺體證之，無疑此曲折圍限之機緣是感性的，而此隨應曲折圍限之機緣而體證之逆覺則非是感性的而是純粹理智的。所以者何？因此逆覺所本之根源即本心仁體是純粹理智的故。就本心仁體隨應曲折圍限之機緣而當體直下地逆覺體證之言，

35　《智的直覺與中國哲學》，第 196 頁。
36　《智的直覺與中國哲學》，第 196 頁。
37　《智的直覺與中國哲學》，第 196 頁。

此單只是其明覺活動之反身覺照其自己，故是純粹理智的。既如此，吾人始可知吾人愈是作如此逆覺體證之工夫，吾人之本心仁體則愈是在其具體而眞實地呈現裡直接地回歸於其自己，而且吾人之本心仁體在直接地回歸於自己之過程裡愈是能夠具體而眞實地呈現其自己，吾人之逆覺體證工夫則愈是眞切而有力。[38]此是逆覺體證之又一義，即純粹義。

　　二是從本心仁體之創生性層面上言。承上文，吾人之本心仁體在直接地回歸於自己之過程裡愈是能夠具體而眞實地呈現其自己，吾人之逆覺體證工夫則愈是眞切而有力。此語境裡的有力，指的是本心仁體有引發吾人之道德行爲生生不已之根源性的力量。本心仁體及其所感發出的無條件之定然命令還是抽象的形式，必須透過吾人之道德行爲才能具體化，故吾人作道德實踐工夫愈是有力，其道德行爲則愈是生生不已，即本心仁體及其所感發出的無條件之定然命令之創生性力量愈是充分地展示出來。道德行爲在日常生活世界裡是一件一件的，即具體眞實的。然每一道德行爲皆是從本心仁體而感發出來的。此如吾人見到其父母長輩自然而然皆知道孝養，見到悲慘之事自然而然當生起悲憫之心，見到醜惡之事自然而然當生起厭惡之心，諸如此類，皆是一件一件的具體的眞實的道德行爲，然又皆是依本心仁體而感發出來的，此即是說，皆是本心仁體之根源性的創生力量之不容已之表象。具體而言，此如見到父母長輩就去做孝養他們的事情，此是一個具體的眞實的道德行爲。自然而然知道孝養父母長輩則是言吾人之本心仁體之明覺活動自然而然地知道應當孝養父母長輩，故立即自然而然地發出一應當孝養父母長輩的道德律令命令吾人去實踐孝道。爲什麼吾人知道應當孝養父母長輩即能在日常生活裡以具體的眞實的道德行爲去實踐之？此是吾人之本心仁體之根源性的創生力量之不容已使然。吾人之本心仁體依根源性的創生力量而不容已地發出道德律令並透過生生不已的道德行爲而實踐之，此即是把此道德律令具體地落實在日常生活事相裡，而非是形式地懸置在半空裡。此即是孟子所謂的良知良能，實際上即是本心仁體之純亦不已的創生性。[39]既然吾人在日常生活世界裡的一切道德行爲皆是依本心仁體之明覺活動而感發出來

38　《智的直覺與中國哲學》，第 196-197 頁。
39　《智的直覺與中國哲學》，第 197 頁。

的，此類似於康德所謂主體中之雜多是由其自我活動所給與者。此即是說，吾人之道德行爲即是雜多，本心仁體之明覺活動即是自我活動。既如此，本心仁體之明覺活動則非是逆覺體證本心仁體自己，而是反身覺照其不容已地發出道德律令並要積極地在日常生活世界裡實踐之。故此在內部即已發生的直覺，即此語境裡的逆覺，就必定是本心仁體之明覺活動自身之反身覺照，而成爲一自我活動，即明覺活動自身之活動，而並無它義。既如此，此逆覺就必定是純粹理智的，而非是感覺感性的。[40] 從明覺活動之不容已地要在日常生活世界裡具體而眞實地實踐之處，吾人言此是順說本心仁體之創生性。而從明覺活動自身之反身覺照其自己之不容已地發出道德律令並不容已地要在日常生活世界裡實踐之處，吾人言此是反說本心仁體之創生性。何以故？因此種反身覺照之直覺實際上就是明覺活動自身之反身覺照活動故。此即是說，此反身覺照之直覺有一種不容已的生發力量，即能夠依此力量而引生無窮已的道德行爲，而非是如感觸直覺被動地接受日常生活世界裡的一切事相。換而言之，所謂順說，即順著純粹理智的直覺而言其生生不已之創生性，此亦即是言本心仁體之生生不已的創生性，如此一思路是承體起用而縱貫地言之者。此所謂反說，即從純粹理智的直覺而逆反回來而直接言說本心仁體自身之生生不已的創生性，如此一思路是就智的直覺之認知而橫攝地言之者。於此需要說明的是，此一橫攝地言之者之意義何在？從認知意義的層面言智的直覺，主要是爲了說明本心仁體之創生性不單只是理論的形式的，而且是可以透過直覺而知之的，此即是說本心仁體是透過其在日常生活世界裡的具體呈現而顯其具體而且眞實的創生性的。既如此，此純粹理智的直覺自身即是創生性的，而非是感觸接受性的。正是在此一意義層面上，吾人言純粹理智的直覺覺照之即是創生之。此所謂創生，即使一物直接地回歸於其自己而成爲一由其自己而引生之在其自己者，而非是將其視之爲一外在的現成物而置於能所關係裡而成爲一認知的對象。就具體的道德行爲而言，此雖是在現象域裡而爲具體可見者，然因其爲智的直覺所引生，故從智的直覺層面言，此道德行爲必定只是其自內而生的內在物，即爲本心仁體所貫注所實現的實德，而非是在感觸直覺與辨解知性所形成的能所認知關係裡而成的現象義的對象。自此而觀之，吾人言

40　《智的直覺與中國哲學》，第 197-198 頁。

智的直覺惟有如一物之在其自己者地覺照之即實現之，而無有任何它義。此是以道德行為為例而言之者。如若以此而擴大至並應用於宇宙萬物即一切存在，而可成就本心仁體之絕對義與普遍義。[41]

　　三是從本心仁體之普遍性層面上言。承上文，本心仁體既是一個創生性原則，則其必定具有絕對的無限性與普遍性意義。具體而言，其不但特別顯示於道德域裡而引生成就道德行為，即從道德實踐的層面上言其道德創造之純亦不已，沛然莫之能禦；而且亦周遍潤化宇宙萬物而成為其本體，即從存有論的層面上言其創生宇宙萬物並安排其秩序之無窮已。其實在儒家義之道德的形上學思域裡引生並成就吾人之道德行為的本心仁體還因仁心寂感通達體物而不遺而周遍潤化宇宙萬物，此是一體兩面之義。就仁心寂感通達體物而不遺此一面而言，此即是說宇宙萬物皆因此仁心之周遍潤化而顯其存在義。故吾人亦可言此仁心寂感通達體物而不遺即是其覺照遍潤而無有方所義，簡言之即覺潤。故本心仁體之明覺活動覺照遍潤宇宙萬物，與此同時，即是照見了知宇宙萬物。自此而觀之，本心仁體之照見了知活動，依橫渠語詞，則謂之曰虛明照鑒，依康德語詞，則謂之曰智的直覺，此雖語詞有異，然其義理實則一也。故本心仁體虛明照鑒之即潤化之，進一步而言，即創生之。正是在此一意義層面上，吾人言康德所謂智的直覺自身給出其對象之存在（此對象一詞是權說，無實義），即是言其之創生性，而在儒家言本心仁體之寂感通達體物而不遺而周遍潤化宇宙萬物，在義理上亦即是言其之創生性，此是毫無疑問的。[42]故吾人綜而言之，智的直覺即是本心仁體虛明照鑒而自照自覺並進而照他覺他之活動。此語境裡的覺是純粹理智的直覺義。故自覺自照即是自己知曉自己證實其自己，即如一物之在其自己地覺之照之；而覺他即是覺照之即創生之，即直接從直覺返回到本心仁體自身而覺之照之。[43]此即是從本心仁體之絕對性無限性普遍性意義而言智的直覺之創生性者。

41　《智的直覺與中國哲學》，第 198-199 頁。

42　《智的直覺與中國哲學》，第 199 頁。

43　《智的直覺與中國哲學》，第 200 頁。

　　經由如上之縷述，牟宗三依儒家智慧尤其是橫渠之文獻著重探討了康德所謂智的直覺一語在義理上與儒家之對應者何所是，並且從理論與修證層面上證成了吾人確有智的直覺，以及其創生性何所是之諸核心義。

三、智的直覺與不一也一

　　道家智慧同儒家一樣，是吾華族土生土長的文化傳統。因其特有的智慧表述系統，就智的直覺而言，是惟有在從有至無處言之。所以者何？因道家智慧是直接從化除有爲之有所依待有所限定，即人爲造作而不自然，而超越至無爲之無所依待無有限定，即絕對而自然的境界的故。爲什麼有爲之有所依待有所限定一定須要化除並超越之？因爲有爲是人爲造作的，故愈是有所爲，具體地言之，即是爲知識名利而爲者，則必定愈是有所執著，既如此，則吾人之心必定愈是爲其所連累，吾人之性必定愈是爲其所遮蓋，故吾人之心與性必定愈是失去自然之本眞。[44]然知識與名利乃是崇文尚禮的儒家傳統所追求的。此一追求本是無所非議的，然如若至其極，則必定流於形式虛僞，而致使人世間相互爭鬥相互傾軋不斷。正是基於如此的歷史機緣，即周文至其極而顯形式虛僞，道家則針對此而獨抒其義理系統的。故道家直接地從知識與名利處發之，於此處，一是顯示出道家反對形式虛僞而返璞歸眞之意識，一是顯示出其特有形態的智的直覺義來。[45]余文依老子與莊子之智慧分別梳理道家之特有形態的智的直覺義究何謂。

　　就老子之智慧言，此處以爲學與修道相對判爲線索而展示其智的直覺之特有的形態。老子喜言絕聖棄智，絕仁棄義，絕巧棄利，絕學無憂。[46]此語境裡的聖智仁義巧利學等內容皆是知識與名利的事，故皆歸屬於學，即皆是爲學之事。因此爲學之事對修道是一種障礙，故須絕之棄之。故老子說：爲學應該每一天都有所長進，修道應該每一天都有所減損，並不斷地減損，以達至無爲境界，而且一旦修至此無

44　《智的直覺與中國哲學》，第 203 頁。

45　《智的直覺與中國哲學》，第 203 頁。

46　老子說：「絕聖棄智，民利百倍。絕仁棄義，民復孝慈。絕巧棄利，盜賊無有。此三者，以為文不足，故令有所屬。見素抱樸，少私寡欲。絕學無憂。」《老子注譯及評價》，第 136 頁；《智的直覺與中國哲學》，第 203 頁。

為境界，則無所不為也。[47]為什麼為學應該每一天都有所長進？因為為學追求的是
獲得經驗知識，故每一天都應該有所長進。正是因為此不斷地向前追求而使吾人墮
入無窮無盡地追求學習的境地。從開發吾人之知解理性以創造科學技術文明而服務
於人類此一層面上言，毫無疑問此是積極有意義的。為什麼修道應該每一天都有所
減損？因為修道追求的是直接地回歸於其自己而自己知曉自己證實自己明瞭的自然
而然的澄明境界。故從修道的層面上言，毫無疑問為學之工夫對於修道非但是無有
任何益處的，而且甚至可能是完全的阻礙。所以者何？因為學是向外部世界求索，
即向前追求，而修道是向內部世界回歸，即向後回返。既如此，為學與修道是完全
相對反的兩個方向上的事。向內部世界回歸，即是扭轉對向外部世界求索，而直接
地回歸內心世界以因與外部世界無有糾葛而灑然自在；向後回返，即是扭轉向前追
求，而即時地停息下來以實現內在心靈世界的安寧與祥和。正是在此一意義層面上，
吾人言老子所謂之修道工夫即是一減損的精神。然須要明白的是，此所減損的是名
聞利養之事。故此語境裡的減損，即是將那些向外部世界求索向前追求的方向工夫
化除掉，即無化掉義。為什麼要化除掉即無化掉此方向工夫？因為有方向就必定會
有所傾注，既有所傾注就必定會有所住著，而有所住著則為的是有所獲得，而有所
獲得則意味著有所不得，而有所不得則必定會引起痛苦，而痛苦既已生起則內在心
靈世界必定失去平衡而無法安寧平靜，而如此之心靈世界則必定妨礙了修道。既如
此，化除掉即無化掉此方向工夫，即化除掉無化掉有所得，以使內在心靈世界平衡
清淨，即無所為的境界。然一旦進至無所為的境界即能夠無所不為。而此即是得道
者聖人的境界。故聖人無需游走即能知曉，無需看見即能言之，無需作為即能有所
成就。[48]此可謂聖人雖然無有經驗知識然卻能夠無所不知。為什麼？聖人無知，是
言聖人在日常生活世界裡無有特定的認識對象，故無有經驗，進而無有由此經驗而
成的客觀知識；亦言聖人連經驗知識之相亦無有。故聖人無不知，是言聖人在無所
為的境界裡以泯化一切之道心寂而照之，即知曉之。此是中國智慧的表述語詞，而

47　老子說：「為學日益，為道日損。損之又損，以至於無為。無為而無不為。」《老子注譯及
　　評價》，第250頁；《智的直覺與中國哲學》，第203頁。
48　老子說：「是以聖人不行而知，不見而明，不為而成。」《老子注譯及評價》，第248頁；
　　《智的直覺與中國哲學》，第204頁。

在義理上以康德哲學之語詞表之，即是智的直覺直覺之。在道家思想語境裡，寂而照之，即是即寂即照，寂照一也。此即是說，在泯化一切之道心的寂照裡，宇宙萬物皆直接地回歸於其自己而在其自己，故能如一自在物而朗現之。此即是老子以修道之境界來表述智的直覺之一形態義。[49]

就莊子之智慧言，牟宗三主要是從郭象注莊處引申表述智的直覺之莊子義。其具體表現有二：一是關於名與知的注釋；一是關於耳目內通的注釋。就前者言，莊子曾說，吾人的生命是有限度的，而知識或學習知識是無有限度的。[50]郭象對此有一注釋：知識（認知）被名之為知識（認知），是從吾人性分之執著處生成，並於吾人性分之澄明時化滅，此所謂生於失當而滅於冥極者也。[51]郭象此一注釋之立場是修道，即相對於修道而言，為學是一失當。故所謂失當，即無窮無盡地向外索取向前追求而永無止境者也。就透過認知外在世界而獲得經驗知識而言，此一永不停息地向外索取向前追求則恰好是正當的，此即是說，各種經驗知識成為一門學問之合法性與有效性是於此處立的，故此是受到認可與鼓勵的。然對於修道，如此地求知則是一種障礙，故是失當的。此既是失當的，故是須要化滅的。於何處化滅？於冥極處。所謂冥極，即玄默空明而至純粹之境者也。既如此，於冥極處，前謂永不停息地向外索取向前追求則被完全徹底地化除了，而直接地回歸於其自己而純粹地在其自己。此即是說，在冥極處，不單只是吾人，甚至宇宙萬物皆不再對任何外在的事相有所依待有所執著，而是直接地回歸於其自己而純粹地在其自己。既如此，為學之事相亦因其無有任何需要而不復存在，即被化除了。此即是說，於冥極處，不僅無有為學求知之事，而且亦無為學求知之相了，而惟顯一圓滿自足自然自在之道心。道心朗朗徹上徹下而遍照一切。在此一意義層面上，吾人言此道心亦無所不知，此所謂無知而無不知者也。此所謂無知，是無有為學求知之事相，無不知，是

49　《智的直覺與中國哲學》，第 203-204 頁。

50　莊子說：「吾生也有涯，而知也無涯。以有涯隨無涯，殆已。」《莊子今注今譯》，第 94 頁；《智的直覺與中國哲學》，第 203 頁。

51　郭象云：「知之為名，生於失當，而滅於冥極。冥極者，任其至分而無毫銖之加。」郭象注、成玄英疏：《南華真經注疏》，北京：中華書局，1998，第 66 頁（案：後文引證此文獻時，僅標注文獻名與頁碼）；《智的直覺與中國哲學》，第 204 頁。

因在朗朗道心之遍照裡而一切皆直接地回歸於其自己而在其自己，即一切宛然。此所謂於冥極處處化滅，亦可謂是一止，故一止一切止。而此止實際上即是照鑒義，故一照鑒一切皆朗現，即物物皆在其自己也。既如此，現象義的爲學求知則亦不復需要而失當矣。故正是在此一止處，即修道之當義處，吾人言智的直覺之莊子義，即透過無知而至無所不知之境者。[52]

　　就後者言，莊子曾說，觀證虛空境界，吾人心靈世界則純潔無一絲雜染，一切諸種事相悉皆化滅，即使是吉祥事相亦於此境界裡化除掉了。如若不能達至此種境界，即使形體雖坐靜而其心神則萬妄泛起。爲降伏是心神，則應順耳目而向內收攝而至通達無礙，而使爲學求知之心相隔絕於外。修至此，則能夠與鬼神相通而降伏之，何況吾人，亦復如是。[53]郭象對此有一較長但且透闢之引申：宇宙萬物本無貴賤之分，皆可以透過順著耳目向內收攝而達至通達無礙而直接地回歸於其自己而在其自己。而世間吾人則以爲只要吾人想要知見，即可知之見之，既如此，吾人想要成聖成賢，亦可成之？單只是一念想，自然是不可能實現的。何以故？因世間吾人未有知曉惟有以不知不見不生方才能眞正地知之見之生之，而卻以爲想要知之見之生之即可以知之見之生之故。既如此，吾人之心神則紛亂不定，耳目則爲外在事相所累，故身心紊亂而不適，進而自亦不能與物物冥而一也。[54]郭象此一引申是由莊子之耳目內通義進而言吾人之知見生之在其自己義。故須要首先申明的是此語境裡的自知自見自生之自是相對於有爲造作而言宛然自爾自適自在義，而非是自己義。故自知者宛然自爾地見之也；自見者宛然自爾地見之也；自生者宛然自爾地生之也。既如此，此知見生是無所依待地圓滿具足地知之見之生之者也。承上文，莊子言耳

52　《智的直覺與中國哲學》，第 204-205 頁。

53　夫子曰：「瞻彼闋者，虛室生白，吉祥止止。夫且不止，是之謂坐馳，夫徇耳目內通而外於心知，鬼神將來舍，而況人乎！」《莊子今注今譯》，第 117 頁；《智的直覺與中國哲學》，第 205 頁。

54　郭象云：「言物無貴賤，未有不由心知耳目以自通者也。故世之所謂知者，豈欲知而知哉？所謂見者，豈爲見而見哉？若夫知見可以欲（而）爲〔而〕得者，則欲賢可以得賢，爲聖可以得聖乎？固不可矣。而世不知知之自知，因欲爲知以知之；不見見之自見，因欲爲見以見之；不知生之自生，又將爲生以生之。……，故心神賓士於內，耳目竭喪於外，處身不適而與物不冥矣。」《南華真經注疏》，第 84 頁；《智的直覺與中國哲學》，第 206 頁。

目內通是意在讓吾人順耳目向內收攝而通達無礙而終止內在心神因執著於外在事相而引生的紛爭而真正地實現宇宙萬物之化生。在義理上，此耳目內通亦即是心齋[55]坐忘[56]之境所函蘊者。故耳之聞目之見，即謂心齋坐忘之聞見，亦謂寂照之聞見。如若以吾人之肉體之耳目聞見之，即是有所依待的被動的聞見，故有滯礙，即為外在事相所累也，而非是心齋坐忘地聞見，即無所依待而與外在事相和合為一地聞見。前者是能所關係域裡的事，為吾人心意所造作，後者是超越能所關係而不為其所限的事，不為吾人心意所制限。正是在此一意義層面上，吾人言心齋坐忘之聞見，即是寂照之聞見，此所謂無滯無礙，大化流行矣，即惟是一無之境界也。此即是耳目內通之真意所在。[57]

　　此是牟宗三以郭象之注為契機而自家體貼地從心齋坐忘言莊子之耳目內通義。

　　在此基礎上，牟宗三對郭象之注又進一步作一詳細地分梳，其大端有三：一是自見何謂？首先，自見何所非？自見非是想要見之即可見之義。此想要見之是吾人心意刻意地去為之，故必定受制於耳目之生理感官域限。此種聞見是對自然世界的認識，是遵循一客觀法則的特定的思維模式。既如此，此種聞見必定是有限度的。何以故？因其受生理感官接觸外在世界之有限度故。故自見非是生理感官之聞見。其次，自見何所是？吾人透過心之齋而化除認知意義域裡的心之執著而直接地回歸於心靈自己而擺脫生理感官之被動的束縛而宛然自爾地見之者，謂之為自見。二是自知何謂？首先，自知何所非？自知非是想要知之即可知之義。此想要知之是吾人刻意地去求解之，即對外在自然世界現象的認識以解答困惑，而外在自然世界現象的紛繁複雜至極，故吾人內在心神則必定為其所惑所惱而無法安止。其次，自知何所是？吾人既已透過心之齋而化除了對外在事相的依附對待而直接地回歸於心靈自己而與宇宙萬物相冥為一，故吾人之心知萬物是宛然自爾地知之，而無需借助概念思維地知之者，謂之為自知。三是自生何謂？首先，自生何所非？自生非是想要

55　仲尼曰：「若一志，無聽之以耳而聽之以心；無聽之以心而聽之以氣。聽止於耳，心止於符。氣也者，虛而待物者也。唯道集虛。虛者，心齋也。」《莊子今注今譯》，第117頁。

56　顏回曰：「墮肢體，黜聰明，離形去知，同於大通，　此謂坐忘。」《莊子今注今譯》，第205頁。

57　《智的直覺與中國哲學》，第206-207頁。

生之即可生之義。此想要生之是吾人心念欲望地使其在之生之，故必定陷於能所依待關係域裡而成為有條件地在之生之。其次，自生何所是？宇宙萬物在心齋坐忘之心靈境界裡如其所是地在之生之，即宛然自爾地生之者，謂之為自生。[58]

　　自此而觀之，郭象義的見知生是宛然自爾地見知生，即脫離能所依待關係而純粹向內收攝而通達無礙者。此亦所謂冥極者也。此即是說，於冥極處，知無知相而無所不知，即無有能所依待之關係相而宛然自爾地知之，此所謂以無知知之；見無見相而無所不見，即無有能所依待之見與被見相而宛然自爾地見之，此所謂以無見見之；生無生相而無所不生，即無有能所依待之生與被生相而生之，此所謂以無生生之。綜而言之，化除此見知生之諸相而一切宛然自爾矣。此即是玄冥境界也，或謂心齋坐忘境界也。在如此之境界裡，即寂即照，一切如如。此所謂一止一切止矣。所謂一止，即吾人之心靈直接地回歸於其自己而脫離其與外在自然世界所形成的能所依待之關係而在其自己者；所謂一切止，即宇宙萬物之一切皆直接地回歸於其自己而在其自己者。在義理上，牟宗三名此心齋坐忘之即寂即照者為智的直覺。故經由智的直覺覺照之，宇宙萬物皆宛然自爾地在其自己也。正是在此一意義層面上，吾人言智的直覺其實際上即是即寂即照之心齋坐忘自身也。[59]

　　智的直覺之道家形態義，即如上文之所言，然其創生性又當於何處解並作何解？道家哲學就老莊而言不僅喜歡透過無化心齋坐忘等修道工夫言無為而且喜歡言無所不為。正是在此無為而無所不為處函蘊一創生性。此是一種特別形態的創生性，即消極意義域裡的創生性。此如老子所言道生之德畜之，[60]或道能夠使天變得清明，使地變得安寧，使鬼神變得有靈氣，使山谷變得豐盈，使宇宙萬物自爾生長；[61]或如莊子在人間世所言虛室生白而萬物自化，或在大宗師所言生鬼生帝生天生地；[62]諸

58　《智的直覺與中國哲學》，第 207 頁。

59　《智的直覺與中國哲學》，第 207-208 頁。

60　老子說：「道生之，德畜之，物形之，勢成之。是以萬物莫不尊道而貴德。」《老子注譯及評價》，第 261 頁。

61　老子說：「天得一以清；地得一以寧；神得一以靈；谷得一以盈，萬物得一以生；侯王得一以為天下正氣。」《老子注譯及評價》，第 218 頁；《智的直覺與中國哲學》，第 208 頁。

62　莊子說：「夫道有情有信，無為無形；可傳而不可受，可得而不可見；自本自根，未有天地，自古以固存；神鬼神帝，生天生地；在太極之先而不為高，在六極之下而不為深，先天地生

如此種皆是言道之無爲而無所不爲的創生性。然此語境裡的創生性是一特別形態的創生性，即是一種以不生生之的創生性，此所謂道無爲而萬物將自化，即在無爲境界裡宇宙萬物宛然自爾地在之生之長之。[63]此亦是爲什麼道家喜言無爲而無所不爲的基本理由所在。無爲了，則宇宙萬物皆直接地回歸於其自己而在其自己而自生自長自爾獨化，此即是無不爲也。故無不爲是從無爲開出來的。對於此一關節，王弼猶能契悟，其具體表現在其道德經注裡。如其就老子所言之生之，畜之，生而不有，爲而不恃，長而不宰，是謂玄德所作的注釋：生之，即爲不堵塞其源頭義；畜之，即爲不封禁其本性義；生而不有，爲而不恃，長而不宰，是謂玄德，即不堵塞其源頭而物物則宛然自爾地生之長之，而無需有任何外在之助力者，不封禁其本性而物物自身則圓滿具足，而無需有任何外在之依待者，此所謂物物自生自長而圓滿具足，故既無需有一外在的主宰亦無需自己成爲其外在事相之主宰，此即是說物物皆在幽幽玄冥境界裡自在自爲之，而且惟有如此方能繁興大用矣。[64]王弼此一注釋即表明宇宙萬物之生之長之乃全在於不受其任何的干涉騷擾而自在自爲之。此一生之即是以不生生之者，故牟宗三謂其爲消極意義域裡的創生義。[65]

　　具體地言，道家之言自然無爲，即是一個無有任何人爲設定的規則囿限之之境界者。故直接地言之，單只是一圓照而已，即吾心無爲而直接地回歸於其自己，而宇宙萬物皆在此心境裡而直接地回歸於其自己而自在自化。此即是吾心即寂即照所必然地函蘊者。此所謂老子之生之畜之，或莊子之虛室生白者也。[66]此是隨順

而不爲久，長於上古而不爲老。」《莊子今注今譯》，第 181 頁；《智的直覺與中國哲學》，第 208 頁。

63　老子說：「道常無為而無不為。侯王若能守之，萬物將自化。」《老子注譯及評價》，第 209 頁。

64　王弼云：「生之、不塞其原也。畜之，不禁其性也。生而不有，為而不恃，長而不宰，是謂玄德。不塞其原，則物自生，何功之有？不禁其性，則物自濟，何為之恃？物自長足，不吾宰成，有德無主，非玄而何？凡言玄德，皆有德而不知其主，出乎幽冥。」樓宇烈校釋：《王弼集校釋》，北京：中華書局，1980，第 23-4 頁。

65　《智的直覺與中國哲學》，第 208-209 頁。

66　《智的直覺與中國哲學》，第 209-210 頁。

老莊之指點而言道的創生性，而依道心之即寂即照而言的智的直覺之創生性亦當依是悟解。[67]

　　承上文，道心之即寂即照是化滅為學求知而至冥極之境界而呈現者。為學求知皆是與日常生活世界裡的具體事相相關涉的，故化滅為學求知之工夫皆是具體的。既如此，道心之即寂即照即是具體的呈現，而非單只是一理論上虛擬的形式概念。故道心之即寂即照一旦具體地呈現出來時，則道心透體明澈徹上徹下而己與物之自相及其二者能所關係相皆玄冥而一也。正是在此一意義層面上，道心之即寂即照即是其照鑒明澈自身而具體地呈現活動。故道心之即寂即照即是其智的直覺之反身而直接地覺照其自己者。既是其反身而直接地覺照其自己者，故與感觸直覺之被動性有限性相區分。此即是說，道心之反身自覺即單只是其自己之具體地呈現者，而無有任何其它現象界的諸多事相摻雜其中。所以者何？因其自身之即寂即照即是其自身之具體地呈現，即其自身即是普遍恒常純一故。[68]然如若單只是反身自覺其自己，即使視之為圓融地覺照，亦只是空洞的形式的覺照。所以者何？因其未有隨應機緣而真實地具體地呈現故。故既言圓融地具體地覺照，即必定隨應機緣而真實地呈現，方才是真正地圓融地覺照，即是落到實處地覺照，而非是空懸的抽象的覺照。正是在此一意義層面上，始可言在此一圓融地覺照裡，道心之反身地即寂即照亦即是現象界諸多事相之呈現。此如莊子所言：天人本一也，無論吾人喜歡還是不喜歡，天人皆一也；亦無論吾人理解還是不理解天人是否是一也，天人亦皆一也。如若吾人能夠理解天人一也，則吾人即是與天相通也，如若吾人不能理解天人一也，則吾人即單只是與人類也。故惟有能夠悟解天人本一，而非是相異者，方才可謂之為真人也。[69]真人何以能夠悟解天人本一之道？因真人對此既無有喜歡與不喜歡之分別而自身圓足故。所以者何？因無論喜歡還是不喜歡皆是心念執著而使其自身破裂故。如若心念執著於喜歡則必定追逐於物，如若心念執著於不喜歡則必定拒斥於物，故無論追逐還是拒斥皆使其自身破碎分裂而不完整。因此，惟有無有喜歡與不喜歡之

67　《智的直覺與中國哲學》，第 210 頁。

68　《智的直覺與中國哲學》，第 210 頁。

69　莊子說：「故其好之也一，其弗好之也一。其一也一，其不一也一。其一與天為徒，其不一與人為徒，天與人不相勝也，是之謂真人。」《莊子今注今譯》，第 170 頁。

分別即既不追逐於物亦不拒斥於物，道心才能直接地回歸於其自己而在其自己而自身圓滿具足。既如此，道心與天相通，則能夠圓滿地照鑒己與物；而與人相類，則能夠隨順宇宙萬物而顯其差別，然道心雖呈現差別相卻並不執著於此差別相，故此亦不妨礙其圓滿地覺照宇宙萬物，此即是莊子所謂不一也一義。正是在此不一也一處，道心覺照之圓滿義才真實地具體地呈現出來。故在真人的道心之即寂即照裡，大人不一也，而非是相互地對立衝突。既如此，從道心之圓滿地覺照活動則必然地引出現象世界之諸多事相，然此引出者既非是創生義的，亦非是被動地接受義的，而單只是在即寂即照裡既不拋離現象世界裡的諸多事相亦不追逐之，而是讓其在道心之即寂即照裡直接地回歸於其自己而在其自己而如如地呈現矣。正是在此一意義層面上，吾人言道心之覺照活動才是真正圓滿的，而且宇宙萬物亦因此而被其引出帶出。此即是說，就宇宙萬物歸攝於道心而言，其成為道心覺照之內容，而就其自身而言，則是自在自為地在其自己，而脫離現象世界的依待關係而自爾獨化矣。故此語境裡的現象世界之諸多事相單只是道心圓滿覺照裡宇宙萬物在其自己地自爾獨化之境，而非是現象世界裡的具體的諸事諸物。此即是說在道心之寂照裡宇宙萬物皆是一境界，而非是一現實的對象物。故在此即寂即照裡，宇宙萬物皆被帶起引出，而不會產生任何實際的經驗知識，此如前文所謂無知而又無所不知也。既如此，在此語境裡所言的智的直覺實際上並不創生宇宙萬物，而是在境界裡帶起引出而已，故可謂此是智的直覺之靜態義。而此正是智的直覺之創生性的道家形態義，即隨道之創生性而言者。此智的直覺形態雖很特別，然亦是其本自所應有者。[70]

　　自此而觀之，道家義的智的直覺之創生性與儒家義的智的直覺之創生性是有著根本性之區分的。在儒家，智的直覺之創生性是從道德處言的，即從本心仁體之至誠至明而來的道德之創生性處言的，此如中庸所言：如若吾人之道德仁心透過道德實踐工夫而達至誠之極明之極，則能無窮已地引生宇宙萬事萬物。[71]故從道德仁心之虛明照鑒處言智的直覺之創生性是極為顯豁的。而在道家，智的直覺之創生性是

70　《智的直覺與中國哲學》，第 210-211 頁。

71　《中庸》：「天地之道，可一言而盡也：其為物不貳，則其生物不測。」《四書章句集注·中庸章句》，第 34 頁。

道心透過化減爲學求知之能所依待關係相而達至心齋坐忘之境界而顯的，故無有道德內容，亦無有爲道德實踐之超越根據積極地立一本心仁體，儘管其並未反對道德。然其反倒是以遮撥道德內容，即斷絕廢棄仁義禮智信等道德內容，而呈現一空空境之道心。其爲什麼如此致思？因爲其視道德內容爲一現象世界的外在物，故未有反身思慮如何透過內在化之途徑爲道德實踐之可能立一超越的根據。既如此，其所言智的直覺之創生性則不顯豁，而只顯一帶起引出性。[72]故由道心之即寂即照而顯的智的直覺之創生性，與由道德仁心至誠至明而發出絕對無條件的道德律令而命令吾人純亦不已地起道德創造而顯的智的直覺之創生性是完全相異的。儒家之道德的創造性是依道德仁心之命令而起者，即依吾人之本性本分而必然地去實踐之實現之者，此是依一特定之方向而創造的，故類似於康德所謂之決定判斷者。而道家之道心的創生性是依心齋坐忘之工夫而起者，即依道心之境界而起者，此是無有方向而帶起引出的，故類似於康德所謂之反身判斷。[73]自此而觀之，吾人不但可以知曉智的直覺之創生性的儒家義與道家義之根本區分處何在，而且亦可以知曉智的直覺之創生性在儒家尤爲顯豁而在道家則較爲隱晦之根本原因何在。

四、智的直覺與般若智

佛家是一特別的智慧系統，即教化眾生透過斷惡修善的實踐工夫以明了本心照見本性而成佛，並依此度化十方三世一切有緣眾生者。萬緣萬法皆由心念起，故澄明心性，即是萬緣放下萬法皆空。既如此，心性本自淨且空，故宇宙萬物世間萬緣虛空萬法皆於此處起滅流轉無常無性。正是在此一意義層面上，佛家智慧教化眾生應觀空證空住空。如若修證至此一境界即得般若智慧。與此同時，吾人亦知曉心量無限心海無外。既如此，在此一無限無外之心中，必定函蘊一智的直覺於其中。而且，此智的直覺當於般若智慧處顯，故當於般若智慧處悟解之。[74]

般若智慧與一般而言的智慧不一樣，即以觀空證空住空爲其殊勝義。佛家所謂空亦與一般而言的空即什麼都沒有不一樣，即宇宙萬物之運行皆是變化而無有恆常

72　《智的直覺與中國哲學》，第 208 頁。

73　《智的直覺與中國哲學》，第 209 頁。

74　《智的直覺與中國哲學》，第 211 頁。

的，虛空萬法皆是無有自我的，故宇宙萬物世間萬緣虛空萬法皆是因緣和合而起而無有自身本性的，以康德的語詞言之，即皆非是在其自己者。如若能夠如此地觀空證空住空而不起任何執念者即名之曰般若智慧或般若智。心念生起執著即是心識，而般若是破除此心念所生之執著，故是智慧。故般若智與心識是相對反而並舉的。但須要說明的是般若智慧雖是觀空證空住空者，然此並非謂滅除一切諸法門，而單只是抽象地觀證空之自己，而是相即於一切諸緣起法而觀證其實相。故一切諸法皆緣起而無有自性即是空，亦即是一切諸緣起法之實相。此如龍樹菩薩中論所言：一切因緣所生法，皆是空無自性的，然此所謂空自身亦是一虛假不實之名，經由如此修證，方能真見中道之義之智慧。[75]此即是說，在同一緣起所生法裡，虛空虛假皆融於其中，故同時即是空，亦同時即是假，而不能相互分離地而偏面滯礙地觀之，即不能脫離緣起所生之假而另外地找尋一名為空者，亦不能脫離無有自性之空而另外地找尋一名為假者。故此語境裡的空是表意字，即無有任何實際的指向義；而假則是因緣和合所生之事相，並且空是此諸事相之意義。此即是說，緣起與空及假是相即的，即從緣起可以言及空與假，從空亦可以言及緣起與假，從假亦可以言及緣起與空。此三者實一也，即不偏滯於任何一邊之中道也，而此三語亦實只是此一語之分析地散開言者。緣起所生之一切諸法之實相即當該如是悟解。而一旦如是地悟解了緣起所生一切法者，即證得般若智慧也。[76]此如僧肇所言：方便般若是真正的大智慧。不為染著所拖累而觀證一切諸法之實相者謂之曰般若；不執著此所謂空而隨應機緣教化眾生者謂之曰方便。故可謂般若法門觀證空，方便法門分別有。然如若分別有而又不迷惘，則是有而不著，故有亦無矣；如若觀證空而又不舍有，則是空而不舍，故空亦有矣。無論是空是有還是非空非有或是即空即有，皆是一念心力所緣起而生者也。此所謂權計與智慧本於一根矣。[77]雖然般若智慧旨在觀證一切諸

---

75 龍樹菩薩說：「眾因緣生法，我說即是空，亦為是假名，亦是中道義。」《中觀論頌講記》，第 461 頁。

76 《智的直覺與中國哲學》，第 211-212 頁。

77 僧肇說：「漚和般若者。大慧之稱也。諸法實相謂之般若。能不取證。漚和功也。適化眾生。謂之漚和。不染塵累。般若力也。然則般若之門觀空。漚和之門涉有。涉有未始迷虛。故常

法實相，然亦不能就此停留在此般諸法實相上。所以者何？因如若一旦停留在此般諸法實相上，便生執著，即諸法實相不是自性本空而成爲了實際上的有故。此即是說，諸法實相本是無相，如若一旦執著，便轉成了有相。故龍樹菩薩在大智度論裡言，空亦須空，此所謂空空者也。[78]故般若智慧雖旨在觀證諸法實相，然不能執著此觀證工夫，甚至連執著相亦不能顯。何以故？因一生執著或顯執著相，即是心生妄念而有染著故。故以此染著之心觀證諸法實相，諸法實相亦隨順而成爲實際存在物而成爲了非實相。因而，吾人之生命亦因此一執著而陷入膠著滯礙之境，既如此，自亦是無法證顯智慧，即不可能證得般若智慧。此即是說，在如此之生命境地裡，般若已是非般若，因被執實故。如此地觀證而且不執著，此即是方便法門或謂權計法門。有了此諸般方便法門，才能夠隨應機緣度化十方三世一切有緣眾生。要度化眾生，即須要與眾生一樣在俗世裡過現實生活，此則必定地分別有，因現實生活不可能懸於空無中故。自此而觀之，分別有是方便權計，而分別有卻不染著即是般若智慧；觀證一切諸法實相是般若智慧，而觀證諸法空相卻不舍離諸法即是方便權計。故僧肇所言之方便般若是具體的真實的般若智慧，亦可謂其爲圓滿的智慧或鮮活的智慧。[79]

　　承上文，智慧與學知是相對反的。故圓滿的智慧與心識之認知即是相對反的。爲什麼此二者是相對反的？心識認知是執著於世間萬相而有所選取的，故其有特別固定的對象。既如此，則形成能所對待之格局。其結果是對其所選取的對象有所了知，對其無有涉及甚至對其所涉及的對象之其它面則無所了知。何以故？因能所對待格局有限度故。然無論有所知還是無所知，則皆有一知相，因皆是因緣所生故。而圓滿智慧則是與此相對反的。圓滿智慧觀證的是即空即假之中道實相，而實相是如相，故是無相，即無有相可以選取，既如此，即非是一對象，故亦無有對象化。如若圓滿智慧在觀證即空即假之中道實相時對此實相有所執著，此中道實相則轉成

處有而不染。不厭有而觀空。故觀空而不證。是爲一念之力。權慧具矣。」憨山大師：《肇論略注》，香港：香港佛經流通處，1997，第9-11頁。

78　《摩訶般若波羅蜜經卷第五之問乘品第十八》：「何等爲空空？一切法空，是空亦空，非常非滅故。何以故？性自爾。是名空空。」大正藏，8册，25中。

79　《智的直覺與中國哲學》，第212頁。

為對象而成為非實相。既如此，則有所執著的圓滿智慧自身亦轉成為心識認知而成為非圓滿智慧。故圓滿智慧既是觀證即空即假之中道實相，則不能分離地單觀證任何一面，即既不能分離地單觀證空，以避免使空因被對象化而成為非空，亦不能分離地單觀證假，以避免使假因被對象化而成為非假，並且以避免使此觀證成為心識認知活動。圓滿智慧所觀證之即空即假之中道實相，是就因緣所生而空無自性之虛意而言的，故即空即假之中道實相足 衷意字，而非足 指實字，此即是說，其只是一虛意，而非是一對象，故亦不能被對象化。如若將此中道實相指實化對象化，則成為虛妄執著，即成為需要被破除的光景。既如此，即空即假之中道實相惟有在圓滿智慧的觀照裡才能如如地呈現。故觀證此即空即假之中道實相的般若智慧亦自然既不執著此觀證，亦不執著此諸法實相，還不舍離此般諸法而如如地如是觀之證之。正是在此一意義層面上，吾人言般若智慧既不是感觸性的，因不執著世間諸法故，亦不是辨解性的，因無需藉著概念作思辨故。[80]

承上文，中道實相既非是對象，故亦無有與之相對的客體，即無客體義；既如此，則其亦無有主體義，即不會成為他者的主體。既無有主體義亦無有客體義，故能所對待格局亦不復形成。能所對待格局無有了，則所知無有了，能知亦無有了，故知相皆無有了。然觀證即空即假之中道實相之般若智慧雖無有心識認知之知相，然其又朗照一切諸法而觀證其即空即假之中道實相。此即是說，在般若智慧之朗照裡，不單只是即空即假之中道實相如如地呈現，而且一切因緣所生之諸法亦皆如如地呈現，即宛然自爾地呈現而不增不減不生不滅。故在般若智慧之觀證裡，一切因緣所生之諸法皆無有生滅常斷一異來去之等等相，而宛然自爾地呈現，即如如地呈現。既如此，則無知而無所不知也。[81]

依上文言，般若智慧是圓滿遍照的智慧，此即函蘊著一種無限性，此所謂般若智心圓滿遍照而無有一處被遺漏者。然此亦單只是圓滿遍照而無有一處被遺漏者，而並不能說明此一切諸法門皆根源於或源出於此一圓滿遍照。所以者何？因般若智慧本只就一切諸法門因緣所生起而自性空無此一面而言與心識認知相對反的修證觀

80　《智的直覺與中國哲學》，第 212-213 頁。

81　《智的直覺與中國哲學》，第 213 頁。

照，其自身並未有預備要給此一切因緣所生而空無自性之諸法門一根源性地說明故。因此，在佛家，言般若智慧圓滿遍照之創生性是很不顯豁亦不易說明的。大乘空宗單只言觀空證空住空，而未有言將一切諸法門收攝回來而使其皆源出於此一圓滿遍照，此即是說，一切諸法門皆是此一圓滿遍照之所本自具足者並隨應機緣而起者。依據牟宗三之研究，對此一問題解答得極爲圓滿者是天臺宗。[82]此即是說，佛家之智的直覺義惟有在眞正的圓教系統裡始能得以充分地說明。而其創生性亦可透過圓教系統裡的般若智慧自身而呈現出來。此亦即是說，天臺宗對一切諸法門之源出性有一明確之說明。然天臺宗於何處言一切諸法門之根源性？其是從一念三千處言者。而一念三千又是消化從無住本立一切法而成者。故所謂一念，即一念心也。而一念心，即煩惱心也，刹那心也。所謂三千，即三千世間因緣和合所生之一切諸法門也。所謂無住本，即以無住爲本者也。而天臺宗師於無住處分解地言法性與無明，故法性與無明俱無住處，此即是說，以無明爲本，而起現三千世間一切諸法門，即是以法性爲本，而起現三千世間一切諸法門也。正是在此一意義層面上，吾人始可知法性並非單只是華嚴宗所謂眞如空性理，而且亦是即寂即照或謂圓滿遍照之般若智。自此而觀之，智如本一也，此即是說，般若智與眞如理本一也。故從智如不二之法性處起現其本自具足之三千世間一切諸法門，即是般若智慧於其自身起現其本自具足之三千世間一切諸法門。既如此，一念三千雖是念具三千，其實際上即是智具三千者也。[83]

　　天臺宗師依此理路而成之圓教有四個根本特點：一是圓融，故不會偏狹滯礙；二是眞實，故不會虛假浮泛；三是充滿，故不會殘缺虧欠；四是周遍，故不會遺漏不全。在如此之圓教系統裡，般若智慧圓融眞實充滿周遍，故由此一智慧所發出的即寂即照即是圓滿周遍的觀照。正是在此一觀照處，始可言智的直覺義。依上文，一念三千實際上即是法性本自具足三千世間一切諸法門，故亦即是般若智慧本自具足三千世間一切諸法門。故法性起現三千世間一切諸法門，即是般若智慧起現三千世間諸法門。般若智慧之本自具足與起現三千世間一切諸法門，即是智的直覺之微

82　《智的直覺與中國哲學》，第 214 頁。
83　《智的直覺與中國哲學》，第 215 頁。

妙作用與本自具足之函義。自此而觀之，智的直覺就是透過般若智慧而呈現的佛心智慧之自我活動，故非是感性意義的心識認知之辨解活動。從佛心智慧之自我活動而起現其本自具足的三千世間一切諸法門處，吾人亦可言智的直覺之創生性的佛家形態，此當然亦是一種消極意義的創生性。佛家義的智的直覺形態之意義，可以從兩個層面言之：首先，就佛心智慧發出智的直覺反身而照見其自己言，佛心因此反身照見而可朗現，此即說明成佛是可能的，而且佛心並非是一理論上的設準，而是一可以透過修證工夫朗現的；其次，就佛心智慧發出智的直覺圓滿遍照盡虛空遍法界世出世間之一切言，佛心圓滿遍照者，本是其自身所具足者，故宇宙萬物虛空萬法世間萬相皆在此圓滿遍照裡如如地呈現其自己，即在其自己者也，正是在此意義層面上，吾人言佛心智慧之創生性，亦即佛家形態的智的直覺之創生性何所是。故佛心智慧圓滿遍照，不僅佛心自身如如朗現而在其自己，既如此，則成佛矣，而且盡虛空遍法界世出世間之一切皆如如地朗現而在其自己，既如此，則宇宙萬物虛空萬法世間萬相皆被創生矣。[84]

　　承上文，如若單只是從般若智慧自身觀空證空住空言，此種無知而無所不知的智慧與道家之無為而無所不為的玄妙智慧是無有差異的。然就此二種智慧形態之底子言，此二者又是有著顯著之差異的。就道家言，其是從化減為學求知之執著而至其極處而言道心至虛至寂而圓滿遍照，以實現無知而無所不知無為而無所不為。何以故？因宇宙萬物在此種圓滿遍照裡皆直接地回歸於其自己而在其自己，即皆宛然自爾地自在自化矣。就佛家言，其是從宇宙萬物之運行皆是變化而無有恆常的，虛空萬法皆是無有自我的，故宇宙萬物世間萬緣虛空萬法皆是因緣和合而起而無有自身本性的之處而言佛心智慧即寂即照，既照見佛心而讓其如如朗現而成佛，亦照見宇宙萬物虛空萬法世間萬相而讓其如如朗現而起現之。既然宇宙萬物虛空萬法世間萬相皆是因緣和合所生起者，故皆非是在其自己者，既如此，則皆是虛幻的相虛假的名而無有自性而不成在其自己者。如是地依即空即假之中道實相地悟解之，即可證得般若智慧。此種智慧當然已經融化並超越了道家義的為學求知即心識認知，而且還有進於此者，即惟依因緣和合所生而空無自性之真理而觀證宇宙萬物虛空萬法

84　《智的直覺與中國哲學》，第 322-323 頁。

世間萬相。如是地以般若智慧觀證之，即是智的直覺覺照之，而非是順感性而識知之。自此而觀之，道家智慧是依順化減為學求知之執著而彰顯在其自己者，故無有因緣和合所生而空無自性之分解的步驟與內容；而佛家則恰好正是獨彰此義，即特發因緣和合所生而空無自性之真理，故無有在其自己之內容。儘管佛家言在智如智慧之圓滿遍照裡宇宙萬物虛空萬法世間萬相一切皆如。然此語境裡的如卻非是在其自己者，而是不執著亦不舍離地如如地呈現者，此所謂如相也。而如相即是無相，故在般若智慧之即寂即照裡宇宙萬物虛空萬法世間萬相皆無有生滅常斷一異來去等等相，既如此，則無由更無需言在其自己者。此即是佛家義的智的直覺形態，牟宗三名之曰滅度的智的直覺。此與道家義的智的直覺形態，牟宗三名之曰藝術性的智的直覺，在根本關鍵處是明顯地相區分的。[85]

此一部分所言的佛家義之智的直覺形態，主要是依天臺宗師之義理系統而發者，而華嚴宗師之義理系統亦有智的直覺義，然吾人未有言及。所以何者？因華嚴宗所本之大方廣佛華嚴經是釋迦佛證道後所首先演說的其親證境界的經典，境界微妙智慧甚深，而吾人根器不利而始終契悟不上故。

五、智的直覺與實踐的形上學

牟宗三透過對康德哲學思路的清理，而洞見了一個秘密：道德的形上學能否證成的關鍵點是智的直覺能否證成。反觀西方的哲學歷史，其智慧傳統並未有彰顯出智的直覺來，故在此智慧傳統裡致思的康德亦因此而斷定具有有限性的人類是無有此種直覺的。然牟宗三透過對中國智慧傳統的悟解，而發現了智的直覺是充分地被彰顯出來的，故其依此智慧傳統亦因此而肯斷具有有限性的人類是有此種作為主體機能的直覺的，儘管人類在現實生活世界裡又的確是一有限的存在。既如此，此即是說，人類在現實上雖是有限的而卻亦可彰顯一無限的意義。[86]此是牟宗三依中國智慧傳統而來的徹上徹下透體挺立的洞見。有此一洞見，則智的直覺是人類的一種主體機能之一義得其超越性的理論根據。然依中國智慧傳統，智的直覺究當依何而

85　《智的直覺與中國哲學》，第 213-214 頁。
86　《智的直覺與中國哲學》，第 346 頁。

證成？在牟宗三看來，其直接而恰切的根據是道德。具體而言，可分兩個層面展開說明：首先，欲悟解道德是一具體而真實的呈現，而非是一懸空而浮泛的觀念，則必須首先肯認一能夠發出道德律令的道德本心；其次，此道德本心的肯認亦必須是一體證的肯認，而非是一設準的肯認，此即是說，此道德本心自身即是一呈現，即在人類處是可以真實而具體地呈現出來的。故道德本心是呈現的，智的直覺即得證成，既如此，則道德的形上學亦得證成。[87]

　　在中國智慧傳統裡，以道德立教的儒家是人宗，而以修證得解脫立教的道家與佛家則是旁枝。故從道德層面上言智的直覺是正面立論，而從解脫層面上言智的直覺是反面透顯，即透過對人為造作與無常痛苦而向上修證以至虛寂自然與寂滅涅槃的境界而顯示出來的。儘管儒家與佛家道家有如此區分，然其皆是從人類的實踐層面上建立與透顯智的直覺的。此即是說，儒家是在道德實踐層面上證成，而佛家道家是在向上修證以至虛寂自然與寂滅涅槃境界的層面上透顯的，然無論是道德實踐還是境界修證，皆是實踐活動。正是在此一意義層面上，吾人言依中國智慧傳統而成的形上學是實踐的形上學，然在儒家，則是道德的形上學，在佛家道家則是解脫的形上學。在此語境裡，牟宗三未有對佛家道家之形上學形態作出區分，然在晚年的講錄裡則有進一步相區分之直接地說明，此於下文展示出來。反觀西方哲學的歷史，形上學經由諸代哲學家的曲折探索，而至康德，並經由其批判貞定而特顯此實踐的形上學。然此形上學卻是中國哲學傳統所根本體現者。[88]

　　在此實踐的形上學裡所表現的最高的實有，即具有無限性絕對性普遍性的真實存有，則是經由實踐，無論是道德的還是解脫的，所體證而顯的道德本心，寂冥道心及如來藏自性清淨心。既如此，人類乃至宇宙萬物之真實性惟有透過吾人所體證而顯現的此道德本心，寂冥道心及如來藏自性清淨心為其超越的理論根據而可能。此即是說，就人類而言，其真實性是因為其能夠證顯其本有的道德本心，寂冥道心及如來藏自性清淨心此一最高的真實存有而顯現出來的，即成其為一真實存有而顯其真實性。具體地言之，在儒家，即是在道德實踐的過程裡以及在達至的聖人境界

87　《智的直覺與中國哲學》，第 346 頁。
88　《智的直覺與中國哲學》，第 346 頁。

裡，人類成其爲一眞實的存有；在佛家，即是在證顯本心本性的過程裡以及在證得的涅槃境界裡，人類成其爲一眞實的存有；在道家，即是在爲道日損的過程裡以及在達至的虛寂境界裡，人類成其爲一眞實的存有。此亦即是說，儒家的成聖，佛家的成佛，道家的成天人皆必須是道德實踐者或修行者悟證而呈現出道德本心，如來藏自性清淨心，寂冥道心之無限性絕對性普遍性而使然者。[89]此即是說，成聖成佛成天人的過程及其結果所顯示出來的眞實性說明了人類的眞實性本自圓滿具足。故人類在現實生活世界裡雖是一有限的存在，然卻可以體現出一無限性意義來，此所謂雖有限而無限者也。正是在此一意義層面上，吾人言人類實是尊貴的，此如佛家所謂人身難得者也。[90]此即是說，人類在現實生活世界裡雖是有限的，然其透過實踐奮鬥，卻可以證顯或獲得一無限性，此則可貴，其可貴顯於何處？答曰：於此無限性即眞實性處顯。但此需要進一步說明的是，此語境裡的奮鬥是悟證具有無限性絕對性普遍性的實有的奮鬥，故非是懸空不實的奮鬥，亦非是氣性隨機飄蕩而陷入四無掛搭無根逐流之中的奮鬥。故惟有悟證了此無限絕對普遍的實有，人類才顯其實有性或謂眞實性，而此眞實性即是無限性，此即是說，人類之無限性的意義呈現出來了。[91]

89　《智的直覺與中國哲學》，第346-347頁。

90　關於人身難得之道理，釋迦佛曾演說了兩個很能讓人明白的譬喻，現錄於此：《雜阿含經卷第十五》：「爾時，世尊告諸比丘：『譬如大地悉成大海，有一盲龜壽無量劫，百年一出其頭，海中有浮木，止有一孔，漂流海浪，隨風東西。盲龜百年一出其頭，當得遇此孔不？』阿難白佛：『不能。世尊！所以者何？此盲龜若至海東，浮木隨風，或至海西，南、北四維圍遶亦爾，不必相得。』佛告阿難：『盲龜浮木，雖復差違，或復相得。愚癡凡夫漂流五趣，暫復人身，甚難於彼。所以者何？彼諸眾生不行其義、不行法、不行善、不行眞實，輾轉殺害，強者陵弱，造無量惡故。』」大正藏，2冊，108下。此所謂得人身如盲龜於大海中遇浮木孔者也。《大般涅槃經卷第三十一》：「爾時世尊取地少土置之爪上。告迦葉言。是土多耶。十方世界地土多乎。迦葉菩薩白佛言。世尊。爪上土者不比十方所有土也。善男子。有人捨身還得人身。舍三惡身得受人身。諸根完具生於中國。具足正信能修習道。修習道已能得解脫。得解脫已能入涅槃。如爪上土。舍人身已得三惡身。舍三惡身得三惡身。諸根不具生於邊地。信邪倒見修習邪見。不得解脫常樂涅槃。如十方界所有地土。」大正藏，12冊，809下。此所謂得人身如爪上土，失人身如大地土者也。

91　《智的直覺與中國哲學》，第347頁。

　　牟宗三透過對康德哲學的批判而發現康德真正欲建立的形上學是其所謂的超絕形上學，其基本內容是自由意志，靈魂不滅，上帝存在此三方面。並且康德發現理論理性即理性之理論或知解的使用根本無法理解此三者，此亦表明此三者在理論理性域裡並無有實際意義，而惟有實踐理性即理性之實踐的使用能夠理解把握此三者，此亦表明此三者在實踐理性域裡才得到客觀妥當之實際意義。[92]牟宗三根據義理之疏解而發現沿著康德的思路再前進一步即可將其所謂的超絕形上學發展成爲道德的形上學。在康德哲學裡，其單只是順著思路逼出了一個道德的神學，此是西方智慧傳統所必然至此者，而其並未提出建立一道德的形上學，而此則是中國智慧傳統所必然至此者。此即是說，依義理之進路及其方向而言，在西方智慧傳統下，康德致思只能建立一道德的神學，此已是不易且極爲卓越者矣；在中國智慧傳統下，則亦只能建立一道德的形上學。此道德的形上學之基本內容是物之在其自己，自由意志，道德域與自然域之溝通等諸問題。此三者若能統而爲一有機整體而真實地被建立起來，則道德的形上學即充分地證成矣。然如何能夠將此三者真實地統而爲一有機整體？實現此一目標的關鍵在於智的直覺之證成。[93]康德之所以有此三者之內容的設擬而未能建立成道德的形上學而單只是逼出了一個理論上當該如此的道德的神學，是因爲其並不承認具有有限性的人類亦擁有智的直覺。如若吾人順著中國智慧傳統肯認並證成吾人有此智的直覺，則能夠以康德所設擬的三者而建立一道德的形上學。既如此，則此是順著康德之思路而必然如此地繼續前進者，此可謂調適而上遂者也。故吾人如若言形上學，則只能在超絕形上學層面上言之，並順著中國智慧傳統肯認並證成智的直覺，而使康德所設擬的三者而建立一道德的形上學。正是在此一意義層面上，吾人言基本的存有論或謂基本的形上學即是實踐的形上學，具體而言之，在儒家，是道德形上學，在佛家道家，則是解脫的形上學。[94]

　　經由以上之縷述，吾人可以知曉雖然康德提出智的直覺理論，並將其劃歸於上帝而人類不能有的智慧傳統背景，並明瞭牟宗三依中國智慧傳統即儒釋道三家而一

92　《智的直覺與中國哲學》，第 347 頁。

93　《智的直覺與中國哲學》，第 347-348 頁。

94　《智的直覺與中國哲學》，第 348 頁。

一明示智的直覺實為人類之所有者之關節點及其共通處與差異處何所是，亦知曉中國智慧若依形上學視閾言之即是實踐的形上學之基本內容何所是。智的直覺理論被證成，即函蘊著人類在現實生活世界裡雖是有限的，而在意義域裡卻是無限的，故圓融無礙之平平如如的聖人化境亦是真實的具體的。[95]

六、智的直覺與實踐-修證美學

　　承上文，牟宗三首先分疏了智的直覺與物之在其自己在康德哲學思想系統裡的基本涵義及其受西方智慧傳統之限的缺憾何所是，其次分別依據儒家道家佛家的文獻典籍而言智的直覺之儒家道家佛家形態何所是，並以此為據而從理論上說明吾人確有此一種直覺，以及此一種直覺在吾人生活實踐裡是可以證顯出來的。此充分表明依儒家道家佛家智慧形態言吾人確有智的直覺一問題是真實的具體的。從義理進路之嚴整以及康德言智的直覺之涵義與儒家道家佛家智慧之切義相應而來的進一步引申說明之諸方面判之，牟宗三所分判演繹之智的直覺之儒家道家佛家形態義是得當有效的。其在義理上對建構由中國智慧而來的哲學美學形態具有非凡的學理意義。

　　關此，吾人應該明瞭其最關鍵最根本的一點，即智的直覺理論之證立在義理層面上明確地肯認了吾人確有無限性與超越性。在依中國智慧傳統而與康德哲學思想對判時，牟宗三如是言：「西方人（康德亦在內）是劃類底觀點：有限是有限，無

95　關於就牟宗三之智的直覺理論與美學問題相關涉及而進行研究的，有文潔華與張毅二位分別所著之諸文。文潔華從牟宗三之智的直覺理論直接引申至審美經驗問題，此是一創造性的闡釋，並繼而進一步將其所闡述之審美經驗理論與　（西方）女性主義美學相關聯地進行對比研究，此亦是一創造性的研究。參文潔華：〈從對康德「判斷力批判」之批判到道家「智的直覺」——牟宗三論審美經驗的起源〉，蔡仁厚等著：《牟宗三哲學與唐君毅哲學論》，臺北：文津出版社，民 86，第 225-242 頁；〈牟宗三先生的審美經驗論與西方女性主義美學新發展〉，荒林主編：《中國女性主義·3》，桂林：廣西師範大學出版社，2005，第 59-69 頁；〈牟宗三審美經驗論與女性主義美學〉，載氏著，《美學與性別衝突：女性主義審美革命的中國境遇》，北京：北京大學出版社，2005，第 86-94 頁。張毅則將牟宗三之智的直覺理論與中國藝術精神相關聯地進行辨析。參張毅：〈智的直覺與中國藝術精神〉，《文藝理論研究》，2004 年第 3 期，第 2-10 頁。

限是無限。這是事實定命論底觀點。……。依我們的說法（實是依中國的傳統），人可是執而不執的。當其執也，他是有限。當其不執也，他是無限。當其執也，他挑起現象而且只知現象。當其不執也，他知同時即實現物自身，而亦無所謂現象。」[96]在此基礎上，牟宗三洞見到一真實諦：「人不是決定的有限，他是雖有限而可無限的。」[97]牟宗三依中國智慧，在此語境裡尤其是儒家智慧，判定在康德看來惟有上帝才能擁有的智的直覺其實吾人亦確實擁有。智的直覺與上帝相關涉，即函蘊一無限性與超越性。故當其亦為吾人所擁有時，吾人亦因此而呈露一無限性與超越性。然此處需要注意一細微的區分：前者之無限性與超越性，即上帝所顯現者，是外在的；而後者之無限性與超越性，即吾人所呈露者，是內在的。

依吾人確有無限性與超越性一義可進一步確切地說明依儒家道家佛家智慧而言的成聖人成天人成佛陀確是可能的。依儒家智慧，吾人在日常生活世界裡透過踏實的道德實踐工夫一步一步修身修性盡心養氣終可成為聖人。依道家智慧，吾人在日常生活世界裡透過切實的去執無為工夫一步一步地返璞歸真終可成為天人。依佛家智慧，吾人在日常生活世界裡透過篤實的斷惡修善工夫一步一步地去惡全善轉識成智終可成為佛陀。何以故？因吾人透過智的直覺而呈露一內的無限性與超越性故。此即是說，在日常生活世界裡，吾人遵聖人天人佛陀之訓一步一步踏實地做實踐-修證工夫，而終可將自身內在本有的無限性與超越性呈露出來。而能夠將自身內在本有的無限性與超越性自然而然地完全呈露出來者，乃聖人天人佛陀也。故吾人透過踏實的實踐-修證工夫而成聖人成天人成佛陀是真實的。

而聖人天人佛陀的風氣韻度精神風貌所呈現出來的是一種大而化之的境界。此語境裡所言之大而化之的境界，在儒家，最早是透過孔子之生命表現出來的。孔子以其真實生命將仁活潑潑地展示出來，並以此立一仁教。故欲體認儒家義之聖人化境，則應該從孔子之真實生命處入。而且其最關鍵的是切實地意識到孔子所表現出來的仁是其真實生命之核心內容與根本方向。[98]為什麼？在牟宗三看來，其原因有

96　《現象與物自身》，第 19 頁。

97　《現象與物自身》，第 19 頁。

98　《心體與性體》（一），第 245 頁

三：一是仁是聖人之真實的生命，故亦是一全德，即是透過所有德目或德行所表現出者。二是仁以寂感通曉爲其本性，以潤生萬物爲其作用，故宇宙萬物在其感通潤澤之中，一切皆是真實的。既如此，則三是仁必定既超越禮之規範與樂之化成世界，亦內在於其中，此即是說，仁既在禮樂世界裡透過其表現出來，亦超越於禮樂世界之上，而不爲其所囿。正是在此一意義層面上，吾人言仁是一境界，即人天通達無礙而圓融和合之狀態。吾人從顏子之歎[99]，子貢之贊[100]，而至孟子之喻[101]，吾人始知聖人之真實生命實即是一大德敦化[102]之境界，而且此一境界是透過孔子之真實生命而真實地表現出者。正是孔子此一真實生命所真實地表現者，恰好規定了人類精神生命之基本方向與最終目標。綜此而觀之，擁有仁德及智慧的聖人必須具有創造性的真實生命才能達至大德敦化之境界。[103]在道家，此一化境則是老子所謂化滅爲學求知之執念而至冥寂的自然真實狀態，莊子所謂齋心化念坐忘墮形而至自在自爲的逍遙自由狀態。綜而言之，道家智慧意在引導吾人透過無化心齋坐忘等修道工夫而至即寂即冥的無爲自爲的境。在佛家，此一化境則是在般若智慧所洞見到的空性世界裡呈現。在此一空性世界裡，宇宙萬物世間萬緣虛空萬法皆是因緣和合而起而無有自身本性的，故執念已遣緣相已蕩。此即是說，空性世界是一總持一切又平平一如的世界。而此平平一如的世界乃是吾人透過蕩相遣執發跡顯本的次第修證工夫而至無執無礙圓融一如的境界。故總持地言之，是大而化之的境界，散開地言之，在儒家是大德敦化的境界，在道家是無爲自然的境界，在佛家是如如無相的境界。

　　承上文，吾人已知曉透過踏實的實踐-修證工夫而成聖人成天人成佛陀是真實的，故透過真實的實踐-修證工夫而在生活世界裡所呈現出來的大而化之的境界亦是真實的具體的。此即是說，大而化之的境界是可以透過踏實的實踐-修證工夫而真切地證得的。

99　《論語譯注》，第 90 頁。

100　《論語譯注》，第 205 頁。

101　《孟子譯注》，第 233 頁；《心體與性體》（一），第 249 頁。

102　《四書章句集注·中庸章句》，第 37 頁。

103　《心體與性體》（一），第 250 頁。

　　此大而化之的境界，一方面具有實踐-修證的普遍性意義。何以故？因其乃是吾人透過篤實的實踐-修證工夫（在儒家是道德實踐工夫，在道家是齋心坐忘工夫，在佛家是般若智觀工夫）而至者故。一方面具有本體宇宙論意義。何以故？因體證聖人天人佛陀境界的本然心性涵蓋乾坤徹上徹下通天通地故。一方面具有審美學意義。何以故？因聖人天人佛陀在其親證之化境裡自在圓融通達無礙故。大而化之的境界如如平平圓融無礙，故聖人天人佛陀在此境界裡脫離或超越了外在世間與內在身心的執礙而隨順自然自得逍遙。正是在此一意義層面上，吾人言聖人天人佛陀所親證之化境是一大自由大自在。而此一大自由大自在，從審美學的視閾判之，乃是審美的極致狀態，即最純粹最和美的美感體驗如是如是。從此一意義層面上，亦可謂聖人天人佛陀所親證之化境乃最極致的審美境界。關此，需要說明的是：第一，此一審美境界是吾人透過踏實的實踐-修證工夫（在儒家是道德實踐工夫，在道家是齋心坐忘工夫，在佛家是般若智觀工夫）而親自證得的，簡言之，此一審美境界是透過實踐-修證而來的。正是在此一意義層面上，吾人言依中國智慧傳統而來的美學，乃實踐-修證美學是也。此語境裡的實踐，依儒家智慧而言，乃是道德實踐，依道家智慧而言，乃是齋心坐忘，依佛家智慧而言，乃是般若智觀，故具有內在的指向性意義。故此語境裡的實踐，實是修證義的。故吾人言依中國智慧傳統而來的美學，實當為實踐-修證美學。第二，此一審美境界須真切地肯認吾人確有智的直覺才是具體可感的真實可至的。何以故？因此一審美境界即是透過智的直覺而來的聖人天人佛陀所親證之化境故。正是在此一意義層面上，吾人言智的直覺理論是牟宗三哲學美學思想之最根基的問題，亦是緣此而引申建構實踐-修證美學系統之最根基的問題。

第二節　自由的無限心與物之在其自己

　　牟宗三經由《才性與玄理》、《佛性與般若》及《心體與性體》之依義理不依語詞依法脈不依法師依教理不依宗派[104]之疏解與貞別而至《現象與物自身》，則透過依中國智慧傳統而證成吾人亦有自由的無限心與智的直覺而建體立極地證成道德

---

104 《現象與物自身·序》，第17頁。

的形上學，既開道德界亦開存在界，而且從存在界向上致思而成本體界的存有論，即無執的存有論，向下致思而成現象界的存有論，即執的存有論。就前者言，此是以孔孟智慧融攝康德之道德哲學而進一步證成者，此是牟宗三所強調者，吾所謂援孔孟補康德也，而此亦是以康德之思維架構充實孔孟智慧而進一步形構之，此是牟宗三此語境裡未強調者，吾所謂援康德補孔孟也。[105]就後者言，此是以佛家之執著觀念來融攝康德所謂之現象界而進一步明執著乃自由的無限心之坎陷而來者，因執著不執著皆一念心起故，吾所謂此是援釋迦補康德者，並以康德之辨解思維結構充實佛家所謂識心之執而彰顯其認知意義的主體性，因佛家言執著意在明煩惱，而並不顯認知意義的主體性故。吾所謂此是援康德補釋迦。[106]道德的形上學或兩層存有論乃是牟宗三分判並會通儒釋道耶智慧系統而成的建體立極者，故此是牟宗三美學思想之哲學根基者。既如此，明瞭此諸核心問題，對於牟宗三美學思想的理解與把握或沿著此哲學美學方向而引申與建構者，皆是有所助益的。

一、物之在其自己是一價值意味底概念

　　牟宗三透過翻譯並疏解康德之第一批判而發現了康德整個哲學體系底重大關鍵，或謂至高且至根源的智慧洞見：現象與物之在其自己之超越的區分。[107]此雖是康德哲學思維之洞見，然其並未有先予以恰切而充分的證成，而是隨順行文而點示之。此確實是一憾惜之事，儘管康德之行文顯示有從一開始往後幾乎每一頁皆有此種點示而來的一貫性，然其在表達方式上畢竟不是周到的。[108]牟宗三發現康德雖有智慧之洞見，然其並未有恰切而充分地證成，故其依中國智慧傳統在義理上力圖證成之。在展開證成的思維過程之前，必須首先明瞭解答此問題的關鍵何在，然後才能找到思維用力的重點何在。在牟宗三看來，此問題的關鍵是：物之在其自己概念是一事實問題底概念，還是一價值意味底概念？[109]此即是說，如若能夠判明物之在其自己

105　《現象與物自身·序》，第 6 頁。
106　《現象與物自身·序》，第 7 頁。
107　《現象與物自身·序》，第 4 頁。
108　《現象與物自身》，第 1 頁。
109　《現象與物自身》，第 3 頁。

概念究竟何所是，並充分而恰切地證明出來，此問題則得解矣。依牟宗三，物之在其自己是一具有高度價值意味的概念，而非是一認知域裡的由被認知的對象所顯示出的事實上的原來樣子之事實概念。[110]此處只引證其結論而略其繁複的論證過程。此是須要說明的一點。

儘管如此，但康德並未有在行文表述上首先獨立地證成此具有高度價值意味的物之在其自己概念，故自亦不能充分而恰切地證成現象與物之在其自己之超越的區分。此可以從兩個層面上來審查並說明之：一是在物之在其自己層面上言之；二是在人類的感性知性層面上言之。[111]就物之在其自己言，在康德哲學語境裡，其只能為上帝所擁有的智的直覺所知曉，故就人類的經驗知識之認知言，物之在其自己是置身於彼岸的。故對具有有限性的人類而言，其不為人類所能知曉，因其不是感觸直覺底一對象故。既如此，物之在其自己是一個具有限制意義的概念，此所謂消極意義者也。既如此，吾人不能知曉物之在其自己之具體的內容與真實的（積極義）意義究何謂。所以者何？因具體的內容與真實的意義皆是在直覺裡呈現出來的，而在此語境裡康德並未有說明其究是何種直覺底對象，而單只說明了其非是人類所擁有的感觸直覺底對象故。正是在此一意義層面上，吾人言無有具體的內容與真實的意義之物之在其自己則成為了一空洞無物的概念。[112]

康德在實際上亦未單純地視物之在其自己概念為一形式的邏輯概念，而是透過視其為上帝所擁有而人類沒有的智的直覺之對象而賦予其特定的內容與特定的意義。此即是說，物之在其自己因其是可以為無限存有的智的直覺所知曉的而擁有了特定的內容與特定的意義，故顯示出一積極性來。然此積極性的意義因是屬於上帝的事，故是設定的。既如此，其積極性的意義亦仍然是一形式的抽象的概念，人類對其仍然一無所知，即其意義究何謂仍是全然無所知曉的。既如此，其真實而具體的意義在此種對彼岸的猜想中仍然是無法呈現出來的，而且甚至其形式的抽象的積極性的意義亦不一定能夠真正地穩得住的。[113]對於此一問題，吾人可以進一步依神

110　《現象與物自身》，第8頁。
111　《現象與物自身》，第8頁。
112　《現象與物自身》，第9頁。
113　《現象與物自身》，第9-10頁。

學智慧傳統透過智的直覺之創生性言上帝的創造性以更深入地說明之。上帝以智的直覺覺照宇宙萬物，即是創生性地去實現宇宙萬物。然上帝雖是無限的，而其所創造實現的宇宙萬物卻是有限的。此即是說，上帝是無限的，不在時間空間中，而卻能夠不以時空形式去創生屬於時間空間域中的具有時空形式的有限的宇宙萬物。此當何解？此是可能的麼？無論如何，上帝所創生的宇宙萬物又確是位於時空中的具有時空形式的有限存在者。既如此，則物之在其自己一概念是無法穩得住的。既然物之在其自己概念不能穩得住，則其所產生的限制作用即因此而被削弱甚至被消解，故吾人依舊就現象而言物之在其自己，而非是從其自身而言之。與現象相對反的物之在其自己義不能被確定，則現象義亦不能被確定。此兩者皆不能被確定被穩定，則必定出現義理含糊混雜之可能，故兩者之超越的區分亦因此而不能充分地被證成也。[114]

　　就人類的感性知性言，在康德看來，人類的感性知性因人類的有限性而是有限的，又是以現象界之事相為感受認知的對象，故亦是事實的。此即是說，人類的感性知性是一事實問題，即事實上定然如此，而人類對其不能有任何情感價值的色彩。既如此，人類則無有一個確切的標準以判定其所知曉的必是現象而不是物之在其自己。所以者何？因吾人並未有進一步確立一價值意味的標準予以確切地限制，以區分開現象與物之在其自己。[115]對於此問題可以從兩個方面展開說明：首先，如若沿著事實義的感性知性方向言之，吾人所知曉的是有限的隱隱約約的，而此並不能表明吾人所知曉的單只是現象而非是物之在其自己。所以者何？因有限是多少的問題，隱隱約約是程度的問題，而非是現象與物之在其自己之區分的本質問題。其次，如若沿著事實義的感性知性方向言之，吾人亦無法確定物之在其自己概念所關涉的究是一物之存在的事實問題還是一具有高度價值意味的問題。就其是事實問題言，如上文言，吾人是無法確定吾人所知曉的就單只是現象而非是物之在其自己，故進而不能確定現象與物之在其自己之區分是超越的。就其是價值意味問題言，吾人又是不能沿著事實義的感性知性方向去運思並形成結論。所以者何？因既是價值意味

114　《現象與物自身》，第 10-11 頁。
115　《現象與物自身》，第 11 頁。

問題，則自必有一價值義的標準作為衡量判斷的尺規故。然而，依康德，吾人則只有事實義的感性與知性，而且此感性知性是動態變化的，即未有一確切義的標準將其一下封住，以避免現象與物之在其自己之混漫。既如此，吾人則無法找到一可靠的並且有效的標準去確切地確立此具有高度價值意味的物之在其自己概念。[116]

　　簡別至此，或許有人可以言，事實並非如此，而是可以透過自由來接近並確立具有高度價值意味的物之在其自己概念的。誠然，如若無限心的自由可以呈現出來，則吾人亦有智的直覺一義亦成立，此二義立，則具有高度價值意味的物之在其自己概念可以確切地穩定得住，即確切地被確立，而且還能進一步完全徹底地呈露其價值意味之何所是。經由如此之立義，吾人對其感性與知性則可以在價值域裡給予一確切的限度而非任意揮灑者，亦非是定然事實者。既如此，無限智心與認知之心則有一清晰的對照，而且由此而來的執著與不執著亦有一顯明的對照。在此一對照裡，即可彰顯出一恰切的標準，以確切而恰當地確定物之在其自己是一具有高度價值意味的概念，此一義已定，即可進一步確切而恰當地確定吾人之感性知性所知曉的必定是現象，而非是具有高度價值意味的物之在其自己，此一義已定，即可再進一步確切而恰當地確定現象與物之在其自己之區分是超越義的。然遺憾的是康德並未如此地致思。[117]為什麼康德並未如此地致思？因為其並未有肯認吾人亦有智的直覺之主體機能，並且亦視自由為一設準，即理上當該如此，綜此二義，吾人始可知曉其自亦不能從無限心處規定作為設準的自由，既如此，則自由的無限心一觀念無法呈現出來。因此，吾人的感性知性是無定準的開放的，而淪為一事實上如此的定然，繼而，吾人亦無有一明確清晰的標準來確立物之在其自己之高度的價值意味，故無法成就現象與物之在其自己之超越義的區分。既如此，康德所謂設準義的自由是無法真正地契接物之在其自己的。故康德透過沿著吾人之感性知性方向言其所及與不及而言物之在其自己時候，並未有以自由契接物之在其自己來規定物之在其自己者。正是在此一意義層面上，吾人極易誤認為其所言之物之在其自己概念單只是一事實

116　《現象與物自身》，第 12 頁。

117　《現象與物自身》，第 12-13 頁。

概念。[118]若如是，吾人不能確知其所知曉的必定只是現象而非是物之在其自己，故亦不能進一步證成現象與物之在其自己之超越義的區分。[119]

自此而觀之，從物之在其自己與吾人之感性知性之兩層面皆已表明康德未有確切而恰當地釐定具有高度價值意味的物之在其自己概念。就上帝以智的直覺創生宇宙萬物處言，其並未有確立物之在其自己是一具有高度價值意味的無限性意義；就吾人之感性知性處言，因其視吾人之感性知性為一定然的事實問題，而並未有尋找到一可以清晰而確切地封限住現象之標準，故亦未有確立具有高度價值意味的物之在其自己概念。既如此，兩無確義，兩不穩定，物之在其自己則成為一空洞抽象形式的概念而失去了其本自具有的高度價值意味。[120]

牟宗三在疏解康德第一批判時發現其將上帝物之在其自己現象三分，此是籠統朦朧地言之。如若詳細地言之，同是一物，就上帝言之，是物之在其自己；就人類言之，則是現象。如若就心而言，上帝因是無限存有，故是無限心；人類是有限存有，故是有限心。因此，同是一物，就無限心言之，是物之在其自己；就有限心言之，則是現象。[121]此是總持地言上帝物之在其自己現象三者之關係。既如此，吾人如若欲確立具有高度價值意味的物之在其自己概念，則必須在吾人身上確立一其自身本自具有智的直覺之主體機能而且可以呈現的主體。唯有如此，物之在其自己所本自具有的高度的價值意味則可以具體而真實地朗現在吾人面前，此即是說，吾人可以將物之在其自己之高度價值意味清晰明確地展示出來。此亦即是說，無限心不單只是上帝才擁有的，人類自身本自具有的，故可清晰明確地展示出來。此一義既已確立，吾人之感性知性亦因此而有一確切的界限。此不但可以表明吾人之感性知性有一界限，而且可以確切地劃定。既如此，吾人始可知曉其感性知性不能只視之

---

118 關於康德之物自身到底是一價值意味概念還是一事實意義概念，楊澤波堅持其是一事實意義概念而反對牟宗三之價值意味說。參楊澤波：〈康德的物自身不是一個事實的概念嗎？——牟宗三關於康德物自身概念之詮釋質疑〉，《雲南大學學報》，2008，第 3 期，第 22-34 頁；〈牟宗三何以認定康德的物自身不是一個事實的概念？〉，《哲學研究》，2007，第 11 期，第 31-36 頁。

119 《現象與物自身》，第 13 頁。

120 《現象與物自身》，第 13 頁。

121 《現象與物自身》，第 14-15 頁。

爲定然上的事實問題，而且必須予以價值上的肯斷。此一價值性的肯斷表明吾人之感性知性其實只是吾人識心所執而現前者。[122]既如此，吾人之感性知性就不只是在事實上因某種特定樣式之限定而顯一有限性，而且其在本質上還顯一執著性。何以故？因有限心即是執著心，而執著心即是識心，而識心必定起執著故。具體地言之，就知性言，作爲認知心的知性，即是識心執著所起者；就感性言，因其攝取外物爲知性所用而亦是識心隨順感性而執著所起者。自此而觀之，止是由識心而來的執著性劃定了吾人之感性知性的界限，即固定住了感性知性。感性知性一旦固定住了，其所知曉的必定是現象。[123]

　　由識心而來的執著性與由無限心而顯的不執著性是相對反的，其規定性亦是在此對反裡被給定的。無論是識心或是無限心，實是一心，無二無三。然既是同一心，又何以有識心與無限心之言？因心念執著，故曰識心，即有執著的有限心，以西方哲學的語詞言之，即認知心，感性，知性，而依中國哲學，在佛家爲識心，在道家爲成心，在儒家爲氣心，即產生聞見之知的氣性之心；因心念無執著，故曰無限心，即無執著的無限心，以西方哲學語詞言之，即智的直覺，而依中國哲學，在佛家名智心，在道家名道心，在儒家名良心（良知之明覺）。既如此，執著與不執著之關係，尤其是不執著收攝執著的關係如何？執著性是從識心而來的，而識心實是無限心自我執著而來的，而無限心之無限性是價值義的，故執著性亦是一價值性的肯斷。既如此，此價值性的執著性則是既可以有亦可以無的。就其爲有言，則其必定起現象，故其所知曉的亦必定是現象；就其爲無言，當識心轉爲無限心，即化執著爲無執著，此即是化有爲無時，現象則無所從起，而必定直接地回歸於其自身而轉爲物之在其自己者。正是在此一意義層面上，康德所謂吾人之感性必須以時間空間爲形式，知性必須憑藉純粹概念才可以產生有效力量等一系列問題得以妥貼地說明矣。[124]

122　《現象與物自身》，第 16 頁。

123　《現象與物自身》，第 16-17 頁。

124　《現象與物自身》，第 17 頁。

　　上文說明了由源於識心之執著性所規定的現象義。現在進一步言由源於無限心之無執著性所規定的物之在其自己。為什麼當從自由的無限心言物之在其自己？為什麼依此而言的物之在其自己才能穩定得住？就第一個問題言，因在無限心的朗照裡，宇宙萬物皆直接地回歸於其自己而物物皆如，故無有時間性與空間性，亦無有生相與滅相。此即是說，在無限心的朗照裡，宇宙萬物雖是有限的，然卻具有了無限性的意義，而且，此一無限性的意義還顯示出高度的價值意味。此是總持地言之。具體地言之，就道家之獨化言之，化無有化相，即無有轉化之過程而是自在自為逍遙自得，此即顯示出高度的價值意味，而超越純粹的事實問題；就儒家之無物之物言，物亦無有物相，即不再單只是視之為物，而是知體明覺之遍潤朗現，此即顯示出高度的價值意味，此所謂無物之物則用神[125]者也；就佛家之一色一香無非中道言，世間色香當體皆是中道，而非是科學意義上的物質性的色香，此即顯示出高度的價值意味，而完全徹底超越世間事實的有限性而進入有價值意味的無限性中。[126]

　　自此而觀之，經由儒釋道之展示，物之在其自己概念則已清晰而明確地呈現出來了，即在無執的無限心（道心、良心及智心）如如地遍潤與朗現裡，物之在其自己則確切地確立，此與康德依西方智慧傳統從上帝之創造宇宙萬物處言是有著根本區別的。物之在其自己在無限心之遍潤與朗現裡呈現，即是物物皆如，故無限心遍潤與朗現之，即是存有論地實現之，此即是無限心之創生性意義，然此與上帝之創造是有著根本區分的，即在無限心之遍潤與朗現裡，宇宙萬物自身即是如此，即如其自身地真實地顯示出來而已，此即佛家所謂實相，即真實的相狀：萬相皆一萬相皆如，故無相矣。既如此，此不但成就了物之在其自己，而且清晰而明確地確立並展示了其高度的價值意味。[127]

　　牟宗三依中國智慧傳統肯認吾人之同一心一念之轉，既可成無執的無限心亦可成有執的有限心，故宇宙萬物之有限性無限性，以及有無時空性及流變相，完全在一念心之轉：在無執之無限心的遍潤與朗現裡，宇宙萬物無有時空性，流變相而當

125　《王龍溪全集》（第一冊），第 89-90 頁。

126　《現象與物自身》，第 17-18 頁。

127　《現象與物自身》，第 18 頁。

體即如，故呈現一無限性的意義；在有執之有限心的挑起與緣起裡，宇宙萬物有時空性，流變相以及由認知概念所引起的諸種相，故顯示一有限性的意義。散開地言之，是相與無相，如與不如；而綜攝地言之，實則一也，即二者是相即的。相即不如而如者，乃無執的無限心之遍潤與朗照而呈現者；相即如而不如者，乃有執的有限心之執取與挑起而來者。此即是說，相與無相，如與不如皆源於一念心也。正是在此一意義層面上，吾人言牟宗三此一步之工作乃使物之在其自己之康德義（此義是：物之在其自己概念與現象概念之間的區分單只是主觀的，而非是客觀的；故物之在其自己單只是同一對象的表象之另一面相，而非是另一對象。[128]）究極圓成也。[129]此即是牟宗三依中國智慧傳統首先肯認吾人亦有一自由的無限心，而給予物之在其自己之康德義一充分究極地證成之傑作。

經由上文之縷述，吾人始知牟宗三關於康德義的物之在其自己的結論是：康德所言之物之在其自己理應是一具有高度價值意味的概念，而非是一事實問題的概念。[130]

二、人雖有限而可無限

承上文，依西方智慧傳統，即事實分類底觀點，吾人知曉有限就是有限，無限就是無限，而依中國智慧傳統，則人類既可以起識心之執著亦可以化識心之執著而為不執著。當人類起識心之執著時，即緣起現象並且單只知曉現象時，其則是有限的，此是就現實人身而言者；而當人類化識心之執著而為不執著時，即覺照並實現物之在其自己時，其則是無限的，此是就人生意義而言者。[131]正是依智慧傳統的比

---

128 Kant said: 'The distinction between the concept of thing in itself and that of appearance is not objective but merely subjective.The thing in itself is not another object but another aspect (respectus) of the representation with regard to the same object.' see Heidegger,M.Trans.James S. Churchill: *kant and the problem of metaphysics*, Bloomington:Indiana University Press,1962,P37；中譯文參《現象與物自身》，第 113 頁。

129 《現象與物自身》，第 113 頁。

130 《現象與物自身》，第 14 頁。

131 《現象與物自身》，第 19 頁。

較，牟宗三洞見到一眞實諦：吾人實不是西方智慧傳統裡的決定的有限，而實是中國智慧傳統裡的雖有限而可無限。[132]

　　康德在 1793 年 5 月 4 日致司徒林（Carl Friedrich Staudlin）神學教授的信中言其在純粹哲學領域宏大的研究計畫是首先解決這樣三個問題：1，我能夠知道什麼？此是形上學領域的問題。2，我應該做什麼？此是道德學領域的問題。3，我可以希望什麼？此是宗教學領域的問題。在妥貼地回答完如上三問題後，接著解決第四個，亦即是最後一個問題，即人是什麼？此是人類學領域的問題。[133]其實前三個問題，康德在其第一舉世巨著裡已經規劃出來：我的理性的整個旨趣，無論是思辨的還是實踐的，皆集中在如下三個問題：1，我能知道什麼？2，我應當作什麼？3，我可希望什麼？與此同時還信心十足地宣稱其已經窮盡一切可能地解決了第一個問題。[134]而第四個問題則是康德在其邏輯學講義裡提出來的。此處不但表明了四個問題所對應的四個領域，如信中所言，而且還表明了此第四個問題不是隨便附加地提出來的，而是總持前三個問題的，即是在前三個問題得解的基礎上而進一步鮮明地提出來的。[135]牟宗三則本中國智慧傳統尤其是儒家德行優先之智慧不但重新編排細化了前三個問題，即⑴我應當作什麼？⑵我可希望什麼？⑶我能知道什麼？(a)我能以「識」識什麼？(b)我能以「智」知什麼？⑷人是什麼？[136]而且還進一步宣示了人之圓滿地眞實義，即人在現實質料域裡雖是有限的而在意義域裡則可以是無限的。[137]在海德格爾看來，康德之第一問題其實質上關切的是人類理性底能力問題，第二問題其實質上關切的是人類理性底義務問題，第三問題其實質上關切的是人類

132　《現象與物自身》，第 19 頁。

133　李秋零編譯：《康德書信百封》，上海：上海人民出版社，2006，第 199 頁。

134　Kant said: "All the interests of my reason,speculative as well as practical, combine in the three following questions: 1.What can I know? 2.What ought I to do? 3.What may I hope? The first question is merely speculative. We have,as I flatter myself,exhausted all the possible answers to it,….." Kant,I.trans. Norman Kemp Smith:*Critique of Pure Reason*,London: Macmillan and Co.Limited, P635.

135　康德著、許景行譯：《邏輯學講義》，北京：商務印書館，1991，第 15 頁。

136　《現象與物自身》，第 22 頁。

137　《現象與物自身》，第 23 頁。

理性底希望問題。[138]對於海德格爾關於康德此諸問題的研究，在牟宗三看來，如若依由西方智慧傳統而來的有限即有限無限即無限之觀念衡之，則皆是在理的，然如若依其由中國智慧傳統而來的人雖有限而可無限之觀念衡之，則有所不盡。[139]為說明海德格爾之論述為何不盡及如何可盡，牟宗三依順其言說之次第而一一申述之。

首先，就人類理性底能力問題即我能知道什麼而言，如若單只是依事實義的感性知性審視吾人的認知能力，則自然是有所能有所不能。何以故？因吾人的認知能力是有限的故。故如若吾人亦能呈現出一智的直覺，則自是可以知曉物之在其自己。此一義如若證成，則人雖有限而實可無限一洞見亦自明瞭。人的無限性意義已經呈露，則吾人的感性知性既可以由其執著輾轉引申而使其存在，亦可以經由其向內收攝化掉執著而使其歸無。既如此，則吾人的感性知性不單只是事實上的定然，而且亦是在價值意義域裡被執定的，故其意義域是被確切地劃定的。此即是說，如若吾人的感性知性由吾人之無限性意義而轉出，則只能知曉現象而不會有任何滑轉的可能。在此一意義層面上，吾人是有限的。如若吾人的感性知性由吾人之無限性意義轉化而歸無，則吾人的無限心當下透體呈現。在此一意義層面上，吾人是無限的。依中國儒釋道智慧傳統言，聖人天人佛陀皆具有無限性的意義，而且更重要的是吾人在智的直覺一主體機能之呈現處便可成為聖人天人佛陀，故聖人天人佛陀亦可直接地視之為一無限性的存在，而此一無限性的存在與西方智慧傳統裡的上帝之無限性存在是有著根本性之區分的。[140]

其次，就人類理性底義務問題即我應當作什麼而言，如若單只是把義務理解為一應當實踐而不必定有能力實踐，即應當如是而不必定實際上如是者，此還單只是執定於義務概念而作理上的分解。依此義則吾人必定是定然的有限者。然如若吾人能夠呈現一超越義的本心，即自由的無限心，如王陽明所言之良知，則只要是義務則皆應該去實踐之，而且亦皆必定能夠實踐之。倘若但從理上知曉應當實踐而在實際行動上卻不必定有能力實踐之，則吾人之良知即未有充分地呈露出來。雖然從現

138　《現象與物自身》，第24-27頁。並 see *kant and the problem of metaphysics*, P222-225.

139　《現象與物自身》，第27頁。

140　《現象與物自身》，第27頁。

實人身層面言,吾人相對於義務實踐之無限進程而毫無疑問地會呈現出其有限性來,此如羅近溪所言,即使是孔聖人在臨終時亦不免感歎人身短暫耶。[141]然而,如若依究極圓教言,儘管此義務實踐的過程無限,其實亦是可以當下澈盡,時時處處圓滿絕對,而此則正是吾人之無限性的意義也。故如是觀之,其實有限並不妨礙無限,因有限已無化於無限之中故;無限亦並不妨礙有限,因無限已著見於有限之中故。[142]

最後,就人類理性底希望問題即我可希望什麼而言,如若單只從吾人俗世生活裡之可得不可得義的希望言,則吾人自是定然有限的。然如若吾人希望絕對意義,如德性與幸福圓滿和諧一致,此所謂德福一致的圓善,亦是可以依吾人之自由的無限心之呈露而當下圓滿地朗現之。此可依究極圓教而明示之,德性與幸福是圓融相即的,而非是分解隔絕的。此處單以佛家義理言之:十方三世諸佛如來成佛如來,皆是即具九法界(地獄餓鬼畜生阿修羅人天聲聞緣覺菩薩,前六者即所謂六道眾生也,共為九界)而成者,方是圓成極成,否則,皆非圓滿究極而必定有虛欠。若如是,即使是處於地獄餓鬼,住於安樂也。既如此,豈有德性幸福之分離耶?佛家如是,儒道亦復如是。所以者何?因凡是聖者,即已經透過修證工夫而成為聖人天人佛陀者,對一切皆作如是平等觀,而無有執著分別,故其言吉言善,則一切皆吉皆善,若言凶言惡,則一切皆凶皆惡。既如此,吾人始可知曉德性與幸福本自絕對圓如,無有分離隔絕,故無需綜合亦無需分析,而只需證顯也。此如佛家所言:煩惱即菩提,菩提即煩惱,此即是此語境裡的圓善也。正是在此一意義層面上,吾人言人不單有無限性的意義,而且實即是一無限性的存在。[143]

自此而觀之,人非是定然的有限,而是雖有限而可無限者。此即是人之最內在的本質最真實的本性,而非是偶然的湊巧。[144]故總持而言之,在現實的人身質料方面,人確實是有限的。何以故?因其是感性的;而在理想的意義域裡,人則實是無

---

141 羅近溪謂:「真正仲尼臨終不免歎口氣。」羅近溪:《盱壇直詮》卷下,臺北:廣文書局,民66,第185頁(案:後文引證此文獻時,僅標注文獻名與頁碼);《現象與物自身》,第28頁。

142 《現象與物自身》,第28頁。

143 《現象與物自身》,第28-29頁。

144 《現象與物自身》,第29頁。

限的。何以故？因其能夠透過修證工夫而超越其感性而不囿限於其中。正是在此超越而不囿限處，吾人當下透體呈露一自由的無限心。故吾人以此自由的無限心爲本爲體。吾人正是有了此本此體，其無限性的意義則自然展露矣。故如若吾人還能夠進一步充分徹底地呈露此自由的無限心，其則不單只是展露一無限性的意義，而且其自身即是一具有無限性意義的存在。此處須要點明的是，此語境裡的無限或謂無限性，是相即於有限或謂有限性而成其爲無限或謂無限性的，此即是說，此無限或無限性不但是不捨棄感性而且根本就是相即於感性而爲無限或無限性。相即於無限或無限性的感性，即已是無化了的感性，故是通體透明的感性，其實際上已是價值意義裡的感性，即自由的無限心之著見義。[145]

三、康德之自由義是不穩定的

依康德，純粹實踐理性有三大設準，即意志自由、靈魂不滅、上帝存在。然康德義的設準究何謂？康德爲此作了一甚爲詳細的長注說明之。純粹實踐理性域裡的設準是依據具有必然性的實踐法則而設定一對象自身的可能，以實現此純粹實踐理性的目的。既如此，如此地被設定的某一對象自身可能的確定性則必定非是知解的或謂理論的，此即是說，此確定性非是客觀地被決定了的必然的，故吾人言此般被設定的某一對象自身可能的確定性非是就現象義的對象而言的認知的必然性，而單只是就實踐主體而言的一種必然性的設定，即此實踐主體依其須服從一客觀而實踐的法則而來的一種必然性的設定。正是在此一意義層面上，康德以爲使用設準一語來表示此種既是主觀性的又是眞實的無條件的必然性是最爲恰當的。[146]牟宗三對康德此一注釋語段非常重視，並給予一較爲詳細地疏解。在牟宗三看來，既然康德已經明確宣稱此單只是就實踐主體而言的一必然性的設定，故在翻譯爲漢文時候，以設準一詞最爲恰當。何以故？因設準一語不但不減殺其必然性，而且還可以把主觀性的假設義凸顯出來故。[147]康德此一注釋語段最根本的核心點是就實踐主體而言一必然性的設定，即就此實踐主體依其須服從一客觀而實踐的法則而來的一種必然性

145　《現象與物自身》，第450-451頁。
146　《現象與物自身》，第47頁；《康德的道德哲學》，第138頁。
147　《現象與物自身》，第47頁。

的設定。此是總持地言之。具體地言之，就能夠充分而澈盡地實現道德法則而言，吾人設定靈魂不滅，此即表示生命是可以無限地延續的；就實現為道德法則所決定的意志之必然對象，即德性與幸福圓滿一致之圓善而言，吾人設定上帝存在，即確立一超越的根據。此即是康德依據具有必然性的實踐法則而設定靈魂不滅與上帝存在之可能性一義之展開地說明之。此亦即是康德就實踐主體而申說的設準一語之切義。[148]

　　此雖是就靈魂不滅與上帝存在而言設準義，然其核心之關鍵卻落在自由一設準義上。儘管意志自由是透過道德法則而呈露，然其仍然是一設準。故其亦非是就現象義的對象自身而言說的一種認知義的必然性，此即是說，其非是在客觀認知意義上被肯斷的，故非是一種知解的（理論的）必然性。何以故？因吾人之感觸直覺無法及之，且亦無智的直覺可以及之故。但是，為立定具有無條件效力的道德法則，吾人必須在主觀上依實踐理性之道德法則定然如此地肯認意志自由，此即表明，在實踐域裡必定邏輯地如此肯認意志自由，否則，具有無條件效力的道德法則必定落空。既然此種肯認單只是邏輯地如此，此即已經表明，吾人並不能直覺地知曉此自由意志自身，即不能在客觀上實踐地肯認之，此即是說，邏輯如此者，並不一定實踐地如此者。正是在此一意義層面上，吾人言意志之自由是一設準，而非是一可以透過直覺地覺之而被建立的概念。[149]

　　在牟宗三看來，康德雖然言意志之自發自律，然其所言之自發自律的意志卻是不穩定的。故意志之自由儘管是一具有必然性的設準，然其亦仍然是不穩定的，此即是說，設準義的自由雖有其主觀的必然性，然其自身卻是不穩定的。為什麼是如此這般，細細地思之，其緣由之大端有三：[150]

　　第一，康德未有在自發自律之意志處洞見到心，而單只於其所思維的良心與道德情感處言心，故單只視其為理性。誠然，自發自律之意志固然是理性，然其亦必定地函蘊著心，故是即理即心的。康德此一義與朱子同。朱子言仁單只以理、道演

148　《現象與物自身》，第 51 頁。

149　《現象與物自身》，第 51-52 頁。

150　《現象與物自身》，第 71 頁。

之，而失去心一義。然而仁乃是仁理仁心如如一體也，故無有分別隔離。此如孔夫子發明斯道，即以不安指點仁，此即表示仁乃是仁理仁心之如如一也，仁之真實之本當如是。而朱子單發仁理仁道，則已偏矣。[151]

第二，康德在實踐理性批判序文之一注釋裡簡明地說明了自由與道德法則之間的關係：自由是道德法則的存在根據，道德法則是自由的認知根據。[152]隨後在純粹實踐理性之原則章給予了系統地說明，其結論是，自由與無條件的道德法則是互相函蘊的。[153]稱理而客觀地言之，如若言道德法則必然地函蘊著自由，那麼則必定言自由亦必然地函蘊著道德法則。何以故？因此是一等值之回環思維故。然從吾人之意識所能及之層面言，康德關此二者之表述則顯反復不對稱相。從導引吾人作道德實踐行為之道德箴言處看，吾人是可以直接地意識到道德法則必定如是，而此卻不能使吾人直接地意識到自由亦必定如是。故康德所謂無條件實踐的知識是單只能由道德法則而來，而不能由自由而來。而此關於無條件的道德法則之意識，康德將其名之為一本已如是的理性事實，而與此相關的自由則非是本已如是，而是以設準。既如此，自由與道德法則之間則必定隔絕而不對稱了。[154]自此而觀之，作為理性事實的無條件的道德法則是一先驗綜和命題，即不能由吾人在現實世界裡所表現出來的意志活動而邏輯地分析出諸如此般的法則，故是強加在吾人之意志活動上者。而康德亦言此綜和命題是純粹理性的獨有事實，當然事實，此如前所言純粹實踐理性依道德箴言而顯道德法則必定如是。如此一來，吾人之純粹實踐理性則被懸空起來而無有落實處。何以故？因吾人無有純粹理智的直覺以覺之，而其經驗的直覺亦不能覺之故。[155]既然意志自由既不能以吾人之感觸直覺覺之，而吾人亦無有純粹理智的直覺以覺之，故其單只是一顯消極意義的概念，而非是一顯積極意義的概念。具體而言，此即是說，意志自由單只是一設準，即一單只是依理性事實而在主觀上邏

151 《現象與物自身》，第71頁。
152 《康德的道德哲學》，第129頁；《現象與物自身》，第52頁。
153 《康德的道德哲學》，第164-165頁；《現象與物自身》，第72頁。
154 《現象與物自身》，第72-73頁。
155 《現象與物自身》，第73頁。

輯地逼顯出的單只具有主觀必然性的設定，而非是在實踐上客觀地如其自身所是地
被肯斷者。[156]

第三，依康德，吾人可以在具有理性與意志的有限性存有，如人類處，假定其
具有純粹的意志，即自發自律的意志。康德此一假定當然是一種可能的狀態，此是
可以確定的。然有限性的存有畢竟是爲上帝所造者，故其必定爲其感性所影響甚至
所左右。既如此，依康德所假定的純粹的意志依然還不是神聖的意志。是則，由此
純粹意志而來的法則相對於其自身而言則成爲了一命令之形式而顯出一種強制性，
即強制吾人依此法則而實踐者，此即是吾人一般而言的義務。既然如此，此所假定
的純粹意志自非是神聖意志，故由此而來的實踐箴言則很可能與道德法則相矛盾相
衝突。是則，在此假定狀態裡的意志，即使其是純粹的，自發自律的，亦是不穩定
的，故其所呈現的自由亦自是不穩定的。[157]自此而觀之，康德於此處似乎未有能夠
區分開意志的理想狀態與現實狀態，或謂理想的意志與現實的意志。毫無疑問，意
志的理想狀態亦只是意志的一種可能的狀態。故依康德，將其假定爲純粹的，然其
並不一定是純粹的，是以，即使是自發自律的，即自由的，然其亦非是神聖的。既
如此，康德的此種思維必定起衝突。如若意志是純然自發自律的，即自由的，那麼
由此而來的道德箴言則與其道德法則是相順和。故只要二者起衝突，或有起衝突的
可能性，則表明其非是純然自由的，即非是眞正自由的。[158]

縷述至此，吾人終可知曉即使就自發自律的即自由的意志之設準義而言，康德
的分析亦未能充分地詳盡地至其極也。既如此，作爲設準義的自由亦是不穩定的，
更不必言其是否是一呈現矣。[159]

156　《現象與物自身》，第 74 頁。

157　《現象與物自身》，第 75 頁。

158　《現象與物自身》，第 75 頁。

159　《現象與物自身》，第 76 頁。

四、自由為一呈現[160]

　　康德依西方智慧傳統主張吾人無有智的直覺，故自由為一設準而非是一呈現。而牟宗三則依中國智慧傳統肯認吾人確有智的直覺，故自由為一朗現而非是一設準。吾人言自由是一朗現時，即已函蘊著其在客觀上有一必是定是之確定性。[161]承上文，吾人知曉智的直覺之知是以智知之，故牟宗三以佛家智知名之，而感觸直覺以識知之，故牟宗三以佛家識知名之，此可成經驗的（觀解的）知識。智知不能成就觀解的知識，然其所朗現出來的自由則仍然在客觀上為智的直覺所肯認了的。此語境裡的客觀所顯示出來的客觀性與智的直覺之主觀活動所顯示出來的主觀性是同一的，故是即客觀即主觀，即主觀即客觀的。所以者何？因智的直覺活動即是吾人無限心之具體地起用故。此即是說，康德義的自由意志即是牟宗三義的無限心，惟有如此方可言自由。故智的直覺實際上即是無限心澄明覺照之起用，此即牟宗三所謂明覺作用也。既如此，當吾人言智的直覺朗現自由，其實際上即是言無限心透過其明覺作用而反身朗照其自己以達至使其自己如如地朗現者也。正是在此一意義層面上，吾人言智的直覺之主觀性的覺照活動與其反身朗照自己而使其自己如如地朗現之客觀性實是同一的。在此同一裡，相對待而言之能所相蕩然無存，而惟只是一純然清明之自性自爾現前現起也。是則，吾人言此語境裡的自由亦是吾人在客觀上所肯認者，此即是說，其自身有必是定是之確定性，此是自其自身而謂的客觀的必然性或謂必然的客觀性。既如此，其自是一呈現者而非是被置定於與吾人相對之彼岸之設準者。[162]

　　承上文，在牟宗三看來，康德在西方智慧傳統裡未能透徹地儘自由之全義。然其所謂自由之全義究何謂？牟宗三依中國智慧傳統就康德所設定的自由從八個方面

160　關於牟宗三依吾人有智的直覺而言自由為一呈現之問題的美學意義，尤西林從現代性時間性視閾給予了深度闡釋，並明示此一理論對拯救被直線向前的現代性時間所裹挾的現代人極具審美現代性意義，因其透過心體時間的瞬間呈露而截斷了直線向前的現代性時間而給予現代人心靈一個安頓棲息的時間場域故。參〈智的直覺與審美境界——牟宗三心體論的拱心石〉，第 5-19 頁；《心體與時間：二十世紀中國美學與現代性》，第 195-263 頁。

161　《現象與物自身》，第 60-61 頁。

162　《現象與物自身》，第 61 頁。

作了盡其義地精細深入地分析。爲易於敘述計，吾人權且綜和爲四個要點以述之：
第一，自由是即心即理之一體，而非是或心或理之偏滯。承上文自發自律的意志本
是道德覺照之情之本質性地起用，故其即是心也，或謂即顯心義也。而且自發自律
的意志自身可爲其自己立其法則，故其即是理也，或謂即顯理義也。第二，自發自
律的意志因其自立法則而顯一自我決定自我決斷的能力。雖然在思維過程裡言其爲
無條件的道德法則所決定，然其實際上是自我決定自我決斷。何以故？因其是源自
由自律而來者故。此即是說，其自己積極主動地依其爲自己所立之道德法則爲據爲
准而自我決定自我決斷，而無有消極被動相。故此語境裡的決定義其實際上即是謂
自發自律的意志透過爲其自己自立法則而展露其自身之獨特性格者也。既如此，吾
人始可言自發自律的意志是神聖的意志。所以者何？一是因爲其自身即是理也，二
是因爲其積極主動地依其自己所立之道德法則而自我決定自我決斷，即表明其對其
自己所立之道德法則是生喜悅之情的，而非是厭惡之情的，故緣此而來的道德箴言
則與此法則是相和合的而非是相衝突的。第三，自發自律的意志與緣感性而起的意
念在根本上是相區分的。就前者而言，其自身是純善而無有惡念惡相所染著的，而
且是能夠依其自己所立之道德法則而好善惡惡爲善去惡的；就後者而言，其自身是
有善有惡而爲一善惡交相混雜體，故其自身可能走向善而爲善亦可滑向惡而爲惡。
故道德法則相對於意念而言是一綜和命題，而相對於自發自律的意志而言是一分析
命題，即有其邏輯之必然性。第四，自發自律的意志與義務之關係問題。自發自律
的意志能夠自立道德法則一義表明其是道德律令之發佈者，即命令責成吾人在生活
世界裡當該如何如何地實踐者。此被強制地依此法則而行者，吾人名之曰義務。
然道德律令與緣此而來的義務對於自發自律的意志並無有特別實質性的意義。何
以故？因自發自律的意志自我立定道德法則是其所本之性體之不容已而至者故。既
如此，緣此道德法則而來的義務則自亦是吾人之本分，即隨吾人所本之性體而來者
也。正是在此一意義層面上，吾人言在心理一也之自發自律的意志處道德律令與緣
此而來的義務之強制性亦無有矣，甚至可言此名言相皆無有矣。何以故？因其本自
悅矣故。然究又有其名言之謂。何以故？因其對於有善有惡之意念而發者也。[163]

163　《現象與物自身》，第76-77頁。

　　在牟宗三看來，如上關於自由之諸義皆是自由自身所本具者，故皆是可以透過依自發自律的意志之分析而完全徹底地展露者，即有其必是定是之確定性或謂邏輯地必然性，而非是興致所至而主觀地隨意地言之者。[164]

　　自由之全義既已充分地展示出來了，隨之理應說明自由意志如何能夠是一呈現，而非是一設準。牟宗三於此處特別標注明：呈現一語是其業師熊十力先生所言者，因其無間契合中國智慧傳統，故其積極發皇表彰之。依牟宗三，自由的意志能夠成爲一呈現的關鍵唯在證成吾人亦確有智的直覺一義。[165]對此，其從五個層面展開詳細周全之說明：

　　第一，自發自律的意志即是能起道德覺照之用的道德本心。承上文，自發自律的意志是理亦是心，故可以自我即起澄明覺照之用。此即是說，自由意志透過純粹的實踐理性而自我立定道德法則即是其自身澄明而起覺照之用也。是以，此語境裡的純粹的實踐理性是依於道德本心的理性，而非是單只有言詮上的形式意義之空頭的理性。自由意志之自我立法即道德本心之澄明覺照一義既明，吾人依此而進一步言之，此自我立法是在覺照裡立定的，而且吾人道德實踐是在此自我立法裡展開的。故從此道德本心之覺照與實踐裡，吾人可以真切地確認人類確實擁有智的直覺此一主體機能。[166]

　　第二，智的直覺可以使具有普遍性意義的道德法則爲一具體的呈現。此即是說，在智的直覺之朗現裡，具有普遍性意義的道德法則不單是一康德義的理性事實，即單只有言詮上的形式意義的事實，何以言其單只有言詮上的形式意義，因吾人無有純粹理智的直覺以覺之，而且吾人之感觸直覺亦無法覺之故，而且亦是一可起覺照之用的道德本心之定然如是地呈現之事實。而且，此不但是一定然如是地呈現者，而且是一具體的呈現者。何以故？因在智的直覺之朗現裡具有普遍性意義的道德法則在道德本心隨應機緣之感而起覺照之用裡活潑潑地呈露的故。此即是說，道德法

164　《現象與物自身》，第 77 頁。

165　《現象與物自身》，第 77 頁。

166　《現象與物自身》，第 77-78 頁。

則在言詮上的抽象的普遍性相在道德本心隨應機緣之感而起覺照之用裡已經完全徹底地化掉了。[167]

第三，智的直覺不但向外可以覺照宇宙萬物而且向內可以覺照其自身。正是在此一反身覺照裡意志之自由顯一必是定是之確定性，並如是地具體地呈露之。既如此，意志之自由或自由之意志則無所謂設準不設準了。爲什麼智的直覺能起如此微妙之大用？因爲智的直覺之覺照實際上即是道德本心自我活動所閃耀的光輝之無間遍照也。既如此，意志之自由或自由之意志呈露實際上即是其在自我立法活動裡警醒其自己而反身覺照其自己之謂也。此即是說，在智的直覺之覺照裡，意志之自由或自由之意志經由其自我警醒之反身覺照而使其自身呈露，此即謂呈現也，不但如此，而且可以進一步而言其爲一朗現也。（呈現與朗現之微妙區分明於後文。）何以故？因智的直覺之覺照當下即可朗朗然而周遍無外故。[168]

第四，上文所言之道德本心自我警醒而反身覺照其自己在具有現實有限性的吾人處究如何實現？在現實生活世界裡，吾人是一有限性的感性存在，故其必定爲其感性所影響甚至所支配。此由感性所引發的情態即是一屯蒙險阻之狀態。在此狀態裡，吾人之道德實踐如何能夠使其道德本心呈露出來而達至朗現？關此問題之本質性的關鍵仍是上文所言之道德本心自我警醒而反身覺照其自己一義。何以故？因道德本心自我警醒而反身覺照其自己能夠生發出一種向上的力量，即引導吾人經由道德實踐工夫而證顯性體道體之力量。此種道德實踐工夫，牟宗三名之曰逆覺體證。在此逆覺體證裡，道德本心自我警醒而反身覺照其自己。是則，吾人始可知經由此逆覺體證，道德本心或謂自由意志即可超越吾人現實性的屯蒙險阻狀態而逐漸呈現出來以至最終圓滿地朗現出來。在吾人之現實性的屯蒙險阻狀態裡，吾人亦不否認此呈現的過程可以無限性地拉長。然因吾人確有智的直覺而亦可隨時隨處當下圓滿地呈現出來而達至朗現。自此而觀之，吾人知曉呈現與朗現是有著微妙之區分的：呈現是一步一步地逐漸地顯現之，故顯一分證相虛欠相；而朗現是當下圓滿地顯現之，故顯一滿證相充實相。當呈現完全充分地至其極者，即是朗現，故牟宗三謂朗

167　《現象與物自身》，第 78 頁。

168　《現象與物自身》，第 78 頁。

現即圓頓地呈現者也。然其雖照察出並明示了此二者之微妙的區分，但在隨文表述時候亦未能完全貫徹此區分，如亦曾言朗現是一步一步地顯現者。此從該處所引證之文獻即可證明。儘管呈現可以是一無限性的過程，然在進一步呈現的過程裡，因其越來越趨近於朗現而越來越純粹，故其自我警醒的力量亦越來越強大。既如此，吾人在現實上的有限性之感性所容易引發的屯蒙險阻狀態則越來越不易被引發了，故吾人之感性越來越不具有阻礙性的力量，即越來越不再成為其危險性的障礙了。一旦吾人之感性被全部徹底地克服了，即道德本心圓頓地全幅地呈現出來，此即是聖人與天地同流的境界，在此處此時，依儒家，則是成聖人，依康德，則是成神聖的意志。此處須要說明的是，此神聖的意志是吾人之道德本心即自由的無限心所本自具足的，故是人人皆有的，而非是聖人所獨具有者。然儘管如此，此卻唯在聖人處呈露之。何以故？因惟有聖人能夠真正地如如地朗現之故。然為何又唯在聖人處呈露之，而非是在人人（眾人）處呈露之？因眾人為其感性所蒙蔽而不能如如地朗現之故。[169]

第五，牟宗三進一步展示中國古哲以何名言表示此一義理的。在現實生活世界裡，吾人是一有限性的感性存在，故常常生起不能依順道德本心覺照而來之有善有惡的意念，此即是王陽明所謂隨順軀殼而生起善惡念頭義。[170]儘管如此，然吾人在道德實踐過程裡精進用功而在不斷破除屯蒙險阻狀態裡一步一步地呈露道德本心，以至當下圓滿呈露，至此，吾人因感性羈絆而生起的意念則完全徹底地化除了而全幅是依順道德本心之覺照而發者，此即是王陽明所謂透過格物致知之工夫而誠其意也，[171]或劉蕺山所謂化除意念而直接地返歸自性本心也。[172]化除善惡意念而返歸自性本心，緣此而生者，即是緣良知而生者，故其所生者則皆是無有惡義之純粹善義，此即所謂良知本體隨應機緣而如如流行者也。自此而觀之，意念之所以成為意念，因道德本心為感性所蒙蔽而陷入屯蒙險阻狀態裡故。然道德本心亦畢竟是道德本

---

169 《現象與物自身》，第 9 頁 78-9。

170 關於隨軀殼起念一義，參王陽明：《傳習錄》，南京：江蘇古籍出版社，2001，第 98 頁（案：後文引證此文獻時，僅標注文獻名與頁碼）。

171 關於致知誠意一義，參《傳習錄》，第 121 頁。

172 關於化念還心一義，參《明儒學案》，第 1526 頁。

心，因其能夠自我反省而覺照其自己，故其必定終將呈露出來，並在智的直覺之覺照裡而一步一步地呈露或當下圓滿地呈露。既如此，吾人知曉道德本心即自由之意志或意志之自由是完全可以朗現出來的。[173]

牟宗三經由此二步，即首先是依中國智慧傳統而從八個方面澈儘自由之全義，在此基礎上，然後從五個方面明示自由如何能夠是一呈現，而充分證成自由是一呈現而非是一設準之洞見。既謂證成，此即示自由是一呈現之義理規模已如是如是地透體挺立矣。[174]

康德依西方智慧傳統並不如是地思維自由義的。在康德看來，上帝單只創造物之在其自己，而不創造現象。故吾人（人類）雖是上帝所創造的有限性存在，然如若從其為一個體物之獨立性看，其相對於上帝而言亦是一物之在其自己，而非是一現象。如是觀之，吾人始可知曉其雖是一上帝所創造者，然此並不影響其可是自由的。即使如此，此還是並不影響，故顯其消極意義，而非是積極地明示其本自即是自由的，故無有積極意義。此即是說，言吾人是物之在其自己，單只表示其不為時空序列裡所產生的有條件的機械關係所規定所支配，即表明其不是機械的，而並未有積極地言其本來即是自由的。此是康德哲學裡的自由義。然牟宗三卻依中國智慧傳統所函蘊的自由的無限心為視野的出發點，而非是康德之上帝的出發點，而積極地宣示自由本是一呈現，並在言詮上證成之。[175]

然牟宗三之呈現義的自由究何謂？依牟宗三，自由是單只能在吾人所呈露的無限心處言的。而無限心是吾人透過其懇切的道德意識即可呈露出來者。無限心在吾人處既已呈露，故從個體物的完整獨立性言，其即是一物之在其自己者。故孟子謂仁義理智諸德皆根源於道德本心，此諸德一旦透過吾人之身體四肢渾全地呈露出來，則身體四肢皆盎然著一不容已之生命力。[176]如是所言之身體四肢，乃至由此顯現的

173　《現象與物自身》，第 79 頁。

174　《現象與物自身》，第 79 頁。

175　《現象與物自身》，第 117 頁。

176　孟子曰：「君子所性，雖大行不加焉，雖窮居不損焉，分定故也。君子所性，仁義禮智根於心，其生色也睟然，見於面，盎於背，施於四體，四體不言而喻。」《孟子譯注》，第 309 頁；《現象與物自身》，第 118 頁。

整個獨立的個體存在皆是一物之在其自己。故羅近溪謂吾人在日常生活世界裡的舉手投足全幅是良知本體之不容已地呈露，音容笑貌亦全幅是良知本體之不容已地朗現，猶如自然天成，無有幫湊，無有假借。[177]如若吾人在日常生活世界裡，時時處處幫湊假借，則顯露一認知意義的識心，即囿於感性而無法脫離而成為現象義的存在。如若吾人透過良知本體之發露而直下即超離感性而成為一物之在其自己義的存在，故是一具有恆常性與無限性意義的存在。此是承前文所謂人雖有限而可無限一義而來者。此所謂有限，是就其為現實的感性的存在而言者；此所謂無限，是就其可為一具有恆常性與無限性意義的物之在其自己而言者。故吾人其實際上是相即於有限性而為一無限性者。執著於認知義的識心，吾人囿於感性而成為一變化流逝的有限；良知本體發露，吾人超離於感性而成為一恆常不變的無限。[178]

此良知本體即是無限心，而且是相即於現實有限性發露的無限心，故非是一理上當該如此之懸空的無限心。如此意義的無限心即可包蘊宇宙萬物而與其為一體。在此呈露的無限心裡，不僅宇宙萬物直接地回歸於其自己而成為一物之在其自己，而如如自在，而且與人之物之在其自己同一也。[179]既如此，如此意義的無限心之發露時，即是吾人乃至宇宙萬物進至自在無礙之自由境界時。

在此自由境界裡，如若單從物之在其自己一義言，無論是宇宙萬物還是吾人自身，才能真正地呈露其本來面目，即才能真正地直接地回歸於其自己而成為其自身。具體言之：就人而言，此物之在其自己一義不單顯一形式的意義，而且透過自由的無限心之發露而顯一真實的意義。此語境裡的真實義，言其在其自己之本來面目不是懸空虛設的，而是相即於宇宙萬物之在其自己而在其自己的。此所謂上下與天地同流者也。就宇宙萬物而言，如草木瓦石山川河流在其自己之本來面目所顯示的物之在其自己一義則單只有形式的意義，而無有真實的意義。為什麼其無有真實的意義？因其無有自由的無限心發露故。然卻為什麼又有形式的意義，即形式義的自由？因其在吾人所發露的無限心隨應機緣之感攝通達無礙遍潤無間裡而宛然自在自爾獨

177　《盱壇直詮》卷下；《現象與物自身》，第118頁。

178　《現象與物自身》，第118頁。

179　《現象與物自身》，第118頁。

化故。此即是說，宇宙萬物是在吾人所發露的自由的無限心之感通遍潤裡而直接地回歸於其自己而顯露其本來面目的，故吾人謂宇宙萬物之自由是由吾人在無限心之發露工夫裡而帶起的，而非是自己擁有自由的無限心並能夠發露之以顯露其本來面目，而自己即能夠積極地顯示其自身本是自由的。[180]

既如此，亦正是在此一意義層面上，吾人言由吾人所發露的無限心而呈現出來的自由是一境界，而且是一修證境界，即必須透過修證工夫而至者。

五、無執的存有論

在牟宗三看來，一純然的無限存有，此如上帝，是無須一存有論的，此如本體自身無需存有論一樣；然一雖有限而可無限的存有，此如人，是須有一存有論的，而且是一本體界的存有論。何以故？因正是此本體界域裡的本體或謂實體保證其具有創造性與無限性的意義故。此即是說，吾人建立存有論是為著確保彰顯有限性的人類亦是有無限性意義的。[181]然其因著人建立的存有論究何謂？既然人是雖有限而可無限的，故其存有論亦與之相應地有兩層，一是本體界的存有論，亦名之曰無執的存有論，二是現象界的存有論，亦名之曰執的存有論。[182]此是牟宗三依人雖有限而可無限而建立的兩層存有論之基本情況。

就形上學言，牟宗三亦依中國智慧傳統重新予以調整充實建構而證成了道德的形上學。為證成道德的形上學，牟宗三的哲學工作大體是：首先是肯認吾人亦有智的直覺一主體機能；其次是洞見到人雖有限而可無限一義；再次是進一步區分吾人所能獲得的知識有二種：一是以純粹理智的直覺即智的直覺所能知曉者，牟宗三以智知名之，二是以經驗的感觸直覺所能知曉者，牟宗三以識知名之；[183]最後是依道德的進路上下其講統攝兩界而成道德的形上學。前二步，吾人已展示於前文；第三步，此處已經點明了；第四步則是現在的工作內容。

180　《現象與物自身》，第 118-119 頁。
181　《現象與物自身》，第 30 頁。
182　《現象與物自身》，第 30 頁。
183　《現象與物自身》，第 38 頁。

　　吾人依道德的進路首先透過呈露出道德實體（本體）而直接地通達道德界域，此一步工作是對道德作形上學的解釋，在康德，即是作成道德底形上學。[184]此由吾人的道德意識而呈露出來的道德實體，卻並不單為人類所限而成為一類概念，故亦不單只開出道德界域，而亦是具有無限性意義的實體，故是生天生地之創化原理，既如此，而與此同時亦可開出存在界域。[185]無論是道德界域還是存在界域，皆是依本於道德實體而可通達者，故吾人可因此而建立一具有圓教意義的道德的形上學，即依道德的進路對宇宙萬物之存在給予根源性的解釋而作成的形上學。康德義的道德底形上學之工作重點是對道德概念作分解的演繹說明，即以形上學的方式作形上的分析解釋，其目的是證明道德的先驗性。而牟宗三義的道德的形上學之工作重點是從道德出發而建立一形上學，其目的是對宇宙萬物作一根源性的說明。在牟宗三看來，此道德的形上學是唯一一個可以真正充分證成的形上學系統。而且，其名此一形態的形上學曰本體界的存有論，此所謂無執的存有論者也。在此無執的存有論裡，吾人始可以確切地證成物之在其自己之真實義。[186]

　　承上文，此道德實體即是具有無限性意義的實體，故此實體可以上下其講，向上講，即開出無執的存有論，向下講，即此實體經由自我坎陷而由無執的無限心開出有執的認知心，此即牟宗三所謂識心之執也，而可作成執的存有論。此識心之執，牟宗三分析出兩層意義：一是識心之執所具有的邏輯意義，依此而可以解釋說明在知性之思維裡單只有超越地運用義而無有超越地決定義的諸邏輯概念，而為邏輯學數學幾何學立根據。二是識心之執所具有的存有論意義，此語境裡的存有論是現象界域裡的存有論，故此即是康德義的純粹知性之超越分解的工作內容。綜攝識心之執的兩層意義，吾人可以開出現象界的存有論，此所謂執的存有論者也。在依識心之執而作成的執的存有論裡，吾人始可以清楚地確定現象之真實義。所謂現象，即是由識心之執所挑起的東西。既如此，則現象既可以因識心之執所挑起而存在，亦可以因識心之執之化除而不存在，此即牟宗三所謂現象是有而能無，無而能有的。[187]

184　《現象與物自身》，第38頁。

185　《現象與物自身》，第38頁。

186　《現象與物自身》，第38-39頁。

187　《現象與物自身》，第39頁。

　　自此而觀之，依人雖有限而可無限之智慧洞見，吾人只能建立此兩層存有論：[188]因著物之在其自己而建立本體界的存有論，即無執的存有論，此語境裡的無執是相應於無有執著的自由無限心而言的；因著現象而建立現象界的存有論，即執的存有論，此語境裡的執是相應於有執著的認知識心而言的。[189]

　　嚴格地即純粹地言之，單只有無執的存有論是真正意義的形上學，而執的存有論則非是。然如若就認知識心是自由的無限心之權用，即為開出關於現象的知識而向下坎陷而成者，亦可以將執的存有論納入道德的形上學裡，故在此一意義層面上而言兩層存有論。既如此，吾人始可知曉道德的形上學實際上亦可以上下其講的，即向上講，通達本體界域，而開出無執的存有論，向下講，通達現象界域，而開出執的存有論，故如此之學問方才是真正的全體大用之學問。依現代學術語詞言之，即就作為一學問言，此是道德的形上學；依中國智慧傳統語詞言之，即就作為一圓教言，在儒家，是內聖外王之教，是成德之教，在佛家道家，其義理旨歸亦復如是。正是在此一意義層面上，在牟宗三看來，哲學之究極圓滿義當必依本於聖者之無礙圓融智慧而成者為是。[190]

　　如上是總持地言無執的存有論之基本框架。然中國智慧傳統是儒釋道三脈和合而進，故余文從佛道儒三脈分而論之，即依此次第而分別地展示其獨特的基本結構。

　　在佛家，依牟宗三，天臺宗之圓具三千世間一切諸法門與空宗般若之圓具三千世間一切諸法門很接近，然此二者畢竟是有所區分的，具體而言，般若具足三千世間一切諸法門單只是般若智慧不舍不著地作用地具足之，故由此而來的般若圓滿亦

188　依著牟宗三之兩層存有論而繼之體貼著時代之氣運而發展者，則是林安梧之存有三態論。所謂存有三態論，乃著重思考存有的根源、存有的開顯及存有的執定之思想架構或思維道路者是也。此一理論之最早的表述乃見之於其對熊十力體用哲學之研究一書裡，隨後在就中國文化所體現出來的道之錯置而反省及 21 世紀儒學研究則應從新儒學轉向後新儒學之諸書裡有詳細而深刻地論述。參林安梧：《存有‧意識與實踐——熊十力體用哲學之詮釋與重建》，臺北：東大圖書公司，1993；《道的錯置——中國政治思想的根本困結》，臺北：臺灣學生書局，2003；《儒學轉向——從「新儒學」到後「新儒學」的過渡》，臺北：臺灣學生書局，2006。

189　《現象與物自身》，第 39 頁。

190　《現象與物自身》，第 40 頁。

單只是不舍不著地妙用圓滿，而作用地具足並非是存有論地具足，故其在作用上的妙用圓滿亦非是存有論地圓滿。因其非是存有論地圓具三千世間一切諸法門，故空宗非是眞正的圓教。既如此，此亦表明眞正的圓教乃必定因其是存有論的圓具三千世間一切諸法門而成爲一系統者。天臺宗依從無住本立一切法而洞見到一念無明法性心即具足三千世間一切淨穢諸法門一義，此即對一切諸法門給予了一根源性的說明，故謂其是存有論地圓具系統，即顯一系統相。在天臺宗，言無明即法性，即是言般若智慧即具三千世間一切諸法門，此所謂智具三千者也，故此智具三千亦是空宗般若之不舍不著地作用地圓具之義，此確是如此，然必須說明的是，此語境裡的智具是以存有論地圓具爲思維背景而作用地圓具者，非是空宗之單言般若之作用地圓具者。既如此，吾人始知般若之作用地圓具與天臺之存有論地圓具是可以圓融而爲一的：作用地圓具依存有論地圓具而得以立一存有論的根據，而存有論地圓具亦依作用地圓具而得以獲一圓具之形式。空宗般若學固然可以向此一方向而發展，然其畢竟未有如此地發展，即未有對一切諸法門給予一根源性的說明，故自然無有天臺宗之系統相而單顯般若之作用地圓具一義。[191]

　　自此而觀之，存有論的圓具一義有二要義：一是對一切諸法門在存在上有一根源性的說明，即說明其源於何處；二是對一切諸法門在存在上有一必然性的說明，即說明其必然如是地存在之。既如此，依此而觀照佛家，其存有論的圓具一義成立之關鍵在釋迦佛滅度前在其所演說之大涅槃經裡所宣示的佛性一觀念。然佛性何謂？所謂佛性，即經過次第修證而成佛果的因地。佛法是因緣法，故成佛是果，則必定須有成佛的因才行。而此語境裡的佛性即是此成佛的因，即種下了此因，才能收穫佛果的。此是總持地言佛性義。具體地言之，佛性有三義：一是正因佛性，此是客觀意義域裡完整的佛性，此即是空宗所謂中道第一義空，或大乘教所謂如來藏我，或謂法身，既如此，故亦可謂法佛性，即在法上客觀地如是者；二是了因佛性，此是從般若智德而言的；三是緣因佛性，此是從解脫斷德而言的。無論是了因佛性還是緣因佛性，皆是主觀意義域裡的佛性，即緣法身佛性而來者。了因佛性成的是般若智慧，即使人破除迷誤而覺悟者，而緣因佛性成的禪定，即使人萬緣放下而解

191　《現象與物自身》，第406頁。

脫者，此是爲表述之權而分別地言之者。其實際上此二者本不二也，此所謂定慧不二。正是在此一意義層面上，牟宗三名此緣了二佛性爲覺佛性。佛性是成佛證果的緣因，即因地，故佛性是成佛證果之所以可能之超越的根據。成佛證果還有一個外在的基本條件，即度盡一切有緣眾生是也。既如此，則佛之法身自不能離開報身化身而獨立地存在。故此可言法身報身化身三身一也。正是此三身一也，故能圓具三千世間一切諸法門而成佛也。此是就成佛之果地而言者。就成佛之因地而言亦復如是。佛性一觀念經由釋迦佛在大涅槃經裡宣示出來後，即表明三千世間一切諸法門在存在上之根源性與必然性皆可以獲得一存有論的解釋說明，而且此存有論的解釋說明實是特就此佛性觀念對一切諸法門予以一存有論的圓具之解釋說明。[192]

故空宗般若之作用地圓具三千世間一切諸法門遂可收攝於佛性一觀念而轉換爲依本於了因佛性而來的實體性的智具三千，而成一存有論的圓具。儘管此依本於了因佛性而來的實體性的智具三千仍然是空宗般若不舍不著之形態，然其畢竟已經收攝於佛性一觀念上，即是以佛性一觀念爲依本的，故成爲一實體性的智具。[193]

承上文，對三千世間一切諸法門作一存有論的說明之要義有二：一是明其存在之根源，二是明其存在之必然。就前者言，天臺宗乃是從一念無明法性心而言法性即無明與無明即法性，前者是一念心執著而起者，故是念具念現，依此而成一執的存有論，此是研究識心與現象之關係者，後者是一念心無執而現者，故是智具智現，依此而成一無執的存有論，此是研究智心與物之在其自己之關係者。就後者言，依天臺宗，成佛是不斷九法界或謂即於九法界而成者，故是必須具備三千世間一切諸法門而成者，既如此，此自然如理如法地確保了一切諸法門在存在上的必然性。此即是佛家之特有形態的存有論之基本框架。[194]

在如上總持地勾勒出佛家存有論之基本框架的基礎上，再進一步就天臺宗之無執的存有論作一基本說明。

192　《現象與物自身》，第 406-407 頁。

193　《現象與物自身》，第 407 頁。

194　《現象與物自身》，第 407 頁。

在佛家，大乘經典之通義一般皆言生死即涅槃，煩惱即菩提，或即於世間而證菩提，而天臺宗則發展出三千世間一切諸法門本無一法可改，惟只是隨一念心之無執有執而有淨穢之分別。此即是說，法自身是無所謂好與壞，淨與穢的，而皆是客觀常在的，而由於一念心在主觀上有執著無執著成識成智。故一切諸法門相對於有執著的識而言，即是有執定相的現象，而相對於智而言，即是如實相的在其自己。此即示：智與如相相對應而合一，識與執相相對應而合一。自此而觀之，一切諸法門自身本是一，而惟有相對於一念心之有執無執方才顯兩面相。識既是依一念心之執著而起，那麼化除執著，由此而起的識則自然亦轉化了，而如相是依一念心之無執而現者，故化除執著而至無執著，與此相應，識亦轉化成智了，此即是三千世間一切諸法門直接地回歸於其自身而在其自己而顯一客觀真實性。[195]綜而言之，此即是天臺宗所謂一念無明法性心即具三千世間一切諸法門一義。此處須要說明的是此一表法是隨順現實生活世界裡的眾生之無始無明而言者。故是法性即無明義的念具。在此念具裡三千世間一切諸法門皆是執染的法門，故是有執定相的現象法。儘管如是，然如若透過止觀之修證工夫而至者，則是無明即法性義的智具。在此智具裡三千世間一切諸法門皆是清淨的法門，亦謂如實相的法門，或法之在其自己的法門，或無一法可得的法門，故是在存在上具有客觀真實性的實相法門。[196]此即是說，實相法門不但是客觀真實的，而且是自在的。然此語境裡的客觀自在究何謂？此所謂客觀自在是隸屬於智的智具智現，即是依本於其自身所本有者而自現者，故非是隨意空頭兀然的顯現。既如此，此依智具而來的智現是一現一切現，即三千世間一切諸法門一現全現矣，而非是可現可不現。何以故？因成佛乃是即於九法界而成者故；亦非是歷時而分別地現。何以故？因此智現無有時相故。[197]

承上文，吾人言實相法門是隸屬於智的。此是為便於表述計，而權且如此言者。但是此容易令人生誤會：此類似於現象隸屬於識一般。從字面上看，此一順勢聯想亦似乎是合理的，然從理上言，此則萬萬不可，故須作一簡別之說明。現象隸屬於

195　《現象與物自身》，第 408 頁。

196　《現象與物自身》，第 409 頁。

197　《現象與物自身》，第 409 頁。

識是基於認知之相對待而發生的，故現象有對象義，即有對象的姿態。而實相法門之隸屬於智之表述單只是言詮上的方便，故非是基於認知之相對待而發生的，既如此，其自然無有對象義，即無有對象的姿態。而其實際上是智如不二證境裡的如相自在相，而如相一相，即是無相，故無有對象相或謂對象義。[198]

　　實相法門是智如不二證境裡的如相自在相，此是總持地言者。在天臺宗，智如不二有種種說，即透過種種不二而具體地表示者。為具體說明此語境裡的如相自在相究何謂，吾人單只以色心不二為例表示之。

　　智者大師在四念處卷四裡如是演說色心不二：「一切法趣身念處，即是一性色得有分別色，無分別色。分別色如言光明即是智慧也。無分別色即是法界，四大所成皆是無分別等，是色心不二。」[199]在牟宗三看來，智者大師是依真如一實之諦理而言色心不二的。身念處是境是色，此所謂性色，即法性化了的色，故亦謂之妙色。既是法性化了的色，可以分而言分別色與無分別色。所謂分別色，即單就其境自身而言說的色，故有偏滯。所謂無分別色，即無有對待而分別看的色。因是法性化了的色，故亦是妙色，即智慧化了的色，故是實相化了的色。既如此，此已是智如不二，色心不二矣。此是就色而言者。就智而言者，亦復如是。類此而言，故有分別智與無分別智。所謂分別智，即是分開但看般若自身者。所謂無分別智，即是智與智處無有對待而不二也。故無分別色與無分別智一也。就無分別智言，「說智及智處，皆名為般若」，此所謂「非智之智而言為智」，[200]在此語境裡，惟是一智，惟是一色，此即是攝所從能而言法界也。「說處及處智，皆名為所諦」，此所謂「非境之境而言為境」，[201]在此語境裡，惟是一色，惟是一智，此即是攝能從所而言法界也。如是兩邊圓說，此即是智如不二，色心不二而圓滿具足矣。[202]

　　天臺宗如是地言色心不二，然必須說明的是，此是在性具系統裡展開說明的。天臺宗亦是如是地穩住了三千世間一切諸法門之在其自己。此語境裡的性具是無明

198　《現象與物自身》，第 410 頁。

199　大正藏，46 冊，578 下；《現象與物自身》，第 411、412 頁。

200　大正藏，46 冊，578 上；《現象與物自身》，第 413 頁。

201　大正藏，46 冊，578 上；《現象與物自身》，第 413 頁。

202　《現象與物自身》，第 412-413 頁。

即法性義的性具，即無有執著相的智具。智具智現而無有分別：一念無明法性心即具三千世間一切諸法門，即是頓現三千世間一切諸法門，無論善惡淨穢法門俱如是也。如是地即具即現而圓融無礙者，即是諸佛如來也。所以者何？因成佛當是不斷九法界而成佛也。所謂九法界，即是地獄餓鬼畜生阿修羅人天之六道加上聲聞緣覺二乘與菩薩共計次第九階也。在此九法界裡，一般而言，六道眾生法門為穢惡法門，二乘菩薩法門為淨善法門。然相對於已經證得無上正等正覺的諸佛如來而言，此九法界法門皆是穢惡法門。何以故？因惟有諸佛如來之無上正等正覺乃究竟圓滿故。因諸佛如來之智慧究竟圓滿，故諸佛如來之心則是清淨無染透體清明。既如此，儘管九法界法門是穢惡法門，然諸佛如來亦即具之並起清淨法門之用。此即是智者大師在觀音玄義卷上所謂：諸佛如來並沒有斷絕性惡機緣，故能入地獄現地獄相而與一切惡趣眾生同生共處而化度之。所以者何？因諸佛如來清淨無染透體清明，故雖起惡相而亦不染著矣。此所謂通達惡際即是實際，行於非道通達佛道之實義也。[203] 在諸佛如來處，惡際亦是實際，故三千世間一切穢惡法門亦皆起善用。既如此，此一切穢惡法門亦皆是在其自己之實相法門也。此即是天臺宗所謂性惡一義。依天臺宗，所謂性惡，即三千世間一切穢惡法門皆是智如不二的法性心本所具足者，即在性德上如是如是者。[204]

其實，在諸佛如來處，穢惡法門一語亦是言詮上的方便。何以故？因諸佛如來清淨無染透體清明而成就真實如如之佛道本無所謂故。故智者大師亦名智如不二色心不二之一念無明法性心為心寂三昧色寂三昧。[205] 在此三昧裡，三千世間一切諸法門皆是在其自己的實相法門。實相一相，所謂無相，即是如相。如如實相，即自在相。一切諸法門既是在其自己之如如實相，故皆無有相互對待的能所關係，即皆無有對象義，亦皆不顯現象相。此即是說，三千世間一切諸法門，在智如不二的心寂

203　智者大師說：「佛亦不斷性惡機緣所激慈力所熏。入阿鼻同一切惡事化眾生。……性善不斷還生善根。如來性惡不斷還能起惡。雖起於惡而是解心無染。通達惡際即是實際。能以五逆相而得解脫。亦不縛不脫行於非道通達佛道。」大正藏，第 34 冊，883 上；《現象與物自身》，第 413-414 頁。

204　《現象與物自身》，第 413-414 頁。

205　大正藏，第 46 冊，578 上；《現象與物自身》，第 414 頁。

三昧色寂三昧裡智具智現，即一現一切現，而非是在識心之執中念具念現而顯對象相。在此智具智現裡，三千世間一切諸法門皆是在其自己的自在法實相法，故亦可謂是法而無法，即無一法可得也。此即是智者大師之言心寂三昧色寂三昧之實義也。[206]

　　縷述至此，吾人始可知曉天臺宗之本體界的存有論，即無執的存有論之基本內容架構：就三千世間一切諸法門之根源性而言，天臺宗依一念無明法性心而言無明即法性與法性即無明一義而明之；就三千世間一切諸法門之必然性而言，天臺宗依成佛當即於九法界法門而成之一義而明之。

　　關於華嚴宗之本體界的存有論，即無執的存有論之基本內容架構，吾人於此處略之。所以者何？因華嚴宗所本之大方廣佛華嚴經是釋迦佛證道後所第一時演說的其親證境界的經典，其境界無上微妙殊勝其智慧無上甚深玄妙，而吾人根器不利而始終契悟不上故。

　　在道家，人類的主觀造作被認爲是一種過患。何以故？因其是人爲的而反自然故。人爲造作皆根源於心，故爲破造作而返自然，則必定從其心上作工夫。依老子，此工夫即是致其虛守其靜者。老子在道德經第十六章如是言：「致虛極；守靜篤。萬物並作，吾以觀復。夫物芸芸，各復歸其根。歸根曰靜，靜曰覆命。覆命曰常，知常曰明；不知常，妄作凶。知常容，容乃公，公乃王，王乃天，天乃道，道乃久，歿身不殆。」[207]在牟宗三看來，此章數語乃是道家智慧的全部綱維及其根本方向。[208]既如此，牟宗三還以王弼注老爲基礎而詳細地疏解了此段數語，此處從略。[209]何以故？因此處吾人唯在展示牟宗三對道家無執的存有論之探索研究的基本框架內容故。

　　依老子，在虛極靜篤之境界裡，吾人可以透過澄心反觀而回歸到本根自性而知曉其眞實平常之性理。若如此，此即是照徹宇宙萬物而使其直接地回歸於自身而在其自己也。澄心反觀的工夫即是澄其慮觀其性，此即是老子所謂破除主觀人爲造作

206　《現象與物自身》，第414頁。

207　《老子注譯及評價》，第124頁；《現象與物自身》，第430頁。

208　《現象與物自身》，第430頁。

209　《現象與物自身》，第430-431頁。

而返歸自然本性者也。此亦示，此工夫即是無有執著定相，故可以照徹宇宙萬物而使其皆在其自己。在心念工夫上，是無有執念，而在宇宙萬物上，則是在其自己之有。澄心反觀之工夫，在道家有種種語詞表示，此如玄覽，冥契，心齋，坐忘等等。此諸語詞所表示的道家證修工夫皆是意在空除執著定相而至無相。而無相一相，即是如相實相也。此如相實相是在虛極靜篤之境界裡朗現出來的，故亦可謂此是因著無而呈現有的，即從無而明有的。正是在此一意義層面上，吾人言此是道家之無執的存有論，即本體界的存有論。此語境裡的存有一詞，是明物之在其自己一義，而本體一詞，是明無即是本是體。既如此，然仍須要說明的是，此語境裡的無並非是一無所有即什麼都沒有的現實義的空，而是一種特別義的有，即具有無限性意義的有。此語境裡的無限是透過無之無量無邊的妙用來規定的，故此具有無限性意義的有，即無之無量無邊的妙用，簡而言之，其實際上就是無自身。正是因此義，吾人言，此是道家以無之無量無邊的妙用來呈現有，即以無而明有之奧義。在言詮上，此是遮撥的方式，即以無執無為化除人為造作而使宇宙萬物在其自己的方式，簡言之，即是遮人為造作之幻而顯萬物真實之有。自此而觀之，有與無在此一意義層面上通而為一也，此則成道家無執的存有論。[210]

　　此語境裡的物之在其自己，如若客觀地指實而言之，其亦當然是有限性的。然此物之在其自己是在虛極靜篤之境界裡被帶起的，故其自然是無有任何定相的，在此一意義層面上，則言其是無限的而非是有限的。既如此，則其自亦是物無物相，故自亦無對象相。既無相又何以言無？因其是在虛極靜篤之境界裡與無一起朗現出來的故。依此而言無，在言詮上，如若分別地言之，無與有相對而言，如若無分別地言之，無與有一如也，此即是說，此無即是物之在其自己之如也。何以故？因其實無有一個脫離了物之在其自己而獨個地存在之無也。在老子，此即是所謂和其光同其塵也。[211]此是依塵言光也。依此語境而言，亦可謂和其塵同其光也，此則是倒轉過來，依光言塵也。之所以如此地倒轉言之，此亦單只是意在表示光與塵非二也，

210　《現象與物自身》，第 431-432 頁。

211　《老子注譯及評價》，第 75 頁。

其實際上一也。正是在此光與塵一也處，吾人呈現出了塵之如相實相，即物物之在其自己者。此即是道家之無執的存有論之基本內容框架。[212]

再以老子之無爲而無不爲一義而例證之。無爲首先作爲一動賓語段看，即無化掉人爲造作。在老子看來，如若能夠將此一思想運用到政治領域，即用來治理邦國，則能起到非常大的作用：「道常無爲而無不爲。侯王若能守之，萬物將自化。化而欲作，吾將鎮之以無名之樸。無名之樸，夫亦將無欲。無欲以靜，天下將自定。」[213]而無不爲則是以此無爲的工夫去成就一切也。故統理邦國的君王當該遵守此一智慧道理，即不去滋擾宇宙萬物而讓其自然生長宛爾獨化，此所謂王守之而萬物將自化也。此是就政治領域而言者。如若將此理超越政治領域而擴大至其極言之，此所謂自化即是道之獨化，既是獨化，則化無化相，故宇宙一切皆在其自己之宛然自在自爾矣。如若在此化境裡又突然起念執著而有執定相，則宇宙一切皆又迷惑顛倒虛幻不實，即在主觀上人爲造作之病又起矣。此所謂化而欲作矣。爲化解此一病症，老子主張以無名之樸鎮之，以保證吾人能夠虛極靜篤以能夠返回本根自性。此即是說，此無名之樸的工夫即是爲道日損，並且損至無爲之境而止者。[214]故此語境裡的損亦即是道家證修之工夫，即致虛守靜之工夫。透過此工夫，吾人可以修證至眞人至人天人的境界，即無的境界，而函蘊宇宙萬物，故依無明有，而有亦則函蘊無，此可謂有無一也。此即是在無爲而無不爲一義處言道家之無執的存有論義。[215]

就道家無執的存有論與佛家無執的存有論同異之比較言，其大端有二：第一，道家雖未有以佛家緣生的思維觀宇宙萬物，然其仍亦隱含有此義。道家未有明明地言其自身是以緣生觀宇宙萬物的，然是否明言並非關鍵，而其在義理上是否函蘊此義才是關鍵。老子言宇宙萬物諧和地同生共存，順著此諧和地同生共存演繹下來，即可知曉老子之思想在義理上確實函蘊著佛家緣生義。又譬如老子言宇宙萬物皆緣

212　《現象與物自身》，第 432 頁。

213　《老子注譯及評價》，第 209 頁；《現象與物自身》，第 434 頁。

214　老子說：「爲學日益，爲道日損。損之又損，以至於無爲。無爲而無不爲。」《老子注譯及評價》，第 250 頁；《現象與物自身》，第 434 頁。

215　《現象與物自身》，第 434 頁。

於有而發生生長成熟，[216]此亦即是緣生義。[217]第二，佛道二家在名言表詮上有異，而在智慧究極處同。就佛家言，其把物直接散開而作緣生觀，即物物皆是因緣和合而生者，而既是緣生者，故無有自性，故是空，即以空為性，既如此，則物物無相，能夠如是地觀之，即可證得物物之如相實相。就道家言，其直接地就物之個體而運思。當個體物在虛極靜篤之境界裡被帶起時，即與無一起朗現時，個體物即直接地回歸於其自身而在其自己，此即是個體物之如相實相。既如此，個體物之緣生成長相則不顯矣，即在無化工夫裡頓時寂冥而成獨化之境。在此獨化之境裡，緣生非緣生，故單只是一個體物自在自爾矣。自此而觀之，佛家首先承認的是緣生之散開狀態，故觀緣生即是證空體寂矣。一旦經由次第修證工夫而達至空寂，則因緣和合而生之物則顯其自性本身而在其自己也。道家首先肯認個體物之整一性，故在無化證修的過程裡當體直下冥契個體物之整一性而讓其直接地回歸於其自身而成為在其自己者，因而，其執定相亦化除矣，既無有定相可得可執，故個體物如如顯矣。綜攝而觀之，佛道二家雖然在言詮上所使用的名言有所異，然其在義理上或在智慧之究極處，卻是無有異的。佛家就緣生義而言空寂觀證，故無物相可得可執，而道家就個體物之整一性而冥契之，實亦無物相可得可執。故在最後處，二家皆是物無物相，宛然自在自爾獨化矣。[218]

在儒家，依牟宗三，應當可從王陽明在明覺之感應處言物一義來體貼知體明覺之存有論的意義。王陽明在答羅整庵少宰書裡言：「理一而已。以其理之凝聚而言則謂之性，以其凝聚之主宰而言，則謂之心，以其主宰之發動而言，則謂之意，以其發動之明覺而言，則謂之知，以其明覺之感應而言，則謂之物」。[219]在此語境裡，感應一語當意謂在明覺之感應活動裡依其所感應者或感應產生處而言物。何以故？因感應一語就其字面義言，其自身不是物，而單只是一具體的活動故。然既是一具體的活動，則必定有與活動相關的對應者被帶進活動裡來，故正是此對應者被視之為物。正是在此一意義層面上，吾人言王陽明語境裡的感應一語是渾淪能所

---

216 老子說：「天下萬物生於有，有生於無。」《老子注譯及評價》，第 223 頁。

217 《現象與物自身》，第 432 頁。

218 《現象與物自身》，第 433 頁。

219 《傳習錄》，第 199-200 頁；《現象與物自身》，第 440 頁。

之相對待而合一地言之者。此亦函蘊著知體明覺在具體的生活事相上不容已地如如流行一義，此即是說，知體明覺並非是懸掛在空中的，是空頭的。知體明覺既是如如地流行，則自是渾淪圓滿的，故在言詮上為便於表述計而區分為能所之相對待關係，即在其所感應處言所感應者，此即是所謂物也。既如此，此對待關係裡的所無有實義，即無有對象義。故言及感應即是言及所感應者也，此二者是一體地渾淪地呈現者，無有能所之對待義。正是在此一意義層面上，吾人言在明覺感應之一如裡，明覺與所感之物是不分而分分而不分的，即一體如如地朗現的。既如此，又為何非得在此渾淪一如裡言物？其根本目的是為了呈現出知體明覺之存有論的意義來。[220]

　　承上文，明覺活動裡的物是被帶起的，然此語境裡的物究何謂，為何又是被帶起的？知體明覺是在具體的道德生活裡呈現出來的。既已關涉及具體的道德生活，故必定伴隨一道德意念（意識）。然凡言意念，則必定關涉及感性經驗域，此即是說，意念是在感性經驗域裡活動的。既如此，則亦必定關涉及經驗域裡的物相，而使其有豐富生動具體的內容而不落空。此如意念及事親，而事親則是此語境裡的物，即是意念的具體內容。如此意義的物，牟宗三名之曰行為物，或謂事。何以故？因在意念所及處言物，其實際上在整體上即是一事故。[221]此即是說，在行為的整體上是一件事，而在此行為裡卻已經有具體的某一物了，此如，事親在整體上是一事，而在此事親行為裡親則是具體的一物。而在一般情況下，吾人所著重關注的是整體性的事而非是具體性的物。在此一意義層面上，吾人言此具體的物是被帶起的，即是行為發生所必定涉及者而已。就事親而言，事親是一行為，然此行為在什麼意義域裡才是正當的與不正當的？無疑，孝養父母是正當的，不孝養父母是不正當的。然如何才能切實地落實此正當的孝行？此惟有依靠良知的力量。自此而觀之，吾人所著重關注的是事親此一孝行，而非是孝行裡的此一親。然在孝行裡親又是確實存在的，此確實如此。但必須說明的是，此親是因為孝行才存在的，故親是被孝行所帶起的。既如此，吾人關注親亦必須是在如何切實地落實此正當的孝行裡注意及的。就事親此一孝行之實現而言，此是需要知體明覺之感應的。在知體明覺之感應裡，

220　《現象與物自身》，第 440 頁。
221　《現象與物自身》，第 437 頁。

事親則是自然而然的實現了，即事親之行爲事與具體的親之存在物是渾淪一體地如如朗現出來的，故此二者皆是直接地回歸於其自身而成爲在其自己者。正是在此一意義層面上，吾人言依此實可建立一無執的存有論。[222]

承上文，在明覺之感應裡，依感應發生處而言物，此則實際上函蘊著行爲事與存在物共同被彰顯一義。此如感應於親，則發生事親之孝行，繼而推而廣之，如感應於兄民書君訟甚至是宇宙萬物，則發生從兄治民讀書事君聽訟甚至應宇宙萬物之諸事項。依此，吾人始可知曉所謂事實際上即是對其外在之存在物有所感而發生的應對處理之態度及方式，此即是一般而言的行爲義。既如此，行爲事是在吾人之良知的感應朗潤裡而成爲合天理之事，此體現了吾人之德行純亦不已之一面。然眞誠惻怛之良知及其所體現的於穆不已之天理並不單只圍限於行爲事，其實際上還通達於外在的存在物。此所謂吾人之心包蘊宇宙萬事萬物也。既如此，存在物在良知之感應潤澤裡如如地在其自己也，此體現了宇宙萬事萬物皆各在其位各得其所矣。[223]關此一義，王陽明在大學問裡有一段論釋極爲透闢：「大人者，以天地萬物爲一體者也。……。大人之能以天地萬物爲一體也，非意之也，其心之仁本若是其與天地萬物而爲一也。豈惟大人，雖小人之心亦莫不然，彼顧自小之耳。是故見孺子之入井，而必有怵惕惻隱之心焉，是其仁之與孺子而爲一體也。孺子猶同類者也。見鳥獸之哀鳴觳觫，而必有不忍之心焉，是其仁之與鳥獸而爲一體也。鳥獸猶有知覺者也。見草木之摧折而必有憫恤之心焉，是其仁之與草木而爲一體也。草木猶有生意者也。見瓦石之毀壞而必有顧惜之心焉，是其仁之與瓦石而爲一體也。是其一體之仁也，雖小人之心亦必有之。是乃根於天命之性而自然靈昭不昧者也，是故謂之『明德』。」[224]牟宗三對此作了簡別與引申。因吾人之仁心眞誠惻怛，故能感通無礙，或因吾人之知體明覺透體清明，故能感應無方，因此，吾人可與宇宙天地萬事萬物相感而爲一體。具體地言之，則是與孺子相感，即與其爲一體，而使其在其位得其所矣。推而廣之，對於鳥獸草木瓦石，亦復如是。此即是說，存在物因吾人之知體

222　《現象與物自身》，第 440-441 頁。

223　《現象與物自身》，第 441-442 頁。

224　《王陽明全集》，第 968 頁；《現象與物自身》，第 442 頁。

明覺之感潤而得其所在其位，而行爲事則亦因此而純正而如理。既如此，吾人始可知曉，依行爲事而顯知體明覺是吾人實現道德行爲的道德性根據一義；而依外在物而顯知體明覺是說明宇宙萬事萬物的存有論根據一義。所以者何？具體而言，在主觀上，此是因吾人之仁心感通無礙而能夠與宇宙萬事萬物爲一體故；在客觀上，此是因作爲體現於穆不已之天理的仁心頓時即可化生宇宙萬事萬物而成爲其根基故。在此語境裡，吾人感通無礙之仁心其實際上即是眞誠惻怛之知體明覺也。[225]

　　如上是牟宗三依王陽明言明覺感應物一義而明儒家之無執的存有論形態。隨其後，其進一步依中庸之成物一義而明儒家無執的存有論之大用義。

　　中庸是在言誠體時而帶出了成己成物一義：「誠者物之終始，不誠無物。是故君子誠之爲貴。誠者非自成己而已也，所以成物也。成己，仁也；成物，知也。性之德也，合外內之道也，故時措之宜也。」[226]在牟宗三看來，中庸所言之物其實際上亦是賅括行爲事與外在物之二義的，故其所言之誠體亦此二者成始成終之超越性的根據。具體地言之，誠體不僅成其己也，而且亦成其物也。成己是依行爲事而言者，此是向內收攝之事，即成仁之事，而成物是依外在物而言者，此是向外成就者，即成智者。然此仁與智皆是吾人之本性的核心內容，故亦即是誠體之基本內容。自此而觀之，無論是向內而成己還是向外而成物，皆是緣誠體而成者。既如此，吾人言誠體是合內外之道，即是成己成物成仁成智之本體也。就向內成己而言，此是道德實踐之事；就向外成物而言，此是吾人參贊化育以顯道德生化之事。無論向內向外，此皆是依合內外而來的誠體而實踐者。依此實踐，在圓教系統裡即可成就一實踐的形上學。牟宗三名此實踐的形上學爲道德的形上學，在此語境裡，則名之曰無執的存有論。[227]此語境裡的成究何謂？所謂成，即實現之者。此是儒家言道德生化義的實現原理之具體的表述。就向內成己言，此是道德創造的原理，此所謂吾人之德行純亦不已者也。就向外成物言，此是儒家義的宇宙生化原理，此所謂天理於穆不已者也，此亦是儒家智慧對宇宙萬事萬物作存有論的說明。自此而觀之，在圓教

225　《現象與物自身》，第442-443頁。

226　《四書章句集注·中庸章句》，第34頁；《現象與物自身》，第443頁。

227　《現象與物自身》，第443頁。

系統裡，德行純亦不已與天理於穆不已其實際上一也，此即是說，道德創造與宇宙生化一也，即皆在知體明覺之感應潤澤裡渾淪一體地如如朗現矣。正是在此一意義層面上，吾人始可知曉外在物之存有乃必定是在吾人之行爲事裡存有的，而吾人之行爲事亦必定是在成就外在物裡完成的。[228]

在牟宗三看來，在中國智慧傳統裡，儒家智慧所成之無執的存有論最具特色，此特色可以透過與佛家之無執的存有論相判分而顯出。首先，儒家之無執的存有論雖然未有就事物之緣生緣起一義立論，然其亦函蘊有此一義，只是未有直接地表述出來而已。其實，儒家所言的對於行爲事與外在物所成的聞見之知，即是爲緣起法所函攝的。其次，儒家之無執的存有論對於行爲事與外在物卻從道德意義域裡予以一眞實意義，即將其視之爲實事與實物。就見聞之知而言，因吾人對宇宙萬事萬物有所執定而成經驗知識，故此緣起法是在現象域裡展開的；就德性之知而言，因吾人經由道德實踐工夫而反觀內省以使宇宙萬事萬物皆直接地回歸於其自身而成爲其自己，故此緣起法是在本體域裡展開的。既如此，當緣起法在知體明覺之感潤裡而成爲其自己者，此緣起義或緣起相則化除了。此即是說，儒家是直接就知體明覺之感潤而言宇宙萬事萬物的，故不顯緣起義，而非如佛家就宇宙萬事萬物之生滅緣起而言斷緣成眞，即化除緣起而得永恆，此即是其化除執定相而成如如相一義，此即尤顯緣起義。就行爲事言，在知體明覺之感潤裡，皆是知體透過其而如如地朗現，故皆因其在其自己而成爲一道德意義的實事，即眞實者，而非是緣起者。此即是說，吾人之行爲事皆因知體明覺之感應良知天理之潤澤而顯其眞實意義而化除佛家之如幻義。正是在此一意義層面上，吾人言儒家所言之依天理而行事之理與事皆是實理實事也。此是眞實意義的體用思想。就外在物言，在知體明覺之感潤裡，物物皆直接地回歸於其自身而成爲其自己，故其自身即是一目的，而非是佛家義的如幻之假名法。既是一目的，則自是化除了其緣起義而成爲一具有眞實意義的外在物，此即是說，其因著知體明覺之感應良知天理之潤澤而顯其眞實意義而化除佛家之如幻義而成爲一實物。總之，無論是行爲事還是外在物皆在知體明覺之感潤裡而成爲其自己，此已超離了時空圍限，故亦無須知識概念的規定，既如此，則其自亦無有執定

---

228 《現象與物自身》，第444頁。

相，而單只是一如如相。此如如相是天理之流行，知體之著見，故雖已空掉了其執定相，然亦是具有眞實意義的實理實事。此即是說，此實理實事是在道德意義域裡被規定的被保有的。正是在此一意義層面上，吾人言儒家之無執的存有論具有鮮明的道德意義，或直接謂其是道德意義的無執的存有論。[229]

而正是此一義成就了儒家之無執的存有論之獨特性，而與佛道之無執的存有論明顯地相區分。

縷述至此，吾人始可知曉牟宗三依中國智慧傳統洞見到人在現實上是有限的而在意義上卻是無限的，依此一智慧洞見，其肯認吾人有一自由的無限心，故自由是可以透過作爲吾人主體機能之智的直覺如如地呈現出來的，而非是康德義的作爲設準的自由，此即是說，自由並非是理上當該如此的，而是可以透過實踐的修證工夫而達至者，故自由在中國智慧裡確是一修證而至的境界狀態。然如若依哲學系統而言，此則是成一道德的形上學，牟宗三名之曰無執的存有論。而此一在圓教系統裡而證成的存有論之理境在其究極處則依然是歸於此作爲修證境界義的自由處。

六、無執的存有論與實踐-修證美學

在《現象與物自身》一巨作裡，牟宗三明言此是他一生未曾一日廢學輟思而對平生之學思積累融會貫通後而來的妥貼之綜述或謂系統的陳述者。[230]此所謂系統的陳述，實即是牟宗三哲學思想系統成熟地完整地被證成。對自己已經成熟的完整的哲學思想之系統地陳述，當是採用演繹的方式鋪陳其思想闡釋其命題，此是從上面說下來[231]的思維進路。故牟宗三在此巨作裡首先直截了當地提出現象與物自身的區分及人的有限性問題是康德在第一批判裡的根本問題；其次表明自己持德行優位性（優先性）的理論立場；再次表明物之在其自己一概念的價值意味及人的無限性意義，並以此進至兩層存有論的提出；最後詳細地縝密地系統地闡釋了兩層存有論的系列問題，並依經據典表明無執的存有論在中國智慧裡的表現形態。從對哲學問題的處理層面言，牟宗三較之於康德有進一步的發展，單在此論域裡具體地言之，主

229　《現象與物自身》，第 446-447 頁。

230　《現象與物自身·序》，第 1 頁。

231　《現象與物自身·序》，第 5 頁。

要表現在如下幾個方面：一是確證物之在其自己一概念的價值特性。承前文，吾人疏解了牟宗三依中國智慧典籍而證立吾人確有智的直覺一義。緣智的直覺理論而來的則是物之在其自己理論。牟宗三既已肯認吾人確有智的直覺，那麼其對與之相應的物之在其自己的思考亦甚殊特。吾人既有智的直覺，那麼吾人之價值特性亦必定隨智的直覺之呈露而呈現出來。在此一意義層面上，吾人甚至可繼而言智的直覺因為吾人所秉有而具有價值意味。智的直覺如是，而與之相應的物之在其自己必定亦復如是。此即是說，智的直覺具有價值意味，那麼與之對應的物之在其自己亦具有價值意味。何以故？因物之在其自己惟有智的直覺可以知之故。吾人有智的直覺，而智的直覺能夠知曉物之在其自己，即吾人能夠知曉物之在其自己，故物之在其自己亦必定因為吾人透過智的直覺所知曉而具有價值意味。所謂物之在其自己，意指物物能夠回歸自性自在自為地顯露自己本來的樣子。然物物如何才能夠達至此一境界呢？在康德，依西方智慧傳統，此由上帝來安排完成。而在牟宗三，則依中國智慧傳統，此由吾人自己來安排完成。吾人又如何來安排完成？此即是吾人透過自身所本自具有的智的直覺來實現的。換言之，吾人在日常生活世界裡經由次第實踐-修證工夫而使其自由的無限心達至大而化之的境界，在此境界裡，宇宙萬物世間萬相虛空萬法皆被帶將進來而各歸自性自得其所自顯其性，即直接地回到其在其自己之狀態。具體地言之：在佛家智心的觀照裡，在道家道心的無化裡，在儒家良心的遍潤裡，宇宙萬物世間萬相虛空萬法終至各歸自性自得其所自顯其性，即直接地回到其在其自己之狀態。自此而觀之，此語境裡的物之在其自己皆顯出高度的價值意味。

　　二是洞見到人雖有限而可無限一真實諦。依西方智慧傳統，人與上帝是二元對分的，現象與物之在其自己亦是二元對分的。依此劃類的立場，康德亦規定人是有限的，單只能認識現象，而上帝才是無限的，不僅認識現象還認識物之在其自己，並是唯一能認識物之在其自己的主體。依中國智慧傳統，人能參贊化育而與天地上下同流，此即是說，人經由實踐-修證工夫而終可至天人一如之境界。在此境界裡，人與天地萬物皆是同體一如的，而非是二元對列的。依此合一的立場，牟宗三發現吾人透過實踐-修證工夫所達至的天人一如境界實已表明人具有無限性的意義。儘管在人身質料方面人確是有限的，然此並不妨礙人在本然的自性方面是無限的。具體

地言之，在佛家，經由般若智觀蕩相遣執發跡顯本之工夫而成佛陀，在道家，經由齋心坐忘無為無化之工夫而成天人，在儒家，經由修身修性盡心養氣之工夫而成聖人，此皆已表明人不僅自身具有無限性的意義，而且透過實踐-修證工夫而進至大而化之的境界，即佛陀天人聖人的境界，而直下成為一具有無限性意義的真實的存在。自此而觀之，無論是在生活世界域裡，還是在理論意義域裡，人是有限的而又確是無限的一義是一諦理。

　　三是體認並證成自由為一呈現。承前文，康德依西方智慧傳統將人與上帝，現象與物之在其自己二元對分，並將智的直覺一能力劃歸於具有無限性意義的上帝所有，而具有有限性意義的人則只能具有感知直覺的能力，故惟有上帝可以認知物之在其自己，而人則只能認知現象。然康德在其道德哲學裡因肯認道德實踐的自律性，而設定在道德實踐活動裡儘管必須遵循道德律令然亦是自由的。然此所謂自由單是理上當該如此，而非是在日常生活世界裡可以落實的，故謂自由是一設準。而牟宗三依中國智慧傳統肯認人與天地萬物宇宙萬相虛空萬法是和合一如的，故吾人確實具有智的直覺一主體機能，因而能夠透過實踐-修證工夫而達至大而化之的境界。在此境界裡，吾人的自由無限心透顯出來，即自由的無限心透過智的直覺反身地朗照自己而使自己如如地朗現出來。此即表示吾人心靈的自由及無限性意義確是一定的。吾人擁有智的直覺一主體機能是事實的，故自由的無限心透過智的直覺反身地朗照自己的活動亦是事實的，故自由的無限心在此一朗照活動裡如如地呈露其自身亦是事實的。故綜攝地言之，自由的無限心之朗現不僅是確然一定的，而且是具體活潑的。何以故？因自由的無限心透過智的直覺隨應機緣之感而朗現其自身的活動是活潑潑的故。

　　四是證立無執的存有論。承前文，牟宗三已經證成吾人確有智的直覺一主體機能，人是有限的亦是無限的，道德實踐裡的自由是一呈現而非是設準之三義。依此三義而向前進思則建構成一兩層存有論。牟宗三依儒家智慧之道德進路首先呈露道德實體（本體），並因著其無限性意義而開出存在界域。此一思路意在以道德為進路而對宇宙萬物予以一根源性的說明而成一道德的形上學。此是本體界域裡的形上學，故依此而成本體界域的存有論，而此又是依源於自由的無限心之呈露而來者，故亦名之曰無執的存有論。此是道德實體之向上講。而其亦可向下講，即道德實體

經由自我坎陷而從無執的無限心開出有執的認知心，而認知心與現象界域相關涉相對應，故依此開出現象界域的存有論，而又因認知心是有執的，故亦名之曰執的存有論。因所定論題之限，故在此論域裡單就無執的存有論展開相應之陳述。具體地言之，在佛家，天臺宗以一念無明法性心即具足三千世間一切淨穢諸法門一義給予三千世間一切諸法門一根源性的說明。此即是說，一念心迷，法性即無明，三千世間一切諸法門皆是穢惡法門；一念心悟，無明即法性，三千世間一切諸法門皆是清淨法門。自此而觀之，三千世間一切諸法門之淨穢乃根源於一念心之染者。在道家，宇宙萬物在道心無為無化之虛靜裡各自歸根覆命而在其自己。此是道家依無言有之特有的遮詮表述方式。此即表示宇宙萬物之有透過境界之無而獲得一根源性的說明。在儒家，吾人之道德仁心至誠至真，與天地同流，與日月同光而天人一如，故吾人在日常生活世界裡的道德實踐活動實即是大化流行，天理平鋪，宇宙萬物人間萬事皆在道德仁心遍潤滋養裡獲得一真實的意義而成為實物實事。依此而言，道德實踐與宇宙生化實是同體一如。此即是說宇宙萬物人間萬事在道德仁心之潤澤裡生生不已。自此而觀之，宇宙萬物人間萬事在道德仁心之實踐裡獲得一根源性的說明。此是牟宗三依佛道儒之典籍而言各自型態之無執的存有論之大端。

　　如上乃是牟宗三依止中國智慧典籍並在義理上消融康德哲學裡的基本問題而進一步致思所成之最主要者。牟宗三對自己此一步致思曾如是評說：「吾只能誦數古人已有之慧解，思索以通之，然而亦不期然而竟達至消融康德之境使之百尺竿頭再進一步。」[232]從對哲學基本問題的處理及其對哲學理境的體認與表述來看，牟宗三之自我評說是客觀妥貼的，儘管此一自我評說裡亦函蘊著一份殊特的自信氣象。

　　牟宗三較之於康德之進一步的思考是依據中國智慧展開的。此種中西智慧對觀對判的學術理路與學術成果具有殊特的學理意義。具體地言之，其大端有四：一是徹底完全地確立人的主體性意義。康德在西方智慧背景下確認人是有限的變化的存有，單只有感知直覺，故單只能認識現象界域裡的現象，而惟有上帝是無限的永恆的存有，並擁有智的直覺，故能夠認識本體界域裡的物之在其自己。雖然康德從我能知道什麼及我應當作什麼直到我可希望什麼而進行了一系列的圍繞著人的主體機

能（能力）的追問與深思，然卻因其囿於西方智慧傳統之限而並未有將人的主體性意義真正完全地挺立起來，即人因爲上帝所造而是有限的，儘管此亦在一定的程度上凸顯並表彰了人的主體性意義而扭轉了西方哲學自柏拉圖以降思考世界的客觀化思維方式而轉向主體性思維方向而確切地凸顯一翻轉式的革命意義。而牟宗三在中國智慧背景下則肯認人在生理質料方面是有限的而在精神意義方面則是無限的，故人確有智的直覺，因而亦確切地能夠知曉物之在其自己。依佛道儒智慧而分言：在佛家，人能夠透過去執斷念般若智觀之次第修證工夫而成爲佛陀；在道家，人能透過齋心坐忘無化無爲之次第修證工夫而成爲天人；在儒家，人能夠透過篤實至誠知行合一之道德實踐工夫而成爲聖人。佛陀天人聖人皆是人之在其自己，故能夠知曉宇宙萬物世間萬相虛空萬法之在其自己，並能夠令其各歸自性而在其自己。此即明示佛陀天人聖人切實地具有無限性意義。而依佛道儒之智慧，人透過實踐-修證工夫而可成爲佛陀天人聖人，故人亦因此而切實地具有無限性意義。此無限性意義因其是透過具體的真實的實踐-修證工夫而顯示出來的，故其亦是具體的真實的。當人的無限性意義在日常生活世界裡透過其實踐活動而呈現出來的時候，人的主體性意義才真正徹底完全地挺立起來。此即是說，在人的無限性意義在日常生活實踐活動裡呈現之際，人的主體性意義之徹上徹下直貫天地涵蓋乾坤的力量與意義才充分完整地顯示出來。

　　二是確切地給中國智慧一證立。中國智慧是人生境界的智慧，故牟宗三以《繫傳》上篇第十一章言蓍草之圓而神的特性來比喻中國的人生境界智慧。圓而神的人生境界智慧是透過次第的實踐-修證工夫而達至的，故缺乏邏輯論證的過程，誠然，此亦無須邏輯之論證。缺乏邏輯論證過程，則無有詳細分解的內容，故無法讓世人透過知識學習而確切地理解並信服。而此一個最可能最嚴重的後果則是陷入油腔滑調的輕浮狀態而徹底背離親證親爲的踏實狀態。而避免此一最可能最嚴重後果的出現之最有效的應對策略即是給予中國智慧以邏輯的架構與論證的過程而使其撐架開來以利於世人透過知識學習的形式瞭解與接受。牟宗三對中國智慧之殊特的勝處與憾處皆有真切地肯認，故其畢其一生之努力借鏡西方智慧尤其是康德哲學智慧給予中國智慧一邏輯證立而使其充分挺立起來以彰顯中國智慧之勝處乃確是真實的。康德關於現象與物之在其自己之區分，及佛家一心開二門之思想都深深地啓發牟宗三

以儒家智慧爲根本立場而開出執的存有論與無執的存有論之兩層存有論的哲學偉構，並以無執的存有論統攝執的存有論而成就道德的形上學。以中國智慧典籍爲依止，以康德哲學思想架構爲範型而成就的兩層存有論或道德的形上學則正是牟宗三邏輯地證立中國智慧之成果。

三是確實發展了康德哲學所關涉及的基本問題。康德哲學所關涉及的基本問題是：1，我能知道什麼？2，我應當作什麼？3，我可希望什麼？4，人是什麼？牟宗三則根據中國智慧尤其是儒家德行優位性智慧對如上問題予以了重構：⑴我應當作什麼？⑵我可希望什麼？⑶我能知道什麼？⒜我能以「識」識什麼？⒝我能以「智」知什麼？⑷人是什麼？康德依人與上帝的二元對分，而洞見到現象與物之在其自己亦是二元對分的，故進一步規定感知直覺與智的直覺之二元對分，再進一步則證知人是有限的變化的與上帝是無限的永恆的一結論。而牟宗三則依人與天地萬物世間萬相虛空萬法和合一如的智慧，表明人依照次第實踐-修證工夫而可成爲佛陀天人聖人，而洞見到人雖有限而實無限，故進一步確認人亦確有智的直覺一主體機能，再進一步則肯認物之在其自己具有顯明的價值意味。以此爲基，牟宗三以儒家智慧爲根本立場而成就執的存有論與無執的存有論之兩層存有論的哲學偉構，並以無執的存有論統攝執的存有論而成就道德的形上學。牟宗三如上對康德哲學所關涉及的基本問題所作的創闢性的闡發，是以中國智慧典籍爲依止，以中國智慧境界爲指向而展開的。故退一步言，如若牟宗三未以中國智慧爲根本，則不可能激發此一智慧之洞見並啓動此一智慧鋪陳之架構。

四是開啓實踐-修證美學的本體向度。中國智慧是人生實踐智慧，故從其中體貼出來的美學形態，吾人名之曰實踐-修證美學。依中國智慧，人依照次第實踐-修證工夫可以進至大而化之的圓融無礙境界，具體而言：在佛家，人透過去執斷念般若智觀而至即假即空之中道如如的無相境界；在道家，人透過齋心坐忘無爲無化而至自在自爲逍遙無待的自然境界；在儒家，人透過至眞至誠知行合一而至從心所欲不逾矩的德化境界。中國智慧的人生境界，無論是綜攝而言的大而化之、散開而言的無相境界、自然境界、德化境界，吾人從質性的層面名之曰自由。此一自由是大而化之的自由，即佛陀天人聖人的自由。而佛陀天人聖人自身即是最完滿最圓融的，故吾人以圓覺主體（聖人）名之。故佛陀天人聖人的自由綜攝地言之即是圓覺主體

（聖人）的自由。佛陀的自由是緣去除執念徹斷無明煩惱後而如來藏自性清淨心如如呈露而朗現者；天人的自由是緣無為無化返璞歸真後而道心如如呈露而朗現者；聖人的自由是緣道德實踐涵蓋乾坤後而仁心如如呈露而朗現者。如來藏自性清淨心、道心及仁心，牟宗三綜攝地名之曰自由的無限心。故圓覺主體（聖人）的自由是自由的無限心如如呈露而朗現者。自此而觀之，自由的無限心是圓覺主體（聖人）的自由之根源性原則。此即是說，圓覺主體（聖人）的自由之最後根源在自由的無限心處。作為境界義的圓覺主體（聖人）的自由之質性是圓融無礙的，故此一義的自由實是審美義的。因此，吾人以為圓覺主體（聖人）的自由是實踐-修證美學的根本性問題，而對此一問題之根源性說明，則開啓了實踐-修證美學的本體向度一義。

第三節　孟子與康德：德福如何一致

　　牟宗三在《圓善論》裡依佛家天臺圓教之獨特模式之啓發而直接正視康德哲學系統裡的最高問題即圓滿的善（圓善）之問題，並由此而與中國智慧傳統尤其是儒家智慧傳統相對判，故其直接從孟子之仁義內在義出發，經由陽明之良知教而至龍溪之四無句，而最後在義理上直接透至明道之一本及五峰之天理人欲同體異用之模式而極成儒家之圓教系統，以切實地解答康德依基督教智慧傳統而未能透徹解決的圓善問題，[233]而實現消融康德哲學理境並百尺竿頭再進一步之目標。[234]依中國智慧傳統，吾人經由實踐的修證工夫能夠達至最究竟圓滿的境界，依儒釋道三家而言，則是聖人佛陀天人的境界。在此等圓融無礙之境界裡，福德智慧皆圓滿具足而如如一也而無有偏滯。就哲學問題言，此自然可視作是對哲學系統裡的最高問題即圓善問題之妥貼地解答；就美學問題言，此圓融無礙之境界，吾人在言詮上具體地名之曰自由，而此一自由狀態亦自然可視作審美狀態的極致。

233　關於牟宗三之圓善論思想，楊祖漢就牟宗三如何解決康德未決之圓善問題著有一專文表之。參楊祖漢：《當代儒學思辨錄》，臺北：鵝湖出版社，民87，第151-159頁。

234　牟宗三謂：「吾只能誦數古人已有之慧解，思索以通之，然而亦不期然而竟達至消融康德之境使之百尺竿頭再進一步。」《圓善論·序》，第xiv頁。

一、生之謂性

生之謂性是告子理解性的一個標準，故亦是其言性的一個原則。告子言性是孟子在告子篇言仁義內在義帶出來的，其基本內容主要表現在三個方面：一是告子以杞柳爲喻言性，[235]即把性視之爲仁義生成的材料，故是中性意義的，即無有善惡之區分，而無論善還是惡皆是吾人後天所造成的，因而，緣此而成的仁義亦是吾人後天所造成的，故仁義是外於人性的，而人性亦是外於吾人的。[236]二是告子以湍水爲喻言性，[237]告子於此處正式表明吾人之本性單只是中性意義的，此一義亦是緊承前一義而來的，[238]此即是說，其既已將性視之爲材料，故必定引申出此中性義來，無有違逆。[239]三是告子以前二例爲基礎而提出其言性的原則，即生之謂性一義。[240]告子於此處正式宣示其理解性的標準或謂言性的原則，即生之謂性。然此生之謂性究何謂？所謂生之謂性，指的是一個體在其存在時所本已具有的種種特性。此亦是性者生也之古義所函蘊者。既如此，吾人當認可此是其依之理解性言說性的一個基本原則，即理解或言說一個體在其存在時所本已具有的種種自然特性的基本原則。此亦表明此一原則所函蓋的範圍是自然特性所及的範圍，即必須落實在自然特性上依此而抒發出者。[241]進一步而言，生之謂性所謂的自然特性是吾人生來就直接本自具有的，即是生物學意義上的本自具有。故吾人知曉此生來就直接本自具有一義是以生的自然意義即生物學意義來規定的。[242]自此而觀，告子言性之大體規模如此：首先以杞柳爲喻言性之材料義，以湍水爲喻言性之中性義，以食色爲喻言性之自然義，其次綜攝以上諸義而言生之謂性之原則，即吾人之本性即是吾人之自然性，意

---

235 告子曰：「性，猶杞柳也；義，猶桮棬也。以人性爲仁義，猶以杞柳爲桮棬。」《孟子譯注》，第 253 頁；《圓善論》，第 1 頁。

236 《圓善論》，第 2 頁。

237 告子曰：「性猶湍水也，決諸東方則東流，決諸西方則西流。人性之無分於善不善也，猶水之無分於東西也。」《孟子譯注》，第 254 頁；《圓善論》，第 3 頁。

238 《圓善論》，第 3 頁。

239 《圓善論》，第 4 頁。

240 《孟子譯注》，第 254 頁；《圓善論》，第 4 頁。

241 《圓善論》，第 5 頁。

242 《圓善論》，第 5-6 頁。

即是吾人生來就直接地本自具有的種種自然屬性，故仁義是外在的，由吾人在後天裡創造出來的，因吾人之本性亦是外在的故。[243]如此從生理學意義域來言吾人之本性，此一路數是孟子所明確反對的。所以者何？因如此之思考並未有將吾人與動物在根本上區分開來故。生之謂性一原則所表示出來的生來就本自具有的種種自然特性，從最低層次的生物本能意義的動物性至稍微高一點的氣性才性，皆是自然意義上的生來如此的實然者。不單如此，而且即使是吾人之知性理性發揮作用，其實際上亦是一種自然的知解活動。何以故？因知性運動還單是隨物而轉的識別活動，理性運動還單是諸心理學意義的心意機能隨物而轉的推算計較活動故。故無論是生物本能意義的動物性還是顯文化意義的氣性才性或是知性理性，皆是緣生之謂性一原則而現的自然之質，即是自然意義域裡的種種特性。如此而言的性則成為了一事實概念，故宇宙生物皆以類為限而相互區分，即生物群落之間的區分是類別性的，如犬與牛與羊與人等等在類別的區分，進一步而言，此亦是表明如此而言的性是一個類概念，如若再進而提升之，則成為了知識概念。諸如此類的內容，是吾人透過經驗積累而得者。此緣經驗積累而來的知識概念亦表明其在經驗事實層面上是一律平等的，並無有價值上的差別與區分。而孟子則正是針對此一思路而積極主張當應從價值意義域裡來理解把握吾人之本性，即真切地確立吾人之本性在價值層面上的意義，以真正地使其與犬牛羊等類別生物相區分。此諸智慧要義，孟子已確實洞見到了，並在與告子的對辯過程裡暗示出來了。雖如此，然孟子並未有正式地詳贍地言說出來。[244]

二、義理之性

　　孟子不單主張仁義內在，還主張吾人之本性是定善的。此是孟子的又一洞見。此一義是緣公都子引告子言性之諸義對孟子的詰難而引出來的。[245]公都子引告子言

243　《圓善論》，第15頁。

244　《圓善論》，第9-10頁。

245　公都子曰：「告子曰：『性無善無不善也。』或曰：『性可以為善，可以為不善；是故文武興，則民好善；幽厲興，則民好暴。』或曰：『有性善，有性不善；是故以堯為君而有象，

性之三義，此亦是當時流行之三義，問難孟子何以言性必善。告子言性之大端有三：一是緣性之材料義而引申出來的中性義，故有吾人之本性無所謂善不善，此所謂性無善無不善也；二是依外在的社會環境與時尚風向的影響而來的外在決定義，故有吾人之本性既可以傾向於善，亦可以傾向於不善，此所謂性可以爲善，可以爲不善也；三是依生活世界裡的現象或然性而來的不定義，故有吾人之本性在有些人是生來本自是善良的，在有些人生來本自是邪惡的，此所謂有性善，有性不善也。自此而觀之，公都子例舉告子言性之三義皆意在表示吾人之本性並不是一定能純善的，而是多種可能並存的。[246]其實際上，公都子所例舉的此三義皆是依生之謂性一原則而言說的。不單如此，而且荀子所謂性惡一義，即吾人之生物本能意義的欲望如飲食男女一欲自身本無所謂善不善，然如若不注意節制，則必定流於不善甚至邪惡，即與前面之言性善之中性義與外在義是相通的；並且後來的揚雄所抒發的性之善惡混合義亦與此生之謂性原則是相通的。故此諸義皆是依生之謂性一原則而發者。何以故？因此一原則所謂之性乃是自然意義域裡的性故。此意義域裡的性之最低層次是動物性如飲食男女，稍高一層次是所謂氣性即氣質之性，再上一層次則是才性即才情之性，此是散開地言者。如若綜攝地言之，此諸義皆歸屬於氣也。[247]在孟子看來，如此之言性及善不善之思路是不能確立起道德法則的，而且還決不能彰顯人之道德性並因此而與犬牛等類動物在價值上相區分。何以故？因依生之謂性一原則只能言個體在存在時生來就本自具有的自然意義的種種屬性故。既如此，孟子言性則直接地就吾人之內在的道德性一面而言，依此進而言善不善，則自能知曉吾人之本性必是定善。此即是孟子言性及善不善之智慧洞見。[248]

以瞽瞍爲父而有舜；以紂爲兄之子且以爲君，而有微子啟、王子比干。』今曰『性善』，然則彼皆非與？」《孟子譯注》，第 258-259 頁；《圓善論》，第 20 頁。

246 《圓善論》，第 20 頁。

247 《圓善論》，第 20-21 頁。

248 《圓善論》，第 21 頁。

　　需要追問的是孟子對告子依性者生也之古訓而來的生之謂性一義的批評與超越是否有充分堅實的智慧憑藉者？[249]答曰：的確有。此智慧憑藉者是什麼？此即是孔子所發明的仁。故孟子所秉持的仁義內在及吾人本性定善之洞見是緣孔子所立之仁教而來者。然關於人性討論與思考的方向至孟子始生突變，即從此前的感性層實然層而直接躍至超越層當然層。如此之從自然意義域言性及其善不善而直接地進至從超越意義域言性及其定善之轉進確是一別開生面地創闢性的突變，故其意義深遠矣。[250]

　　孟子針對公都子的詰難則以由四端之心而言仁義內在及性之定善之正面立論的方式回應之。[251]孟子在此正面回應之文裡分兩步立論：一是就人之能成為人，依康德即是一切理性存有之能成為理性存有的真實根據（實情）而言吾人確實具有可以為善的能力而為善，此所謂可以為善矣。此是從吾人具有為善的優良才能（良能之才）一層面將吾人之本性定善之義烘托出來；二是直接地具體地從吾人本自具有的仁義理智此四端之心而言吾人具有為善的優良才能的根源何在。此是從吾人為善之根源處直接地明示吾人之本性確是定善的。[252]孟子此一段文裡最重要亦最難解的一個問題是情與才二字究何謂，並當該從何處言才是孟子之本來義？此情與才二字皆當該從仁義之心處言，而非是脫離此仁義之心而歧出，即將其視之為一獨立的知識類的概念。此情字源於乃若其情一語。此乃若語在古典語文裡是發語詞而無有實義，

249　關於孟子透過其與告子等的談辯以明道立道的語言範式語言風格及其哲學意義的深度研究者，王慧茹著一專書表之。參王慧茹：《孟子「談辯語言」的哲學省察》，臺北：萬卷樓圖書公司，2006。

250　《圓善論》，第 22 頁。

251　孟子曰：「乃若其情，則可以為善矣，乃所謂善也。若夫為不善，非才之罪也。惻隱之心，人皆有之；羞惡之心，人皆有之；恭敬之心，人皆有之；是非之心，人皆有之。惻隱之心，仁也；羞惡之心，義也；恭敬之心，禮也；是非之心，智也。仁義禮智，非由外鑠我也，我固有之也，弗思耳矣。故曰：『求則得之，舍則失之。』或相倍蓰而無算者，不能盡其才者也。《詩》曰：『天生蒸民，有物有則。民之秉夷，好是懿德。』孔子曰：『為此詩者，其知道乎！故有物必有則，民之秉夷也，故好是懿德。』」《孟子譯注》，第 259 頁；《圓善論》，第 22 頁。

252　《圓善論》，第 22-23 頁。

此其字當該指謂人，而情字則是真實根據義，牟宗三所謂實情義，故其情一語表示
人之能成為人之實情（真實根據）。而此人之能成為人的真實根據必定是指向人之
可以為善一義而發的。而既言人具有可以切實為善的充分力量，此所謂良能是也，
而與此相應的則是才字之引出。故綜攝地言之，即是良能之才義。綜攝此二義，即
人之能成為人的真實根據及其具有切實為善的充分力量，即可將吾人之本性定善義
顯示出來。由此而觀之，吾人始可知曉此性善之性亦是吾人本自具有的性能。然須
要說明的是，此語境裡的本自具有義與生之謂性之本自具有義是相區分的：前者是
就人之能成為人之真實根據而在超越的意義域裡純義理地言之，而其具體之表現即
是仁義理智此四端之心，而此心是超越意義域裡具有普遍性的道德本心，故此語境
裡的性是定然層超越層的性；後者是就生來就是如此的自然意義而言之者，故單就
性言，是實然層感性層的性。既然性善之性是依仁義理智此四端之心而言的，而展
示此心此性的由才字而顯示出來的充分力量亦即是依仁義理智此四端之心而言的，
故是可以使吾人為善的良能或謂良能之才。而此語境裡的才字與生之謂性語境裡的
才字亦是相區分的。依生之謂性一原則而來的是才性義的才，而才性是氣性的一種
表現，故此才能在吾人並不具有普遍性與必然性。而良能之才因是依具有超越意義
的四端之心而來者，故在吾人則是具有普遍性與必然性的，此即是說，因人之能成
為人的真實根據之普遍性與必然性，故吾人皆本自具有的道德本心，既如此，吾人
皆本自具有實踐此道德本心的良能或良能之才。[253]

　　或許有人根據生活世界裡的諸現象會追問：既然吾人皆本自具有的道德本心，
並吾人皆本自具有實踐此道德本心的良能或良能之才，而為什麼在吾人生活世界裡
並非是人人皆盡此才，意即有人不行善之現象。吾人可如此答之：在吾人生活世界
裡確實有不行善即不實踐仁義理智此四端之心的生活現象存在。然此一現象發生的
關鍵因素是其放失或謂流放了其自己本自具有的仁義理智此四端之心而至者，既如
此，此當然非是其良能或良能之才自身的過錯，意即吾人之良能或良能之才自身是

253　《圓善論》，第 23-24 頁。

本自具足的，無有任何絲毫虛欠處，而單只是吾人自己未有好好地充分地將此才能展露出來罷了，此即是孟子所謂相倍蓰而無算者不能盡其才者也。[254]

　　孟子沿著如上智慧洞見進一步提出了所欲所樂所性及其關係的問題：「廣土衆民，君子欲之，所樂不存焉。中天下而立，定四海之民，君子樂之，所性不存焉。君子所性，雖大行不加焉，雖窮居不損焉，分定故也。君子所性，仁義禮智根於心。其生色也，睟然見於面，盎於背，施於四體，四體不言而喻。」[255]在此一文段裡，孟子主要明示了三個問題：一是所樂與所欲是相區分的；二是所性與所樂所欲是相區分的；三是緣君子所性而來的理想的德性人格之典範何所是。依孟子所言問題之次第，吾人可以知曉所欲所樂所性是一個層層升進的價值階梯：所欲是最低層次的，進至所性則是最高層次的，即是一切價值的標準。何以故？因其自身具有絕對性意義故。自此而觀之，所欲所樂皆是價值階梯裡由低至高的層級，故是有條件的相對價值，而惟有所性是價值階梯分層的標準，故是無條件的絕對價值。[256]此是總持地言之。現在次第散開地言之：就所樂與所欲之區分言，所欲之欲是最低層級的感性域裡的事，此如榮華富貴，權力等等之類事。作爲社會裡的個體人之追求本是無有什麼可非議的，然如若單只是如此，從長遠來看，此是不可取的。何以故？因此欲之行爲則無有道德域裡的價值意義，而單只是爲了滿足個體之私有的感性欲望而已故。此即是說，此種欲之行爲單只利一己之私而無利衆生之公。既如此，君子雖可如君王一般追求擁有廣袤的土地與衆多的臣民，然卻並不以滿足此欲爲快樂。孟子在此處提出所樂一概念，即表明其所言之樂必定具有高於前此單只是利一己之私者，故絕非單只是以滿足個體私有的感性欲望爲樂。然所樂者何？既然此種無有道德意義的單只是爲己所欲並非是樂，那麼擁有道德意義的利益衆生的功德則是讓人快樂的，此即是說，所樂者當是樂具有價值意義的利衆生之公的道德行爲也。故居正位之君子能夠使其天下的臣民安居樂業各得其所而歸之以安定四海者便是一種大功德。所以者何？因其利益衆生而顯道德意義故。此即是說，追求擁有廣

254　《圓善論》，第 24 頁。

255　《孟子譯注》，第 309 頁；《圓善論》，第 159 頁。

256　《圓善論》，第 160 頁。

表的土地與眾多的臣民必須以利益此土地上的臣民爲目的才可以與之言樂也。何以故？因其體現一種道德域裡的價值故。[257]

就所性與所樂之區分言，所樂者是人人皆所嚮往者，然卻不是人人都能夠得到的或實現的。何以故？因所樂者非是吾人本性本分裡所必然含有者，而是在樂之主體之外的事項，完全依靠命運的安排故。吾人本性本分裡所必然含有者則是在吾人本心之內的事項，故追求之即可得到，放失之即可失去。而君子所性即所以之爲吾人之性者則是在吾人本心處所可求得者建立者。既如此，君子所以之爲其性者即顯其必然性，而與其是否得志無有什麼直接必然的關聯。此即是說，對君子而言，即使其時時處處皆順心適意而得志得意，亦不能對其所以之爲其性者有任何絲毫的增加；亦即使其時時處處皆無法施展抱負而不得志失意，亦不能對其所以之爲其性者有任何絲毫的減損。何以故？因其所以之爲其性者乃是其本性本分所使之然者故。此即是說，吾人的本性本分規定吾人只能依從道德律令而行，此是定然的，而無有其它任何偶然的可能性。然其所以之爲其性者究何謂？所謂所以之爲其性者，即是根源於吾人道德本心的仁義理智，亦可直接地謂仁義理智之本心，簡言之即道德本心。當吾人依此道德本心而行者即是實踐仁義理智之行。故吾人在生活世界裡如是依此而行而絲毫不計較計算逆順窮達之境時，具有絕對價值意義的德性人格在吾人處即充分地透體地挺立起來並呈現出來了。此亦表明吾人在生活世界裡的逆順窮達之境對於吾人之具有絕對意義的德性人格無有任何絲毫地增加與減損。自此而觀之，吾人始可知曉所性與所樂之根本區分何所在了。[258]

就緣君子所性而來的理想的德性人格之典範言，吾人之道德本心不單只是理上當該如此，而且亦透過吾人在生活世界裡的道德實踐而具體地體現出來，此即是說，緣道德本心而來的仁義理智是可以透過具體的生活實踐而展露出來的。正是在此一意義層面上，吾人言此道德本心即是一具體的眞實的活潑潑的生命，而非單只是一抽象意義的理上當該如此。此語境裡的具體眞實即是近溪所謂在吾人之抬頭舉目啓

257　《圓善論》，第 160-161 頁。

258　《圓善論》，第 161-162 頁。

口容聲的音容笑貌行為舉止之具體的日常生活處活潑潑地顯著地展露出來，[259]此亦即是孟子此處所謂生色，即發露於己之身體也，具體地言之，即是根源於道德本心而來的仁義理智清純溫潤地發露於吾人自己之容貌神態上，充盈於吾人自己的脊背上，彰著於吾人自己之四肢百體上，然四肢百體雖不會言語，吾人亦自能知曉明白四肢百體及容貌神態皆是根源於道德本心而來的仁義理智之自然流露，而根源於道德本心而來的仁義理智亦自然地透過吾人之四肢百體及容貌神態來展露之。所以者何？因由仁義理智所充實的道德本心自身即是一活潑潑地真實的德性生命，而此德性生命自身本自具足遍潤充實發露於具體鮮活的生活實踐處之於穆不已的力量。[260]君子所性者具體地展露於生活世界裡的日常生活實踐處，即成就如此理想而完美的德性人格之型範。[261]

自此而觀之，所性與所樂及所欲是有著根本性之區分的。所性具有無條件的必然性意義，是吾人之絕對意義的價值域，故是衡量吾人在生活世界裡的生活行為的價值標準，並且依此而行即可讓吾人成就具有絕對價值意義的道德人格；而所樂及所欲皆是向外攝取，故非是吾人所能掌控的，因而，無論得之還是不得之皆是命中註定的，故其讓吾人所成就的則是無有恆常性意義而變化無常的欲望。[262]

孟子在釐清了所欲所樂所性之分際後，繼而以所樂之基本的三樂為典型內容探討其與所性的關係，並進一步引申出德福一致之圓善問題。

所謂君子之三樂，孟子是如是地言之者：「君子有三樂，而王天下不與存焉。父母俱存，兄弟無故，一樂也。仰不愧於天，俯不怍於人，二樂也。得天下英才而教育之，三樂也。君子有三樂，而王天下不與存焉。」[263]孟子所謂此三樂是君子最為重視者並尤為珍貴之。所以者何？因此三樂是君子所樂之最基本者故。具體地言之，第一樂之父母健在兄弟無故是天倫義的；第二樂之仰俯不愧怍於天人是修身義

259　《盱壇直詮》卷下；《圓善論》，第162頁。

260　《圓善論》，第162頁。

261　《圓善論》，第162頁。

262　《圓善論》，第162-163頁。

263　《孟子譯注》，第309頁；《圓善論》，第163-164頁。

的；第三樂之獲得並教育天下英才是文化義的。[264]自此而觀之，第一樂之天倫義是孝親人倫域裡的事項，此關涉到家庭是否和睦健康；第二樂之修身義是個體生命修養域裡的事項，此關涉到個體能否頂天立地地挺立起來；第三樂之文化義是社會域裡的事項，此關涉到社會是否正常祥和。故以第二樂之修身義為基點向內而有第一樂之天倫義，向外而有第三樂之文化義，如此地內外和合而可成為一個有機關聯的整體。既如此，此三樂當然是最根本而又是最完整的，故吾人當該特別地重視之培育之。

承上文，所欲所樂皆是對外有所依待的，即是有條件的，故在嚴格意義上此還單只是幸福原則下的事項，富貴榮華等等之類的事項皆是幸福原則下的事。[265]而此三樂亦是所樂域裡最基本的事項，故其亦仍然是屬於幸福原則下的事項，而非是所性域裡的事項。就第一樂言，父母兄弟是屬於天倫域裡的事項，而且是親情域裡之最根本的事項，故如若能得此根本而無有遺憾，此當然是最快樂的一件事。然而此能否得到卻非是吾人自己所能左右的，此所謂得與不得皆有命存焉，既如此，故此天倫之樂當是幸福原則下的事項。[266]

就第三樂言，得教天下之英才自是一件樂事。集天下英才而化育之，以使其對社會有所擔當，無論是立德立功還是立言，皆可彰顯生命之積極意義以立人世間之精神價值而實現參贊天地化育萬物之德用。然一個人才與不才是有命存焉，既如此，則英才與否更是有命存焉。而且即使才或英才有了，吾人能否遇而得之並得而教之亦是有命存焉。此即是說，此是一種因緣際會，如若因緣具足，得可實現，如若因緣不具足，可能連遇之都不能實現，或者即使遇之亦不能得之，或者即使得之亦不能教之。所以者何？因在根本上此是一種生命之相契合與不相契合。當然，相契合者是一種幸福快樂，不相契合者則不是一種幸福快樂。故常言道人得一知己足矣，此所謂知己是一種心知矣，即心與心相契合而知曉矣，故能相互理解相互支持相互

264　《圓善論》，第 164 頁。

265　《圓善論》，第 163 頁。

266　《圓善論》，第 164 頁。

勉勵而進德成才。此乃人生之樂之極至矣，然其卻是得之有命矣。牟宗三將此一樂名之曰師友之樂。既已言其是得之有命，故亦是幸福原則下的事項矣。[267]

　　就第二樂言，修身之樂較爲殊特，故須特地放在次第之最後言之以顯其特別。所謂修身，即是依順吾人之本性本分所發佈的道德律令而行者。故修身則旨在成其德也。而成德是己身分內事，爲什麼又將其歸於幸福原則下呢？此處的義理較爲微妙，當疏解之。既然成德是己身分內事，故追求之即可得到，而捨棄之即可失去。然此是原則地言之，即是總持義。而在追求之以得到的過程裡，吾人是一步一步地一點一點地獲得的，此即是說，吾人之獲得在程度上是有多寡之分的，故此是具體地言之，即是具體義。而在此追求之以獲得的過程裡，吾人是否能夠眞正地做到無有一絲一毫之愧怍？正是在此一意義處，吾人見出此得不得或得之多與少者亦是有命存焉。既如此，吾人如若未有修證之聖人境界，則皆不能斷言其無有一絲一毫之愧怍也。然而，雖未有修證至聖人境界，但在向聖人境界而修的有限過程裡，如若能夠做到心安理得，便可謂其對於天人無有愧怍也。故在此有限的生命裡能夠擁有一時之無有愧怍實乃是人生之最大的幸福與最極至的快樂。然在向聖人境界而修的過程裡，無論是吾人之主觀因素還是其外在之客觀因素，皆可致使其隨時隨處有所愧怍，但吾人畢竟在一時可以無有愧怍。何以故？因其意志之堅定故。然其意志爲何能夠如此堅定？此是因爲：在主觀方面，其在過去世裡種有大善根，在客觀方面，亦有令其感到順遂適意之諸多外在條件成爲良善之助緣而使其有如此堅定的意志而能夠成一時之無愧怍。而在此時此刻，無愧怍對吾人而言，則是一種幸福快樂。自此而觀之，此可謂有德性潤澤的地方即有幸福展露。故此幸福實是成就德性過程裡的主觀心境，一種圓滿自得自足的心境。此種心境則是幸福的快樂的。正是在此一意義層面上，君子才特別重視並尤爲珍惜此無愧怍之樂。此亦即是說，如若吾人一旦有所愧怍，則其良心必定不安，此則減損了其價值意義的人格形象，在此種情況下，即使是身貴爲天子皇帝君主國王，亦是無有意義的。既如此，在生活世界

267　《圓善論》，第 166 頁。

裡，對於有限性的現實人生過程，吾人必須重視並珍惜此種意義的快樂，創造並傳播此種意義的幸福。何以故？因惟有如此才能立人世間之精神價值以尊人道。[268]

承上文，言所性者則意在成就道德，故所性與德性之關係是分析的必然的，而言所樂者（三樂）則意在獲得幸福，故所性與幸福之關係是綜和的必然的。既如此，則吾人不能以前者之分析替代後者之綜和，此即是說，吾人不能因成德是己身分內事，便以爲只要專注於修證成德一事（所性）即可，而無須再追求那外在的無有恆常性的幸福（所樂）；亦不能以後者之綜和替代前者之分析，此即是說，吾人亦不能因追求幸福（所樂）必須以成德（所性）爲根本條件，便以爲所樂者即是所性者。故自此而觀之，吾人始可知曉所性與所樂之關係是一綜和的必然之關係。[269]此語境裡的綜和之必然，意謂所性之存在並不須依待於所欲所樂者之有無，而所欲所樂卻必須以所性爲根本條件，然此亦並非表示所欲所樂對於現實人生不重要甚至不需要。[270]

然所樂及所欲爲何對現實人生是必要的？承上文，所樂及所欲是歸屬於幸福原則下的事項，而幸福又是關涉及存在尤其是個體存在的事項，故吾人在生活世界裡必定要求幸福諸事項。然又當該如何言說此必要？具體地言之：首先就個體存在而言，吾人作爲一個體生命存在於此人世間，即一般而言的今生今世之謂也，而吾人的生命來之不易，故理應保全之並使其暢達順遂。此即是說，吾人應該尊重保全其珍貴的生命，而非是傷害之甚或毀壞之。而尊重保全生命亦是需要各種條件具足才能完滿地實現之。此即是說，尊重保全生命是有所依待的，故能夠得而依之以尊重保全其生命，此則是幸福快樂的，而不能得而依之以尊重保全其生命，此則是不幸福快樂的。自此而觀之，此所謂幸福，即是依待諸條件而尊重保全其生命並使之暢達順遂之義。[271]吾人須要知曉的是此語境裡的幸福是與吾人之現實生命相關聯著而言之的，即由保全生命之必要而關聯地言及要求幸福之必要。

268　《圓善論》，第 164-165 頁。

269　《圓善論》，第 168 頁。

270　《圓善論》，第 163 頁。

271　《圓善論》，第 169 頁。

　　其次就社會存在而言，亦是需要透過幸福來保障其穩定與健康發展。此幸福是事關全體社會存在之事項，故是公共性的，而與單只是事關個體存在之私有性是相區分的。此一公共性的幸福是可以透過王天下來實現的，即從政治上使社會全體人民安居樂業而讓社會在整體上暢達順遂，即穩定與健康發展。此一積極的效用是可以透過王天下來實現的，故王天下亦是屬於可樂域裡的事項，即歸屬於幸福原則下的事項。如是地理解王天下，則此不單單是天子皇帝君主國王個體存在之幸福，而且亦是社會存在整體之幸福。此即是說，如此義的王天下就不單只是王者自己尊榮之私有性的事項，更應該是社會全體存在幸福之公共性的事項。而且，王天下亦只有是如此地王天下才是有積極意義的，即福蔭於社會全體存在矣。正是在此一意義層面上，君子才會樂之，即才是所樂域裡的事項。[272]

　　自此而綜攝地觀之，只要有存在，無論是個體存在還是社會存在，則必定要求有幸福隨之。而存在是有獨立意義的，即是不可化除的，故其要求之幸福亦是有獨立意義的，即是不可化除的。然吾人作為一存在是很殊特的，即既有實然之存在義，亦有當然之理性義，故吾人是一殊特的理性存在。承上文，所樂之幸福是屬於實然的感性域裡的事項，而所性之道德是屬於當然的理性域裡的事項，故道德亦有其獨立的不可化除的意義。就吾人而言，或依康德就一切理性存有而言，此所性之道德不但有獨立的意義，而且還是吾人生活世界裡一切價值之根本標準。此即是說，存在，無論是個體存在還是社會存在，以及其所要求的幸福確實是很重要的很必要的，然其必須以道德為依本。[273]

　　承上文，所樂之幸福與所性之道德二者皆是不可化除的，故必須將其恰切地關聯起來。然就如何關聯？此語境裡的關聯是隸屬地本末之關聯，而非是對立地並列之關聯。而此語境裡的本末則是就人之價值意義而言的，即上提至超越意義域的精神層面而言之，而非是就時間先後順序而言的，即下墜至實然意義域的感性層面而

272　《圓善論》，第 169 頁。

273　《圓善論》，第 170 頁。

言之。透過本末一語將人之精神價值意義透顯出來，即是表明所樂之幸福必須以所性之道德爲根本條件，而萬不可顛倒之。[274]

三、純德之善與圓滿的善

承上文，道德與幸福是本末關係，具體到現實人生而言，此本末關係則是綜和的，而非是分析的。此即是說，道德雖是根本，然有德者卻並不必定有福，並且，反之亦然。故兩者之關係並非是經由分析其中一個而邏輯地獲得另外一個。然而此兩者在現實人生上皆是被肯定的，儘管在某一時此二者不能同時必得，吾人卻仍是希望此二者能同時必得是最理想的。此二者之必然地綜和關係，康德以最高善名之。此最高一語有二義：一是究極義，一是圓滿義，而在此語境裡當取圓滿義。故此所謂最高善當意譯爲圓善爲切當。所以者何？因此善是整全而圓滿的故。[275]此語境裡的整全而圓滿指的是圓善還函蘊所應該需要的幸福一義。此函蘊所應該需要的幸福，不單只是從個人現實人生之需要來保有之，而且在無有偏滯的理性層面上言，幸福亦是必須的。所以者何？因無有偏滯的理性皆平等地將每一個人視爲一在其自己之目的故。[276]然康德究是如何思考圓善問題的？此則是後文之基本內容。

吾人道德之目標是善，而善由道德行動而發，然道德行動依善的意志而發。[277]此語境裡的目標，在康德則是以對象代之。故此可謂，道德域裡的對象是善與惡，而善是吾人所喜好者，惡是吾人所厭惡者，此所謂好善惡惡是也。進一步在義理上向上提之而可謂，實踐理性的對象是善與惡，而善是吾人依照一理性原則而必然地所渴望或所意欲者，惡是吾人依照一理性原則而必然地所厭惡或所避開者。[278]既如此，實踐理性的對象必定關涉及爲吾人之意志所決定的道德行動。而道德行動必定會帶來一定的結果，而此結果即是實踐理性的對象。而意志決定道德行動的方式與

274　《圓善論》，第 172 頁。

275　《圓善論》，第 172 頁。

276　《圓善論》，第 174 頁。

277　《圓善論》，第 177 頁。

278　《圓善論》，第 177 頁。

路徑在其大端上有二：一是依實踐對象而來的憑空地以實踐對象為吾人渴望的決定原則；二是依實踐法則而來的以法則為吾人道德行動的決定原則。[279]

具體地就道德法則決定道德行動言，此所謂道德行動即是指遵循道德法則去實踐某一件事。而此某一件事即是純粹實踐理性的對象。而此某一件事，在康德亦謂其為一物。綜攝地言之，此一物，此一事，牟宗三在現象與物自身裡則名之曰行為物，此可參閱前文而知之。而此種行為物則純粹是緣吾人之內在的仁心而來者，故是一種內在的決定。此以道德法則為首出，則說明了道德行動的可能性或行動之道德性是可能的一問題。[280]

就實踐對象決定道德行動言，此則是以外在的實踐對象為思考的出發點。此語境裡的對象既可是自然物，亦可是依此自然物而引發的自然事件。吾人的感性欲望為此自然物或自然事件所引發，並進而成為一種行動去追逐之。吾人之依感性欲望而成的行動對自然物或自然事件的追逐之，當然亦可以視之為行為物，然此行為物卻是依待外在的自然物或自然事件而成者，故是外在的，此非是吾人所能自己作主者，故此可謂是求之在外者也。既如此，作為實踐理性之對象的所好之善與所惡之惡則因無有確定的標準而無法確切地規定之。儘管如此，然其亦必定尋求一標準來規定之，否則無法言說。此標準則是吾人之苦與樂。此即是說，所謂善即是能夠帶來快樂者，所謂惡即是能夠帶來痛苦者。然此苦與樂之感受是純粹主觀的，故是無有定準的。既如此，吾人之道德行動的可能性則無有了。此是一義。退一步而言，即使以純粹理性所許可的存有論的圓滿來規定善，亦依然是以實踐對象為思維之出發點的，故仍然不能保住吾人道德行動的可能性。何以故？因以存有論的圓滿來規定善而言道德因其是空洞的不定的而成為他律道德故。此又是一義。康德還從神的意志之絕對圓滿來規定善而言道德，此仍然是以實踐對象為思維的出發點而滑入他律道德，並因其陷入循環證明之境裡，而直接地與道德相對反。此又是一義。[281]自此而觀之，只要是以外在的實踐對象為首出，無論是最低層次的以吾人之苦與樂為

279　《圓善論》，第 178 頁。

280　《圓善論》，第 180 頁。

281　《圓善論》，第 180-181 頁。

標準，還是較高層次的以存有論的圓滿爲標準，或是最高層次的以神的意志之絕對圓滿爲標準，統統都是他律道德，都不可能眞正地確立道德原則，即自律原則。惟有決定吾人道德行動的道德原則才是眞正的道德原則，而此則必須以道德法則爲思維的出發點，故緣此而來的道德行動及其所具體表現出來的善與惡者，皆有一確切的判准以判之。具體地言之，凡是循無條件的道德律令而來的道德行動即是善的行動，而凡是違背無條件的道德律令而行者即是惡的行動。由此而觀之，吾人始可知曉善實際上爲自律的道德法則所規定，而非是爲外面的對象所規定者。在牟宗三看來，康德在西方學術歷史上的此一步對反性的扭轉亦是一哥白尼式的革命。[282]

依牟宗三，康德的此種扭轉則正切合孟子之義理，而其二者之思維路數則有別。就康德言，其是從吾人之義務分析切入，進一步而開出道德法則，無條件的道德命令，並直接達至意志之自由自律而成就其道德哲學。就孟子言，其是從仁義內在之分析切入，進一步而透顯出仁義理智之道德本心而確立吾人本性本善一義，並直接明示吾人之道德本心可覺醒而引發仁義理智之具體的道德行爲而成就其道德哲學。所謂仁義理智之道德行爲即是依順吾人道德本性所體現出來的於穆不已之天理而行者。此語境裡的天理即是康德所謂的道德法則，或謂義理。此理可以規定道德行動之方向，故是規定道德行動的原則。此天理是依吾人之道德本性而發的，而本性本心一也，故此可謂此仁義理智之天理是由此道德本心之創闢地開發出者。既如此，此亦表示吾人之道德本心自身是喜悅此仁義理智之天理的，並進而在此喜悅裡立之，此即是肯認了吾人之本性是道德的，即是義理的，故謂義理之性。吾人有此義理之性，當然能夠緣此而發義理之行。此語境裡的當然，以中國儒家智慧語詞表之，即是本性本分之不容已。而此所謂不容已，以今天的語詞言之，即是義不容辭，在康德，此則是義務。故此義務是依吾人之本性本心而發者。既如此，吾人必定能夠實踐此義務。此即是說，只要吾人之道德本心一發動道德本性一呈露，緣此而來的不容已之道德行爲則必定是義理之行者。而此處之關鍵疑問是，吾人之本心本性眞能必然地呈露麼？答曰：眞能必然地呈露之。何以故？因吾人之心必然是活動的，並吾人之性亦是不容已的故。然此可繼續追問之，爲什麼有時候有地方

有些人在行惡呢？既如此，此不是已經表明了吾人之本心本性之呈露不是必然的麼？爲什麼是如此？吾人必須明曉的是吾人之本心本性一時一地未能呈露之的根本原因是其爲其自己的自私自利的欲望所障礙了。此即是孟子成就道德形上學之思維路數。自此而觀之，吾人始會發現孟子之思相對於康德而言是圓滿成熟的。然爲什麼康德之思未能進至此圓熟之境？究其原因而言，其大端有二：一是康德未有確立意志自律自由爲吾人之本性，而導致自由成爲一理上當該如此的設準，簡言之，即是無有孟子之心性義；二是康德所謂實踐之動力是虛弱的，此亦是因其無有心性義，故進而無有道德本心喜悅道德法則義所必然地至此者。[283]

　　根據道德實踐法則的規定，仁義理智之道德行爲即是善。而此種意義的善是一種純德意義的善。此所謂純德即是表示無有一絲一毫的自私自利夾雜其間，甚至可謂連自私自利的影子〔念頭〕皆無有。故此種意義的善是無條件的善，非是一種達到某種目的所憑藉的工具或手段。在康德看來，此種意義的純善即是純粹實踐理性的對象，亦即是其所謂的德。吾人所謂好善惡惡，即是渴望此種意義的德，而厭惡此語境裡的私利欲望。故吾人當只應依循無條件的道德律令而行事，其它之欲望當應息滅之。此即是說，吾人當只應追求所性之德，而所欲所樂之幸福不應執著，即使不能得之，亦依然依德而行之。自此而觀之，惟有善惡才是實踐理性之對象，而禍福則非是實踐理性之對象。儘管幸福在吾人之現實存在意義層面上是必要的所需的，然其得不得卻是有命存焉，並且其具有意義還必須以此純德爲前提條件。儘管如此，吾人還是期望道德與幸福之間有一恰切的配稱對應關係而實現道德與幸福之一致，而此一致關係即是一圓滿的善。而此圓滿的善是否亦是純粹實踐理性之對象？康德曰是也。因康德在其道德哲學著作裡關於圓善是純粹實踐理性之對象的詞句隨行文皆及之，故此處從略，不贅述之。[284]然此圓善之對象義與純善或謂極善之對象義所表示的意義卻是有別的。[285]

　　就純德之善之對象義言，此是道德之純粹意義，即是向吾人之內在心靈返回之

283　《圓善論》，第 184-185 頁。

284　《圓善論》，第 186 頁。

285　《圓善論》，第 185 頁。

並於其中尋求之者，故是吾人所能把握的。就圓滿的善之對象義言，因其必然含有幸福的成分在內，並且幸福之能否必得是無有定準的，故此意義層面上的善對吾人而言是不能把握的。就現實生活世界裡的諸現象言，圓善裡所關涉的幸福與道德之配稱關係往往是不一致的，甚至可能是相對反的。正是在此一意義層面上，圓滿的善雖然是純粹實踐理性之對象，不僅如此，而且是其所追求的終極目的，然就實際的現實人生際遇而言，吾人在生活世界裡是很難獲得的，即使偶爾在某時某地可以獲得，然此亦並不能表示其所得之是必然的，即不能保住其必然性。[286]此是總持地言之。

　　具體地言之，就純善裡的德福之關係言，德福是一種因果關係。純德之善只有在吾人的意志透過依無條件的道德律令而行時才是可能的。此依無條件的道德律令而行者是渴望幸福的一個原因。既是一個原因，則必然地引發一個結果，然此結果是否必定是幸福，則並不一定。吾人在生活世界裡總是透過四肢百體來發出一系列行動的，而此一系列行動對吾人之存在亦必定會產生一定的影響，此是分析地必然的。然此影響的結果則不必是幸福，亦可能是不幸福。如若此影響與吾人之個體存在是相順適的並能幫助其順適暢達，此則是幸福的；如若此影響與吾人之個體存在是相違逆的並使其陷於極端困苦之境裡，此則是不幸福的。純粹地依無條件的道德律令而行者與吾人之個體存在是完全異質異層的。前者是應然的，後者因其自身是一機括而是實然的，故價值域裡的應然義與自然域裡的實然義並不一定必然相符合。[287]故依循無條件的道德律令而行者對吾人之個體存在的影響雖是必然的，然其結果是否是幸福則不必然，而卻實是偶然的。儘管如此，幸福一義卻依然必須就著個體存在而言之。故在個體存在層面上，邏輯地言之，道德與幸福的綜和配稱是一偶然性的特稱命題，即特稱肯定命題，此所謂 I 命題也，而其對反面，即道德與禍苦綜和配稱亦確是存在的，故其亦是一偶然性的特稱命題，即特稱否定命題，此所謂 O 命題也。既然依無條件的道德律令而行，卻有可能與禍苦相綜和，此不是對吾人之個體存在之毀滅麼？答曰非也。鼓勵勸導吾人依無條件的道德律令而行，此絕對非

286　《圓善論》，第 186 頁。

287　《圓善論》，第 186-187 頁。

是鼓勵勸導吾人自殺，故非是否認吾人個體存在之積極意義。如若認為此乃是吾人之自我毀滅，此則成一全稱否定命題矣，此所謂 E 命題也。若如此，則道德與幸福的偶然綜和如 I 命題一般亦是完全不可能的。當此一偶然性的綜和之可能亦被取消了，此即消滅了幸福，即無有幸福存在了，則需要有幸福在內的圓善亦被取消了。其實，儘管道德與幸福的綜和只是偶然的不穩定的，然因依無條件的道德律令而行可使吾人之個體存在更顯價值意義，故吾人對道德與幸福之偶然性的綜和當可期望其發展成一必然的綜和，而此一必然的綜和則是一全稱肯定命題，此所謂 A 命題也。此一必然的綜和關係是純粹實踐理性所必然地許可者，故圓善成為純粹實踐理性之對象與終極目的則是真實的。[288]既如此，吾人則當該從應然的立場將禍苦幸福統屬於依無條件的道德律令而發的道德行動，以期望吾人行善則必定獲得幸福，而行惡則必定獲得禍苦。即使此禍苦與幸福在一定的條件下是可以相互轉化的，吾人亦當該期望此亦當依吾人之道德行動而發。故吾人在生活世界裡的生命歷程，皆當該一心向善行善，儘管可能一時不必定獲得幸福，甚至可能還會有禍苦之累，亦當恒心向善行善，而此必定終將獲得更大的幸福。[289]關此一義，牟宗三引證孟子語應之：「天將降大任於是人也，必先苦其心志，勞其筋骨，餓其體膚，空乏其身，行拂亂其所為，所以動心忍性，曾益其所不能。」[290]其實際上，不單是儒家有此一義，而佛家亦有此一義，此即是佛家言業因果報求生淨土乃至經由次第修證而成佛之諸義皆函蘊著德福一致之義，並且在義理模式上亦是甚為圓熟的。吾隨文應機而點出之，以示吾人當該正視之並重視之。

　　承上文，在圓滿的善裡，道德與幸福的綜和亦可是必然的，此即是說，其必定是一原因與結果之關係。何以故？因其是緣道德行動而來的實踐的善故。此語境裡的道德行動是原因，而幸福則是結果。結果是依原因而來者，故其是隸屬於原因的。然此隸屬的關係卻是一綜和的必然關係。既如此，圓滿的善可以實現矣。[291]如若由此異質異層的道德與幸福之綜和的必然關係而成的圓滿的善完全斷然不可能，此則

288　《圓善論》，第 187-188 頁。

289　《圓善論》，第 188-189 頁。

290　《孟子譯注》，第 298 頁；《圓善論》，第 189 頁。

291　《圓善論》，第 196-197 頁。

必定導致發佈指令命吾人去追求並實現圓善之道德法則徹底落空，此即是說，此道德法則原本是空幻虛假的，而無有任何積極的實際效力。[292]然實際上並非如此，吾人在現實的生活世界裡是可以期其必可能的。此可從如下三義而明之：第一，道德法則的實踐必須關涉及幸福，有可能一時間未能必得，甚至今生今世亦未能必得，然在義理上則必須關涉及，若非如此，則必然地導致尊生保命及幫助個體生命發展圓滿而圓具價值意義一義失去積極意義，而有行善實是在自我毀滅之歧義產生。然行善非是自我毀滅，而實際上可以幫助吾人生命發展圓滿而圓具價值意義。故行善終將獲得幸福，而不能因其一時未能得之而徹底地否定其必然性。第二，道德與幸福之綜和的必然關係在現實的生活世界裡未必確實可能，然其偶然性的綜和關係（I命題之所示）則必定是可能的。此即是說，道德法則之實踐偶然地與幸福相關涉確實是可能的。道德法則之實踐所成的具體的道德行動對於吾人之個體生命存在會產生相順適或相違逆的影響，此即是說，此兩種關係皆是可能的，而並不會相互矛盾衝突，故此I命題確實必定是可能的。既如此，承前義，吾人當可依I命題而期望一A命題亦確實必定是可能的。[293]第三，A命題所表示的道德與幸福之間的必然關係乃圓滿的善必須是純粹實踐理性的對象與終極目的，並且實現其之動力亦必須是吾人之意志的先驗必然的對象與目標，此是必然地緣道德法則而發者。既如此，實現圓滿的善是必定可能的。此即是說，實現圓滿的善之動力是必定有效的。若非如此，則那具有無條件必然性意義的道德法則必定是虛假的空頭的。既然實現圓滿的善之動力必可能，而緣此而來的結果，即圓滿的善自身亦必可能。退一步而言，如若此單只是一妄語，則那向吾人發佈無條件命令的道德法則必然地被引向一無有實際意義的空想上去，既如此，道德法則必然地是虛假的空頭的了。然道德法則之必然性實是可以透過吾人之道德實踐而具體地真實地呈露出來。故此實則是從反面表明圓滿的善必是可能的。[294]此即是圓滿的善在現實生活世界裡必可能是可以被期望的一義之基本要義。

292　《圓善論》，第 198 頁。

293　《圓善論》，第 199 頁。

294　《圓善論》，第 199-200 頁。

　　在康德看來，純粹實踐理性亦有一背反：一義是追求幸福產生一有德性的心靈，此義是純然絕對地假的；一義是一有德性的心靈必然地產生幸福，此義非是全然絕對地假的。[295]其實，在牟宗三看來，此一背反是可以化解的。道德與幸福之間的必然關係是一綜和的必然關係，此是就智思界（本體界）與感觸界（現象界）之關係而言者。吾人之道德行動是感觸界的具體的生活現象，緣此行動而來之幸福亦是感觸界的具體的生活現象。雖如此，規定此道德行動的規定性原則卻是純粹智性的，此是智思界域裡的內容。而吾人作為一理性的存有不單只是感觸界域裡的存在，而且亦是智思界域裡的存在，即是一在其自己之存在。如是地在思維上拉開，康德義的背反則化解矣，而此亦表明圓善實是可能的，而非是虛假不實的。自此而觀之，圓滿的善之可能實際上是智思界域裡的具有理性存有意義的智思物與道德行動在感觸界域裡所具體地真實地表現出來的現象之間的關係，是一綜和的必然。[296]是故，吾人可謂道德與幸福之間的必然關係是一關涉及事物的超感性關係。此所謂關涉及事物的超感性關係，即是實現圓滿的善之道德行動是隸屬於感觸界者，而其所依循的決定性原則卻非是依照感觸界之法則而來者。故道德與幸福一致之狀態是超感性的關係，而非是感觸界域裡的關係。此亦表明圓滿的善之真實的可能性是須要透至超越域裡而以超越者保證之。[297]故進一步提升地言之，吾人可直就那直接地存在於吾人的力量裡者與那並不存在於吾人的力量裡者此兩義而建立圓滿的善之可能性的根據。就前者言，此是就在尊敬道德法則而使吾人的心靈依順符合其以肯定靈魂不滅而言者。此是透過吾人期望意志之神聖性而挺立圓滿的善裡之純德的一面。就後者言，此是就肯定上帝存在而言者。此是透過吾人期望道德與幸福之意志的保障而給與吾人無有能力實現圓滿的善之一補充性的說明。在康德看來，經由靈魂不滅與上帝存在之說明，此足可建立起圓滿的善之必可能的根據。[298]此是明圓滿的善在現實生活世界裡必可能的根據當該從智思界域裡找尋之。

295　《康德的道德哲學》，第 356 頁；《圓善論》，第 200 頁。

296　《圓善論》，第 204 頁。

297　《圓善論》，第 207 頁。

298　《圓善論》，第 207-208 頁。

四、無限的智心之證成

　　承上文，上帝是保證圓善可能的根據。因爲在圓善裡必定含有幸福的成分，而幸福又關涉及吾人之存在及宇宙間一切萬事萬物之存在，但此一切皆是爲上帝所創造出者。既如此，上帝能夠創造此一切，亦即能使自然與道德相諧和，以保證了吾人在現實生活世界裡所不能得的道德與幸福的一致。自此而觀之，爲何惟上帝能夠創造此一切？此是因爲惟上帝具有無限的智心，甚至可謂其即是無限的智心。進一步而言，此可謂存在關涉及無限的智心，此即是說，無限的智心是存在的創造者。其實，無限的智心並非必定是如康德所謂的人格化的具有無限性意義的個體存有，即上帝，而將無限的智心人格化爲具有無限性意義的個體存有之一作法是吾人的情感認識作用使然者，既是吾人的情感認識作用，故是虛幻不實的。[299]爲什麼將此無限的智心人格化爲具有無限性意義的個體存有是虛幻的？就其大端而言之有四：第一，此一具有無限性意義的個體存有即上帝一概念的形成過程是虛幻的。此於下文詳細展示之。第二，既然已經虛幻地形成了具有無限性意義的個體存有，那麼此則牽涉及此具有無限性意義的個體存有的存在之證明問題，而此一問題亦是虛幻的。第三，肯斷此具有無限性意義的個體存有存在實際上乃是知解理性（理論理性、思辨理性）域裡的工作，而非是實踐理性域裡的工作，而知解理性肯斷此具有無限性意義的個體存有存在並明其是宇宙間一切其他具有有限性意義的個體存有存在的根據，如此之思維實際上確是一假設，而知解理性並不能眞正確切地證明之。所以者何？因如此之假設單只是爲的說明宇宙間萬事萬物之存在及其存在的根據是什麼故。第四，既然知解理性無法證明之，康德則將其轉而依實踐理性而吾人當需要之，並此需要單只是一種信仰，而此信仰亦單只是吾人情感認識的一種決定，而非是理性的決定，故是不能證明的。所以者何？因關於個體存有之存在的證明原本只是知解理性的工作，而非是實踐理性的工作故。[300]

　　牟宗三在梳理康德哲學裡上帝此一概念的形成時發現，經由知解理性而成的人格化的上帝概念純粹是虛構的，而且此虛構是經由諸多滑轉而成者。此諸多滑轉，

299　《圓善論》，第 243-244 頁。
300　《圓善論》，第 244 頁。

牟宗三區分為一根本性的滑轉與三步驟化滑轉。就前者言，其實作為一超越理念看的上帝原只產生軌約性的作用與意義，而一個體性的存有原只是一主觀性的表象，而現在知解理性卻將上帝人格化而視之為一個體性的存有，此即是從超越的理念而滑轉為是其他一切個體存有之根源的一個體性的存有，此一滑轉是根本性的。此後三步驟化的滑轉皆是緣此而發者。就後者言，首先是被對象化真實化，即將其視之為一客觀存在的對象；其次是被實體化（本體化），即將其視之為一獨立的單純的然亦充足的永恆的一客觀存在者；最後是被人格化，即將其視之為一最高的並且是具有意志的睿智體。此三步驟是緣此一根本性的滑轉而來的具體的表現。正是此一根本性的滑轉及緣此而發的三步驟化的滑轉展示出了知解理性是如何在形成人格化的上帝此一概念裡帶出了虛幻性的。[301]

　　為什麼會出現此三步驟化的滑轉，或此三步驟化滑轉的根源究何在？就被對象化真實化的根源言，以當作一全體看的經驗之集合的統一替換知性之經驗的使用之分佈的統一，而導致將整個現象域視之為一獨立存在的個體之結果，而此結果即是將一切經驗現象皆納入其自身之內者。就被實體化的根源言，在如上被對象化真實化的基礎上，進一步以不如理的臆測斷定之方式確立一個作為宇宙間萬事萬物生滅變化的真實根源並為其生命變化提供真實的條件者之概念來指謂上述之獨立存在的個體。此語境裡的不如理的臆測斷定指的是將單只在現象域裡對諸可感對象有效的原則失誤地視之為在本體域裡對諸抽象本質有效的原則。何以故？因如此之誤置完全忽略了那圍於現象域裡的諸限制而混漫了原則之對象義與本質義故。既如此，將關涉及現象事物之可能性的經驗原則視之為關涉及事物一般之可能性的超越原則之滑轉與混漫一義可解矣。就被人格化言，在完成了被對象化真實化及實體化之工作後，再透過擬人的方式而可達至人格化。此一義是較易為吾人所理解的。經由如上之三步驟化的滑轉與混漫不僅可以成就人格化的上帝此一概念，而且吾人還必須知曉康德在思維上滑轉至此的根源究何在。[302]

301　《圓善論》，第 249 頁。

302　《圓善論》，第 249-250 頁。

　　既已明白康德思維之過程及其結果之虛幻，那麼當該如何才能達至無虛幻？依上文，當該摒棄康德之對象化眞實化，實體化及人格化的思維路徑，而以單只就無限的智心來說明圓善之可能的根據爲唯一必然的思維路徑。所以者何？因此一思維路徑是單只就實踐理性而言的圓教模式之路徑故。[303]

　　依中國智慧傳統，無限的智心一觀念在儒釋道三教裡皆有之，具體地言之，在儒家是本心或良知，在道家是道心或玄智，在佛家是如來藏自性清淨心或般若智。此三心或三智皆未有如西方智慧傳統裡的上帝被對象化而成爲人格神，而是皆純粹地就實踐理性而言，絲毫不關涉及知解理性的虛構作用。中國智慧傳統關於無限的智心之洞見是如此的殊勝，故現在就分別依儒釋道三教之思想架構詳細地明確地展示其是如何地確立此無限的智心的一義。[304]

　　就儒家言，無限的智心源孔子所立之仁而來。孔子所洞見到的仁之所以能夠引申出無限的智心來，是因爲此仁之基本性格使然。孔子發明斯仁是在生活裡指點出不安不忍憤悱不容已而開啓吾人之眞實的德性生命處彰顯出來的。[305]故進一步而言，仁的確即是一無限的智心，而且此無限的智心是透過能夠操守保存並在生活世界裡實踐出來以達至與天地間萬事萬物爲一體的仁者大人體現出來的。故透過仁者大人的操守實踐，吾人即可知曉仁心必定是一無限的智心。並且進一步言之，此無限的智心不單只是仁者大人有之，而且人人皆有之，甚至一切理性存有皆有之。然或許可以追問，既然人人甚至一切理性存有皆有之，爲什麼人人甚至一切理性存有並非皆是仁者大人？答曰：此所謂皆有之是就吾人甚至一切理性存有之自性本然如此而言的，並且仁者大人之所以是仁者大人是因爲其能夠操守保存之並在實踐裡表現出此無限的智心，除此無他義。此一義在孟子之思想裡已經確切地充分地確立起了此一義理骨幹。雖然孔孟從吾人之日常生活世界裡的具體實踐來指點此仁心即無限的智心，卻並非是其一時之興致感觸所至，而是爲的給吾人指出一就近且親切的悟入路徑而已。故吾人當知孔孟就不安不忍憤悱不容已之生活現象而指點之，是隨

303　《圓善論》，第 255 頁。

304　《圓善論》，第 255 頁。

305　《圓善論》，第 255 頁。

順機緣而當下指點之者。隨順機緣當下指點之即已表明此一被指點出來的仁心即無限的智心是可以當下直接地呈現的。而此每一現實的機遇即是引發仁心即無限的智心當下直接地呈現之緣起。毫無疑問，在現實生活世界裡的每一個機遇皆是特別而唯一的，故由此而引發仁心即無限的智心當下直接地呈現之緣亦自是有其特定的局限性。儘管如此，然此仁心即無限的智心自身則並不爲此機遇緣起所制限而有其絕對的無限性與普遍性，其具體的表現即是仁者大人在生活世界裡的具體的實踐活動所體現出來者，此所謂仁者大人與天地萬物爲一體者也。此即是儒家義的無限的智心之證成，或謂此即是無限的智心之儒家義的基本內容。[306]依儒家，此一具有絕對的無限性與普遍性意義的無限的智心之證成，即可確切地顯示出道德之必然性意義及其周遍潤澤宇宙萬事萬物並創生宇宙萬事萬物而使其存在之意義。此即是說，成功地確立無限的智心此一大根大本，即可以充分地保住道德純亦不已之純淨性，以及宇宙萬事萬物之存在及其存在與道德相和諧的必然性。既如此，此即是確立了或開啓了道德與幸福相和諧一致之所以可能的機緣與分際。[307]

就道家言，無限的智心是道心或玄智。此可從老子關於有無之玄論而勘出：「『無』，名天地之始；『有』，名萬物之母。故，常『無』，欲以觀其妙；常『有』，欲以觀其徼。此兩者，同出而異名，同謂之玄。玄之又玄，衆妙之門。」[308]牟宗三依王弼注老之方向而言之：有是道之徼向，是宇宙萬物之母，故萬物之母在散開地徼向之端處而見之。無是道之妙境，是宇宙天地之始，故天地之始在總持地後返至無而見之。而有無之辯證地融而一者則是更加殊勝的玄妙之境。故道之具體而眞實的微妙大用乃是成就宇宙萬事萬物之一切的功用。是則，道心玄智一旦呈露出來，則吾人之生命即達至虛一而靜的境界，而能和光同塵隨緣和生以實現成就宇宙萬事萬物之一切也。而且在此境界裡，宇宙萬事萬物皆返回自性而得生命之恒常本性也。自此而觀之，此一無限的智心即道心玄智一旦呈露出來，即可以保住玄德之純淨性與宇宙萬事萬物之存在及其存在與玄德相和諧的必然性。既如此，此即是確立了或

306　《圓善論》，第 262-263 頁。

307　《圓善論》，第 263 頁。

308　《老子注譯及評價》，第 53 頁；《圓善論》，第 263 頁。

開啓了玄德與幸福相和諧一致之所以可能的機緣與分際。此亦是純粹地自道家意義的實踐理性即虛一而靜的清明之心處而渾圓地言之者，而無有思辨理性之虛幻性。然此處需要說明的是，道家此一實踐的路徑是從無處悟入，而成就純粹境界形態的圓滿，而非是如儒家自道德處悟入，而成就實踐形態的圓滿。故道家語境裡的無是作用意義的，即境界意義的，而無有儒家之創生意義，而混漫了或根本未有作用意義與實有意義兩層之區分，故牟宗三在此一意義層面上謂道家義理系統是一縱者橫講之系統。[309]

就佛家言，無限的智心，如若直接地橫說即是般若智，如若間接地豎說即透過佛性一觀念而間接地言者即是如來藏自性清淨心。佛家此一智慧是依緣起性空一理而悟入的。依佛家，十方三世一切眾生皆有無明業識，故如若依緣起性空一法理而次第修行，終可轉識成智以至最後成佛。在轉識成智的修證過程裡，修行者之無限的智心則一步一步地呈露出來。故般若法門所謂一切智道種智一切種智，甚至唯識法門所謂根本智後得智無分別智皆是無限的智心也。此是從智的一面而言者。如若從佛性的一面而言之，則是從體上間接地說下來而言如來藏自性清淨心，並自此一自性清淨心而開出生滅與真如之二門，以保住無量無漏功德之純淨性，並說明三千大千世界一切法門之存在及其在轉識成智之後的一切清淨法門與無漏功德的相和諧一致的必然性。在此一意義層面上，此可謂確立了或開啓了無漏功德與幸福相和諧一致之所以可能的機緣與分際。此亦是純粹地自佛家意義的實踐理性即如來藏自性清淨心處而渾圓地言之者，而無有思辨理性之虛幻性。然此處需要說明的是，佛家此一實踐路徑是從無明業識處悟入，而非是如儒家從道德處悟入。佛家此一系統在依自性清淨心而開出生滅與真如二門處顯示出一縱貫特徵來，然其言真如門之一切清淨法門乃是直接地就緣無明業識而起的屬生滅門之染汙法門之還滅而來者，而非是在別處另外有一套清淨法門源自性清淨心所創生者。在佛家，般若是共法，故般若智並不能創生三千大千世界一切諸法門，而佛性法身，三德秘密藏皆不能創生三千大千世界一切諸法門也，故佛法義理非是本體論的創生論。因此，天臺宗華嚴宗禪宗亦皆非是本體論的創生論。正是在此一意義層面上，牟宗三謂佛家的義理系

309　《圓善論》，第 263-264 頁。

統儘管特別圓融而仍然是縱者橫講之系統，而與儒家以道德創生爲主幹而來的縱貫縱講系統相區分。[310]

　　如上乃是依儒釋道三教之義理系統而明示其無限的智心之義蘊何所是。因儒釋道三教之義理系統有別，故對無限的智心之表述亦有別。儘管如此，然其皆爲無限的智心，而未有如康德將其人格化而推出去成就一對象，並且皆能依此確立或開啓德福相和諧一致之所以可能的機緣與分際則是完全一致的。[311]此即是儒釋道三教關於無限的智心之證成的簡別與貞定。

　　雖然已經證明了依無限的智心即可確立或開啓德福相和諧一致之所以可能的機緣與分際一義，然此則並不能說明德福一致是眞實可能的。既如此，吾人必須進一步依無限的智心而講明圓教系統之義理架構以保證德福一致的確是眞實可能的。何以故？在牟宗三看來，德福一致之問題惟有在圓教系統裡始可說明其眞實可能性。[312]

五、圓實之教與整全而圓滿的善

　　圓教乃是佛家在判教裡表示教理最爲圓熟境界最爲圓融的一個觀念，而在此一工作裡做得最爲詳盡解說得最明確清晰者，當是中國天臺宗也。[313]釋迦佛講經說法49年，宣說了八萬四千法門，建立了各種教路。然有人也許會問：爲什麼釋迦佛要宣說這麼多法門，建立這麼多教路？無量無邊的衆生之根器不一，故釋迦佛隨應其根機而宣說與之相應的得度法門而度化之，並無量無邊的衆生與釋迦佛的因緣不一，故釋迦佛隨應其因緣而宣說與之相應的得度法門而度化之，此即是說，釋迦佛無法在一時一地同時說盡所有的法門，故隨應衆生之根機及其因緣而方便宣說法門。既如此，釋迦佛宣說法門必定在有的時候是權說，即善巧方便地開示度化有緣衆生，而在有的時候是實說，即宣說究竟圓滿法門以顯佛境之殊勝，亦在有些時候是權說與實說同時用之，即在善巧方便之開示裡亦表究竟圓滿之境者。將釋迦佛所宣說的

310　《圓善論》，第 264-265 頁。

311　《圓善論》，第 265 頁。

312　《圓善論》，第 265 頁。

313　《圓善論》，第 266 頁。

八萬四千法門以及其說法之諸種方式給予一合理地確切地安排者，即是判教也。此所謂合理地確切地安排，即是就釋迦佛所宣說的教法予以分別判斷而確定其境界淺深或說法方式之價值範域何所在者。而釋迦佛是實語者眞語者不異語者不妄語者，故對其所宣說的教法予以判之此一語境裡的判乃是分判義，即分別判斷之，而非是批判義，即確定其範域衡定其分際。[314]

判教當是以圓教爲究極圓滿。然何謂教？何謂圓教？就前者言，在牟宗三看來，總持地言之，凡是聖人所說者即是教；具體地言之，凡是能夠啓發吾人之理性並使其能夠運用此理性而作道德的實踐（儒家義），解脫的實踐（佛道義）以純淨化聖潔化其生命而終至最高的理想境界者即是教。就後者言，所謂圓教即圓滿之教者也。故此語境裡的圓，乃是滿義，即無有任何一絲一毫的虛欠之狀態也。故凡是聖人所說者皆是無有一絲一毫之虛欠也。然究何能至圓，即究何能至無有絲毫之虛欠？惟有依理如理地老老實實地宣說之者能之。故圓滿之教亦可謂圓實之教也。以此爲衡量的標準，凡是隨應機緣而與之相應地指點地暫時姑且如此地言說者，皆是方便之權說，故皆是未有達至此圓滿境界者。何以故？因其未有如理實說而是善巧方便權說而難免有偏面性局限性故。反之亦然。此即是說，雖然隨應機緣而與之相應地指點地暫時姑且如此地權說之亦無有錯誤或不當，然其畢竟是善巧方便，而實理則並非如此。因此，以實理爲標準，此善巧方便之權說則未有周遍詳盡，故其所宣說者非是究竟了義者，既如此，則其自然不能達至圓滿境界。[315]此是圍繞著圓教一觀念而綜攝地言之者。下文則從教之綱格而言圓教之內容及佛家之天臺宗圓教系統之何所是。

就一個教路或教宗而言，其是否是圓教，當該如何地判之？牟宗三關此則是從其關於教之界定語來詳細次第地說明依何綱格並在何關節上才可以達至教之極致而判一圓教。首先必須清楚的是其關於教之界定語之核心內容何所是？依循理性而透過各種型態的實踐以純淨化聖潔化吾人之生命此一部分是也。依牟宗三，此是立教的主要部分，吾人亦可依其文本謂其是立教的核心部分。此一部分爲什麼是主要的

314　《圓善論》，第 266 頁。

315　《圓善論》，第 267 頁。

核心的？因其是成就吾人之德者故。無論此語境裡的德是儒家義的道德，佛家義的無漏功德或道家義的玄德，儘管其表述與義蘊有所分別，然其為德則一也，而且德者乃是挺立吾人生命之大本也，故成德即是挺立吾人之生命也。亦正是因為在儒釋道三家對德之義蘊的表述有別，故其先以德者得也一義總持地置定之。然何謂得？所謂得，即透過實踐而於己實有之也。故透過實踐而得之並以此純淨化聖潔化吾人之感性生命者即是德。故此語境裡的實踐實際上是為了生命的超越提升而努力進行的一種奮鬥。然如此之奮鬥必定會帶來一個理想的結果麼？此需要具體地分析之，就其大端而言有兩種結果：一是透過實踐必然可以成德進而必然可以純淨化聖潔化吾人之生命。何以故？因成德是吾人分內事，即求之在我者，故是吾人所能把握的。此即是說，吾人有其實踐則必然地有其成德之結果發生。正是在此一意義層面上，吾人言成德必然地純淨化聖潔化吾人之感性生命是一分析命題，即成德對吾人感性生命的純淨化聖潔化一義是可以透過對成德之分析而得來的，故吾人在成德上有一份精進，其感性生命則有一份純淨化聖潔化，此是必然地。二是透過實踐成德而未必能夠切實地改善吾人之實際存在情況。在現實生活世界裡，不難發現有一些人透過實踐成德了，並亦純淨化聖潔化了其感性生命，然其實際存在情況卻並非是與其成德一致的。既如此，吾人言成德與期望改善吾人之實際存在情況的關係是一綜和的關係，故透過成德而期望改善吾人之實際存在情況乃是一綜和命題，而非是一分析命題。然吾人畢竟是現實生活世界裡的一實際存在，故對於透過實踐成德而純淨化聖潔化其感性生命之過程，吾人不能不顧及其自身之實際存在情況。所以者何？因宣導透過實踐成德並非是必須一定忽略甚至去掉其實際存在者，若如此，則無異於自我毀滅，而自我既已毀滅又何以可言其實踐故。自此而觀之，吾人始可知曉其成德之實踐必須顧及其實際存在情況，進而可言，成德之實踐必然地函蘊著對其實際存在情況之肯認，繼而可言，成德之實踐必然地函蘊著對其實際存在情況之改善的期望。其關鍵問題是，如此之期望在透過實踐以成德之過程裡並非是可以必然地獲得者，即在邏輯上並不能透過成德而分析地得之，因其二者之關係是綜和的故。[316]
其次必須理解對改善實際存在情況的期望即是對幸福的期望是教之義蘊的第二部

316　《圓善論》，第 269-270 頁。

分。成德是分內事，而存在則是外在事，相對於成德而言，具有其獨立的意義。幸福是存在事，因其關涉及實際存在情況是否稱心如意故。此即是說，成德的付出與存在之實際情況的改善在現實生活世界裡是成正比例的存在狀態則是幸福。因此，吾人所期望的德福一致即是教之極致，即吾人之感性存在與其所成之德之間是成正比例的和諧一致之狀態乃是教之極致，即圓教也。自此而觀之，吾人始知曉德福一致乃教之極致之關節也，而且惟有圓教能使德福一致之真實可能也。德福一致，即吾人之感性存在與其所成之德之間是成正比例的和諧一致之狀態即是圓善也，故圓教立而圓善成也。在牟宗三看來，哲學思維在系統相上此已是至其極，而無二無三矣。[317]此是牟宗三就教之核心要素即德與福二成素所立定的教之綱格的基本概貌。余文則依此綱格而明佛家天臺宗圓教系統之何所是。

依天臺教綱，判別圓教的基本原則是透過即字所顯示出來的。欲言菩提，則當言煩惱即菩提，欲言涅槃，則當言生死即涅槃，諸如此類，方才是圓說。如若依煩惱一語之本義而分解地言說其是什麼，依此進一步再分解地言說惟有斷除煩惱方證菩提。何以故？因執迷是煩惱，而證悟是菩提。如此等等之類言說，皆非是圓說。[318]自此而觀之，吾人當知此語境裡的即乃是詭譎的相即，故詭譎是圓說，其義是圓義，而非是分解的相即，故分解是分說，其義是權義。生死煩惱與涅槃菩提，總持地言之，此可謂其為無明與法性。無明與法性，若是異體，即非是同一事體，則雖是相依待的，而卻是不相即的，此所謂依而不即，因各有其自己之獨立性，故是別教；若是同體，即同一事體，則既是相依待的，亦是相即的，此所謂依而復即，因純粹是依他而在，故並無有其自己之獨立性，故是圓教。無明是煩惱心，是三千大千世界一切法門。法性是法之本性，而三千大千世界一切法門本無自性，皆因緣和合而生，故以空為性，進一步而言法之本性即是空。無明無有住處，而無住即無有依本，此亦必然地相即於空，而此即是相即於法性。相即於法性而成為修行法門，此所謂三千大千世界一切法門皆依空而成者也。故相即於法性亦可例云依法性而住，既如

317 《圓善論》，第 270 頁。

318 《圓善論》，第 273 頁。

此，此即是依他而住者，故無有自性矣。此是無明無住，無明即法性一義之簡別。[319]承上文，法性即是空如性，而此所謂空如性實是一抒義語，即抒表因緣和合而生法一義，而非是一實體語。既如此，此即是說，在三千大千世界裡並無有一獨立的個體被名之曰空。因此，空必須相即於無有自性之無明煩惱法門而呈露出來，此所謂法性相即於無明也。此亦標記法性亦是依他而在者，並非是有一個具有獨立意義的個體被名之曰法性矣。此是法性無住，法性即無明一義之簡別。[320]依此關於無明無住，無明即法性與法性無住，法性即無明之二義的簡別，吾人始可知曉無明與法性皆是依他而在者，並無有具有獨立意義的個體自性，故此二者同體也，即同一事體也。承上文，同體者，則可依而復即也。如此圓說之義理，即是圓教之義理也。[321]

　　承上文，判別圓教以即字爲標識，而此即字有兩義，一是詭譎的相即，一是分解的相即。無明與法性，如若是詭譎的相即，則是同一事體也，依此而判別爲圓教，如若是分解的相即，則非是同一事體也，依此而判別爲別教。在天臺宗圓教系統裡，首先確立的是依同體之依而復即而來的一念無明法性心一觀念。然後再進一步依此而明示三千大千世界一切法門之存在的根源何在，此所謂從無住本立一切法者也。總持地言之，即是一念無明法性心相即並具足三千大千世界一切法門也，簡而言之，此所謂一念三千是也。[322]天臺宗所謂一念無明法性心指謂的即是煩惱心，亦曰刹那生滅心。如此之一念煩惱心相即並具足三千大千世界一切法門，此即是就法門之存在充其極而圓滿地言說者，故是同一事體也。如此之至其極而圓說者乃是不縱不橫之圓妙甚深之不可思議之境界者。既是無明即法性，法性即無明之圓妙宣說法門之本性何所是，此即是以性爲主導而圓談法性與無明者，故牟宗三謂之爲性具。三千大千世界一切法門在法理上皆是中道實相如如理，此即是以理爲主導而圓談法門與法理者，故牟宗三謂之爲理具。故雖是一念無明法性心具足三千大千世界一切法門，

319　《圓善論》，第 274-275 頁。

320　《圓善論》，第 275 頁。

321　《圓善論》，第 275 頁。

322　《圓善論》，第 276 頁。

牟宗三謂之爲念具，而實際上即是性具理具也。此可謂念具性具理具一也。惟有如此方才是圓說義理也。[323]

爲什麼一念無明法性心之念具即是性具理具？此是因爲如此圓說的一念無明法性心是經由妙法蓮華經之開權顯實發跡顯本而來者。具體地言之，一是依佛之本懷與佛自身之跡而開決了唯識宗系統而宣說者；二是依不斷斷，惑業苦之三道即般若解脫法身之三德而開決了如來藏眞心系統而宣說者。如此開決了一切權說之教宗而發明的一念無明法性心即具三千大千世界一切法門一觀念與一切依分解之路數而宣說的權宜之教非是同一個層次矣，當然更非是在分解的層面上依分解的路數而另外再立一教宗也。因爲天臺宗圓教是以詭譎的方式消化了一切隨應機緣而分解地權說的教宗而宣說的圓實之教，故其與任何權說之教並不對立。此雖非是分解地另立教宗，然其亦是一個系統，但正因其是無分解的，故雖是一個系統然亦無有系統相。正是在此一意義層面上，源法華經而來的天臺宗圓教亦是無諍法。故此圓教是絕對意義的圓實之教，已經開決了各種主觀意義的有限的相對的圓。此亦即是說，圓教只是一，無二無三也。[324]

既然源法華經而來的天臺宗圓教亦是無諍法，此與源般若經而來的無諍法究有何區分？源般若經而來的觀空證空住空之圓融無礙單只是般若智在作用層上所觀證的圓，此所謂作用的圓也，即單只就已經宣說出來的一切諸法門作融通淘汰的工作而令其歸於實相，而實相一相，所謂無相，即是如相，故無有一法可得，即不立一法，一切法不可得。能夠達至此無相境界亦確實相當殊勝。然其卻未有對於一切諸法門給予一根源性的說明。而源法華經而來的天臺宗圓教因經由開權顯實發跡顯本之工作而對一切諸法門有一根源性的說明，故此語境裡的圓乃是存有論層上眞實的圓，此所謂存有論的圓也。故法華無諍是直下豎說，而般若無諍是收攝橫說。在牟宗三看來，惟有豎說與橫說相互融合才是眞正的最後的圓滿之教，然須要說明的是，在此融合裡，必須以豎說之圓爲主導。何以故？因般若無諍是共法故。[325]

323　《圓善論》，第 276-277 頁。

324　《圓善論》，第 277 頁。

325　《圓善論》，第 278 頁。

　　依牟宗三，佛家之德福一致的圓善義，惟有在存有論的圓教裡才是可以達到的。何以故？因在存有論的圓教系統裡，惑業苦之三道即般若解脫法身之三德，可成不斷斷之圓滿修證故。就德與福言，般若解脫法身之三德乃是德域裡的事項。但須要說明的是無論是般若智德還是解脫斷德或是法身性德，皆是就三千大千世界一切法門而爲智德斷德性德的。此即是說，主觀意義域裡的德與客觀意義域裡的法之存在其實本是一體而未有須臾之游離，而幸福則關涉及或歸屬於此法之存在者。故在不斷斷之圓滿修證裡，神聖的生命之德呈露出來時，而存在域裡的福自亦隨即伴之矣。此是一義，此所言之存在當是清淨法門。然在存在域裡畢竟有一些事項是染汙法門，在此一存在域裡，當德在不斷斷之圓滿修證境界成就時，此所面對的並非是與之相應的存在之福，而是存在之惡。然既已成德，故對於染汙法門自亦可解心無染，此時此境，一切穢惡法門皆隨德而轉而成爲了清淨法門，此所謂通達惡際即是實際，行於非道通達佛道，故魔界亦是佛界矣，此自然成就常樂我淨之境界。安住於此境界裡，此自然是一種幸福。此是又一義，此所言之存在則是染汙法門。綜攝此正反二面之觀照，吾人可言在天臺宗圓教系統裡德福必然一致，即法之存在與無漏功德必然地相諧和一致也。[326]但須要補充說明的是，此語境裡的必然是詭譎的必然，而非是分析的必然。依此詭譎的必然，吾人承上文亦可謂德福同體，即本是同一事體也，故可相依待而相即也。此即是說，德當下直接地即是福，福當下直接地即是德。在天臺宗圓教裡，成佛當不斷九界亦相即九界而成佛，故即使是在地獄，佛亦當依就一切地獄法門而成其德，而且自亦當依就一切地獄法門而成其福，即惟有如此德福和合同一體而成其佛也。故雖然在佛亦顯惑業苦之三相，然其畢竟是佛，則其究非是實際的地獄眾生也。此當注意的是此語境裡的依就乃是天臺宗圓教系統裡具有必然意義的詭譎地依就，故地獄法門之存在亦是天臺宗圓教之存有論的圓攝裡必然地存在者。雖然地獄法門之存在是必然的，然佛在圓滿修證境界裡解心無染，故不僅依就之而成其德，而且亦依就之而成其福。[327]自此而觀之，在天臺宗圓教系統裡，

326　《圓善論》，第 278-279 頁。
327　《圓善論》，第 279-280 頁。

在不斷斷之圓滿修證境界裡德福一致也。此即是說，佛家義的德福一致之圓善當該在此分際上言之而爲究極圓滿者。

　　道家未有如佛家天臺宗圓教一般詳細清楚且確定地言說之義理系統，然其亦確有圓教之理境，即基本義理情致已確然具備了。[328]道家義理系統在老子思想裡即已表示出了判教的意味。牟宗三以道德經第三十八章爲例說明之：「故失道而後德，失德而後仁，失仁而後義，失義而後禮。夫禮者，忠信之薄，而亂之首。」[329]依此文本判之，在老子看來，道是最高最後者。所以者何？因道依法自然，[330]而可無爲而無不爲，[331]無有人爲則無所謂失敗，無有執著則無所謂失去故。此即是說，惟有道是最圓滿的境界。何以故？因道是無爲無執的，而有爲有執則必定有所圍限，而既有所圍限，則自不圓滿，而導致其生命不合亦不循道故。在有爲有執之圍限裡，生命則無法成長爲一神聖的生命，故自亦不能修證成一眞人至人天人了。既然道是圓滿的境界，故在老子語境裡的德仁義禮等等有爲的東西並不是道家所要從存在上否定廢除的，而是著重提醒在現實世界生存的衆生當以何種方式來眞正地成就此德仁義禮等等有爲的東西。依道家，在現實世界生存的衆生當以無所爲無所執的方式來眞正地成就此德仁義禮等等有爲的東西而實有之。在牟宗三看來，道家此種思想與佛家是相通的：此種無爲無執之作用，在佛家即是般若智之微妙大用，在道家即是玄智之玄妙大用，而此體現出來的基本精神皆是一淘汰融通精神。那麼，淘汰什麼，並融通什麼？淘汰的是人爲的幻相執著，此所謂蕩相遣執者也。融通的是事相之封限以讓其歸於玄德，即讓宇宙萬事萬物皆各返歸其根本自性而自在無礙也。在佛家，此即是般若智在作用上成就一切諸法門，在道家，此即是玄智在作用上成就諸如仁義禮智之一切有爲之德，與此同時，亦成就宇宙萬事萬物皆直接地回歸於其自己而得自在矣。此種成就，牟宗三名之曰作用的成就，或作用的保存，即在作用層上成就之或保存之。既如此，對道家所謂絕聖棄智，絕仁棄義，絕學無憂[332]之理

328　《圓善論》，第 280 頁。

329　《老子注譯及評價》，第 212 頁；《圓善論》，第 280 頁。

330　《老子注譯及評價》，第 163 頁。

331　《老子注譯及評價》，第 209 頁。

332　《老子注譯及評價》，第 136 頁；《圓善論》，第 281 頁。

解亦當明曉此語境裡的絕棄並非是意味著在存在層上消滅之，而實際上是意味著相即於聖智仁義學而以無為無執之方式在作用層上成就之。故此所謂絕棄乃是作用層上無化義，而非是存在層上的消滅義。自此而觀之，道家對於聖智仁義學之種種德未有在存有層上做正面肯認的工作，進而對於宇宙萬事萬物亦未有在存有層上給予一積極正面之根源性的說明。關此然其亦確有一存有論的姿態，此即是老子從道之無與有此二性對宇宙萬事萬物給予一根源性的說明。綜攝地言之，依老子，在此作用層上的境界裡可以保全一切人為之德，亦可給予宇宙萬事萬物一存有性的說明。牟宗三將此視之為道家義的圓教系統裡的存有論。[333]此是牟宗三依老子之義理系統而簡別出者。

在莊子方面，牟宗三以莊子為理本及以向郭注莊為觸點言說道家圓教之莊子型態。在牟宗三看來莊子關於天人的描述所呈露出來的境界是最高最圓滿的，此所謂渾化境界是也。天人已萬緣皆息，動寂一如矣，故能夠不離於宗也。[334]莊子關於天人境界的表述比其關於真人境界的表述還為殊勝。[335]此種圓融渾化之境界是透過詭譎義的相即所表示出來的。在莊子裡，此種意義的相即是相當多的，然卻並不如佛家那麼顯明。在莊子裡，此種意義的相即所關涉的對象是什麼？此需要從向郭注莊之思想裡找尋出來。依向郭之注，此相即的是跡，故向郭發明出跡冥論一說以顯明地表示此圓融渾化之境界。此所謂跡，依向郭，莊子所謂寓言，重言，卮言是跡也；謬悠之說，荒唐之言，無端崖之辭亦皆是跡也；其好之也一，其弗好之也一之好與弗好亦皆是跡也；其一與天為徒，其不一與人為徒之一與不一亦皆是跡也；然儘管如此種種之跡甚多，只要不以此為羈絆即可不失去生命之自在自由，此即是一種化境矣；進而能夠達至天人不相凌駕支配而各自地回歸其自性而在其自己，[336]則無有分別執著，此乃是真人之化境矣；再進一步而達至天地與我並生萬物與我為一之狀態[337]，此乃是無言之化境，而此化境即是無，然卻是以一代之而未有直接言之。

333　《圓善論》，第 280-281 頁。

334　《莊子今注今譯》，第 855 頁；《圓善論》，第 282 頁。

335　《圓善論》，第 282 頁。

336　《莊子今注今譯》，第 170 頁；《圓善論》，第 283 頁。

337　《莊子今注今譯》，第 71 頁；《圓善論》，第 283 頁。

如若對此一之境相有所執著或對其之言詮有所執著，則境界義的一已經轉換成了言詮的一，既如此，言詮與其所詮之一是對列的，即名言與其所命名的對象之對列；如若再進一步將此言詮及其所詮之一與此無之化境的一相比對，則散列爲三。而無之化境的一原本是無執無著之化境，無所謂對象化，然經由言詮執著而被對象化了。在牟宗三看來，此種言詮執著即是吾人情識之纏夾，此障礙吾人得自在，故莊子旨在化除此一纏夾障礙：吾人在無之化境的一處不應執著此言詮之方便而爲其所牽引而被縛，而當該此處應物而不累於物亦不累於言詮而如如處之。能夠如此地應之而不爲其所累而如如處之者，莊子名之爲天人境界也。此天人境界是最高最圓滿的化境矣。[338]

　　以上是就道家之圓教義理系統的言詮表達方式來透顯其就宇宙萬事萬物泯除一切諸相而進至冥冥如如的最高最圓滿的化境之大端。其具體的表現即是向郭注莊所發明的跡冥論所表示的詭譎的相即之言詮方式。在此方式裡，直接地透顯出冥冥如如的最高最圓滿的天人之渾化境界。關此牟宗三還進一步直接從聖人圓滿體證之境界爲什麼是圓滿的一義充分地證明之。[339]

　　首先就王弼所謂聖人體無有情一義而言之。聖人之所以區分於凡夫而在其已經成聖矣，而其之所以能夠成聖而在其經由次第修證而達至渾化圓滿之境界也。在渾化圓滿境界裡的生命即是聖人的生命，故即是神聖的生命。魏晉人雖崇尚老莊之義理，然在其看來，能夠真正地體現老莊之道者，還是惟有聖人能之。故此，體貼老子智慧最相應的王弼提出了聖人體無一義：「夫無者誠萬物之所資也，然聖人莫肯致言，而老子申之無已者何？弼曰：聖人體無，無又不可以訓，故不說也。」[340]依王弼，所謂聖人體無，即謂聖人在生活世界裡的生活實踐可以體現無者也。然何以能體之？惟有在日常生活世界裡無論待人接物之做人還是制禮作樂之應世皆依循公正無私之天理而行，即在日常事務裡出入進退皆無爲無執而圓融通達自在矣。雖然在凡夫看來，這些生活世界裡的日常事務即是跡，因聖人應之而無累，故實即是冥

338　《圓善論》，第 283-284 頁。

339　《圓善論》，第 288 頁。

340　《三國志》，第 795 頁；《圓善論》，第 288-289 頁。

矣，此可謂即跡而冥者也。故而，聖人決不會分解地抽象地言無與有，而單只是在應生活世界之跡而讓宇宙萬事萬物順通矣。儘管未有言無，然其無處不是無之大用。故在生活事相上看來，皆是跡，而在聖人自證之無境裡，卻皆是應跡而冥者。正是因為聖人生活在現實世界裡而必須應世即應跡，故王弼進一步而言聖人有情：「弼與不同，以為聖人茂於人者，神明也；同於人者，五情也。神明茂，故能體沖和以通無；五情同，故不能無哀樂以應物。然則聖人之情，應物而無累於物者也。」[341]凡夫之諸情在現實生活世界裡體現出來即是日常生活事相之跡，凡夫執著於此，故為其所累，而聖人雖隨順機緣而應之，然其無執無為故不為之所累而神明茂也，繼之則體沖和而通無矣。[342]此是王弼體貼老子智慧而發明聖人體無有情一義之大端。而向郭注莊之宏闡跡冥圓融如如一也之跡本圓論，即跡與所以跡渾然一體之義亦是直承王弼之聖人體無有情一義而來者。[343]

　　莊子在逍遙遊裡有一典故講大哉之堯知曉隱者許由甚賢，故欲將其帝位讓與其之，然許由則不但不受之，反倒以為堯之此話語污染其耳而臨河洗之矣。[344]關此一典故，向郭注之，窺其一小段即可知其意旨之所在：「夫自任者對物，而順物者與物無對，故堯無對於天下，而許由與稷契為匹矣。何以言其然耶？夫與物冥者，故群物之所不能離也。……。故無行而不與百姓共者，亦無往而不為天下之君矣。以此為君，若天之至高，實君之德也。若獨亢然立乎高山之頂，非夫人有情於自守，守一家之偏尚，何得專此？此故俗中之一物，而為堯之外臣耳。若以外臣代乎內主，斯有為君之名而無任君之實也。」[345]在向郭看來，許由有所執著即有對，而堯無有執著即無對。故即使居於高山之巔以顯無化之境，然若執著於無而滯於無，則此時之無亦成為有了，一陷於有，即有執有對了；而堯治理天下，是以無執無為的方式治之，即雖應世應跡而無有執著於此任何一相一跡，故能夠無心而成就大化，即無

341　《三國志》，第795頁；《圓善論》，第289頁。

342　《圓善論》，第288-289頁。

343　《圓善論》，第289頁。

344　《莊子今注今譯》，第18頁；《圓善論》，第290頁。

345　郭慶藩：《莊子集釋》，北京：中華書局，1985，第24-25頁（案：後文引證此文獻時，僅標注文獻名與頁碼）；《圓善論》，第291頁。

執無對了。自此而觀之，宇宙萬事萬物與我爲一之圓滿化境，自然是在堯而非在許由矣。故牟宗三直引孔子對堯之讚美語證之：「大哉堯之爲君也！巍巍乎，唯天爲大，唯堯則之。蕩蕩乎，民無能名焉。巍巍乎其有成功也，煥乎其有文章！」[346]並且，其進一步直言向郭注莊之此義是依本於孔子之此義而來者，故向郭亦以爲圓滿渾化之境當在大哉之堯，而非在許由矣。[347]何以故？因帝君之堯乃是相即於俗世之跡而顯至德，即至德乃即跡而顯者也，故是至圓之境，而許由單只顯德，而不相即於俗世之跡，即離跡顯德或去跡顯德者也，故非是圓滿化境矣。[348]自此而綜攝地言之，向郭所言之跡本圓之渾化境界乃是道家智慧之所本有者，故是其所許可者，然老莊未有直接顯明地發之，故向郭注莊則依本於其理而顯明地發之，此固然對其有進一步的引申與拓展而可視之爲一發明也，因老莊儘管函蘊之，然畢竟未有明言之也。[349]關此，牟宗三還引證疏解了向郭注莊之諸義，然皆大體即是此義也，故此處置此一例而明之可也。

莊子在德充符篇裡有一典故講一位無有足趾之殘疾人雖有腿疾然仍然有心於學道，爲了保有自己內心的尊嚴，於是問道於孔子，然孔子未有給予他一滿意之解答，其並以爲孔子執著於學與名，故受其桎梏而未有修得至人之渾化圓境矣。[350]關此，向郭注之而宣學與名之關係猶如影子聲響與行動言語之關係一般，即是必然會產生的，然聖人雖應於此名而卻並不執著於此名，故能夠全其德也。以此兩小段注文明之：「夫非常之名，乃常之所生。故學者非爲幻怪也，幻怪之生必由於學；禮者非爲華藻也，而華藻之興必由於禮。斯必然之理，至人之所無奈何，故以爲己之桎梏也。」[351]「今仲尼非不冥也。顧自然之理，行則影從，言則向隨。夫順物則名跡斯立，而順物者非爲名也。非爲名則至矣，而終不免乎名，則孰能解之哉！故名者影向也，影向者形聲之桎梏也。明斯理也，則名跡可遺；名跡可遺，則尙彼可絕；尙

346　《論語譯注》，第 83 頁；《圓善論》，第 291 頁。

347　《圓善論》，第 291 頁。

348　《圓善論》，第 290 頁。

349　《圓善論》，第 292 頁。

350　《莊子今注今譯》，第 71 頁；《圓善論》，第 294-296 頁。

351　《莊子集釋》，第 204-205 頁；《圓善論》，第 296-297 頁。

彼可絕，則性命可全矣。」[352]依向郭，聖人自不會廢除學，而是以無心於學而學之，此即是隨順自然之常爲自得之，而非爲虛幻怪異之名而逐之。儘管聖人不逐虛幻怪異之名，然其卻必然地隨學而來之。何以故？因名乃爲學所生之耳，此所謂非常之名爲常學所生矣。[353]爲更明白地表達此理，向郭以影子聲響與行動言語之關係類之。吾人在生活世界裡必然地要行動，而行動則必然帶來影子，亦必然地要說話，而說話則必然帶來聲音。既如此，瞭解宇宙萬事萬物則自然不能廢棄學，而學則必然地帶來虛幻怪異之名，而禮節與規格誇飾亦復如是。影子聲響是自然而必然地因著行動與說話而來者，而虛幻怪異之名及規格誇飾亦是自然而必然地因著學與禮節而來者，故在日常生活世界裡，絕無法廢棄學與禮，既如此，則名飾之跡就自然而必然地有之。儘管如此，雖有種種必然而來的名飾之跡，然應之而不執著之，故能至天人渾化圓滿之境界。但其乃必然有者，故必須應之而終不能避免之。正是在此一意義層面上，此似乎可謂名飾之跡亦乃必然的桎梏矣，故謂之爲天刑之也。如若承認此是天刑，那麼凡已至聖者則必然地受之矣。爲什麼聖者可以應之必然而來的名飾之跡而不爲其所累？因爲聖者既已進至渾化圓滿之境界，即已解心無染矣，此即是說其對於生活世界裡的名飾之跡已然無心向之矣，故雖應跡亦能冥之矣。其實，跡與本是相即而生者，跡相即於本，而跡不滯實；本相即於跡，而本不蹈空。明乎此理，並依理而行者，則雖是名飾之跡亦無所累也。[354]此是透過王弼向郭之言聖人圓滿渾化之境界而顯道家圓教義理之境界者也。此是繼前文就道家之圓教義理系統的言詮表達方式而透顯其冥冥如如的最高最圓滿的化境一義而進一步如實地就其圓境而展露之也。

　　道家圓教義理之境界經由王弼向郭依本於老莊而宏闡之而終朗朗然也。故向郭之跡冥論之跡本圓融之化境乃是依本於道家義理而成者，因而，牟宗三將其視之爲單只是道家圓教義理之化境也。此一圓滿渾化之境界乃是依道心玄智之應物而與物無對，即應跡而不累於跡，而在作用層上保全一切存在而明示者，既如此，其自亦

352　《莊子集釋》，第 206 頁；《圓善論》，第 297 頁。

353　《圓善論》，第 297 頁。

354　《圓善論》，第 297-298 頁。

未有就一切存在在存有論層上而給予其一根源性的說明。正是在此一意義層面上，牟宗三將其名之為一境界形態的圓境，而與儒家之實有形態的圓境相區分。故就老子之無而言，其實亦單只是聖人生命之沖虛玄冥之心境，即乃玄智道心之沖虛妙境矣。[355]

在道家之境界形態的圓境裡，宇宙萬事萬物皆隨順玄德而轉，即皆在玄智道心之朗照潤澤裡，由玄智道心在跡本圓融之渾化境界裡所成就的玄德，此是德福一致之圓善裡德之事；而一切在存在層上的跡用皆因隨順玄德而轉，受玄智道心之朗照潤澤而順暢通達，此是德福一致之圓善裡福之事。故對列地言之，聖人之生命經由次第修證而至體沖和而通無的圓滿化境者，此是在主觀上而言的德也；聖人之生命在生活世界裡雖應必然而來的名飾之跡用而卻不為其所累者，此是在客觀上而言的福也。綜攝地言之，此即是德福一致之圓善也。此語境裡的一致，不單是德與福之間在外在比例配稱上而言的必然關係，而且更為根本的是內在之德所在而外在之福亦在，甚至可謂內在之德所在即是外在福之所在。此即是王弼向郭所宏闡的跡本論之跡本圓融之渾化圓滿境界所如實地示之者。正是在此一意義層面上，牟宗三謂在圓教系統裡的德福一致之必然的綜和當該名之為詭譎的相即而更為妥貼。所以者何？因綜和等等語詞乃是分解地即分別地而言的權說教宗裡的語詞，而非是非分別地而言的實說教宗即圓實教裡的語詞故。故依已證得圓滿化境之聖者言，德與福是詭譎的相即者，即德福同體也。既如此，一切已得圓滿化境之聖者實際上皆是天之戮民矣，故其所受之天刑即自然而必然地所受之桎梏實際上即是其福之所在，與此同時亦是其德之所在。何以故？因能夠相即於一切名飾等等之跡用而冥之，此即顯其德矣；而跡因其隨順德而轉，雖是跡而亦是福矣故。自此而觀之，在圓教義理系統裡，德相即於福，福相即於德，此二者是詭譎的相即於一體也，故非是邏輯意義域裡的分析關係與綜和關係。何以故？因其並不能由一者而必然地分析出另一者來，亦並無有什麼第三事或物將其二者綜和起來而顯其必然性矣。在此詭譎的相即裡，儘管德與福相即於一體，而亦皆各自具有其獨立的意義。[356]自此而觀之，在道家之

355　《圓善論》，第 302-303 頁。

356　《圓善論》，第 303-305 頁。

圓教系統裡，在聖者跡本圓融之渾化圓滿的境界裡德福一致也。此即是說，道家義的德福一致之圓善當該在此分際上言之而爲究極圓滿者。

儒家立教是從道德意識契入的，故承上文教之總義即一般義而具體地言儒教義當如是言之：凡能啓發吾人之道德理性（實踐理性）並使其依循此理性所發佈的無條件的道德命令而行以期達至最高理想境界者即爲儒教。依循道德理性所發佈的無條件的道德命令而行動者謂之爲道德實踐。如此義的行動即道德行動意在使吾人之存在狀態符合道德理性。既如此，道德實踐則必然地關涉及存在。此語境裡的關涉及存在亦將產生兩種結果：一是改善存在；二是創生存在。依此義而言革故鼎新亦是一道德實踐。何以故？因革故指向改善，即向著好的一面發展；鼎新指向創生，即創生一新的存在故。自此而觀之，革故鼎新乃是德行之純亦不已[357]而然者。吾人之個體生命之存在已是既定的，故單只需要改善之。依此義，吾人始可知曉一切眾生皆是無有定性的存在，即是可以改變的存在。吾人如此，推而廣之，宇宙萬事萬物皆是如此，即皆是無有定性的存在，即可改變的存在。既如此，吾人可知道德理性周遍潤澤一切存在。故此亦表示道德理性具有無限性的意義。此無限性的意義，牟宗三名之爲無限的智心，而具體在儒家則是良知仁心是也。[358]

承上文，良知仁心周遍潤澤調適一切存在之具體的表現即是生活世界裡的活潑潑的道德實踐行爲也。而此至其極即是與宇宙萬事萬物化而爲一體，此即是說，宇宙萬事萬物無有一物不蒙受此良知仁心的潤澤。此與宇宙萬事萬物爲一體之生命具有神聖性，可謂之爲神聖的生命，在儒家則名之爲聖人大人仁者。爲什麼仁者可以實現與宇宙萬事萬物爲一體？因爲良知仁心感通潤澤萬物之大用原本是與宇宙萬事萬物爲一體而無有須臾分離的。正是在此一意義層面上，吾人言良知仁心原本具有此存有論的周遍潤澤之大用。爲什麼良知仁心之周遍潤澤之大用是存有論的？因爲此具有無限性意義的良知仁心依王陽明乃是乾坤萬有之基也。[359]進一步理論地言之，此具有普遍性與無限性意義的良知仁心可謂是一存有論的原理，或曰本體宇宙

357　《四書章句集注·中庸章句》，第 35 頁。

358　《圓善論》，第 306-307 頁。

359　《王陽明全集》，第 790 頁。

論的原理，即使一切存在成爲具有價值意義而眞實的存在並引生宇宙造化而生生不息者。故設若抽掉此良知仁心，則一切存在終將必歸於虛幻不實以至於虛無。此語境裡的虛無乃是在價值意義域裡言者，而非是經驗意義域裡言者。[360]

承上文道德實踐體現良知仁心至其極者乃聖者也。然此良知仁心並非單只是聖者所獨有之，而是凡是人皆有之，甚至，依康德言，一切理性存有皆有之。但爲什麼凡夫們未有純善而有惡行等惡習，而聖者無有而純善耶？因爲仁者無有讓此良知仁心喪失掉，並且能夠透過道德實踐而活潑潑地體現出來，而凡夫們則不能完全如實地體現之。儘管如此，凡夫們畢竟還是能夠在一定程度上有所體現。何以故？因此良知仁心隨時隨處在一念之間即可呈露故。在良知仁心呈露時，全是道德理性之朗朗然地起作用矣，而其感性之力量則被完全地滌除淨盡了。既如此，吾人則可以隨順機緣而當下指點之以使其透過逆覺體證即操存涵養之工夫而於時時處處體現之，以至於終將完全徹底地體現之。既然完全徹底地體現之已是可能的，故其必然地函蘊著頓時圓滿地體現之亦是可能的。在牟宗三看來，儒家之圓教當須於此頓時圓滿地體現之可能處言之。[361]

綜攝上述諸義，吾人可以知曉儒教圓教義理綱維之大體如是也。欲建立儒家圓教義理系統亦當依此而悟入也。[362]余文首先特別就孔子陽明龍溪義理而明其大端之所是，而逼出儒家圓教模式之何所是，以及在此圓教系統模式裡當該如何言德福一致之圓善。

就孔子言，其所發明的踐仁知天一義其實已經隱約地函蘊了此一義理綱維。實踐仁心是成德之事，而證知天理是吾人生命向上提撕而通達至絕對意義之事。故所謂知天即是默契那能生於穆不已生物不測之大用的具有形上絕對意義的道體。在踐仁成德之過程裡必定函蘊著知天契道之目標，故此亦是關涉及一切存在的存有論原理或謂本體宇宙論原理。[363]既然踐仁成德而終將可知天契道，此亦必然地函蘊著仁心與天道有其共通的性格，在牟宗三看來，此即是創生一切並成全一切也。故吾人

360　《圓善論》，第 307 頁。

361　《圓善論》，第 307-308 頁。

362　《圓善論》，第 308 頁。

363　《圓善論》，第 308 頁。

可謂仁心與天道即是具有普遍性與絕對性意義的無限理性，或謂無限智心。因此吾人透過日常生活之道德實踐而實踐仁心，則仁體，即以仁為體，當體直下挺立起來了，而道體，即以天道為體，亦隨之而呈露矣。仁體乃是主觀地言之者，道體乃是客觀地言之者，此是散列地言之者，而綜攝地言之，實則是一具有普遍性與無限性意義的良知仁心，即使一切存在成為具有價值意義而真實的存在並引生宇宙造化而生生不息之存有論或本體宇宙論之原理。此是依實踐仁心一義而必然地至此者。能夠達至此一境界者，乃是聖者之生命，即神聖的生命。在此聖者之生命裡，一切存在皆蒙受其周遍潤澤而無有一遺漏者，故亦是皆為此具有普遍性與無限性意義的良知仁心所函攝者，牟宗三謂此乃天覆地載也。所謂天覆，是就具有普遍性與無限性意義的良知仁心之函攝性而言者；所謂地載，是就聖者生命在實踐仁心的過程裡對一切存在之持載而言者。[364]

　　依牟宗三，在仁體與道體之間，還有一個居於此二者中間的概念，即性體。所謂性體，即是能夠促成吾人之道德實踐而引生道德創造之超越的性能。仁心之發露與天道之呈露俱是在此超越的性能裡實現的，不單如此，而且此性能還能夠證明此二者原本一者也。故在此一意義層面上，此性能即是良知仁心也。此亦表明吾人原本即有能夠實踐此仁心天理之仁心，故仁心非是外在之事也。是則，所謂實踐仁心其實際上即是如其本來樣子而如實地體現之者。自此而觀之，吾人當知此仁心即具有普遍性與無限性意義，此性能亦復如是，而具有無上甚深之奧義。何以故？因其契接天道而與之共通也故。是以，雖然在言詮上有仁體性體道體，而在義理上實則一也。故一切存在函攝在此具有普遍性與無限性意義的仁心性能裡，實即是涵潤在透過道德實踐而引生道德創造之聖者的生命裡。因此，設若脫離聖者之實踐仁心而憑空言說天道者，牟宗三謂此為玩弄光景而歧出之教，甚至是偏滯虛幻之妄語；設若隔離天道而使其與存在相分離，以至於無法明瞭仁心性能之無限性意義即是道體，牟宗三謂此是小教。此緣二假設而來者皆有所虛欠而不飽滿充實，故皆非是儒家圓盈教義理綱維之所示者。自此而觀之，其實，聖者之生命已經隱約地函蘊著此圓盈教之義理綱維也，其後之學人無有能外於此者也。此如陸象山所謂「夫子以仁

發明斯道，其言渾無罅隙」者也。[365]故無論後之學人所見者或仁或智，或者及不及者，皆可依此圓盈教之原本所成之義理綱維而判別之而爲妥爲切也。[366]

　　就陽明言，爲扭轉權威朱子之歧出而直接地隨順其講解大學而亦講解大學而扭轉之，此是善巧方便，而非是直接地承續孟子而從根源上扭轉之。故陽明透過講解大學而特彰致良知一義，經由此一曲折，陽明最終仍是歸宗於孟子而與孔孟原本形成的義理綱維相契相應。講解大學，則必然地要關涉及心意知物及其相互之關聯。[367]而陽明則因著心意知物而說四句教或謂四有句：「無善無惡是心之體，有善有惡是意之動，知善知惡是良知，爲善去惡是格物。」[368]牟宗三就陽明此四句教作了簡別與分疏。就心而言，良知仁心自身是無有善惡相的，故成爲判別一切善惡現象之標準。何以故？因良知仁心自身是絕對無有一絲一毫染著的純淨，故其無善無惡乃謂之爲至善也，而至善是一贊詞而非是一謂詞，故良知仁心自身亦非是一行爲物也，而一切善惡之現象乃是相對而言的，此語境裡的善惡乃是一謂詞而非贊詞也，故一切善惡現象乃是一行爲物也故。就意而言，此乃是心之發動所致者，此即是一般而言的發心動念或起心動念是也。在日常生活世界裡，吾人發心動念而生意則可能或善或惡的，此即是說，在此時此地吾人所生之意可能是善的，而在彼時彼地則可能是惡的，反之亦然。故吾人所生之意是有善惡相的。所以者何？因吾人發心動念而生意還未有擺脫其感性力量的影響故。正是在此一意義層面上，吾人言此意乃是經驗域裡之事。就知而言，澄明之良知對意之善惡是了然明曉的。而良知之澄明其實際上即是仁心自身虛靈明覺之大用。仁心非是一個不動體，而是其自身乃一徹上徹下之虛靈明覺，故良知之澄明其實際上即是仁心自身也，故亦可謂良知之澄明乃是從反面證明仁心自身絕對無有一絲一毫染著之純淨性。因此，散開地言之，在言詮上有仁心與良知之別，爲什麼可以如此散開地分別地言之，此是因爲其皆關聯著意也；而綜攝地言之，此二者其實際上一也，爲什麼可以如此綜攝地言之，此是因

365　《陸九淵集》，第 398 頁。

366　《圓善論》，第 309-310 頁。

367　《圓善論》，第 312-313 頁。

368　《傳習錄》，第 322 頁；《圓善論》，第 313 頁。

為吾人在感性力量的作用下隨軀殼而發心動念[369]所生之意可或善或惡，而仁心澄明湛然，故對此一或然性結果自然悉皆洞悉，因此之故，吾人便命此仁心為良知也。正是在此一意義層面上，吾人言此良知仁心乃是超越域裡之事。就物而言，其是意之所在者，或謂是意之實現之場域也。牟宗三以事親例證之。吾人發心動念所生之意指向事親，則事親成為一對象物，而因其實際上是一行為，故其亦謂之為行為物。因為吾人所生之意可或善或惡，所以此意所指向的行為物亦自然或正或不正。而意因受制於吾人之感性力量的圍限而成為經驗域裡之事，故意所指向的行為物亦自然成為經驗域裡之事。[370]自此而觀之，心意知物四者，在性質上可大略地區分為經驗與超越之二端。心與知歸屬於超越一端，而意與物歸屬於經驗一端。

　　正是有了心知與意物之超越與經驗的分別，道德實踐工夫之必要則是顯而易見的了。在陽明處，道德實踐工夫具體地表述為致知格物。此處需要補充說明的是致知格物一語是緣大學而來者，陽明為扭轉權威朱子之歧出乃隨順而使用之，但其所賦予的意義則與朱子所言者是純然有別的。陽明所謂致知格物者，即以吾心良知所體現的天理周遍潤澤事事物物，而使其皆得此天理是也：「若鄙人所謂致知格物者，致吾心之良知於事事物物也。吾心之良知，即所謂天理也。致吾心良知之天理於事事物物，則事事物物皆得其理矣。致吾心之良知者，致知也。事事物物皆得其理者，格物也。」[371]良知既能夠知曉吾人隨軀殼起念所生之意或善或惡，故自然亦能知曉意所指向的物或正或不正。良知既能知之，即能依良知所體現的天理而衡之，並可使不正者依理而正之。此亦表示良知所體現的天理不但可以彰顯出來，而且能夠落實在具體的行為物上而發揮其正向之大用。此一過程，牟宗三名之為致。簡而言之，所謂致，即推其極而能實現之者也，牟宗三亦以孟子之擴充義釋之也。故擴充吾人良知而至其極即周遍宇宙萬事萬物而無有一遺漏者，可謂致知也。故致知者不是憑空地致之，而是相即於宇宙萬事萬物而致之者。何以故？因良知所體現的天理必須透過宇宙萬事萬物而能真實地表現出來也。因此，致知必定指向格物。陽明訓格為

369　《傳習錄》，第 98 頁；《圓善論》，第 314 頁。

370　《圓善論》，第 313-314 頁。

371　《傳習錄》，第 133 頁；《圓善論》，第 314 頁。

正，故格物即是透過良知所體現的天理之周遍潤澤而使物正也，[372]而與朱子所謂窮就聞見之知意義層面上的事物之理有所分別。良知所體現的天理，依現代學術語詞言之，即良知自身所立之道德法則也。故致知格物，即是以良知自身所立之道德法則周遍潤澤於行爲物乃至宙萬事萬物而使不正者正之以與道德法則相契合也。如若能夠至此境，即透過致知格物而使行爲物乃至宇宙萬事萬物皆依循良知所體現的天理而行者，則吾人之意誠矣。如若吾人之意誠，則意之發動皆依循良知所體現的天理而行者，眞切踏實而無有一絲一毫之虛妄與自欺而爲無惡之純善矣。意誠，則意之動純善，故其發動之心亦正矣。故吾人之仁心因良知所體現的天理如如地呈露而回歸於其自身之正位，故無有任何忿恨恐懼好惡憂患之事發生矣。自此而觀之，透過致知格物而誠意之修證工夫，無有善惡相的良知仁心之自性本體則如如地一覽無遺地朗現出矣，在此湛然澄明之境裡，無有任何忿恨恐懼好惡憂患相矣，何況其事？但是，如若吾人在修證過程裡一旦有所懈怠而生雜念邪念，則其心自亦不正矣，此所謂不正，即是其本心爲其所放失矣。故孟子言：「學問之道無他，求其放心而已矣。」[373]而陽明義的致知格物而誠意之修證工夫即是實現孟子所謂求其放心之法門也。故有德者乃實踐並充分地體現此法門者。[374]

　　如上乃是陽明依順大學正心誠意致知格物而發明致良知教義理綱維之大端者，即以此四有句（四句教）爲綜論總綱也。[375]

　　就龍溪言，陽明之四句教義理綱維還只是究極圓教義理系統之預備，而非是究極者。在牟宗三看來，儒家究極圓教之義理系統當以龍溪之四無句所展露的境界爲指歸。[376]所謂四無，即上文之心意知物四者皆無有分別說的其自性本體相，而是在聖神之渾化境界裡一是無相地如如呈露者也。[377]且看龍溪之言：「夫子立教隨時，

372　王陽明謂：「物者，事也，凡意之所發必有其事，意所在之事謂之物。格者，正也，正其不正以歸於正之謂也。正其不正者，去惡之謂也。歸於正者，爲善之謂也。夫是之謂格。」《王陽明全集》，第 790 頁。

373　《孟子譯注》，第 267 頁；《圓善論》，第 315 頁。

374　《圓善論》，第 314-315 頁。

375　《圓善論》，第 315 頁。

376　《圓善論》，第 316 頁。

377　《圓善論》，第 316 頁。

謂之權法，未可執定。體用顯微只是一機；心意知物只是一事。若悟得心是無善無惡之心，意即是無善無惡之意，知即是無善無惡之知，物即是無善無惡之物。蓋無心之心則藏密，無意之意則應圓，無知之知則體寂，無物之物則用神。天命之性粹然至善，神感神應，其機自不容已，無善可名。惡固本無，善亦不可得而有也。」[378]牟宗三對龍溪之語作了如是之疏解。心意知物四者在渾化圓境裡之如如地呈露，其實際是天所命之性隨順機緣而神感神應而不容已地自然流行。故在此聖神之圓境裡心乃是無心之心，意乃是無意之意，知乃是無知之知，物乃是無物之物，故甚至連善相都已化掉矣，何況其惡相？首先須要說明的是此語境裡的無究何謂？以無心之心為例，此所謂無乃是心在作用層上所表現的無，而非是在存有層上所實有的無，此即是說，在實際存有層上，心是的確存在的，而在作用層上則是以無心即無所執著之方式表現之，即不是刻意為之者也。故心乃無心之心也。而意亦復如是。即意在存有層上是確實存在的，然卻可以無有意相即不隨順感性軀殼發心動念，簡言之，即不起意之方式表現之。既如此，此時意之發動亦是動而無動相矣。而動相既泯，則意相自亦泯矣。故此語境裡的意乃是純然是天機所貫注之意，此可謂意非意無有分別而一也，即如相之意也。而知亦復如是。此語境裡的知乃是無有知相之知。然知相何謂？依陽明，意之動有善惡相，而與之相關涉的則是行為物之或正或不正，此一切為澄明湛然之良知所知曉，此處之知曉所顯者即謂之為知相。故此所謂無知之知，即是要將良知與經驗域裡的意與行為物之對待相化掉，而讓知無知相地如如呈露矣。而物亦復如是。在聖神之渾化圓境裡，物是無物之物，即是無有物相之物，而非是存有層面上實說的物理義的物。此語境裡所謂的無有物相有二義：一是無有為良知所知曉的對象相，一是無有依意之善惡相而指向的正不正相。[379]既然心意知物四者皆是無有自性本體相的心意知物，而單只是純然至善而不容已的天所命之性隨順機緣神感神應而如如地流行者，此即是龍溪所謂體用顯微只是一機心意知物只是一事者也。是體是微之心知與是用是顯之意物既已是一機一事，此可謂是渾化一如也。牟宗三以莊子在齊物論言有無渾化一如之境的句式（「俄而有、無矣，而未

378　《王龍溪全集》，第89-90頁；《圓善論》，第316頁。
379　《圓善論》，第317-318頁。

知有無之果孰有孰無也。」[380]）例言之：「俄而心意知物矣，而未知心意知物之果孰爲心孰爲意孰爲知孰爲物耶？」[381]如此言的心意知物乃是渾化圓境裡的心意知物，即龍溪所謂藏密應圓體寂用神之心意知物，或謂跡本圓融渾化之境裡的心意知物，簡言之即冥寂境裡的心意知物。此即是說在渾化圓境裡心意知物非心意知物無二無別而一也，亦正是心意知物非心意知物無二無別而一也，渾化圓境才證之也。[382]

　　茲再就陽明之四有與龍溪之四無作一比觀，而明四有之制限及其在何處才可轉化至四無之境。首先就四有之制限言，在四有句裡，心意知物四者是分別地言者而凸顯其自性本體相。此分別地言者，其大端是經驗域與超越域之區分。而此區分產生的根本原因在於吾人之感性力量的影響。吾人感性力量的影響所首先及者乃是或善或惡意之動者。故理解把握四有句之關鍵在此意之動者。意之動所指向的是物，故意之善惡所指向的是物之正不正，此是經驗域裡之事；而意之動又爲良知仁心所知曉，故澄明湛然之良知仁心是超越域裡之事。此經驗與超越之區分被肯認，則意物與心知亦隨此分別而各顯其自性本體相。然其自性本體相究何謂？就意而言，其發動因受感性力量之影響而有善惡相，而此善惡相即是其自性本體相。就心而言，其雖無有善惡相，然其必須確立一超越而絕對的純淨性意義爲其衡定之標準，既如此，此超越而絕對的純淨性意義即是其自性本體相。就知而言，良知具有知善知惡之判斷性意義，故知善知惡即是其自性本體相。就物而言，其是爲意之動所指向者，而意之動是或善或惡的，故其所指向的物亦自有或正或不正，而此正不正即是其自性本體相。正是因爲心意知物四者是分別地言之者而各顯其自性本體相，此即表示心意知物四者實際上是處於有的境界裡。[383]據此，亦可明曉其爲何被名之爲四有句。

　　其次就四有在何處才可轉化至四無之境言，承上文，四有句所言之心意知物四者皆處於有境裡，既如此，則致知格物以誠意正物復心之道德實踐工夫則成爲一無限的進程而永無止境，故聖神渾化之圓境對吾人則永不能至。然吾人之良知仁心畢

380　《莊子今注今譯》，第 71 頁；《圓善論》，第 286 頁。
381　《圓善論》，第 319 頁。
382　《圓善論》，第 319-320 頁。
383　《圓善論》，第 320-321 頁。

竟是一具有超越意義的無限智心，此即是肯認吾人有一無限的智心。此一無限的智心之肯認的意義深遠且重大，因此函蘊著其自身有頓時圓滿地呈現之可能故。此即是說，肯認吾人有一無限的智心，即是肯認吾人可以透過此無限的智心之頓時圓滿地呈現而達至圓滿之化境。何以故？因肯認無限的智心頓時圓滿地呈現即表示其可頓時圓滿地超越並化掉時空域裡之一切感性力量之糾纏，具體地言，即是可以頓時圓滿地超越並化掉經驗域裡的意與物故。雖然吾人之感性力量在現實生活裡可以無限制地拉長，但是能頓時圓滿地呈現之良知仁心是函攝一切感性存在的，故儘管其可以在現實生活世界裡無限地拉長，但亦是可以頓時圓滿地被超越並被化掉的。自此而觀之，在良知仁心之頓時圓滿地呈露即經驗域裡的意與物頓時圓滿地被超越並被化掉處，函蘊著四無境界之可能也。[384]

　　然四無之境究何謂？在牟宗三看來，龍溪之體用顯微只是一機，心意知物只是一事一義即顯眞正的圓實教之何所是。但須說明的是，此語境裡的心意知物乃是非分別而言的四無渾化圓境裡的事項。承上文，此所謂俄而心意知物矣，而未知心意知物之果孰爲心孰爲意孰爲知孰爲物耶？以跡冥論視之，此乃是聖人之寂冥，故是聖人之跡本圓融之境。具體地言之，心與知是本，意與物是跡，故全本是跡，全跡是本，而未知跡本之果孰爲跡孰爲本耶？此即是跡本如如一也。故此跡冥論裡的意與物之跡乃是無意之意與無物之物，而心與知之本亦是無心之心與無知之知也。關此，牟宗三以明道之「言體天地之化，已剩一體字，只此便是天地之化，不可對此個別有天地」[385]所示之證境來表示此一聖神之渾化圓境。故其謂凡是分別地言說者皆是方便權說之教宗，絕非是眞正的圓實教。依此視之，參天地贊化育亦是分別地言之者，而在圓實教義理系統裡，即使是此參贊二字亦是多餘的不必要的，因聖人之道渾圓一如也故。[386]

　　牟宗三繼而以天臺宗圓教系統之義理模式，即一念三千，不斷斷，惑業苦之三道即般若解脫法身之三德爲判准，判別儒家圓教系統之義理模式當該是胡五峰所謂

384　《圓善論》，第 322 頁。

385　黃宗羲：《宋元學案》，北京：中華書局，2009，第 563 頁；《圓善論》，第 323 頁。

386　《圓善論》，第 322-323 頁。

天理人欲同體而異用，同行而異情[387]之所示者。此才是眞正的圓實教，即佛家所謂同教一乘圓教是也，而陽明之四有句則是別教，而對此而發的龍溪之四無句則是別教一乘圓教也。然牟宗三在圓善論此一部分，即此書最後一節證成儒家圓教乃究極圓滿之教而眞正徹底地解答圓善一問題之內容裡，曾經兩次表述眞正圓實教或究竟圓教乃龍溪之四無：一是「究竟圓教乃在王龍溪所提出之『四無』」；[388]一是「『體用顯微只是一機，心意知物只是一事』此方是眞正的圓實教」。[389]而此處之表述則是「眞正圓教（所謂同教一乘圓教）則似當依胡五峰『天理人欲同體而異用，同行而異情』之模式而立」。此表述前後有所別，此當注意。依天臺宗圓教系統之義理模式衡之，此處所表述者爲是。在天臺宗，一念無明法性心即具三千大千世界一切諸法門，故荊溪湛然謂迷者而三千大千世界一切法門同名無明，悟者而三千大千世界一切法門則皆常樂也，故三千大千世界一切法門不變而無明即法性，同體異用也。[390]依此判儒家義理，世間一切事，即可謂心意知物之事也，如若吾人念念執著此諸事項，此可謂人欲，故心不正而生忿恨恐懼好惡憂患之私情也，進而意不誠而成爲期己欺人之私意也，進而知非良知而是識知也，進而物乃是現象義之物而非是無物相之物也。如若吾人能夠通達化掉這一切執著，此可謂天理，故心成爲無心之心，意成爲無意之意，知成爲無知之知，物成爲無物之物也。故飲食男女視聽言動之事體皆是存有義的，即在日常生活世界裡皆是確實存在的，此皆是人欲之事，然若吾人能夠應此自然義的形色而不爲其所累並能夠透過此應之實踐來呈露良知仁心者，[391]此可謂皆是天理之事也。進一步以跡冥論視之，依順天理而行者，則跡本圓

387　《胡宏集》，第 329 頁；《圓善論》，第 324 頁。

388　《圓善論》，第 316 頁。

389　《圓善論》，第 322-323 頁。

390　湛然謂：「若謂因異果，因亦非因，曉果從因，因方克果。所以三千在理同名無明，三千果成咸稱常樂。三千無改無明即明，三千並常俱體俱用。」大正藏，46 冊，703 下；《圓善論》，第 324 頁。

391　孟子謂：「形色，天性也。惟聖人然後可以踐形。」《孟子譯注》，第 319 頁；《圓善論》，第 324 頁。

滿渾化一也，而不依順甚至違逆天理而行者，則跡本分離交喪也。故惟有依順天理而行者，不斷斷而修證至者，方是眞正的圓實教也。[392]

依牟宗三，德福一致之圓善惟有在依胡五峰義理模式而非分別地所立之圓實教才眞正是可能的。何以故？因惟有在此非分別地所立之眞正的圓實教裡，心意知物才渾然一如也故。散開地言之，吾人自覺地依順心知之天理而行者，此可謂德之事，而良知之明覺感應所指向之物亦皆隨此仁心而轉而在心知之天理裡如如地呈現者，即物事隨順吾人之心者，此可謂福之事。因在此眞正的圓實教裡，心意知物渾然一如也，故此亦可謂德與福亦是渾然一如也。然須要說明的是，此德與福之渾然一如者即是證得圓滿渾化境界之聖者所體現出來的德與福之詭譎的相即者。此是一義。在此語境裡的心意知物之心意知具有周遍潤澤宇宙萬事萬物而存有論地即縱貫地創生之的意義。此是一義。而心意知在周遍潤澤並創生宇宙萬事萬物的同時即是吾人自覺地依順心知之天理而行者，此即表示吾人之德行之純亦不已矣，此是德之事；而宇宙萬事萬物在吾人之心意知之周遍潤澤及創生過程裡自亦必然地隨順吾人之心意知而轉，此即表示一切存在狀態皆隨順吾人之心而轉即合吾人之心意也，故吾人時時處處事事皆如意也，此是福之事。故綜攝地言之，德相即於福，福相即於德也。此語境裡的相即乃是詭譎地相即義，故德與福在聖神之圓滿證境裡渾然一如也。[393]自此而觀之，在儒家天理人欲同體而異用，同行而異情之圓教系統義理模式裡，在只此便是天地之化之渾化圓融的境界裡德福一致也。此即是說，儒家義的德福一致之圓善當該在此分際上言之而爲究極圓滿者。

經由對儒釋道三家圓教系統義理模式之簡別與分判而縷述至此，吾人始可知曉圓教惟有透至無限的智心始眞正可能。此所謂無限的智心，散開地言之，在儒家是良知與仁心，在佛家是般若智與如來藏自性清淨心，在道家是玄智與道心。如是，牟宗三依中國智慧傳統以具有絕對性普遍性意義的無限的智心替代康德依西方智慧傳統所立之上帝，而避免了無限的智心被人格化而成爲人格神，而此則正是康德之思路。爲什麼無限的智心可以不被人格化而成爲人格神？因爲依中國智慧傳統，人

---

392 《圓善論》，第 324 頁。
393 《圓善論》，第 325 頁。

格化乃是吾人之情識所執而生者，故不如理如法也。並且，情識所執而人格化者還單只是理上當該如此而並不能在日常生活世界裡真正地實踐之，而此無限的智心則可以在日常生活世界裡真切地落實之。所謂落實者，即吾人能夠在日常生活世界裡真切地體現之是也。正是在此真切地體現之處，吾人始可覺其真實性。既然吾人能夠體現此無限的智心，此即函蘊著可以至其極也，即證得圓滿渾化境界之聖者所已至者。在此圓聖所親證之圓融化境裡，無限的智心之真實意義則一覽無遺地呈露出來了，即吾人良知仁心自覺地如如而朗朗然地體現出大理來，並依循此天理而周遍潤澤宇宙萬事萬物並創生之而使之有其存在。正是如此，德福一致才是真實地可能的，即圓聖自覺地依循天理而行者即是德之事；而無限的智心在圓聖成德的同時亦周遍潤澤並創生宇宙萬事萬物而使其隨順吾人之心而轉者即是福之事。依康德而言，前者是目的王國，後者是自然王國。須要說明的是，此語境裡的自然乃是康德所謂之物之在其自己者之自然義，而非是現象域裡的自然義。在圓聖親證之圓融渾化境界裡，此兩個王國乃是同體相依並依而復即地如如一也，此如如一也即是德福一致之圓善也。正是在此一意義層面上，吾人言惟有圓教才能成就圓善，而圓聖之真實地體現之才真正地真實地成就圓善。故此可進一步而言，惟有經由圓聖而成的真正的圓實教系統義理模式才能真正地真實地解答圓善問題。[394]

六、圓實之教與實踐-修證美學

面對康德在道德哲學思考裡所提出的圓善問題，牟宗三則首先從孟子與告子關於人性之善惡外在內在之論辯所透顯出來的仁義內在與人性定善一義切入；然後依此進一步區分純德之善，即完全遵道德法則之規定並無條件循道德命令而展開的無有任何利害關係關涉的道德行為者，與圓滿的善，即內在的道德與外在的幸福有一恰切的配稱對應關係者，亦即在日常生活世界裡的道德實踐行為應帶來相應的俗世意義上的物質性生活享受者；然後相應康德以上帝作為圓善可能的原則性根據一思路，牟宗三則以無限智心作為圓善真實性的原則性根據，而無限智心是依中國智慧傳統綜攝地言之，而散開地言之，則是儒家的本心或良知，道家的道心或玄智，佛

---

394 《圓善論》，第332-333頁。

家的如來藏自性清淨心或般若智；最後以佛家圓教模型尤其是天臺宗義理範式爲參照依佛道儒之文獻而分判佛道儒之圓教系統何所是，並終以儒家圓教系統爲究極而徹底確切地解答德福一致確是可至的。牟宗三此種以判教的方法與思路處理康德所思考的圓善問題確是一獨關性之創發。在跨文化對話交流語境裡，牟宗三所創關者具有特別的學理意義，就其大端而言，有如下幾個方面：一是依止中國智慧傳統圓滿地解決德福一致問題。德福一致的問題是康德在思考道德哲學問題時所提出的具有重大意義的根木問題。在日常生活世界裡，吾人不得不考慮並關注道德行爲與相應的生活回報的關係。此即是說吾人都期望每一個人在日常生活世界裡的道德行爲都能夠有相應的生活回報，此所謂好人應該有好報者是。然而，現實生活現象或事件卻表明有些時候好人並沒有及時地好報，即道德行爲的付出並沒有相應的生活回報隨之出現。康德依西方智慧傳統則將人世間道德與幸福一致的任務交給了上帝。何以故？因上帝創生宇宙萬物，並維持著宇宙萬物間井然有序的秩序故。此即是說，上帝創生了人，那麼亦自會保證人在道德與幸福之間恰切的配稱關係。而在牟宗三看來，作爲人格化神的上帝其實是無限智心的人格化而成者。而作爲人格化神的上帝則並不能眞切地保證人世間道德與幸福的一致，其原因，依牟宗三有四：第一，人格化的上帝一概念的形成過程是虛幻的，具體而言，上帝原本單只是主觀化的表象，起著規範性的作用與意義，而在被人格化的過程裡則從超越界域的純粹理念滑轉到了成爲一切存有之根源的個體性存有。此一滑轉即已明示作爲純粹超驗理念的上帝在被人格化爲一個體性存有的過程是虛幻的。第二，隨之而來的對上帝存在的證明亦當是虛幻的。第三，個體性存有是知解理性界域裡的事項，故人格化的上帝被設定爲宇宙萬物之存在根據的時候，即表明其單只是一設準。第四，在知解理性不能證立上帝存在時，則透過實踐理性之信仰證之，而信仰卻是一種情識作用，故亦不能證之。自此而觀之，人格化的上帝一概念未能被確切地證立，故託付給其保證的道德與幸福之間恰切的配稱關係一問題，自亦是不能被確切地說明。牟宗三在闡明康德之思不通透的時候，則另關蹊徑，即從中國智慧傳統出發，以無限智心一概念替代上帝一概念，作爲道德與幸福一致的根源性根據。中國智慧傳統裡的無限智心一觀念是綜攝地言之者，而散開地言之，則是佛家的如來藏自性清淨心與般若智，道家的道心與玄智及儒家的良心與良知。此無限智心或如來藏自性清淨心與般

若智、道心與玄智及良心與良知皆未有被對象化而成為人格化的神，而是單只是在純粹實踐理性界域裡被說明，即自性自發自動而起用，而不關涉及其它任何界域裡的任何利害關係事項，故無限智心自身自發起用即表明緣無限智心而來者是真實的而非是空幻的。故無限智心一義被證立，則道德與幸福一致之可能的真實性之理論說明入口已確定，然還並未能確切地展示出其真實性。而此確切的真實性還需要在圓教系統之義理範式裡才能具體地展示出來。此單以儒家圓教義理系統為例簡單說明之。圓教是佛家判教時所使用的一個概念。判定是否是圓教的一個直接性的語詞意義標識是即字。佛家次第修證工夫意在去除煩惱而證顯菩提，然依佛家圓教而言，煩惱菩提是一體兩面而同體相即的，故有煩惱即菩提之謂，並皆緣系於一念心，具體而言，一念心迷則煩惱生，一念心悟則菩提現。繼而進一步依此說明儒家圓教之言說方式。儒家從道德意識處立教。故儒家尤其重視依道德理性所發佈的道德命令而行的道德實踐在日常生活世界裡的作用與意義。在儒家看來，此語境裡的道德實踐具有生天生地的創生性作用與意義，牟宗三以革故鼎新一語表之。具體而言，道德實踐一方面可以使其所關涉及的存在向著好的方向繼續發展得更好，此即是革故之義，一方面可以創生其所關涉及而還未有出現的存在，此即是鼎新之義。綜此二義，吾人始可知曉依道德理性所發佈的道德命令而行的道德實踐真切地展示的是德行之純亦不已之力量與意義。此亦表明道德理性具有周遍潤澤宇宙萬事萬物而無有一遺漏者的力量與意義。此所表示的道德理性之無限性意義，即是上文牟宗三所言之無限智心，具體地以儒家語詞言之，即良知仁心是也。良知仁心一般首先是透過聖人的道德實踐而充分地體現出來的，並聖人的道德實踐與天地同流，與日月同光，故良知仁心能夠起包孕並潤澤宇宙萬事萬物之用。在良知仁心包蘊並潤澤宇宙萬事萬物之用裡，宇宙萬事萬物獲得一存在之根據的說明。而良知仁心不獨惟聖人所有，而是凡人皆有之者，故人人皆依聖人之訓而行聖人之道德實踐以朗朗然而呈露良知仁心而實現其生物不測之大用。此是言儒家圓教系統之根本方向。沿著此一方向，吾人再簡單敘明儒家圓教系統發展之學理脈路。孔子發明斯仁，並主張實踐仁心成就道德與天理相契相通；孟子以四端之心十字撐開孔子所立之仁教而挺立道德主體以與天地同流與日月同光；陽明以四有句言心意知物，並明吾人透過致知格物之實踐工夫而可實現良知仁心周遍潤澤宇宙萬事萬物之大用，而立良知教之綱格；龍溪

以四無句言心意知物，意在化掉心意知物之自性相而讓其在如如化境裡能夠圓滿地呈現出來，以實現緣道德理性而來的道德實踐能夠與天地同流與日月同光的如如渾化的圓融境界；直至胡五峰言天理人欲同體異用同行異情而至真正的圓滿真實之教，此既函攝了陽明之有，亦呈現了龍溪之無，並使此二者圓融渾化一體。天理人欲是一體兩面而同體相即的，並皆緣系於良知仁心，故良知仁心，迷則私欲氾濫，悟則天理流行，而且天理流行必須透過人欲世界而呈現出來，故天理人欲是一體相即的。以此義理系統衡判德福之關係問題，吾人可知良知仁心悟而天理流行是德之事，良知仁心迷而私欲氾濫是福之事，而天理之德還必須透過人欲之福透顯出來，故德福是一體相即的。此即是說，在五峰之天理人欲同體異用同行異情之圓教義理範式所顯示的渾圓化境裡德福一致是真實可至的。自此而觀之，牟宗三借鏡中國智慧傳統尤其是佛家之圓教義理範型啟發其運用來分判儒家義理並確立儒家圓教義理系統，而妥貼地解答了康德在道德哲學裡所思考的道德與幸福的關係問題。

　　二是開啟實踐-修證美學的究極問題。綜觀牟宗三思考並解答圓善問題的致思過程，吾人知曉其為解答圓善問題而依中國智慧傳統所證成之究極圓滿之教，[395]自哲學而言，此是一個哲學問題，而且是哲學的究極問題，儘管如此，自其所展開的論證過程而言，其所表述的文詞語段及其理境無不具有鮮明的美學色彩或審美指向；自美學而言，此所言圓聖親證之化境以及德福相即而如如一也之諸義亦確實是一美學問題，[396]單只是此一美學問題不是自藝術與自然而來，而是自哲學之究極問題之解答過程而來者，因此亦可謂其即是美學的究極問題也。須要說明的是，對此一美學之究極問題之悟入非是從藝術與自然入，而是從圓聖之次第實踐-修證工夫及其所至之化境入，故非是一般而言的泛美學或謂泛審美之問題也。此圓聖所親證之化境，吾人在言詮上名之曰圓覺主體（聖人）的自由，並視其為審美的極致狀態，即圓滿圓融的狀態。圓聖透過次第實踐-修證工夫而達至大而化之的境界，此是總持地言之，

395　關於牟宗三的圓善論思想，鄭志明從生命關懷的視閣對其給予了一創造性的闡釋。參鄭志明：〈牟宗三〈圓善論〉的生命關懷〉，《揭諦》，第 11 期，2006 年 6 月，第 323-347 頁。

396　關於從審美境界的視閣對牟宗三圓善論思想的討論，張海燕在其博士學位論文裡有所涉及，並亦有一論文簡述之。參張海燕：《牟宗三美學思想研究》，杭州：浙江大學，2008；〈牟宗三「圓善」美學思想概述〉，《中南大學學報》，2007 年第 3 期，第 251-253 頁。

而散開地言之，則是佛家佛陀透過去執斷念的般若智觀工夫而達至如如無相的境界，道家天人透過齋心坐忘的無為無化工夫而達至逍遙自然的境界，儒家聖人透過至真至誠的道德實踐工夫而達至大德敦化的境界。此即是說，圓聖可具體為佛陀天人聖人，實踐-修證工夫可具體為般若智觀無為無化道德實踐之工夫，大而化之的境界可具體為如如無相逍遙自然大德敦化的境界。然無論是佛道之出世的實踐-修證工夫還是儒家之入世的實踐-修證工夫，都只有在世間而又不執著世間的實踐-修證方法才是可取的。何以故？因惟其如此才是圓滿的故。如若單只是出世間而不入世間，即使實踐-修證有所成就，那也最多只能算是一個自了漢，即未有為世間眾生帶來利益；如若單只是入世間而不出世間，即對世間欲望念念執著並執迷不悟而向下墮落，其最壞的結果是害人害己。在日常生活世界裡，如若能夠遇事做事，有為於世間服務於世間，無事無為，而心若止水平和泰然，此是一事來則應事去則靜的修證境界，此可判為龍溪的四無境界；如若能夠遇事無為並無為而事，即能夠在遇事做事時心靈純淨平等而無有一絲一毫的喜憎愛惡之情識偏好，並能夠以此純淨平等之心為事為人而無有一絲一毫的利益計算之分別執著，此是一有為無為、開物成務成己成人一體相即的圓融境界，此可判為五峰之天理人欲同體異用同行異情境界。前者重在顯化相無為之境，後者重在顯成己成人之德與開物成務之福相即而應之境。故後一種境界是最圓滿的境界，即圓教義理之境界。透過實踐-修證工夫而達至此境界者方為圓聖。故圓聖親證之化境即圓覺主體（聖人）的自由惟有在圓教義理背景下才是真實可至的，即立己立人之德與開物成務之福之恰切的配稱關係確是可實現的。此即是說，吾人在日常生活世界裡行成德之實踐-修證工夫時則必定有與之相應之福隨之而來。德福之關係問題是哲學的究極問題。而緣此德福關係問題而來的圓聖化境則是實踐-修證美學的究極問題。故吾人在日常生活世界裡行成德之實踐-修證工夫即是在審美地生活。

第四章　即眞即美即善與自由之圓成

第一節　合目的性原則與無相原則

　　牟宗三在 83 歲高齡之年，即西元 1991 年完成康德第三批判之全部譯稿，並在翌年，即西元 1992 年 4 月起在《鵝湖月刊》之 202-204 三期上連續發表《以合目的性之原則爲審美判斷力之超越原則之疑竇與商榷》一長文，此一長文隨後亦被置於由臺灣學生書局於是年 10 月所出版之《康德判斷力之批判》上冊的譯者之言後，作爲學習者悟入康德美學之門徑，[1] 在此之前，已在西元 1989 年 4-5 月於臺灣中央大學及 1990 年 5-6 月於臺北《鵝湖》雜誌社講解康德美學，其講錄後經其香港得意門弟子新亞研究所盧雪崑教授根據錄音整理，並經臺灣中央大學楊祖漢教授校正後，以《康德美學演講錄》之名刊於《鵝湖月刊》之 407-412、414-416 期上，共計 9 講；繼之在西元 1990 年 9 月-1991 年 1 月於香港新亞研究所講解康德第三批判上卷關於審美判斷力之內容，其講錄後經盧雪崑教授根據錄音整理，並經臺灣中央大學楊祖漢教授訂正後，以《康德第三批判講演錄》之名刊於《鵝湖月刊》之 303-318 期上，共計 16 講；繼之在西元 1992 年 5 月於臺灣東海大學講解其所獨發之眞美善的分別說與合一說，其講錄後經臺灣中國文化大學樊克偉根據錄音整理，並經臺灣中央大學楊祖漢教授校訂後，以《眞美善的分別說與合一說》之名刊於《鵝湖月刊》之 287 期上，共計 1 講。就一般美學思維之慣性，即關涉及美，審美，美感，藝術，美育等諸概念而建立或宣講美學理論而言，此是牟宗三直接地集中地講美學之諸文獻。關於此領域問題之運思，牟宗三亦是期望能夠如其消化康德第一批判而作《現象與物自身》，消化康德第二批判而作《圓善論》一樣，爲消化康德第三批判而作《眞美善的分別

1　《牟宗三先生學思年譜》，第 80-81 頁。

講與合一講》[2]以完整地系統地消化並發展康德各領域之哲學思想所關涉及之基本問題，然關於康德第三批判之消化與發展的運思最終未有如其所願，而是以一長文及一系列講錄面世的。在此一系列文獻裡，牟宗三首先分析了康德審美判斷力之諸基本問題，繼之指出康德以合目的性之原則為審美判斷力之超越原則一觀念是不諦當的，故需要重述之。

一、判斷力原理

判斷力一概念是康德第三批判裡的一關鍵概念，若以一觀念視之，此乃是其哲學系統裡的一關鍵觀念，即通達前兩批判的觀念。故關於此一問題的思想，吾人可視之為一原理。對此一問題的把握利於吾人對康德哲學的整體性把握。

依據勞承萬的研究，康德在其早期所著之《宇宙發展史概論》一書裡即已提出了人之判斷力一問題：「對外界事物的依賴性，使人很早就發展了取得生活必需品的能力。有些人就停留在這種發展階段上。而把抽象的概念聯繫起來，以及通過理智的自由運用來控制情感，這樣一種能力發展得較晚，在有些人身上則一輩子也不會有；在所有人身上這種能力也總是很薄弱的；它為低等官能服務，這些官能它本來應該加以控制的，而能控制它們則是它本性的優點。」[3]勞承萬對康德此一段話作了說明與注釋：就前者言，此意在點明康德關於人類各種認識能力的研究是在宇宙生成的宏大語境裡展開的；就後者言，康德所謂取得生活必需品的能力，即是生活實踐能力；把抽象的概念聯繫起來的能力，即是（邏輯或知性）思維能力；通過理智的自由運用來控制情感的這樣一種能力，即是判斷力。[4]此種判斷力能夠在情感與理性之間發揮一種平衡諧和的作用：「人腦的神經和腦汁只提供粗糙而模糊的概念，而且由於感覺刺激不能從他的思維能力中引出強有力的觀念來與之平衡，所以他將為他的情感所衝動，為他器官的失調所騷擾。而理性則努力於擺脫這種狀況，並用判斷力的光芒來消除這

2　牟宗三：〈康德美學演講錄（一）〉，《鵝湖月刊》，第三四卷第一一期，第6頁。

3　康德著、全增嘏譯：《宇宙發展史概論》，上海：上海譯文出版社，2001，第129頁（案：後文引證此文獻時，僅標注文獻名與頁碼）；勞承萬等合著：《康德美學論》，北京：中國社會科學出版社，2001，第45頁（案：後文引證此文獻時，僅標注文獻名與頁碼）。

4　《康德美學論》，第45頁。

種混亂狀態，正如天上的陽光驅散不斷遮蓋它的烏雲一樣。」[5]康德所洞見到的是判斷力不單只具有控制情感的力量，而且還具有平衡諧和情感與理性之間的衝突與矛盾的力量。正是在此一意義層面上，吾人言康德的判斷力原理是緣宇宙生成而來者，此即是說，宇宙生成歷史乃是康德形成判斷力觀念而發展成判斷力原理之最深刻最根本的語境。[6]此一義爲勞承萬所發。進一步，康德言判斷力不但可以給吾人帶來一種愉悅的心境，而且還可以給吾人暗示一些尚未展開故只能意會不能言傳的原始性概念：「如果人們的情感從這樣的一些考察和上述的一切中得到了滿足，那末，在晴朗之夜，仰望星空，就會獲得一種愉快，這種愉快只有高尚的心靈才能體會出來。在萬籟無聲和感官安靜的時候，不朽精神的潛在認識能力就會以一種神秘的語言，向我們暗示一些尚未展開的概念，這些概念只能意會，而不能言傳。」[7]此即是說，判斷力的高度發展將會產生兩種結果：一是給吾人帶來愉悅歡喜的激情，一是與理性相關涉而向吾人暗示一些具有根本性意義的原始性概念。自此而觀之，康德早期所言之判斷力是一個意義豐富的總體，其是吾人主體能動性與豐富性程度的標識。依此而言，康德爲什麼在寫完第一二批判之後就會接著寫第三批判？此是因爲判斷力觀念所函蘊的是吾人多種認識能力的和合而在，即既關涉及知性亦關涉及理性還關涉及情感，故是一種更爲高級更爲複雜的複合結構體。正是因此，判斷力原理才能成爲溝通第一二批判的橋樑。[8]亦因此故，康德在完成第一二批判後則必然地繼續第三批判的工作，此在其早期思想裡已經函蘊了。

　　既如此，康德在第三批判裡，對判斷力的分類與說明亦不是隨意興致所至者，而是源於其早期思想的認識。康德將判斷力區分爲規定的判斷力與反省的判斷力。就規定的判斷力言，此是依循經驗傳統，即遵循知性——範疇之規定而來者，然其亦與吾人之審美能力相關涉；就反省的判斷力言，此是依循理性傳統，即遵循理性——自由之規定而來者，然其亦與紛繁雜多的自然現象之特殊的規律法則相關涉。[9]此可以清

5　《宇宙發展史概論》，第 130 頁；《康德美學論》，第 46 頁。

6　《康德美學論》，第 46 頁。

7　《宇宙發展史概論》，第 142 頁；《康德美學論》，第 47 頁。

8　《康德美學論》，第 48 頁。

9　《康德美學論》，第 51 頁。

晰地看出，康德在早期所模糊地意識到的判斷力觀念在第三批判裡得到了清晰確切地表述。正是在此一意義層面上，即判斷力原理既函蘊著審美判斷，此關涉及情感能力，亦函蘊著目的判斷，此關涉及知性與理性能力，勞承萬視判斷力原理爲康德先驗哲學的縮影。[10]關此，康德如是言：「判斷力之批判之區分成美學的判斷力之批判與目的論的判斷力之批判即是基於上說之考慮而作成的。第一部是意謂『因著快與不快之情而評估形式的合目的性（或不然名曰主觀的合目的性）』這種評估之能。第二部則是意謂『因著知性與理性而評估眞實的合目的性（亦曰客觀的合目的性）』這種評估之能。」[11]「因此，『自然的美』可以被看成是『形式的即純然主觀的合目的性之概念之呈現或具體展現』，而『自然的目的』則可以被看成是『一眞實的即客觀的合目的性之概念之呈現或具體展現』。自然的美，我們經由審美品味（taste）來評估之（即藉賴著愉快之情而美學地評估之）；自然的目的，我們經由知性與理性來評估之（即依照概念而邏輯地評估之）。」[12]此是關於判斷力的宏觀規定，即依其哲學系統之整體規模而規定者。

　　然判斷力原理爲什麼能夠成爲康德批判哲學的縮影？此是因爲判斷力自身是一特殊的複合結構，並依循一根本性的原則。就其所依循的原則言，自然的合目的性，即人是最後的創造目的，乃是判斷力原理所依循的根本性原則。勞承萬以爲此是判斷力發揮溝通作用的總根源總動力之所在。何以故？因判斷力觀念所關涉及的對象一方面指向美，一方面指向有機的生命，而此後一方面對判斷力而言則更具有根本性意義故。[13]爲什麼有機的生命對於判斷力更爲根本？因爲此是最後目的所在，此所謂人是最後的創造目的者也。既如此，美在最後亦必然地指向人，故審美判斷亦是一目的論，即主觀的形式的合目的性。因此，擔當先驗哲學系統之通聯任務的判斷力原理則能夠向外關涉及知性，而形成情感-知性結構，向內關涉及理性，而形成情感-理性結構，如此地內外貫通而自可成一整體矣。此一結構模式，勞承萬名之爲二向性結構模式。

10　《康德美學論》，第 52 頁。

11　《判斷力之批判》，第 149 頁；《康德美學論》，第 52 頁。

12　《判斷力之批判》，第 148 頁；《康德美學論》，第 52 頁。

13　《哲學史講演錄》（第四卷），第 294 頁；《康德美學論》，第 53 頁。

而此二向性結構模式的理論根源則是黑格爾所謂之有機的生命，亦即人是最後創造目的一觀念。此是就其自身是一特殊的複合結構體言者。[14]

依康德之思路，審美判斷對溝通第一二批判，即自然與自由，是必定的需要的。為什麼？康德在第一批判宣講知識規定自然，在第二批判宣講實踐理性規定自由，而自然與自由此兩領域在性質上原本是完全無有關聯性意義的。此即是說，自然世界裡無有自由。何以故？因自然現象所依循的因果關係乃是機械的因果關係故。此即是說，凡是自然世界裡的自然現象皆須遵循服從此機械的因果關係。既是機械的，又何以言自由？自由世界裡無有自然。何以故？因自由乃是自己發動自己決定者。此即是說，凡是自由世界的決定皆是自發而成者，並無另外一個外在的限制條件來促成之。既是自發自動者，又何以言自然？亦正是在此處，始可言意志自由自律，即其自身是自發自動而成者。既如此，自然與自由此兩個世界是相對反的，不相關涉的。儘管如此，然吾人的自由之決定還必須透過具體的行動在生活世界裡表現出來，故自由與自然又是可以透過第三者關聯起來的。[15]

依康德，自由之意志是歸屬於本體界（智思界）者，然依循意志所發佈的道德律令而來的具體的實踐行動則是歸屬於現象界者。故此處亦有一個因果關係，即智思界之意志是因，而現象界之行動是果。如此分開地言之，此則形成了自然與自由之兩界。而吾人在現象界之行動之果是緣智思界之意志之因而來者，牟宗三以撒謊例證之：作為人是不應該撒謊的，此是由意志所發佈的道德律令，如若一人遵守之而專講真話而絕不說假話，則此人一生的言行皆是符合道德意志的，故是正直的，即有道德人格。而意志自由在康德語境裡則是一設準，即理上當該如此者，然此理上應當如此者所引發的具體的言行則是真實的生活現象，吾人皆可見之。此皆可見之的真實的生活現象既是現象域裡的事，則必定受限於時間空間之規定。而其亦是緣意志所發佈的道德律令而來者，故此可言此現象域裡的事亦是與意志所發佈的道德律令及道德目的相符合的。此是一義。而在現象界具體地言之即自然界表現出來的此具體的生活行動，吾人可以肯認其形式是美的。為什麼？因為其符合那具有超越意義的道德目的。此即是說，

14　《康德美學論》，第 53 頁。
15　〈康德第三批判講演錄（三）〉，第 4 頁。

此形式的美是依合目的性而言者，即合道德目的而具有神聖性與純淨性。此是一義。[16]此是就審美判斷在康德先驗哲學系統裡所擔負者而言其對判斷力原理的構想。

二、審美判斷之超越原則

　　依康德，一般而言的判斷力，即是指把特殊者歸屬於普遍者之下的一種能力。此即是吾人平常所言之卜判斷的能力。此有二種情況：一是普遍者，即規律原則法則是已經給定了的，而單只是將具體的特殊者歸屬於其下的判斷力，康德名之曰決定性的判斷力；一是特殊者是給定了的，而須要依此而為其找尋到普遍者的判斷力，康德名之曰反省的判斷力。[17]而此反省的判斷力又賅攝審美判斷力與目的論判斷力。既如此，審美判斷與目的論判斷則皆是反省判斷而非是決定判斷。而此決定性的判斷，牟宗三名之曰有向判斷，此反省性的判斷，其則名之曰無向判斷。[18]牟宗三為何以有向無向來命名此兩判斷之說明，則於後文之分析裡和盤托出。雖然審美判斷與目的論判斷皆歸屬於反省判斷，然其二者還是有微妙差別的。儘管目的論判斷對於自然不能有一客觀地具有認知意義的決定性判斷，然其還是有向的，此即是說其雖非是客觀地決定性的有向，然還是主觀地非決定性的有向。而審美判斷則是純粹無向的。[19]牟宗三特別地明示出此二者之微妙的差別，意在表明審美判斷所依循的原則與目的論判斷所依循者應是有別的，而非是同一的。

　　依康德，反省判斷力不但確實需要一原則，而且是需要一超越的原則。既然是一超越的原則，此即意味著反省判斷力不能從經驗裡獲得之。此所謂超越，即指反省判斷力本欲為一切經驗原則建立一較其高一級的可以統攝其的經驗原則，並因此而建立起兩原則之間系統關聯的可能性。既如此，反省判斷力所欲建立的超越原則亦能從其自身而被給出，並將此原則給與於其自身。自此而觀之，此一超越的原則單只是一個形式的軌約的主觀性原則。具體地散開言之，就其為反省判斷力自身所給出言，此即

16　〈康德第三批判講演錄（六）〉，第7頁。

17　《判斷力之批判》，第124頁；〈以合目的性之原則為審美判斷力之超越原則之疑竇與商榷〉，第3頁。

18　〈以合目的性之原則為審美判斷力之超越原則之疑竇與商榷〉，第3頁。

19　〈以合目的性之原則為審美判斷力之超越原則之疑竇與商榷〉，第3-4頁。

明示其不能爲任何他者所引生出。若如此，則此判斷力即是決定性的判斷力而非是反省性的判斷力。就其爲反省判斷力但給與於其自身言，此即明示其並未被給與於他者，如自然，而爲自然立法以規定自然。依此兩義，康德引出一特別意義的語詞：即 Heautonomy，以與 autonomy 相區分。此二詞，籠綜地言之，皆是自律義，然詳細地審之，則有特別重要而且關鍵的區分。就前者言，此所謂自律，乃是爲自己而律，即把一法則規則自發地自覺地給與於自己者；就後者言，此所謂自律，乃是爲他而律，即把一法則規則主動地有意識地給與於他者，此如知性爲自然立法則，意志爲吾人之行爲立法則者。[20]

　　然康德所謂之超越原則究何謂？依康德，所謂超越原則，即是自然的合目的性原則。故反省判斷力是以此一自然的合目的性原則爲其超越原則的。然此語境裡的目的及合目的性究何謂？康德謂其爲：「一對象之概念，當其同時含有此對象底現實性之根據時，它即被名曰此對象之『目的』。而『一物之與那只依照目的而可能的事物之構造或本性相契合』之契合便被名曰此一物底形式之『合目的性』。」[21]在牟宗三看來，康德之數語因其甚有高致及甚有理趣而甚爲殊勝。[22]康德所謂對象之概念，即意謂對象如其所是地成爲一對象的實義。如果在此一實義裡還函蘊著此一對象的現實性根據，則此實義即是此一對象的目的。此所謂對象的現實性根據非是從對象之外的他者他處憑藉外力而找尋來的根據，而是此一對象從其自身之所應是者處發現其現實性根據。故一對象物如若能夠從其自身之所應是者處完成其自己即實現其自己者，此即是此一對象的目的之實現。此須要說明的是，一對象物從其自身之所應是者乃是以其爲一對象物之實義爲根據者；而一對象物從其自身之所應是者處而完成實現其自己者表示一對象物之所應是者即是此一對象物的現實性根據；而此有依止的完成實現即表示其目的之實現。故康德所謂目的，乃是一對象物所應是之實義在其中函蘊著此一對象物的現實性根據的所應是之實義者。[23]此是康德的目的義。目的義既定，則合目的

20　〈以合目的性之原則爲審美判斷力之超越原則之疑竇與商榷〉，第 7 頁。

21　《判斷力之批判》，第 126 頁；〈以合目的性之原則爲審美判斷力之超越原則之疑竇與商榷〉，第 9 頁。

22　〈以合目的性之原則爲審美判斷力之超越原則之疑竇與商榷〉，第 9 頁。

23　〈以合目的性之原則爲審美判斷力之超越原則之疑竇與商榷〉，第 9-10 頁。

性義即顯矣。任何一對象物與依其所應是之實義而顯的事或物之本性相契合者，即是此一事或物的形式的合目的性。然事物之形式則總是千變萬化而顯種種形態，儘管如此，其亦必然地與依其所應是之實義而顯的事或物之本性相契合，以顯其合目的性。此種意義的合目的性在反省判斷力對種種雜多的自然形態以及其規定法則所作的反省處是可以被視之為反省判斷力的超越原則的。[24]自此而觀之，吾人當知此一超越原則的確立是在對種種雜多的自然形態及其規定法則所作的反省處而實現的，故其最確切的意義乃是指向於歸屬於反省判斷力的目的論判斷，因此，其與上帝存在之自然神學的證明是最相契合的。然康德在第三批判裡所主要地討論者乃是審美判斷力，故其確立反省判斷力之超越原則亦主要地依審美判斷力而言者，即其最確切的意義亦當該是指向於審美判斷力的。然在牟宗三看來，康德如此地確立的合目的性原則對於審美判斷力而言，既甚為不相應不顯明，亦相當地讓人難以理解與把握。[25]

上文所述者，乃是牟宗三疏解康德關於合目的性原則的總綱領之基本內容。[26]隨後，牟宗三依據此一總綱領對康德之思給予了直接而詳細的批評。[27]

承上文，吾人順康德思路已知曉依合目的性原則來觀照自然，會發現自然原來如此地有條有理而讓人倍感美好而心生讚美。如此之心境可謂是一種快樂的心境。而此種自然有條有理而令人心生歡喜快樂者即是上帝存在之自然神學的證明者所積極地宣示者，即是與合目的性原則最相應最契合者，故此是佈道者所最願意地讚美者及最樂意地宣說者。然此與合目的性原則最相應的，即佈道者所最願意地讚美的及最樂意地宣說的美好並不必定是審美判斷所表說的美。何以故？因源於上帝的快樂並不必定地是源於審美判斷的愉悅。既如此，在牟宗三看來，此一關於審美判斷之超越原則的問題是康德第三批判裡最大的疑竇，即最令人懷疑與不得其解者。[28]

---

24 〈以合目的性之原則為審美判斷力之超越原則之疑竇與商榷〉，第 11 頁。

25 〈以合目的性之原則為審美判斷力之超越原則之疑竇與商榷〉，第 11-12 頁。

26 〈以合目的性之原則為審美判斷力之超越原則之疑竇與商榷〉，第 12 頁。

27 就牟宗三對康德審美判斷力理論的批判性闡釋表示疑問，並主張從歷史性視閾以氣為中心的思考彌補牟宗三以道德主體性之思考的不周全，而進一步完整地研究康德美學思想者，乃有林安梧以專文表之。參林安梧：《契約、自由與歷史性思維》，臺北：幼獅文化事業公司，民 85，第 183-204 頁。

28 〈以合目的性之原則為審美判斷力之超越原則之疑竇與商榷〉，第 14-15 頁。

　　關此，牟宗三以美的兩種具體表現的現象例證之。首先是自然的美。這枝花是美的爲一審美判斷。然在此種自然之美的對象裡，如何可以看出其中所函蘊地合目的性，或謂其所表現的合目的性是什麼？牟宗三言其自己百思不得其解，根本無法瞭解並把握合目的性原則在此種情況的確切涵義究何謂，而且每當看到康德在審美判斷處言合目的性原則是頓時地特感困惑的。其因每每如此，故甚至懷疑合目的性原則在審美判斷處是根本無有確切涵義的。其次是文藝的美。牟宗三一連列舉了四個文學作品的例子來證明其困惑：「西風古道瘦馬。小橋流水人家。斷腸人在天涯。」[29]「天蒼蒼，野茫茫，風吹草低見牛羊。」[30]「四圍山色中，一鞭殘照裡。遍人間煩惱填胸臆，量這般大的小車兒如何載得起！」[31]「朝飛暮卷，雲霞翠軒；雨絲風片，煙波畫船。錦屏人忒看得這韶光賤。」[32]總之無論是自然的美，還是文藝的美，此可謂是最美的，然合目的性原則究竟是如何地於其中體現出來的？如若言此般美的對象或美的表象裡函蘊著合目的性原則，而此合目的性原則是自然之特殊化原則，故此一原則一旦爲美的對象或美的表象所有或體現之，則其成爲了目的論判斷的對象而不再是美的了。因此，依牟宗三，從此般美的對象或美的表象處是無法瞭解與把握合目的性原則的。[33]

　　依康德，源於審美判斷的審美愉悅單只表示審美對象與反省判斷力裡的想像與知性等諸認識機能的自由諧和運動相契合，故如此意義的審美愉悅單只是審美對象的一主觀的形式的合目的性而已。此語境裡的合目的性一概念，並非是目的論判斷裡直接地指向自然對象者，而單只是直接地指向審美主體的諸種認識機能自由諧和運動之表現者。故此所謂合目的性，即表示審美對象與審美主體之諸種認識機能自由諧和運動

29　《天淨沙秋思》，載隋樹森編：《全元散曲》，北京：中華書局，1964，第 242 頁；〈以合目的性之原則為審美判斷力之超越原則之疑竇與商榷〉，第 17 頁。

30　《敕勒歌》，載李鎮淮等選注：《歷代詩歌選（第一冊）》，北京：中國青年出版社，1980，第 246 頁；〈以合目的性之原則為審美判斷力之超越原則之疑竇與商榷〉，第 17 頁。

31　王實甫：《西廂記》，長沙：嶽麓書社，2002，第 88 頁；〈以合目的性之原則為審美判斷力之超越原則之疑竇與商榷〉，第 17 頁。

32　湯顯祖：《牡丹亭》，北京：人民文學出版社，2002，第 54 頁；〈以合目的性之原則為審美判斷力之超越原則之疑竇與商榷〉，第 17 頁。

33　〈以合目的性之原則為審美判斷力之超越原則之疑竇與商榷〉，第 17 頁。

之表現相契合。此即是說，審美對象與審美主體的諸種認識機能如想像與知性是相契合的，而審美主體在想像與知性的自由諧和運動裡亦感到順適暢達而自由自在，而此種順適暢達而自由自在讓審美主體感到的是一種愉悅，而此類愉悅與目的論判斷所表示的因無窮紛繁雜多的自然現象得以統一而頓感興奮是有別的，故康德名此類愉悅爲對象的主觀的形式的合目的性。此所謂主觀的乃是就審美主體的諸種認識機能而言的，非是就自然現象之紛繁雜多的統一而言的；此所謂形式的乃是單就審美對象之形式與審美主體的諸種認識機能的自由諧和運動之表現相契合而言的。然如此意義的合目的性原則被康德視之爲審美判斷的超越原則，在牟宗三看來則確實是穿鑿的，而非是自然成者。[34]既如此，牟宗三甚至言康德就審美對象之形式與審美主體的諸種認識機能的自由諧和運動之表現相契合而言主觀的形式的合目的性，並以此爲審美判斷的超越原則之一義，乃是完全無有意義的即無有理論的有效性，或退一步而客氣地言，起碼亦是失其意旨即並無有恰切的契合性。[35]

　　自此而觀之，康德關於審美判斷之超越原則的思路如是：以諸特殊法則能夠統而一之爲思維契機，並因此統一所顯示的井井有條而感到興奮不已，繼而聯繫到自然對象之合目的性，並將源於審美判斷而來的愉悅與此自然對象的合目的性相關聯，最後以此合目的性原則爲反省判斷力的超越原則。而反省判斷力賅攝審美判斷與目的論判斷，故此合目的性亦即是審美判斷的超越原則。[36]然而，在牟宗三看來，康德此一思路存在著一種混漫與滑轉。就混漫言，乃是對審美判斷與目的論判斷不顧及此二者之分際而置定一相同的超越原則；就滑轉言，乃是從目的論判斷之合目的性原則滑向審美判斷之主觀的形式的合目的性原則。故牟宗三反復申說康德在審美判斷處言主觀的形式的合目的性原則甚難令人理解把握，甚至其根本是失其意旨的，即完全不切不應的。[37]

34　〈以合目的性之原則為審美判斷力之超越原則之疑竇與商榷〉，第 18-19 頁。

35　〈以合目的性之原則為審美判斷力之超越原則之疑竇與商榷〉，第 21 頁。

36　〈以合目的性之原則為審美判斷力之超越原則之疑竇與商榷〉，第 23 頁。

37　〈以合目的性之原則為審美判斷力之超越原則之疑竇與商榷〉，第 26 頁。

　　既然牟宗三對康德關於審美判斷之超越原則一義不認可，那麼其必然地提出其自己關於此一問題的思考結果。[38] 牟宗三的思路如是：首先對審美判斷作了重述，進而依此重述對其超越原則作了重述。就審美判斷言，牟宗三首先承認其是一種判斷，具有判斷的能力，然後將其規定爲品鑒或賞鑒，即審美判斷是一品鑒或賞鑒，而品鑒或賞鑒自身即函蘊著一種判斷。如此一來，此與康德從關涉及認知機能的一般意義的判斷力而言審美判斷力相區分。何以故？因品鑒或賞鑒乃是欣趣（taste）或謂品味之事，而非是認知之事故。如若在言詮上一定要言其爲知，亦當該從欣趣或品味義言之，而絕對不能依待於感性而概念地言之，牟宗三名之曰品知。如若還進一步以直感言之，此亦當該從欣趣或品味義言之，而絕對不能依待於感性而概念地言之。正是在此一意義層面上，牟宗三名審美判斷力爲審美力，隱去判斷二字，以避免滑向認知意義域裡去。故關於此審美力，就其是一品知言，牟宗三名之曰妙慧；就其是一直感言，其名之曰妙感。既如此，所謂審美判斷乃是妙感妙慧之品鑒。然如若自其非是決定性的認知判斷言，名審美判斷爲反省判斷或反照判斷亦是可以的，但是自妙慧妙感而言，此所謂反省或反照即是無有任何指向者，故牟宗三名此反照爲無向，即無有任何指向義。因此，審美判斷亦可進而以無向判斷言之，此即是康德所謂靜觀默會者是也。[39]

　　因著康德關於審美判斷之諸義而具體地言無向，此則是無有任何利害關涉，並不依待於任何概念是也。如若有利害關涉，即有所偏好，無論是好此或好彼，皆是有所指向的，故依待於感性而關涉及概念地認知義，而此與關於審美判斷之規定是截然相對反的。故牟宗三謂審美品鑒其實質是一種無向之靜觀默會。而無向即是無有任何指向者，此即是說，無向所無化掉的正是此諸任何義的指向。牟宗三以道家之無義來對詮此一義。道家之無，首先是透過遮徵向之有而顯出來的。依此審視審美品鑒所體現出來的無有任何利害關涉，並不依待於任何概念與道家遮徵向之有而顯無是無有二致的，即在理境上一也。故審美品鑒即是妙慧靜觀默會而來的妙感。此即是說美及美感即緣美而來的愉悅乃是在此妙慧之靜觀默會裡呈現出來的。既如此，審美品鑒之超越

38　關於審美判斷之超越原則一問題，康德以合目的性原則示之，牟宗三辯以示之爲無相原則，關此之對比研究者，乃殷小勇著文表之。參殷小勇：〈審美判斷與合目的性之關係──論牟宗三關於康德美學思想之商榷〉，《同濟大學學報》，2008 年第 4 期，第 54-60 頁。

39　〈以合目的性之原則爲審美判斷力之超越原則之疑竇與商榷〉，第 71-72 頁。

原則當該從其自身之妙慧妙感而透顯。而妙慧妙感自身是無有任何指向的，即審美品鑒自身是無有任何指向的。既是無有任何指向地靜觀默會，故不著於任何相也。因此，與審美品鑒自身是無向的相對應的超越原則，牟宗三名之曰無相原則。自此而觀之，無相原則既反身地形成並彰顯審美品鑒之無向性，亦超越地化掉一切事物之具有獨立意義的自相，此即超越地化掉道德之善的善相，知識之真的真相，審美之美的美相。故吾人始可知曉無相原則成為審美品鑒之超越原則既是其自身反身地向內收攝而成者，亦能超越地化掉一切自相，無論是其自身的還是他者的。因此，此具有超越意義的無相原則惟有透過審美品鑒而可直接地呈露出來，此與康德所謂審美判斷之自律乃是為自己而律者一義相吻合的。[40]此即是牟宗三依中國智慧，此處主要是依道家智慧而對康德關於審美判斷之超越原則一問題之重述的結果。牟宗三之重述從其自律之為自己而律一義言，可謂是究其極也。依此而言，就思維之一貫性而言，牟宗三在此一問題上比康德之思徹底究竟。

三、審美判斷之普遍性與必然性及推證與辯證

依康德，所謂美，即是離開概念而普遍地令人愉悅者。審美愉悅具有普遍性，但又不依賴任何概念。此一義確實令人費思量而難以理解把握。為什麼？因為一般而言的判斷之普遍性皆是依賴概念而來者。然康德於此處卻言不依賴於概念亦有普遍性，一般而言，此如何而可能？然康德於此處所言之無需概念而來的普遍性究何謂？[41]就審美判斷之第一相（契機）言，審美判斷所產生的愉悅是對審美對象作靜觀默會而至者，故是不關涉及任何利害關心的。既不關涉及任何利害關心，則審美主體之任何感性之偏好以及緣概念而來的道德善之命令性則皆失去規定性意義而被化掉了。故在此種審美狀態裡審美主體無有任何羈絆而自由自在。既是完全地純粹的自由自在，那麼審美主體則沒有任何一絲一毫的自私自利參與其中，此即是說，審美主體的自由自在不是因為任何一絲一毫的自私自利而產生的，即任何一絲一毫的自私自利皆非是此種審美愉悅產生的理由或條件。既然無有任何一絲一毫的自私自利的私人因素夾雜在其

40　〈以合目的性之原則為審美判斷力之超越原則之疑竇與商榷〉，第72-73頁。
41　〈以合目的性之原則為審美判斷力之超越原則之疑竇與商榷〉，第34頁。

間，那麼此種愉悅則具有共通性，即對任何其他人皆是有效的，此即是說，任何人依此而行皆可以產生此種愉悅。自此而觀之，依此共通性，即可言審美愉悅的普遍性。[42] 故此種對審美對象的審美判斷實際上亦是具有一般有效性意義的判斷，此所謂公眾判斷，即對每一個人皆有效的判斷。如此之不依賴於經驗認知概念而來的審美判斷所具有的普遍性，乃是一種主觀的普遍性。此即是說，此普遍性是主觀意義的，而非是客觀意義的。[43]

　　然審美判斷所秉具的此種主觀意義的普遍性之根據或理由究何在？[44] 觀康德書，吾人知曉康德以審美判斷之純粹主觀條件的普遍性，即想像力與知性等諸認知機能自由諧和一致而產生的心靈狀態所具有普遍可暢達性，作為審美愉悅具有普遍的主觀有效性的唯一基礎。此即是說，審美判斷及緣此而來的審美愉悅的普遍性皆是以想像力與知性等諸認知機能自由諧和一致而產生的具有普遍可暢達性的心靈狀態為唯一基礎的。為什麼？因為此種心靈狀態本來具有普遍地可暢達性，即每一個人惟有在此一心靈狀態裡才可以進行審美。故儘管審美判斷以及緣此而來的審美愉悅皆是單個的審美主體作出的以及所體驗到的，然仍是具有普遍性意義的，即對每一個人皆是有效的。此須要說明的是，此種意義的普遍性是不依賴於概念並無有任何利害關心的普遍性，而且是緣想像力與知性等諸認知機能自由諧和一致而產生的具有普遍可暢達性的心靈狀態而來的具有鮮明的主觀意義的普遍性。[45]

　　承上文，審美判斷及緣此而來的審美愉悅因緣想像力與知性等諸認知機能自由諧和一致而產生的具有普遍可暢達性的心靈狀態而來的具有鮮明的主觀意義的普遍性一義，確實是言之成理的。然牟宗三卻覺其迂曲疏隔而不顯豁，穿鑿強探而不自然。為什麼？其理由有三：第一，就審美判斷之第一相而言，審美判斷是不依賴於任何概念的，然在牟宗三看來，康德以緣想像力與知性等諸認知機能自由諧和一致而產生的具有普遍可暢達性的心靈狀態為審美判斷的唯一的主觀性基礎條件，其實亦是一概念。既如此，審美判斷及緣此而來的審美愉悅之普遍性是依賴於概念而來的。而此卻

42　〈以合目的性之原則為審美判斷力之超越原則之疑竇與商榷〉，第35-36頁。
43　〈以合目的性之原則為審美判斷力之超越原則之疑竇與商榷〉，第37頁。
44　〈以合目的性之原則為審美判斷力之超越原則之疑竇與商榷〉，第39頁。
45　〈以合目的性之原則為審美判斷力之超越原則之疑竇與商榷〉，第41頁。

與審美判斷之第一相義相矛盾。第二，以如此意義的主觀普遍性之有效性來言說審美愉悅的普遍性猶如以審美主體必須吃飯一般的普遍有效性來證明審美判斷的普遍性一樣是失其意旨的。第三，想像力與知性等諸認知機能自由諧和一致對審美判斷及緣此而來的審美愉悅之普遍性究有何作用，在何程度起作用，皆是不得而知的。既如此，牟宗三以為康德強探力索至此，實在是太穿鑿而無有建設性的意義。[46]既是強探力索，然康德究為何要如此地費思量而至者？在牟宗三看來，康德此一步工作與其以合目的性原則為審美判斷之超越原則直接相關聯。而康德在思維審美判斷之超越原則時候既已有所滑轉與混漫，而此處與其直接相關聯的審美愉悅之普遍性自亦是不免穿鑿甚至無有積極性的建設意義。[47]

　　承上文，審美品鑒既不關涉及任何利害關心，亦不依賴於任何概念，此語境裡的概念既包括決定性的概念，亦包括不決定性的概念，故其之普遍性非是緣概念而來者，然其卻又有普遍性，此當是何意義的普遍性，在何意義層面上是可能的？康德從量意義層面上言此普遍性，然牟宗三經由分析而發現此原是質意義層面上的普遍性。此處有一微妙意義須要說明：康德從質量關係程態四性言說審美判斷乃是依第一批判言說一般意義的判斷之模式而來者。但此處有一微妙區分：在第一批判裡，此四性有實義，而在第三批判裡，此四性乃是借用，即單只有虛義而無有實義。康德未有細審此一微妙之區分，故在分析審美判斷之第一相時候是借用而言其不依賴於概念，而至後三性之分析的時候，則忽略了此一本該須要注意處，而轉虛義為實義了。如此一來，則違背了審美判斷的本性，即不關涉及任何利害關心，不依賴於任何概念者。承上文，如此意義的審美愉悅即是在妙慧妙感之靜觀默會裡而達至如如實相境界者。何以故？因審美判斷是無向判斷，而無向者無相也，而無相者實相也，而實相者一相也，而一相者如相也。既是靜觀默會而來的實相，則自然是無諍的，即是無有依賴於概念而辨別討論如此不如此者。既是無所爭辯的，故實際上是普遍的，即對每一個人皆是有效的，才可以不起爭辯之相。此種意義的普遍性，牟宗三名之曰如相性的普遍性。而審美判

46　〈以合目的性之原則為審美判斷力之超越原則之疑竇與商榷〉，第 43-44 頁。
47　〈以合目的性之原則為審美判斷力之超越原則之疑竇與商榷〉，第 44 頁。

斷及緣此而來的審美愉悅的普遍性即是此如相性的普遍性者也。[48]此乃是牟宗三對康德關於審美判斷及緣此而來的審美愉悅的普遍性之重述義的基本內容。

　　牟宗三關於康德對審美判斷之必然性未有特別的疏解，然其卻有一綱領性的重述。承上文，妙慧妙感之靜觀默會必然地函蘊著審美判斷之普遍性，因其無有如此不如此之爭辯而如如一也故。故妙慧妙感之靜觀默會終必至妙慧妙感之周遍無外之境界。而此妙慧妙感之周遍無外實際上亦函蘊著一種必然性。然此處的必然性究何謂？首先，其非是一邏輯的必然性，即非是由分析命題而來者，亦非是一道德的必然性，即非是由道德法則之無條件的命令而來者。其次，妙慧妙感之靜觀默會所至之境界乃是類乎莊子之化境，即由「俄而有、無矣，而未知有無之果孰有孰無也」[49]所表示出來的有無之對待甚至有無自身皆被化掉後而顯示出來的自在逍遙而渾化一如之化境者。依此而判一般而泛言的美乃是依緣於美之概念及其各種利害關心而來者。此所謂美是有著各種顏色的，故是飾美，而此處的美則是純然一如的，故是純美。[50]此乃是牟宗三對康德關於審美判斷的普遍性之重述義的基本內容。

　　康德在完成審美判斷之普遍性與必然性的說明後，並對其合理合法性給予了證明，此所謂審美判斷之推證是也。關於此一問題，牟宗三首先分析了康德的推證方法，其次分析了此推證的性格，最後未作疏解地引證了康德關此之文本。

　　第一，關於康德的推證方法。此語境裡的方法非是一般而言的方法論的方法，而是指展開此審美判斷之推證的程序。此語境裡的推證，即對審美判斷之普遍性與必然性的合理合法性之證成之謂也。依康德，審美判斷單只是一因一審美對象而引發的愉悅不愉悅之心靈感受狀態的判斷，而非是關涉及自然域的認知判斷，亦非是關涉及自由域的道德判斷。審美判斷是既不關涉及任何利害關心，亦不關涉及任何概念，無論是決定性的概念還是非決定性的概念，然康德則言其有普遍性與必然性。關此當該何解？此是需要一證明的。康德所採取的證明方法如是：首先是確立合目的性原則是審美判斷的超越原則，然後在此超越原則的規定下，以緣想像力與知性等諸認知機能自

48　〈以合目的性之原則為審美判斷力之超越原則之疑寶與商榷〉，第 73-74 頁。

49　《莊子今注今譯》，第 71 頁；〈以合目的性之原則為審美判斷力之超越原則之疑寶與商榷〉，第 74 頁。

50　〈以合目的性之原則為審美判斷力之超越原則之疑寶與商榷〉，第 74 頁。

由諧和一致的心靈狀態所具有的普遍可暢達性為唯一基礎，而說明審美判斷在量關係程態層面上的性相，最後依此超越原則而證成審美判斷的普遍性與必然性是合理合法的。康德此一證明的方法，牟宗三名之曰外離的方法。所謂外離，即外開地離而遠之者是也。而牟宗三所採用的證明方法是非此非彼地遮詮。所謂遮詮，即是說明其不是什麼，以此而顯示出其是什麼之謂也。牟宗三名此曰內合的方法。所謂內合，即內切地合而近之者是也。此雖是消極地遮顯，然其對於分解地說明審美判斷之特性是很顯成效的。[51]

第二，關於此推證方法的性格。康德曾說審美判斷單只是判斷力自身在主觀域裡即是其自己的對象，與此同時亦即是其自己的法則一義的判斷。[52]在牟宗三看來，康德此一義與前文言康德關於自律之微妙二義的區分是內在地相應的。此即是說，此一義與自律之為自己而律一義是相切合對應的。依康德，在審美判斷裡，反省判斷力之自律即是為自己而律者，此所謂判斷力自身即是其自己的法則也。此即是說反省判斷力自身為其自己立定法則。此與知性之自律乃是為自然而律，即為自然訂立法則，以及與自由意志之自律乃是為吾人之行為而律，即為吾人之行為訂立法則之二義是相區分的。綜攝地言之，此後二者之自律乃是客觀地為他者而律者，而前者乃是主觀地為自己為律者。此是就訂立法則所關涉及的對象是內在的還是外在的而言者。再就判斷力自身在主觀域裡即是其自己的對象一義言，在審美判斷裡，反省判斷力之反省或反照在主觀域裡即是審美對象如美的景色等等之具體地活潑潑地呈現者，而非是如認知判斷與道德判斷者那樣指向一外在性的客觀對象。故牟宗三言康德所謂審美判斷單只是判斷力自身在主觀域裡即是其自己的對象，與此同時亦即是其自己的法則一義的判斷之表述是一種內合性的表述，此即是說，對審美判斷自身之種種特殊性的理解與把握當該只在審美判斷自身內在地理解之把握之，而非是如認知判斷與道德判斷一般外離地思索之。[53]此乃是牟宗三對康德關於審美判斷之推證的方法之性格的疏解之大要。

51 〈以合目的性之原則為審美判斷力之超越原則之疑竇與商榷〉，第 54-55 頁。
52 〈以合目的性之原則為審美判斷力之超越原則之疑竇與商榷〉，第 57 頁；《判斷力之批判》，第 305 頁。
53 〈以合目的性之原則為審美判斷力之超越原則之疑竇與商榷〉，第 57-58 頁。

　　第三，康德正式表述審美判斷之推證的一段文本。「設承認在一純粹的審美判斷中，『愉悅於對象』是與此對象底形式之純然的評估相連繫，如是，則那『我們在心中所覺其須與對象之表象相聯合』者沒有別的，不過就是對判斷力而言的對象之主觀的合目的性。現在，因為，在關於評估活動之形式規律中，判斷力，離開一切材料（不管是感覺或概念），只能被指向於判斷力之一般使用之主觀的條件（所謂『判斷力之一般使用』意即並不限於或應用於某一特殊的感覺模式，亦不限於或應用於某一特殊的知性概念），因而也就是說，只能被指向於那種主觀的因素，即『我們預設之於一切人中』的那種主觀的因素（如一可能經驗一般所需要者那樣）：因為判斷力只能被指向於某使用方面之如此云云的主觀條件或因素，是故隨之而來者便是：『一個表象』與『判斷力底這些主觀條件』之相一致（相契合或相諧和）必須允許被假定為可以先驗地有效於每一人。換言之，我們有保證可以要求於每一人，在關於那些『有事於一感觸對象一般之評估』的諸認知機能之關係中，皆有此快樂或此表象之主觀的合目的性。」[54]繼之，牟宗三還繼續引證了康德之頁下註腳及後文注說之文本，亦皆未有或詳或簡之疏解，雖偶有一二指點語，然其基本意思皆未有出離於此一段文本，並在前文討論審美判斷之諸義的時候反復申說過了，故此處從略。

　　康德在完成審美判斷之分析工作後，進而展開了審美判斷之辯證工作。在分析康德關於審美判斷之辯證內容時，必須首先明確的是康德之先驗哲學體系由分析部與辯證部構成的。分析部所關涉及的是邏輯真理之事，此分析及其所關涉及的事項是一定的；而辯證部所關涉及的是邏輯幻相之事，此辯證及其所關涉及的事項是有幻相的，故需要批判。然審美判斷之辯證究何謂？審美判斷辯證所關涉及的根本問題是概念問題。審美所遵循的原則因為概念而出現一背反：其正題為審美判斷不能依賴於任何概念，因審美判斷不是依賴於任何概念之爭辯而實現的故；而其反題為審美判斷必須依賴於概念，如若其離開了概念，則吾人對於審美判斷之普遍性則無法傳達，此即是康德所謂吾人對審美判斷之事項則無法爭吵。[55]觀康德所言之正反兩題，其核心詞彙在

54　〈以合目的性之原則為審美判斷力之超越原則之疑竇與商榷〉，第59頁；《判斷力之批判》，第307-308頁。

55　〈康德第三批判講演錄（四）〉，第12頁；《判斷力之批判》，第396頁。

概念一詞，然仔細參詳一番後發現，其實此兩題裡的概念是有別的，並非是同一義之概念。就正題之審美判斷須離開概念言，此語境裡的概念是決定意義的概念，即是可決定的並且是決定了的概念。所謂決定的或決定了的概念，意謂的是這個概念可以透過直覺來獲得證實。依康德，一個概念惟有透過直覺的證實才表示其是真實的，即具有真實性。因此，如若一個概念不能被直覺到，則表示這個概念沒有真實性。而沒有真實性的概念是無法被決定的，亦不能被決定的。故惟有直覺發露的地方，不管直覺是在當下發露，還是在後來發露，其所關涉的概念才是可決定的。依此衡之，知識概念皆是可決定的及決定了的概念。就反題之審美判斷須要概念言，此語境裡的概念是非決定意義的概念，即是理性的概念，簡言之，即理念。理念是不能透過直覺來證實的，即不是決定性的概念。何以故？因吾人的直覺只能適用於現象界域裡的東西，故是經驗性的，而理念是超經驗的，即是理性綜攝起來最高的最完整的一個概念，故與現象界域裡的東西無有任何對應的可能，即現象界域裡的東西無有一種東西可以作為體現理念的質料故。既然正反兩題所關涉及的概念意義是純然有別的，那麼它們的對立衝突亦是一個幻相假像。既如此，正反題是可以各自獨立地成立的，並無有矛盾衝突之可說。[56]

康德從不可決定的理念處來說明審美判斷的普遍性與必然性一義，在牟宗三看來，此是完全不通的，不可以的。何以故？因既是透過不可決定的概念來通達至審美判斷的普遍性與必然性，此語境裡的不可決定的概念，還是有概念義，亦顯概念相故。簡言之，即還是透過概念來實現的。然審美判斷之普遍性與必然性是須要離開任何概念的，即不需要任何概念的，故此二者才是真正矛盾衝突的。[57]

既然透過不可決定的概念來通達至審美判斷的普遍性與必然性一義與審美判斷是不需要任何概念一義相互齟齬的，那麼康德為什麼要強探力索此種背反？因為康德意欲把審美對象如美的景色者外離地與一超越而隔絕的由上帝神意所設計的目的相關涉以據此而言說合目的性原則。故康德以合目的性原則為審美判斷的超越原則一義

56　〈康德第三批判講演錄（四）〉，第 12-13 頁。

57　〈康德第三批判講演錄（四）〉，第 13 頁。

即顯示出其將審美對象與最高意義的理性（神性）相關涉的思想。[58]康德所言的審美判斷之超越原則是無目的的合目的性。所謂無目的的合目的性，即表示此語境裡的合目的性原則是可以離開一目的而存在著的。此處須要仔細說明的是：此所謂離開一目的之目的與無目的之目的是同一義，即作爲合目的之連系的材料看的目的，簡言之，此語境裡的目的是材質義的。如若此材質義的目的內合於審美品鑒裡而成爲審美判斷之構成的　成素，那麼審美則是有目的，而美亦是有目的，即合什麼目的才是美的，否則是醜的。如此一來，此則與審美判斷之質性義相矛盾起衝突。故所謂離開一目的，或無目的，皆是要無化掉此種意義的目的。如此之思維，在牟宗三看來，乃是內合地就審美判斷之本性而言者，此與審美判斷不關涉及任何利害關係，不依賴於任何概念是相切合相對應的，因前者乃後者所必函蘊者也。此所謂合目的性之目的究何謂？雖然審美判斷需要無化掉材質義的目的，然其仍顯一合目的性。此又當該何解？此語境裡的合目的性，乃是意謂審美判斷作爲一反省判斷，即可經由反省或反照而在審美對象的形式或形態裡找尋並呈現此審美對象的合目的性。如此地呈露出來的合目的性即是此審美對象之無目的的合目的性。而此所謂無目的的合目的性即是主觀的形式的合目的性。故合目的性之目的乃是主觀的形式的目的，簡言之，此語境裡的目的是主觀形式義的。康德如此地言無目的的合目的性即可與至高無上且遙遠的純粹知性的理性神意相關涉起來，進而可言美善之關聯。因至高無上且遙遠的純粹知性的理性神意具有創生宇宙萬事萬物之力量，故甚至亦可言此所謂主觀的形式的合目的性，乃是此理性神意早已按照目的之因果法則而將那合目的性的形式創造出來以使其能夠恰切地合目的或體現此目的。既如此，康德則必然地會在語境裡言說一正反兩題之背反以完成美善之關聯。[59]故康德雖然是從非決定性的概念處言之者，而非是從決定性的概念處言之者，然無論是決定性的或是非決定性的概念，則畢竟皆是概念也，亦仍是外離地在理性的視野裡對待主觀的形式的合目的性。因此，綜攝地言之，康德依其思維之

58　〈以合目的性之原則爲審美判斷力之超越原則之疑竇與商榷〉，第76頁。

59　關於美與善的衝突問題，曾美珠曾著文透過牟宗三關此之思想，即審美判斷之無相原則以及依此而來的真美善之合一說之諸義表之。參曾美珠：《牟宗三對「美善衝突」的解決》，桃園：臺灣中央大學，民92。

發展則必然地如此地致思者，否則，此所謂合目的性之可能性是無法說明的，亦無以立之的。[60]

四、審美判斷之關係相

康德曾從關係性層面上來探討審美判斷之特殊性格，而提出無目的的合目的性一觀念來。首先康德關於審美判斷之關係相究何謂？依審美判斷之第一相言，其乃是不依賴於任何概念的，故因此自亦不會指向任何目的。此即是說，美非是因應著一目的才是美的，否則，即是醜的。美如此，而對其作品鑒的審美判斷亦當如是。關此一義，此即康德所謂無目的或離開目的者是也。儘管如此，審美品鑒所關涉的審美對象及緣此而來之愉悅的心靈狀態等等自身仍是合目的的。康德此一思維方向乃是意在將審美判斷向上提撕到一超越且隔絕的神聖意志處，以實現美與善的關聯與溝通。[61]康德謂此無目的的合目的性是一主觀的形式的合目的性，然此種意義的合目的性是如何建立起來的？依康德，此種意義的合目的性是在關於三種愉快的感受之比較裡透顯出來的。此三種愉快的感受是：一、源於感官舒適而來的愉快感受，此是感性的快慰；二、源於道德善而來的愉快感受，此是道德的快樂；三、源於美的愉快感受，此是審美的愉悅。前二者皆是對外或對內有所依待者，既有所依待，則必定有利害關心，而有利害關心，則必定指向一目的，具體地言之，第一者指向感性的官能享樂目的，此是主觀義的目的，第二者指向理性的道德善目的，此是客觀義的目的。而惟有第三者對內對外皆無有任何依待，故無有任何利害關心，故不會指向任何目的，無論是主觀義的還是客觀義的。自此而觀之，審美判斷既與任何關涉及自然現象本性的認知概念無有關聯，亦與任何關涉及道德行為的道德概念無有關聯，而單只與想像力同知性等等諸認知機能自由諧和一致之關係相關聯。[62]

此種在審美判斷裡出現的想像力與知性等等諸認知機能自由諧和一致之關係，必定會引發一種愉悅的心靈狀態。而此種源於審美判斷的愉悅的心靈狀態對每一人皆是有效的，即其具有普遍性意義。所以者何？因作為審美判斷之唯一基礎的主觀條件之

60　〈以合目的性之原則為審美判斷力之超越原則之疑竇與商榷〉，第 77 頁。

61　〈以合目的性之原則為審美判斷力之超越原則之疑竇與商榷〉，第 47 頁。

62　〈以合目的性之原則為審美判斷力之超越原則之疑竇與商榷〉，第 49-50 頁。

由想像力與知性等等諸認知機能自由諧和一致之關係所引發的心靈狀態自身具有普遍地可暢達性故。此一原因是前文所反復地申說者。康德正是從此種愉悅的心靈狀態處言無目的的合目的性即審美判斷之關係相者。因此，無論是一對象還是其表象模式之爲美既不關涉及任何利害關心，亦不依賴於任何概念，故自亦必定無有在客觀意義層面上所言的任何客觀的合目的性，而單只有因應著審美主體之愉悅的心靈狀態而在主觀意義層面上所言的主觀的合目的性。而此種意義的主觀的合目的性所表示的即是一對象或其表象模式在想像力與知性等等諸認知機能自由諧和一致之心靈狀態裡所呈現出者，即是美。此亦表示出此一對象或其表象模式在離開任何目的（無論是認知的還是道德的）後而能夠自由自在地同由想像力與知性等等諸認知機能自由諧和一致之關係所引發的心靈狀態相契合相對應者，即是美。而此種意義的美乃是主觀的形式的合目的性。[63]

　　然康德意在讓美與善相關聯而言無目的的合目的性之思路乃是屬於目的論判斷及自然神學者，在字面上看來，似乎皆是屬於反省判斷者，然其二者之微妙的區分表明，此一思路與審美判斷無有什麼特殊的關聯。故此所謂無目的的合目的性所顯示的審美判斷之關係相亦無有什麼特殊的意義，當該重述之。[64]審美判斷之第一相所言其無有任何利害關心，並不依賴於任何概念，以及緣此而來的具有特殊意義的普遍性與必然性等等諸義，其實皆函蘊著審美判斷在實質上並無有什麼關係相可言，即皆是超越並擺脫此諸關係相者。審美判斷無有任何認知義的與道德義的目的，故此亦函蘊著對緣目的而來的關係相之化除。然康德在此無目的一義後復言其合目的性，此則將本已從內在性言的審美及其審美判斷外離地向上指向並關涉及一至高無上且遙遠的純粹知性的神聖意志或理性神意所設計的目的處。故從審美及審美判斷自身之內在地言其無有任何目的後，忽而復從理性神意之外在地言其合目的性，而因此顯一非決定的關係相。[65]在牟宗三看來，此一迂曲穿鑿之論說實無必要，故可以略去。[66]

63　〈以合目的性之原則為審美判斷力之超越原則之疑竇與商榷〉，第50-51頁。

64　〈以合目的性之原則為審美判斷力之超越原則之疑竇與商榷〉，第51頁。

65　〈以合目的性之原則為審美判斷力之超越原則之疑竇與商榷〉，第75頁。

66　〈康德第三批判講演錄（四）〉，第10頁。

在這一部分裡，牟宗三主要就康德所言審美判斷之四性及其所依循的超越原則之諸義作了一定的疏解與批判，在明示康德致思之失後，其亦根據中國智慧傳統給予了糾正式的重述以期明示審美之自性究何謂。此種鋒芒畢露氣勢逼人的對判辯論之風格及其意旨頗似於孟子與告子之對判辯論而明道者。孟子之談辯語言不僅向內關涉及其內在心性，而且向外關涉及立命明道，故依此而觀哲學談辯語言，其特殊的性格是雙方面的：一是向外指涉的工具義或功能義；一是向內指涉的價值義或理想義。[67]孟子之談辯語言如此，牟宗三與康德之對判辯論者亦復如是：一是向內指向道德實踐的良知仁心，一是向外指向哲學究極圓融之理境。牟宗三在明示康德關於審美判斷之超越原則爲無目的的合目的性原則一義之失後，依中國智慧傳統提出無相原則以補之。在此基礎上，隨後提出了其對眞美善的新知見。

五、對牟宗三之重述的批判

承上文，牟宗三首先疏解了康德從質量關係程態四面所釐定的審美判斷之四義，然後肯認康德對審美判斷之自性的洞見：審美無關涉任何利害關心，並依此而判析康德關於審美判斷之必然性普遍性及關係相的論述之混漫滑轉，以及緣此而來的以無目的的合目的性爲審美判斷之超越原則一義之失旨。繼此，牟宗三依中國智慧及審美判斷之自性而提出無相原則爲審美判斷之超越原則。此是牟宗三疏解康德關於審美判斷之四義並重述其超越原則之基本內容。依審美判斷之自性一標準來衡量牟宗三之重述的審美判斷之超越原則，吾人當可知曉牟宗三所重述的審美判斷之超越原則與審美判斷之自性是相應的，即無相原則與無關涉任何利害關心是相應的。承上文，無關涉任何利益關心，即對任何利益關涉都無有執著，進一步言，甚至對任何利益關涉所呈現出來的相態皆無執著；而無相原則之無相意即不執著任何世間利益所呈現出來的相態，而非是沒有相態。此即是說，相態是一定的，而單是吾人不執著而已。從此一意義層面上，吾人始可知曉牟宗三對康德關於審美判斷之超越原則的重述在義理上是恰切得當的。

67　關於孟子談辯語言的哲學意義，王慧茹著一專書討論之，其具體內容，參氏著：《孟子「談辯語言」的哲學省察》，臺北：萬卷樓圖書公司，2006。

　　牟宗三對康德所立的審美判斷之超越原則依中國智慧之重述，具有深刻的學理意義。具體而言，其大端有三：一是更恰切地表述審美判斷之自性。承上文，審美判斷不關涉任何利害關心，則不會有任何指向，故牟宗三亦謂審美判斷為無向判斷。無有任何指向，則不會對任何世間利益所呈現出來的相態產生執著，簡言之，即不著相，此即是牟宗三的無相義，故牟宗三進而謂審美判斷為無相判斷。審美判斷之自性如是，而緣此而來的超越原則亦當該如是。此即是說，審美判斷即是無相判斷，故自當該以無相原則為其超越原則。此一思考保證了審美判斷自身的純粹性。何以故？因此一思考是緣審美判斷自身內在之性而來的故。依此而言，康德在此之後借助概念或概念性的語詞分析審美判斷及其超越原則之思路則是外在的，即是從審美判斷自身之外來展開其思考的，而非是緣審美判斷自身內在之性而成者。正是在此一意義層面上，吾人言牟宗三之重述更能恰切地表述審美判斷之自性。

　　二是確立判分純粹的審美判斷與文化的審美判斷之標準。康德美學裡的審美是靜觀默會，牟宗三美學裡的審美是妙慧妙感。此二義有一共相，即皆主張審美當是審美主體在靜中對審美對象的領會感悟。此一共相意在彰明審美之靜態義或靜態性相。而時下的日常生活審美化與審美日常生活化等文化研究議題則意在強調日常生活世界裡的文化現象對於人們日常生活審美的切身相關性及其重要意義。關於現實生活的全面審美化，沃爾夫岡‧韋爾施在《審美化進程：現象、區分與前景》（Wolfgang Welsch，Aestheticization Processes: Phenomena, Distinctions and Prospects，1996）裡開篇第二段作了如下總說：

> 毫無疑問，我們時下正在經歷一場美學繁榮。它從個人風格、都市設計與經濟一直擴展到理論層面。越來越多的現實因素正在被審美地覆蓋，並且，現實作為一個整體越來越被我們理解為一種美學的建構。[68]

從如上文獻，吾人可以窺測到對日常生活世界裡的文化現象所作之審美研究，已清晰地表明此語境裡的審美是動態的動感的。何以故？因作為審美對象的日常生活世界裡的文化現象是動態的動感的故。從社會文化現象層面言的審美判斷所彰明的是審美的

68　Wolfgang Welsch,1996: "Aestheticization Processes: Phenomena, Distinctions and Prospects", *Theory, Culture & Society*, 1996,Vol.13(1) ,P1.

動態義或動感性相。康德從哲學辯思層面透析出審美判斷之自性，即無關涉任何利害關心，而牟宗三依此向前進一步透析出審美判斷之超越原則，即無相原則。自此而始，審美判斷之純粹性獲得原則性支撐與明確性說明。此即是說，無相原則是審美判斷自身之純粹性的根基性原則。故純粹的審美判斷是以無相原則為根基性依據的。而社會文化現象的審美則是有所指向的，即指向人們在日常生活世界裡的欲望。故緣此而來的審美判斷則總是摻雜著與欲望相關涉的利害關心在其中的。自此而觀之，純粹的審美判斷與文化的審美判斷之判分標準，乃牟宗三從康德所洞見到的審美判斷之自性進一步透析而證成的無相原則是也。

三是進一步區分純粹的審美感受與非純粹的審美感受。前者是緣純粹的審美判斷而來的審美感受，後者是緣文化的審美判斷而來的審美感受。此所謂純粹的美感，主要意謂審美主體的心靈在其對審美對象的靜觀默會裡產生的一種純粹而無絲毫雜染的精神愉悅狀態。此所謂純粹而無絲毫雜染，即是指此時的審美主體的精神心靈自身因與審美對象相遇而由衷地自然而然地生起的此種愉悅狀態是至精至純晶瑩剔透的，即不會受到任何外在境緣及其利害關心的牽絆者。此所謂非純粹的美感，主要意謂審美主體在日常生活世界裡與一系列文化現象相遇而產生的一種間雜著利害關心的心理快樂狀態。此所謂間雜著的利害關心，一是指外在的境緣及其所關涉的利害關心，此如權錢財色的誘惑，一是指內在心頭的欲望及其所關涉及的利害關心，此如對權錢財色的價值觀念及其追逐念頭。自此而觀之，前者是真正的美感體驗，即純粹的美感體驗，而後者因其間雜著或外或內或內外兼之的利害關心而成為一種因利害關心滿足之程度而有相應之心理快樂感受，即非純粹的美感體驗。正是在此一意義層面上，後者在更大程度上是一種利害關心滿足後的心理快樂，而與真正的審美感受相去遠矣。既如此，然為何又以美感名之？一是因為此種心理快樂體驗與美感體驗在形式及內容上皆有一定的相關性；二是因為表述之權便。故對非純粹的美感體驗，不能顧名思義。承上文，純粹的審美判斷與文化的審美判斷因無相原則而得以清晰地區分。故緣此兩種判斷而來的審美感受，亦理當依無相原則而判分之。

審美判斷的超越原則實際上即是審美判斷之自性問題，此一問題的說明直接關涉及對康德美學及牟宗三關於真美善之思考的切義實義之悟見，故詳贍地疏解牟宗三對

康德關此問題之重述及明瞭牟宗三之重述的學理意義，對學界關此問題之討論及與此相關的美學基本原理問題之研究皆有一定的啓發意義。故詞繁不殺，縷述至此止。

第二節　真美善與即真即美即善

牟宗三依據中西智慧傳統而提出眞美善之分別說與合一說來消化並超越康德關於此問題之思想。[69]眞美善之分別說是分別地獨立講眞美善所關涉及的知情意領域裡的問題，而眞美善之合一說，亦所謂即眞即美即善之觀念是合一地講眞美善三者一如之境界，在此境界裡，分別說的眞美善之自體相被化除了，而圓融一如者。能夠化除分別說的眞美善之自體相而使三者如如一也之境界，吾人名之爲圓成之自由，即此一自由狀態是最圓滿無礙的。何以故？因眞美善皆在其中相即無礙故。

牟宗三關於眞美善之新知見的基本內容是眞美善的分別說與合一說，具體地言之，其大端有四：一是眞美善分別說何所是？二是眞美善合一說何所是？三是在眞美善的合一說裡又當該如何言說眞美善？四是分別說的眞美善與合一說的眞美善之關係何謂？[70]

一、分別說：真美善

依牟宗三，分別說的眞指向的是科學知識，分別說的美指向的是自然之美與藝術之美，分別說的善指向的是道德及其相關。依此而言，眞美善三者皆各有其自身的獨立性而自成一有分際的領域。而此分別說的三者其實際上是吾人之特殊能力所凸顯而成者。關此，牟宗三以陸象山之平地起土堆[71]喻之。此即是說，分別說的眞美善三者

69　《判斷力之批判·譯者之言》，第 V 頁。

70　關於眞美善的分別說與合一說一理論的研究，依中國智慧傳統尤其是儒家倫理生存審美傳統而深度地闡釋其對於中國美學史研究之偏重於釋道傳統及漂浮於形式外觀之消費主義審美之諸現象而提供一深刻的倫理生存美學範式者，乃有尤西林以一長文表之。參尤西林：〈「分別說」之美與「合一說」之美──牟宗三的倫理生存美學〉，《文藝研究》，2007 年第 11 期，第 56-66 頁；亦參，《心體與時間：二十世紀中國美學與現代性》，第 195-263 頁。

71　《陸九淵集》，第 400 頁；牟宗三：〈以合目的性之原則為審美判斷力之超越原則之疑實與商権〉，第 78 頁。

乃是吾人的特殊能力在平地上所起之土堆：就真言，此是吾人之感性知性及知解的理性所起之現象界域的知識土堆；就善言，此是吾人之純粹意志所起之依無條件的道德律令而行的道德行為土堆；就美言，此是吾人之妙慧妙感在靜觀默會裡所起之無有任何利害關心並不依賴於任何概念的觀照自然景色與藝術作品而成的品鑒土堆。[72]此是牟宗三就分別說的真美善之綜攝地言之者。繼之再分別地詳細地一一言之。

首先是關於分別說的真。吾人的認知能力與現象界域裡的諸事相相互關係即可成就真的領域，此即是科學世界或科學知識的領域。此所謂分別說的真指向的是科學知識領域。因此，吾人始可知曉真的領域實際上即是吾人的認知能力與現象界域裡的諸事相相互關係共同作用而展開的世界。但須要指出的是，此語境裡的展開是水平意義的展開。以現代學術語詞表之，此即是主客體交相互動的關係。具體地言之，當認知主體向對象客體發生主觀能動作用，與此同時，對象客體就呈現在認知主體面前。此即是說，認知主體向對象客體一旦發生作用，對象客體就對認知主體有所呈現。故此所謂認知主體即是那具體的諸認知能力，而諸認知能力得以實現的那些諸對象客體即在認知能力的作用下所相應地呈現者即是所謂的現象。簡言之，此即是主體客體或主體現象間的交相互動的關係。[73]

承上文，現象乃是對於吾人的感性而顯者，即當是為吾人的知性所決定者。此即是說對於感性而顯者還是未有被決定的對象，故還需要亦當該對此對感性而顯的諸現象進一步予以決定之。自此而觀之，吾人所秉有的此般殊特的感性是最關鍵的，因無有此般殊特之感性，而現象無以起故。既然現象在對感性而起後，須要進一步予以決定，那麼何者可以擔負起此一任務？依康德，吾人的知性可以擔負之。繼之進一步當有此一問題：吾人的知性如何來決定此般應感性所感而起的現象？或謂知性當憑藉何者可以成就起決定作用？依康德，吾人的知性運用範疇即可實現其決定此般應感性所感而起的現象而成就其決定作用。故吾人可謂知識乃是吾人的認知能力知曉此般應吾

72　〈以合目的性之原則為審美判斷力之超越原則之疑竇與商榷〉，第78頁。

73　〈康德第三批判講演錄（八）〉，第1頁。

人之感性所感而起的諸般現象。依此亦知，科學知識即是認知主體與對象客體在水平層面上展開的結果。[74]

自此而觀之，正是因爲吾人有此般殊特的感性及其緣此而來的感觸直覺之直感，故有諸般因感而應的特殊現象呈現。亦正因爲吾人有此般殊特的知性及其緣此而來的決定性作用，故可規定此諸般因感而應的特殊現象而成就之。因此，吾人當知此客觀意義的現象乃是吾人之感性知性之特殊能力所凸起者，此即是說，科學知識所表示的眞即是此凸起者。[75]

其次是關於分別說的善。依康德，分別說的善當是在道德的應然性上言之，或謂在道德的應然意義處言之。而此道德的應然意義爲吾人的具有純粹意義的自由意志所規定。所以者何？因惟有自由意志能夠依其自己所立定的道德法則命令吾人必須依此法則所規定者如是地遵循之故。然在現實生活世界裡的人們因各種名聞利養所驅而一心一意地爲己而常常並不能如道德法則所規定者而如是地遵循之。正是因爲此現實生活世界裡的諸般現象，對吾人而言，此道德法則所發佈的無條件的道德律令成爲了應當如此者。故對現實生活世界裡的人們而言，此應然性的道德律令與人們的生活行爲之關聯是一綜合命題。既是一綜合的關係，此應然性的道德律令遂顯一命令相。自此而觀之，道德律令的命令及其應然性意義，皆是針對吾人之現實行爲而發者。此即是說，道德律令及其應然性意義皆是因爲吾人不安於現實生活世界而預先設定一純粹的自由的意志，並關涉及吾人在現實生活世界裡的生活行爲而凸起者。何以故？因吾人在現實生活世界裡並不遵循應當爲而爲之以造成吾人與道德法則之間的分裂而顯一分裂相故。因此，吾人當知道德善是憑藉著此一分裂相而顯的，故亦可謂其是緣此分裂相而起的一個土堆。[76]

最後是分別說的美。承上文，在康德看來，審美判斷是歸屬於反省判斷的。然牟宗三以爲康德的此一觀念太抽象了，故其另闢新路而直接地從知情意講，就美而言，則是直接地從情講，故美的領域是屬於情的範圍的，而且此所謂情定當是美情。[77]依

74 〈康德第三批判講演錄（八）〉，第1頁。
75 〈以合目的性之原則爲審美判斷力之超越原則之疑竇與商榷〉，第79頁。
76 〈以合目的性之原則爲審美判斷力之超越原則之疑竇與商榷〉，第79-80頁。
77 〈康德第三批判講演錄（八）〉，第5頁。

牟宗三，此語境裡的美情即是美感，故美的領域是透過美感所透顯出來的，或謂凸起的。所以康德言審美及美感惟有依人而講。所以者何？因人是精神性與動物性有機和合的統一體，此即是說，人既是（精）神性的存有或謂理性的存有，亦是（動）物性的存有故。而純粹（動）物性的存有，如動物無有美感，純粹（精）神性的存有，如上帝亦無有美感，故惟有此二者有機和合地統一起來而成的人才擁有美感。[78]須要說明的是，牟宗三於此處將美感視之為美情，即是源於其將美感視之為一種審美品味或審美趣味（taste）而來者。[79]

然單有美感還不能形成一個完整的有分際的領域，還須要有一個東西作為美感的憑藉而將美感呈露出來，此才可以成就完整獨立的有分際的美的領域。此即是說，主觀意義的美感須要與客觀意義的情景相應和並通過此而呈露出來者，即是美也。關此，牟宗三以蘇子瞻的《前赤壁賦》之諸文段例證之：「惟江上之清風，與山間之明月，耳得之而為聲，目遇之而成色，取之無禁，用之不竭。是造物者之無盡藏也，而吾與子之所共適。」[80]江上清風及山間明月即是此所謂的客觀意義的情景也，而吾人之主觀意義的美感與之相遇而應和，則美感即透過其而呈露出來了。當美感具體地呈露出來時，美的領域就形成了。自此而觀之，此亦實是一種主客體的交相互動之關係，單只是此是一種審美主體與審美對象之間的交相互動關係，而非是認知主體與對象客體之間的交相互動關係。當然自然景色能夠與吾人的美感相遭遇而將美感呈露出來，此時的自然景色才成為美的景色，因有了美感的潤澤故。此即是說，耳得之聲目遇之色皆非是一般而言的聲音顏色，因一般而言的聲音顏色單只是認知意義上的而無有美感與之相遭遇故。然此自然意義的情景引露吾人的美感而成就美的領域，其具體地言說當如何表述？此一思想觀念後面的理論底子又究何是？此是需要進一步而思考者。[81]

就當該從何處將美的領域烘托出來一問題，牟宗三首先採用遮詮的方式予以表述之。第一，講美的領域不能從科學知識的領域講。何以故？因成就科學知識的那些主

78　《判斷力之批判》，第 172 頁；〈康德第三批判講演錄（八）〉，第 5 頁。

79　〈康德第三批判講演錄（八）〉，第 6 頁。

80　蘇軾：《前赤壁賦》，載孔凡禮點校：《蘇軾文集》第一冊，北京：中華書局，1986，第 6 頁；〈康德第三批判講演錄（八）〉，第 5 頁。

81　〈康德第三批判講演錄（八）〉，第 5 頁。

體能力形式條件，如時間空間及十二範疇等等所成就的是決定性的判斷而皆不能運用於美的領域故。第二，講美的領域亦不能從道德領域講。何以故？因道德方面的自由意志道德善所表示的是道德性的創造，如天命不已的本體宇宙論的創造，其所成就的亦是決定性的判斷而皆不能運用於美的領域故。儘管美的領域亦不能脫離道德領域所關涉及者，然其不能從天命不已純亦不已的系統模式裡講則是一定的。[82]此即是說，美的領域既非是科學之真的領域，亦非是道德之善的領域，然其亦不能脫離此所關涉及的現象世界。既然如此，然究當該從此現象世界的哪一面來烘托出或凸顯出此美的領域？依牟宗三，此當該從氣化方面。[83]

　　既是氣化，當然，有些氣化是巧妙的，有些氣化是不巧妙的。故從氣化言美的領域，亦當該從巧妙的氣化來言之，此如絢麗多彩的孔雀屏。然須要注意的是巧妙的氣化並非皆是美的。而康德在此一微妙之區分方面還有所疏忽，即其有時候還將氣化的巧妙與美混而為一。此如海邊的貝類螺類之殼就是非常的巧妙，然其並不一定是美的。故氣化之巧妙與美當是有所區分的，前者的範圍更大一些，後者包含於前者之中。[84]

　　既然美是從氣化的巧妙處言者，故可謂美是氣化的巧妙呈露者。具體地言之，其大端有二：一是美術的美，一是自然的美。就美術言，此是人類透過其天賦才能對自然的模仿而成者，此如對自然描寫的詩詞歌賦，音樂繪畫等等藝術作品。既是對自然之巧妙的模仿，其成功者自亦是很美，儘管其所模仿者不可能達至自然之巧妙的程度。故依此而言，藝術之美與自然之美之間有著密切的關聯。就自然言，此是純粹就人類對自然的感受而言者，如吾人在一自然環境裡感受到特別安詳怡然自在，此即是吾人之美感因自然情景之感而呈露出來了，在此分際上，吾人言自然之美。[85]

　　承上文，美是氣化的巧妙呈露者，美的領域是屬於巧妙的氣化之領域的。牟宗三以為此還未有進至究極義，故繼而進一步再推進其思維。因氣化的巧妙與美不能成等值。故牟宗三將巧妙進一步詮釋為光彩或華彩。因此，美是氣化的光彩或謂華彩之呈露者，美的領域是屬於光彩的或華彩的氣化之領域的。此即是說，氣化的光彩或華彩

82　〈康德第三批判講演錄（八）〉，第6頁。

83　〈康德第三批判講演錄（八）〉，第6頁。

84　〈康德第三批判講演錄（八）〉，第6頁。

85　〈康德第三批判講演錄（八）〉，第7頁。

與吾人的美感相遭遇，而將美感呈露出來以使吾人感受到愉悅怡然自在，在此時此刻此處，美就產生了。依此而言，美的領域則是這麼一個虛的層次，此所謂虛是無有實義，或謂單只有純粹的主觀義。關此之理解可以從康德所言反省判斷與決定判斷之區分來悟入。氣化的光彩或華彩與吾人之美感相遭遇並不指向某一對象的決定性判斷，而單只是一反省性或反照性的判斷。關涉及對象的決定判斷是緣概念而來者，故是實義的。而知識判斷與道德判斷皆是緣概念而來的決定性判斷。就知識判斷言，此即是那些構成自然之成素者，此所謂知性為自然立定法則者；就道德判斷言，此即是那些構成善惡之成素者，此所謂理性為行為立定法則者。然無論是自然域裡的判斷還是道德域裡的判斷皆是緣概念而來者，而緣概念而來者即是決定性的判斷，而決定性的判斷所表達的即是實義。而美的領域是虛的領域，因其單只是氣化的光彩或華彩與吾人之美感相遭遇相契合而成者所表示的純粹主觀義，與真的領域及善的領域緣概念而來之決定性判斷所表達的實義是相區分的故。經由如此地曲折婉轉地思維探索，美的領域終於與真的領域及善的領域相互地區分開來了，即美的領域之獨立性確立起來了。[86]

承上文，吾人始知知識乃是與吾人的認知機能（能力）相對應的，故可謂其乃是吾人的認知能力所凸起的結果，此即是說，認知對象與吾人的認知能力相遭遇而展現為具體的現象，而此種意義的現象即是吾人的認知能力所瞭解理解把握的對象。分別說的真即是從此處言之者。[87]故分別說的真乃是吾人生命的窗戶，因此可謂其是吾人生命的呼吸原則。然此一原則單只是通至現象界域裡的現象而止，而未有通至本體界域裡的物之在其自己者。因此，此語境裡的真雖然有其自己的獨立意義，然亦是有其特殊分際的。[88]

承上文，吾人始知道德領域乃是為吾人的具有神聖意義的自由意志所凸顯者，故亦可因此而視之為是具有神聖意義的自由意志所創者。分別說的善即是從此處言之者。[89]故分別說的善乃是吾人生命向上提起之奮鬥，因此可謂其是吾人生命的精進原

86　〈康德第三批判講演錄（八）〉，第2頁。

87　〈康德第三批判講演錄（九）〉，第3頁。

88　〈以合目的性之原則為審美判斷力之超越原則之疑竇與商榷〉，第82頁。

89　〈康德第三批判講演錄（九）〉，第3頁。

則。此所謂精進乃是緣天命不已與純亦不已而來的不已的精進。既是不已地精進，即不已地向上提撕，那麼吾人生命則始終處於奮鬥的緊張狀態裡，而未有外緣放下而身心怡然之境出現。此雖是尤顯善自身的獨立意義，然其畢竟亦因此而與眞及美相衝撞，因其未有達至圓融無礙之境故。[90]

　　承上文，吾人始知美是氣化的光彩或華彩與吾人的美感相遭遇而顯者，故可謂其是吾人的審美品鑒能力所凸起者。如此而成之美的領域因其單只顯純粹的主觀性的虛義而與單只顯客觀性的實義之眞的領域及善的領域相區分而顯其獨立性意義。分別說的美即是從此處言之者。故分別說的美乃是吾人生命之一體平鋪而怡然自在，因此可謂其是吾人生命的閒適原則。吾人之生命在美的境界裡既然萬緣放下而怡然自得，此即是說，吾人的生命在眞及善的領域的奮鬥之緊張狀態已經全然解除，故吾人之生命由因奮鬥緊張而耗損進入因無牽無掛之自在而得生息的狀態。此雖是可以讓吾人之生命在美裡因閒適自在而獲得生息，然其亦因此而顯一安住相，即執著相。如若吾人在此境裡單只執著此安住而失卻其警醒意識，即向上提撕而不至於下墮的道德意識，則很有可能向下頹墮而肆無忌憚地放縱恣肆以至於毀滅之。正是因爲在美的積極意義的旁邊有此消極意義如影隨行而伴之，故牟宗三提出審美當是品鑒，即是妙慧妙感之靜觀默會而成者。其之所以非常強調妙慧妙感，是因爲此可以在一定程度上對治純粹的感性激情之不由自主的慣性動力而引發的毀滅之災。[91]

　　此乃是牟宗三順康德之思而依據中國智慧傳統而展開的眞美善之分別說之大端。

二、合一說：即真即美即善

　　承上文，眞是一獨立的特別的領域，並顯一眞相，當該從何處言之，就科學言，則是在現象處，此即是分別說的眞之義；善是一獨立的特別的領域，並顯一善相，當該從何處言之，就道德法則言，則是在依此法則所發佈的無條件的道德律令而行的道德行爲處，此即是分別說的善之義；美是獨立的特別的領域，並顯一美相，當該從何

90　〈以合目的性之原則為審美判斷力之超越原則之疑寶與商榷〉，第 82 頁。
91　〈以合目的性之原則為審美判斷力之超越原則之疑寶與商榷〉，第 82 頁。

處言之，就審美品鑒言，則是在氣化之華彩與吾人之美感相遭遇處，此即是分別說的美之義。此是依循康德之致思而來者。然牟宗三依中國智慧傳統，儒釋道三家，而言眞美善三者合一之境界，即將分別說的具有獨立意義的眞美善之三者所顯之自體相化掉而向上直接地言三者之合一，此所謂即眞即美即善是也。此一合一說的即眞即美即善之境界是依中國智慧傳統而來者，與康德之分別說的眞美善之系統是相區分的。[92]故此語境裡的合一乃是就同一事而同時地言眞美善之相即者的合一，而非是康德依西方智慧傳統以審美判斷溝通自由界與自然界而合成一統一諧和的完整系統者的合一。因此，此語境裡的合一是一種境界，一種究極圓滿渾化一如的境界，而非是西方智慧系統所能及者也。[93]

　　眞美善三者既各有其自身的獨立性，然現在卻是就同一事而同時地言眞美善三者合一之境者，此所謂即眞即美即善者是也。然此即眞即美即善之合一境當該從何處言之？依牟宗三當該從善領域裡的道德心即純粹實踐理性之心處言之。所以者何？因道德實踐之心乃是吾人生活行爲的主導者，是思想建體立極的綱維者故。何以故？因道德實踐之心，承上文，乃是吾人生命的奮鬥原則，即精進不已原則，在主觀域裡是純亦不已原則，此是就德行言，在客觀域裡是於穆不已原則，此是就天道下貫言故。故吾人生命透過道德實踐而至其極者，乃是提得起放得下者，吾以爲此乃是在平平一如境裡作道德奮鬥，或謂在道德奮鬥的歷程裡平平一如也，簡言之，此乃是奮鬥而不著相，即隨順自然地奮鬥，或謂此語境裡的奮鬥乃是自然地如此，而無有奮鬥的緊張相矣。故牟宗三以孟子言堯舜性之，大而化之之謂聖，[94]以及明道言天地之常以其心普萬物而無心，聖人之常以其情順萬物而無情，[95]等等諸如此類的文獻文本例證之。自此而觀之，吾人生命之向上超拔而頂天立地地挺立起來的原初根據惟在吾人本自具有的純粹的道德心有應然性的提得起一義。此一提得起的應然性意義與康德主張純粹實

92　〈康德第三批判講演錄（八）〉，第 8 頁。

93　〈以合目的性之原則為審美判斷力之超越原則之疑實與商榷〉，第 82 頁。

94　《孟子譯注》，第 334 頁；〈以合目的性之原則為審美判斷力之超越原則之疑實與商榷〉，第83 頁。

95　《二程集》，第 460 頁；〈以合目的性之原則為審美判斷力之超越原則之疑實與商榷〉，第 83頁。

踐理性優先一義是相契相應的，單只是康德的學說系統未有達至牟宗三依中國智慧而言的合一之境。何以故？因康德不認可吾人亦有智的直覺，具體地言之，在儒家是良知明覺，在佛家是佛心般若智，在道家是道心玄智，而單以為惟有上帝有之，故吾人不能接觸到更不能瞭解到物之在其自己之實相，而惟有上帝能之故。[96]

承上文，既已明確了此即真即美即善之合一境當該從善領域裡的道德心即純粹實踐理性之心處言之，那麼如何具體地展開之或為表述之？關此，牟宗三分三步次第地展開其思想：首先是從道德實踐之三關言即善即美；其次是繼而言即善即真而至即真即美即善；最後是以王龍溪之四無所示的渾化之境具體地例證之。

首先是從道德實踐之三關言即善即美。依儒家道德教宗，吾人在日常生活世界裡踐行道德為的是透過道德實踐挺立起吾人內在之大體，即道德之心，以對治或克服外在之小體，即耳目感官類者，此所謂克己復禮者是也。此即是說，吾人在生活世界裡必須首先挺立起其大體才能夠不囿限於感官性能而從感官性能裡解脫出來。故孟子說，挺立起吾人的道德心性，而可對治或克服其小體者也。[97]此乃是道德實踐之第一關，即挺立關。孟子曾說充實而且有光輝者乃謂之為大。依孟子，此所謂充實，乃是以仁義禮智之至善仁心配上大公無私之義與道[98]而充盈圓實者也；此所謂有光輝，乃是道德仁心透過吾人之四肢百體而充分地一覽無遺地呈露出來者，讓人一見即明瞭無疑者也。[99]當充盈圓實與有光輝有機融融為一後，即成一崇高偉大之大，故此所謂大乃是崇高偉大者也。如此理解的大乃是綜合地言詮者。此乃是道德實踐之第二關，即成大關。此所謂成大意即成就崇高偉大者也。崇高偉大既成，則必定地顯一崇高偉大

96　〈以合目的性之原則為審美判斷力之超越原則之疑竇與商榷〉，第 83 頁。

97　孟子曰：「從其大體為大人，從其小體為小人。」……。曰：「耳目之官不思，而蔽於物，物交物，則引之而已矣。心之官則思，思則得之，不思則不得也。此天之所與我者，先立乎其大者，則其小者弗能奪也。此為大人而已矣。」《孟子譯注》，第 268-269 頁；〈以合目的性之原則為審美判斷力之超越原則之疑竇與商榷〉，第 84 頁。

98　孟子曰：「其為氣也，配義與道，無是餒也。」《孟子譯注》，第 62 頁；〈以合目的性之原則為審美判斷力之超越原則之疑竇與商榷〉，第 84 頁。

99　孟子曰：「君子所性，仁義禮智根於心，其生色也，睟然見於面，盎於背，施於四體，四體不言而喻。」《孟子譯注》，第 309 頁；〈以合目的性之原則為審美判斷力之超越原則之疑竇與商榷〉，第 84 頁。

相，亦即道德相。而道德實踐意在挺立吾人之大體而對治或克服其小體，故道德實踐之過程即是一向上奮鬥的過程，因此亦必然地顯一奮鬥相，緊張相，對立相。既如此，則亦必定容易引起不契不切者或不願向上者產生一種恐懼之感，而至厭惡之感，甚至憎恨之感，而譏笑之，奚落之以至終將墮入恣肆放縱之深淵而自以爲樂而不知苦難無量無邊。爲什麼會出現如此之結果？因爲此道德之崇高偉大相未有化除而令人畏懼之而不能親之近之。因此，孟子繼而進一步言大而化之之謂聖一義。[100]此是言聖人境界乃化境也。然何謂化？所謂化，乃冰解凍釋者也。化什麼？化掉此前所成就的崇高偉大之道德相或謂道德之崇高偉大相。故所謂化境，乃無有令人生畏懼之感而平平一如而令人生恭敬親和之感者也。此即是說，所謂聖人，必須首先成就道德之崇高偉大之大，然繼而進一步將此大相化掉而歸於平平一如而讓人敢於親之近之而令其生恭敬親和之感者也。此乃令人望之儼然而即之也溫者是也。[101]此即是說，聖人必須無有一絲一毫一己之私心而惟有爲眾生心者才是眞至聖人之化境者。此如明道所謂以其心普萬物而無心，以其情順萬物而無情一義，及易經繫傳所謂吉凶與民同患一義之和合而示之者是也。自此而觀之，吾人當知此聖人之化境不止化掉了道德之崇高偉大相，而是一切相皆化矣，此所謂一化一切化者也。既是一切相皆化，故此聖人化境亦可謂爲無相之境也。依此，吾人亦可言此是前文所謂無相原則之具體地示之者也。此是道德實踐之第三關，即無相關。在此聖人所至之無相化境裡，既已無相可著可執，吾人如若能夠經由道德實踐而至此者，自亦可渾化一如，而如如自在。所以者何？因一切相皆化矣，此所謂萬緣放下者也故。依此而觀之，吾人始知道德仁心實際上即函蘊著妙慧妙感之心，故亦函蘊著無相原則也。正是在此一意義層面上，就聖人而可言游於藝也。[102]何以故？因聖人之化境與妙慧妙感之無所指向而顯怡然自在逍遙之境界乃皆是一體平鋪而平平實實如如一也，即皆是無相之境者也。如此無相之境從美學層面上言

100　《孟子譯注》，第 334 頁；〈以合目的性之原則為審美判斷力之超越原則之疑實與商榷〉，第 84 頁。

101　《論語譯注》，第 201 頁；〈以合目的性之原則為審美判斷力之超越原則之疑實與商榷〉，第 84 頁。

102　《論語譯注》，第 67 頁；〈以合目的性之原則為審美判斷力之超越原則之疑實與商榷〉，第 84 頁。

之，自亦是一種美，而且是一種圓融無礙之美的極致。簡言之，道德仁心之無相即美也，依此而可言即善即美也。[103]

其次是從言即善即真而至即真即美即善。承上文，道德仁心之無相無化了道德之崇高偉大相，即分別說的善相。其實還不止於此。此道德仁心之無相還無化了自然域裡與科學知識相關涉的現象之定相，即現象存在的自性相。也許有人或問：緣道德而指向真的一義能否成立？答曰：能。首先，依康德，現象乃是對吾人的感性存在而顯者，並進而爲吾人之知性所規定者。其次，道德仁心之無相境界乃是吾人之道德仁心之感應道交而至其極者，此乃牟宗三所謂良知明覺之神感神應者是也。既已至神感神應之境界，此自亦是超越而化掉了吾人之緣感性而來的感觸直覺相以及緣知性而來的知解辯論相。既如此，在此神感神應之化境裡，所關涉及的物乃是王龍溪所謂的無物之物，即無有物相的物。此語境裡的物之自性相既已無化掉了，故其與吾人之感性相對應的對象相亦無化掉了。此即是說，物無物相，則無對象相，而此則必然顯一如相，依康德的語詞，則是物之在其自己相。自此而觀之，道德仁心之無相境界裡的物乃是物如之物，或謂物之在其自己之物，故非是現象義的物。依此而自然地關涉及分別說的真。因此，依道德仁心無相不但可以言即善即美，與此同時還可以言即善即真，再繼而進一步而合一地言之則是即真即美即善者也。[104]

最後是以王龍溪之四無所示的渾化之境具體地例證即真即美即善合一之境。關於王龍溪之四無句所示之渾化圓融之如如一也的境界，牟宗三在其爲消化康德之第二批判而證成哲學之圓教系統而徹底解決圓善問題而著之《圓善論》一書裡有詳贍之論說。[105]在圓善論之語境裡，牟宗三未有直接地關涉及美而論之，故此處提出此文獻並繼而進一步關涉及美而引論之。龍溪所謂四無乃是：「體用顯微只是一機；心意知物只是一事。若悟得心是無善無惡之心，意即是無善無惡之意，知即是無善無惡之知，物即是無善無惡之物。蓋無心之心則藏密，無意之意則應圓，無知之知則體寂，無物之物則用神。天命之性粹然至善，神感神應，其機自不容已，無善可名。惡固本無，

---

103 〈以合目的性之原則爲審美判斷力之超越原則之疑竇與商榷〉，第 84 頁。

104 〈以合目的性之原則爲審美判斷力之超越原則之疑竇與商榷〉，第 85 頁。

105 《圓善論》，第 316-320 頁。關此吾已簡述於前章第三節。

善亦不可得而有也。」[106]依龍溪，心知是體是微，意物是用是顯。儘管如此，心意知物四者亦只是一機一事，故亦可謂是渾化一如也。因此，牟宗三以莊子在齊物論言有無渾化一如之境的句式（「俄而有、無矣，而未知有無之果孰有孰無也。」[107]）例言之：「俄而心意知物矣，而未知心意知物之果孰爲心孰爲意孰爲知孰爲物也。」[108]如此言之的心意知物乃是渾化圓境裡的心意知物，即龍溪所謂藏密應圓體寂用神之心意知物，故在渾化圓境裡的心意知物非心意知物無二無別而一也，亦正是心意知物非心意知物無二無別而一也，渾化圓境才證之也。依牟宗三，龍溪之心意知物四者渾化一如之境，即是即眞即美即善合一之境。故牟宗三亦依莊子言有無一如之句式而例言之：「俄而眞美善矣，而未知眞美善之果孰爲眞孰爲美孰爲善也。」[109]自此而觀之，在即眞即美即善之合一化境裡，不單無化掉了分別說的具有獨立意義的道德之善相及分別說的具有獨立意義的科學知識之眞相，而且亦無化掉了分別說的具有獨立意義的妙慧妙感之靜觀默會而來的美相。關此，牟宗三以無聲之樂，[110]但得琴中趣，何須琴上音，[111]及老子所謂天下皆知美之謂美斯不美矣，[112]等等諸如此類的文獻例證分別說的具有獨立意義的美相被無化掉後的渾圓一如之化境。[113]吾亦依龍溪句式可言道德仁心單是一機，眞美善單是一事。眞美善既單是一事，故亦可謂是渾化一如也。此即是說，在此渾化一如之圓境裡，善即於眞即於美，眞即於善即於美，美即於善即於眞矣，故綜攝地言之，乃是即眞即美即善合一之境者也。

106　《王龍溪全集》（第一冊），第89-90頁；〈以合目的性之原則為審美判斷力之超越原則之疑竇與商榷〉，第75頁。

107　《莊子今注今譯》，第71頁。

108　〈以合目的性之原則為審美判斷力之超越原則之疑竇與商榷〉，第75頁。

109　〈以合目的性之原則為審美判斷力之超越原則之疑竇與商榷〉，第75頁。

110　孔子曰：「『夙夜其命宥密』，無聲之樂也。」《禮記正義》，第1628頁；〈以合目的性之原則為審美判斷力之超越原則之疑竇與商榷〉，第85頁。

111　《晉書》，第2463頁；〈以合目的性之原則為審美判斷力之超越原則之疑竇與商榷〉，第85頁。

112　《老子注譯及評價》，第64頁；〈以合目的性之原則為審美判斷力之超越原則之疑竇與商榷〉，第85頁。

113　〈以合目的性之原則為審美判斷力之超越原則之疑竇與商榷〉，第85頁。

三、即真即美即善裡的真美善

　　承上文，真美善不但可以分別說地言其獨立的意義，而且還當進一步合一地言其渾化之如境。從分別說進至合一說乃是透過牟宗三所獨發的無相原則而實現的。此即是說，透過無相原則，原來鼎立的三者才可以向上提撕以至於化掉其分立之獨立自性相而達至三者合而為一之境。在此合一境裡，真美善三者之獨立自性相既已被化掉了，故必定地就同一者而同時地言真美善三者，此所謂即真即美即善者是也。雖是即真即美即善之合一地言者，然仍然還有真美善三者之名詞置於其中。既如此，此即表示還應該繼而進一步說明在什麼分際上言此合一境裡的真，在什麼分際上言此合一境裡的美，在什麼分際上言此合一境裡的善。關此，首先應該說明在什麼分際上言此合一境裡的真及善，然後再繼而說明在什麼分際上言此合一境裡的美。所以者何？因在思想結構裡真善是兩個骨幹，其無論在分別說裡是，還是在合一說裡亦是。[114]

　　承上文，牟宗三是以王龍溪之四無句所示之渾化圓融之境界而例證之的。在此處，其亦是以此文獻為依據來展開其思想的。雖然在兩處都使用同一文獻為證據或契機，然其所使用的理趣及意旨所指向者是有別的。在前文乃是指向即真即美即善合一化境之完整性的；在此處乃是指向在此即真即美即善合一化境裡又當該在分際上言即真、即美及即善的。且看龍溪四無句之文本：「體用顯微只是一機；心意知物只是一事。若悟得心是無善無惡之心，意即是無善無惡之意，知即是無善無惡之知，物即是無善無惡之物。蓋無心之心則藏密，無意之意則應圓，無知之知則體寂，無物之物則用神。天命之性粹然至善，神感神應，其機自不容已，無善可名。惡固本無，善亦不可得而有也。」[115]依牟宗三，龍溪言心意知物只是一事所表示的即是此處所言的即真即美即善之合一化境。現在須要說明的是在何分際上言即真、即美及即善。首先，就即真言。依牟宗三，在此合一化境裡，當該從無物之物處來言此即真。何以故？因無物之物乃是無有任何物相之物，即物如之物，依康德哲學之語詞，即物之在其自己之物，而現象義的物乃是有所指向，即有相的物。故此所謂合一化境裡的即真當從此處即無物之物處出之或言之，此即是合一化境裡的即真義。其次，就即善言。依牟宗三，在此合

114　〈康德第三批判講演錄（十）〉，第 12 頁。
115　《王龍溪全集》，第 89-90 頁；〈康德第三批判講演錄（十一）〉，第 14 頁。

一化境裡，當該從物的根源處言之，而非是從物之在其自己處言之。然在龍溪之四無句裡，當該在何處言此物的根源？無論是物之在其自己義的物，還是現象義的物，皆是物，故必然地關涉及吾人之行為，而行為當以道德行為為根本，而道德行為乃是源於道德仁心所發佈的無條件的道德律令而行者。故一切行為及其所關涉及的存在當該以性體道體之潤澤與貫徹而存在。何以故？因惟有性體道體之潤澤與貫徹才使其具有存在的意義故。在王學裡，關於物，有兩種標記法：一是意之所在為物，此是現象義的物，與明覺感應無有什麼關聯。此不是此處所討論的物之根源問題，故略之。一是明覺感應為物。此即表示，此一物惟有通至明覺感應處而獲得其存在的意義而存在之。依牟宗三，合一化境裡的即善則當該從此處言之，即從明覺感應處出之，因明覺感應乃物之根源故。此語境裡的明覺乃是良知之明覺，即良知澄明覺照之義。此所謂明覺感應為物，即表示物在良知明覺裡與良知明覺一起同時呈露之義。故此所謂物乃是良知明覺裡的物。既如此，此物亦可謂是無物之物，即物如之物，或物之在其自己之物。故此亦可表之為：物之在其自己之物在良知明覺裡。而依康德，物之在其自己乃是在智的直覺裡的。故對照類之，良知明覺即是康德義的智的直覺者。既如此，良知明覺之感應，則自然非是識心之識知。何以故？因其無有感性知性參與之，亦無有所憑藉的時間空間範疇之存在故。因此，吾人始可知曉，物是無法脫離良知仁心此一本體而獨立地存在的。正是在此一意義層面上，吾人言合一化境裡的即善義。最後，就即美言。依牟宗三，在此合一化境裡，當該從無相處言之。承上文，牟宗三在分析康德關於審美判斷之第一相時因著美是無有任何利害關心並不關涉及任何概念一義而將審美判斷規定為無向判斷，即無有任何指向義。既是無有任何指向，則可進而言無相。何以故？因無有任何指向，即無有任何關涉，而無有任何關涉，即無有任何相可著故。因此，牟宗三以無相原則為審美判斷的超越原則。就物言，物無有任何相，即無有了現象相，自亦無有了對象相，如此一來，乃是物之在其自己者。而在無相可著的物之在其自己者當是可以言美的。就道德言，道德無有任何道德相，即崇高偉大無有崇高偉大相，如此一來，道德義的那種緊張感鬥爭感無有了。在此無有緊張感鬥爭感的狀態裡，自亦是可以言美的。綜此而言，將科學知識之真及道德之善的自性相統統地無化掉，而使人從求真從善的緊張感鬥爭感裡超拔出來而獲得一種輕鬆感，而此輕鬆感則令吾人身心感到愉悅，而此愉悅感實即是美矣。故合一化境裡的即美當該從無化掉

了眞及善相處言之。何以故？因科學之眞及道德之善有相，而有相即有所指向，既有所指向即令人緊張，而一旦將此諸相無化掉而得一平常心則無牽無掛而輕鬆自在故。至此，乃是牟宗三從義理上所作之簡別與貞定的工作；後此，其乃以禪宗所示的佛家之如境來例證之。[116]

關於即美義的說明，牟宗三繼之以一禪理及二公案而證之。就一禪理言，乃是以鼎州德山緣密圓明禪師所證悟者：「我有三句語示汝諸人。一句函蓋乾坤。一句截斷衆流。一句隨波逐浪。作麼生辯。若辯得出。有麥學分。若辯不出。長安路上輥輥地。」[117]此乃是禪宗雲門宗之教學方法，一般言其爲三句教。涵蓋乾坤者，乃是盡虛空遍法界義，即徹上徹下，立體立極者，此是教宗之義。截斷衆流者，乃是不著前此教相而從此教相超拔出來而行修證之善巧方便義。隨波逐浪者，乃是經由前此之諸善巧方便之修證而得果，即證入三昧境界而得如如自在義。就二公案言，一是馬祖道一禪師的非心非佛之公案，一是青原惟信禪師的見山見水之公案。就前者言，乃是緣馬祖道一禪師與行腳僧關於即心即佛一話頭之對話而來者：「僧問。和尚爲甚麼說即心即佛。祖曰。爲止小兒啼。曰啼止時如何。祖曰。非心非佛。曰除此二種人來。如何指示。祖曰。向伊道不是物。曰忽遇其中人來時如何。祖曰。且教伊體會大道。」[118]關此，牟宗三有一簡別：首先，即心即佛是一教義，即立教之原則，此是不能違背的，否則乃爲叛教。原則自是原則，然修行人不能時時處處皆在心裡面惦記著在腦海裡思維著而戰戰兢兢。如此一來，則是著相矣。著何相？著教相也。何以言？從其時時處處皆在心裡面惦記著在腦海裡思維著而戰戰兢兢所顯之緊張相處示之。而著相與佛家修證般若智慧即空慧是相對反的，前者乃後者之障礙也。此即是說，有前者之相顯，則必定不能修證成佛。故此，其次，馬祖道一禪師言一禪語對治之。此一禪語乃非心非佛是也。此所謂關佛罵祖見佛罵佛者也。然此須要說明的是，馬祖道一禪師所言者是禪語，而非是教義。禪語乃是對機應機而發者，故非是原則性的話語，而教義乃是原則性的話語。此一微妙區分當諦認之。既是對機應機而發者，

---

116 〈康德第三批判講演錄（十一）〉，第 14 頁。

117 續藏經，80 冊，308 上。

118 續藏經，69 冊，4 下。

此即表明其單只是在作用層上起到令其開悟得道之用，故其義乃是虛層的，而非是如原則在存有層上乃是實層的。因此，在教層面上，當然斷不能罵佛罵祖的。故非心非佛乃是表示在次第修證的過程裡，應該是無心無佛的，此乃是在作用層上無之，即不執著之，而非是在存有層上原則地取消之。如此地依法修證，當得證悟而成佛。自此而觀之，非心非佛一禪語在作用層上具有否定的意義與作用，並經由此一否定，修行人的境界則晉升一層。此雖然有進步，然其畢竟非究竟之最高境界者。此亦確是次第修證過程裡所必須地經歷之一關，然還不能單只停留在此一境界裡為滿足。此即是說，還必須從此境界裡超拔出來繼續如法地修證之。最後，此超拔出來繼續如法地修證當依何法？答曰：依教法，此即前文所謂即心即佛者也。此即是說，經由非心非佛一關之後，還是必須仍然即心即佛地如法地修證之而方可真正地得道成佛。而仍然即心即佛一語亦依然是一禪語。而此一禪語與其表教義之語在字面上是相同，雖然此一禪語加仍然一語，此無實義單只有句法之語義，故可暫時避之，然其在意義與作用層上則是不同的。教義，乃是立教之原則，教之綱領，故是恒定的無條件的；而禪語是對機應機的，意在助緣修證得果成佛，故是變化的有條件的。而此一禪語與前一禪語雖同為禪語，然其畢竟為修證過程的不同階段，故其意義與作用亦是有別的。前一禪語表過程，表方法，此一禪語表結果，表境界。因此，以前述禪理之三句教衡之，即心即佛乃是涵蓋乾坤義；非心非佛乃是截斷眾流義，此乃是對治著教相而來的善巧方便，故此可謂化相關，即化掉如教相一般之諸相的轉關點；仍然即心即佛乃是隨波逐浪義，此乃是化掉如教相一般之諸相後而所證得的境界。

就後者言，此乃是青原惟信禪師所證悟者：「老僧三十年前。未參禪時。見山是山。見水是水。及至後來親見知識。有個入處。見山不是山。見水不是水。而今得個休歇處。依前見山祇是山。見水祇是水。大眾。這三般見解。是同是別。」[119]青原惟信禪師所體貼者亦是次第修證過程之三階段者。第一階段，即見山是山見水是水者。此乃是普通凡夫一般所言者。此所謂山水乃是自然意義域裡的山水，即物理意義域裡的山水。第二階段，即見山不是山見水不是水者。此乃是開始悟得次第修證的善巧方便法門而次第修證之。此一階段的工夫乃是化掉前一階段所著的相，以從著相的緊張

119 續藏經，82 冊，44 中。

狀態裡超拔出來而得解脫。此較之於前一階段乃是進一大步，即此已進至一定之境界矣。第三階段，即依前見山祇是山見水祇是水者。此乃是經由前此次第修證之工夫而所至之平平如如的境界者也。此所謂平常心是道，平常心是境界者也。故此一句山是山水是水，與第一句山是山水是水是相區分的。第一句乃是表相，即表自然義現象義物理義的相，而此一句乃是化掉一切諸相後而所達至的境界，平常的境界，無緣無相無牽無掛的境界。因此，以前述禪理之三句教衡之，見山是山見水是水乃是涵蓋乾坤之乾坤義；見山不是山見水不是水乃是截斷衆流義，此乃是對治著一切物等相而來的善巧方便，故此可謂化相關，即化掉如物相一般之諸相的轉關點；依前見山祇是山見水祇是水乃是隨波逐浪義，此乃是化掉如物相一般之諸相後而所證得的境界。

綜此二例而觀之，截斷衆流句是善巧方便之次第修證的工夫，而隨波逐浪句乃是經由此善巧方便之次第修證的工夫而所達至的證境。而此證境乃是平常心者也。此所謂平常心乃是化掉一切諸相後所證得的平平如如的境界，即一體平鋪而平平實實的境界，此所謂平常心是道，平常心是境界者也。此所謂平平實實或平平如如者，乃是意謂在此證境裡亦無有任何緣可牽掛，無有任何相可執著者。無牽無掛，即了無牽掛，這是何等的輕鬆自在。而此輕鬆自在自可言之爲美。故眞善是兩個骨幹，有所指向，即有所著相，而化掉此諸相，則美出矣或顯矣。[120]

依此而觀之，在物之在其自己處言合一化境裡的即眞義，在物之根源處，即良知明覺感應處言合一化境裡的即善義，在眞善之諸相盡皆化掉處言即美義。[121]既如此，在此合一境裡，眞之傲慢相被化掉了，故眞可即於美即於善矣，善之矜持相被化掉了，故善可即於眞即於美矣，美之自恃相被化掉了，故美可即於眞即於善矣，綜而言之，乃即眞即美即善者也。[122]

四、真美善與即真即美即善之關係

承上文，眞美善在分別說的義理模式裡各具有其自身獨立的意義，是吾人依其自身之三種能力所凸顯出來的土堆。就美言，此既非是一認知對象的屬性，故與現象所

120　〈康德第三批判講演錄（十一）〉，第 15 頁。

121　〈康德第三批判講演錄（九）〉，第 9 頁。

122　〈以合目的性之原則為審美判斷力之超越原則之疑竇與商榷〉，第 87 頁。

關涉及的知識之眞無有關聯，而現象所關涉及的知識之眞亦因無求於美，而與美無有關聯；亦非是一道德行爲之屬性，故與道德域裡的善無有關聯，而道德域裡的善亦因無求於美，而與美的對象如美的景色無有關聯。就眞言，此乃是屬於自然域裡的事情，就善言，此乃是屬於自由域裡的事情，故眞無求於善，而善亦無求於眞，而兩不相干各自獨立。因此，眞美善三者是各自具有其獨立的意義而既不會相互衝突，亦不會相互函蘊地各是其所是。既如此，在牟宗三看來，康德意欲透過反省判斷力與決定判斷力之區分而規定反省的審美判斷力所成之審美判斷可以擔負其溝通分離的自然與自由兩界而使其成爲一統一的諧和的整體之思路是行不通的。儘管自由意志所發佈的無條件的道德律令具有應然性意義，並可透過一具體的實踐活動而與自然界建立關聯，即此實踐活動必須落實於自然界裡方可眞實地實現，故此一實踐活動所產生的結果必須既服從自然因果規律之機械性，亦能向上通達智思界（本體界）之自由，因而實現自然界與自由界之溝通。此一任務，其實目的論判斷即可擔負之，而無需審美判斷擔負，並其亦實在擔當不了。此是牟宗三的分析與判別，然而康德之致思則並非是如此者，即其並非以反省性的目的論判斷作爲溝通分離的自然界與自由界的橋樑，而卻是以反省性的審美判斷作爲橋樑。與此同時，康德在派給審美判斷之重任後，卻未有從審美判斷自身出發來展開分析，而是回頭以目的論判斷或上帝存在的自然神學之證明的思維進路來確立審美判斷的超越原則，即合目的性原則。正是在此一意義層面上，牟宗三不但謂康德在審美判斷處不能確立起此合目的性原則，而且還直接地指陳此處所函蘊的混漫與滑轉以及因此穿鑿及強探力索而表現出來的種種的不順適。故依循自由意志而來的道德實踐固然是在自然界裡實現的，然此實現的結果卻並不必然一定是美的，即使在其結果裡有美的形相，並經由妙慧妙感之靜觀默會而凸顯出來，其亦並不必然一定要向上通達至智思界裡的自由意志，而與自由意志所早已規定製作成的美相對應。此即是說，康德所意謂的審美判斷之超越原則，即合目的性原則是無法將諸般美的形相向上通達至智思界裡的自由意志處。故，在分別說的義理模式裡，美其實並不依待於自由界裡的純粹實踐理性的。因此，緣自由意志之理性而來的道德實踐在自然界裡實現的結果所關涉及的自然現象自身之構造，其實只是氣化因緣和合而成者，故對其之瞭解與把握乃是認知領域的事情，並透過認知過程表之。而即使在此氣化因緣和合而成者裡有美的形相既非是科學知識構成的成素，亦非是科學認知對象構

成的成素。自此而觀之，審美判斷所關涉及的美的形相既與科學認知及其所關涉及的認知對象之構成無有關聯，亦與道德實踐及其所關涉及的道德法則及純粹實踐理性之規定性無有關聯。其實，審美判斷所關涉及的美的形相乃單只是一氣化之多餘的光彩或華彩。此處須要特別注意的是，牟宗三於此處使用了多餘的一語，此一語在其康德第三批判講錄裡是無有表達出來的。然此多餘一語究何謂？其所謂多餘，即表示美與知識之構成及道德之構成是無有任何關聯的。其以宋代嚴羽在滄浪詩話裡所言的詩歌所表現出來的特別的才華及情趣與學問是無有直接關係的來例證之。[123]關於美，牟宗三於此處具體地分爲藝術之美與自然之美來說明之：就藝術之美如詩言，此乃是審美品鑒之美情（taste）與天賦才能相遭遇而成者；就自然之美言，此乃是妙慧妙感之靜觀默會與氣化之多餘的光彩或華彩相遭遇而成者。自此而止，此乃是牟宗三簡述其之前關於眞美善之分別說的大義。此即是說，分別說的眞美善乃是如此者。然如若在合一說義理模式裡，品鑒主體的妙慧妙感則可直接地化歸於無限的智心，而就美而言的氣化之光彩或華彩亦化掉了而歸於平地，故此時所現者乃是一即眞即美即善之平平一如之渾化圓滿之境界。在此渾化境界裡，即眞之眞乃是關涉及物如之物的存在而言者，即善之善乃是關涉及周遍潤澤宇宙萬事萬物之天理之一體平鋪而言者，即美之美乃是關涉及無有美相的天地之美神明之容[124]的如如境界而言者。[125]

承上文，牟宗三對分別說的眞美善與合一說的眞美善之關係有一特別的說明。[126]依牟宗三，「分別說的美是合一說的美之象徵，分別說的眞是合一說的眞之象徵，分別說的善是合一說的善之象徵。」[127]

123　嚴羽謂：「夫詩有別才，非關書也；詩有別趣，非關理也。然非多讀書，多窮理，則不能及其至。所謂不涉理路，不落言筌者，上也。」郭紹虞：《滄浪詩話校釋》，北京：人民文學出版社，1983，第 26 頁；〈以合目的性之原則爲審美判斷力之超越原則之疑實與商榷〉，第 89 頁。

124　莊子曰：「判天地之美，析萬物之理，察古人之全，寡能備於天地之美，稱神明之容。是故內聖外王之道，暗而不明，鬱而不發，天下之人各爲其所欲焉以自爲方。」《莊子今注今譯》，第 855-856 頁；〈以合目的性之原則爲審美判斷力之超越原則之疑實與商榷〉，第 89 頁。

125　〈以合目的性之原則爲審美判斷力之超越原則之疑實與商榷〉，第 87-89 頁。

126　關於牟宗三從道德實踐之三關而言即善即美，繼而進一步言即善即眞，而最後言即眞即美即善之合一境界之諸問題，陳迎年著有二文評之。第一文是《牟宗三的善美學》，在此文裡其首先分析牟宗三之諸義，然後批評之。第二文是《牟宗三的善美學與康德的審美共通感》，在此文

　　牟宗三於此處亦使用了象徵一語，關此，其對象徵一語的理解與把握是有別於康德的。此所謂象徵，乃源自於周易之繫傳所謂天垂象見吉凶而聖人象之則之一觀念。[128]故象徵之象即天垂象之象。依此而言，此語境裡的象徵，即透過具體可見之相而顯之者意。天為什麼要垂象？因為至上神聖的天道，原本是無有任何聲響與氣味的，故是既不可聽之亦不可聞之，總之是無有任何可見之相示之。此可謂上天之載無聲無臭者是也，[129]以此觀之，無聲無臭之天道具有神秘而絕對的意義。此如荀燦所言之蘊而不出者，[130]象山所言之不地者是也。至上神聖而無有任何形相的天道自身是具有不容已地創造性力量的，故其不容已地顯發其妙用時，則必然地要垂象以示之，除此而別有他途。[131]

　　天所垂之象，自然可以具體地賅攝真美善之三領域。故具體地言之，就真之領域的象而言，此乃是氣化與吾人之感性及知性相遭遇而成之現象義的物之存在，並在此現象義的存在處凸顯或成就一認知意義或邏輯意義的主體；就善之領域的象而言，此乃是吾人依循純粹的自由意志所發佈的無條件的道德律令而行之道德實踐在自然界裡實現之而成其為一道德的存有，並在此道德義的存有處凸顯或成就一道德意義的主體；就美之領域的象而言，此乃是吾人之妙慧妙感靜觀默會與氣化之多餘的光彩或華

　　裡，其將文章分為三部分（其小標題序數字只有一二，在一之前有一段文字，吾視之為引言，共計三部分），在第一之整部分及第二之前部分都是在專門針對尤西林關於牟宗三美學的研究而作評議，在餘下一小部分裡討論了康德的審美共通感。觀其全文，似乎應是對尤西林的牟宗三學之再研究，而不是直接地研究牟宗三之美學思想，但不曉得其為何在全文之標題上掛之以「牟宗三的善美學與康德的審美共通感」，而非是尤西林的牟宗三學批評（批判）之類的語詞。參陳迎年：〈牟宗三的善美學〉，《文藝研究》，2010 年第 5 期，第 32-40 頁；〈牟宗三的善美學與康德的審美共通感〉，《華東理工大學學報》，2010 年第 2 期，第 92-97 頁。

127　〈以合目的性之原則為審美判斷力之超越原則之疑竇與商榷〉，第 89 頁。

128　《繫傳》：「是故，天生神物，聖人執之。天地變化，聖人效之。天垂象，見吉凶，聖人象之。河出圖，洛出書，聖人則之。」《周易譯注》，第 247 頁；〈以合目的性之原則為審美判斷力之超越原則之疑竇與商榷〉，第 89 頁。

129　周振甫：《詩經譯注》北京：中華書局，2002，第 398 頁。

130　荀燦言：蓋理之微者，非物象之所舉也。今稱立象以盡意，此非通於意外者也；繫辭焉以盡言，此非言乎繫表者也。斯則象外之意，繫表之言，固蘊而不出矣。《三國志》，第 319-320 頁。

131　〈以合目的性之原則為審美判斷力之超越原則之疑竇與商榷〉，第 89-90 頁。

彩相遭遇而成之品鑒義的美情，並在此品鑒品味處凸顯或成就一美情義的主體。然無論是真所關涉及的科學知識之事，還是善所關涉及的道德行為之事，或是美所關涉及的品鑒品味之事，綜而言之，都是繫傳裡所言的聖人象之則之的事情，故亦可謂是開物成務[132]裡所應成之事。此乃是就繫傳之天垂象之象而就著真美善三者而分別地言之者。[133]

承上文，天垂象之象既可以分開地就著真美善而言之，即此乃是聖人開物成務而成之者之諸事業。既是聖人所開物成務地而成之者，此可謂乃是聖人之主體能力在象裡所凸顯者，即是對具有神秘而神聖意義的至上之天道之具體地彰顯者。而正是聖人之主體能力的此一凸顯，則使原本神秘而至高至上的天道逐漸地或頓時圓滿地朗現於吾人之前。誠然，此既是聖人之主體能力所凸顯者，故繼而可以進一步地使其平伏下去而歸於平平實實之平地。正是在此一意義層面上，牟宗三言分別說的有相之真乃是合一說的無相之真的象徵，分別說的有相之善乃是合一說的無相之善的象徵，分別說的有相之美乃是合一說的無相之美的象徵。[134]此乃是牟宗三依中國智慧傳統對分別說的真美善與合一說的真美善之關係的說明。此雖是依中國智慧而明者，然其還是扣緊著康德之思而展開的，如此處還是使用了象徵一語，儘管其不甚喜歡此一語。

承上文，吾人已知在牟宗三處分別說的真美善乃是合一說的真美善之象徵。此象徵一語乃是順著康德而來者，或謂單只是借用康德之語詞者。此雖可謂是牟宗三表述思想之善巧方便，然其自己亦明言不甚喜歡康德之象徵一語，因其覺此一語不太自然故。繼而牟宗三表明了其真正喜歡的是一個什麼語詞。因分別說的真美善乃是吾人之主體能力在現象域裡所凸顯出來者，並還可因此而將此所凸顯者平伏下去而歸之平平實實之境界，故其在心目中還是最喜歡用中國的語詞來表示之。此一中國的語詞，牟宗三言其是吹皺一池春水裡的皺字。[135]牟宗三為什麼甚是喜歡此一皺字？因為在他看

132　《繫傳》：「子曰：『夫易，何為者也？夫易開物成務，冒天下之道，如斯而已者也。』是故，聖人以通天下之志，以定天下之業，以斷天下之疑。」《周易譯注》，第 245 頁；〈以合目的性之原則為審美判斷力之超越原則之疑竇與商榷〉，第 90 頁。

133　〈以合目的性之原則為審美判斷力之超越原則之疑竇與商榷〉，第 90 頁。

134　〈以合目的性之原則為審美判斷力之超越原則之疑竇與商榷〉，第 90 頁。

135　此一皺字源出於南唐之馮延巳的《謁金門》一詞：「風乍起，吹皺一池春水。閒引鴛鴦香徑裡，

來此一皺字其實就是凸起義。故所謂分別說的眞美善三者是吾人主體能力之凸起者，亦因此可謂其是吾人主體能力所皺起者。既是吾人主體能力之皺起者，故亦可將其平伏下去。此語境裡的凸起或皺起與平伏其實即是陸象山之所謂平地起土堆一語所函蘊者。此所謂平地，即是合一說的眞美善之渾化圓滿之境界，此所謂土堆，即是分別說的眞美善三者。而在日常生活世界裡，吾人不可能自始至終地生活在平地之境界裡，故必然地要造出一些花樣，產生一些精彩出來，而此所謂花樣或精彩即是象山所謂之土堆者也。故吾人爲了使其生活豐富多彩萬象可觀，而必然地會去凸起一些土堆。[136]因此，牟宗三謂其特別喜歡象山之平地起土堆一觀念，乃是因爲有平地，就有平平實實的境界，有土堆，就有精彩，具體地言之，即有屬於眞領域的科學知識之事，屬於善領域的道德行爲之事，屬於美領域的品鑒品味之事，因有此諸般的事項，人世間有萬象可觀。與此同時，其還表明，儘管吾人不可能自始至終地生活在平地之境界裡，而喜歡花樣精彩，然吾人必須以此平地作爲其生命的底子，並且，此一底子，吾人既可以將其置於生命的最基層，亦可以將其置於生命的最高層。就前者言，此是表示此一底子是生命的根基；就後者言，此是表示此一底子是生命經由次第修證而達至的最高最理想最美的境界，此如堯舜性之也[137]一語所示之者。牟宗三由一皺字而關涉及平地起土堆一觀念所演說之諸義，即表明了其爲什麼甚是喜歡以一皺字替換康德之象徵一語。[138]

　　在這一部分裡，牟宗三在其對康德之審美判斷所關涉及之諸義的分析與批判的基礎上，繼而進一步依中國智慧傳統提出了眞美善之分別說與合一說之諸義。[139]其首先在分別說的義理模式裡表明了眞美善三者各自皆有其自己的獨立意義，其次在合一說

　　手持紅杏蕊。/鬥鴨闌干獨倚，碧玉搔頭斜墜。終日望君君不至，舉頭聞鵲喜。」黃進德編著：《馮延巳詞新釋集評》，北京：中國書店，2006，第 91 頁。

136　〈康德第三批判講演錄（十五）〉，第 4-5 頁。

137　《孟子譯注》，第 314 頁；〈康德第三批判講演錄（十五）〉，第 5 頁。

138　〈康德第三批判講演錄（十五）〉，第 5 頁。

139　關於牟宗三依中國智慧傳統消化並發展康德之第三批判所引生之一系列問題是否如理如法，以及牟宗三此一轉進的功過是非，宛小平著有一文表之。參宛小平：〈以中國傳統智慧會通和消化康德的第三批判——牟宗三美學思想初探〉，《安徽大學學報》，2008 年第 5 期，第 24-30 頁。

的義理模式裡說明了眞美善三者所凸顯的自性相是可以無化掉的而歸於平平實實之如如境界，再次繼而進一步詳細地微妙地說明了在此合一化境裡又當該在何處言即眞、即美及即善之諸義，最後以象山之平地起土堆一觀念而言分別說的眞美善與合一說的眞美善之關係究何謂。[140]此四義乃是其在分析並批判康德美學核心問題，即審美判斷之諸義及其超越原則何所是之諸問題的基礎上，依中國智慧傳統而所獨闢者，此即是說，此乃是康德美學所無有之進一步的思維之曲折者。[141]

五、對牟宗三眞美善理論的批判

關於眞美善的思考，牟宗三首先依循康德之思說明了眞美善之各自獨立的意義及其相對應的生命原則，其次依循中國智慧說明了眞美善相即一如之境界的意義以及在此境界裡言說眞美善的分際在何處，最後以天垂象示理之範型言分別說的眞美善與合一說的眞美善之關係。此是牟宗三的眞美善理論之大端。如此這般地思考眞美善，則確是牟宗三所獨闢的創見。依據其所表述的理論內容而可知曉其創闢性之大端如是：一是在生命層面將分別說的眞美善與相應的生命原則對應；二是化掉眞美善在分別說裡所顯的自性相而言三者相即一如的境界；三是分別說的眞美善與合一說的眞美善之關係是外在顯相（現象）與內在如境（自性）的即相顯性的關係。

具體地言之：第一，就將分別說的眞美善與相應的生命原則對應而言，牟宗三不僅肯認眞美善是吾人的三種能力的凸顯而成者，而且進一步明由此三種能力所獨立地顯現的眞美善三者對吾人而言有其存在的必然性。而此必然性具體地言即是吾人生命存在之必須者。故牟宗三據此進而爲此必然性確立一生命原則：眞對應於吾人認識世界獲取知識的能力，即人類打開自我窗戶認識外在世界的能力，對人類而言，此是必須的，故是吾人生命的呼吸原則；善對應於吾人提撕自我生命而不下墮的能力，即人類在內在心靈裡永遠努力保持一份積極向上的能力，對人類而言，此更是必須的，故是吾人生命的精進原則；美對應於吾人把向外進取向內奮鬥的心靈平靜下來的能力，

---

140 關於牟宗三之圓善論與真美善之諸說的基本內容及其理論貢獻，楊祖漢著有《牟宗三先生的圓善論與真美善說》之專文以彰之。參楊祖漢：《當代儒學思辨錄》，臺北：鵝湖出版社，民87，第63-79頁。

141 〈康德第三批判講演錄（八）〉，第7頁。

即人類讓進取奮鬥的心靈歇息的能力，對人類而言，此亦是必須的，故是吾人生命的閒適原則。此並非單只是強調人類的知情意三種能力，而是始終在生命的層級上不僅言眞美善與人類的三種能力相對應，而且還進一步言其所依據的生命原則何所是。相較於康德之思，儘管康德亦思及眞美善之對應原則，然其並非是在生命的層級上並以生命內合而顯的方式一貫地言之，故自此而觀之，牟宗三之思在思維進路上則更爲幽遠深邃，在思維層次上則更爲精緻嚴整。

第二，就化分別說的眞美善之自性相以言三者相即之如如境言，牟宗三在就眞美善之分別說後，繼而進一步合一地說之。此合一地言即眞即美即善旨在表明眞美善並非單只可做分別地說明，而且各自獨立地完整地自成一域而無法交相對話，而是在最根本處此三者本是相即一如的，而非是隔閡的。在牟宗三看來，人類首先關心的是自己的道德感，即最起碼應做一個道德的人，[142]因此，吾人應該首先挺立其自身的道德主體，然後成就道德主體應該成就的崇高偉大，最後再化掉此崇高偉大之大相而進至聖人之化境。而此平平一如的聖人化境則正與無有任何指向的審美判斷所函蘊的自由境界契合。正是在此一意義層面上，牟宗三言善美相即一如。聖人化境，具體地言，即是道德仁心神感神應而顯的無相境界。追求眞理的科學知識相對應的是現象，無論是自然域的還是社會域的，而此是對人的感性而顯及爲人的知性所規定者。然在此聖人化境裡，與眞相關涉的人的感觸直覺相及知解論辯相皆被化掉了而歸於如如一也的境界。故此一意義層面上的與眞相關涉的物不再是現象義的物，而是物之在其自己義的物。故依此而觀之，在聖人化境裡善美眞相即一如。正是在此一意義層面上，牟宗三言善美眞相即一如。眞美善既已可相即一如，此即是說，眞美善本是緣一如而發，故亦當歸於一如，因此，眞美善並非是純粹分離的隔閡而無法對話交流的三個領域，而需要建立對話交流的橋樑或中介。

第三，就分別說的眞美善與合一說的眞美善之關係言，牟宗三以天垂象以示理的範型言之。天垂象之象是具體可感的，活潑潑的，而西方象徵一語之形式抽象的，悶沉沉的；並天垂象意在示現天機之理，此與吾人的生命直接相關切，而西方象徵一語雖亦意在表示抽象的道理，然並非一定與吾人的生命直接關切。正是基於此二者相區

---

142 《現象與物自身》，第21-24頁。

分的分際，牟宗三言其雖借用象徵一語，然其意義則為天垂象示理之義。然其後來還是覺得不甚妥貼，故還是以象山之平地起土堆一語表之。具體地言，分別說的真美善是吾人各種相應的能力所起現的土堆，即吾人各種能力在日常生活世界裡的顯相，而合一說的真美善是吾人將此各種能力平伏下去而歸於平平實實的心靈狀態所現者，即吾人各種能力在平平實實的心靈境界裡皆歸於平靜而和合一如而非是劃疆為域。正是在此一意義層面上，吾人始可知曉分別說的真美善與合一說的真美善之關係實則是吾人生命力之外在顯相（現象）與內在如境（自性）的即相顯性的關係。此即是說，吾人生命力之外在顯相意在起用，而其內在如境則必須依此起用才能顯體，故此二者不僅是相即的關係還函蘊著顯性顯體的深層次意義。而此即相顯性或起用顯體之關係相則正是吾人生命力之發用與棲息的關係，故此與吾人的生命則直接地相關切。

　　牟宗三真美善理論之創闢性如是，繼而當述明其依據何所在？觀牟宗三真美善理論之大端，吾人當知牟宗三所依據的是中國實踐-修證智慧，而在表述其理論大端時則依據的是象山平地與土堆範型。具體地言：第一，中國傳統的實踐-修證智慧是生命的智慧，此一智慧型態不僅從生命出發而且還歸向生命，故此不僅是關於生命的智慧而且是生命親歷親證的智慧。因此，牟宗三無論是言分別說的真美善還是言合一說的真美善都是在生命的層級上即圍繞生命並以生命實踐所達至的境界為重心展開其理論闡釋。第二，牟宗三言合一說的真美善為一即真即美即善之圓融圓滿的境界，實即是言聖人化境，即道德仁心經歷次第道德實踐工夫而達至的大而化之的境界。在此境界裡，分別說的真美善之自性相皆被化掉而歸於和合一如的渾圓境界。此即是說，在聖人的境界裡，真美善原本是渾圓一如的。此語境裡的聖人當然可以在廣義的層面上理解，故理當意指佛家的佛陀與道家的天人，而非單只是儒家的儒聖。故綜攝地言之，經由次第實踐-修證工夫，此一即真即美即善之完滿圓融的境界是可以達至的。此一點與上一點是相應而在的，即指向生命及其實踐-修證。第三，牟宗三言分別說的真美善與合一說的真美善之關係則依據易傳天垂象以示理之範型而展開說明的。而天垂之象與所示之理亦非凡夫所能見，而依然是需要經歷次第實踐-修證工夫始可能者。故此亦是指向生命及其實踐-修證的。綜而言之，牟宗三真美善理論之學理依據乃是中國實踐-修證智慧。

　　依此而觀，牟宗三真美善理論的學理意義之大端如是：一是對真美善及其關係的

創闢性詮釋。具體而言：首先是從生命的層級上思考眞美善的生命原則，此即是分別說的眞美善；其次是從生命經由次第實踐-修證工夫而至的聖人化境層級上思考眞美善的原初關係，此即是合一說的眞美善；最後是指歸中國實踐-修證智慧，即無論是分別說眞美善還是合一說眞美善或是言其二者之關係，皆最後指向中國傳統之生命實踐-修證智慧。此可謂是在現代性語境裡表彰了中國智慧傳統並回應了現代性思潮之具體表現。二是與康德處理眞美善之關係相區分並有進一步之發展。在康德，眞善是兩個獨立完整又隔閡的領域而無法進行對話交流，故在思維上遍至以判斷力原理主要是審美判斷力原理來溝通眞善兩個領域。此即是說，美成爲眞善兩個領域對話交流的橋樑或中介。而牟宗三則認爲康德之思不僅有混漫與滑轉而且實無必要如此曲折。在牟宗三看來，眞美善既是吾人的諸種能力在外在世界裡的顯相，即吾人能夠在外在世界裡凸現其諸種能力，既如此，那麼吾人則亦能夠讓諸種能力平伏下去而歸於和合一如的境界。此所謂水起爲波，波平爲水之義是也。[143] 如此思之，對眞美善而言，分別說之，爲三個獨立完整的領域，合一說之，則爲一相即一如的境界。如此這般思之，康德以審美判斷力原理溝通眞善兩個領域之強探力索則確顯生硬而無有必要了。此是牟宗三依中國實踐-修證智慧較康德而進之者。三是牟宗三之思可以啓發出緣中國實踐-修證智慧而來的實踐-修證美學的基本層次架構：首先，形上層次，即圓融無礙的聖人化境；其次，形下層次，即分別說的美，以及與此相關的一系列問題；最後，形下層次與形上層次的關係是經由次第實踐-修證工夫而即相顯性或起用顯體的關係。

　　牟宗三眞美善理論之獨闢性尤具啓發意義，故詳贍地疏解牟宗三眞美善理論並明示其獨闢性之表現及其依據以及其學理意義之何所是，以對學界關此問題之討論及與此相關的美學基本原理問題之研究皆有一定的啓發意義。故詞繁不殺，縷述至此止。

143　釋迦佛說：「譬如水之與波不一不異，乃至一切行——波羅蜜、禪定、陀羅尼——不一不二故，而一一行成就。」《佛說仁王般若波羅蜜經受持品第七》，載大正藏，8冊，831下。

。

實踐-修證美學
一個重要的理論方向

　　面對牟宗三哲學美學此一研究課題，筆者則將其置於現代性的宏大語境裡，並以中國智慧傳統爲背景，而直接地進入牟宗三哲學美學思想的內部以展示其哲學美學思想的核心問題何所是，及其原因何所是，以及此一核心問題在其不同的思想階段所形成的具體主題何所是，及其原因何所是。之所以採取此一思維進路，是因爲依源於中國儒家智慧傳統的牟宗三哲學的現代性意義實質是美學性的，甚至繼而進一步可言，在現代性意義語境裡，其哲學即是美學，一種根基於中國傳統的元美學。[1]依此而言，對牟宗三哲學美學思想的研究則理應從其哲學思想裡體貼出來。關此，吾人依如下步驟說明之：首先說明牟宗三哲學思想的階段性主題何所是及其所依止的代表性著作何所是；其次說明依此而來的美學思想的階段性主題何所是；再次說明爲什麼圓覺主體（聖人）的自由成爲了牟宗三哲學美學思想的核心問題及其在不同思想階段之不同主題表現的原因何所是；最後則依此而作一引申性說明，即單只點出一學理所逼至的可能性。

　　首先，對牟宗三哲學思想的分期，一般有好幾種說法，但吾根據其義理分際而作相應之分期，將其分爲三大時期：第一期是邏輯哲學時期，在此一期裡，牟宗三著有邏輯學系列著作，並完成從純粹邏輯學轉向邏輯哲學，在此基礎上，繼而進一步運用到歷史文化研究領域，並完成新外王學三書。學界一般是將新外王學三書列爲一個時期，但據牟宗三言，此三書的理論根基源於邏輯哲學著作：《認識心之批

1　〈智的直覺與審美境界──牟宗三心體論的拱心石〉，第 5-19 頁；《心體與時間：二十世紀中國美學與現代性》，第 195-263 頁。

判》，故吾依此而將此三書收攝於此一時期而綜論之。第二期是中國哲學時期，在此一期裡，牟宗三著有從魏晉至明末的中國哲學階段主題史，而此恰好對應道釋儒之三家發皇時期，具體地言之，乃是研究魏晉玄學之《才性與玄理》以表彰道家智慧，研究隋唐佛學之《佛性與般若》以表彰佛家智慧，研究宋明儒學（理學）之《心體與性體》之四大冊以表彰儒家智慧。第三期是消化並發展康德哲學時期，在此一期裡，牟宗三首先是依據多種英文譯本並參照德文原本而獨立地翻譯完成康德之三批判，並在每一翻譯完成一批判後，就其契悟所得而著有一專書以消化並發展此一批判所關涉及的哲學基本問題。具體地言之：翻譯並消化發展康德之第一批判者乃是《智的直覺與中國哲學》及《現象與物自身》之二書，在此書裡牟宗三以佛家一心開二門同康德之智思界與現象界相對應而成就兩層存有論，其亦曾明《現象與物自身》一書成，而《智的直覺與中國哲學》一書則可廢，然其亦明此書其實還有文獻的價值；翻譯並消化發展康德之第二批判者乃是《圓善論》一書，在此書裡牟宗三以佛家天臺宗同教一乘圓教系統依儒家義理模式而極成儒家之圓教系統以妥善解答圓善一問題；翻譯並消化發展康德之第三批判者乃是《真美善的分別說與合一說》一書，然因晚年身體不支，而單著有《以合目的性之原則為審美判斷力之超越原則之疑竇與商榷》一長文以簡單地表之。此是牟宗三哲學思想之三期的基本情況，此是依據其核心著作而成者，而其它相關著作及講演錄或演講錄皆可一一對應之而歸分入此三期裡來。儘管如此分期也許輪廓過大一點，然其不誤，因依據其核心著作故。

　　其次，承上文，牟宗三哲學美學思想應從其哲學思想裡體貼出來。綜觀牟宗三之全部著作並以核心著作為主要依據，吾體貼出牟宗三哲學美學思想的核心問題是圓覺主體（聖人）的自由。在其思想語境裡，自由乃是境界義的，而所謂圓覺主體（聖人），乃圓滿覺悟的主體之謂也，具體地言之：在儒家是聖人，在佛家是佛陀，在道家是天人，故綜攝地言之，所謂圓覺主體（聖人）的自由，即聖人佛陀天人之圓融無礙之證境者也。與其哲學思想之分期相對應，吾依據此三期之分，而亦將其哲學美學思想區分為三個部分，第一部分為其在邏輯哲學時期之諸著作裡所表現出來的美學思想，吾概之以道德天心與主體自由。此一時期的思想較偏重於儒家思想的表現，故其特別強調道德天心的作用，故就其所表現的審美愉悅，如成於樂者而

言亦特別強調此乃是源立於禮而來者。第二部分爲其在中國哲學時期之諸著作裡所表現出來的美學思想，吾概之以心性之學與自由之呈現。此一時期的思想乃是通判道釋儒三家之思想並會通之。道釋儒三家，皆是心性之學，即皆重內在心性之修證，此理易明。道家強調道心之修證而至跡冥圓融之自由境界；佛家強調如來藏自性清淨心之修證而至菩提心自證之自由境界；儒家強調仁心之修證而至大德敦化之自由境界。道釋儒三家所修證的自由境界乃是修證主體經由次第之修證而自然而然地達至者，故謂此語境裡的自由乃是呈現者，即自然而然所現者。第三部分爲其在消化並發展康德哲學時期之諸著作裡所表現出來的美學思想，吾又進一步區分爲兩個方面：第一方面，乃是依《智的直覺與中國哲學》、《現象與物自身》及《圓善論》而表其美學思想，第二方面，乃是依《以合目的性之原則爲審美判斷力之超越原則之疑竇與商榷》一長文及相關諸講錄文本而表其美學思想。就第一方面言，吾概之以智的直覺與自由之朗現。此一時期的思想乃是依中國智慧與康德哲學思想對判以消化並發展康德之第一二批判。智的直覺一觀念在牟宗三哲學裡具有中柱之作用，故吾特以一章之篇幅而疏解其依中國儒釋道三家而證明之過程。並此一觀念對其美學思想之表述亦甚關鍵重要。依中國智慧吾人有智的直覺，故有自由的無限心，具體地言之：在儒家是道德仁心，在佛家是如來藏自性清淨心，在道家是道心，此一自由的無限心之如如地呈現出來者，即一覽無遺地呈現出來者，乃是圓滿地呈現，故謂其爲朗現。依中國智慧傳統而確定吾人有智的直覺，並已表明吾人因此而有一自由的無限心並能如如地呈現出來，以圓教系統義理模式範域之，則可證成或妥善地解答德福一致即圓善問題。內心之德與現實之福能夠圓滿一致，此亦表示自由的無限心已朗現出來了。而自由的無限心一旦朗現，此則表示內心修證境界已達至平平一如之境界，故內心與現實一如，德與福一如。如此朗現出來的自由境界可謂是審美之極致。就第二方面言，吾概之以即眞即美即善與自由之圓成。此一時期的思想乃是依中國智慧與康德哲學思想對判以消化並發展康德之第三批判。牟宗三首先依循康德之思維道路而疏解了康德關於審美判斷之諸問題，繼而進一步依中國智慧傳統而提出眞美善之分別說與合一說之諸問題。依牟宗三，在即眞即美即善之合一化境裡，分別說的眞美善之自性相皆被化掉了而歸至平平一如之渾化圓滿境界。既然眞美善三者皆可化而相即，故能夠達至此一即眞即美即善之合一化境者，乃是

自由之究極圓成者。因此理之故，吾單提出來而獨立成章以表之而示其重要性與特殊性。自此而觀之，牟宗三哲學美學思想之大端如是如是。

最次，爲何言牟宗三哲學美學思想的核心問題是圓覺主體（聖人）的自由？其原因有：首先，牟宗三以一生之精力表彰中國智慧傳統並透過邏輯的力量而給予一證成，即使圓融一如的中國智慧透過一邏輯的系統相而挺立起來而不至於蹈空。其次，中國智慧傳統乃是依次第親證而自然而然所達至者，故中國智慧傳統語境裡的主體在其究極意義上必定是圓滿覺悟的主體，而圓滿覺悟的主體經由次第修證而至者，即自然而然地所達至者乃是圓融無礙一體平鋪之渾化圓滿境界，此一無執無礙如如一也的境界，吾名之曰自由。此所謂親證境界義的自由其實是審美的極致狀態。

爲何言牟宗三哲學美學思想的核心問題在其思想的不同階段有不同的表述？其原因是：綜攝地言之，一是因其對生活之感觸，即其在戰爭動亂的年月裡對道德感的體悟，二是因殊勝的師友因緣，師者熊十力是也，其從師處獲得向上提撕之道德力量，而此則正是儒家智慧的根本，友者唐君毅是也，其從友處獲得心靈感應慧命共鳴之慰藉，而讓其眞切地關注並思考中國文化在新的時代之暢達挺立問題，三是其思維發展之必然性，即首先是集中精力疏解中國哲學之各階段的基本主題思想，並在此疏解裡表彰出圓滿覺悟的主體之自由乃是儒釋道三家所共通者，故儒釋道三家會通的根本點在此最高最究極的理境處，其次是分別翻譯研究康德之三批判，最後是兩相對判而會通之，即雙向互補而使其皆圓盈之，此即是說，在消化並發展康德哲學時期有了依止並因此而援引康德之邏輯力量而證成中國智慧，亦並援引中國智慧而消化發展康德哲學之基本問題。

最後，自此而觀之，牟宗三依中國智慧傳統在與康德哲學思想的對判裡不僅明示了中國智慧是何形態的智慧傳統，而且還表彰了中國智慧所函蘊的境界乃是人類精神的究極圓滿狀態，並明示了此一境界狀態是惟有透過次第修證才可達至的，此如佛家所謂即心即佛，惟證方知[2]者是也。其實，不止佛家，儒道亦皆強調此一點。正是在此一意義層面上，牟宗三謂中國智慧是實踐的智慧，就其爲學門（學科門類）

2　澄觀說：「雖即心即佛。唯證者方知。」續藏經，58 冊，426 上。

言，乃是實踐的智慧學，[3]而此與康德強調西方智慧傳統裡的哲學之古義正相契合。故如若依循中國哲學思想而體貼出美學形態來，則可謂實踐的美學。而此語境裡的實踐乃是修證義，其具有內在的指向性意義，而非是一般而言的實踐，即主客對列義的實踐，其具有外在的指向性意義。故此語境裡所謂之實踐的美學亦可謂修證的美學。經由對牟宗三所體貼出的中國智慧之究竟圓滿境界的契悟，或許，依中國智慧傳統而來的美學形態當如是，而此則正是返本開新地探索建構中國自身的美學系統義理模式之一重要的理論方向。

3　〈實踐的智慧學〉（一—十），第三三卷第九期-第三四卷第七期。

參考文獻

一、牟宗三著作

(一)著作部分

牟宗三先生全集（1-33 冊），臺北：聯經出版事業公司，2003。

從周易方面研究中國之元學及道德哲學，天津：天津大公報館，民 24。

歷史哲學，臺北：臺灣學生書局，民 89。

認識心之批判（上下冊），臺北：臺灣學生書局，民 79。

道德的理想主義，臺北：臺灣學生書局，民 81。

政道與治道，臺北：臺灣學生書局，民 80。

中國哲學的特質，臺北：臺灣學生書局，民 83。

才性與玄理，臺北：臺灣學生書局，民 82。

心體與性體（一），臺北：正中書局，民 95。

心體與性體（二），臺北：正中書局，民 95。

心體與性體（三），臺北：正中書局，民 79。

生命的學問，臺北：三民書局，2009。

智的直覺與中國哲學，臺北：臺灣商務印書館，民 60。

現象與物自身，臺北：臺灣學生書局，民 79。

佛性與般若（上下冊），臺北：臺灣學生書局，民 93。

名家與荀子，臺北：臺灣學生書局：民 68。

從陸象山到劉蕺山，臺北：臺灣學生書局，民 89。

康德的道德哲學（譯注），臺北：臺灣學生書局，民 72。

康德純粹理性之批判（譯注、上下冊），臺北：臺灣學生書局，民 75-77。

中國哲學十九講，臺北：臺灣學生書局，民 72。

中國文化的省察，臺北：聯合報社，民 72。

時代與感受，臺北：鵝湖出版社，民 84。

圓善論，臺北：臺灣學生書局，民 74。

周易的自然哲學與道德函義，臺北：文津出版社，民 77。

五十自述，臺北：鵝湖出版社，民 89。

中西哲學之會通十四講，臺北：臺灣學生書局，民 79。

康德判斷力之批判（譯注、上下冊），臺北：臺灣學生書局，民 81-82。

人文講習錄，臺北：臺灣學生書局，民 85。

四因說演講錄，臺北：鵝湖出版社，民 86。

宋明儒學的問題與發展，臺北：聯經出版事業公司，2003。

周易哲學演講錄，臺北：聯經出版事業公司，2003。

以合目的性之原則為審美判斷力之超越原則之疑竇與商榷，載《判斷力之批判》上卷之第 3-91 頁。

(二)期刊部分

康德第三批判講演錄(1-16)，鵝湖月刊，總第 303-318 期。

莊子《齊物論》講演錄(1-15)，鵝湖月刊，總第 319-332 期。

老子《道德經》講演錄(1-10)，鵝湖月刊，總第 334-343 期。

康德道德哲學(1-9)，鵝湖月刊，總第 362-373 期。

實踐的智慧學(1-10)，鵝湖月刊，總第 393-403 期。

康德美學演講錄(1-9)，鵝湖月刊，總第 407-412、414-416 期。

真美善的分別說與合一說，鵝湖月刊，總第 287 期。

《孟子》演講錄(1-10)，鵝湖月刊，總第 347-358 期。

《原始的型範》第二部分《周易》大義——「先秦哲學」演講錄(1-7)，鵝湖月刊，總第 379-389 期。

《圓善論》指引，鵝湖月刊，總第 253 期。

儒家的道德的形上學，鵝湖月刊，1975 年第 3 期。

道家的無底智慧與境界形態形上學，鵝湖月刊，1975 年第 4 期。

佛家的存有論，鵝湖月刊，1975 年第 6 期。

(三)文集部分

鄭家棟編，道德理想主義的重建：牟宗三新儒學論著輯要，北京：中國廣播電視出版社，1992。

二、康德（Immanuel Kant）著作

Critique of pure reason,translated and edited by Paul Guyer, Allen W. Wood,Cambridge:Cambridge University Press, 1998.

Critique of judgement,translated by James Creed Meredith ; revised, edited, and introduced by Nicholas Walker, Oxford:Oxford University Press, 2007.

Observations on the feeling of the beautiful and sublime,Translated by John T. Goldthwait, Berkeley,University ofCalifornia Press, 1960.

Groundwork of the metaphysics of morals,translated and edited by Mary Gregor ; with an introduction by Christine M. Korsgaard, Cambridge:Cambridge University Press, 1998.

Prolegomena to any future metaphysics that will be able to come forward as science : with selections from the Critique of pure reason,translated and edited by Gary Hatfield ,Cambridge:Cambridge University Press, 1997.

Religion within the boundaries of mere reason and other writings, translated and edited by Allen Wood, George Di Giovanni ; with an introduction by Robert Merrihew Adams ,Cambridge:Cambridge University Press, 1998.

康德著、許景行譯：邏輯學講義，北京：商務印書館，1991。

李秋零編譯：康德書信百封，上海：上海人民出版社，2006。

康德著、全增嘏譯：宇宙發展史概論，上海：上海譯文出版社，2001。

三、中國古典文獻

周振甫譯注：詩經譯注，北京：中華書局，2002。

周振甫譯注：周易譯注，北京：中華書局，2001。

楊伯峻譯注：論語譯注，北京：中華書局，2004。

楊伯峻譯注：孟子譯注，北京：中華書局，2005。

王先謙撰：荀子集解，北京：中華書局，1988。

陳鼓應：老子注譯及評價，北京：中華書局，1984。

陳鼓應：莊子今注今譯（上中下），北京：中華書局，2001。

郭慶藩：莊子集釋，北京：中華書局，1985。

十三經注疏委員會：禮記正義（十三經注疏），北京：北京大學出版社，2000。

十三經注疏委員會：尚書正義（十三經注疏），北京：北京大學出版社，2000。

朱熹：四書章句集注，北京：中華書局，1983。

黃宗羲：明儒學案，北京：中華書局，2008。

黃宗羲：宋元學案，北京：中華書局，2009。

陸九淵：陸九淵集，北京：中華書局，1980。

王守仁：王陽明全集，上海：上海古籍出版社，1992。

王陽明：傳習錄，南京：江蘇古籍出版社，2001。

程顥、程頤：二程集，北京：中華書局，1981。

周敦頤：周敦頤集，北京：中華書局，2010。

張載：張載集，臺北：漢京文化事業有限公司，民 72。

王夫之：張子正蒙注，北京：中華書局，1975。

孫詒讓：周禮正義（第一冊），北京：中華書局，1987。

司馬遷：史記，北京：中華書局，1999。

范曄．後漢書，北京：中華書局，1999。

胡宏：胡宏集，北京：中華書局，1987。

郭象注、成玄英疏：南華真經注疏，北京：中華書局，1998。

樓宇烈校釋：王弼集校釋，北京：中華書局，1980。

黃暉：論衡校釋，北京：中華書局，1990。

劉邵：人物志，北京：紅旗出版社，1996。

余嘉錫：世說新語箋疏，北京：中華書局，2007。

陳壽：三國志，北京：中華書局，1964。

房玄齡等：晉書，北京：中華書局，1974。

陳伯君：阮籍集校注，北京：中華書局，1987。

王龍溪：王龍溪全集（第一冊），臺北：華文書局，1970。

羅近溪：盱壇直詮，臺北：廣文書局，民 66。

嵇康：嵇康集，載《魯迅全集》（第九卷），上海：魯迅全集出版社，民 37。

四、佛家文獻

大正新修大藏經，第 2、8、9、12、14、18、24、25、30、33、34、38、46 冊。[1]

卍新纂續藏經，第 10、57、58、80、99 冊。

印順：中觀論頌講記，新竹：正聞出版社，民 89。

憨山大師：肇論略注，香港：香港佛經流通處，1997。

1　（關於佛家經綸之引證文獻皆出自「中華電子佛典協會（CBETA）網站：http://www.cbeta.org/index.htm」，如所引證之文獻出自「大正新修大藏經」，則注為：大正藏，冊數，頁數上中下；如所引證之文獻出自「卍新纂續藏經」，則注為：續藏經，冊數，頁數上中下。）

五、牟學研究文獻

(一)臺灣部分

1.專書與文集

蔡仁厚：牟宗三先生學思年譜，臺北：臺灣學生書局，民 85。

牟宗三先生七十壽慶論文集編輯組編：牟宗三先生的哲學與著作，臺北：臺灣學生書局，民 67。

李明輝主編：牟宗三先生與中國哲學之重建，臺北：文津出版社，民 85。

江日新主編：牟宗三哲學與唐君毅哲學論，臺北：文津出版社，民 86。

蔡仁厚、楊祖漢主編：牟宗三紀念集，臺北：東方人文學術研究基金會，民 85。

李慶餘：大乘佛學的發展與圓滿：牟宗三先生對佛家思想的詮釋，臺北：臺灣學生書局，2003。

王壽南主編：馮友蘭‧方東美‧唐君毅‧牟宗三，臺北：臺灣商務印書館，民 88。

謝大寧：儒家圓教底再詮釋：從「道德的形上學」到「溝通倫理學底存有論轉化」，臺北：臺灣學生書局，民 85。

2.博士碩士論文

曾美珠：牟宗三對「美善衝突」的解決，國立中央大學哲學研究所，民 91，碩士。

3.期刊論文

林安梧：當代新儒學之回顧、反省與前瞻——從「兩層存有論」到「存有三態觀」的確立，鵝湖，總第 299 期，民 89。

林安梧：從「牟宗三」到「熊十力」再上溯「王船山」的哲學可能——後新儒學的思考向度，鵝湖，總第 319 期，民 91。

林安梧：牟宗三的康德學及中國哲學之前瞻——格義、融通、轉化與創造，鵝湖，總第 362 期，民 94。

林安梧：中西哲學會通之「格義」與「逆格義」方法論的探討——以牟宗三先生的康德學與中國哲學研究為例，淡江中文學報，第 15 期，民 95。

林安梧：關於老子哲學詮釋典範的一些省察——以王弼《老子注》暨牟宗三《才性與玄理》為對比暨進一步的展開，臺北大學中文學報，第 5 期，2008。

賴文遠：牟宗三先生如何從「才性」看魏晉人物之格局和風度，當代儒學研究，第 2 期，2007。

許炎初：牟宗三先生美學思想要義，建國學報，第 20 期，民 90。

蕭鳳嫻：生命情性的悲劇——牟宗三紅學觀研究，鵝湖，總第 356 期，民 94。

賴錫三：牟宗三對道家形上學詮釋的反省與轉向——通向「存有論」與「美學」的整合道路，臺大中文學報，第 25 期，民 95。

林維杰：牟宗三倫理美學中的人物想像，中國文哲研究通訊，第 19 卷第 3 期，2009 年 9 月。

李明輝：牟宗三哲學中的「物自身」概念，中國文哲研究集刊，第三期，1993 年 3 月。

(二)大陸部分

　1.專書

顏炳罡：整合與重鑄：當代大儒牟宗三先生思想研究，臺北：臺灣學生書局，民 84。

顏炳罡：牟宗三學術思想評傳，北京：北京圖書館出版社，1998。

鄭家棟：牟宗三，臺北：東大圖書公司，民 89。

鄭家棟：本體與方法：從熊十力到牟宗三，瀋陽：遼寧大學出版社，1992。

楊澤波：牟宗三三系論論衡，上海：復旦大學出版社，2006。

李山：牟宗三傳，北京：中央民族大學出版社，2002。

王興國：契接中西哲學之主流：牟宗三哲學思想淵源探要，北京：光明日報出版社，2006。

王興國：牟宗三哲學思想研究：從邏輯思辨到哲學架構，北京：人民出版社，2007。

陳迎年：感應與心物：牟宗三哲學批判，上海：上海三聯書店，2005。

殷小勇：道德思想之根：牟宗三對康德智性直觀的中國化闡釋研究，上海：復旦大學出版社，2007。

湯忠鋼：德性與政治：牟宗三新儒家政治哲學家研究，北京：中國言實出版社，2008。

劉愛軍：識知與智知：牟宗三知識論思想研究，北京：人民出版社，2008。

林瑞生：牟宗三評傳，濟南：齊魯書社，2009。

閔仕君：牟宗三「道德的形而上學」研究，成都：巴蜀書社，2005。

侯敏：有根的詩學：現代新儒家文化詩學研究，上海：上海人民出版社，2004。

張毅：儒家文藝美學——從原始儒家到現代新儒家，天津：南開大學出版社，2004。

尤西林：心體與時間，北京：人民出版社，2009。

　2.博士論文

張海燕：牟宗三美學思想研究，浙江大學，2009-07-17。

　3.期刊論文

尤西林：智的直覺與審美境界——牟宗三心體論的拱心石，陝西師範大學學報，2008 年第 3 期。

尤西林：「分別說」之美與「合一說」之美——牟宗三的倫理生存美學，文藝研究，2007 年第 11 期。

張海燕：牟宗三「圓善」美學思想概述，中南大學學報，2007 年第 3 期。

陳迎年：牟宗三的善美學，文藝研究，2010 年第 5 期；

陳迎年：牟宗三的善美學與康德的審美共通感，華東理工大學學報，2010 年第 2 期。

宛小平：以中國傳統智慧會通和消化康德的第三批判——牟宗三美學思想初探，安徽大學學報，2008 年第 5 期。

殷小勇：審美判斷與合目的性之關係——論牟宗三關於康德美學思想之商榷，同濟大學學報，2008 年第 4 期。

王興國：成於樂的圓成之境——論牟宗三的美學世界及其與康德美學的不同，孔子研究，2005 年第 1 期。

楊澤波：康德的物自身不是一個事實的概念嗎？——牟宗三關於康德物自身概念之詮釋質疑，雲南人學學報，2008 年第 3 期

楊澤波：牟宗三何以認定康德的物自身不是一個事實的概念？，哲學研究，2007 年第 11 期。

鄧曉芒：牟宗三對康德之誤讀舉要（之三）——關於「物自身」，學習與探索，2006 年第 6 期。

鄧曉芒：牟宗三對康德之誤讀舉要——關於「智性直觀」（上），江蘇行政學院學報，2006 年第 1 期。

鄧曉芒：牟宗三對康德之誤讀舉要——關於智性直觀（下），江蘇行政學院學報，2006 年第 2 期。

徐瑾：牟宗三真的「誤讀」康德了嗎？——就「智性直觀」與鄧曉芒老師商榷，江蘇行政學院學報，2007 年第 2 期。

(三) 香港

文潔華：從對康德「判斷力批判」之批判到道家「智的直覺」——牟宗三論審美經驗的起源，載於江日新主編《牟宗三哲學與唐君毅哲學論》，臺北：文津出版社，民 86。

文潔華：牟宗三審美經驗論與女性主義美學，載於氏著《美學與性別衝突：女性主義審美革命的中國境遇》，北京：北京大學出版社，2005。

文潔華：牟宗三先生的審美經驗論與西方女性主義美學新發展，載於荒林主編《中國女性主義・3》，桂林：廣西師範大學出版社，2005。

六、康德學文獻

Henry E. Allison：

Kant's Theory of Freedom, Cambridge :Cambridge University Press, 1990.

Heidegger,M.Trans.James S. Churchill: *kant and the problem of metaphysics*, Bloomington:Indiana University Press,1962.

〔美〕阿利森著，陳虎迎譯：康德的自由理論，瀋陽：遼寧教育出版社，2001。

〔德〕奧特弗里德・赫費著，郭大為譯：康德的《純粹理性批判》：現代哲學的基石，北京：人民出版社，2008。

〔德〕奧特弗里德・赫費著，鄭伊倩譯：康德：生平著作與影響，北京：人民出版社，2007。

勞承萬等著：康德美學論，北京：中國社會科學出版社，2001。

盧雪崑：康德的自由學說，臺北：里仁書局，2009。

盧雪崑：意志與自由：康德道德哲學研究，臺北：文史哲出版社，民86。

張志偉：康德的道德世界觀，北京：中國人民大學出版社，1995。

黃裕生：真理與自由：康德哲學的存在論闡釋，南京：江蘇人民出版社，2002。

趙廣明：康德的信仰：康德的自由、自然和上帝理念批判，南京：江蘇人民出版社，2008。

七、其它相關文獻

林安梧．存有・意識與實踐──熊十力體用哲學之詮釋與重建，臺北：東大圖書公司，1993。

林安梧：道的錯置──中國政治思想的根本困結，臺北：臺灣學生書局，2003。

林安梧：儒學轉向──從「新儒學」到後「新儒學」的過渡，臺北：臺灣學生書局，2006。

林安梧：契約、自由與歷史性思維，臺北：幼獅文化事業公司，民85。

林安梧：中國人文詮釋學，臺北：臺灣學生書局，2009。

林安梧：儒學革命論：後新儒家哲學的問題向度，臺北：臺灣學生書局，1998。

王慧茹：孟子「談辯語言」的哲學省察，臺北：萬卷樓圖書公司，2006。

唐君毅：中國哲學原論・導論篇，臺北：臺灣學生書局，民75。

李明輝：儒家與康德，臺北：聯經出版事業公司，民79。

李明輝：四端與七情：關於道德情感的比較哲學探討，上海：華東師範大學出版社，2008。

李明輝：孟子重探，臺北：聯經出版事業公司，2001。

李明輝：當代儒學之自我轉化，北京：中國社會科學出版社，2001。

楊祖漢：當代儒學思辨錄，臺北：鵝湖出版社，民87。

楊祖漢：儒學與康德的道德哲學，臺北：文津出版社，民76。

尤煌傑：美學基本原理，臺北：哲學與文化月刊社，2004。

賴賢宗：體用與心性：當代新儒家哲學新論，臺北：臺灣學生書局，2001。

Georg Wilhelm Friedrich Hegel, Trans. J. Sibree: M.A.*The Philosophy of History*,: Batoche Books,2001.

黑格爾著，賀麟、王太慶譯：哲學史講演錄（第四卷），北京：商務印書館，1983。

張惠慧：嵇康音樂美學思想探究，臺北：文津出版社，1997。

謝大寧：歷史的嵇康與玄學嵇康：從玄學史看嵇康思想的兩個側面，臺北：文史哲出版社，民86。

郭紹虞：滄浪詩話校釋，北京：人民文學出版社，1983。

黃進德編著：馮延巳詞新釋集評，北京：中國書店，2006。

周博裕：新儒學對康德「智的直覺」之釐清與超越，周群振等著：當代新儒學論文集‧內聖篇，
　　　臺北：文津出版社，1991。

倪梁康：康德「智性直觀」概念的基本含義，哲學研究，2001 年第 10 期；

倪梁康：「智性直觀」在東西方思想中的不同命運（1），社會科學戰線，2002 年第 1 期。

倪梁康：「智性直觀」在東西方思想中的不同命運（2），社會科學戰線，2002 年第 2 期。

後記

家鄉野語有言：醜媳婦終究要見公婆的。拙作已成亦終究要面世的。值此，略作交代：

第一，題目原爲圓覺主體的自由：牟宗三美學思想的核心問題，現經書局編委會及評審委員會建議，修訂爲聖人的自由：牟宗三美學思想的核心問題。故行文裡，皆修訂爲圓覺主體（聖人）之格式。

第二，圓覺主體的自由之來歷。2009 年上半年，尤公恩師西林先生去法國講學前，佈置任務：一個月後，即他回校後，我必須提交寫作提綱。隨著時間逝去，我常爲未找到好的論題而犯愁，並爲不能如期完成作業而有負於先生而不安。有一天清晨，半夢半醒的我突然在夢境裡感覺自己側身仰望著一個書架，在書架的最上層有一排書，其中一本較厚的書，名爲圓覺主體的自由——牟宗三美學的核心問題。此境反復出現三次。爾後我猛然醒來，於是翻身蹦下床直衝到書桌前，用筆寫下這個名字。日夜的焦慮與不安，得來者如是。如實記錄在此。後由此架設結構佈局謀篇，並在寫作過程裡略作修訂完善，而成今作。無有他求，惟望沒有負於先生，沒有負於牟宗三先生，沒有負於牟學。若已負於，敬請寬恕。

第三，聖人的自由之來歷。書局編委會及評審委員會建議將佛家意味太重的圓覺一詞修訂爲能表牟先生一貫的儒家立場之語詞。斟酌再三，修訂爲聖人的自由。此處之聖人不僅主表儒家義，亦有通稱義，即賅攝道釋之圓滿成就義。牟先生在《佛性與般若》裡有特別說明。

第四，爲保持行文通暢，採轉述牟先生及諸經典之表述的模式。原作還將牟先生及諸經典文本抄錄在註腳裡，以便讀者比對查驗，現爲避免版面繁複而將牟先生之文本全部移除，單留下詳細文獻來源。而諸經典文本及其詳細文獻來源皆保留。

第五，行文語言範式有牟宗三化。惟因寫作此題前發願如此，不復更改。此想

法僅此一次。

第六，行文以圍繞著論題轉述牟先生文本及諸經典文本爲主，並在此基礎上作一些美學原理的引申，而甚少關於牟先生思想的批評與反思。此與我一貫的堅持有關：一顆什麼樣的心對應一個什麼樣的世界。故我總是努力去弄明白一位聖者智者的思想，並希冀憑藉其積極建設性方面而作引申性的探索。在此過程裡我自然明了研究對象的一些不足缺憾，而在行文裡卻不自覺地略去了。有諸友人都曾言及我爲何對研究對象不作批判（評）性反思而單只說明其好的一面。此時，腦海裡又全幅是萬法在心萬相唯識、欲仁仁至得心天下有、鎮之以樸天下自定。於是又想：學術學問與生命修行究水火相克？眞是爲學日益爲道日損？若如此，爲無爲無爲爲又當何解？

第七，行文絕大部分在轉述疏解牟先生文本及相關經典文本，以期可明了牟先生基本思想的究極問題，並內化到自己的生命裡去。若非此，生命的學問則是空話，則是虛僞，則是附庸。維摩詰所說經有直心是道場，易經有直方大，道德經有道常無名樸。我常想這些智慧在日常生活世界裡究能否落實，又當該如何落實？難道這只是先聖文字遊戲而已？但在此基礎上作美學原理之引申內容甚少，然亦道出了一源中國智慧傳統而來的美學發展的重要理論方向。

現說一點生命體驗。

這一路走來，感恩，是我在諸佛菩薩慈悲加持下所體證並唯一學會的東西。

感恩父母給予我生命，並數十年含辛茹苦地養育我教化我引導我走正道做正事。父母之恩，重於須彌山，無以能報。

感恩尤公恩師西林先生的諄諄教誨，言傳身教，傳道解惑。每每憶起先生的言語教化行爲感化，我都爲之動容，熱淚盈眶，難以自已。每當我彷徨狐疑懈怠慵懶之時，先生總是能夠及時地以其強大的道德精神力量將我向上提撕而使我不致於下墮頹靡。此時此刻，生性需要提撕的我，眞切地感受到入先生之門受先生之育，確是我之人生無法替代之大幸事。先生對我之育恩深重，無以能報。

感恩陝西師範大學暢廣元教授，梁道禮教授，李西建院長，屈雅君教授，丁爲祥教授，韓星教授，王鴻老師；中國社科院徐碧輝研究員；暨南大學蔣述卓教授，西北大學段建軍教授；新疆大學劉求長教授，劉志友教授，張立斌教授；民間修道

人師宏軒老師。良師明師們對我提拔教導之恩深重，無以能報。

感恩臺灣中華發展基金管理會。

感恩慈濟大學宗教與文化研究所創所所長林安梧教授爲我赴臺訪學、化育點醒費神費力，並在百忙之中爲拙作題寫書名，以示提拔鼓勵後學：當以中國哲學爲志業，而暢中華文化之血脈，續華族文化之慧命。每每念及林師的大悲大慧及對後學的殷殷期許，我常由內外之因而戰戰兢兢惶恐不安。

感恩輔仁大學哲學系尤煌傑教授，潘小慧教授，陳福濱教授，李惠美助教的親切、慈悲、寬容及大度，並在我訪學期間給予我無微不至的關心、指導、幫助及護愛。

感恩臺灣大學哲學系杜保瑞教授的親切、慈悲與鼓勵，中文系賴佩暄博士慈悲熱情的幫助。

感恩美麗慈悲智慧的王慧茹博士，對我的學習與生活給予了無私眞誠用心的幫助、支持、關愛、鼓勵。慧茹之大恩，念念在心，心心在念，熱淚盈眶轉。

感恩陝西省社科院《人文雜誌》編輯部楊立民總編的鼓勵提拔。

感恩汕頭職業技術學院鄭惠生教授的慈悲關愛鼓勵提拔。

感恩湛江師範學院人文學院康德-牟宗三研究所創所所長勞承萬教授引領我走向牟宗三，並熱情邀請我到所學習研究；感恩人文學院慈悲敦厚學思博大的熊家良院長、平易可親寬容仁愛的謝應明書記在工作及生活上給予我悉心地指導、周到地關心及慈悲地愛護；感恩學識淵博視野宏大的李珺平教授引領我走向古都西安，及在生活與學習上給予的教誨與指導；感恩樸素自然學思縝密的趙志軍教授在學習與生活上給予的教導點化、幫助關愛；感恩平易親切慈愛智慧的張黔教授在學習與生活上給予的幫助、支持、鼓勵及鞭策。

感恩人事處張飛燕處長的慈悲關愛，以及各級領導、同事們。

感恩指導我寫第一篇學術論文的袁鐸教授。

感恩朱城教授慈悲地把我推薦給胡家祥教授。

感恩臺灣學生書局編委會及評審委員會專家學者的審查與建議；感恩書局領導及諸位賢君的卓越慧識與慈悲支持。

感恩一切大恩師長同學朋友。

唐聖

壬辰年五月廿三日

西元 2012-05-13 母親節

書於中和居

國家圖書館出版品預行編目資料

聖人的自由：牟宗三美學思想的核心問題

唐聖著. – 初版. – 臺北市：臺灣學生，2013.04
面；公分

ISBN 978-957-15-1587-8(平裝)

1. 牟宗三 2. 學術思想 3. 中國哲學 4. 美學

128.9   102006633

聖人的自由：牟宗三美學思想的核心問題

著　作　者：唐　　　　　　　　聖
出　版　者：臺灣學生書局有限公司
發　行　人：楊　　　雲　　　龍
發　行　所：臺灣學生書局有限公司
　　　　　　臺北市和平東路一段七十五巷十一號
　　　　　　郵政劃撥帳號：00024668
　　　　　　電話：(02)23928185
　　　　　　傳眞：(02)23928105
　　　　　　E-mail：student.book@msa.hinet.net
　　　　　　http://www.studentbook.com.tw
本書局登
記證字號：行政院新聞局局版北市業字第玖捌壹號
印　刷　所：長欣印刷企業社
　　　　　　新北市中和區永和路三六三巷四二號
　　　　　　電話：(02)22268853

定價：新臺幣六五〇元

西元二〇一三年四月初版

12816

ISBN 978-957-15-1587-8(平裝)